DIE WIENER POLIZEI

GÜNTHER BÖGL / HARALD SEYRL

DIE WIENER POLIZEI

IM SPIEGEL DER ZEITEN

Eine Chronik in Bildern

EDITION S

Edition S
Verlag der Österreichischen Staatsdruckerei
1. Auflage 1992

Umschlagentwurf: Atelier Schiefer, Wien
Graphische Gestaltung und Konzeption: Günther Bögl / Harald Seyrl
Druck und Bindearbeit: Österreichische Staatsdruckerei
ISBN 3-7046-0357-0

Das Buch

Wir haben uns lange überlegt, wie wir den Titel dieses Buches wählen. Der Inhalt war von vornherein klar: Wir wollten anhand eines umfangreichen und zu einem Großteil unveröffentlichten Bildermaterials einen Zeitspiegel basierend auf alten und neuen Polizeiprotokollen und Archivaufnahmen wiedergeben. Die Polizei ist ein integrierter Bestandteil jeder Stadt, jedes Landes und damit seiner Bevölkerung und der vielen willkommenen Gäste. Gesellschaftliche Auf- und Abwärtsentwicklungen manifestieren sich ebenso wie spezielle soziale und kulturelle Erscheinungsformen, die Jahrzehnte oder Jahrhunderte prägen. Freud und Leid einer Stadt teilt die Polizei ebenso unmittelbar wie Not und Überfluß. Als eines der größten oder vielleicht größtes Dienstleistungsunternehmen dieser Stadt stellt sie allerdings ein Produkt namens Sicherheit her, dessen Wertigkeit Schwankungen unterworfen ist, auf die sie nicht immer Einfluß hat. Sicherheit ist nämlich wie Gesundheit. Solange man sie hat, schätzt man sie nicht, und ist sie einmal verloren, dann ist sie – wenn überhaupt – nur mehr mit ungeheuren Mitteln restituierbar. Dazu kommt noch die Funktion der Polizei als Staatsrepräsentanz. Die Polizei verkörpert in den Augen vieler – und von einem objektiven wenngleich selten zu beobachtenden Standpunkt aus zurecht – die politische Potenz eines Staatswesens, die in einer Demokratie, getragen von den politischen Parteien, im Parlament manifest wird. Dort werden die Gesetze gemacht, die die Polizei zu vollziehen hat, die aber der Bürger sehr oft erst durch diesen Vollzug kennenlernt. In diesen Fällen ist es auch notwendig, daß die Polizei den Adressaten über Sinn und Zweck der Norm aufklärt, ein Vorgang, der sehr oft zu endlosen Diskussionen gerade mit jenen Organen führt, die die Gesetze ja nicht gemacht haben, sondern sie selbst letztlich nur aus Text, Schulung und allenfalls Motivenbericht des Nationalrates kennen. Somit ist die Erklärung nicht nur des „was“, sondern auch des „warum“ nicht nur für den (betroffenen) Bürger, sondern auch für das politische System sehr notwendig und entscheidend. Hinweise wie: „Ich hab' das Gesetz nicht gemacht. Ich weiß nicht, was denen da oben eingefallen ist?“ sind nicht nur mit der vorangeführten Verpflichtung des Exekutivorganes gegenüber Bürgerin und Bürger kraß unvereinbar, sondern erschweren beim Zusammentreffen von quasi zwei Unwissenden dem Staatsorgan schon psychisch die Anwendung des Grundsatzes: „Unwissenheit schützt vor Strafe nicht“. Seine eigene Strafe wird dadurch ein Image als unwissender und frustrierter Gesetzesvollzieher.

Apropos Frustration: Sehr oft wird mit diesem Wort manipulativ die Enttäuschung des Exekutivbeamten über seine Bezahlung für Sonn-, Feiertags- und Nachtdienst unter Einsatz des Lebens (oder zumindest der Gesundheit) umschrieben. Wenn wir aber in diesem Buch auf Seite 45 in einer zeitgenössischen Illustration aus dem Jahre 1878 die kritische Darstellung finden, daß ein Holzhacker das Doppelte im Vergleich zu dem Mann, der die Sicherheit aufrechterhalten soll, verdient und der Journalist die Fragen daran knüpft: „Wird's nicht Zeit, das zu ändern? Rührt sich den niemand im Gemeinderat, he“, dann hat sich 115 Jahre daran nur der Umstand geändert, daß heute statt des Gemeinderates der Nationalrat für die Besoldung der Polizisten zuständig ist. Demnach müßten wir also Generationen von frustrierten Polizisten haben. Wir hatten sie nicht und wir haben sie auch heute nicht. Denn der Beruf des Polizisten war immer von Humanismus geprägt und von Idealismus bestimmt. Daß aber offenkundig jedes politische System in jeder Generation mit dem Idealismus der Menschen – na sagen wir vorsichtig – so locker umgeht, ist eine ebenso traurige wie leider wahre Tatsache. Ob man diese Einstellung im Hinblick auf das Grundrecht des Bürgers auf Sicherheit auch als verantwortungslos bezeichnen kann, ist nicht Aufgabe des Verfassers zu beurteilen. An diesem Beispiel wird jedenfalls bewußt, daß wir die Absicht hatten, in diesem Buch auch aufzuzeigen, daß sich die Geschichte – aber Gott sei Dank nicht nur die traurigen Kapitel – immer wiederholt. Wir machen daher auch in Bild und Wort bewußt, daß die Menschen nur sehr begrenzt lernfähig oder lernfreudig sind. Die Einbindung des Polizisten in all diese Prozesse als Spiegel seiner Zeit macht aber auch deutlich, wie notwendig und wie dringlich dieser Beruf schon immer war und wie wenig gerade gesellschaftliche Verantwortungsträger – mit einigen Ausnahmen – vom polizeilichen Alltag Kenntis hatten. Denn schlecht waren sie auch damals nicht – nur uninteressiert wie heute! Sollte für sie nicht der Grundsatz gelten: „Unwissenheit schützt vor Strafe nicht?“

Eine Faszination dieses Buches bestand daher beim Zusammentragen und Zusammenstellen des Materials für die Autoren – und wird es sicher auch für den Leser sein – unter anderem darin, daß „alles schon dagewesen ist“ – oft in anderer Form unter anderen Voraussetzungen, aber mit dem gleichen Substrat. Und so mancher wird sich wieder einmal fragen, wieso die Menschen aus der Geschichte eigentlich so wenig lernen. Gerade Polizeiprotokolle und Polizeiarchive mit ihrer doch nüchternen Sachlichkeit sind eine ideale, rationale Grundlage für – hoffentlich – emotionale Vergleiche.

Die Polizei, als Funktion, wurde und wird nicht zufällig personifiziert. Sie ist sozusagen die staatliche Restkompetenz für menschliche Schicksale und wir wollen in diesem Buch auch den Nachweis erbringen, daß sie schon aus diesem Grund – trotz riesiger Fortschritte im technischen Bereich – sehr oft nur marginal durch Maschinen wie Computer und anderes ersetzt werden kann. Wo immer Menschen arbeiten, sind menschliche Fehlerquellen nicht auszuschließen. Wir haben daher auch die kritischen Medien in diesem Buch sehr ausführlich und wörtlich zitiert und hier ganz bewußt auch die satirische Karikatur mit in den Vordergrund gestellt. Denn auch die Medien oder besser gesagt deren Berichterstattung sind ein Spiegel ihrer Zeit, weil letzten Endes ein kalkulierender Herausgeber in seiner Zeitung das bringen wird, von dem er glaubt, daß es die Menschen lesen oder sehen wollen. Wenn wir also heute zurecht über das erschreckende Niveau dieser oder jener Zeitung oder Zeitschrift sprechen, dann müssen wir uns bewußt sein, daß der Umsatz als Parameter des Niveaus der Leserschaft Menschen mit alten Wertvorstellungen sehr oft in die Außenseiterrolle bringt. Angst und Neid sind Konsequenzen wachsender Orientierungslosigkeit der Menschen geworden. „Wir“ können uns selbst nicht mehr in eine vorgegebene, weil tradierte Welt- und Wertvorstellung eingliedern und müssen unsere gesellschaftliche Position im Vergleich mit anderen bestimmen, die aber ihrerseits ihre Position ebenso festlegen. So entwickelt sich die Psychologie einer Gesellschaft, in der es einem Menschen nicht gut geht, wenn es ihm gut geht, sondern schlecht, wenn es einem anderen besser geht. Durch ständige Überinformation, die er nicht mehr verarbeiten kann, wird der Bürger kontraproduktiv gezwungen, sich auf seine bewährten Vorurteile zurückzuziehen. Er bildet sich seine Meinung nicht mehr aufgrund einer Information, sondern aufgrund seiner schon bestehenden Meinung und nur diese entscheidet darüber, was für ihn als Information zu werten ist. In der Regel also nur das, was seine Meinung bestätigt. Abweichende Informationen sind interessensverdächtige Manipulationen oder werden überhaupt verdrängt. Ein Wunder, daß auch die Medien ebenso wie manche Politiker auf dieses neue Selbstverständnis der Menschen „aufspringen“. Die Massenhaftigkeit einer Aussage wird zu ihrer entscheidenden Qualität und das wesentliche Motiv eines Menschen, etwas zu meinen, wird seine Meinung, die anderen meinten es auch. Diese Identitätskrise des Menschen hat zur Folge, daß er sich und seine Rolle, die er in dieser so organisierten Welt spielt, nicht mehr zu definieren vermag. Er versteht weder die Welt noch sich selbst, noch die Sinnbezüge zwischen beiden. Der Bürger ist außerstande, seine Identität zu leben und zu erleben. Mit einem solchen Identitätsverlust verliert der Mensch aber auch die Ratio des gesamten Bezugssystems in dem er lebt aus dem Blick, was für ein auf Rationalität ausgelegtes politisches System verheerende Folgen haben kann. Eine Verständigung, ein Grundkonsens, ist in einer als prinzipiell unverstehbar empfundenen Welt nur bedingt möglich.

Gehen wir doch ruhig von der Annahme aus, daß das verstärkte Rechtsbewußtsein der Bevölkerung in Hinkunft den Begriff „gutes oder schlechtes Gesetz“ nicht mehr zulassen wird. Es wird nur mehr akzeptierbar und nicht akzeptierte Gesetze geben, wobei die Akzeptanzfrage nicht von der Akzeptabilität, also der subjektiven Annehmbarkeit des Gesetzes abhängig sein wird. Man könnte, um bei Fremdworten zu bleiben, sagen, daß die Effektivität der Gesetze von der Effizienz der Vollziehung abhängig sein wird. Der Gesetzgeber der Zukunft wird daher nicht nur seine legislative Macht, sondern auch die exekutive Ohnmacht des Staatsgefüges kennen müssen, um dem in der Menschenrechtskonvention verankerten Grundsatz der Verhältnismäßigkeit auch im polizeilichen Alltag, wie er in diesem Buch dargestellt wird, gerecht zu werden. Und gerade in diesem polizeilichen Alltag gilt wie überall noch verstärkt der Grundsatz: „Nur wer die Vergangenheit begriffen hat, kann die Zukunft kennen“.

Wien, im November 1992

DIE AUTOREN

Inhalt

Vorwort

Der Bundespräsident

Es ist ein weiter – und faszinierender – Bogen österreichischer Kriminal- und Sittengeschichte, den der Wiener Polizeipräsident Günther Bögl zusammen mit Harald Seyrl in diesem „WIENER POLIZEISPIEGEL" spannt. Ein Wort- und Bilderbogen, der von der „Wiener Tag- und Nachtwache" des Jahres 1547 über die „K.k. Polizeiwache" des 19. Jahrhunderts und über das kurze Intermezzo der „Schutzpolizei" der Hitler-Ära hinweg bis zur heutigen „Wiener Polizei" reicht.

Wer in diesem Buch blättert, der sieht schon allein an den Abbildungen der Uniformen der Polizisten und ihrer Ausrüstung den großen gesellschaftlichen aber auch kulturhistorischen Wandel von der Zeit der Türkenkriege bis zur Gegenwart. Die Wiener Polizei aber blieb in all diesen Jahrhunderten – über große und dunkle Tage österreichischer Geschichte hinweg – ihrem Auftrag treu: für Sicherheit und Ordnung im Interesse der Bürger dieser großen mitteleuropäischen Metropole zu sorgen.

Wir erleben gerade jetzt eine Zeit des dramatischen Wandels, in der Begriffe leicht ihre Inhalte verändern oder verlieren. Gerade am Begriff der „Sicherheit" wird diese Entwicklung besonders deutlich. Die alte, durch die Ost-West-Polarisierung scheinbar festgeschriebene europäische Sicherheitsordnung existiert nicht mehr – eine neue, die an ihre Stelle treten soll, ist noch nicht in Sicht.

In dieser Phase des geschichtlichen Umbruchs, in der viele Menschen von Sorgen, Ängsten und Ratlosigkeit um die Zukunft unseres Landes und des Kontinents erfüllt sind, scheint mir der Wunsch der Mitbürgerinnen und Mitbürger nach der Sicherung ihres persönlichen Lebensbereiches mehr als verständlich. Ich begrüße es deshalb, daß der Wiener Polizeipräsident in diesem ebenso interessant wie amüsant zu lesenden Querschnitt durch die Polizeigeschichte eindrucksvoll aufzeigt, wie sehr sich das Wiener Polizeicorps auch in schwierigsten geschichtlichen Epochen erfolgreich bemüht hat, die Sicherheit in dieser Stadt zu gewährleisten.

Die Lektüre dieses Buches, das eine Fülle von interessanten historischen Ereignissen mit großer Sachkenntnis und pointierter Feder wiedergibt, erfüllt uns aber auch mit Zuversicht. Ich bin überzeugt, daß die Wiener Polizei ihrer schönen Aufgabe, „Freund und Helfer" der Menschen dieser Stadt zu sein, auch in einer gewandelten Zeit mit hoher Professionalität, aber auch mit Menschlichkeit und Wiener Charme voll gerecht werden wird.

In diesem Sinne wünsche ich dem Buch „Die Wiener Polizei" und seinen Autoren eine breite Aufnahme durch die Öffentlichkeit – weit über unsere Bundeshauptstadt hinaus.

Zum Geleit

Der Bundesminister für Inneres

Wenn man dieses Buch über die Wiener Polizei durchblättert, dann kann man – vor allem als für die öffentliche Sicherheit in Österreich Ressortverantwortlicher – nicht umhin, den Autoren ein großes Lob zu zollen. Sie haben eine sehr anschauliche Chronik der Wiener Exekutive „im Spiegel der Zeiten" zustandegebracht – was einen nicht wundernimmt, wenn man die Persönlichkeiten kennt, die für diesen Band verantwortlich zeichnen. Beide sind auf ihre Weise Kriminalhistoriker – der eine, Wiens Polizeipräsident Dr. Günther Bögl, durch sein Amt, der andere, der Leiter des Wiener Kriminalmuseums, Harald Seyrl, durch seine jahrelange sammelnde und interpretierende Tätigkeit.

Es ist dies eine historische Dokumentation der Wiener Polizei im weitesten Sinne: In Karikaturen, fotografischen Darstellungen und zeitgenössischen Presseberichten wird ihre Tätigkeit dokumentiert. Wer sich für die Geschichte der Exekutive im Allgemeinen und die der Wiener Polizei im Speziellen interessiert, wird dieses Buch seiner Bibliothek einverleiben müssen.

So wünsche ich diesem Buch, seinen Autoren und seinen Lesern das Allerbeste: Nämlich, daß sie bei seiner Lektüre jene Ruhe und Sicherheit finden, die der Innenminister täglich durch seine Arbeit herzustellen wünscht.

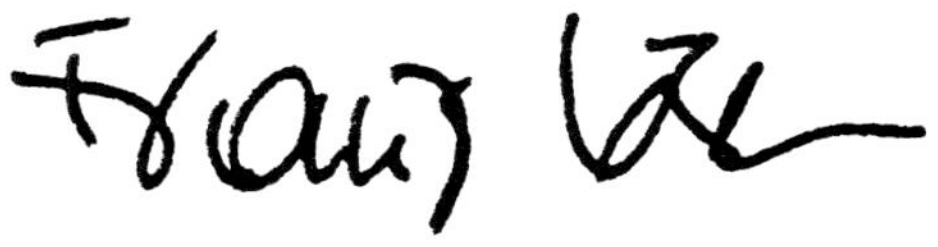

DIE GESCHICHTE DER WIENER POLIZEI BIS ZUR GRÜNDUNG DER SICHERHEITSWACHE IM JAHRE 1869

Die Wiener „Tag- und Nachtwache“ (60 Landsknechte, aufgenommen 1547)

Bereits zu Beginn des 16. Jahrhunderts tauche im deutschen Sprachraum der Begriff „Polizey“ auf, der „Gute Ordnung im Gemeinwesen“ bedeutete. Kaiser Ferdinand I. erließ 1527 eine „New Polizey- und Ordnung der Handwerker und Dienstleute“, die neben dem Verhalten der Handwerker auch anordnete, daß Meister und Gesellen dem Stadtrichter bei der Festnahme eines „strafmäßigen Verbrechers“ Hilfe leisten müssen.

1540 wurde in einer weiteren Polizeiordnung auf die zu verfolgenden „Unsitten des Zutrinkens, der Völlerei, der leichtfertigen Beiwohnung und den Kleiderluxus“ hingewiesen. In einer folgenden Verfügung desselben Jahres wurde bestimmt, daß die Anwesenheit „gefährlicher Fremder“ in der Stadt sofort und unverzüglich zur Anzeige gebracht werden müsse. Das Jahr 1543, als vom Wiener Stadtrat „verständige Personen als Aufseher und Kundschafter bestellt“ wurden, kann als der Beginn einer kriminalpolizeilichen Tätigkeit wohl angesehen werden.

Das Fischertor mit Stadtguardia
Ausschnitt aus dem Vogelschau-Plan von Jacob Hufnagel

„Thorsteer" (Torsteher-Torwachen) der Wiener Stadtguardia, Mitte 16. Jahrhundert

Eine eigene Hofkommission wurde 1560 vom Kaiser ins Leben gerufen, welche die Polizeiordnung zu handhaben hatte und sich „geheimer Exploratores" bediente. Diese hatten die Polizeiordnung zu überwachen.

Noch unter Kaiser Ferdinand I wurde auch die städtische „Tag- und Nachtwache" – der erste Ansatz einer Sicherheitswache – ins Leben gerufen – die spätere Stadtwache entstand (Bild 1).

Aus dieser entwickelte sich nun die noch städtische „Stadtguardia", welche im Jahre 1582 „verstaatlicht", also dem Landesfürsten unterstellt wurde. Da die Männer der Stadtguardia sehr schlecht besoldet waren, testattete man ihnen neben ihrer Tätigkeit im Sicherheitsdienst auch die Ausübung eines Gewerbes, wobei naturgemäß diese Tätigkeit bald in den Vordergrund trat. Es wurde aus diesem Grund im Jahre 1646 die „Rumorwache" zur Verstärkung aber auch als „Gegenpol" zur Stadtguardia geschaffen.

Die Stadtgardisten waren durchwegs rohe und auch gewalttätige Männer, die teilweise ihre „Amtshandlungen" nur unter Kontrolle eigens dafür bestellter Vertreter der Wiener Bürgerschaft durchführen durften. Nach Gründung der „Rumorwache" gab es zwischen den Angehörigen der beiden Wachkörper ständig Reibereien und auch tätliche Auseinandersetzungen, so daß 1741 – also bereits in der Regierungszeit Maria Theresias – die Stadtguardia aufgelöst wurde.

Im Jahre 1749 – also auch in der Regierungszeit Maria Theresias – gründete man neuerdings eine eigene „Hofkommission in Polizey-, Sicherheits- und Armenverpflegssachen" in deren Folge 1751 die landesfürstlichen „Viertelkommissäre" geschaffen wurden, also je ein Kommissär für ein Stadtviertel.

Bürgermeister von Thau, gleichzeitig Oberst eines Bürgerregimentes (1571).

Stadtguardia 1612
Es gab bereits eine uniformähnliche Kleidung – den weißen Rock. Die Bewaffnung bestand aus Spieß, Luntengewehr und Seitenwaffe.

Satire auf die „Policey-Ordnung" aus dem Jahre 1672
Man betrachte auch die auszugsweise Wiedergabe dieser Flugschrift auf der folgenden Seite.

Allerunterthänigste
Ehren-Defension
Oesterreichischer heylsamen Landsfürstl.
Policey-Ordnung/
Wieder alle
Dißfals befindliche ungehorsame Malcontenten und straffmessige Calumnianten
In trewhertziger Wolmeinung Componirt
durch
I. H. F. â F.
Im Thon
Wie man die Schäfferin mit der Spindl singet.

Gedruckt zu Wienn in Oesterreich/bey Matthæo Cosmerovio / Röm: Käys: Mayest. Hoff-Buchdrucker / 1672.

1.

Offt gewünschte Policey /
Oesterreicher Landen /
Tausendmal willkommen sey /
Von deß Käysers Handen /
Dessen milden Gnadenthron /
Kleider=Pracht hab seinen Lohn.
Jedermann soll sagen frey:
Heilsam ist die Policey.

2.

Ob sie zwar nicht allen recht /
(Wenig zu bedeuten)
Doch weiß man wer Herr vnd Knecht /
Jetzund bey den Leuten:
Wer die Fraw sey oder Dirn /
Wann Vortretter sich verliern.
Jederman soll sagen frey;
Löblich ist die Policey.

3.

Müssiggänger gantzen Tag /
Prangten auff dem Pflaster:
Hoffarth (kecklich sagen mag.)
Hielt man vor kein Laster:
Nun wird Zucht vnd Ehrbarkeit
Eingepflantzet mit der Zeit.
Jedermann soll sagen frey;
Heylig ist die Policey.

):(ij 4. Raum

Im weiteren entstanden „Gassenkommissäre", „Unterkommissäre" und „Hausnachseher". Aus der niederösterreichischen Regierung – also nicht städtisch – wurden 12 Räte und Sekretäre bestimmt, die in den vier Stadtvierteln und zwei Vorstadtdistrikten die polizeilichen Maßnahmen anzuordnen hatten. Wenngleich es dem kaiserlichen Reformstreben vorerst noch nicht gelang, die geplante „Polizeidirektion" zu errichten, so kam es doch zur Auflösung der unzureichenden Stadtguardia (1741) und 1776 zur Aufstellung einer militärisch organisierten „Polizeiwache". Für die vier Stadt- und acht Vorstadtbezirke wurden als Vertreter der Regierung je ein „Bezirksaufseher" bestellt, denen die polizeilichen Organe ihres Bezirkes unterstellt waren. Als Hilfsorgane wurden der Polizei nach französischem Muster sogenannte „mouches" – also Geheimagenten – beigegeben.

„Unter Gewehr stehende" Wache der Wiener Stadtguardia vor ihrer Unterkunft – um 1720

Stadtgardisten aus der Zeit vor Auflösung der Stadtguardia

Unter Kaiser Josef II., beraten durch den Regierungspräsidenten Graf Johann Anton von Pergen, wurde das Polizeiwesen einer großen und richtungsweisenden Reform unterzogen. Zahlreiche verwaltungspolizeiliche Aufgaben wurden dem Wiener Stadtrat zugewiesen.

Der bei der „Polizei-Oberdirektion" verbleibende Teil sah seine vornehmste Aufgabe in der „geschwinden und sicheren Entdeckung und Habhaftwerdung der im Lande vorhandenen und von auswärts eingeschlichenen Verbrecher..."

Zentrum der polizeilichen Arbeit dieser Zeit war aber auch der „Geheime Dienst", der mit der Staatssicherheit in Wien aber auch in den Kronländern betraut war. Im Jahre 1791 – also bereits unter Kaiser Josefs Nachfolger Leopold II. wurden in Wien zwölf „Polizeibezirksdirektionen" geschaffen, die der Polizei-Oberdirektion unterstellt wurden. Unter dem Einfluß der französischen Revolution und der Angst vor den österreichischen „Jakobinern" gründete man schließlich 1793 zur Wahrnehmung staatspolizeilicher Aufgaben die „Polizeihofstelle", welche Graf Pergen unterstellt wurde. Es wurden für diese Dienststelle sogenannte „Vertraute" angeworben, die – von der Bevölkerung verächtlich „Naderer" genannt – hauptsächlich die überaus strengen Zensurbestimmungen wahrnehmen mußten.

Sicherheitswache und Lampenanzünder

Rumorwache, 2. Hälfte 18. Jahrhundert

Wiener Stadtguardia

Satirisches Blatt

K. k. Polizeiwache bis 1837

Der Wiener Polizei-Oberdirektion unterstanden in diesen Jahren auch die noch in der josephinischen Zeit gegründeten Polizeidirektionen in den Hauptstädten der Monarchie, mit Ausnahme Ungarns. Leiter der Polizei-Oberdirektion war ein „Oberdirektor" im Range eines Wirklichen Hofrates, für staatspolizeiliche Maßnahmen war jedoch die „k.k. oberste Polizei- und Zensurhofstelle" zuständig.

Das polizeiliche Zensur- und Spitzelwesen durch den Präsidenten der Polizei- und Zensurhofstelle Josef Graf Sedlnitzky geradezu personifiziert, war eine der meistgehaßtesten Einrichtungen im Wien des Vormärz und einer der Hauptangriffspunkte der Revolution 1848.

Infolge der revolutionären Ereignisse des Jahres 1848 mußte die Militärpolizei vorerst einmal aufgelöst werden, die Besorgung eines Sicherheitsdienstes wurde einer städtischen Wache anvertraut. 1850 wurde im Auftrag des Kaisers von General Johann freiherr Kempen von Fichtenstamm das Gendarmeriekorps – als „Landessicherheitswache" geschaffen. Im selben Jahr wurde Kempen auch mit der Neuorganisation der Polizeibehörde betraut. 1852 konnte dieses Reformwerk als abgeschlossen angesehen werden.

Den Exekutivdienst nahm nun wieder eine „Militärpolizeiwache" und auch die „Zivilpolizeiwache" wahr, welche letztere den Dienst in Zivilkleidern versehen mußte und sich mit einer „Plaque" auszuweisen hatte.

Berittene k. k. Militärpolizei bis 1837

K. k. Militärpolizei bis 1848

K. k. Militärpolizeiwache 1854, berittener Zugsführer

K. k. Militärpolizeiwache aus der Zeit vor 1869

Im Jahre 1859 verfügte Kaiser Franz Josef I. die Auflösung der Obersten Polizeibehörde, es wurde ein eigenes „Polizeiministerium“ geschaffen. Die beginnende Liberalisierung sowie föderalistische wie auch wirtschaftliche Überlegungen führten 1861 dazu, daß zahlreiche polizeiliche Aufgaben den Ländern und Städten übertragen wurden. Auch die bestehenden Polizeidirektionen des Reiches – außer Wien – wurden den städtischen Verwaltungen übergeben. Auch das Polizeiministerium wurde wieder aufgelöst, die Oberhoheit über die Polizeibehörde vorerst einer „Polizeiabteilung des Ministerratspräsidiums“ übertragen, welche aber bald in der Zuständigkeit vom „Ministerium für Landesverteidigung und öffentliche Sicherheit“ abgelöst wurde.

In einem Erlaß vom 15. 2. 1870 wurde schließlich die Polizeibehörde endgültig dem „k.k. Ministerium des Inneren“ übertragen. An Stelle der bisherigen Militärpolizeiwache war 1866 kurzfristig eine kommunale Stadtwache entstanden, die jedoch bald wieder aufgelöst wurde.

Am 2. 2. 1869 kam das endgültige Ende der Militärpolizeiwache oder der wie sie im Volksmund genannten „Zaruckmänner“. Die neue „k.k. Wiener Sicherheitswache“ war entstanden.

Wenig später, am 25. Dezember 1870 erließ der Kaiser eine Entschließung, die besagte, daß ein „Institut der k.k. Polizeiagenten in Wien“ zu schaffen sei. Die Wiener Kriminalpolizei war entstanden.

Ein weiter Bogen – von der Tag- und Nachtwache des Jahres 1547 bis zur Gründung einer staatlichen Sicherheits- und Kriminalpolizei – soll uns die Entwicklung veranschaulichen, die zur Errichtung der Wiener Polizeibehörde mit einer annähernd gleichen Aufgabenstellung wie heute führte. In den nun folgenden Seiten dürfen wir die weitere Entwicklung der zur Institution gewordenen Behörde aufzeigen – ohne jedoch den Anspruch auf Vollständigkeit erheben zu wollen.

Ein Umstand wird aber den Lesern der nun folgenden Seiten ebenso bewußt werden, wie dies bei den Autoren der Fall war, als sie in monatelanger Kleinarbeit Seite an Seite gefügt haben: Auch wir sind nicht am Ende einer Entwicklung und auch unsere Generation hat keinen Anspruch auf den Letztstand des Wissens. Und so wird wieder einmal ein Buch über die Wiener Polizei entstehen und man wird auf die Bilder unserer Tage ebenso amüsiert blicken, wie wir es bei den dramatischen Ereignissen vergangener Zeiten so gerne tun. Aber vielleicht wird man in jener fernen Zeit wieder einmal zu dem Schluß kommen, daß „alles schon einmal dagewesen“ sei – und man wird dabei wohl auch das Jahr 1992 nicht ganz außer Acht lassen.

Hiesige Verhaftungen. | Englische Verhaftungen.

Hier setzt es oft großartige Raufereien ab, bis ein Dieb verhaftet werden kann — | Dort genügt die Berührung des Konstablers und Niemand setzt sich zur Wehre

Moral.

Das ist der größte Fluch des Vormärzes: daß viele Leute bei uns in der Polizei irrigerweise den Feind der Gesellschaft erblicken.

Kikeriki, 9. Februar 1865

K. k. Militärpolizist ex 1869

„MIT GOTT, FÜR KAISER UND VATERLAND“
Die Wiener Polizei in den letzten fünf Jahrzehnten vor dem Ende der Monarchie 1869–1918

Die Wiener Polizei dieser fünf Jahrzehnte war eigentlich auf Kaiser und Volk eingeschworen, weil sie den Begriff „Vaterland“ sehr stark mit dem Volk gleichsetzte. Das Knirschen im Gebälk der großen Monarchie war auch für sie unüberhörbar, doch gelang es überraschend lange, dieses von den eigenen Reihen fernzuhalten. So war die Wiener Polizei bei aller obrigkeitsstaatlicher Ausrichtung – die ihr das Tätigwerden in nachstehender Form allerdings sehr wesentlich erleichterte – in diesen Jahrzehnten in der Lage, sukzessive sozialpolitische Aufgabenstellungen zu arrogieren. Kein Zufall also, daß der letzte Polizeipräsident vor dem 1. Weltkrieg öffentlich feststellte, daß „die Polizei eine Wohlfahrtseinrichtung sein müsse, die in erster Linie sozialpolitisch zu wirken habe“. Wir haben daher auf den nachfolgenden Seiten stets versucht, die zeitgenössische Interpretation an der Polizei zugewiesenen Aufgabenstellung „Aufrechterhaltung der öffentlichen Ruhe, Ordnung und Sicherheit“ als ständigen Versuch eines Ausgleiches der auseinanderstrebenden Erwartungshaltungen des Obrigkeitsstaates, des liberalen Bürgertums und später der Sozialdemokratie zu zeichnen. Auch die damals schon evident gewordenen Probleme tausender Zuwanderer aus den Teilstaaten der Monarchie und die untauglichen Versuche der Obrigkeit, sie mit polizeilichen Mittel zu lösen, blitzen in diesen Jahrzehnten immer wieder facettenhaft auf den folgenden Seiten auf. In diese Zeitspanne fällt auch das Bemühen der Polizei, statt des Geständnisses von Festgenommenen sachliche Beweismittel den Gerichten für Verurteilungen anbieten zu können. Diese Entwicklung hat gerade im letzten Jahrzehnt dieses Jahrtausends durch die moderne Technik – wie sie auf den letzten Seiten des Buches sehen werden – einen besonders hohen Stellenwert erhalten und scheint damit auch einen Höhepunkt erreicht zu haben. Gerade auf den folgenden Seiten wird der Leser das Gefühl bekommen, daß alles schon da war, daß sich zwar vieles, was die Vorzeichen, die Gegebenheiten, die Rahmenbedingungen etc. betrifft, geändert hat – nur die Menschen nicht. Und wenn wir heute zu Recht feststellen, daß die Politik dem öffentlichen Bewußtsein folgen muß – und nicht umgekehrt, dann werden sie auch in der Folge sehen, daß die Polizei trotz rigoroser und sehr oft auch unflexibler Gesetzesvollziehung schon damals versucht hat, unter Ausnützung der gesetzlich nicht determinierten Freiräume diesen Grundsatz unpolitisch und nur im eigenen Selbstverständnis zu verwirklichen. Daß dies in einem Obrigkeitsstaat nur in kleinen und kleinsten Bereichen möglich war, kann und soll am tendenziellen Erscheinungsbild nichts verändern. Aus diesem Grund haben wir in diesem Buch auch keine „großen“ politischen Aussagen gemacht bzw. Darstellungen gegeben, sondern eher versucht, die zwischenmenschliche Kommunikation dieser Jahrzehnte in Bild und Wort aufzuarbeiten. Gerade der Wiener hat durch seine Sprichworte wie: „Fragen's an Wachmann“ vor, in und nach dieser Zeit stets sein besonderes Verhältnis und seine besondere Erwartungshaltung in dieser Richtung dokumentiert. Die breite Palette der Wiener Mentalität zwischen Mitleid und Verachtung, diskretem Wegblicken und Schaulust, zwischen schweigsamer Masse und lautstark schreiender Menge, gab Veranlassung, den Leser subtil an die Schere von subjektivem Sicherheitsgefühl und objektiven Sicherheitsverhältnissen heranzuführen. Vieles galang in diesen Dezennien tatsächlich nur mit Gottvertrauen, vieles nur durch die Macht des Kaisers und vieles vor allem im Sozialbereich war nur möglich durch die starke Identifikation mit dem Vaterland – einem Begriff, der sich in diesen Jahrzehnten schon begann von einer abstrakten Wertvorstellung zu dem konkreten Begriff „Bevölkerung“ abzuwandeln. Aus diesem Grund haben wir auch die Seiten „Mit Gott, für Kaiser und Vaterland“ bezeichnet, einer Parole, zu der sich wohl jeder Staatsdiener des alten Österreichs gläubig bekannt hatte.

Kundmachung.

Behufs Aufstellung einer k. k. Sicherheitswache für die Reichshaupt- und Residenzstadt Wien wird nunmehr mit der Aufnahme von Individuen, welche für diese Wache geeignet sind, begonnen.

Es werden daher solche Bewerber hiemit aufgefordert, ihre vorschriftsmäßig gestämpelten und mit Taufscheinen, Zeugnissen oder sonstigen Ausweisen belegten Gesuche im Präsidial-Bureau der k. k. Polizei-Direction, Stadt, Tuchlauben Nr. 4, einzubringen.

Hiezu wird Folgendes bemerkt:

Die k. k. Sicherheitswache bildet ein dem Polizei-Director untergeordnetes Civil-Institut und besteht unter der Leitung eines Central-Inspectors, aus Bezirks-Inspectoren, Inspectoren und Sicherheitswachmännern zu Fuß und zu Pferd.

Der Personalstand der Wache ist außer dem Central-Inspector und 14 Bezirks-Inspectoren auf 114 Inspectoren und 1237 Sicherheitswachmänner festgesetzt, wovon auf die berittene Abtheilung 2 Inspectoren und 30 Sicherheitswachmänner entfallen.

Von den 114 Inspectoren erhalten an Jahresbesoldung 57 Inspectoren I. Classe 600 Gulden,
57 „ II. „ 540 „

Von den 1237 Sicherheitswachmännern beziehen an jährlicher Besoldung 618 derselben 420 Gulden,
619 „ 360 „

Von den Inspectoren kann der Hälfte, von den Sicherheitswachmännern dem dritten Theile die Heiratsbewilligung ertheilt werden, und es beziehen daher von den ersteren 57, von den letzteren 412 ein Jahresquartiergeld von 100 Gulden.

Die Inspectoren und Sicherheitswachmänner, welche nicht im Genusse eines Quartiergeldes stehen, werden kasernirt.

Außer den bisher angeführten Bezugen erhalten die Inspectoren und Sicherheitswachmänner Alterszulagen und zwar nach

10 Jahren 40 Gulden jährlich,
15 „ 55 „ „
20 „ 70 „ „
25 Jahren 85 Gulden jährlich
30 „ 100 „

Bedingungen zur Aufnahme als Inspector oder Sicherheitswachmann sind:

1. Die österreichische Staatsbürgerschaft;
2. ein Alter von wenigstens 24 und höchstens 40 Jahren;
3. vollkommene Gesundheit und ein rüstiger Körperbau, bei einer Größe von mindestens 59 Zoll und einem entsprechenden Aeußeren;
4. ein in jeder Richtung unbescholtenes Vorleben;
5. vollkommene Kenntniß der deutschen Sprache, des Lesens, Schreibens und Rechnens, sowie die Fähigkeit, schriftliche Meldungen zu verfassen.

Beim Vorhandensein dieser unerläßlichen Erfordernisse sind vor Allem zu berücksichtigen:

a) solche Bewerber, welche einen höheren Grad von Intelligenz besitzen;
b) solche, welchen eine genaue Kenntniß der Localverhältnisse eigen ist.

Nur bei Vorhandensein dieser Eigenschaften haben bewährte ausgediente Unterofficiere der k. k. Gendarmerie, der Militär-Polizei-Wache und des stehenden Heeres, der Kriegs-Marine und der Landwehr im Sinne des §. 38 des Wehrgesetzes den Vorzug.

Die Aufnahme erfolgt auf eine sechsmonatliche Probezeit, während welcher jeder Aspirant ein Taggeld von Einem Gulden österr. Währung bezieht und kasernirt wird.

Vorläufig werden die neu Eintretenden durch 4–6 Wochen über ihre Dienstes-Obliegenheiten unterrichtet. Nach Ablauf dieser Zeit erhalten sie die Dienstkleidung und Rüstung und haben den Dienst zu übernehmen. Wenn ein Aspirant während der sechsmonatlichen Probezeit sich als geeignet nicht bewährt, kann er jeden Augenblick wieder entlassen werden.

Nach abgelaufener Probezeit und erwiesener Brauchbarkeit erfolgt die definitive Anstellung als Sicherheitswachmänner 2. Classe mit 360 fl. Gehalt, eventuell 100 fl. Quartiergeld.

Sobald die zuletzt zur Aufstellung gelangende Abtheilung diese Probezeit vollstreckt hat, werden aus den sämmtlichen Sicherheitswachmännern 2. Classe jene 1. Classe mit jährlichen 420 fl. und bei hervorragender Verwendbarkeit, sowie erwiesener besonderer Befähigung zur Leitung und zum Unterrichte von Untergebenen die Inspectoren mit 540 und 600 fl. österr. Währ., beziehungsweise mit dem Quartiergelde von 100 fl. ernannt.

Wien, am 10. April 1869.

Von der k. k. Polizei-Direction.

KUNDMACHUNG
Zur Aufstellung der k.k. Sicherheitswache in Wien
10. April 1869

Die in vollem Wortlaut abgedruckte Kundmachung von der Aufstellung einer k.k. Sicherheitswache erschien uns aus mehreren Gründen interessant. Einerseits wird zumindest programatisch manifest, daß die „Wache" durch schriftliche Meldungslegung vom passiven obrigkeitlichen Instrument zur aktiven rechtlichen Institution durch Eingliederung in den ordentlichen Gang der Verwaltung übergeführt wird. Zum anderen wird erkennbar, daß die Ablösung der bisherigen rechtlich und moralisch wenig geforderten Militärwachen durch die Sicherheitswache nicht nur die Schaffung einer Zivil-, sondern auch einer zivilisierten Wache vorsieht. Unter den Voraussetzungen für den Polizeidienst wird das erste Mal neben der vorangeführten Fähigkeit, schriftliche Meldungen zu verfassen auch „ein höherer Grad von Intelligenz" gefordert. Daß diese Eigenschaften bei den bisherigen Wachen nicht oder nicht zufriedenstellend vorhanden waren, beweist die Tatsache, daß ausgediente Unteroffiziere der k.k. Gendarmerie, der Militärpolizeiwache und des Heeres, Kriegsmarine bzw. Landwehr ausdrücklich nur bei Vorhandensein dieser Voraussetzungen in die neue k.k. Sicherheitswache übernommen werden durften.

Daß allerdings der höhere Ausbildungslevel nicht nur den anständigen, sondern auch den „unanständigen" Bürgern zugutekommen mußte, fand schon damals (und auch heute noch oft) nicht die ungeteilte Zustimmung der Bevölkerung. Dies zeigt uns der Karikaturist aus dem Jahre 1871 auf Seite 32 sehr nachdrücklich.

1869

August Rauscher, der erste mit der Führung der neuen k.k. Sicherheitswache beauftragte Zentralinspektor, wird nach Paris gesandt, um eine den Vorstellungen des liberalen Bürgertums entsprechende Uniform in bezug auf Schnitt und Ausführung zu finden. Schon immer hatten die Menschen von ihren Repräsentanten, waren es nun Fürsten, Könige oder kirchliche Würdenträger in Ausübung ihrer Funktion ein dem Ansehen der Stellung entsprechendes Aussehen verlangt. Die schweren, meist golden bestickten Ornate der Obangeführten waren somit ebenso wie die ersten Uniformen der Sicherheitswache und auch des Militärs nicht nach den Kriterien der Bequemlichkeit, sondern ausschließlich nach der Repräsentationsfunktion zu beurteilen. Diese Überlegungen kombiniert mit dem Pariser Chic wurden in den ersten Uniformen der neugegründeten k.k. Sicherheitswache auch deutlich sichtbar.

Vom rechtlichen Standpunkt allerdings war aber noch viel wesentlicher, daß die bisher von den „verwilderten" Militärwachen ohne Rücksicht auf Aus- und Ansehen durchgeführte Handhabung des staatlichen Gewaltmonopols nun von der zumindest formell kontrollierbaren Verwaltung desselben durch die neugegründete Sicherheitswache abgelöst wird. Mit dieser Änderung wurde auch der Beginn der grundlegenden Unterscheidung zwischen innerer und äußerer Sicherheit deutlich. Erstere bekommt dokumentarisch jenen Stellenwert, der in der Demokratie verfeinert und bis in die neue Zeit durch die drei Säulen Heer, Exekutive und Justiz manifestiert ist.

Übrigens: August Rauschers Uniform ist schon ein Ergebnis seines Parisbesuches.

Bezirksinspektor der berittenen k.k. Wiener Sicherheitswache in der Uniform des Jahres 1869 mit Filzhut und Stulpstiefel.

STUDIEN zur Uniformierung der k.k. Wiener Sicherheitswache, 1869

Die erste Uniform der Wiener Sicherheitswache 1869. Bezirksinspektor zu Fuß.

Die erste Uniform der Wiener Sicherheitswache 1869. Sicherheitswachmann zu Fuß.

Die erste Uniform der Wiener Sicherheitswache 1869. Sicherheitswachmann zu Pferde.

1870

Anton Ritter von Le Monier

Anton Le Monnier, Ritt. v.

9. März 1870 bis 17. Juni 1873.

Geboren 1819 zu Frankfurt a. M., trat im Jahre 1843 in den Staatsdienst, war 1847 Hofkanzlist der Polizei- und Zensurhofstelle, 1848—1849 Kanzleidirektor der militärisch-politischen Zentralkommission des Armeeoberkommandos in Ungarn, kam dann als provisorischer Polizeioberkommissär nach Salzburg, wurde am 18. Februar 1851 definitiver Oberkommissär und Leiter des neu organisierten Polizeikommissariates in Salzburg, 8. September 1853 Direktor der Polizeidirektion in Salzburg, die mit 1. September 1853 ihre Wirksamkeit als solche begonnen hatte. Am 17. Juli 1860 wurde er Regierungsrat und Polizeidirektor in Brünn, am 15. Dezember 1869 in den Ritterstand erhoben, 18. Oktober 1869 zum Polizeivizedirektor, am 9. März 1870 zum Ministerialrat und Polizeidirektor in Wien ernannt. Mit kaiserlicher Entschließung vom 7. Juni 1873 wurde dem Polizeidirektor in Wien die Genehmigung erteilt, ab 1. Juli 1873 den Titel „Präsident der Polizeidirektion in Wien" zu führen. Doch konnte Le Monnier keinen Gebrauch davon machen, da er bereits am 17. Juni an einer Lungenentzündung starb.

Wir haben in diesem Buch den Polizeipräsidenten von Wien stets eine Seite gewidmet, weil wir der Ansicht sind, daß in jeder großen Organisation dem Mann an der Spitze eine über die dekretmäßige Bestellung hinausgehende Funktion zukommt. Er hat einerseits einen wesentlichen Beitrag zur Motivation der jeweiligen Wiener Polizeibeamten zu leisten und andererseits durch seine Amtsführung die Erwartungshaltung der Bürgerinnen und des Bürgers in bezug auf Ruhe, Ordnung und Sicherheit zu bestätigen. Dem zeitkritischen Charakter dieses Buches entsprechend wollen wir mit diesen Kurzbiographien auch die Parameter für Selektion und Unterstützung der Verantwortlichen durch die Politiker streifen. Auf der anderen Seite ist der historische Abriß der jeweiligen Zeitereignisse ein Hinweis für die persönlichen Herausforderungen des Polizeipräsidenten und für seine leichte oder schwere, gute oder schlechte Amtsführung, die wieder auf das Stimmungsbild der Bevölkerung zur Staatsrepräsentation Rückschlüsse zuläßt.

1871

Schon einer der ersten Versuche einer Demokratisierung der Exekutive in Form von Gleichbehandlung aller Festgenommenen zeigt das Dilemma, dem sich die Polizei in der Erwartungshaltung des Bürgers bis heute gegenüber sieht. Viele Bürger erwarten schlicht und einfach, daß der Polizist eine – in dieser Form nicht einmal der Justiz übertragene – „Einschätzung" vorwegnimmt und schon bei der Festnahme seine Vorgangsweise zwischen „gestrauchelten Bürgern" und „ertappten Gaunern" differenziert. Folgt man dem Karikaturisten, dann wäre der wesentliche Indikator für diese Unterscheidung im Aussehen, also in der Kleidung des Menschen zu finden. Aussehen und Ansehen waren also demnach wieder einmal identisch. Daran hat sich – ob leider oder gottseidank bleibe dahingestellt – bis heute nicht sehr viel geändert. Die Soziologen haben die ursprünglich zu simple Formel „kapitalistischer Differenzierung" schon weitgehend den Erklärungsversuchen wie Respekt vor der Persönlichkeit des Gegenübers, Rückschluß auf Sauberkeit des „Gekleideten" u. a. untergeordnet.

Heute hat dieses Problem noch große Bedeutung bei der Forderung der Bevölkerung, gegen Jugendliche einzuschreiten, die sich nur durch langen Haarschnitt, unqualifizierbare Bekleidung u. ä. von der Masse unterscheiden. Die Unterscheidung des Bürgers in „anständige" und „unanständige" stand damals wie heute aber nur grundsätzlich dem Gesetzgeber, der die Spielregeln festlegte, und der Justiz, die nach diesen Normen durch Verurteilung oder Freispruch die Unterscheidung vornahm, zu. Jede Fehlleistung der Exekutive führt zur Kriminalisierung und ist contraproduktiv. Auf der anderen Seite ist Inaktivität für labile Jugendliche sofort Schwäche der anderen und führt zur Fortsetzung von Ordnungsstörungen, deren Grenze zur Kriminalität sehr nahe und manchmal schon verschwommen ist.

und während die polizeilichen „Zaruckmänner" von Anno dazumal! die anständigsten Leute ohne viel Veranlassung brutal in Arrest schleppten —

pflegen unsere „gebildeten" Sicherheitswachmänner den gefährlichsten Vagabunden mit Auszeichnung zu behandeln.

1871

Das Polizeigefangenenhaus am Salzgries, im Volksmund auch „Hotel Stern“ genannt...

Innenansicht der Hauptfront

Alle Neuerungen lassen sich nur Schritt für Schritt durchführen, wenn sie von einem ehrlichen und zielorientierten Bewußtsein auf menschliche Achtung geleitet werden. So kam die demokratische Aufbruchsstimmung zuerst im menschlichen Bereich durch Selektion, Schulung und Motivation der Beamten zum Tragen. In den technischen Bereichen wurden sie erst zeitversetzt wirksam. Ein Beispiel dafür ist das nachstehend abgebildete Polizeigefangenenhaus, nach dem Straßennamen auch als „Hotel Stern“ bezeichnet. Ironisch könnte man nach dem äußeren Eindruck schließen, daß diesbezüglich der Zeitgeist der Gleichheit vorerst nur in der Form dokumentiert war, daß zwischen den Aufenthalts- bzw. Unterkunftsbedingungen bei Gefängniswärtern und Gefangenen nach wie vor nur minimale Unterschiede bestanden haben dürften.

Wenn aber der Mensch sehr wesentlich ein Produkt aus Umwelt und Erziehung ist, dann muß im Strafvollzug, wenn man dessen Resozialisierungsfunktion nur halbwegs glaubhaft machen will, der Umwelt also auch der räumlichen Umgebung des Gefangenen Augenmerk zugewendet werden. Die heute oft gehörte Meinung „den Sträflingen geht es besser als den Anständigen in Freiheit“ sollte zumindest aus dem Gesichtspunkt der Unterbringung vorsichtiger als dies üblicherweise der Fall ist, beurteilt werden.

Figuren aus dem Polizeihause.

I.

Das Mittagsmahl der Arrestanten.

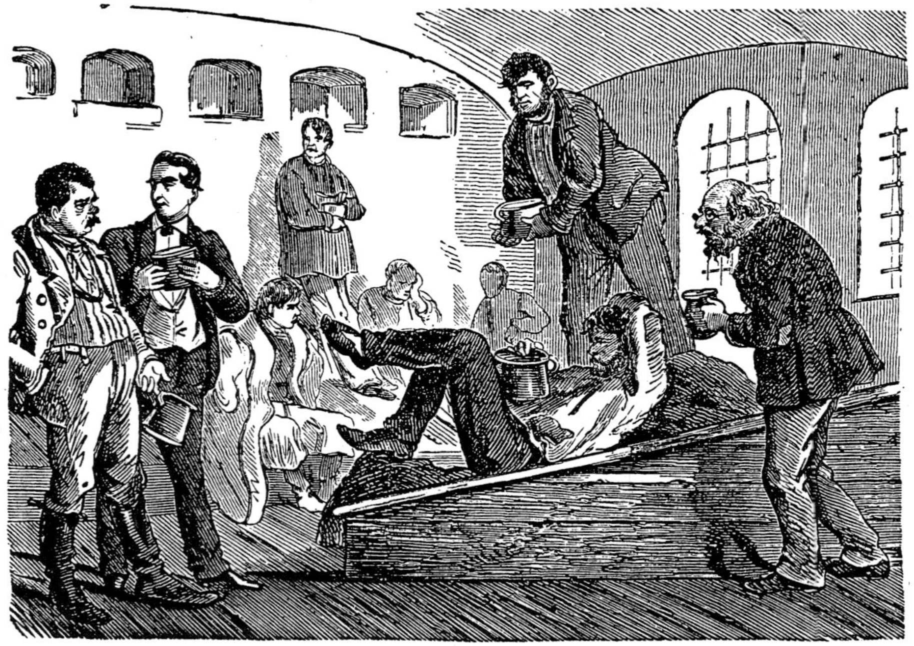

Illustr. Wiener Extrablatt, 28. November 1872

Die vorstehende Zeichnung repräs.ntirt eine kleine Skizze des Publikums im Polizei-Gefangenhause; unser Zeichner hat einige der zweideutigen Insassen der Vagabundenkaserne zur Zeit aufgenommen, wo sie, mit „Häferln" ausgerüstet, ihr Diner einnehmen.

[redacted] Einen peinlichen Eindruck macht rechts der grauhaarige Schnapsbruder, der offenbar im Rausche von der Straße weg aufgelesen und hieher gebracht worden zu sein scheint. So ehrwürdig das Alter sonst ist, so tief erniedrigend ist das Laster, wenn es uns in grauen Haaren entgegentritt.

[redacted].Die übrigen Gestalten ·pflegt man im Original wohl nur auf den „enteren Gründen" zu begegnen — vielleicht ein mit der Losung durchgegangener Kellner der Eine, ein ertappter Taschendieb der Andere, während man bei dem robusten Manne links mit dem Stiernacken und den roh glotzenden Augen die Verübung einer Gewaltthat als Ursache seiner Verhaftung voraussetzen möchte. Die Gesellschaft ist eben eine gemischte — Standesunterschiede spielen hier keine Rolle, man ist nicht stolz und wünscht einander guten Appetit.

Am ungenirtesten ist wohl jenes Individuum, das sich in klassischer Stellung auf der Pritsche breit macht; der Mann thut, als wenn er zu Hause wäre . . . .

Figuren aus dem Polizeihause.

II.

Illustr. Wiener Extrablatt, 1. Dezember 1872

Der ersten polizeihäuslichen Skizze, welche einige männliche Insassen des „Hotels St.rn" beim Diner darstellte, reihen wir hiermit die Vorführung einiger Damen an, die in ihrer traurigen Laufbahn eben in das Stadium der Abschiebung getreten oder gar zur Beförderung nach der Wohlthätigkeitsanstalt in Neudorf bestimmt zu sein scheinen.

Wer die Verderbniß kennen lernen will, in welche ein Theil der weiblichen Bevölkerung versunken ist, der findet im Polizeihause Stoff zu sehr betrübsamen Studien. Hieher kommen meistens nur Geschöpfe, deren Ehrgefühl sie auch im Polizeihause so wohlgemuth und heiter sein läßt, wie es die oben gezeichneten Damen zu sein scheinen. Eine des Nachdenkens werthe Frage wäre es aber auch, in welchem Grade für diese sittliche Verkommenheit nicht allein das Individuum, sondern auch die Gesellschaft, den Staat mit die Verantwortung trifft.

Für die bürgerlichen Menschen des Jahres 1872 – und Zeitungsleser waren als solche anzusehen – galt die unüberwindliche Mauer des Polizeigefangenenhauses in der Sterngasse als geheimnisvolle Barriere und Gerüchte über die Zustände in dem düsteren Gebäude waren in aller Munde. Diesem Interesse trug die zeitgenössische Presse Rechnung – in mehreren Folgen erschienen im vielgelesenen „Illustr. Wiener Extrablatt" die vorliegenden „Figuren aus dem Polizeihause" in Wort und Bild.

Der neue Zellenwagen.

Am Höhepunkt der liberalen Ära war die Wiener Polizei in all ihren Handlungen und Maßnahmen der strengen Beobachtung und kritischen Beurteilung der Öffentlichkeit ausgesetzt. Kaum war die Forderung nach Einführung zweckmäßiger und auch menschenwürdiger Arrestantenwägen seitens der Behörde erfüllt, galt der Durchführung dieser geforderten Maßnahme schon der Spott – die neuen „Zellenwägen" waren zu hoch für die niedrigen Einfahrten des alten Polizeigefangenenhauses in der Sterngasse. Auch das satirische Blatt „Kikeriki" übergoß die Polizei immer wieder mit Hohn. Das als geckenhaft empfundene „französische" Käppi der Sicherheitswache war Gegenstand ironischer Betrachtung (Bild links).

Ill. Wiener Extrablatt
18. Juli 1872

„Ihr Fuß ist halt nicht auf diese Stiefel gemacht!" sagte uns einst ärgerlich ein Schuster, als er uns ein Paar Stiefel ungefähr um die Hälfte zu klein gemacht hatte.

Der vorstehende Zellenwagen ist wieder etwas zu groß, resp. zu hoch ausgefallen, denn man kann nicht damit in's Polizeihaus hineinfahren, das Polizeihaus ist eben nicht „auf den neuen Zellenwagen gemacht" . . .

Wir haben früher den Herrn Hauptmann Paßler als Konstrukteur dieses Wagens genannt; dem ist jedoch nicht so, und indem wir hiemit das Herren Paßler zugedachte zweifelhafte Kompliment feierlichst zurückziehen, lassen wir dem k. k. Polizeiadjunkten Herrn Alexander Kabath gerne die ihm gebührende Ehre der Autorschaft.

Abgesehen jedoch von dieser etwas „zu hohen Höhe" ist der Wagen an sich recht sinnreich gearbeitet und wird, wenn der Fehler korrigirt ist, der Zweck desselben, nämlich der Transport der Gefangenen bei strenger gegenseitiger Absonderung, vollkommen erreicht werden.

Der Bemühung des Herrn Kabath verdankt die Polizei ferner, daß der Kostenpreis des Wagens sich nur auf 950 fl. stellt, während mehrere Fabrikanten 14—1600 fl. für die Herstellung desselben forderten.

Die Kastenlänge des Wagens beträgt 9 Schuh 10 Zoll, die Radhöhe der Vorderräder 3 Schuh, und die der Hinterräder 3 Schuh 6 Zoll, die Breite von Achse zu Achse 8 Schuh 10 Zoll, die Kastenhöhe 6 Schuh, die Fensterbreite 14 Zoll, Höhe 4 Zoll. Der ganze Wagen hat ein Gewicht von 21 Zentnern und ist mit 2 Pferden bespannbar.

Der innere Raum ist zu jeder Seite mit fünf verschließbaren, abgesonderten Zellen versehen in welchen von unten Ventile angebracht sind. Der Raum zwischen den Zellen ist für die Wachmannschaft bestimmt, welche durch die Luken die Gefangenen überwachen können.

In Folge des Kommissionsbefundes wird nunmehr die oben angebrachte Galerie beseitigt, und das Gepäck mittelst Riemen und Stricken befestigt werden — dann wird der Wagen es vielleicht doch erleben, in das Paradies des Polizeihauses einzugehen.

Dieser Sträflings-Omnibus wird nur auf den Linien Polizeihaus — Landesgericht, Polizeihaus — Bezirksgerichte 2c. verkehren. Die Fahrtaxe ist sehr billig gestellt, man fährt ganz umsonst.

1873

Wilhelm Marx Frh. v. Marxberg.

17. Juli 1873 bis 20. Jänner 1882.

Geboren am 21. Dezember 1815 zu Seelowitz in Mähren, trat 1838 als Konzeptspraktikant bei der Polizeioberdirektion ein, war dann von 1852 an bis 1868 Polizeidirektor in Kaschau, dann bis 1870 Polizeirat in Prag und wurde am 1. September 1870 zum wirklichen Regierungsrat und Polizeivizedirektor in Wien ernannt. Am 31. Dezember 1871 ging er als Hofrat und Polizeidirektor nach Prag zurück, wurde aber bereits am 17. Juli 1873 als erster Präsident der Polizeidirektion wieder nach Wien berufen, am 10. April 1875 in den Ritter-, 13. September 1881 in den Freiherrnstand erhoben und am 20. Jänner 1882 pensioniert. Er lebte nach 43jähriger Dienstzeit noch 15 Jahre und starb am 22. August 1897 in Mödling.

Sein Wirken als Präsident der Polizeidirektion ist eine Fortsetzung der Tätigkeit Le Monniers. Der unglückselige Ringtheaterbrand, mit dem sein Name verbunden bleibt, setzte seinen Bestrebungen ein jähes Ende. Unter ihm übersiedelte die Polizeidirektion im Jahre 1874 von dem Gebäude am Peter in ihr jetziges Heim am Schottenring.

Die neunjährige Amtszeit von Wilhelm Marx von Marxberg als Wiener Polizeipräsident begann und endete mit dramatischen Ereignissen. Erfolgte seine Ernennung nach dem plötzlichen Tod seines Vorgängers kurz nach Eröffnung der Weltausstellung in Wien – einem Jahr mit größten polizeilichen Anforderungen – so endete seine Amtszeit mit dem schrecklichen Ereignis des Ringtheaterbrandes. Ständig und kritisch von Presse und liberalem Bürgertum beobachtet, gelang es Marx, die letzten Reste vormärzlichen Gedankengutes innerhalb der Polizei zu beseitigen und die Behörde zu einer bürgerfreundlichen und transparenten Institution zu machen. Die Übersiedlung der Polizeidirektion vom altstädtischen Haus am Petersplatz auf den Schottenring in seiner Amtszeit war geradezu symbolisch für sein Wirken – für die Wiener Polizei hatte eine neue Zeit begonnen.

1873

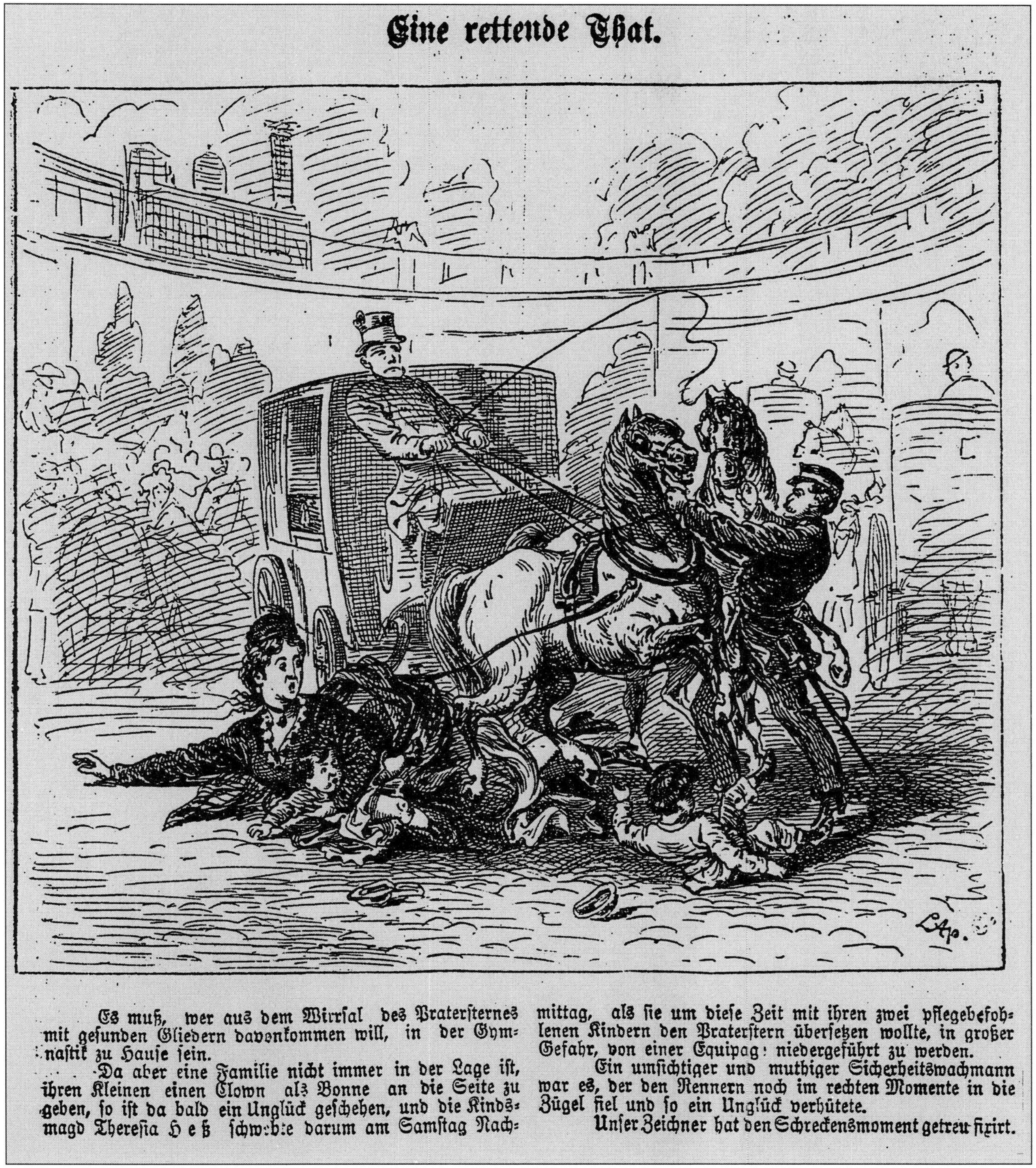

Eine rettende That.

Es muß, wer aus dem Wirrsal des Pratersternes mit gesunden Gliedern davonkommen will, in der Gymnastik zu Hause sein.

Da aber eine Familie nicht immer in der Lage ist, ihren Kleinen einen Clown als Bonne an die Seite zu geben, so ist da bald ein Unglück geschehen, und die Kindsmagd Theresia H e ß schwebte darum am Samstag Nachmittag, als sie um diese Zeit mit ihren zwei pflegebefohlenen Kindern den Praterstern übersetzen wollte, in großer Gefahr, von einer Equipage niedergeführt zu werden.

Ein umsichtiger und muthiger Sicherheitswachmann war es, der den Rennern noch im rechten Momente in die Zügel fiel und so ein Unglück verhütete.

Unser Zeichner hat den Schreckensmoment getreu fixirt.

Diese erste uns in dieser Art zugängig gemachte Karikatur zeigt neben der heute noch sehr wichtigen Funktion des Polizeibeamten als Lebensretter, auf die wir in der Folge noch zu sprechen kommen, ein sehr interessantes Detail: Wenn Sie das Bild genauer betrachten, sehen Sie im Hintergrund skizzierte Menschenmassen und dichten Fiakerverkehr am rechten Bildrand. Diese rein zufälligen Darstellungen lassen verbunden mit schemenhaften „Hochbauten“ am linken Bildrand eine Zeit heraufdämmern, die heute weltweit von vielen noch als Alptraum empfunden wird: der hilflose Mensch im Großstadtverkehr – hier vordergründig dokumentiert am Beispiel einer Mutter mit Kindern.

Kikeriki, 4. Juni 1874

1874

Die alte Polizeidirektion Am Peter

Das als „Hubhaus“ oder auch als „Vicedomhaus“ bezeichnete Gebäude Petersplatz 7 diente in den Jahren 1823–1874 als Sitz der POLIZEIOBERDIREKTION, später K.K. POLIZEIDIREKTION WIEN. Im vormärzlichen Wien war das Haus geradezu zum Symbol für polizeiliche Allmacht und politisches Konfidententum geworden. Mit dem Auszug vom Petersplatz im Jahre 1874 setzte die k.k. Polizeidirektion nicht nur eine räumliche Veränderung, es war auch der Abschied vom Polizeiwesen metternichscher Prägung gekommen.

Plaque der Zivilwache.

Die K.K. Polizeidirektion Wien

Das mächtige Gebäude Schottenring 11 wurde als „Hotel Austria“ für die Weltausstellung 1873 erbaut. 1874 – nach dem Ende der Ausstellung – wurde das Hotel vom Ärar erworben und für die Verwendung als Polizeidirektion adaptiert. Außer dem Polizeigefangenenhaus und der Sicherheitswache waren ursprünglich alle polizeilichen Zentralstellen Wiens hier untergebracht. Im Jahre 1945 wurde das Haus bei einem Bombenangriff fast gänzlich zerstört – wenige Jahre später die Ruine abgerissen.

Wiener Verbrecher-Album.

III. Maria Th.

Unserer Zusage gemäß geben wir den Wienern praktisch an die Hand, damit sie ihr Eigenthum zu wahren im Stande sind, und bringen wieder ein Porträt aus dem Verbrecher-Album — wieder einen Stammgast der Strafanstalten. Maria Th., 50 Jahre alt, wiederholt als Gewohnheitsdiebin abgestraft, befindet sich derzeit in Neudorf; es ist aber gut, sorgsame Hausfrauen im Vorhinein auf dieses gefährliche Weib aufmerksam zu machen, da es nach überstandener Strafe wohl das alte Geschäft fortsetzen wird. Marie Th. tritt in der harmlosen Gestalt einer Wäscherin auf und erlangt so auf die leichteste Weise Zutritt in Familien. — Unser Verbrecher-Album wird so Manchen davor warnen, den Dieben und Diebinnen die Thüre zu öffnen; schon jetzt heften vorsichtige Familien-Oberhäupter die im „Extrablatt“ erschienenen Gauner-Porträts an die Hausthüren und schärfen namentlich den Dienstmägden ein, die Originale niemals einzulassen. Wenn das „Album“ diese Wirkung hat, dann haben wir den damit beabsichtigten Zweck vollends erreicht.

Kokarde der Polizeiagenten

Bekanntgabe einer neuen „Maßregel" für das Wiener Sicherheitsbüro, welches durch eine kaiserliche Entschließung mit 25. Dezember 1870 als „Institut der k.k. Polizeiagenten in Wien" entstanden war.

Eine neue Maßregel im Sicherheits-Bureau.

In lobenswerther Weise geht die Polizei daran, das Detektive-Corps zu reorganisiren, es tüchtig auszurüsten, damit diese auf fortwährendem Kriegsfuße befindliche kleine, vielleicht zu kleine Truppe, den Kampf mit den Feinden der Gesellschaft mit mehr Aussicht auf Sieg unternehmen könne.

Vor einigen Tagen wurde den Mitgliedern des Detektive-Corps ein Erlaß bekannt gegeben, der den Zweck hat, die Agenten mit den Koryphäen der Verbrecherwelt bekannt zu machen. Der Grundgedanke darin ist ein trefflicher, doch ist es jedem Verbrecher nach den Bestimmungen dieses Erlasses so leicht, sich von der Maßregel zu befreien, daß namhafte Verbesserungen getroffen werden müssen, wenn diese neue Einrichtung den damit verbundenen Zielen entsprechen soll.

Jeder entlassene Sträfling, der zwei- oder mehrmals abgestraft ist, so bestimmt der Erlaß, und dessen Haft länger als 6 Monate gedauert, wird sowohl den im Sicherheits-Bureau stationirten Agenten, als auch den auf den einzelnen Kommissariaten exponirten Detektives zum Rapport vorgeführt und diese können nun den Mann auf's Genaueste und Eingehendste besichtigen.

Vor Allem muß man bedenken, daß es den Detektives fast unmöglich ist, die Gesichtszüge der tausend ihnen vorgeführten Entlassenen zu behalten, während es dem Verbrecher nur allzu leicht wird, sich die Physiognomie eines oder des anderen Detektives in's Gedächtniß zu graben. Trotz alledem wäre im Allgemeinen gegen diese Maßregel nichts Erhebliches einzuwenden, wenn es eben möglich wäre, sie konsequent durchzuführen.

Doch dem ist nicht so. Gerade die Hauptspitzbuben, die gefährlichsten Gauner wissen durch einen einfachen Kniff sich von dieser etwas unangenehmen Vorführung zu befreien.

Es gibt nämlich sogenannte Uebernahmskarten, welche den Verwandten oder Freunden eines Sträflings, wenn dessen Haft zu Ende, ausgefolgt werden.

Kommt nun der Tag der Entlassung, so findet sich der Freund oder Verwandte in der betreffenden Kanzlei des Landesgerichts ein, übernimmt den entlassenen Sträfling und entfernt sich mit ihm.

Solche „übernommene" Verbrecher sind nun von der Maßregel befreit und daß unsere Taschendiebe, Wohnungs-Einschleicher, Gewölbegauner von Profession immer „Freunde" und einen Herrn „Onkel" oder eine „Frau Tant'" finden werden, um sich übernehmen zu lassen, braucht nicht erst ausdrücklich erwähnt zu werden.

Die von Stein kommenden Verbrecher, also zumeist gefährliche Leute, die eine längere Haft abzubüßen hatten, werden, wenn sie nach Wien zuständig sind, hieher zugeschoben. Sie sind einfach — Schüblinge, wenn sie ankommen, werden sofort entlassen, können hingehen, wohin sie wollen, wenn sie nicht unter Polizei-Aufsicht gestellt sind.

Der Schub kommt nun um 12 Uhr Mittags an, der Rapport der Detektives wird um 8 Uhr Morgens abgehalten und die Schüblinge können bereits anderswo gestohlen oder gemordet haben, bis die Detektives neuerdings zusammentreten.

So geschieht es, daß Leute, welche, wie es ja oft vorkommt, durch Zufall, Noth ꝛc. ꝛc. zu Verbrechern geworden, sich der peinlichen Vorführungs-Prozedur unterwerfen müssen, während gerade jene Sträflinge, deren Rückfall voraussichtlich ist, von den Detektives nicht gekannt werden.

Soll eine Maßregel, wie es die eben besprochene ist, von Erfolg sein, dann muß sie entschieden, gleichmäßig für Alle und für Jeden, durchgeführt werden, und wir sind dessen gewiß, diese Zeilen werden die maßgebenden Kreise veranlassen, die nöthigen Verbesserungen zu treffen.

Ill. Wiener Extrablatt, 24. Juni 1875

1875

Der Fleischhauerkrawall in Hernals.

Wenn die Völker sonst weit hinten in Hernals auf einander schlagen, so hat das weiter Nichts zu bedeuten, da sowas im Reiche des Heurigen eine selbstverständliche Sache ist. Diesmal aber war's eine Prügelei mit einem Prinzip im Hintergrund, es handelte sich um die Lösung der Fleischfrage im engeren Vorortekreise.

Ein Fleischhauer hatte weniger aus Menschenfreundlichkeit, als weil er ein Geschäft zu machen hoffte, bei seinem auf dem Hernalser Markte am Turnerplatz stehenden Verkaufsstand das Evangelium des billigen Fleisches verkündet, er wollte zum Heil der minderbemittelten Menschheit das Rindfleisch um 20 bis 28 kr., das Kalbfleisch um 14 bis 26 kr. und das Schweinerne um 30 bis 32 kr. hintangeben; das war ein Donnerschlag für die anderen Fleischhauer des Bezirkes; sie sahen im Geiste, wie sich ihre vernachlässigten Rostbratl vor Sehnsucht selbst verzehrten, wie sie sich abhärmten und immer magerer wurden. Das schnitt den konservativ theuren Fleischhauern in's Herz und in ihrem Schmerze gingen sie, gestützt auf das Hernalser Völkerrecht, hin auf den Turnerplatz, wo der Abtrünnige aus der Ochsenvertheuerungszunft mittelst billiger Lungenbraten um die Gunst des Publikums buhlte, und trischakten ihn weidlich ab, bis die gerührte Polizei der Auferstehung der Fleischhauer ein Ende machte.

Das war die Schlacht der Schlächter vom Samstag voriger Woche und — am Montag da fing auch in Hernals die Fleischtheuerung von vorne wieder an.

Während der Aufbau im kriminalpolizeilichen Bereich, wie die Vorseite dokumentiert, konsequent vorangetrieben wird, muß die Sicherheitswache die neue Bürgernähe erst und auch in Krisensituationen beweisen. Der Wandel von der Biedermeieridylle in die jetzt so soziale Konfliktgesellschaft bringt neue Herausforderungen für die Exekutive. Die zeitgenössische Berichterstattung zeigt, daß diese den neuen Aufgaben zielbewußt nachzukommen trachtet. Der Sicherheitswachebeamte wird in einer Situation, die damals schlicht und einfach als Krawall bezeichnet wurde, als ruhender Pol dargestellt. Seine Handbewegungen demonstrieren auf der einen Seite die beruhigende und auf der anderen Seite die grundsätzlich zurückhaltende Funktion der neuen Exekutive. Eine Einstellung, an der sich in der Polizeistrategie bis heute nichts geändert hat. Daß in den zwischenzeitlich verstrichenen Jahrzehnten periodisch mißbräuchliche Verwendung der Exekutive andere Facetten erscheinen ließen, soll einerseits nicht verschwiegen werden, kann und darf aber andererseits an der zwischenzeitlich sowohl erkannten als auch anerkannten Grundeinstellung nichts ändern.

Daß die Kritik des Journalisten am offenkundig für einige oder viele zu wenig forschen Einschreiten der Beamten durch die Diktion „die gerührte Polizei“ ausgedrückt wird, spricht weder gegen den Journalisten, noch die vorstehenden Grundsatzausführungen.

Illustr. Wiener Extrablatt, 7. Oktober 1875

Vor nun dritthalb hundert Jahren war das schmierige Haus im Sterngassel die Reinstätte für die frommen Baarfüßer-Karmeliterinnen, heute wachsen dort um ein Bedeutendes weniger fromme Früchteln und der Respekt vor dem Alterthümlichen ist in uns so sehr geschwunden, daß uns das traurige Haus sogar sehr im Wege ist.

Kaiserin Eleonora, die Gemalin des frommen Kaisers Ferdinand II., mußte den Papst Urban VIII. gar lange und eindringlich bitten, bis er die Erlaubniß gab, daß sie auf ihre eigenen Kosten dieses Kloster erbauen durfte; jetzt könnte der Stadt Wien das schmutzige Winkelwerk auf dem Salzgries gleich gestohlen werden, sie würde darüber nicht einmal die polizeiliche Anzeige erstatten.

Um jene Zeit wohnte da eine ganz auserlesene Gesellschaft. Die Karmeliterinnen dieses Hauses rekrutirten sich aus den höchsten Gesellschaftskreisen und die Hofdamen der Kaiserin Eleonora konnten ihrer Herrin keinen größeren Gefallen thun, als wenn sie sich für das von ihr protegirte Kloster einkleiden ließen.

Freilich schlich sich schon bei der Fundirung des Hauses so eine kleine prophetische Andeutung auf die spätere Umwandlung desselben ein. Der Kaiser hatte nämlich damals das Recht, das nach einem Selbstmörder zurückgebliebene Vermögen einzuziehen und die Hinterlassenschaft eines solchen Selbstmörders diente mit dazu, das Kloster zu dotiren. Heutigen Tages ließe sich mit der Hinterlassenschaft eines Selbstmörders gar wenig stiften, denn sowohl die Habitués des Galitzinberges als die der Donau haben gemeiniglich nicht mehr als zwei, drei Kreuzer in der Tasche, wenn sie zum Sprung in's Jenseits ausholen.

Dem frommen Klosterleben am Salzgries wurde indeß im Jahre 1782 ein Ende gemacht. Die Gebeine der kaiserlichen Stifterin wurden von unter dem Altare der Klosterkirche ausgehoben und nach St. Stephan überführt, die Särge der verstorbenen Klosterfrauen wanderten auf den St. Marxer Friedhof und die noch lebenden Karmeliterinnen wurden fortgeschickt. Es fand sich ein recht nettes Vermögen, bestehend aus mehreren Stadthäusern, in Obligationen und in Baarem vor, weiters ein Keller voll ausgezeichneter Weine und andere Werthsachen.

Im Jahre 1784 wurde das verwaiste Kloster vom Aerar der Kommune Wien als Arrestlokal in's Eigenthum übergeben, die dann das ehemalige „Rumorhaus" auf dem Salzgries aufließ und die Einzusperrenden hieher verwies. Die vorstehende Zeichnung zeigt uns das Leben im heutigen Polizeigefangenhause. Die Szene spielt in jenem Theile des Spazier- und Arbeitshofes, der für die männlichen Inhaftirten bestimmt ist. Slovaken und polnische Juden, Wiener Strizzis und aus der Fremde Hergelaufene leben hier in holder Eintracht, bis der Schubwagen kommt, der dann wie eine Worfelschaufel die Spreu der bürgerlichen Gesellschaft in alle Winde fliegen läßt.

Aus dem Polizeigefangenhaus im Sterngassel.

Das Polizeigefangenenhaus in der Sterngasse (genauer zwischen Salzgries, Marc-Aurel- und Vorlaufstraße gelegen) war in den Siebzigerjahren des vorigen Jahrhunderts ein ständiger Stein des Anstoßes und ein berechtigter Punkt der Kritik des fortschrittlichen Bürgertums an der Polizeibehörde. Immer wieder nahmen Seuchen von dem als Gefangenenhaus verwendeten Siebenbüchnerinnenkloster ihren Ausgang, so daß immer wieder die Forderung nach einem Abbruch des Gebäudes laut wurde. Erst 1883 konnte dem Rechnung getragen werden und der alte Komplex fiel der Spitzhacke zum Opfer. Das Polizeigefangenenhaus übersiedelte 1882 in die Theobaldgasse – ebenfalls einem ehemaligen Kloster – bis es schließlich 1904 seine neue Heimstatt im neuerrichteten Polizeigebäude an der Elisabethpromenade (Roßauerlände) fand.

(Von der Polizei.) Aus bester Quelle erfahren wir, daß man im Ministerium des Innern an einer Vorlage arbeitet, wodurch der Wiener Polizeirayon bedeutend erweitert werden soll. Laa, Inzersdorf, der Wienerberg und die Gegend bis Schwechat würden hiernach dem Wiener Polizeirayon einverleibt werden. Die jüngsten Vorfälle in der Umgebung von Wien haben wahrscheinlich Anlaß zu dieser Rayonerweiterung gegeben. Auch steht die Umwandlung des Revierinspektorates Penzing und der Polizei-Expositur in Simmering in Kommissariate bevor. Der Polizeipräsident soll jüngst Gelegenheit gehabt haben, in einem längeren Vortrage dem Minister des Innern darzulegen, daß das schwierige und außerordentlich langsame Avancement der Polizeibeamten auf ihre Thätigkeit geradezu lähmend einwirke. So gibt es in Wien Beamte, welche 20 und 23 Jahre lang in der subalternen Kommissärsstelle sich befinden. Mit dem 1. Jänner dürfte eine Massenpensionirung der über 40 Jahre dienenden Räthe und Oberkommissäre und in dessen Folge ein ausgiebiges Avancement der subalternen Polizeibeamten stattfinden. Unter den Beförderten werden der Bezirksinspektor Wachler, der Kommissär Dr. Beck, der Inspektionskommissär am Franz Josephs-Bahnhofe, Völkert, der Inspektionskommissär am Südbahnhofe, Rohrweck (wegen seiner außerordentlichen Thätigkeit bei der Eruirung Francesconi's), Inspektionskommissär am Westbahnhofe, Wohl ꝛc. ꝛc. genannt. Zugleich soll eine starke Versetzung von Beamten stattfinden und wird als zukünftiger Leiter des Kommissariates Neubau ein sehr verdienstvoller Oberkommissär, der zugleich zum Polizeirath avanciren würde, bezeichnet. Auch in der Organisation der Sicherheitswache werden Reformen, zunächst eine Vermehrung des Mannschaftsstandes vorbereitet, wie auch die Zahl der Mitglieder des Detektivekorps auf 120 erhöht werden soll.

Illustr. Wiener Extrablatt, 24. Oktober 1876

Gesicht eines Sicherheitswachmannes,

der bei 18 Grad Kälte und bei Schneegestöber durch vier Stunden am luftigen Schwarzenbergplatz Wachdienst gehabt hat.

Karikatur aus der satirischen Zeitschrift „Kikeriki", in welcher der vierstündige Wachdienst und die mangelhafte Ausrüstung der Wiener Sicherheitswache während der Wintermonate kritisch betrachtet wird.

Eine Betheilung im Polizeigebäude.

Ill. Wr. Extrablatt, 1. März 1877

Um 10 Uhr Vormittag bietet der Hof der Polizeidirektion einen eigenthümlichen Anblick. Eine Menge von Menschen, denen man es ansieht, daß sie keine Kunden einer Fabrik feuerfester Kassen sind, umringt den Beamten, Herrn Stasny, der den Armen sodann einen gelben und einen weißen Zettel einhändigt, worauf sich die Betheilten still-vergnügt entfernen.

Diese beiden Zettel, welche in den Suppen- und Theeanstalten als Marken dienen, bedeuten soviel, als Suppe und Brod. Leute, welche jeden Mittag zu der Suppe noch ein saftiges Stück Fleisch und eine treffliche Mehlspeise haben, werden schwer die Freude Jener begreifen, die sich mit diesen Zettelchen glücklich fühlen. Man muß eben bitterarm sein und der Wind muß durch die zerrissenen, dünnen Hosen pfeifen, um die ganze Wonne, welche der Genuß einer warmen Suppe einflößt, zu verstehen.

Der werkthätig menschenfreundliche Polizei-Präsident hat verfügt, daß täglich eine bestimmte Anzahl von Suppen- und Theemarken an arme Leute vertheilt werde. Der Andrang wurde mit der Zeit ein so starker, daß das kleine Bureau im ersten Stocke nicht ausreichte, und man verlegte daher die Vertheilung in den großen Hof, der seinerzeit, als das Gebäude noch „Hotel Austria" war, als Speisesalon diente. So ist der Hof also seiner ursprünglichen Bestimmung wieder zugeführt worden, wenn auch die Gäste nicht so vorn[ehm] sind, als seinerzeit im Hotel.

Diese erste uns zugängliche Darstellung der Mitwirkung der Polizei bei der Erfüllung von Sozialaufgaben zeigt nicht nur die bis heute unveränderte Vielschichtigkeit ihrer Tätigkeit, sondern entspricht auch nach jüngsten Meinungsumfragen ihrem Selbstverständnis. Nach diesen Erhebungen stehen jene Tätigkeiten des Polizisten, die sich unter der Überschrift „Retten und Helfen" subsumieren lassen, in der Skala der von ihm selbst geliebten Aufgaben an der Spitze. Eine normative Festlegung der Polizeiaufgaben im Sozialbereich ist allerdings bis heute nicht erfolgt, obwohl sie in vielfältigsten Formen in der Erwartungshaltung der Bevölkerung bis heute erhalten sind.

Sicherheitswachmann Steiner

(Ein braver Sicherheitswachmann.) Wir haben bereits gemeldet, daß der Sicherheitsmann Joseph Steiner III. am 3. d. M. den 13jährigen Volksschüler Franz Sedlak, welcher nächst dem Dianabade in die Donau fiel, mit Gefahr des eigenen Lebens gerettet habe. In Anbetracht seines oft an den Tag gelegten Mannesmuthes bei Gelegenheit des Rettens von Personen vom Tode des Ertrinkens, wurde der brave Sicherheitswachmann in die höhere Gehaltsklasse übersetzt. Steiner hat im Laufe des vorigen Jahres drei Personen das Leben gerettet und erhielt aus diesem Anlaß wiederholt Remunerationen. Vom Kaiser wurde der Wachmann durch die Verleihung des silbernen Verdienstkreuzes ausgezeichnet. Steiner steht in der Leopoldstadt bei der Karlskettenbrücke.

Der Doppelselbstmord bei der Brigittabrücke.

Wir berichteten vor wenigen Tagen über den räthselhaften Selbstmord eines Mannes und einer Frau, die Sonntag Abends gegen 9 Uhr oberhalb der Brigitta-Brücke in den Donaukanal sprangen und trotz sofort angestellter Rettungsversuche in den Wellen ihren Tod fanden. Wir bringen heute, nach der Skizze eines Augenzeugen, die Scene im Bilde, da der Wachmann Ziegelbeck in den Donaukanal springt, um die Kleider der Selbstmörderin zu erfassen. Leider gelang ihm dies nicht. Der Kohlenausträger Rudolf, bedienstet in einer Kohlenhandlung an der Ecke der Waißhausgasse und Klosterneuburger Straße, warf rasch seinen Rock ab und sprang in die eiskalten Fluten. Der Wackere, der auch Mitglied der freiwilligen Feuerwehr vom neunten Bezirke ist, verzichtete auf die „lebende Kette", die sich am Ufer gebildet, und schwamm den Beiden, die allem Anscheine nach mit einem Stricke um die Mitte zusammengebunden waren, nach. Die Strömung riß aber die Selbstmörder ungemein rasch fort und unter der Brücke, wo die Dunkelheit doppelt stark ist, verschwanden die Beiden plötzlich ganz. Dem muthigen Schwimmer, der unter dem Einflusse der eisigen Kälte des Wassers seine Glieder erstarren fühlte, blieb Nichts übrig, als schleunigst zum Ufer zurückzuschwimmen, wollte er nicht selbst den Tod in den Wellen finden. Der arme Teufel mußte mit den triefenden Kleidern, die ihm am Leibe förmlich festfroren, auf das Commissariat gehen, um sich dort zu wärmen und seine Kleider trocknen zu lassen. Ganz ohne Folgen blieb auch dies eisige Bad nicht. Husten, Schnupfen, Halsschmerzen stellten sich ein und Rudolf kann von Glück sagen, wenn er ohne ernstliche Folgekrankheit davonkommt. Gibt es denn keine Belohnung für eine solche That? Diesem Todesmuthigen gebührte sie gewiß. — Wie gestern verlautete, sollen die Selbstmörder ein Harmonikamacher und dessen Geliebte, die mit ihm in gemeinschaftlichem Haushalte lebte, sein; doch ist diese Annahme bis jetzt durch Nichts erwiesen.

Die heutige Nummer ist 16 Seiten stark und enthält sechs Bilder: „Der Doppelselbstmord bei der Brigittabrücke" und „Die letzten Wahrzeichen Wiens" (mit fünf Illustrationen).

Illustr. Wiener Extrablatt
11. Jänner 1877

14. März 1878

Ein Opfer seines Berufes.

(Zum Bilde auf der ersten Seite.)

Der zehnte Bezirk war im Laufe der vergangenen Woche — wie wir seinerzeit gemeldet — wieder einmal der Schauplatz einer argen Nachtszene. Der Sicherheitswachmann Silvester Taucher, dessen Bild wir heute bringen, wollte Mittwoch Nachts den Vagabunden Anton Slama, den er selbst als Schubbegleiter schon über die Grenze eskortirt hatte, in der Himbergerstraße wegen verbotener Rückkehr arretiren. Auf dem Wege zum Polizeikommissariate überfiel Slama jedoch den Wachmann und brachte diesem nach längerem Kampfe mit einem Taschenmesser mehrere Stiche in der Brust und dem Kopfe bei, in deren Folge Taucher bewußtlos zusammenstürzte, während der Vagabund die Flucht ergreifen konnte.

Der pflichtgetreue Wachmann, der so das Opfer seines Berufes wurde, befindet sich seither im Wiedener Spitale und hat sich dessen Zustand mittlerweile so weit gebessert, daß er sich schon in den nächsten Tagen zu seiner Familie wird transportiren lassen, um unter der Pflege seines Weibes gänzlich genesen zu können.

Silvester Taucher, der im 31. Lebensjahre steht, hatte früher bei der Gendarmerie gedient. Dem Sicherheitswachkorps gehört er seit fünf Jahren an.

Das „Wiener Extrablatt“ erscheint täglich, auch Montag, und kostet die Nummer im Einzelverkaufe 4 kr. ö. W.

Pränumerationsbedingnisse:
Für Wien:
monatlich . . . . ö. W. fl. 1.10
mit Zustellung in's Haus fl. 1.30

Für die Provinz mit freier Postzusendung:
monatlich . . . . ö. W. fl. 1.40
vierteljährig 4.20
halbjährig 8.40

Unfrankirte Briefe werden nicht angenommen.

Illustrirtes Wiener Extrablatt.

Eigenthümer und Herausgeber: F. J. Singer.

Redaction und Druckerei: (wohin alle Zuschriften zu richten sind) IX., Berggasse 31.

Administration, Expedition und Inseraten-Aufnahme: I., Schulerstraße 16.

Inserate vom Auslande übernehmen für unser Blatt auch die Herren Haasenstein & Vogler, Rudolph Mosse, A. Oppelik und alle Annoncen-Agenturen in den Hauptstädten Europa's.

Manuskripte werden nicht zurückgestellt.

Ein Detektiv — erstochen.

(Orig.-Ber. des „Ill. Wr. Extrablatt“.)

Gestern Nachmittags wurde ein Organ der Polizei in Ausübung seines Berufes das Opfer eines Verbrechens.

Es sollte der Tischlergehilfe Philipp Brapotnik wegen eines kriminellen Diebstahls verhaftet werden. Das Kommissariat Mariahilf betraute mit der Ausführung dieser Maßregel den Detektiv Philipp Blachner. Dieser verfügte sich, dem erhaltenen Auftrage gemäß, in die Wohnung der Mutter Brapotnik's, der Malersgattin Antonie B., Magdalenenstraße Nr. 35, und erklärte den Tischler für verhaftet.

Anscheinend will'g folgte der Arrestant, als jedoch der Detektiv einen Schritt vortrat, zog B. ein Taschenmesser und versetzte dem Detektive ehe sich's dieser versah, mit solcher Kraft vier Stiche in den Kopf, daß der Gestochene mit einem Schrei zu Boden stürzte. Blachner griff mit der linken Hand nach dem erhaltenen ersten Stiche an den Kopf und der Tischler, der sich wie wüthend geberdete, durchstach auch diese.

Die Mutter B.'s machte sofort Lärm, Wachmänner eilten in die Wohnung und verhafteten den Attentäter, der dem Landesgerichte eingeliefert wurde.

Die Ver etzungen Blachner's sind nach ärztlichem Ausspruche schwere; der Verwundete wurde in das Spital geschafft.

3. Juli 1878

1878

Eigentlich ist auch heute noch der Tod eines Exekutivbeamten den Medien einen Aufmacher wert, wie dies auf Seite 46 vom Illustrierten Wiener Extrablatt dargestellt wird. Wenngleich auch der Tod nach fast 12 Dezennien nach wie vor mit vielem anderen zum Berufsrisiko des Polizisten gehört, ist es – so glauben wir – doch gelungen, die Kriminalitätsbelastung so zu halten, daß Mord, an wem immer, in Wien im Gegensatz zu anderen Weltstädten nicht zum Alltagserlebnis und damit zum Einspalter auf Seite 3 der Printmedien wird.

Erhalten hat sich allerdings auch – wie an nebenstehender Karikatur dokumentiert wird – die Tatsache, daß es nach wie vor (nur mit anderen Beispielen) des gewaltsamen Todes eines Exekutivbeamten im Dienst bedarf, um in den Medien die Frage zu diskutieren, ob die Bezahlung dieser Menschen tatsächlich im Einklang mit ihren Gefährdungen und der durch Nacht-, Sonn- und Feiertagsdienst gegebenen Belastungen seiner Familie steht. Sicher wird man den Beruf des Polizisten nie aus materiellen Erwägungen, sondern wirklich nur aus Idealismus am Dienst an der Bevölkerung ergreifen, damals aber wie heute sollte ein dem Einsatz von Leben und Gesundheit entsprechendes Äquivalent gefunden werden.

Man mag einwenden, daß dies auch in den meisten anderen Staaten der Fall ist, und man halt die daraus resultierende Gefahr von Korruption in Kauf nehmen müßte. Für die Wiener Polizei (was selbstverständlich für diese in Österreich keinen Alleinanspruch begründen soll) ist dazu aber festzustellen, daß es Korruption nach 1945 nie in einer über die Unterschlagung von eingehobenen Organmandatsgeldern hinausgehenden Form gegeben hat. Auch dies sollte – wenngleich selbstverständlich – im Rahmen dieses Buches einmal erwähnt werden.

Der schlechtbezahlte Sicherheitswachmann in der Karikatur

DIE PERLUSTRIERUNG

Eine Vorschußkasse für die Sicherheitswache.

(Original-Bericht des „Ill. Wiener Extrablatt“.)

Als die große Bewegung gegen die Wucherer begann und die Geldgeber der Sicherheitswache als erste Opfer der Ausweisungsmaßregel aus Wien weggewiesen wurden, haben wir schon damals in dem Berichte darauf hingewiesen, daß eine gründliche Rettung der schlecht besoldeten Wachen aus den Händen der sie arg bedrängenden Wucherer nur durch Errichtung einer Vorschußkasse für Wachen und Inspektoren ermöglicht werden könne. Wir wiesen zugleich auf das Unterstützungsinstitut der Sicherheitswache hin, welches einen großen Fonds besitzt und leicht in der Lage wäre, einen Theil desselben für Darlehenszwecke abzugeben.

Mit großer Befriedigung erfüllt es uns, daß diese zuerst im „Extrablatt“ angeregte Idee auf fruchtbaren Boden gefallen ist.

Schon am 7. d. M. wird die neue Vorschußkasse der Sicherheitswache ihre Thätigkeit beginnen.

Der Ausschuß des Unterstützungsinstituts begab sich sofort, nachdem in unserem Blatte die bezügliche Anregung enthalten war, zu dem Polizeipräsidenten Ritter von Marx und der humane Leiter unserer Sicherheitsbehörde erklärte sich im Prinzipe sofort für die Errichtung der Vorschußkasse, bat jedoch um Vorlegung des organischen Statuts. Dies geschah bald darauf und der heutige Tagesbefehl der Sicherheitswache enthält bereits die Genehmigung zur Errichtung der Vorschußkasse.

Der Befehl lautet:

„Der Herr k. k. Polizeipräsident hat im Sinne des § 30 des Statuts des Unterstützungsinstitutes der k. k. Sicherheitswache nach Anhörung des Ausschusses eine theilweise Aenderung dieses Statutes, betreffend die Errichtung einer Vorschußkasse genehmigt.

Die Vorschußkasse wird am 7. d. M. ihre Thätigkeit beginnen. Die Vorschußkasse wurde errichtet, um Inspektoren und Sicherheitswachen, welche unverschuldet in eine Nothlage gerathen sind, Darlehen unter möglichst billigen Bedingungen zukommen zu lassen und dieselben auf diese Art vor Bewucherung zu bewahren. Ich gebe mich der Hoffnung hin, daß die Wache den Werth dieser Institution erkennen und dieselbe in keiner Weise mißbrauchen wird.

Der Zentralinspektor:
Roth.

5. Juni 1897

Die satirisch-humoristische Zeitschrift „Kikeriki" persiflierte seit 1860 immer wieder staatliche und öffentliche Einrichtungen. Besonders die 1869 eingeführte Uniform der Wiener Sicherheitswache mit ihrem stark französischem Einschlag gab immer wieder Anlaß zu ironischer Betrachtung. Die Zeichnung des als Franzose (Napoleon III.) „verkleideten" gemütlichen Wiener Wachmannes (Bild links) kann dafür als typisch angesehen werden.

Die Polizei in Ziffern

Allwissend ist sie nicht — doch viel ist ihr jedenfalls bekannt, der löblichen Polizei-Direction. und wenn man das gelbe Büchl, das gestern die Presse verlassen hat und in 167 Seiten die Polizei-Verwaltung Wiens im abgelaufenen Jahre schildert, durchblättert, so sieht man erst, wie die Polizei in alle Schichten der Gesellschaft eingreift.

Man erhält dabei auch einen Einblick in die Unmasse von polizeilichen Verordnungen und Vorschriften und der Staatsbürger kann sich ein Compliment machen, der sich sagen darf, daß er auch nicht über eine einzige dieser Vorschriften gestrauchelt ist.

Da gibt es eine Uebertretung des „Eishackens im Donaukanal", des „Sitzens auf dem Fleische", des Fütterns der Pferde aus offenen Gefäßen, ferners mangelhafter Dachrinnen, verspäteter Anmeldung von Parteien, unbefugter Haltung von Tanzmusik, vorschriftswidrigen Fensterputzens, Trunkenheit, unanständigen Benehmens in einem öffentlichen Local. Man sieht, daß auf dem Pfade des unbescholtenen Lebenswandels neben den gewaltigen Hindernissen des Strafgesetzbuches, eine ganze Menge niedriger Verhaue von polizeilichen Verordnungen liegen, an denen man leicht hängen bleiben kann.

Aus dem statistischen Materiale der Bücher entnehmen wir, daß das Jahr 1879 dem 14.966 Hektaren umfassenden Flächenraume des Polizeirayons eine Bevölkerungs-Zunahme von 35.797 Seelen gebracht hat und Wien mit Umgebung 1,114.319 Civileinwohner und 200.000 Soldaten zählt.

Geboren wurden in Wien 28.471, in den Vororten und Umgebung 13.773 Personen, gestorben sind in Wien 21.438, in den Vororten und Umgebung 11.065 Personen.

Der Fremdenverkehr war im Jahre 1879, dem Festzugsjahre, kein besonders bedeutenderer als in den vorhergegangenen Jahren. Im Jahre 1876 besuchten 146.054, im Jahre 1877 146.748, im Jahre 1878 147.377 und im Jahre 1879 151.968 Fremde die Reichs-Hauptstadt.

Im Monat April des Vorjahres weilten 12.728 Fremde hier, der gleiche Monat der früheren Jahre weist nur eine ganz unmerkliche Minderzahl auf und im April des Jahres 1877 besuchte die gleiche Fremdenanzahl, nämlich 12.715, Wien. Der beste Monat für die Hoteliers war der September, es wurde in diesem Monate die Anwesenheit von 18.271 Fremden verzeichnet.

Natürlich sind hier nur die in den Hotels einlogirten Fremden gerechnet. Die Gäste aus den Provinzen, die bei Verwandten und Bekannten leben, sind in den seltensten Fällen gemeldet, und deren Zahl dürfte die Gemeldeten um das Zehnfache überschreiten.

Sehr interessante Aufschlüsse gibt uns das Buch über den Verkehr in Wien. Wir hatten im Jahre 1879: Fiaker 954, Einspänner 1217, Stellwagen 736, Stadtlohnkutscher 135, Landkutscher 10, Hotelwagen 8, Linien-Fuhrwerke 172, Großfuhrwerke 41, Kleinfuhrwerke 488, Tramwaywagen 500, Wagen der Neuen Tramway 30, Sesselträger 3.

Im Jahre 1877 gab es in Wien noch 1008 Fiaker, im Jahre 1878 nur mehr 964 und im nächsten Jahre verminderten sich die Fiaker wieder um 10 Nummern; auch bei den Einspännern ist eine stete Verminderung der Wagen eingetreten, ebenso bei den Stellwagen; desto reger ist der Tramwayverkehr.

Im Jahre 1877 hatten wir 1233, im Jahre 1878 1221 Einspänner.

Nicht weniger als 37 Verordnungen sind es, welche die Fiaker und Einspänner übertreten können, und sie machen von dieser Möglichkeit den ausgedehntesten Gebrauch, denn das Lohnwagenamt zeigt in einer statistischen Tabelle, in welcher 4568 Strafamtshandlungen aufgeführt sind, seine rege judicielle Thätigkeit. Die Tax-Ueberschreitung ist und bleibt die beliebteste Uebertretung unserer Fiaker und Einspänner — es kamen 2787 Fälle zur Anzeige.

Sehr lehrreich ist ein Vergleich der Tabellen über die Anzahl der öffentlichen Locale, Hotels und Gasthäuser mit den Tabellen der Vorjahre.

Während im Jahre 1877 nur 70 Hotels bestanden, hatten wir im Jahre 1878 deren 161 und im Jahre 1879 sank die Zahl wieder auf 152 herab; die Hôtels garnis vermehren sich dagegen mit jedem Jahre, 1877 bestanden 16 und 1879 gab es schon 43. Die Zahl der Kaffeehäuser ist vom Jahre 1877, wo sie 605 betrug, auf 587 gesunken. Ein starker Niedergang ist bei den Bierhallen und Restaurationen eingetreten — während es im Jahre 1877 deren 418 gab, hatten wir 1879 nur mehr 275. Die Zahl der kleineren Gasthäuser, Weinstuben und Schänken ist dafür seit 1877 von 2484 auf 2904 gestiegen.

Das Princip, keine neuen Concessionen zu Branntweinschänken auszugeben, wirkt sehr wohlthätig und ist eine Verminderung der Anzahl dieser verderblichen Gifthütten seit dem Jahre 1877 von 1749 auf 1653 eingetreten.

Volksküchen und Suppen- und Theeanstalten haben sich vermindert, sonderbarerweise mit den Concurrenz-Instituten auch die Auskochereien.

Während es im Jahre 1877 12 Volksküchen, 133 Auskochereien und 19 Suppen- und Theeanstalten gab, zählte man im Jahre 1879 nur mehr 9 Volksküchen, 111 Auskochereien und 10 Suppen- und Theeanstalten.

Nicht minder interessant sind die der Prostitution gewidmeten Tabellen, die wir gleichfalls einer Vergleichung unterziehen wollen.

Im Jahre 1877 waren 1284 Damen mit dem Gesundheitsbuche versehen, im Jahre 1878 — 1367, im Jahre 1879 — 1484. Der Bericht des Jahres 1877 gesteht jedoch zu, daß außer den 1284 Frauenzimmern noch 413 als der Prostitution verdächtig in Evidenz standen, und diese Liste, die doch nicht minder interessant wäre, ist

so ergibt sich, daß 1900 Frauenspersonen dieses Leben geführt haben. Unter den 1900 kamen 576 syphilitische Erkrankungen vor.

Außerordentlich übersichtlich ist die Tabelle zusammengestellt, welche die im Rayon begangenen Verbrechen und Vergehen aufweist.

Es ist uns heute nicht möglich, diesem Abschnitt die gebührende Aufmerksamkeit zu schenken; wir beschränken uns darauf, die interessantesten Facten hervorzuheben.

Im Ganzen wurden von der Polizei-Behörde eilf Mörder dem Gerichte zur Anzeige gebracht, und zwar vollbrachter Meuchelmord: Leopold Winkler an Leopoldine Hänsel, der Thäter wurde verurtheilt; Carl Koffler an Dr. Ignaz Mühlhauser, Thäter entleibte sich; versuchter Meuchelmord: Franz Mathias an Josepha Reich, der Thäter wurde verurtheilt; bei einem zweiten Falle Caroline Sch. an Martha Hedwig und Emma Rohr wurde die Untersuchung eingestellt; vollbrachter Raubmord: Franz Prikossowith an Aloisia Parusek (Eszterhazygasse), Heinrich Balmer an Amalia Feuchtenschläger; ein zur Anzeige gebrachter versuchter Raubmord (Antonia Fritze an Theresia Neubauer) wurde durch Verurtheilung wegen Raub und schwerer körperlicher Verletzung erledigt; vollbrachter Mord: Adolph Kudl an Barbara Kudl, Anton v. Stölzer an Helene v. Hartelendy, in beiden Fällen entleibten sich die Thäter; versuchter gemeiner Mord: Franz Quarda an Rosalia Quarda, der Thäter wurde verurtheilt, im zweiten angezeigten Falle (Thomas Pospischil an Maria Pospischil) wurde der Thäter wegen schwerer körperlicher Verletzung verurtheilt. Auch ein Fall von Verleitung zum Morde (Kubat) kam vor.

Im Jahre 1877 brachte die Polizei 3 Raubmorde, 4 Raubmordversuche, 8 Meuchelmorde (darunter einen Doppelmord), 11 Meuchelmord-Versuche zur Anzeige, im Jahre 1878 5 Meuchelmorde, 7 Meuchelmord-Versuche, 1 Raubmordversuch, 2 gemeine Morde und 5 versuchte gemeine Morde.

Im Ganzen wurden 5270 Verbrechen im Polizei-Rayon Wien begangen.

Illustriertes Wiener Extrablatt, 27. 7. 1880

Interessant ist er schon, der vorstehende Sicherheitsbericht der Wiener Polizei aus dem Jahre 1880. Drei Viertel davon werden Problemkreisen wie Statistiken über Fremdenverkehr, Hotelerie, öffentliche Lokale, Gasthäuser, Prostitution und Verkehr gewidmet. Erst und nur im letzten Viertel widmet sich der Bericht den begangenen Verbrechen und Vergehen, wobei ausschließlich nur auf Morde und Mordversuche Bedacht genommen wird. Die heute für das subjektive Sicherheitsgefühl der Bevölkerung so maßgebliche Aufklärungsziffer wird 1880 mit keinem Wort erwähnt.

Der Streit um die Nummerntafeln...

Die 1880 sehr lebhafte Diskussion um die Numerierung (Kennzeichnung) der Fiaker und die steigende Einbruchskriminalität inspirierten den Zeichner zu obiger Darstellung. Auf unsere Zeit übertragen, wäre sie mit der Diskussion um die Kennzeichnung der Radfahrer und die in den Medien – wenngleich auch nicht mehr in einer liebevollen Karikatur, sondern mit deutlichen Worten – immer wieder erhobene Forderung nach Rückstellung der Verkehrsüberwachung zugunsten von mehr Effizienz bei der Bekämpfung der Gewalt- und vielleicht Eigentumskriminalität zu vergleichen. In letzter Zeit sind allerdings diese Forderungen immer seltener und milder geworden, vielleicht ein Beweis dafür, daß man in der Bevölkerung erkannt hat, daß sämtliche Raubmörder und Totschläger Österreichs in einem ganzen Jahr nicht soviele Menschen zu Tode bringen können, als verantwortungslose Verkehrsteilnehmer dies manchmal an einem einzigen Wochenende schaffen. Es fällt daher immer schwerer, den Begriff Kriminalitätsbekämpfung nur auf Mörder, Räuber, Diebe etc. einzuschränken und damit den asozialen Verkehrsteilnehmer vom herkömmlichen Kriminellen zu differenzieren. Daran ändert auch die Tatsache nichts, daß es immer wieder zu vorübergehenden Schwerpunktbildungen in dem einen oder anderen Bereich kommen muß und wird.

1881

Der Brand des Wiener Ringtheaters
8. Dezember 1881

Einzelne Exemplare:
Morgenblatt . . . . . . 4 kr.
Abendblatt . . . . . . 2 kr.

Pränumerationspreise:
Für Wien:
Morgen- und Abendblatt:
monatlich . . . . ö. W. fl. 1.50
mit einmaliger Zustellung in's Haus fl. 1.55
mit zweimaliger Zustellung Morgens und Abends . . . ö. W. fl. 1.7?
Für die Provinz mit freier Postzusendung
Morgen- und Abendblatt:
monatlich . . . . ö. W. fl. 1.80
vierteljährig 5.40
halbjährig 10.80
Mit separater Zusendung des Abendblattes:
monatlich . . . . ö. W. fl. 2.20
vierteljährig 6.40
halbjährig 12.80

Unfrankirte Briefe werden nicht angenommen.

Illustrirtes Wiener
Extrablatt.

Eigenthümer und Herausgeber: F. J. Singer.

Das Morgenblatt erscheint täglich, auch Montag, das Abendblatt täglich mit Ausnahme der Sonn- und Feiertage.

Redaction und Druckerei:
(wohin alle Zuschriften zu richten sind)
IX., Berggasse 31.

Administration, Expedition und Inseraten-Aufnahme:
I., Schulerstraße 16.

Inserate vom Auslande übernehmen für unser Blatt auch die Herren Haasenstein und Vogler, Rudolph Mosse, A. Oppelik und alle Annoncen-Agenturen in den Hauptstädten Europas.

Manuskripte werden nicht zurückgestellt.

№ 340. Wien, Samstag 10 December 1881. 10. Jahrgang.

Kalender für Alle.
Namenstag: katholisch: Judith. †
" protestantisch: Judith.
" griechisch: Stephan.

Sehenswürdigkeiten:
Kupferstiche u. Zeichnungen der Akademie der bildenden Künste, Schillerplatz, von 10 Uhr Vormittag bis 1 Uhr Nachmittag. (Im August und September geschlossen.) — Museum für Kunst und Industrie, Stubenring 5, von 9 — 1 Uhr. — Anatomisch-pathologisches Präparaten-Cabinet, IX. Bezirk, Währingerstraße Nr. 15, von 11 — 1 Uhr. — Aquarium, Prater, Hauptallee. — Gemäldegalerie im Belvedere III., Rennweg 6 (Montag ausgenommen) von 10 — 4 Uhr; an Sonn- und Feiertagen von 10 — 1 Uhr. — Geologische Reichsanstalt, III., Rasumoffskygasse 27, von 9 — 4 Uhr. — Hofbibliothek, Josephplatz von 9 — 4 Uhr.

Die Leichen im Hofe der Polizei-Direction.

Immer wurde und wird die Polizei zurecht (manchmal aber auch zu unrecht) von den Medien kritisiert. Nur selten allerdings gelingt es, so wie im nebenstehend abgebildeten „Extrablatt“, eine Kritik so bildhaft und ohne direkten schriftlichen Vorwurf aufzubereiten. Zeichnung und Überschrift „Die Leichen im Hof der Polizeidirektion“ müßten auf die verantwortlichen Adressaten dieser Kritik mehr Eindruck gemacht haben, als langatmige und in der Diktion ausgefeilte Vorwürfe. Summa summarum das Beispiel einer objektiven, in seiner Tristesse aber doppelt bitteren Form des medialen Vorwurfes, über dessen Hintergrund die nächste Seite informiert.

Der Brand des Wiener Ringtheaters in den Abendstunden des 8. Dezember 1881 kostete 384 Menschen das Leben – es war die wohl größte Theaterbrandkatastrophe Österreichs. Eine Summe von Arglosigkeit, Nichtbeachtung bestehender Vorschriften und gröblicher Leichtsinn führten zum Ausbruch des Feuers. Trotz einer – auch an der Öffentlichkeit – heftigst ausgetragenen Diskussion und einem gerichtlichen Verfahren, konnte die Schuldfrage nie ganz geklärt werden. Polizei und Feuerwehr versuchten sich gegenseitig auf Instruktionen pochend, die Verantwortung zuzuweisen (Bild unten). Mittels eines – sofort nach dem Brand ins Leben gerufenen – Fonds, konnte den Familien der ums Leben gekommenen Theaterbesucher großzügige finanzielle Hilfe zuteil werden. Ein Umstand, der von zahlreichen betrügerischen Elementen in gröblichster Form mißbraucht wurde (Bild links). Die dadurch erforderliche genaue Agnoszierung der Ringtheateropfer stellte in der Folge eine gewaltige Anforderung an Gerichtsmedizin und polizeiliches Erkennungsamt dar – das tragische Ereignis sollte so zur Grundlage der späteren Weltgeltung der „Wiener Schule der Kriminalistik" werden.

1882

Karl Krticzka Ritt. v. Jaden.

20. Jänner 1882 bis 17. November 1885.

Geboren 19. Mai 1824 zu Prag, trat als Konzeptspraktikant am 28. August 1845 bei der niederösterreichischen Regierung ein, stand in Verwendung beim Kreisamt im Viertel unter dem Wienerwald und bei der Landesregierung in Wien, kam als Konzeptsadjunkt am 13. Februar 1850 zur Bezirkshauptmannschaft Hietzing, als Komitatskommissär III. Klasse am 10. Dezember 1853 zu den Komitatsbehörden in Trencsin und in Preßburg, war vom 31. Mai 1856 bis 1861 Komitatskommissär I. Klasse in Preßburg, wurde am 4. Juni 1861 zur niederösterreichischen Statthalterei versetzt, war vom 8. August 1868 bis 5. November 1870 Bezirkshauptmann I. Klasse in Sechshaus, dann Statthaltereirat II. Klasse, am 20. Jänner 1882 wurde er zum Hofrat und Leiter der Polizeidirektion in Wien, am 8. Juni 1882 zum Präsidenten derselben ernannt. Am 17. November 1885 starb er an den schwarzen Blattern.

Wenngleich auch kurz, so war die Amtszeit von Karl Krticzka Ritter von Jaden als Wiener Polizeipräsident von schwerwiegenden Ereignissen begleitet. Auf politischen Gebiet brachten die Achtzigerjahre eine starke Radikalisierung des linken und rechten Lagers – ein Umstand, der polizeilich größte Präsenz erfordert. So entstand 1882 der von Georg Ritter von Schönerer gegründete „Deutschnationale Verein“ mit all seinen antisemitischen Begleiterscheinungen. 1883–84 kam es zu einer bis dahin noch nie gekannten Terrorwelle einer anarchistisch-nihilistischen Gruppe, die ihre Taten unter der Devise „Propaganda der Tat“ ausführte. Ein Umstand, der zur Ausrufung des Ausnahmezustandes in Teilen Wiens führte (Seite 56). Auch die Klärung der Dienstmädchenmorde der Jahre 1883–84 – der Fall Hugo Schenk – fiel in die Amtsperiode des Polizeipräsidenten Krticzka von Jaden (Seite 58).

1882

Ill. Wiener Extrablatt, 17. 10. 1882

Wir haben erst kürzlich unseren Lesern durch Vermittlung unseres Zeichners einen Einblick in das Innere des neuen Polizeihauses verschafft und bringen heute eine zweite Bilderserie aus dem interessanten Hause in der Theobaldgasse.

Die Marodenzimmer, welche zur Aufnahme von leichter Erkrankten bestimmt und deren in jeder Abtheilung mehrere vorhanden sind, repräsentiren sich sehr nett und wurden die Erfahrungen der letzten Jahre von dem Commandanten Dr. Wachler verwerthet, um die Marodenzimmer zweckmäßig einzurichten. In keinem Spitale können die Krankenzimmer besser hergestellt sein. Personen besserer Stände, die ein trauriges Geschick in das Polizeihaus verschlagen hat, erhalten comfortablere Wohnräume, die mit behaglicher Bequemlichkeit eingerichtet sind.

Wehmuth und tiefe Rührung beschleicht unser Herz, wenn wir in das Familien-Zimmer eintreten, das den Müttern mit ihren Kindern zum Aufenthalte angewiesen wird. Die armen Kleinen sind nicht ohne Trost. Sie finden hier Spielzeug und Bilderbücher, einen lustigen Wurstl und eine nette Gred'l und die Sprößlinge der Armen werden oft fragend nach der Mutter blicken, die mit rothgeweintem Auge beim Fenster sitzt und hinaussieht auf das prächtige Wien, das sich vor ihr ausbreitet.

Die Mutter weint und das Kind befindet sich in der lieben, durchwärmten Stube wohler, als in dem feuchten, schmutzigen Vorortequartier, das es bisher bewohnt.

Kann die Mutter dem Kleinen sagen, warum sie weint? Das Kind weiß ja noch nicht, was dem Menschen die Freiheit, die goldene Freiheit bedeutet.....

Wenn sie bis zum Jahr 1872 zurückblättern, stellen sie fest, daß der soziale Fortschritt in jenen Baulichkeiten, in denen der Polizei Menschen zur Anhaltung zugewiesen wurden, fast zehn Jahre in Anspruch genommen hat. Zu diesem Zeitpunkt hat auch das Experiment begonnen, die Folgen für schuldlose „Mitopfer“ wie Kinder zu mildern. Eine endlose Problematik, die aus der Natur der Dinge auch nicht vollständig zu lösen, sondern nur zu kompensieren ist.

Gerade in diesem Bereich ist Resozialisierung zum Kernpunkt geworden und der moderne Strafvollzug nimmt im Zusammenwirken mit anderen amtlichen und privaten Organisationen größten Bedacht darauf.

Die Ermordung des Detectivs Blöch.

Wir werden in diesem Buch noch des öfteren auf die Funktion des Exekutivorgans als Staatsrepräsentant zu sprechen kommen. Die bedauerliche Facette bei dieser Identifikation ist die Tatsache, daß man – so wie 1883–84 – Forderungen anarchistischer Art durch Attentate auf Polizisten unterstreichen will. Wir werden im Zusammenhang mit dem RAF-Terror in diesem Buch feststellen können, daß alles – wenn auch in anderer abgeänderter Form – schon dagewesen ist.

Die vom Vertrauen der Bevölkerung nun zunehmend getragene Exekutive wurde immer mehr zur Anlaufstelle für Problemfälle, die entweder kompetenzmäßig nicht eindeutig oder für den Bürger nur schwer zugänglich geregelt waren. Das in seiner Wirksamkeit und in seinen Anforderungen immer wieder teils positiven und teils negativen Veränderungen unterworfene „Amtskappel" wurde vom Zeichner sehr bewußt in Szene gesetzt. In diesem Fall hat es die noch bis heute gültige Funktion des Signums einer Anlaufstelle für hilfesuchende Menschen zu jeder Tag- und Nachtzeit. „Der Staat" war und ist ohne eingeschränkte Amtszeiten in Form der Exekutive immer erreichbar. In jener Zeit entwickelte sich das bis heute ebenfalls noch gültige Schlagwort „Fragen's an Wachmann" zumindest in den Ansätzen.

Um bei dem in diesem Buch immer wieder zitierten Vergleich zwischen Gesundheit und Sicherheit zu bleiben, müßte man erwähnen, daß wie beim Arzt auch beim Polizisten kein Nachweis oder keine Statistik über jene Zeit, die er nur mit dem in beiden Fällen so wichtigen zwischenmenschlichen Gespräch mit dem „Patienten" verbringt, möglich ist, ohne den zeitökonomischen Faktor zu vernachlässigen. In den Aufgabenstellungen, nicht expressis verbis ausgeworfen, besteht die Gefahr der Einsparung dieser ursprünglichsten Aufgabe und damit der Ineffizienz durch belastungsbedingten Übergang zur Repressivpolizei.

1884

Der Dienstmädchenmörder Hugo Schenk

Die Verhaftung des berüchtigten Dienstmädchenmörders Hugo Schenk (5 nachgewiesene einschlägige Delikte) zeigt nicht nur das zunehmend erfolgreicher werdende Agieren der Polizei, sondern dokumentiert auch sehr eindrucksvoll, daß das Zusammenwirken der inneren Strukturen der Polizei in den Organisationsformen Konzepts- (Rechtskundiger) Beamter, Kriminalbeamter und uniformierter Beamter zunehmend funktioniert und Grundlage für den österreichweit anerkannten Standard der Wiener Polizei wird. Die internationale Anerkennung ließ durch Rückschläge bedingt noch fast 25 Jahre auf sich warten, wie auf Seite 188 dargestellt wird.

Auch heute wird diese Tradition hochgehalten und der „Wiener Standard" in Europa und darüber hinaus weltweit gelobt. Die Gründung der ersten internationalen Polizeiakademie im Jahre 1992 in Wien zeigt, daß die in diesen Jahren begonnene Wertschöpfung noch hundert Jahre später erfolgreich fortgesetzt werden kann und wird.

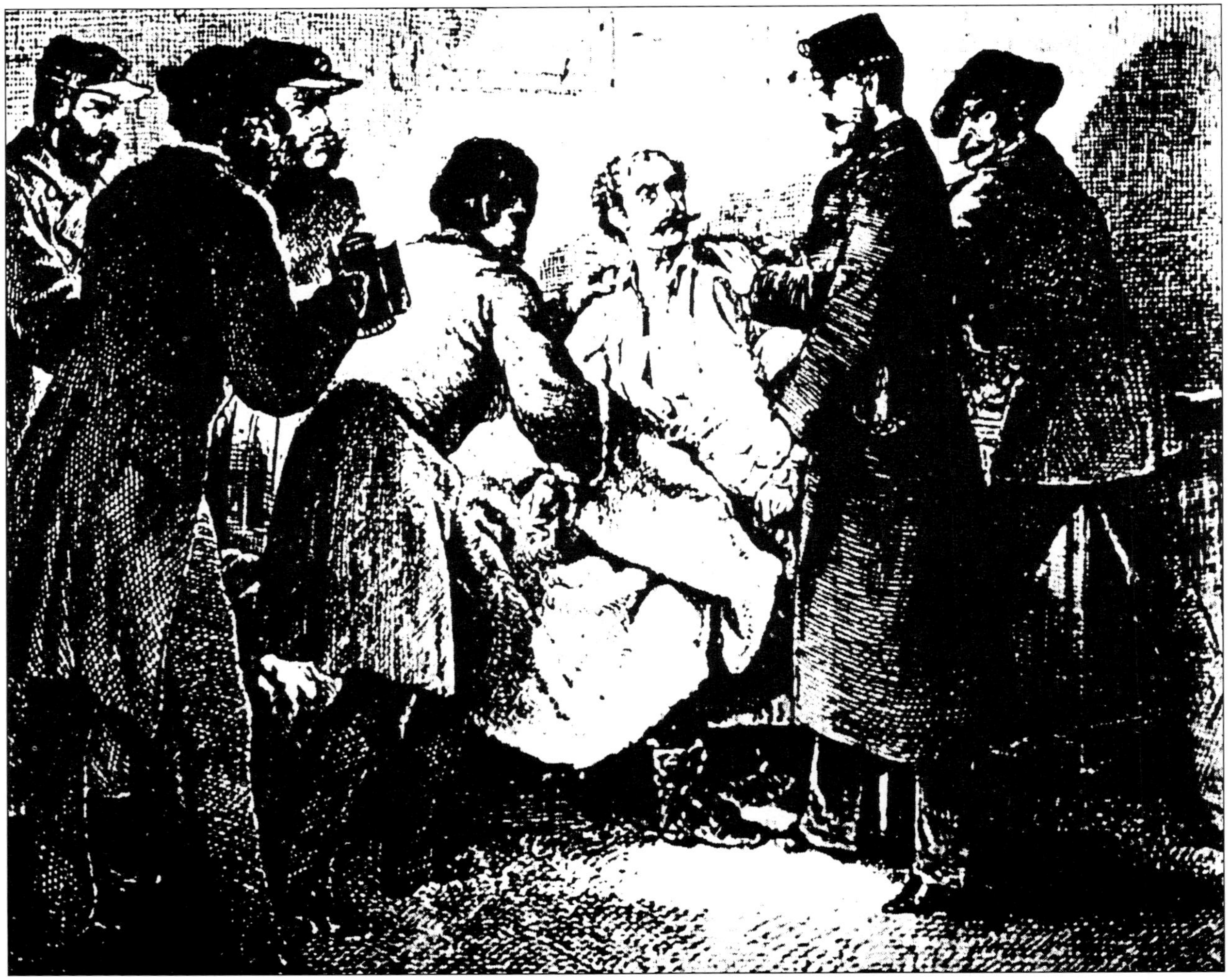

Ein Opfer seines Berufes.

Illustr. Wiener Extrablatt, 4. September 1884

In wahrhaft erschreckender Weise mehren sich in Wien die durch leichtsinnige und gewissenlose Kutscher verursachten Unglücksfälle. Es vergeht kein Tag, an dem der Polizeirapport nicht melden würde, daß ein Posten von einem wie wahnsinnig einherrasenden Gespann niedergestoßen und verletzt worden ist. In den meisten Fällen ist leider das Forschen der Polizei nach den Thätern vergebens und die Kutscher entgehen jeder Bestrafung. Das Schnellfahren ist eine alte Passion der Wiener; auf der Landstraße draußen mögen die Herren mit ihren Juckern fahren, wie sie wollen, aber die Straßen der Stadt eignen sich für solche sportliche Vergnügungen nicht und die Polizei sollte mit aller Strenge darauf achten, daß man in Wien von den leichtsinnigen Kutschbocktyrannen nicht ungestraft massacrirt werden kann.

Die Verfolgung eines fliehenden Kutschers ist natürlich eine sehr schwierige; die berittene Wache ist selten bei der Hand und der Wachmann weiß nicht, ob er sich zuerst um den Ueberfahrenen kümmern oder dem Flüchtenden nacheilen soll.

Vor einigen Tagen wurde durch einen gewissenlosen Kutscher ein Wachmann überfahren, glücklicherweise jedoch nur leicht verletzt.

Der Sicherheitswachmann Streimetweger wollte Sonntag, um 11 Uhr Nachts, auf der Hauptstraße des dritten Bezirkes, nächst der Messenhauser-Gasse, über Aufforderung eines Postwagenkutschers einen Fiakerkutscher, der mit seinem unbeleuchteten Wagen derart unvorsichtig fuhr, daß er mit dem Postwagen zusammengestoßen war, anhalten. Als der Fiakerkutscher den Wachmann erblickte, hieb er in die Pferde ein und fuhr eiligst davon. Der Wachmann wurde von dem Wagen erfaßt, zu Boden gerissen und eines der Räder fuhr ihm über den rechten Fuß, fügte ihm jedoch nur eine leichte Verletzung zu.

Bis heute ist es nicht gelungen, des leichtsinnigen Kutschers habhaft zu werden.

Der Kommentar zu der nebenstehenden Fahrerfluchtskizze zeigt, daß die Verantwortlichkeit des Menschen im Verkehrsgeschehen der allgemeinen „Zivilisierung" der Menschen nachhinkt. Die Einordnung des Fahrerflüchtigen in den Bereich der Kriminellen ist noch nicht vollzogen und wird durch die Bezeichnung des Schuldverhaltens als „leichtsinnig" eine sehr oberflächliche Stellenwertbestimmung durchgeführt.

Diese Einstellung änderte sich später, doch geht man nach wie vor bei Straßenverkehrsdelikten von der (grundsätzlich richtigen) Annahme aus, daß man beim vorschriftswidrigen Überholen, Schnellfahren etc. nicht den Vorsatz (!) hat, jemand zu töten, zu verletzen oder Sachen zu beschädigen.

1885

Eine sehr interessante Milieuschilderung zeigt die nebenstehende zeitgenössische Darstellung eines kriminalpolizeilichen Einsatzes in Wien um 1885. Mit der Zeichnung eines damals durchaus nicht unüblichen Massenquartieres und dem Kriminalpolizisten mit der rechten Hand an der offenkundig hinter der Jacke verborgenen Waffe wird ein interessantes Sozialbild geschaffen. Ein Anschlag der Waffe schien zu dieser Zeit nicht erforderlich, da die Einbrecher im Gegensatz zu heute, damals fast ausnahmslos unbewaffnet ihrem dunklen Gewerbe nachgingen.

Dies hatte einerseits den Grund in einer Art „Ehrenkodex" der Einbrecher, die sich (damals!) von den Gewalttätern damit distanzierten, war aber sicher auch dem Umstand zuzuschreiben, daß die Gerichte bei der „Schmalzausgabe" – wie damals die Strafbemessung im Unterweltjargon bezeichnet wurde – bei Bewaffneten sehr drastisch tiefer in den Strafentopf gegriffen haben.

Das interessante Blatt

1885

Franz Krauß, Frh. v.

24. November 1885 bis 21. Mai 1892.

Geboren 14. Dezember 1837 zu Laibach, trat am 29. Juli 1858 als Konzeptskandidat bei der niederösterreichischen Statthalterei ein, wurde am 16. September 1858 dem Bezirksamte Hietzing als Konzeptspraktikant beigegeben, 21. Oktober 1865 Statthaltereikonzipist, 9. August 1868 Bezirkskommissär bei der Bezirkshauptmannschaft Krems, 9. Juni 1873 Statthaltereisekretär, 6. September 1876 Leiter der Bezirkshauptmannschaft Wiener Neustadt, 17. August 1878 Bezirkshauptmann daselbst, 28. September 1884 Statthaltereirat, 24. November 1885 Hofrat und Leiter der Polizeidirektion in Wien, 10. Juli 1886 Präsident derselben, 21. Mai 1892 Landespräsident in der Bukowina, am 7. Juni 1894 pensioniert.

Die Amtszeit des Polizeipräsidenten Franz Frh. v. Krauß war durch eine Reihe von politischen und auch polizeiinternen Veränderungen geprägt. So wurde mit der Gründung des „Christlichsozialen Vereines" 1887 und dem Einigungsparteitag der Sozialdemokraten 1888 die Grundlage zur späteren Parteienlandschaft gelegt. Die Affäre Schönerer und seine Verurteilung 1888 brachte nicht nur politische Unruhe, sondern auch verstärkte staatspolizeiliche Präsenz mit sich. Der Selbstmord des Kronprinzen Rudolf in Mayerling – Polizeipräsident Krauß führte persönlich die Erhebungen durch – brachte nicht nur eine veränderte politische Situation, auch die Aufarbeitung des tragischen Geschehens forderte sehr viel Takt und Diplomatie vom Polizeipräsidenten. Die Eingemeindung der Vororte außerhalb des Gürtels brachte eine Erweiterung der Anzahl der Bezirkspolizeikommissariate mit sich, im Jahre 1891 wurde schließlich ein neues Organisationsstatut für die k.k. Polizeiagenten erlassen.

Das auf den vorstehenden Seiten dargestellte erfolgreiche Engagement der Wiener Exekutive hat im Jahre 1886 dazu geführt, daß man sich bewußt wurde, daß dafür bei den Beamten auch die eigene Zufriedenheit, welche man heute als Betriebsklima bezeichnen würde, notwendig ist. Der Bau und die Zuweisung menschenwürdiger Unterkünfte hat sowohl diesen Überlegungen Rechnung getragen, als auch die Strategie der notwendigen Dezentralisierung der uniformierten Polizei betont. Die positive Berichterstattung des Chronisten beweist, daß beide Vorgangsweisen der Erwartungshaltung der Bevölkerung absolut entsprochen haben.

Die Frage der Dezentralisierung von Polizeidienststellen war und ist immer mit dem Personalstand verbunden, da jedes Wachzimmer Personal im Innendienst bindet, welches die Bevölkerung allgemein lieber patrouillierend auf der Straße sehen möchte. Zum damaligen Zeitpunkt waren allerdings die Überlegungen einfacher, da der Dienst fast ausschließlich zu Fuß verrichtet und Funk- bzw. Fernmeldemittel beiderseits nicht vorhanden waren. Die Präferenz für eine möglichst gestreute Verteilung der Wachmänner war daher eindeutig.

Die neuen Polizei-Wachthäuser.

Bei den Brücken, die über den Donaukanal führen, befanden sich seit Jahren kleine Häuschen aus Eisenblech, in welchen sich eine Anzahl von Sicherheits-Wachmännern befand, die unter Leitung eines Inspectors den Wachdienst längs der Donauufer besorgten. Die Mannschaft hatte in diesen Hütten ungemein viel von der jeweiligen Witterung zu leiden. Im Sommer, wenn die glühende Sonne auf den Blechdächern brütete, hatte es im Innern die Temperatur eines Schwitzbades, und wenn eisige Stürme vom Kahlenberg hereinbrausten, dann konnte kein Ofen den Raum warm erhalten.

Nun endlich hat man sich entschlossen, den vielgeplagten Wachmännern menschenwürdige Locale zu bauen, wo sie den Unbilden der Witterung nicht so schonungslos preisgegeben sind.

Es sind nette, gemauerte Häuschen mit rothem und gelben Anstriche und die inneren Räumlichkeiten mit einem gewissen Comfort eingerichtet.

Illustr. Wiener Extrablatt
22. März 1886

Ein berühmter Londoner Polizeipräsident hat einmal gesagt, daß es ohne Mitarbeit der Bevölkerung keine erfolgreiche Polizei geben kann. Diese Mitarbeit ist weitgehendst von der Vertrauensbasis, die die Exekutive zu schaffen hat, abhängig. Die Problematik bei der Ausführung dieser Vorgabe war und ist, eine auch vom Gesetz vorgesehene Unterstützung der Polizei bei ihrer schwierigen Arbeit von einem wilden Denuntiantentum abzugrenzen. Läßt man auch hier die Jahre 1938 bis 45 weg, dann hat es die Wiener Polizei stets verstanden, im Rahmen ihrer Kompetenzen diese Unterscheidung als Selbstverständnis deutlich zu machen. Die Zeit, als auch die Hausbesorgerin noch vom guten alten Rayonsinspektor besucht und neben Wetter, Teuerung u. a. auch über Vorgänge im Haus oder Straße gesprochen wurde, ist längst vorbei. Der zunehmend motorisierte Patrouillendienst hat den persönlichen Kontakt vermindert oder vielfach abreißen lassen. Telefon und andere technische Einrichtungen konnten dies nur bedingt kompensieren. Die Kontaktbeamten der Wiener Polizei, die über jedes Kommissariat erreichbar sind, versuchen hier wieder zwischenmenschliche Beziehungen herzustellen und unbürokratisch mit Rat und Tat zu helfen. Näheres darüber, fast hundert Jahre später, aber wie (fast) alles noch in diesem Buch.

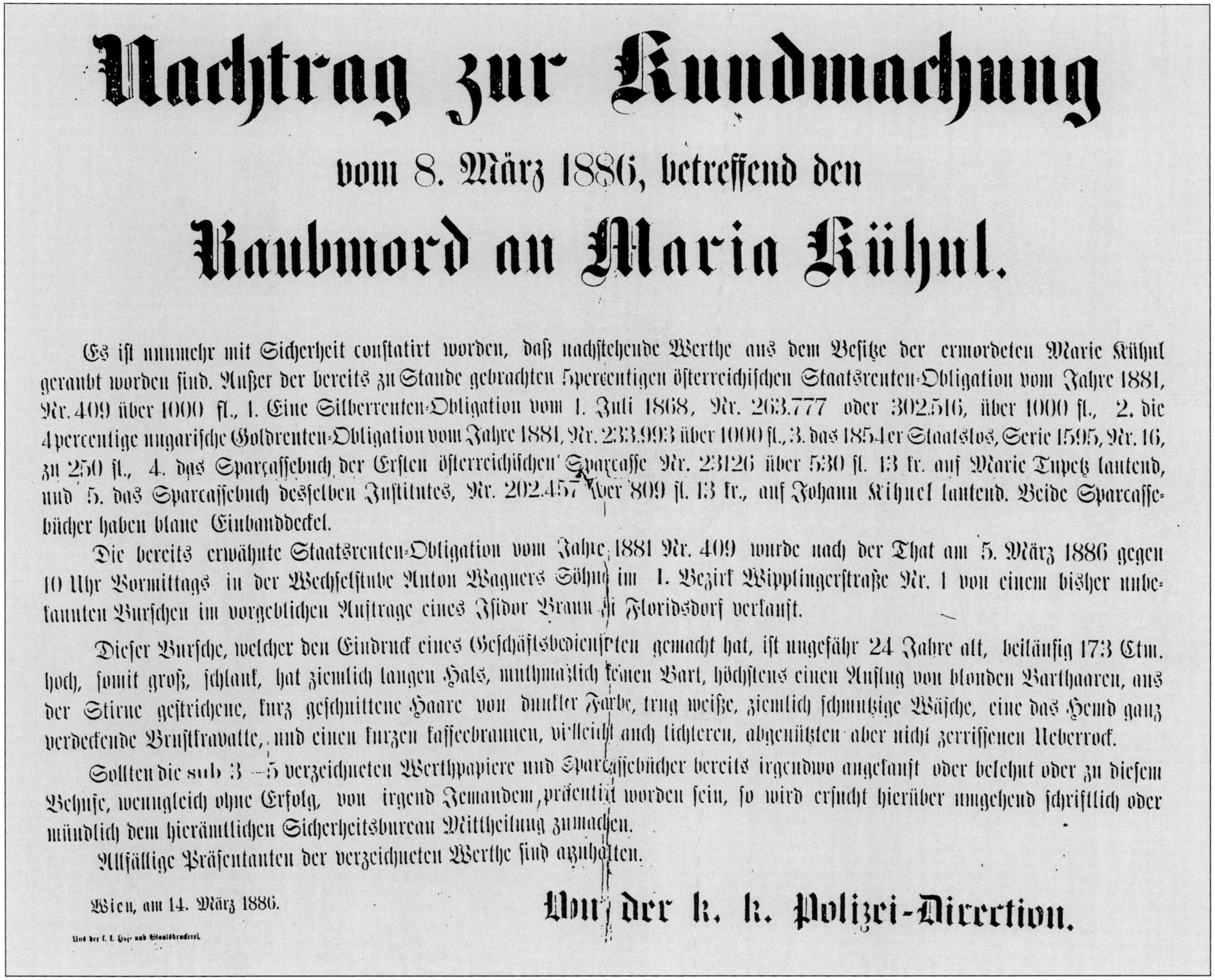

Nachtrag zur Kundmachung

vom 8. März 1886, betreffend den

Raubmord an Maria Kühnl.

Es ist nunmehr mit Sicherheit constatirt worden, daß nachstehende Werthe aus dem Besitze der ermordeten Marie Kühnl geraubt worden sind. Außer der bereits zu Stande gebrachten 5percentigen österreichischen Staatsrenten-Obligation vom Jahre 1881, Nr. 409 über 1000 fl., 1. Eine Silberrenten-Obligation vom 1. Juli 1868, Nr. 263.777 oder 302.516, über 1000 fl., 2. die 4percentige ungarische Goldrenten-Obligation vom Jahre 1881, Nr. 233.993 über 1000 fl., 3. das 1854er Staatslos, Serie 1595, Nr. 16, zu 250 fl., 4. das Sparcassebuch der Ersten österreichischen Sparcasse Nr. 23126 über 530 fl. 13 kr. auf Marie Tupetz lautend, und 5. das Sparcassebuch desselben Institutes, Nr. 202.457 über 809 fl. 13 kr., auf Johann Kühnel lautend. Beide Sparcassebücher haben blaue Einbanddeckel.

Die bereits erwähnte Staatsrenten-Obligation vom Jahre 1881 Nr. 409 wurde nach der That am 5. März 1886 gegen 10 Uhr Vormittags in der Wechselstube Anton Wagners Söhne im I. Bezirk Wipplingerstraße Nr. 1 von einem bisher unbekannten Burschen im vorgeblichen Auftrage eines Isidor Braun in Floridsdorf verkauft.

Dieser Bursche, welcher den Eindruck eines Geschäftsbediensteten gemacht hat, ist ungefähr 24 Jahre alt, beiläufig 173 Ctm. hoch, somit groß, schlank, hat ziemlich langen Hals, muthmaßlich keinen Bart, höchstens einen Anflug von blonden Barthaaren, aus der Stirne gestrichene, kurz geschnittene Haare von dunkler Farbe, trug weiße, ziemlich schmutzige Wäsche, eine das Hemd ganz verdeckende Brustkravatte, und einen kurzen kaffeebraunen, vielleicht auch lichteren, abgenützten aber nicht zerrissenen Ueberrock.

Sollten die sub 3—5 verzeichneten Werthpapiere und Sparcassebücher bereits irgendwo angekauft oder belehnt oder zu diesem Behufe, wenngleich ohne Erfolg, von irgend Jemandem präsentirt worden sein, so wird ersucht hierüber umgehend schriftlich oder mündlich dem hierämtlichen Sicherheitsbureau Mittheilung zu machen.

Allfällige Präsentanten der verzeichneten Werthe sind anzuhalten.

Wien, am 14. März 1886.

Von der k. k. Polizei-Direction.

Aus der k. k. Hof- und Staatsdruckerei.

Kundmachung der k.k. Polizei-Direktion vom 14. März 1886

1887

Auch in diesem Jahr; viele verschiedene Einsätze – unverändert blieb nur…

Hoch klingt das Lied vom braven Sicherheitswachmann

Man wird es wol zugeben müssen, daß unser Wachcorps ein musterhaftes ist, wie man es besser in keiner Großstadt der Welt finden wird. Der Wiener Wachmann ist ein Muster von Pflicht- und Berufstreue; wenn man bedenkt, daß der Wiener Wachmann sehr schlecht besoldet ist, daß diese Leute zumeist Familien-Väter sind, so ist jede That, die ein Wachmann verübt, in der er sein Leben oder doch seine Gesundheit in Gefahr bringt, doppelt hoch zu schätzen.

Jeder Tagesbefehl, den der Centralinspector der Sicherheitswache erläßt, bringt eine Liste von Mitgliedern dieses Corps, die wegen einer muthigen That belobt oder mit Geldspenden remunerirt werden. Die Zahl der Bestrafungen ist dagegen eine äußerst geringe und in den seltensten Fällen hört man, daß ein Wachmann ein schweres, entehrendes Verbrechen begangen hat. Deshalb ist auch der Wiener Wachmann eine allbeliebte Figur, er war es, der zuerst die Scheu des Wieners vor der Polizei und Allem, was d'rum und d'ran hängt, weggewischt hat. Das Volk ist heute bereits von der Erkenntniß durchdrungen, daß der Wachmann der vorgeschobene Posten jenes Apparates ist, der nur dazu dient, den friedliebenden, ehrlichen und anständigen Bürger in seinem Leben und seinem Eigenthum zu schützen.

Vor einigen Tagen hat ein Wachmann in Ottakring wieder eine rettende That vollbracht, bei der er sein eigenes Leben in Gefahr setzte. Eine Notiz in unserem vorgestrigen Abendblatte hat über den Fall berichtet.

Es bewegte sich eben ein Leichenzug über die Ottakringer Hauptstraße. Das sechsjährige Töchterchen des in der Wichtelgasse Nr. 16 wohnhaften Milchmeiers Hentschel sah den Leichenzug herankommen, und um denselben in der Nähe zu sehen, lief die Kleine hinaus auf die Straße und rannte gerade in die Pferde eines Geschäftswagens, den der Schweizer Kler lenkte.

Ein Moment und die Kleine wäre verloren gewesen! Schon berührte die Deichsel ihre Stirne und der Kutscher, der die Thiere rasch zurückriß, konnte dieselben nicht mehr erhalten, denn die Pferde begannen zu scheuen. Ein Schrei des Entsetzens entrang sich der Menge, die Zeuge dieser aufregenden Scene war. Schon sah Alles die kleine Hentschel rettungslos verloren. Da stürzte der Wachmann Roniger herbei; ohne weiter zu bedenken, daß er sein Leben in Gefahr bringe, warf er sich den scheuen Thieren entgegen, hielt dieselben fest und stemmte sich mit aller Kraft gegen die wilden Pferde und drängte sie zurück.

Das Mädchen war gerettet! Die Umstehenden applaudirten dem Wachmann, der nun das Kind rasch ergriff und dasselbe den überglücklichen Eltern zurückbrachte. Die Scene, da die Mutter ihr Kind aus den Händen des braven Wachmannes zurück erhielt, zu beschreiben, erlasse man uns. Zuerst, im Sturme des Glückes, stürzte sie auf das Kind und küßte es, dann wollte sie die Hand des Wachmannes an ihre Lippen führen. Der Vater wollte den Wachmann mit einem Geldgeschenk bedenken, was der brave Mann, eingedenk seines Eides, der es ihm verbiete, irgend welche Geschenke von Privaten zu nehmen, mit Entschiedenheit ablehnte.

Er ging und machte schon in der nächsten Minute seinen Dienst wie vordem, als ob Nichts vorgefallen wär.

Hoch klingt das Lied vom braven Sicherheitswachmann, in das wir sehr gerne einstimmen, und da uns ein Augenzeuge eine Skizze der ganzen aufregenden Scene schickt, können wir nicht umhin, dieselbe in treuer Wiedergabe hier in diesem Bilde zu reproduciren.

1887

...der ständige Einsatz des eigenen Lebens.

Beherzte That eines Wachmannes.

Illustr. Wiener Extrablatt, 8. Dezember 1887

Ein Alltagsbericht über die Tätigkeit der Wiener Sicherheitswache aus dem Jahre 1887. Die zweifellos nicht übertriebenen Ausführungen des Journalisten bedürfen keines weitere Kommentars. Ein Zündholz als einzige Lichtquelle! Die Ausrüstung der Exekutive wurde 1887 tatsächlich noch weitestgehendst durch persönlichen Mut ersetzt. Dies hat sich zwar – stets modernisierend – sehr verbessert, das persönliche Engagement des Polizisten ohne Rücksicht auf Leben und Gesundheit wird jedoch immer im Vordergrund stehen. Die Ausrüstung soll und kann die Folgen abhalten oder vermindern, den Mut, also das vorrangige Bedürfnis anderen Menschen zu helfen, wird sie nie ersetzen können und dürfen.

Die Scene, welche unser heutiges Bild wiedergibt, hat sich in einer der letztverflossenen Nächte in der Mitterberggasse in Währing abgespielt und sie beweist deutlich, wie viel beherzte und muthige Männer unser braves Wachcorps aufzuweisen hat. Der Sicherheitswachmann Zenner bemerkte Montag Abends um 10 Uhr in dem bereits verschlossenen Local des Branntweinschänkers Fantl Licht. Er wunderte sich über dieses Vorkommniß und rief daher beim Guckloche den Herrn Fantl, den er persönlich kennt, beim Namen. Anstatt eine Antwort zu bekommen, vernahm der Wachmann ein Geräusch, als lege sich Jemand auf den Boden und dabei erlosch in demselben Momente, wo Zenner gerufen hatte, das Licht. Nun untersuchte Zenner die Thüre und fand, daß sie ein Einbrecher schon geöffnet habe. Das Organ der öffentlichen Sicherheit sah gerade einen Kameraden daher kommen, den er vor die Thüre postirte, indeß er, den Revolver schußbereit vor sich hinhaltend, in der anderen Hand ein brennendes Wachszündhölzchen, in das Local drang. Er fand hinter dem Verkaufspulte hockend einen jungen, gutgekleideten 17jährigen Burschen, der anfangs eine drohende Geberde machte, jedoch sofort kleinlaut wurde, da er den Revolver in der Hand des Wachmannes sah. Der Einbrecher wurde noch an Ort und Stelle verhaftet und man fand bei ihm das Bargeld Fantl's und mehrere Pretiosen, die gleichfalls Eigenthum des Branntweinschänkers sind. Der Gefangene wurde auf das Polizei-Commissariat escortirt, wo er sich weigerte, seinen Namen anzugeben.

Stadt und Land sind in die weiße Schneedecke gehüllt und eine riesige Kälte macht die Glieder der Menschen erstarren, welche ihre Pflicht in das Freie hinausführt.

Nacht ist es, eine eisig kalte Nacht. Schweren Schrittes geht das Organ der öffentlichen Sicherheit, der Wachmann, seinen Rayon — Grinzing — ab.

Das Auge des Gesetzes muß wachen. Der Wächter der öffentlichen Ordnung begegnet zwei Männern mit Butten, welche beim Auftauchen des Sicherheits-Organes so jählings erschrecken, daß der Wachmann Verdacht schöpft.

„Halt, was tragt Ihr da?"

Keine Antwort. Die Verdächtigen wollen eiligst vorbeihuschen.

„Stillgestanden!"

Der Wachmann legt seine Hand auf die Schulter des Einen und sein Verdacht, Verbrecher vor sich zu haben, bestätigt sich.

Während der zweite der Männer rasch die Butte von sich wirft und die Flucht ergreift, verhält sich der Angehaltene einen Augenblick ruhig, dann stellt er sich jedoch in Angreifer-Position und seine Hand sucht in den Taschen nach einem Messer. Auf Hilfe kann der bedrohte Wachmann in der einsamen Gegend nicht zählen. Er ist im Begriffe, den Säbel zu ziehen, da versetzt ihm der Verbrecher einen Stoß, wirft, wie sein Genosse, die Butte zur Erde und entflieht.

Der Sicherheitswachmann sendet ihnen aus seinem Taschenrevolver zwei Schüsse nach, die jedoch in der Finsterniß ihr Ziel verfehlen und verhallen.

Der Vorfall ereignete sich in der letzten Mittwochnacht. In den Butten wurden Eier, Butter und getödtete Hühner gefunden, die Unbekannten hatten zweifellos ein Gehöfte geplündert.

Unser Zeichner hat den Moment fixirt, da der Wachmann den einen der Uebelthäter festnehmen will.

Abenteuer eines Wachmannes.

Beispiel einer polizeilichen Amtshandlung, wie sie im Ill. Wiener Extrablatt vom 8. Jänner 1888 dargestellt wurde. Beachtenswert ist der Kapuzenmantel des Sicherheitswachmannes, der in diesen Jahren zur Winteradjustierung zählte. Man vergleiche die Karikatur zum polizeilichen Winteralltag des Jahres 1876 auf Seite 43 dieses Buches

Verirrt — in Wien.

Illustr. Wiener Extrablatt, 23. Februar 1888

Mit unwiderstehlicher Gewalt greift es uns in's Herz, wenn wir von einem Schiffe hören, das mastenlos auf dem wildbewegten Ocean umbertreibt, oder wenn wir die Kunde vernehmen, eine Karawane habe sich in der sonnendurchglühten Wüste verirrt. Ein Gefühl unsagbaren Mitleids beschleicht uns aber, wenn wir einem Kinde uns gegenüber befinden, das in der Großstadt, in dem Straßengewirre von Wien, seine Eltern sucht. Weitgeöffnet starren die Augen in's Weite ... sie forschen und spähen nach den geliebten Eltern, in deren Armen man gar wohlig und süß ruben kann. „Vater, theurer Vater — Mutter — gute Mutter — wo seid Ihr", kommt es ächzend binter den bleichen Lippen hervor, die sich sofort fest zusamenichließen, um den Schmerz der Trennung zu verbeißen. Die Straße ist voll von Menschen, doch die Wenigsten kümmern sich um das zitternde Kind, das hin- und herirrt auf der Suche nach der trauten Heimat. Das vorstehende Bild veranschaulicht einen in Wien häufig sich ereignenden Vorfall. Ein Kind hat sich verirrt und hat erst nach bangen Stunden Hilfe, wenn auch nicht Ersatz für die verlorenen Eltern, gefunden. Diese nabte sich in Gestalt eines Wächters der öffentlichen Ordnung. Unsere Sicherheitswachmänner betbätigen bei solchen Anlässen eine schon oft gewürdigte Liebenswürdigkeit und Herzensgüte. Mit zutraulichen Worten flößen sie dem armen „Hascherl" Muth ein und bald ist die Spur entdeckt, die heim führt zum Elternhaus.

Wir haben in unserem Freitagsblatte über den verzweiflungsvollen Versuch einer Mutter, sich und ihr Kind, einen achtjährigen Knaben, zu tödten, berichtet und unsere heutige Illustration veranschaulicht die Scene, welche eine furchtbare Phantasie nicht finsterer hätte aussinnen können, als jenes unselige Weib, das ihr Kind und sich zum Tode verurtheilt hatte. Agnes Krejci war am Montag mit ihrem Kinde aus der mit ihrem Gatten getheilten Wohnung in Währing entwichen und erst am — Donnerstag Vormittag fand man Mutter und Kind in einem Kanale, wohin sich die Krejci mit dem kleinen Leopold zurückgezogen hatte, um durch Hunger, Kälte und Einathmung giftiger Dünste den Tod herbeizuzwingen. Der Schauplatz dieses seltsamen Verbrechens war ein Kanal in der zumeist vereinsamten Schönbrunner Straße, welche zwischen Feldern und Gärten von Neu- nach Altgersthof führt. Wie lange die Frau mit ihrem Kinde in diesem absonderlichen Zufluchtsraume verweilte, ob sie schon am Montag, nachdem sie sich vom Hause entfernt, ihren Vorsatz auszuführen begonnen, ist noch nicht bekannt geworden. Hohe Zeit war es aber, als man Mutter und Kind am Donnerstag mit halb verlöschendem Bewußtsein auffand. Zwischen 10 und 11 Uhr an dem angegebenen Tage hörte der die Straße passirende Briefträger Herr Joseph B s t ä n d i g leises Wimmern und Stöhnen aus der Kanalöffnung dringen. Er holte sich zunächst, so schnell er konnte, von dem ziemlich entfernten Polizeiposten in Gersthof Beistand und an den Schauplatz der unheimlichen Entdeckung zurückgekehrt, begab sich der Wachmann Z i w n a in die Kanalöffnung, woselbst er die Mutter und das laut weinende Kind vorfand. Es bereitete einige Mühe, bis man Beide an's Tageslicht gefördert hatte, und da nichts Besseres zur Hand, transportirte man die erschöpfte Frau auf einem — Clavierwägelchen zunächst auf das Währinger Polizei-Commissariat, dann in das Allgemeine Krankenhaus, während der gerettete Knabe dem herbeigeholten Stiefvater übergeben wurde. Ein Wort noch über das Motiv dieser in ihrer Anlage ungewöhnlichen Verzweiflungsthat: Frau Krejczy wünschte mit ihrem Kinde in den Tod zu gehen, weil ihr angeblich ernste häusliche Zwistigkeiten das Leben als eine Last erscheinen ließen.

Das Wiener Kanalnetz war schon immer Tatort von sozialen Konfliktsituationen und Ausgangsort vieler krimineller Handlungen. Erst die Errichtung einer „Kanalbrigade" im Rahmen der Wiener Polizei schaffte in dieser Stadt unter der Stadt vertretbare Verhältnisse. Über die Kanalbrigade wird später noch zu berichten sein.

Die Flucht in den Kanal, um unbemerkt sterben zu können, zählt allerdings – unabhängig von der aufgeworfenen Frage nach Mord und Selbstmord – zu den registrierten Seltenheiten. Es dauerte vom Motiv her gesehen noch viele Jahrzehnte, bis dem Thema Gewalt in der Familie durch Maßnahmen wie Frauenhäuser u. a. auch vom Staat die notwendige Beachtung geschenkt wurde.

Die Tragödie unter der Erde.

Illustr. Wiener Extrablatt, 20. Jänner 1889

Die schwarze Chronik der Großstadt wächst im Laufe der Jahre zu einem dicken Bande an, in dem jeder Name einen Roman bedeutet, dessen letztes Kapitel der tragische Lebensabschluß des Helden bildet. Leute, die im Kampfe um's Dasein die Waffen strecken, Personen, deren gebrochenes Herz ihnen die Welt im trübsten Lichte erscheinen läßt, Unglückliche, in deren Gehirn ein finsterer Wahn dämmert, Arme, die vergessen, daß die Barmherzigkeit und Mildthätigkeit noch immer nicht ausgestorben sind, sie steigen in endloser Reihe vor uns auf, da wir die einzelnen Blätter der schwarzen Chronik Wiens durchblätern. Das vorstehende Bild veranschaulicht jene aufregende Scene, welche wir in unserem Mittwoch-Blatte ausführlich geschildert haben. Etwa 150 Schritte oberhab der Brigittabrücke, vom Roßauer Ufer aus, sprang vorgestern ein junges, hübsches 19jähriges Mädchen, Antonie Janotschka, in den Donaukanal und wurde rasch von der dort herrschenden starken Strömung in die Mitte des Wassers getragen. Vom nahen Wachzimmer an der Brücke eilte der Wachmann Ziegelbeck ohne Kopfbedeckung und in Hemdärmeln mit dem Wachmann Kollarzik herbei, und nachdem sie sich überzeugt, daß der Körper des Mädchens mit dem Rettungshaken nicht mehr zu erreichen sei, machten sie die Zille los und ein dritter diensthabender Wachmann ergriff das Steuer. Nur mit äußerster Anstrengung gelang es, sich dem Körper der Ertrinkenden, welche, ohne einen Schrei zu thun, sich willenlos dem Spiele der Wellen hingab. Wachmann Ziegelbeck, der sich bereits durch wiederholte Lebensrettungen hervorgethan, beugte sich weit vor, Kollarzik hielt ihn fest. Ziegelbeck war schon in Gefahr, sich zu überstürzen, allein endlich gelang dem wackeren Wachmann, die Janotschka, welche bereits im Sinken begriffen war, herauszuziehen.

Eine tausendköpfige Menge wohnte der Scene bei und belohnte die kühne That des Wachmannes mit Ausrufen der Freude und des Beifalles. Die Gerettete ging zu Fuß vom Ufer zur Wachstube, wo sie gepflegt und gewärmt wurde. Ueber die Motive der That des Mädchens ist man bisher im Unklaren. Es scheint, daß die Magd in einem Anfall von Sinnesverwirrung in das Wasser gesprungen ist.

Dem Wellengrabe entrissen.

Kaum eine polizeiliche Maßnahme fand so den ungeteilten Beifall der Wiener, wie die zahlreichen Lebensrettungen durch Sicherheitswachmänner. Es verging kaum ein Tag, wo nicht dramatische Ereignisse wie sie das Bild zeigt, von den Ufern des Donaukanales beobachtet werden konnten. Sehr oft jedoch – und besonders tragisch – war der Umstand, daß Sicherheitswachmänner ihr eigenes Leben aufs Spiel setzten, um ein bereits totes Selbstmordopfer aus den Fluten zu bergen (s. auch Seite 76 und 83).

Die Unruhen sind endgiltig unterdrückt, aber die Unruhe in den Gemüthern ist noch nicht behoben, wie dies die neuerlichen, vorgestern stattgehabten, wenn auch im Vergleich zu den Dienstagskrawallen ziemlich belanglosen Excesse in Favoriten beweisen. Nun ist jedoch die Behörde auf der Hut und wir begrüßen es mit Genugthuung, daß jeder Versuch, die Ordnung zu stören, mit großer Energie unterdrückt wird. Bei den Dienstagskrawallen in der Hasnerstraße und der Umgebung in Neulerchenfeld waren zwei Momente besonders betrübend, die Brandstiftung in der Liebhartsgasse, wo der beutegierige Pöbel die Branntweinschänke des Saul Perlberg verwüstete und in die ausgeronnenen Spirituosen Feuer warf, und endlich die Demolirung der Wachstube in der Wendgasse, in der sich die darin befindlichen Wachmänner alsbald von der Meute belagert und förmlich eingeschlossen sahen. Der Pöbel erkannte, daß sich die Wache in der Minderzahl befinde, und in geradezu bestialischer Weise kehrte er sich gegen die Wachstube und eröffnete gegen die Fenster und Thüren derselben vor Allem ein Steinbombardement, dem sämmtliche Scheiben alsbald zum Opfer gefallen waren. Obwol sich die wenigen Wachmänner, die im Zimmer anwesend waren, mit wahrem Heldenmuthe ihrer Haut wehrten und von ihren Waffen Gebrauch machten, drangen die Verwegensten in das Innere des Locals, die Anderen ihnen nach und nun begann das Zerstörungswerk. Alles wurde zerschlagen, zertrümmert, selbst die Telegraphen-Apparate blieben nicht intact und in der Wachstube sah es alsbald aus, als ob der wilde Feind darin gehaust hätte. Erst als Succurs im Eilschritte daher kam, gelang es, die Rotte zu zerstreuen. Unser heutiges Bild gibt, der Natur getreu, die wilden Scenen wieder, die sich Dienstag Abends vor der Wachstube in der Wendgasse, Ecke der Liebhartsgasse, abgespielt haben.

Ein Bild von den Krawallen in Neulerchenfeld.

Illustr. Wiener Extrablatt, 13. April 1890

In Folge der im allgemeinen friedlich verlaufenden Lohnbewegung des Jahres 1890, in welcher auch die Forderung nach dem Achtstundentag erhoben wurde, kam es in einigen Wiener Bezirken auch zu schweren Exzessen gewalttätiger „Elemente", welche am 8. April in Neulerchenfeld ihren Höhepunkt erreichten. Neben den Plünderungen zahlreicher Branntweinläden und anderer Geschäfte kam es auch zum Sturm auf Wachzimmer der Sicherheitswache.

Ill. Wiener Extrablatt, 8. Mai 1890

Ein schandvolles Verbrechen wurde Montag Nachts um halb 10 Uhr an einem Sicherheitswachmann verübt. Der Wachmann Tögel, der erst seit Kurzem in dem Corps dient; wurde von einem ihm vollständig unbekannten Manne in tückischer Weise angefallen und durch einen Messerstich in die Brust schwer verletzt. Die Befürchtungen, die man anfangs für den armen Wachmann hegte, sind glücklicherweise nicht eingetroffen und Tögel dürfte im Laufe von Wochen wieder hergestellt sein. Die That ist die eines Verkommenen. Ohne jeden Grund, ohne jede äußere Veranlassung hat ein sittenverderbter Mensch die Waffe gegen den Wachmann gezückt und ihm das mörderische Eisen in die Brust gestoßen. Der Verbrecher, der des anderen Tages schon in den Händen der Behörde war, ist ein notorischer Trinker und Spieler, ein Mensch, der sein junges Weib in unmenschlichster Weise behandelte und den selbst das liebe Söhnchen, das heute ein Alter von drei Jahren hat, nicht an's Haus fesseln konnte. Er ist der Sohn eines überaus achtbaren, braven Mannes, dem die Streiche seines Sprößlings schon manche schlaflose Nacht verursacht haben. Und nun häuft er gar noch diese Schande auf das Haupt des braven Vaters, dem Alle, die ihn kennen, die tiefste und innigste Theilnahme entgegenbringen. Mit Leichtsinn begann der junge Mensch seine Laufbahn, mit Verbrechen setzt er sie fort und was wird das Ende sein? — Criminal oder Irrenhaus! Der Verbrecher war in der Staatsdruckerei angestellt und verdiente ein hübsches Geld, das er jedoch nicht für seine Frau und sein Kind, sondern für sich verwendete. Ohne jeden Grund kam er Montag nicht mehr in die Arbeit, trieb sich planlos und ziellos in den Straßen herum, trank und in den Nachtstunden krönte er das Werk des Tages mit der blutigen That. Warum er es gethan? Er weiß es selbst nicht! Einem Menschen, der sich losgelöst von der Gemeinschaft der Ehrlichen, kommt Gesetz und Recht wie eine Kette vor, die er zu sprengen versucht, und der Hüter des Gesetzes ist ihm ein Gräuel. Der Verkommene wird seine That schwer büßen. Möge er ein warnend Beispiel sein für Viele! Unser heutiges Bild stellt nach Schilderungen von Augenzeugen den Moment dar, da Tögel dem fliehenden Attentäter nacheilt und ihm den Säbel nachwirft.

Immer noch wird nach der Ermordung von Polizeibeamten im Dienst in der Öffentlichkeit die Frage diskutiert, ob sich der Beamte nicht hätte besser schützen können, ob er mit der notwendigen Vorsicht und entsprechender Bewaffnung vorgegangen ist. Andererseits wird gegebenenfalls bei einer Perlustrierung, in deren Verlaufe sich die Unschuld des Betroffenen herausstellt, kritisch vermerkt, daß der Beamte sich dem Bürger gleich mit gezückter Waffe näherte. Der Bildbericht aus dem Jahre 1891 dokumentiert jedoch eine ganz andere Seite, nämlich eine Gefahrensituation, die unabwendbar ist. Damals wie heute wird in vielen Fällen der Polizist nur als Repräsentant des Staates gesehen und nur aufgrund dieser Identifikation angegriffen. Da diese Handlungen für den Beamten in keinem konkreten Zusammenhang voraussehbar sind, gibt es auch keinen echten Schutz.

Der Sicherheitswachmann verkörpert das Gesetz und sein eigenes Ich tritt zurück hinter der hohen Mission, die ihm aufgebürdet wird. Deshalb schützt auch das Gesetz den Wachmann und jede Auflehnung gegen denselben wird strenge bestraft. Das Los eines Wachmannes ist wahrhaft kein beneidenswerthes und es ist recht traurig, wenn man sieht, daß das Verständniß für die Stellung eines Wachmannes noch nicht bis in die tiefsten Schichten des Volkes gedrungen ist. Eine geradezu aufreibende Thätigkeit wird mit sehr kargem Lohne bezahlt und dabei hat der Mann eine Verantwortung auf sich und einen Vertrauensposten inne, die mit seiner Besoldung in keinem Verhältnisse stehen. Im besten Falle kann ein Wachmann nach langer Dienstzeit von mindestens 15 Jahren auf einen Gehalt von 50 Gulden monatlich rechnen! Unser Zeichner hat in einigen Bildern einen Tag aus dem Leben eines Wachmannes geschildert und führt uns in denselben die aufopfernde Thätigkeit des Mannes des Gesetzes vor Augen. Er geleitet einen gebrechlichen Greis im größten Wagengetümmel über die Straße, er führt ein verirrtes Kind in den sicheren Hafen des Commissariates, er hält eine Verzweifelte von dem schrecklichen Schritte zurück, da sie ihr Leben von sich zu werfen gewillt ist, er fällt, die eigene Gefahr nicht achtend, nicht denkend, daß auch er Weib und Kind zu Hause hat, denen er Ernährer, Schirmer und Schützer ist, scheuen Pferden in die Zügel, und rasch entschlossen, drückt er, da er verdächtige Rauchwolken aufsteigen sieht, auf den Feuer-Automaten, um die Feuerwehr herbeizurufen. So sehen wir den Wachmann Tag und Nacht ununterbrochen bestrebt, das Wohl, die Ruhe und die Sicherheit der Bürgerschaft zu schützen und wahrlich — diese wackeren Leute verdienen ein glücklicheres Los, als ihnen beschieden ist.

Ein Tag aus dem Leben eines Wachmannes.

Bild und Text würden sich auch heute noch für eine moderne Werbeagentur bzw. allgemein als Werbung für die Sicherheitswache bezahlt machen. Die Polizei allgemein leidet ja darunter, daß eine einzige Fehlleistung immer wieder so verallgemeinert wird, daß es positiver Leistungen Hunderter bedarf, um sie in der Öffentlichkeit wieder gut zu machen. Fast in keinem anderen Berufsstand wird das Positive – zurecht – so selbstverständlich angesehen, wie bei der Exekutive. Aus diesen Gründen bedarf es einer ständigen Öffentlichkeitsarbeit. Es sollte allerdings noch 102 Jahre nach dieser bildlichen Darstellung dauern, bis in der Polizeidirektion Wien ein Büro für Öffentlichkeitsarbeit eingerichtet werden konnte.

1891

Die Flucht nach dem Unglücksfalle.

(Eine aufregende Scene am Stubenring.)

Ein Unglück ist geschehen — mitten auf der Fahrbahn liegt jammernd ein Mann, den ein Gefährte niedergestoßen und über den es dann hinweggefahren ist. Ein Polizist und ein mitleidiger Passant machen sich eilfertig an die Rettung des Verunglückten. Solche Vorfälle sind in einer Großstadt leider nichts Seltenes; allein zumeist bannt das Verschulden des Unglücks Denjenigen an die Stelle, der die Katastrophe herbeigeführt. Ein Malheur ist ja bald geschehen und vor Allem regt sich auch in Jenem, der es herbeigeführt, die Menschlichkeit. Der Mann, der Donnerstag Vormittags das Unglück verschuldet, welches unser heutiges Bild veranschaulicht, hieb aber wie rasend auf die Pferde ein und suchte sein Heil in der Flucht; in dem Augenblicke, da er ein Menschenleben gefährdet hatte, arbeitete seine ganze Geistesgegenwart nur darauf hin, sich selbst zu salviren. Einen Moment Zeit nur hatte das Unglück gekostet, einen Augenblick später war die aufregende Straßenscene fertig. Der Ueberfahrene, ein schlichter Geschäftsdiener, lag schwerverletzt da, der schuldige Lenker des Geschäftswagens rast davon, hinter ihm drein galoppirt ein berittener Wachmann, Passanten suchen den Kutscher aufzuhalten. Aber die Schuld läßt ihn die Pferde weiterjagen. Auf dem Stubenring war das Unglück erfolgt und erst beim Praterstern, wo der Lenker des Geschäftswagens nothgedrungen den Lauf der Pferde zügeln mußte, gelang es, den verwegenen Kutscher anzuhalten und sich seiner Person zu vergewissern.

Der erste Fall von „Fahrerflucht"

Wurde noch im Jahre 1884 ein Fahrerflüchtiger lediglich als „leichtsinniger Mensch" bezeichnet, so hat sich offenbar aufgrund der gestiegenen Fälle von Fahrerflucht sieben Jahre später diese Einstellung, wenn man dem Chronisten folgt, zwar noch nicht grundlegend, aber doch deutlich geändert. 1891 appelliert man schon an die Menschlichkeit, also an das innere Schuldgefühl des Täters. Vielleicht unbewußt, aber sicher den Vorstellungen der Bevölkerung entsprechend hat der Chronist vom Leichtsinn, also der Fahrlässigkeit, bereits den Übergang zur Schuld im Sinne von Vorsatz („der ihn die Pferde weiter treiben läßt") gefunden.

Trotz zunehmender Sensibilisierung dauerte es noch fast 100 Jahre bis die Polizei in ihrer technischen Ausrüstung, aber auch in ihrer eigenen Motivation, auf den heutigen Standard gekommen ist und mit moderner Computermethodik und akribischer Arbeit jeder Fahrerflucht so nachgeht, wie es der Chronist schon 1891 – wenngleich sehr indirekt – gefordert hat.

Fahrerflucht gilt heute als das kriminelleste Delikt im Verkehrsgeschehen, weil durch das der meist fahrlässigen Ersttat nachfolgende vorsätzliche Verhalten die gefährliche innere Einstellung des Menschen sichtbar wird. Das Bonus-Malussystem der Versicherungen dafür verantwortlich zu machen, heißt nichts anderes, als menschliche Einzelprobleme auf Teile der Gesellschaft abzuwälzen. Wäre der Mensch so perfekt wie er sein möchte, bräuchten wir im Straßenverkehr auch keine Nummerierung in Form von Kfz-Kennzeichen.

In Ausübung seiner Pflicht erlitt Donnerstag Abends der Sicherheitswachmann Nr. 1310, Anton Huber, von einem Häftling, den er arretirte, eine schwere Verwundung. Der Wachmann ertappte im Prater einen Strolch beim Taschendiebstahle und nahm ihn fest. Während der Escortirung auf das Polizei-Commissariat zog der Dieb plötzlich ein Schnappmesser hervor, brachte dem Sicherheits-Wachmanne tiefe Schnittwunden an der Wange und an der Oberlippe bei und flüchtete. Huber verfolgte den Flüchtling, und als er ihn auf der Feuerwerkswiese einholte, wollte der Verbrecher seinem Verfolger einen dritten Stich versetzen. Der Wachmann kam ihm zuvor, zog den Säbel und brachte ihm einen Hieb bei, der ihm das linke Scheitelbein durchtrennte. Unser Bild veranschaulicht diese Kampfscene getreu nach der Schilderung des Sicherheits-Wachmannes, der trotz der doppelten schweren Verletzung den Taschendieb zum Prater-Commissariate escortirte. Huber begab sich zur Freiwilligen Rettungsgesellschaft, die ihm die erste Hilfe leistete und ihn dann in das Garnisonsspital transportirte. Der verletzte Attentäter Carl Friedmann wurde in das Inquisiten-Spital des Landesgerichtes gebracht.

Ill. Wiener Extrablatt, 2. August 1892

Organisationen und Einzelpersonen kritisieren auch heute noch das „Erniedrigende" einer Personsdurchsuchung im Zuge einer Festnahme. Gerade das nebenstehende Bild und der obigte Text zeigen, daß dem Taschendieb vor genau 100 Jahren (ebenso wie dem Wachebeamten) schwere Verletzungen erspart geblieben wären, hätte bei der Festnahme und vor der Eskortierung eine entsprechende Visitierung des Festgenommenen stattgefunden. Die für beide Seiten nicht angenehme Durchsuchung einer Person im Zuge einer Festnahme sollte auch heute noch bei der diesbezüglichen Meinungsbildung unter dem Aspekt der Selbst- und Gemeingefährdung betrachtet werden. Selbstverständlich regeln Dienstinstruktionen die Vorgangsweise unter Bedachtnahme auf die menschliche Würde des Festgenommenen, so gut dies in der oftmals gegebenen Gefahren- und damit Streßsituation möglich ist.

Franz Stejskal, Ritt. v.

24. Mai 1892 bis 26. Dezember 1897.

Geboren am 20. Oktober 1829 zu Trebitsch in Mähren, trat nach Vollendung der juridischen Studien am 6. Juni 1853 als probeweiser Konzeptspraktikant bei der Wiener Polizeidirektion ein, wurde am 21. September 1853 unentgeltlicher Konzeptspraktikant, 27. Jänner 1856 Konzeptsadjunkt, 12. März 1857 Aktuar I. Klasse, 9. Mai 1861 Polizeikommissär II. Klasse, 7. Juli 1870 Oberkommissär, 26. Juli 1874 in den Ritterstand erhoben[2]. 13. Juli 1879 Polizeirat, 25. Juni 1880 Regierungsrat und Leiter der Polizeidirektion in Prag. Am 4. August 1880 wurde ihm der Hofratstitel verliehen, am 19. September 1881 erfolgte seine Ernennung zum wirklichen Hofrat und Polizeidirektor in Prag, am 24. Mai 1892 zum Präsidenten der Wiener Polizeidirektion. Sein Pensionsgesuch wurde am 26. Dezember 1897 genehmigt.

Unter Stejskal wurde das anthropometrische Verfahren eingeführt.

So sehr die Zeit der Amtsübernahme Franz Ritter von Stejskals von einer ruhigen und konstruktiven Entwicklung geprägt war – die erste elektrische Straßenbeleuchtung wurde in Wien eingeführt, der „Christlichsoziale Arbeiterverein" wird gegründet (1892) und es findet der erste „Allgemeine Gewerkschaftskongreß" in Wien statt (1893) – so sehr endete seine Dienstzeit 1897 während der politischen Auseinandersetzungen und Tumulte, welche durch die Sprachenverordnung des Ministerpräsidenten Badeni ausgelöst wurden. Stejskal war jedoch auch in dieser Phase seiner Präsidentschaft immer Herr der Lage – war er doch als Polizeidirektor von Prag in den Jahren 1880–92 einiges an politschen Unruhen gewöhnt.

Der Wiener Sicherheitswachmann ist seit Langem bereits der mustergiltige Typus eines Schutzmannes. Dieser schlecht entlohnte Mann, dem ein aufreibender Dienst alle Freuden des Familienlebens nimmt, setzt oft und oft, wiederholt auch unbewußt, sein Leben auf's Spiel, stets seine Gesundheit und seine Kraft. Kein Sommer ist so heiß, kein Winter so kalt, daß der Wachmann von seiner Pflicht entbunden werden könnte, ja, je härter die Witterungs-Verhältnisse, desto größer sind die Anforderungen, die an den Wachmann gestellt werden. Erst kürzlich hat ein Wachmann sein eigenes Leben auf's Spiel gesetzt, um einen Menschen zu retten. Der brave Mann wäre verloren gewesen, hätte der Sicherheitsinspector Hert Johann Mayrwäger ihn nicht mit Aufopfernng des eigenen Lebens aus dem Strome gezogen. Sonntag um halb 12 Uhr Mittags, während des starken Schneefalles, sprang eine ungefähr 25jährige Frauensperson nächst der Kaiser Frauz Joseph-Regierungsjubiläums-Brücke zwischen Heiligenstadt und der Brigittenau in den Donaukanal. Sicherheitswachmann Johann Röhrich fuhr der Selbstmordcandidatin in einem Boote nach, und nach längerem Mühen gelang es ihm, die Ertrinkende zu erreichen und sie über den Rand des Fahrzeuges emporzuheben. Da verließen den Wachmann die Kräfte, er versuchte vergebens, die Frau in das Boot zu heben, und da er sich der Ruder nicht bedienen konnte, trieb das Fahrzeug rasch abwärts. Wachinspector Mayrwöger kam hinzu und sprang, als er die bedrängte Lage des Lebensretters gewahrte, in das eisige Wasser. Mittels eines Hakens konnte er das Boot erfassen und aus dem Strome ziehen. Die unbekannte Selbstmörderin war, als man sie an's Ufer brachte, bereits eine Leiche.

Illustr. Wiener Extrablatt, 27. Jänner 1893

Unter der Rubrik „Die schwarze Chronik" erschienen in der Presse der Zeit um die Jahrhundertwende immer wieder erschütternde Berichte über Selbstmorde in Wien. Besonders Selbstmorde junger Mädchen waren an der Tagesordnung. Viele Hausgehilfinnen oder Dienstmädchen sahen – wenn sie ein Kind erwarteten und vom Kindesvater im Stich gelassen waren – nur den Weg zu einer „Engelmacherin" oder die Flucht in den Tod als einzigen Ausweg aus ihrer verzweifelten Lage. Da sich die „Engelmacherinnen" ihre Dienste allzu teuer bezahlen ließen, blieb den jungen und naiven Mädchen meist nur der zweite Weg offen – der Sprung in die Fluten des Donaukanals.

1893

Das nebenstehende Bild gibt Anlaß, sich etwas mit dem Begriff der sogenannten „Amtskappelmentalität" auseinanderzusetzen. Sicher gab es nie eine „Pickelhaubenmentalität", dies schon deshalb, weil die politischen Systeme der damaligen Zeit im obrigkeitsstaatlichen Denken verhaftet waren, und dies auch für den Bürger eine Selbstverständlichkeit war. Die Pickelhaube und die sonstige Uniformierung demonstrierte dies, wie wir schon an anderer Stelle dieses Buches festgestellt haben, sehr eindeutig. Die Kopfbedeckung war für die Bürger schon von weitem erkennbar, das Signal: „Hier kommt die Obrigkeit, ausgestattet mit dem staatlichen Gewaltmonopol", und es funktionierte auch so. Später kam man sicherlich nicht aus Gründen des politischen Umdenkens, sondern eher aus Zweckmäßigkeitsgründen für das Personal – wie auch die Diktion des Jahres 1912 „während der heißen Sommermonate" zeigt – zum sukzessiven Abbau des Helmes zugunsten der Kappe. Der endgültige Abbau der Pickelhaube aber hatte sicher auch mit einem neuen Selbstverständis sowohl des Bürgers wie der Polizisten und letztlich der politischen Staatsführung zu tun.

Auch heute besteht für die Exekutive die Anordung, bei allen Kontakten mit den Bürgern, seien es Amtshandungen, Auskunftsersuchen etc., die Kappe aufzusetzen bzw. sie zu tragen. Vielfach wird das in der Bevölkerung und vielleicht in Einzelfällen auch von Exekutivbeamten mißverstanden. Das Selbstverständnis des Bürgers und damit auch des Polizisten hat sich insoferne gewandelt, als heute die Kappe des patrouillierenden Sicherheitswachebeamten nicht mehr in der von mir vorher angeführten Form, sondern nur als Signal aufgefaßt wird: „Da kommt eine(r), der (die) verpflichtet und berechtigt ist, Ihnen zu Ihrem Recht zu verhelfen, in Notlagen zur Verfügung zu stehen und in Verfolgung dieser Verpflichtung auch Leben und Gesundheit einzusetzen." Da es im Leben aber nun einmal so ist, daß es keine Pflichten ohne Rechte und umgekehrt gibt, so werden die mit der vorangeführten Verpflichtung verbundenen Rechte sehr oft vom Bürger nach wie vor als Ausfluß obrigkeitlichen Denkens, obrigkeitlichen Handelns etc. ausgelegt. Es soll nicht abgeleugnet werden, daß manchmal die Art des Einschreitens in Einzelfällen diesen Eindruck erweckt, oder zu dieser Annahme berechtigt. Es war und ist daher ein besonderes Anliegen der Ausbildung der Exekutivbeamten, allein die rhetorische Kontaktaufnahme mit dem Bürger, die manchmal in der Folge über Effizenz oder Ineffizienz der Amtshandlung entscheidet, zu erleichtern. Natürlich gehören zu einer zwischenmenschlichen Begegnung, wie schon das Wort sagt, immer zwei und manchmal läßt der – berechtigt oder unberechtigt – erregte Bürger dem Exekutivbeamten keine Möglichkeit, eine emotionsfreie Gesprächsbasis herzustellen. Es wird in diesen Fällen sicherlich nicht vom Bürger, sondern vom Exekutivbeamten zu fordern sein, das Gespräch geduldig und sachlich in eine zumindest kompromißoffene Bahn zu lenken. Manchmal, und auch das kann kein Grund für Disziplinierungen sein, muß sich der Beamte allerdings auf rein sachliche Argumentation zurückziehen, was dann wieder beim Gesprächspartner den Eindruck erweckt, er sei nicht an einer für den Betroffenen positiven Lösung interessiert und hätte nur Anzeige oder Bestrafung im Sinn.

In der Grundausbildung und in den letzten Jahren auch im Rahmen der Fortbildung wird auf das Fach „Psychologie der Menschenbehandlung" großen Wert gelegt. Wir müssen einmal grundsätzlich von der Feststellung ausgehen, daß die Anzahl der verhängten Organmandate, der erstatteten Anzeigen im Straßenverkehr und ähnlichem, dem Beamten „keinen Stern bringt", wie das im Volksmund oder landläufig gemeint wird. Die großen Erfolge des Exekutivbeamten, die auch bei den Vorgesetzten grundlegende Beachtung finden, liegen in der Bekämpfung der (Schwer)kriminalität. Alle anderen Aufgaben sind im Rahmen der Pflichterfüllung durchzuführen, wobei sicherlich auch gerade im Straßenverkehr eine gewisse Sensibilisierung der Straßenaufsichtsorgane durch die steigende Zahl der Opfer erfolgt ist. Die vorangeführte Prioritätensetzung finden sie im übrigen auch durch die Einsatzleitstellen für die Funkstreifen bestätigt. Dort wird selbstverständlich bei zwei gleichen über den Notruf einlangenden Mitteilungen wie „Einbrecher in der Wohnung" oder „verparkte Hauseinfahrt, Berechtigter am Ausfahren behindert" der nächstgelegene Funkwagen zum ersten Einsatz dirigiert und ein weiter entfernt stehender Funkwagen – soferne er nicht zur Unterstützung des ersteren benötigt wird – zum Parkdelikt entsandt.

Der Beamte von heute erfordert dank seiner Ausbildung und Einstellung weder die Pickelhaube noch die Amtskappe als Statutssymbol. Seine Akzeptanz in der Bevölkerung hängt ausschließlich von seinem persönlichen Wirken und seinem persönlichen Engagement ab. Seine Vorbildfunktion ist das Entscheidende und die letzten Umfragen bestätigen, daß er dieser Aufgabe der neuen Zeit auch gerecht wird. Nicht mehr das, was er auf dem Kopf, sondern im Kopf hat, zählt, wobei allerdings auch das Herz im übertragenen Sinn immer eine Rolle spielt und spielen sollte.

Wiener Sicherheitswachmann mit Helm
Der Helm der Wiener Sicherheitswache – auch Pickelhaube genannt – war seit 1884 neben dem „Käppi" Teil der Adjustierung. 1892 wurde er als ausschließliche Kopfbedeckung der Sicherheitswache verfügt und mußte bei allen Amtshandlungen getragen werden. Ab 1912 konnte in den heißen Sommermonaten anstelle des Helmes auch die Kappe getragen werden.

1894

Unzählige Altwiener Häuser, darunter auch zahlreiche Juwele der Architektur, fielen zwischen den Achtzigerjahren des vorigen Jahrhunderts und dem Ersten Weltkrieg der Spitzhacke zum Opfer. Hier machten die polizeilichen Objekte keine Ausnahme, wenngleich das Motiv der Erneuerung nicht ein modisches Beschönigen der Stadtlandschaft, sondern die Errichtung zeitgemäßer und zweckmäßiger Dienststellen war. Bis 1914 wurden so fast alle Wiener Polizeikommissariate in damals neuen oder neueren Objekten untergebracht. Erst in den Sechzigerjahren unserers Jahrhunderts begann wieder in größerem Stil die Neuerrichtung von Polizeigebäuden (siehe 1967) wobei neben der Überalterung auch noch zahlreiche Kriegsschäden an manchem Amtsgebäude zu beheben waren.

Es ist ein altes, sagenumwobenes Haus, das schon in nächster Zeit schwinden wird und das in der Erinnerung der Nachwelt festgehalten werden soll als interessantes Stück aus der Wiener Häuserchronik. Es ist das Haus in der Nußdorferstraße, in dem gegenwärtig das Polizei-Commissariat Alsergrund untergebracht ist. Früher befand sich das Commissariat in der Alserstraße. Doch hatte dies viele Unzukömmlichkeiten im Gefolge, da es an der äußersten Grenze des Bezirkes stand und es gerathener erschien, es in das Herz des Amtsbereiches zu verlegen. Und so kam es in das alte Haus, das immer tiefer und tiefer hineinsank in die Straße, die durch vielfache Niveau-Regulirungen gehoben worden ist. Das Haus führt im Volksmunde den Titel: „Wo di Jungfrau beim Fenster hinausschaut“ und der Sage nac soll darin in grauer Zeit ein hübsches, aber seh coquettes Mädchen gehaust haben, das allzeit bein Fenster saß und mit wohlgefälligen Blicken di Männer musterte, die vorübergingen. Einst verliebt sich in sie ein edler Ritter, machte dem Mädchen, das an rauschenden Währingerbach am Fenster saß, allabendlich Promenaden. Durch die Blicke der Gefallsüchtige aufgemuntert, glaubte der Seladon, daß er erhör sei, und wagte es, um ihre Hand anzuhalten Doch die Jungfer lachte ihn aus und wies ih ab, wie sie es so Vielen gethan hatte. Der Freier wa darob sehr unglücklich und sprang in den hochangeschwollenen Bach, wo er ertrank. Seitdem fand die Coquette keine Ruhe mehr, sie schaute allabendlich hinaus zum Fenster und eines Tages konnte sie den Kopf nicht mehr zurückbringen und mußte elend zu Grunde gehen. In finsterer Mitternacht wollen die Leute den geisterhaft bleichen Kopf der gestraften Coquette beim Fenster gesehen haben und daher der Name des Hauses. Sowol das Abgeordnetenhaus, als auch das Herrenhaus haben bereits de unseren Lesern bekannten Regierungsvorlage wegen Veräußerung dieses Hauses zugestimmt und wird da Polizei-Commissariat in die Waisenhausgasse verleg werden.

Ill. Wiener Extrablatt, 24. 3. 1894

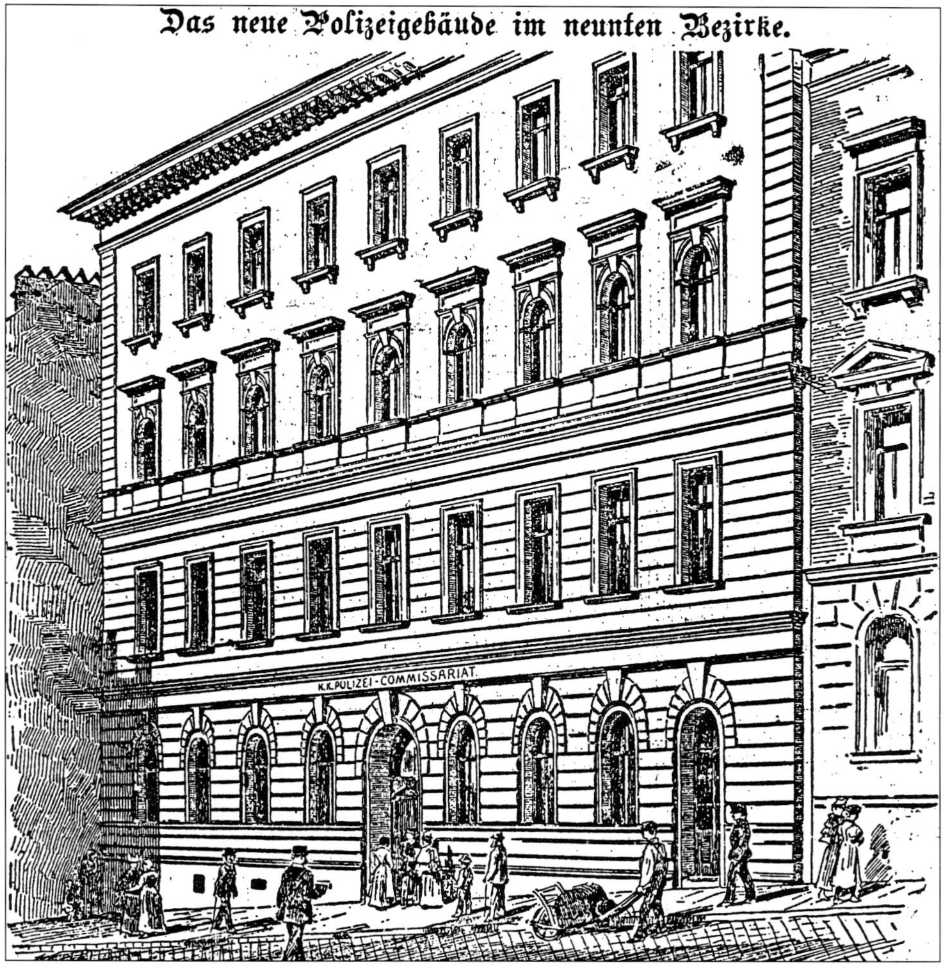

K.K. Bezirkspolizeikommissariat Alsergrund, Waisenhausgasse 18

Als 1972 Günther Bögl sozusagen aus der Chefetage des Innenministeriums (dem heutigen Kabinett des Ministers) zum Generalinspektor der Wiener Sicherheitswache bestellt wurde, gab ihm der damalige Innenminister Otto Rösch drei Aufträge:

1) Das berühmt-berüchtigte „Dreierradl" abzuschaffen und ein modernes, soziales und zukunftssicheres Dienstsystem einzuführen.

2) Eine Schulungs- und Ausbildungsreform durchzuführen.

3) Den Anfang der siebziger Jahre drückend gewordenen Personalmangel bei der Wiener Sicherheitswache zu beheben.

Der erste Auftrag wurde nach harten „Kämpfen" mit der Personalvertretung und 68 Dienststellenversammlungen, in denen Bögl sein Modell vorstellte, 1973 realisiert. Das 24stündige „Dreierradl" wurde durch den grundsätzlich 12 Stunden dauernden 4-, 5- und 6-Gruppendienst abgelöst. Die Unterschiede zwischen den Dienstsystemen, die bis heute noch unbestritten gelten, bestehen im wesentlichen darin, daß Unterschiede in der Zahl der Nacht-, Sonn- und Feiertagsdienste und der Dauer und Zahl der Freizeitblöcke bestehen. Jede Abteilung und jeder Beamte konnte sich die beste soziale Anpassung des Dienstes an sein Familien- und Freizeitleben durch Abstimmung aussuchen und davon wurde auch im gesamten Wiener Polizeirayon Gebrauch gemacht.

In Ausführung der Punkte zwei und drei wurde neben vielen anderen Maßnahmen auch die Institution der Polizeipraktikanten geschaffen und im Jahre 1974 im Hintertrakt des heutigen Kommissariates Boltzmanngasse im 9. Bezirk etabliert. Der Grundgedanke bestand in der Überlegung, junge Leute ohne Umweg über eine andere Berufsausbildung gleich nach Abschluß der Pflichtschule auf den Polizeiberuf vorzubereiten. Nach einer Aufnahmsprüfung und einer Einstellungsuntersuchung erhielten die Praktikanten – von Volksmund und Medien als „Kadetten" bezeichnet – eine dreijährige Ausbildung in einer Tagesschule ohne Internatsbetrieb. Die vierzehn Jahresgehälter waren in etwa den üblichen Lehrlingsentschädigungen angeglichen. Die Vertragsbediensteten mit Sondervertrag wurden im ersten Jahr einerseits durch die Vermittlung von Allgemeinwissen auf das breite Spektrum polizeilicher Anforderungen vorbereitet. Auf der anderen Seite war neben Deutsch, Englisch, Geschichte, Geographie, Psychologie und Stenographie auch die sportliche Ausbildung im Vordergrund. Die Erreichung des Helfer- und Rettungsscheines der Österreichischen Wasserrettung und das Österreichische Turn- und Sportabzeichen waren lehrplanmäßig vorgeschrieben. Von den Fachmaterien wurden lediglich Polizeidienstschriften und Verkehrsrecht vermittelt. Dies deshalb, weil im zweiten Jahr der Ausbildung der erste praktische Einsatz „in Uniform" als Schulwegsicherungsposten erfolgte. Zu dieser praktischen Ausbildung kam nun auch Verwaltungsrecht, Kriminalistik, Strafrecht, Strafprozeßrecht und anderes mehr. Im dritten Jahr der Ausbildung wurde mit der Vorbereitung für die Erlangung des Führerscheines begonnen und Psychologie, Strafrecht und Verkehrsrecht intensiviert. Studienreisen sollten den jungen Mitarbeitern Polizeiorganisationen und Polizeistrukturen sowie die Verschiedenheit der Dienstversehung mit den jeweiligen Problemen in Österreich und anderen Städten Europas (München, London u. a.) näher bringen.

Nach Beendigung der dreijährigen Ausbildung wurde der Praktikant als Polizeiwachmann (später als Inspektor) in ein öffentlich-rechtliches Dienstverhältnis provisorisch übernommen und zur weiteren Ausbildung einem der Wiener Schulwachzimmer zugeteilt. Innerhalb von 6 Monaten bestand die Möglichkeit zur Kündigung des Dienstverhältnisses ohne Angabe von Gründen.

Es gab Kritiker und Befürworter dieser Idee des Generalinspektors. Zu letzteren gehörte der damalige Innenminister Rösch. Das Experiment kann retrospektiv als geglückt angesehen werden. Dafür spricht der Umstand, daß bei insgesamt 1416 geprüft ausgemusterten Praktikanten als Inspektoren (das ist beim heutigen Personalstand fast 20% der gesamten Wiener Sicherheitswache!) von einer Kündigung in den sechs Probemonaten der praktischen Verwendung nie Gebrauch gemacht werden mußte. Die vorher eingebauten Selektionsmechanismen sorgten dafür, daß im ersten Jahr bereits 20% und im zweiten Jahr noch einmal bis zu 5% ausgeschieden wurden. Insgesamt wurden in der Zeit von 1974–1986 (dem letzten Jahr der Einstellung) insgesamt 2.113 Bewerber aufgenommen und davon 697 während der Ausbildung ausgeschie-

Ein Genrebild aus dem Großstadtleben, wie es leider sehr oft vorkommt! Man kennt ja die alte, eingelebte Wiener Unart, die Kinder überall mitzunehmen, in das größte Gedränge, in die Wirthshäuser, kurz überallhin, wohin die kleinen Wesen gar nicht gehören. Wenn man, ob in dem vornehmen ersten Bezirke oder in den ferneren ehemaligen Vorortebezirken, des Nachts ein Wirthshaus besucht, in dem eine Volkssänger-Production oder sonst eine Unterhaltung stattfindet, kann man wetten, neben irgend einer Besucherin auch ein Kind im zartesten Alter müde und ermattet zu sehen, wenn man nicht gar von dem Schauspiele überrascht wird, die Mama mit dem Wickelkinde auf dem Arme in der rauchigen Stube zu finden. Während man auf der einen Seite die Kinder in Locale nimmt, in die solche zarte Geschöpfe nicht gehören, läßt man sie auf der anderen Seite oft unbeachtet und allein, und dann braucht man sich nicht zu wundern, wenn man liest, daß Kinder mit Zündhölzchen gespielt und Feuer angestiftet haben, daß Kinder auf das Fenster gestiegen sind und von der schwindelnden Höhe stürzten. Die Mutter geht nach dem Markt und sperrt die Kinder ein. Da kommt ein kleiner Plausch in die Quere, der sich zu einem längeren Discurs ausdehnt, und geschieht dann Etwas in der Wohnung, ist die Hilfe erschwert, denn die Thür ist versperrt und man kann nicht in das Innere des Wohnraumes dringen. Man verläßt sich gar zu viel auf den Schutzengel der Kleinen! Die verlorenen Kinder sind in Wien eine stehende Rubrik in der Localchronik, und hätten wir nicht eine so humane Wache, es würden die Unglücksfälle durch die schlechte Beaufsichtigung der Kinder viel zahlreicher sein, als sie ohnedies leider Gottes sind. Da irrt so ein liebes „Tschapperl" auf der Straße umher. Zuerst gefällt's ihm, dieses Fahren, dieses Lärmen, die Pferderln und die schönen Auslagen, und es rennt planlos dahin. Aber endlich wird's der armen Seele bange, es sieht sich in fremder Gegend, Papa und Mama ist nicht da und nun geht der große Jammer an. Es ist noch ein Glück, wenn ein Wachmann bald auf das verirrte Kind aufmerksam wird. In liebevoller Weise unternehmen sie dann ein Verhör mit dem Kleinen und bringen sie aus ihm den Namen der Straße heraus, in der das Kind wohnt, ist's gut. Sonst muß das Kind auf das Commissariat und in Angst und Pein laufen die Eltern herum, um ihren kleinen Schatz zu erhalten. Und alle diese Uebelstände könnten ihr Ende finden, wenn die Großen nur wollten!

den. Aus den Praktikanten gingen bis jetzt ein Beamter des rechtskundigen Dienstes und vier Polizeioffiziere sowie eine nicht mehr zu erfassende Zahl von Wachkommandanten und Kriminalbeamten hervor. Mit der Übernahme der letzten beiden Praktikanten am 1. 12. 1989 als Inspektoren ging diese Ausbildungsform vorläufig zu Ende. In anderen Polizeien Europas, z. B. London, hat sie sich bis heute positiv beurteilt erhalten.

Illustr. Wiener Extrablatt, 14. März 1895

Heute fällt auf, daß damals der Chronist vermutlich in Übereinstimmung mit der Öffentlichkeit primär mit den Eltern von Kindern und Jugendlichen ins Gericht ging, während man heute eher dazu neigt, die Polizei für alle Übelstände mit jungen Leuten verwantwortlich zu machen. Die Polizei als „Nacherziehungsinstitution" für das Elternhaus – eine Erfindung der Neuzeit.

1895

Ill. Wiener Extrablatt, 11. August 1895

Es ist ein düsteres Nachtbild aus der Großstadt, das wir genau nach den Schilderungen des Thatzeugen bringen. Die Scene, die hier dargestellt ist, bildet wol den besten Beweis, daß eine weitere Vermehrung der Sicherheitswache in dem erweiterten Wien überaus nothwendig sein wird, nachdem die Wache selbst wiederholt in Gefahr kommt, von Elenden angefallen zu werden. Auf der Hietzinger Hauptstraße hatte vor einigen Tagen der Sicherheitswachmann Franz Wolf I Dienst und erblickte zwei Männer, die ihm überaus verdächtig erschienen. Wolf erklärte diese beiden Verdächtigen für arretirt, doch kaum hatte er ausgesprochen, als er auch mit einem harten Gegenstande einen Schlag auf den Kopf erhielt. Wolf zog daraufhin den Säbel, um sich des Angreifers zu erwehren, doch wurde ihm die Waffe entrissen und gegen ihn gewendet, indem einer der Männer ihm mit dem Säbel einen Schlag auf die rechte Schulter beibrachte und ihn leicht verletzte. Des Seitengewehres beraubt und einem bewaffneten Gegner gegenüber konnte Wolf nichts Anderes thun, als seinen Dienstrevolver ziehen, mit dem er zwei Schüsse gegen die Strolche abgab. Ein Schuß scheint auch den Einen verletzt zu haben. Die Männer, die keinesfalls Gutes geplant hatten, ergriffen nun unter Mitnahme von Wolf's Säbel durch die Neuweltgasse gegen Lainz die Flucht und konnten nicht mehr eingeholt werden.

Zu allen Zeiten war Sicherheit für die Menschen – und dies versuchen wir u. a. in einer Art Zeitenspiegel in diesem Buch deutlich zu machen – ein sehr wesentlicher Bestandteil ihrer Lebensqualität. Sinkende Aufklärungsziffern bedeuten jedoch kalkulierbare Hoffnung, „auch“ nicht erwischt zu werden für potentielle Verbrecher und setzen damit einen Teufelskreis in Gang, der letztlich die Aufklärungsziffern weiter senkt und dies bedeutet… (!)

Die durchaus berechtigten Forderungen des Journalisten aus dem Jahre 1895, bei erweiterten Aufgabenstellungen auch ensprechend mehr Personal zur Verfügung zu stellen, scheinen bis heute ungehört geblieben zu sein. Gottseidank ist nicht jede Kritik der Medien im Verlaufe eines Jahrhunderts so erfolglos geblieben, wie die an zu geringen Personalständen der Exekutive im Interesse der Sicherheit und damit des inneren Friedens.

1896

Vergangenen Dienstag Nachts wurde der Wachmann Wladimir Schipek, als er seinen Patrouillengang in der Anzengrubergasse in Margarethen machte, von der Tabaktrafikantin Fanny Gromes, deren Tochter und dem Hausbesorger Pawlik verständigt, daß in der Tabaktrafikhütte der Erstgenannten in der Vorderen Südbahnstraße, Ecke der Laurenzigasse, Einbrecher sein müßten, da ein in der Hütte eingesperrt gewesenes Hündchen plötzlich nach Hause gekommen sei. Der Wachmann mit dem Hausbesorger Pawlik und dem um Assistenz ersuchten Schlossergehilfen Anton Wodnanski betrat den Hof, in welchem die Hütte steht und rief laut: Halt! Es erfolgte zwar keine Antwort, allein im nächsten Augenblicke tauchten aus der Trafik dunkle Gestalten auf, welche zur Planke des Hofes eilten und diese zu überklettern versuchten. Schipek gab aus seinem Dienstrevolver mehrere Schüsse auf die Flüchtigen ab und traf einen der Einbrecher, den 34jährigen Bäckergehilfen Georg Loubal, den die Kugel des Revolvers schwer verletzte. Die Complicen des Mannes entflohen, wurden aber Donnerstag ebenfalls verhaftet. Es sind die beiden Taglöhner Joseph Langweil und Joseph Richter, Beide im Hause Nr. 17 der Schimmelgasse auf der Landstraße wohnhaft gewesen. Das Trifolium scheint eine verwegene Einbrecherbande gewesen zu sein und namentlich in letzterer Zeit mehrere Einbrüche verübt zu haben. Loubal wurde in das Inquisitenspital gebracht, seine Complicen dem Landesgerichte eingeliefert.

Illustr. Wiener Extrablatt, 17. Februar 1896

Seit jeher war das Kleingewerbe ein Hauptangriffspunkt für Einzeltäter und Kleinbanden, aber erst im Jahre 1977 wurde vom damaligen Generalinspektor die Sicherheitswache animiert, ein eigenes und zusätzliches Überwachungssystem durch die neu eingeführten Kontaktbeamten unter dem Titel „Einmanngewerbe“ zu institutionalisieren. Seither werden nach diesem Konzept jene Gewerbebetriebe, bei denen üblicherweise nur eine Person im Verkaufsraum anwesend ist, regelmäßig beraten und bestreift. Dadurch wird nicht nur unbürokratische kriminalpolizeiliche Beratung „vor Ort“ betrieben, sondern durch die unregelmäßigen Besuche der bewaffneten Kontaktbeamten das Risiko für Räuber unkalkulierbarer und damit erhöht. Die zusätzlichen Beratungen des kriminalpolizeilichen Beratungsdienstes mit Unterstützung der Stadtverwaltung und der Wiener Handelskammer sind sicher mitbestimmend für den im internationalen Vergleich heute guten Sicherheitslevel in Kleinhandelsbetrieben in Wien.

Illustr. Wiener Extrablatt, 21. August 1896

Die Lebensrettungen dienen in diesem Buch zum Teil als „Sittenspiegel“, zum Teil aber auch als Ausdruck der facettenreichen Tätigkeit der Polizisten. Leben bewahren gehört an sich zu den schönsten aber auch sehr oft unbedankten Aufgaben des Wachmannes. Nur selten gelang es vor der Jahrhundertwende den Polizisten, durch „Überreden“ einen Selbstmörder von seinem Tun abzubringen. Viel öfter war dazu die Anwendung körperlicher Kraft bis zum echten Kampf mit dem Lebensmüden erforderlich. Die Selbstmordrate ist auch in der heutigen Zeit relativ hoch und die Notwendigkeit der forcierten psychologischen Ausbildung der Exekutivbeamten auch für diesen Bereich im wahrsten Sinn des Wortes lebensnotwendig.

Der erst vor etwa 15 Jahren eingeführte Unterrichtsgegenstand „Psychologie der Menschenbehandlung“ in der Grundschule der Sicherheitswache ist heute ein unabdingbarer Eckpfeiler der Polizeiausbildung geworden.

Wenn es einen Beruf gibt, dessen Angehörige die vollsten und wärmsten Sympathien des Publicums verdienen, so ist dies der des Sicherheitswachmannes! Bei kargem Lohn, allen Strapazen des Wetters ausgesetzt und stets von Gefahren umgeben, die ihm nicht allein aus dem Düster der Verbrecherwelt bräuen, ist es der Wachmann, welcher nie seine Pflicht vernachlässigt, der mit Aufopferung seines eigenen Ich stets für die Sicherheit und das Gut der Bevölkerung einsteht. Der Wachmann wirkt als der getreue Vertreter des Gesetzes, er findet sich überall ein, wo es Unglücksfälle zu vermeiden gibt, er steht auf seinem Platze, wenn es schon Verunglückten Rettung zu bringen gilt. Der Sicherheitswachmann wird gar oft zum Geleitgeber der alten und krüppelhaften Leute im Gewirre des großstädtischen Verkehres, zum Schutzengel der verlaufenen Kinder. Man würde gar nicht fertig werden, wollte man alle Dienste aufzählen, die der Mann in der Polizeiuniform zu leisten hat und die er leistet, ohne zu ermüden, ohne den redlichen Willen aufzugeben, noch mehr zu thun für die öffentliche Ordnung und Sicherheit. Unser Bild zeigt den Wachmann Nummer 261 bei der Verhinderung eines Selbstmordes. Der Lebensmüde, welcher sich vorgestern bei der Ferdinandsbrücke in den Donaukanal stürzen wollte, wehrte sich mit aller Kraft gegen die Bemühungen des braven Polizisten, ihn von der Verzweiflungsthat zurückzuhalten. Sein eigenes Leben brachte der Wachmann sogar in Gefahr, um den 28jährigen Hilfsarbeiter Joseph Olbrich zum Aufgeben seines Vorsatzes zu zwingen. Vielleicht gewinnt der momentan arbeitslos gewesene Olbrich wieder Muth und lebt weiter, wird wieder lebensfroh. Dann hat er dies dem Manne zu verdanken, der mit Ehren den Ringkragen mit der Nummer 261 trägt.

Der Winter ist mit aller Macht herangekommen, nachdem er so lange auf sich hat warten lassen. Selbst in den Straßen der Stadt thürmen sich Schneemassen, aber wie sieht es erst draußen auf freiem Felde aus! Die Schmelz ist in eine förmliche Schneewüste verwandelt, und für die Leute, welche sie zu passiren haben, ist dies besonders bei Nacht nnd heftigem Gestöber nicht ganz ohne Gefahr. Es hat sich dort auch bereits ein Unfall ereignet, der sehr leicht verhängnißvolle Folgen hätte haben können und der hier im Bilde dargestellt ist. Die berittenen Sicherheitswachleute Appelt und Pawla, welche auf der Schmelz ihre Patrouillentour machten, wurden vom Schneesturme überrascht.

Illustr. Wiener Extrablatt, 25. Jänner 1897

Nachdem mit dem 2. Weltkrieg die berittene Polizei in Wien abgeschafft worden war, kam man erst wieder anfangs der 80er Jahre ernsthaft auf ihre Wiedereinführung zu sprechen. Der Grund dafür war ein sehr einfacher. In diesem Jahr kam es in dem von der Wiener Bevölkerung sehr frequentierten Schwarzenbergpark, einer großflächigen, zum Teil in den Wienerwald hineinreichenden Parkanlage im Wiener Bezirk Hernals zu Überfällen und argen Belästigungen von Spaziergängern. Man versuchte zunächst den Übelständen durch Einsatz von motorisierten Patrouillen Herr zu werden, bekam aber alsbald die aufgebrachten Klagen der Parkbesucher über die Luftverpestung zu spüren. Ein Versuch mit Radpatrouillen ergab, daß die Beamten zwar rascher im Parkgelände herumkamen, aber bei der Verfolgung eines flüchtigen Verbrechers wieder auf sich oder besser gesagt auf ihre Beine gestellt waren. Letzteres galt auch für Fußpatrouillen. Der Sichtwinkel eines Reiters hoch zu Roß und die Möglichkeit, einem flüchtenden Täter querfeldein durch Gebüsch und Wald zu folgen, brachten die Präferenz für Reiter. In der Folge jedoch nahmen durch Fassung der Täter die Überfälle ab und die Wiener Erholungsgebiete haben bis heute eine Kriminalitätsbelastung, die sich im Promille-Bereich bewegt. Dementsprechend ging die Kostennutzenrechnung für eine berittene Polizei letztlich nicht auf.

Johann Habrda, Frh. v.

26. Dezember 1897 bis 11. November 1907.

Geboren am 27. Dezember 1846 zu Wien, trat als Rechtspraktikant beim k. k. Landesgerichte in Wien am 14. Oktober 1872 ein und blieb dort bis 1. Mai 1873, war in derselben Eigenschaft beim Bezirksgerichte Gloggnitz vom 6. Mai bis 28. September 1873, hierauf wieder Rechtspraktikant beim Wiener Landesgerichte vom 8. Oktober bis 14. November 1873, trat am 1. Dezember 1873 als Konzeptspraktikant zur Polizeidirektion in Wien über, wurde am 3. April 1874 Konzipist, am 25. April 1879 Kommissär, 25. März 1891 Oberkommissär, 4. November 1892 Polizeirat, 20. August 1893 Oberpolizeirat mit dem Titel eines Regierungsrates, bekam am 19. September 1895 den Hofratstitel, 18. Oktober 1896 wurde er wirklicher Hofrat, am 1. November 1896 Stellvertreter des Präsidenten, am 26. Dezember 1897 zum Präsidenten ernannt. Verleihung des Ritterstandes am 1. November 1901. Pensioniert am 11. November 1907 und gleichzeitig in den Freiherrnstand erhoben. Gestorben am 1. Mai 1916.

Wohl selten war die Amtszeit eines Wiener Polizeipräsidenten von so entscheidenden Neuerungen geprägt, wie die zehnjährige Tätigkeit von Johann Freiherr von Habrda. Nicht umsonst wurde der aus bescheidenen Verhältnissen kommende Sohn eines Wiener Tischlers bei seinem Übertritt in den Ruhestand in den Freiherrnstand versetzt, nachdem er bereits 1901 vom Kaiser auf Grund seiner Verdienste geadelt worden war. In der Amtszeit Habrdas als Polizeipräsident fiel – um nur einiges zu nennen – die Errichtung des Erkennungsamtes und die Einführung der Anthropometrie (1898), die große Polizeiausstellung (1898), die Errichtung des ersten Polizeimuseums (1898), die Einführung der Daktyloskopie (1902), der probeweise Versuch, Hunde in polizeiliche Verwendung zu nehmen (1904) und schließlich die Fertigstellung und Eröffnung des neuen Polizeigebäudes an der Ecke Elisabethpromenade (Roßauerlände)–Berggasse. Aber auch andere Ereignisse, welche eine polizeiliche Präsenz erforderten, fielen in diese Zeit. So etwa die Eröffnung der Wiener Stadtbahn (1898), das Ende der Guldenwährung (1900), die Elektrifizierung der Wiener Straßenbahnen, die Ermordung Kaiserin Elisabeths (1898) und des serbischen Königspaares (1903), die großen Wahlrechtsdemonstrationen (1905), sowie die Einführung des allgemeinen, gleichen, geheimen und direkten Wahlrechtes in Österreich. Johann von Habrda hatte als Polizeipräsident der Reichshauptstadt Wien eine wichtige Rolle und entscheidende Verantwortung bei all diesen Ereignissen. Er gilt – nicht zu Unrecht – als eine der Schlüsselfiguren bei der Erneuerung Österreichs.

1898

SCHAURAUM IM POLIZEIPAVILLON DER KAISER-JUBILÄUMS-AUSSTELLUNG
Nachbau eines antropomethrischen Messvorganges mit Hilfe lebensgroßer Wachspuppen, um dem Publikum die Arbeit des polizeilichen Erkennungsamtes verständlich zu machen

Das Jahr 1898 brachte den Wienern wieder einmal den von ihnen in jenen Zeiten so geliebten Spektakel – die große „Kaiser-Jubiläums-Ausstellung" am Gelände der Rotunde im Prater. Die Ausstellung – Anlaß war das fünfzigjährige Regierungsjubiläum Kaiser Franz Joseph I. – sollte eine gewaltige Leistungsschau aller Länder der Monarchie, aber auch der unterschiedlichsten Berufsgruppen Österreich-Ungarns werden. Unbestrittener Höhepunkt und Gegenstand größten Publikumsinteresses war jedoch der Pavillon der Wiener Polizei. War es doch bis dahin undenkbar erschienen, einem breiten Publikum die Arbeit der Polizei – immerhin ein Instrumentarium der staatlichen Obrigkeit – zugänglich zu machen. Der Erfolg der Polizeiausstellung war gewaltig und hatte nachhaltige Folgen. Aus den Resten der Ausstellung entstand – über kaiserlichen Wunsch – das k.k. Polizeimuseum Wien.

Die Ausgewogenheit kriminalpolizeilicher Erfolge und die friedensrichterlichen Funktionen der Exekutive waren das Geheimnis der Wiener Polizei zur letzten Jahrhundertwende. Die Prinzipien gelten auch heute noch uneingeschränkt. Ein Unterschied ist allerdings dadurch gegeben, daß die Kriminalpolizei immer weniger auf das Geständnis eines Mörders angewiesen ist, sondern vielmehr dessen Überführung der richterlichen Praxis entsprechend zunehmend durch konkrete Sachbeweise erreicht. Dies bedingt eine ständige Verbesserung der technischen Ausstattung und der wissenschaftlichen Ausbildung der Kriminalpolizisten auf der einen Seite, und eine Hinwendung der Sicherheitswache auf dem Präventivcharakter der Polizei durch deren Entlastung von Repressivaufgaben. Voraussetzung für beide Organisationseinheiten ist das entsprechende Vertrauensverhältnis mit der Bevölkerung. Und man kann nie zu früh damit anfangen, Vertrauen zu gewinnen, wie der Chronist aus dem Jahre 1898 am Beispiel einer kleinen Bürgerin im Prater zeigt.

Beispiel einer kriminalpolizeilichen Befragung im Wiener Sicherheitsbüro, welches 1898 noch im Gebäude der k.k. Polizeidirektion, Schottenring 11 untergebracht war.

Die Scene spielte sich im „Café Poliklinik“ in der Mariannengasse im IX. Bezirke ab. Das meist von Medicinern frequentirte Kaffeehaus ist bis 3 Uhr Nachts geöffnet und es wurde dort dem Macao, einem verbotenen Kartenspiele, gefröhnt. Beim Polizei-Commissariate Alsergrund liefen wiederholt diesbezügliche Anzeigen ein, doch blieb eine Ueberwachung durch Polizeiagenten erfolglos. Wenn sich ein Detective dem Spieltische näherte, so fand er nur Tarockspieler. Letzten Montag gelang es jedoch mit Hilfe eines Confidenten, die Hazardspieler zu ertappen. Auf der Straße warteten ein Polizeibeamter und zwei Agenten, die auf ein gegebenes Zeichen des im Locale anwesenden Confidenten rasch das Kaffeehaus betraten. Die gerade bei der „Arbeit“ überraschten Macaospieler wollten schleunigst auseinandergehen, doch gelang es den Polizei-Functionären, acht Spieler festzunehmen und auf das Commissariat zu bringen. Polizeicommissär Zwirina nahm das Nationale der Arretirten auf, die den verschiedensten Ständen angehörten. Es befanden sich darunter ein Doctor der Philosophie, ein Mediciner, ein Möbelpacker, ein Kaufmann, ein Beamter u. s. w. Die Hazardspieler werden sich beim Bezirksgerichte zu verantworten haben. Unser Zeichner hat den Moment veranschaulicht, da die Polizei die Spieler überrascht und für verhaftet erklärt.

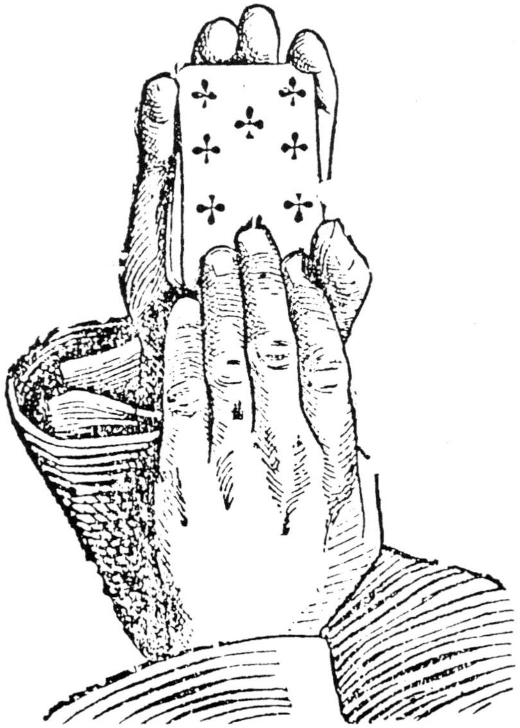

Illustr. Wiener Extrablatt, 13. Jänner 1899

1899

Der Selbstmordversuch eines Dreizehnjährigen.

Illustr. Wiener Extrablatt, 19. Dezember 1899

Auf dem Kosterplatze in Neulerchenfeld hat, wie berichtet, der dreizehnjährige Schulknabe Robert Neuwirth einen Selbstmord versucht, dessen Scenerie obiges Bild darstellt. Der Knabe, welcher bei seinen Eltern in der Fröbelgasse Nr. 37 wohnt, hatte in der Schule vom Lehrer wegen fortgesetzten unartigen Benehmens einen leichten Schlag erhalten. Auf dem Nachhausewege neckten die Mitschüler den Knaben, der in erregtem Tone erklärte, daß er die Schande nicht überleben werde. Er lief fort und kam mit einem Fläschchen Laugenessenz zurück, das er bei einem Kaufmanne gekauft hatte. Vor den Augen seiner Mitschüler leerte er das Fläschchen und brach mit einem lauten Aufschrei zusammen. Ein Sicherheitswachmann brachte den Knaben in die Wachstube der Kirchstetterngasse, von wo aus er in das Stephaniespital gebracht wurde.

Bild und Text zur nebenstehenden Szene erschienen uns interessant, weil die damalige Berichterstattung über eine menschliche Tragödie keine Schuldzuweisung vornimmt. In den letzten 100 Jahren wurden in dieser Stadt verschiedene Anlaufstellen für verzweifelte Kinder und Jugendliche geschaffen. Auch die Polizei hat im Rahmen ihrer friedensrichterlichen Funktion durch das Projekt der Jugendkontaktbeamten Hilfestellung angeboten. Dabei kann sie sich naturgemäß nur auf Beratung und Erklärung beschränken. Die vielfältigen Tätigkeiten wie Verkehrsübungsplatz Albern, Jugendclubs 80 etc. können und sollen weder Ersatz noch Ergänzung für das Elternhaus sein. Sie spiegeln lediglich die Notwendigkeit wider, durch ehrliche Selbstdarstellung eine Vertrauensbasis bei der Jugend zu schaffen bzw. zu erhalten.

Hofrath Breitenfeld †.

Einer der gewiegtesten und erfolgreichsten Criminalisten, Hofrath Karl Breitenfeld, ist gestern Früh in seiner Wohnung, I., Nibelungengasse Nr. 3, einem Herzschlage erlegen. Dienstag Abends klagte er über Schmerzen in der Brust und sein Zustand verschlimmerte sich rasch. Der Hausarzt constatirte Lungenentzündung, zu der sich Mittwoch eine Rippenfellentzündung gesellte. Gestern um 4 Uhr Morgens trat plötzlich in Folge eines Herzschlages der Tod ein.

Mit Hofrath Karl Breitenfeld ist eine der markantesten Persönlichkeiten der Residenz aus dem Leben geschieden. Mehr als ein Menschenalter lang galt seine Thätigkeit dem Wohle der Gesammtheit. Vor acht Jahren zog er sich aus dem öffentlichen Dienste zurück.

Karl Breitenfeld war am 21. October 1830 in Groß-Ullersdorf in Mähren als Sohn eines Badearztes geboren. Seine Gymnasial- und juridischen Studien absolvirte er in Olmütz und in Wien und erhielt sich während seiner Lehrjahre durch Stundengeben. Im Jahre 1848 kam er nach Wien und nahm an der freiheitlichen Bewegnng der Märztage activen Antheil. Im Jahre 1851 trat er als Concepts-aspirant in den Status der Wiener Polizei-Direction und wurde am 27. April 1852 definitiver Staatsbeamter.

Seine Carrière begann er beim Polizei-Commissariate Simmering. Später wurde er den Commissariaten Schottenfeld, Hietzing und Sechshaus zugetheilt. Für seine Fähigkeit spricht der Umstand, daß sein Avancement zum Commissär, Obercommissär, Polizeirath und Regierungsrath stets außertourlich erfolgte.

1857 kam Breitenfeld zum Commissariat Mariahilf und 1863 wurde der junge Beamte in das Sicherheitsbureau der Polizei-Direction berufen, dem er nunmehr während des größten Theiles seiner Amtsthätigkeit angehörte.

Hier diente er zuerst unter Polizeirath Hyneis. Er überantwortete große Verbrecherbanden, darunter eine dreißigköpfige, die große Diebstähle in Wien ausführte und die Beute beispiellos frech auf Fuhrwerken wegschaffte, den Gerichten. 1861 wurde Breitenfeld beauftragt, in England und Schottland nach Wechselfälschern und Bankerotteuren, die von Wien mit einer Schadenssumme von mehr als einer Viertelmillion geflüchtet waren, zu fahnden. Er nahm die Verbrecher fest.

Im Jahre 1863 erregten in Wien sensationelle Einbruchsdiebstähle bei Aristokraten, so beim französischen Botschafter Herzog von Grammont, Fürsten Liechtenstein, Grafen Festetics, Fürsten Schwarzenberg und Baron Rothschild, Aufsehen. Breitenfeld machte die Einbrecher, die 200.000 fl. erbeutet hatten, theils in Ungarn, theils in Mähren dingfest.

Im Jahre 1865 verhaftete er eine Fälscherclique, die russische Rubel massenhaft fabricirte. Im selben Jahre verhaftete er den Mörder Joseph Piringer, der am 22. April die Trödlerin Wilhelmine Obrist im Freihaus tödtlich verletzte.

Im Jahre 1866 wurde er als Kriegscommissär im Dienste der Nordarmee verwendet und gerieth unter dem Verdachte preußischer Spionage in sächsische Gefangenschaft. Das vom Ministerpräsidenten Grafen Belcredi ausgestellte Vollmachtsdecret hielt man für gefälscht. Schließlich konnte Breitenfeld doch seine Identität nachweisen und wurde aus der Gefangenschaft entlassen.

Im Jahre 1867 eruirte er die Mörder, die eine junge Mariahilfer Schönheit, Elise Kolb, getödtet und beraubt hatten, ohne jeden Anhalts-

Hofrath Breitenfeld †.

punkt. Die Affaire Chorinsky-Ebergenyi festige seinen Ruf. Ein junger Graf Gustav Chorinsky hatte durch seine Geliebte, die vielumworbene ehemalige Stiftsdame Julie von Ebergenyi, seine in München von ihm getrennt lebende Gattin durch Gift tödten lassen. Chorinsky wurde in München verhaftet und Breitenfeld gelang es hier mit seltenem Geschick und großer Delicatesse, die Stiftsdame, die in der Krugerstraße großes Haus hielt, zu überweisen.

Breitenfeld's größte Leistung war die Verhaftung Francesconi's. Am 18. October 1876 war im Hause Graben Nr. 31 der Geldbriefträger Johann Guga ermordet worden. Geldbriefe mit 13.292 fl. wurden ihm gestohlen. Weder Mordwerkzeuge, noch Anhaltspunkte wurden gefunden. Durch ein Hutfutter kam Breitenfeld auf die Spur des Mörders. Er reiste ihm bis Franzensfeste nach und nahm ihn dort selbst in der Person des einer altadeligen Familie entstammenden Enrico Francesconi fest.

Im Jahre 1884 verhaftete er den Massenmörder Hugo Schenk und seine Genossen, und eben als er den Mörder einvernahm, erschien Polizeipräsident R. v. Krticzka bei ihm im Polizei-Gefangenhause und theilte ihm den Raubmord an dem Wechselstubenbesitzer Eisert mit. Breitenfeld übernahm auch diese Untersuchung und 24 Stunden später saßen die Thäter Joseph Pongratz und Johann Dürschner in Haft.

Breitenfeld verhaftete die Anarchisten Kammerer und Stellmacher, die den Detective Blöch und den Concipisten Hlubek erschossen hatten.

Seine letzte größere Etappe war die Affaire des großen Postdefraudanten Philemon Zalewski, der durch seine Erhebungen in Newyork verhaftet wurde.

Breitenfeld war indessen Regierungsrath geworden und hatte die Leitung der zweiten Section übernommen, der auch das Sicherheitsbureau unterstellt war. 1886 schied er nach dem Ableben des Hofrathes Anton R. v. Weiß aus seinem Ressort, das ihm durch 25 Jahre alle Erfolge zu danken hatte, und übernahm die Leitung der I. Section als Nachfolger des Hofrathes Rauscher.

Am 1. Juli 1892 trat er in Pension.

Hofrath Breitenfeld hinterläßt drei Kinder, der älteste Sohn, Dr. Gustav Breitenfeld, ist Hofsecretär im Obersthofmeisteramte.

„Du, i geh zum Breitenfeld!“
„Na, so geh i halt zum Neuda!“
So oder so ähnlich endeten viele Auseinandersetzungen im alten Wien, galt doch der Name Breitenfeld als Inbegriff für polizeiliche Hilfe und der Strafverteidiger Dr. Neuda als Symbolfigur für den Advokaten schlechthin.
Tatsächlich war Karl Breitenfeld eigentlich der Stammvater vieler Generationen Wiener Kriminalisten. Er gilt als Begründer der Wiener Schule der Kriminalistik, deren Ruhm von Namen wie Stuckart, Reimer, Dreßler, Windt, Klauser, Heger, Kuso, Kornek, Tuschl, Priesnitz oder Edelbacher bis in die heutige Zeit fortgesetzt wird.

1900

Wohl selten veranschaulicht eine Fotografie so eindrucksvoll wie hier das Bild einer kriminalpolizeilichen Tätigkeit, wie es bei dieser Aufnahme der Fall ist. Die ganze – hinter jedem Kriminalfall stehende – menschliche Tragödie wird bewußt, wenn man den am Ufer des Donaukanals stehenden Kriminalbeamten betrachtet, der die Fundstelle einer Kindesleiche markiert. Eine Frau namens Christine R. hatte ihr 4jähriges Kind ermordet und in den Donaukanal geworfen.

Bereits der Fall der Kindesmörderin Juliane Hummel – sie hatte Ende 1899 ihr Kind in sadistischer Weise zu Tode gequält und war mit dem Tode bestraft worden – hatte die Wiener Öffentlichkeit auf die immer mehr überhandnehmenden Kindesmißhandlungen – oft mit tödlichen Folgen – aufmerksam gemacht. Innerhalb des Wiener Sicherheitsbüros wurde ein eigenes Referat geschaffen und die k.k. Polizeiagenten – wie die offizielle Bezeichnung der Kriminalbeamten lautete – hatten sich vorrangig diesen Delikten zu widmen. Erschreckende Parallelität zu späteren Zeiten...

Ill. Wiener Extrablatt 16. 7. 1901

Polizeibeamter und Arrestanten.

(Originalbericht des „Illustr. Wiener Extrablatt".)

In der letzten Zeit sind seitens des Publicums sowohl, als auch seitens der Beamtenschaft der Wiener Polizei-Direction zahlreiche Klagen darüber laut geworden, daß die einzelnen Polizeibeamten mit den verschiedensten Arbeiten derart überhäuft sind, daß sie die ihnen obliegenden Agenden nicht mit der wünschenswerthen Exactheit erledigen können. Während seines 24stündigen, ja oft 30stündigen Permanenzdienstes hat der Polizeibeamte nicht nur bei allen Vorkommnissen innerhalb des Bezirkes zu amtiren, an Ort und Stelle Localaugenscheine vorzunehmen, Protokolle abzufassen, Verhöre anzustellen, Erhebungen einzuleiten, Verfügungen zu treffen und alle Vorfallenheiten an das Polizei-Präsidium zu berichten, sondern er muß sich auch mit viel nichtigeren Dingen befassen. Circulardepeschen über verlaufene Hunde, Dienstbotenstreitigkeiten, Protokollirungen von Trunkenen, Unterstandslosen und Excedenten nehmen derart viel Zeit in Anspruch und lassen die Kraft derart erlahmen, daß ein einmal verübter Fehlgriff wohl nicht verwundern kann.

Die in der letzten Zeit laut gewordenen Beschwerden, hauptsächlich aber die so viel besprochene „Affaire der Französin", welche übrigens ganz ungerechtfertigt der Polizei zum Vorwurf gemacht worden ist, haben den Polizei-Präsidenten veranlaßt, im Einvernehmen mit dem Ministerium des Innern Erleichterungen im Permanenzdienst eintreten zu lassen.

Das vor einigen Tagen erschienene Polizei-Verordnungsblatt publicirt einen Polizeidirections-Erlaß vom 3. v. M., welcher mit gestrigem Tage in Kraft getreten ist. Dieser Directionserlaß enthält eine Instruction für die Behandlung von Arrestanten durch die Wache und durch den Polizeibeamten.

Bisher mußte jede Arretirung, ob dieselbe bei Tag oder bei Nacht vorgenommen wurde, dem Bezirks-Commissariate überstellt und dem diensthabenden Commissär vorgeführt werden. Oft waren diese Arretirungen aber so belanglos, daß der Angehaltene sofort oder nach Abgabe seines Nationales wieder entlassen wurde. Bei Tag nahm aber die betreffende Amtshandlung viel Zeit in Anspruch und bei Nacht mußte der Beamte in seiner ohnehin kärglich bemessenen Ruhezeit gestört werden.

Durch das neue Dienstnormale tritt eine Erleichterung insoferne ein, als nun jeder Arretirte zuerst der nächstgelegenen Wachstube zu überstellen ist. Der daselbst den Dienst versehende Wachinspector hat zu entscheiden, ob der Angehaltene dem Commissariate übergeben und dem Beamten vorgeführt werden müsse. Dies wird selbstverständlich nur bei wichtigen Amtshandlungen der Fall sein. Bei ungerechtfertigten Arretirungen wird von der Wachstube aus die sofortige Entlassung des Angehaltenen erfolgen und bei geringfügigen Delicten wird der Arretirte nach Abgabe und Sicherstellung seines Nationales wieder freigelassen werden.

Es ist dies sicherlich eine große Erleichterung für das Publicum sowohl, als auch für den Polizeibeamten. Wünschenswerth wäre es nun, wenn die Wache gleichzeitig eine Instruction für den Verkehr mit den Parteien erhalten hätte.

Die neue Dienstespragmatik enthält außerdem eine Vorschrift, welche ebenso wichtig ist. Es haben sich nämlich in der letzten Zeit Fälle wiederholt, daß Personen als volltrunken zum Commissariate gebracht wurden und während der Nacht, welche sie ohne vorhergegangene ärztliche Untersuchung im Arreste verbracht haben, daselbst gestorben sind. Erst durch die Obduction hat sich ergeben, daß die betreffenden Personen gar nicht betrunken, sondern krank waren, oder daß sie in Folge ihres betrunkenen Zustandes im Arrestlocal verunglückt sind. Diese Vorfälle hat auch bekanntlich Reichsraths-Abgeordneter Dr. Ofner zu einer Interpellation im Parlamente benützt.

Die neue Instruction besagt nun, daß jeder Trunkene, bevor er zur Ausnüchterung in den Arrest gebracht wird, durch den Polizeibezirksarzt genau untersucht werden muß. Dabei darf sich der Arzt durch die gewöhnlichen Anzeichen der Trunkenheit nicht irre machen lassen, sondern muß das Ergebniß seiner genauen Untersuchung in einem Parere dem Polizeibeamten berichten und Vorschläge machen, ob er die Abgabe des Trunkenen an ein Spital nicht für zweckmäßiger halte.

Im Arrest muß der Betrunkene so gelegt werden, daß er nicht durch Herabfallen von der Pritsche verunglücken kann. Außerdem hat der vor dem Arrestlocal aufgestellte Posten auf diese Personen genau zu achten, ob sie nicht röcheln oder schwer athmen, und hat jede Veränderung sofort dem Wachinspector mitzutheilen, welcher über Veranlassung des Beamten den Arzt zu avisiren hat.

1901

Im Vorzimmer eines Wiener Polizei-Commissariats. Originalzeichnung von M. Ledeli.

Im Vorzimmer des Polizei-Comissariats.

(Mit einer Illustration auf Seite 4.)

In das Vorzimmer der gestrengen Frau Themis führt uns das treffliche Bild des Künstlers, welcher das Leben im Vorraume eines Wiener Polizeicommissariats zum Gegenstand seiner lebensvollen Darstellung gemacht hat. Hier treffen sich so ziemlich alle Classen der Bevölkerung, die allerdings aus verschiedenen Gründen sich dort einfinden. Hier sehen wir die „Gnädige", welche wegen Differenzen mit ihrem Dienstboten die Hilfe der Polizei in Anspruch nimmt; den Arbeiter, der wegen der jetzt gerade actuellen Meldungsbestätigung für sein Zuständigkeitsrecht vorspricht; neben ihm hat eine Partei wegen Meldungsangelegenheiten zu thun und der Nächste hat wieder einer Vorladung um „Auskunft" Folge zu leisten. Noch mehr aber geben die ungebetenen Gäste dem Commissariat zu thun, die Kostgänger des heiligen Hermandad, welche von den Wachmännern zum Amte gestellt werden. Auf dem Bilde sehen wir einen solchen Arretirten, der — nicht gerade allzu sanft — dem Herrn Commissär vorgeführt wird, der mit ihm und dem arretirenden Wachmann das Verhör vornimmt. Ein zweiter Wachmann überstellt indes ein verirtes Kind dem Amte, das weinend dem Manne hieher folgt, um nach gepflogener Umfrage seinen Eltern wieder zugeführt zu werden.

Im Vorzimmer des Commissariats kommen, wie man sieht, gar mancherlei Leute zusammen und es gäbe deren noch weit mehr, wenn in der Bevölkerung die Scheu vor der Sicherheitsbehörde keine so große wäre. „Nur nix mit der Polizei z'thuan hab'n" ist der traditionelle Schmerzensruf der Wiener, die von ihren Vätern die schlimmeren Herren vom Vormärz kennen gelernt haben und heute noch nicht wissen, daß die moderne Polizei auch ein Wohlfahrtsinstitut für die Oeffentlichkeit ist.

„Nur nix mit der Polizei z'thuan hab'n…"

Gute Architekten behaupten immer, daß das Vorzimmer jeder Wohnung eine Visitenkarte des Eigentümers oder dort Wohnhaften darstelle. Die gegenwärtigen Bemühungen, in den neuen und modernen Polizeikommissariaten auch für die Parteien entsprechende oder besser gesagt ansprechende Warteräume zu schaffen, folgen diesem Leitgedanken und sollen mit vielen anderen Aktivitäten mithelfen, die vielfach erwähnte Vertrauensbasis der Bevölkerung zur Polizei zu festigen oder zu schaffen.

Noch immer gibt es Menschen, deren „Schwellenangst" den Weg zur Polizei, sei es um eine Mitteilung zu machen, eine Auskunft zu erlangen, eine Anzeige zu erstatten u. ä. erschwert. Neben Freundlichkeit, Aufgeschlossenheit und fachlicher Kompetenz der Beamten, darf daher auch das Ambiente in der Zielsetzung einer unbeschwerten Kommunikation mit der Bevölkerung nicht fehlen. Neubauten und Renovierungen in Wiener Polizeidienststellen müssen daher auch unter diesem Aspekt gesehen werden.

1902

Der Ruf des Polizisten war eigentlich stets mit einem guten Sozialprestige, aber mit großen sozialen Problemen behaftet. Man denke nur daran, daß Nacht- und Sonntagsdienste große Belastungen im familiären Bereich und Dienstverletzungen und Dienstunfälle bei den noch immer eher geringen Gehaltsansätzen zu finanziellen Problemen führten. Alle gleichartigen Berufe bedurften daher – wie die Polizei – eines über die gesetzlichen Mindesterfordernisse hinausgehenden Fonds für Sozialleistungen.

Die Aufbringung der Mittel hierfür änderte sich im Verlaufe der Zeit. Waren es früher unter anderem die k.k. Wiener Polizeilotterie, so sind es heute die staatlich geltenden (aber auch privat finanzierten) Zuflüsse für Wohlfahrtsfond und Unterstützungsinstitut der Wiener Sicherheitswache. Eine ganz besondere Zielsetzung in dieser Art wird vom Verein der Freunde der Wiener Polizei gegeben, dessen Mittel neben Hilfestellungen für unverschuldete Unglücksfälle sich bei Ehrungen verdienter Beamter bis hin zu Unterstützung für Schulungsaktionen und Öffentlichkeitsarbeit erstrecken. Eine Lotterie wird heute nur mehr im Rahmen der Polizeisportvereinigung Wien durchgeführt. Der Reinertrag dient zur Aufrechterhaltung des Sportbetriebes dieses reinen Amateurvereines.

1902

Als im Jahre 1898 das „Erkennungsamt“ bei der k.k. Polizeidirektion Wien geschaffen wurde, erfolgte die Identifizierung von Tatverdächtigen mittels der Anthropometrie nach dem System „Bertillon“. Diese – auf die unterschiedlichen Körpermaße basierende Methode – hatte allerdings einen beachtlichen Unsicherheitsfaktor. Bereits in den Neunzigerjahren wurde jedoch in Engalnd an einem neuen Identifizierungsverfahren gearbeitet – der „Daktyloskopie“. Dieses – auf die unterschiedlichen Fingerabdrücke jedes Menschen basierende Verfahren – wurde ab 1902 in Wien probeweise angewandt und ist seit 1903 nach dem System Galton-Henry offiziell in Österreich als wichtigster Teil der erkennungsdienstlichen Maßnahmen in Verwendung. Camillo Windt – 1902 noch Polizeioberkommissär – hatte nicht nur die Anthropometrie nach Wien geholt, er war auch kämpferischer Wegbereiter für die Einführung der Daktyloskopie in Wien und darüber hinaus in der ganzen Österreichisch-Ungarischen Monarchie.

Illustrirtes Wiener

Extrablatt.

11. August 1903

Die Sicherheit in Wien.

Im Wienerwald, in unmittelbarster Nähe der belebten Sommerfrische Hütteldorf hat sich vergangene Woche ein Stück Räuberromantik abgespielt. Mit vorgehaltenem Revolver trat ein Strolch einem Spaziergänger entgegen, forderte ihn auf, die Uhr herzugeben, und feuerte im selben Augenblicke einen Schuß ab, der das Opfer schwer verwundete. Es ist erfreulich und ein anerkennenswerther Erfolg der Sicherheitsbehörde, daß der Thäter sich bereits hinter Schloß und Riegel befindet. Wie er in seinem Geständnisse erzählte, hat er den verwegenen Ueberfall nicht allein verübt, sondern in Gemeinschaft von Complicen, die bereit waren, im Falle eines energischen Widerstandes seitens des Angegriffenen, sich auf diesen zu stürzen. Der jugendliche Verbrecher hatte den Plan gefaßt, eine Räuberbande im Wienerwald zu gründen und zeigte der polizeilichen Commission, die ihn in den Hütteldorfer Wald hinausführte, eine Erdhöhle, in welcher die Mitglieder der neu zu creirenden Räuberbande ihren geheimen und schwer zugänglichen Schlupfwinkel gefunden hatten. Für die Bewohner der Sommerfrische ist es keineswegs ein behagliches Gefühl, bei jedem Spaziergange im Walde auf ein unliebsames Rencontre mit Räubern gefaßt sein zu müssen. In derselben Gegend wurde vor Kurzem ein Wachmann durch einen Revolverschuß verwundet, und eine Frau erstattete gleichfalls die Anzeige, daß sie von einem verdächtigen Gesellen bedroht worden sei. Auch in den übrigen Sommerfrischen in der Nähe Wiens ist es mit der persönlichen Sicherheit der Bewohner nicht am besten bestellt. Es vergeht kau[illegible]n Tag, an welchem nicht ein kühner Einbruch verübt wird.

Das Vorkommniß in Hütteldorf ist nun allerdings ein vereinzelter Fall, und es ist eine schwere, vielleicht unerfüllbare Aufgabe für die Sicherheitsbehörde, derartige Verbrechen zu hindern. Das Gemeindegebiet von Wien hat eine riesige Ausdehnung. Innerhalb dieses Gebietes gibt es große Wälder und Felder, und es ist unmöglich, an jeder einsamen Stelle einen Sicherheitswachmann hinzustellen. Wenn es entschlossene und verzweifelte Verbrecher gibt, die den Kampf mit den ehrlichen Leuten nicht scheuen und auch vor der Gefahr langjähriger Zuchthausstrafen nicht zurückschrecken, so wäre bei der räumlichen Ausdehnung des Wiener Polizeirayons ein ganzes Armeecorps von Polizisten erforderlich, um überall und an jedem Punkte für die volle Sicherheit des Publicums zu garantiren.

Anders steht es mit der öffentlichen Sicherheit innerhalb der bevölkerten Stadttheile, insbesondere in den Vorstädten und Vororten. Hier ist die Frage berechtigt, ob die Sicherheit der Person und des Eigenthums nicht wirksamer geschützt werden könnte und müßte, als es derzeit geschieht. Es ist richtig und muß zur allgemeinen Beruhigung hervorgehoben werden, daß seit langer Zeit große und schwere Verbrechen in unserer Stadt nicht geschehen sind. Aber der Kleinbetrieb des Verbrechens steht in sehr unerfreulicher Blüthe. Der Polizeirapport verzeichnet täglich Einbruchsdiebstähle in den verschiedensten Bezirken. Erst in den letzten Tagen war von der Meidlinger sogenannten Galerie die Rede, einem Consortium eigenthumsgefährlicher Gesellen, das diesen Vorort unsicher machte, und in dem Berichte der Polizei-Correspondenz war davon die Rede, daß fast jeder der äußeren Bezirke seine eigene „Galerie" hat, die den Schrecken der Bewohner bildet. Die Gilde der Einbrecher, der sogenannten Schränker, ist unausgesetzt bei der Arbeit. In Wohnungen, deren Inhaber sich auf dem Lande befinden oder auch nur für einige Stunden das Haus verlassen haben, dringen die verwegenen Gesellen ein und plündern die Schränke, und wenn auch die Polizei eifrig nach den Thätern forscht und sie auch häufig der verdienten Strafe zuführt, so bleiben sie doch in der Mehrzahl der Fälle unentdeckt. Was die Verhafteten betrifft, so erzählt der Polizeirapport sehr häufig, daß dem Verbrecher eine ganze Reihe von Einbruchsdiebstählen nachgewiesen wurde; daraus folgt somit, daß er ungestört eine ganze Reihe solcher Verbrechen begehen konnte, bevor ihn sein Schicksal ereilte.

Eine besondere Specialität des Verbrecherthums in Wien ist das Berauben und Bestehlen von Kindern auf den Straßen. Wir verweisen hier auf die in den letzten Tagen vorgekommenen Fälle, die besonderes Aufsehen gemacht haben, auf das Treiben der Ohrringediebin mit der rothen Blouse, auf jenen Puppenraub, bei welchem ein Kind am hellen Tage und in einer belebten Straße nicht blos seiner Puppe beraubt, sondern auch von der Thäterin geohrfeigt wurde, ohne daß sich irgend Jemand des mißhandelten Kindes annahm, sowie auf die Entführung der kleinen Margarethe Stern, bei deren Wiederauffindung das betreffende Polizei-Commissariat keineswegs jenen Eifer entwickelte, der ihm von seinen Vorgesetzten zur Pflicht gemacht wird. Wir müssen dieses unerfreuliche Bild durch den Hinweis auf die vielen nächtlichen Excesse vervollständigen, bei welchen so häufig das Messer in Action tritt und die eine ständige Rubrik unserer Localchronik bilden.

Nun wissen wir selbstverständlich, daß es unmöglich ist, in einer Millionenstadt alle Verbrechen und alle Ausschreitungen zu hindern und möchten auch keineswegs behaupten, daß es mit der Sicherheit in Wien schlechter als in anderen Großstädten bestellt sei. Es könnte aber bei dem Charakter der Wiener Bevölkerung, in welcher die verbrecherischen und gewaltthätigen Naturen viel seltener sind als anderswo, weitaus besser bestellt sein. Einzelnen Personen oder Behörden aus den gegenwärtigen Zuständen einen Vorwurf zu machen, liegt uns vollständig ferne; wir wollen vielmehr es nur zur Sprache bringen, daß zur besseren Wahrung der Sicherheit ein größerer und tauglicherer Apparat geschaffen werden muß. Zunächst muß betont werden, daß die Vermehrung der Sicherheitswache seit Jahren mit der Zunahme der Bevölkerung nicht den verhältnißmäßig gleichen Schritt gehalten hat. Eine ausgiebige Verstärkung der Sicherheitswache halten wir darum für unaufschiebbar. Noch dringender ist eine Vermehrung der nichtuniformirten Sicherheitsorgane, der Polizeiagenten und Detectives. Gegenwärtig ist jedem Commissariat eine Anzahl von schlecht bezahlten Organen zugewiesen, die im Falle einer Anzeige die Erhebungen pflegen. Diese, wie nochmals gesagt werden muß, schlecht bezahlten Personen müssen auch die Function von Amtsdienern verrichten, die mit dem Sicherheitsdienste Nichts zu thun hat. Es wäre für die öffentliche Sicherheit von besonderem Vortheil und würde so manches Verbrechen hindern, wenn eine Anzahl nichtuniformirter Polizeiorgane mit dem Patrouillendienste in den Straßen und öffentlichen Anlagen betraut wäre. Sie hätten auf alle Vorgänge ihr Augenmerk zu richten, und ihre Wirksamkeit wäre viel abschreckender für die Verbrecher als die der Sicherheitswachleute, die von Weitem durch ihre Uniform kenntlich sind und die überdies für Aufrechthaltung des Verkehres zu sorgen haben. Die einzige Einwendung, die sich gegen diese Ausgestaltung des Sicherheitsdienstes geltend machen ließe, ist die Geldfrage, aber diese darf in einer das Wohl und die Interessen der gesammten Bewohnerschaft Wiens betreffenden Angelegenheit keine Rolle spielen.

1903

Ein Nachtbild aus der Großstadt.

Ill. Wiener Extrablatt 5. 3. 1903

Wie man auf Seite 96 und 97 sieht und liest, war die Tätigkeit der Polizei vielschichtiger geworden. Nach langen Jahren des Lobes wird in diesem Jahr erstmals die Wiener Polizei kritisiert. Aus Text und Bild ergeben sich die Hauptschwerpunkte der Kriminalität, nämlich Eigentumskriminalität, insbesondere Einbrüche und Raubüberfälle. Ein Phänomen für diese Zeit war das Berauben und Bestehlen von Kindern auf den Straßen. Die Forderung nach mehr Polizei und zum ersten Mal auch nach Kriminalbeamten, nicht nur zur Ermittlertätigkeit, sondern auch zur Präventivfunktion auf den Straßen, wird erhoben. Letztere Forderung wird heute durch den Rayonskriminalbeamten und den zusätzlichen Einsatz von SWB in Zivil, insbesondere gegen die rapide Zunahme von Autodiebstählen und Autoeinbrüchen erfüllt. Trotz klarer Kompetenzen überschneiden sich Repressiv- und Präventivaufgaben bei Sicherheitswache und Kriminalpolizei. Lange Jahre beeinflußte der Konkurrenzkampf zwischen den Organisationseinheiten durch „Eifersüchteleien" die Effizienz. Heute ist Flexibilität den Beamten selbstverständlich und die Kooperation beider Körper ist einer der Grundpfeiler der erfolgrechen Wiener Polizeiarbeit.

Zu nebenstehendem Bild wären zwei Bemerkungen anzubringen. Zunächst begünstigten die seinerzeitigen Beleuchtungsverhältnisse im nächtlichen Wien die Begehung strafbarer Handlungen. Der Zeichner hat dies sehr geschickt und eindrucksvoll dargestellt. Heute (30. 6. 1992) beleuchten insgesamt 133.084 Beleuchtungskörper mit 221.033 Lampen die Stadt, von welchen 143.288 Lampen auch in der Zeit von 24.00 Uhr bis zur Morgendämmerung Helligkeit verbreiten. Zum zweiten zeigt das Bild sehr eindrucksvoll die der überfallenen Frau zur Hilfe eilenden Passanten. Nur ein Mann steht neben der Laterne und betrachtet ruhig die Szene. Die Hilfsbereitschaft, die heute so oft eingefordert wird und nach wie vor zu wünschen übrig läßt, hat es offenkundig auch schon 1903 in unbefriedigender Form gegeben.

Illustrirtes Wiener Extrablatt 23. April 1904 Nr. 119

Der Kaiser verläßt den Neubau des Polizeihauses.

Was gibt's denn Neues?

Besuch des Kaisers im Polizeigebäude.

Der Kaiser hat gestern um 1 Uhr Nachmittags, wie schon im Abendblatte mitgetheilt wurde, das neue Polizeigebäude an der Elisabethpromenade, das demnächst seiner Bestimmung übergeben werden wird, besichtigt.

Im Hauptvestibule hatten sich zum Empfange des Kaisers Ministerpräsident Dr. von Koerber, Statthalter Graf Kielmansegg und der Polizeipräsident eingefunden. Außerdem waren noch anwesend der Statthalterei-Vicepräsident Dr. Graf Giovanelli, Sectionschef Karl Kohl, die Ministerialräthe im Ministerium des Innern Ritter v. Foerster, Simonelli und Ritter v. Bleyleben, Hofrath Tils von der niederösterreichischen Statthalterei und einige höhere Polizeibeamte.

Um 1 Uhr Nachmittags fuhr der Kaiser, vom Schottenring kommend, in offener Equipage in Begleitung des Generaladjutanten G. d. C. Grafen Paar und gefolgt vom Flügeladjutanten Major Marquis Gozani beim Hauptportale vor. Hier begrüßte zunächst Ministerpräsident Dr. v. Koerber den Kaiser

Unter Führung des Polizeipräsidenten und des Polizeirathes Camillo Windt wurde hierauf der Rundgang angetreten, der sich auf alle Räume des Gebäudes erstreckte. Im Hochparterre sah der Monarch zuerst das Centralmeldungsamt an und ließ sich detaillirte Aufklärungen über die Obliegenheiten und den Dienst dieses Amtes geben.

Dann begab sich der Kaiser in den ersten Stock, wo einzelne Räume der Polizeiagenten-Abtheilung besichtigt wurden. Hier gab Obercommissär kaiserlicher Rath Polt die nöthigen Erklärungen. Der Kaiser sagte hier, daß die Polizeiagenten ihren Dienst sehr brav versehen und drückte seine Zufriedenheit mit ihren Leistungen aus.

Im Sicherheitsbureau sprach der Kaiser dem Polizeirath Stukart gegenüber in anerkennender Weise über die Erfolge der Criminalpolizei.

Im Sitzungssaal im zweiten Stocke wurde dem Kaiser durch den Polizeipräsidenten ein Exemplar der Festschrift überreicht.

Im dritten Stockwerke besichtigte der Monarch unter Führung des Polizeirathes Windt das Polizeimuseum.

Im großen Rundsaale des Museums erfolgte durch Ministerpräsidenten Dr. v. Koerber die Vorstellung des Baucomités.

Der Kaiser sprach den Staatstechnikern, welche den Bau führten, seine Anerkennung über den Bau aus.

Nach der Besichtigung des Lehrsaales wandte sich der Kaiser den Localitäten des Erkennungsamtes und dem photographischen Atelier zu, woselbst einzelne Skioptikonbilder vorgeführt und in einer kurzen Darstellung das Wesen der Anthropometrie und der Daktyloskopie erklärt wurde. Die Aufnahme der Fingerabdrücke und die Identificirung auf Grund der Abdrücke wurde hier praktisch demonstrirt.

Hierauf wurden das Polizeigefangenhaus, der sogenannte „Zigeunerarrest", ein Einzelzellenlocal, Marodezellen, das ärztliche Untersuchungszimmer etc. besichtigt.

Der Kaiser über die Sicherheitswache.

Im Kaserntracte der Sicherheitswache, wo der Commandant der Wache Baron Gorup die Führung übernahm, besichtigte der Kaiser die Menageküche, den Speiseraum, das Schulzimmer und ein Kasernzimmer. Im Hofe waren die Beamten der Sicherheitswache und die Schulabtheilung des Sicherheitswachcorps aufgestellt.

An die Wache sich wendend, sagte der Kaiser, er ergreife sehr gerne die Gelegenheit, ihnen seine volle Anerkennung für das gute Aussehen, die musterhafte Schulung und Haltung der Sicherheitswache auszusprechen. Insbesondere hebe er die vielen Erfolge, die die Sicherheitswache in der letzten Zeit errungen, und die vielen Beweise von besonderem Muth und besonderer Entschlossenheit, die die Sicherheitswache, welche unter außerordentlichen Schwierigkeiten ihren Dienst thue, gegeben, hervor. Es sei dies dem Monarchen ein Beweis der vorzüglichen und zielbewußten Leitung der Wache. Dem Polizeipräsidenten gegenüber sprach der Kaiser auch sein Lob für die gesammte Beamtenschaft der Polizei-Direction aus.

Beim Abschiede sprach der Kaiser dem Ministerpräsidenten Dr. v. Koerber, dem Statthalter Grafen Kielmansegg und dem Polizeipräsidenten Ritter v. Habrda gegenüber seine besondere Befriedigung über das gelungene Werk aus. Unter den brausenden Hochrufen des überaus zahlreichen Publicums, das sich inzwischen angesammelt, bestieg der Monarch an der Elisabethpromenade den Wagen und fuhr in die Hofburg zurück.

Offenkundig hat die Kritik aus dem Jahre 1903 ein Jahr später Früchte getragen und die Fertigstellung des Neubaus der „Liesl", wie das neue Polizeigebäude an der Elisabethpromenade später genannt wurde, beschleunigt. Das Lob für die Kriminalpolizei und die Sicherheitswache anläßlich des Besuches des Kaisers unter besonderer Erwähnung der schwierigen Arbeitsbedingungen beinhaltete wohl mehr, als den Austausch förmlicher Höflichkeiten, wie sie bei hochgestellten Besuchen üblich waren und sind.

Heute ist das Gebäude an der Roßauer Lände noch Mittelpunkt der kriminalpolizeilichen Abteilung mit den Schwerpunkten Sicherheitsbüro, Büro für Erkennungsdienst und Fahndung, sowie der in den letzten Jahren nachfragebedingt stark expandierten Wirtschaftspolizei. Standen damals noch die baulichen Veränderungen im Mittelpunkt, so sind heute neben diesen zunehmend die Frage der technischen Ausstattung in den Vordergrund gerückt. Elektronische Datenverarbeitung und hochmoderne Laboratorien sind neben laufender wissenschaftlicher Fortbildung der Beamten in diesem Haus die Anliegen des Jahres 1992 und werden es wohl noch über die Jahrtausendwende bleiben.

1904

Als im April 1904 das neue Polizeigebäude Ecke Elisabethpromenade (heute Roßauerlände) und Berggasse seiner Bestimmung übergeben wurde, ging ein langgehegter Wunsch maßgeblicher Polizeikreise endlich in Erfüllung. Es fanden hier Einrichtungen – teilweise neugeschaffen – ihre Aufnahme, die in ihrer nunmehr modernsten Unterbringung des Jahres 1904 sehr wesentlich zum Entstehen des späteren Weltruhms der Wiener Polizei – vor allem der Kriminalpolizei – beitrugen. Besonders die erkennungsdienstlichen Einrichtungen sollen auch hier besonders erwähnt werden. Das Bauwerk war zur Zeit seiner Errichtung ein Haus der Superlative. Nicht so sehr die Ausmaße des von Baurat Karl Holzer geplanten Gebäudes oder die damals horrende Bausumme von fast 3 Millionen Kronen, sondern seine universale Zweckmäßigkeit führten dazu, daß es bald zum Mekka aller europäischen Polizeipräsidenten wurde. Noch heute, fast neunzig Jahre nach seiner Errichtung, dient das Haus – im Volksmund nach der ursprünglichen Standortbezeichnung von den Wienern fast liebevoll als „Liesl" bezeichnet – weitgehendst seinem ursprünglichen Verwendungszweck.

1905

„Im Cafe der Kochemer"
Verbotenes Glücksspiel im Hinterzimmer eines Wiener Kaffeehauses im Jahre 1905

Schon seit 100 Jahren ist in Wien das verbotene Glücksspiel Gegenstand polizeilicher Aktivitäten. Hiefür ist nicht die Tatsache allein, daß es sich um Gesetzesübertretungen handelt, ausschlaggebend, sondern vielmehr der Umstand, daß sich im Zusammenhang mit dem verbotenen Spiel immer wieder Ansatzpunkte für organisiertes Verbrechen ergeben. Die sogenannte Anschlußkriminalität äußerte und äußert sich vorwiegend in Erpressung, Raub und ähnlichen Gewaltdelikten.

Aus dem Archiv der „Sittenpolizei"

K. K. POLIZEI-DIREKTION
WIEN
KRIMINAL-KORRESPONDENZ-BUREAU

Polizeianzeiger.

Herausgegeben von der k. k. Polizeidirektion zu Wien am 5. Jänner 1905.

Deserteure: 1 **Hais** Joh. Nepomuk, auch **Heiß**, Inf., Tit.-Korporal, Maurer, ang. diplomierter Baumeister, 71 Wien g. u. z. 1. LJR. Wien 7/12. 04.

2 **Kornherr** Josef, ErsRes., Knecht, 71 Hagenberg, Bez. Mistelbach NOe. g., Irritz Bhm. z., k. 99. JR. Znaim 17/12. 04.

3 **Wittmann** Heinrich, Matrose 3. Kl., Geschäftsdiener, 85 Wien g., Iglau Mhr. z. S. M Schiff „Saida" Pola 24/12. 04.

Stellungspflichtige: 4 **Jung** Rudolf Matthias, 23/3. 83 Wien g., Leobersdorf z. GPK. Leobersdorf 19/12. 04.

Gelegenheitsdiebe: 5 **Burschen, 3,** einer c. 20 J., mgr., volles Ges., bld. H., mit bl.-gr., lg. Rock, gelbem Hut mit sch. Band, der zweite c. 20 J., gß., mit gr. Hose, am Knie handgroßen, sch. Fleck eingeflickt, gelbem, weichem Hut, der dritte c. 20 J., mgr., bekl. mit lg., dkl. Rock, sch., weichem Hut, stahlen 13/12. 04 vom Aushange des Kaufmannes Josef Wohlfahrt, Hofferplatz 11, ein Herrenoxfordhemd, 2 K 60 h, u. dem Samuel Weißmann, Thaliastr. 28, ein rotes Taschentuch, 40 h w. C. 16.

6 **Mann**, ang. Brauergeh., 28—30 J., mgr., untersetzt, bld. H. u. Schnb. und sogenannte Koteletts, etwas krumme Nase, bayrischen Dialekt spr., mit sch. Sacco, solchem steifen Hute u. grau gestr. Hose bekl., dgd. verd., 12/12. 04 dem in der hies. Brauerei bed. Gottfried Beitzsammer aus Burschenzimmer 1 silb. Zylinderuhr, auf deren Zifferblatt „Peter Piller" geschrieben ist, dann 1 silb., kleingliedrige Kette, zusw. 16 K, gest. zu haben. GPK. Brunn a. G. 14/12. 04.

7 **Männer, 2,** einer c. 28 J., über mgr., mit starkem, sch. Schnb., dkl. Hose, Havelock und sch., breitem Hut, der andere c. 20 J., kl., untersetzt, mit Schnbanflug, dkl. Kleidung, steifem Hut, stahlen 4/12. 04 am Yppenplatze dem Abeleg. 30 w. Joh. Kraschnigg 1 sch. Ledergeldbörse mit 11 K 50 h. C. 16.

Raubanfall: 8 Nachtrag. Von den im Art. 22431/04 beschriebenen **3 Männern** war einer c. 32 J., bei 160cm gß., korpulent, hatte kl., bld. Schnb., stumpfe Nase, (glaublich etwas blatternarbig), sah aus wie ein sogenannter Wiener „Pülcher", war mit groß karriertem, gr. gesprenkeltem Rock, kl. karr. Hose, u. sch., weichem Hut bekl. Er erhielt mit dem Stiefelabsatze einen Stoß auf die Stirne, zwischen den Augen und mehrere Hiebe mit dem Peitschenstiel über das Gesicht, dürfte daher noch sichtbare Narben haben. Der verd. Alexander **Drescher** ist Kutscher, 78 in Harkau, Kom. Oedenburg g. u. z., k., l., und dürfte sich vermutlich in Wien im 10. Bez. als Markthelfer herumtreiben. Das geraubte Postsparkassebuch über eine Einlage von 50 K, ist vom Postamte Himberg I/151 ausgest. und hat Nr. 2840903. BG. Ebreichsdorf 12/12. 04.

Auszuforschen: 9 **Bursche**, Näheres fehlt, der 29/9. den Goldschlagstr. 72 w. Wenzel Hruška hbz. im Raufhandel leicht verletzte. C. 15, 15/12. 04.

10 **Cahlik** Matthias, Tischlergeh., Sobulek, Bez. Gaya Mhr. g., 43 J., k., v., gsch., mit 10 K Zins- u. Kostschuld aus Schweglerstr. 31 seit 12/11. 04 flüchtig. C. 15, 13/12. 04.

11 **Czipauy** Josef, Drechslergeh., Wien g., 24 J., Flurschützg. 21 w. g., w. Verd. nach § 461 StG. PD. Wien 28/12. 04.

12 **Cerwenka** Josef, Eisengießergeh., § 411 StG. C. 16, 18/12. 04.

13 **Chylik** Hynek (Ignaz), Ziegelarbt., **Králová** Lhota (Königslhota) Bhm. z., 29 J., zul. in Vösendorf im Ziegelwerk Nr. 113 w. g., § 522 StG. BG. Liesing 12/12. 04.

14 **Dittl** Joh., Fiakert.,*) 72 Wien g. u. z., k., l., Zeillerg. 47 w. g., Strafvollzug § 430 StG. BG. 8, 13/12. 04.

15 **Drapela** Marie, Hsarbt., Wien g. u. z., 20 J., k., l., mgr., mit sch. H. u. Aug., lgl. Ges., gr. Umhängtuche, sch.-weiß gestr. Shawl, bl. Bluse, roter Schoß, weißer Schürze und sch. Halbschuhen, w. Einbruchsdiebst. und Falschmeldung. C. 3, 20/12. 04.

16 **Engel** Alois, Maurer, 24 J., § 431 StG. C. 20, 19/12. 04.

17 **Frauensperson**, kl., untersetzt, dklbld. H., ang. Luise **Erbes**, Sprachlehrerin, 61 Wien g., k., l., 18/11. 04 aus Paniglg. 1 von Amalie Sladek mit 14 K Zinsschuld entwichen. C. 4, 18/12. 04.

18 **Gegner** Franz, Tgl., 69 Trautmanns Bhm. g., k., v., Geblerg. 95 w. g., §§ 335 u. 380 StG. C. 17, 15/12. 04.

19 **Glanz** Michael,**) Mechaniker, Raab Ung. g. u. z., 18 J., k., Meierg. 14 w. g., ad Z. U 2815/4. BG. 2, 15/12. 04.

20 **Haselmajer** Anna, Wäscherin, Cepes megy-Bela Ung. g. u. z., 41 J., k., v., Floßg. 9 w. g., ad Z. U 3561/4. BG. 2, 6/12. 04.

21 **Haigl** Josef, Tgl., Bidisch Ung. g., 29 J., k., l., Abermanng. 8 w. g., § 460 StG. C. 12, 21/12. 04.

22 **Heschcles** David, Kontorist, 84 Boryslaw Galz. g., m., § 461 StG. C. 5, 17/12. 04.

23 **Hilscher** Robert, Anstreichergeh., Odrau Schles. g., 23 J., k., l., § 461 StG. C. 2, 18/12. 04.

*) Vide auch Art. 22020/04.
**) Vide auch Art. 20958/04.

Eine Streifung in Ottakring.

Montag nachmittags wurde eine polizeiliche Streifung in Ottakring vorgenommen und hiebei in einer Kaffeeschänke in der Grundsteingasse mehr als zwanzig Burschen und zwei Frauenspersonen arretiert. Unter Führung eines Polizeikommissärs erschienen mehrere Agenten und Wachleute in dem Lokale und fanden einige junge Leute zechend und spielend bei den Tischen. Die sofort vorgenommene Durchsuchung ergab, daß man es mit einer Bande eigentumsgefährlicher Individuen zu tun habe, da bei mehreren Personen Einbruchswerkzeuge gefunden wurden. Die Arretierten wurden einzeln dem Polizei-Kommissariate des Bezirkes überstellt. Der Transport erregte großes Aufsehen in Ottakring und in der Umgebung der Kaffeeschänke verbreitete sich das Gerücht, daß die Leute bei Hazardspielen überrascht und ihnen größere, von Einbruchsdiebstählen herrührende Geldbeträge abgenommen wurden. Die Verhafteten sind bis zum Abschlusse der polizeilichen Erhebungen bei dem Polizei-Kommissariate Ottakring interniert.

Österr. Kronen Zeitung, 1. 2. 1905

Bei den in obenstehender Polizeianzeige ausgeschriebenen, im Verdacht krimineller Handlungen stehenden Personen fällt auf, daß unter den bekannten Geburtsorten 4 x Wien und 8 x Böhmen, Mähren, Ungarn, Schlesien etc. angeführt werden. Natürlich waren es zu dieser Zeit alle Österreicher, dennoch gibt es Anlaß darüber nachzudenken, ob wir mit unserer Fremdeneinstellung in dem wieder erweiterten Gesichtskreis eines vereinten Europas nicht noch in provinziellem Denken gefangen sind.

1906

Nach Jahrzehnten der Unzulänglichkeit – zuerst in der Sterngasse, dann in der Theobaldgasse – fand endlich 1904 das Polizeigefangenenhaus im neuen Polizeigebäude an der damaligen Elisabethpromenade (Roßauer Lände) einen zeitgemäßen Standort. Als das Gefangenenhaus 1906 bereits voll in Funktion war, konnte man zu Recht von einer der modernsten und zweckdienlichsten Einrichtungen dieser Art in Europa sprechen. Zentralheizungen, Desinfektionsräume und Badeeinrichtungen waren damals geradezu sensationell und der Zellentrakt nach amerikanischem Muster wurde von Polizeipräsidenten aus ganz Europa besichtigt und bestaunt.

Bespannter Arrestantenwagen vor dem Sammelarrest

Zellentrakt nach amerikanischem Muster

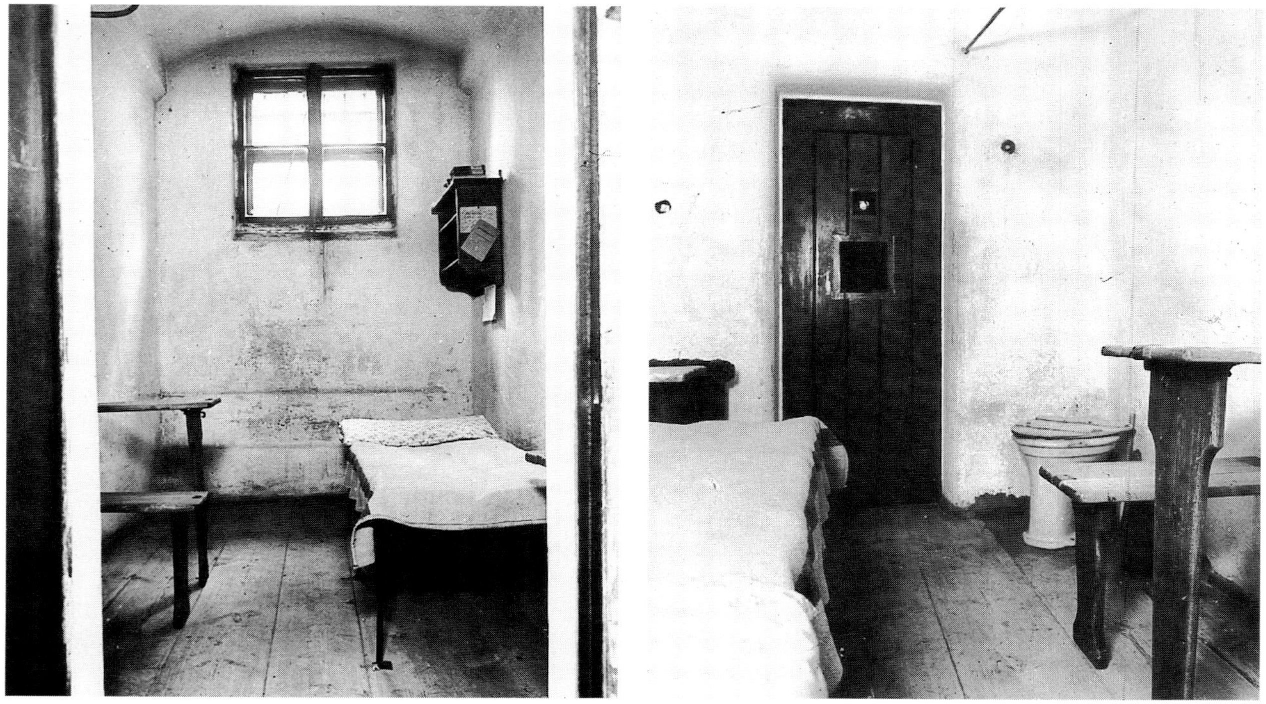

Einzelhaftraum in nachzeitgenössischer Ansicht

Illustrierte Kronen Zeitung
14. Juni 1906

Fräulein Polizist.

Unser Titelbild.

„Da hört aber doch schon Alles auf!" wird sich mancher Leser denken, wenn er unser Titelbild betrachtet. „Das, gerade das würde uns noch fehlen! Die Mädchen nehmen ohnedies schon den Männern viele Berufszweige zum großen Teil weg. Es gibt weibliche Aerzte, weibliche Advokaten, weibliche Professoren, das ganze Heer von Beamtinnen, Buchhalterinnen und Maschinschreiberinnen gar nicht gerechnet. Und dazu jetzt noch weibliche Polizeileute? Da werden die Männer bald kochen, nähen und sticken lernen müssen!"

Das stimmt Alles, paßt aber doch nicht ganz. Es gibt allerdings schon weibliche Polizisten. Aber nicht bei uns, sondern drüben in Amerika, in Cansas-City im Staate Nebraska. Dort spazieren seit einiger Zeit junge und auch etwas ältere Damen in Polizistenuniform herum und wissen auch ihre Pflicht zu erfüllen. An Mut fehlt es ja den amerikanischen Damen bekanntlich niemals, insbesondere dann nicht, wenn sie nicht gar zu sehr tapfer sein müssen. Und der Amerikaner ist gegen Damen sehr galant, sehr höflich und sehr zuvorkommend, so daß ein widerspenstiger Gesetzesübertreter gar selten geworden ist in Cansas-City. Genau genommen muß es auch nicht so entsetzlich sein, von einem jungen und hübschen Polizei-Fräulein eine Strecke weit bis zur nächsten Polizei-Station begleitet zu werden. Bis jetzt geht es also ziemlich glatt und die männliche Einwohnerschaft der Stadt, welche ihre Sicherheit weiblicher Wachsamkeit verdankt, ist auch ganz zufrieden damit. Nur die nichtamtlichen Damen fingen an, gegen die Polizistinnen Stellung zu nehmen. Die Uniform ist, wie obenstehende Abbildung zeigt, höchst kleidsam und es gibt Leute, welche sich sehr gerne unter solchen polizeilichen Schutz begeben. Aber gerade darin erblicken alle die Damen von Cansas-City, welche nicht die Uniform tragen können oder wollen, eine ernste Schädigung ihrer eigensten Interessen, nämlich eine Minderung ihrer Wertschätzung seitens der Männer, welche in diesem Falle eine ebenso große Vorliebe für zweierlei Tuch zeigen, wie man sie sonst den Damen nachzusagen pflegt. Dies hat noch durch einen Vorfall, der sich vor kurzem abspielte, eine Steigerung erfahren. Ein junger Mann in guter Stellung, Mister Charles W., war verlobt und hatte die für einen angehenden Ehemann vielversprechende Gewohnheit, seine Abende stets in der Familie seiner Braut zu verbringen. Als er nun vor einigen Wochen eines schönen Abends von seiner Verlobten nach Hause ging, verlockten ihn seine schwärmerische Stimmung und der helle Mondenschein, in den schönen Anlagen noch ein wenig herumzuspazieren. Dabei pflückte er sich von einem Rosenbäumchen eine duftige Rose, in der Annahme, unbeobachtet zu sein. Im nächsten Moment war er verhaftet – von einem Fräulein Polizist. Er mußte zur Wachstube und dort eine Geldbuße zahlen. Damit wäre eigentlich die Geschichte aus, wenn sich der junge Mann nicht in die Gesetzesvertreterin auf den ersten Blick sterblich verliebt, seine Liebe gestanden und Erhörung gefunden hätte. Nun will er seine Verlobung lösen und den weiblichen Polizisten heiraten. Darob natürlich helle Empörung in allen weiblich mitfühlenden Herzen, welche darin unlauteren Wettbewerb erblicken. Man darf auch annehmen, daß diese gereizte Stimmung bald dazu führen wird, den weiblichen Polizisten eine ehrenvolle Entlassung zu bescheren. So sehr anfangs die Damen von Cansas-City auf ihre uniformierten Schwestern stolz waren, so böse sind sie jetzt auf sie.

Auch eine andere Beobachtung wurde gemacht, welche geeignet ist, die Brauchbarkeit von Damen für den Beruf des Polizisten sehr einzuschränken. Es kamen in den meisten Fällen nur Arretierungen von älteren Herren, Landstreichern und Bettlern vor. Fast schien es, als ob die jungen Sausewinde von Cansas-City sich über Nacht in lauter brave und wohlgesittete Staatsbürger verwandelt hätten. Dem war aber leider nicht so. Dagegen machte ein höherer Polizeibeamter die Beobachtung, daß die weiblichen Polizisten sich allzu oft mit der Rolle von milden Mahnerinnen begnügten und von der strengen Vorschrift sympathischen Personen gegenüber gerne Umgang nahmen. Es wird also nicht mehr lange dauern, und die weibliche Polizei in Cansas-City wird ihr Ende finden. Und dann werden die Damen natürlich sofort wieder die Herrschsucht der Männer als Grund dafür angeben.

Unser Zeichner hat es unternommen, die oben geschilderten Verhältnisse ins Wienerische zu übertragen. Es ist natürlich nur eine lustige Phantasie des Illustrators, welche unser Titelbild zeigt, die veranschaulicht, wie es sein würde, wenn wir in unserer Wienerstadt weibliche Polizisten hätten. Sehr hübsch würde die fesche Wienerin in der Uniform aussehen, wie dies die große Figur des Fräuleins Polizist auf Posten beweist. Auch die Energie der beneidenswert kräftigen Wach-Inspektorin, die den dünnleibigen „Plattenbruder" festnimmt, ist nicht zu verachten, ebenso wenig der Mut, mit dem ein einziges Fräulein Polizist einen ganzen Demonstrationszug aufhält. Besonders lustig ist der beneipte Student, der in seliger „Verkauft's mei G'wand"-Stimmung dem reizenden Käfer in Polizei-Uniform um den Hals fällt und ihn herzhaft abküßt. Ob daraus nicht eine Anzeige wegen Wachebeleidigung werden wird, bei der sich der Angeklagte allerdings auf unwiderstehlichen Zwang ausreden könnte, bleibt unentschieden. Gewiß ist nur das Eine: einem Sicherheitswachmann kann das nie passieren.

Auf die gescheiterten und erfolgreichen Versuche auch in Wien weibliche Polizistinnen in Uniform einzuführen, werden wir erst sehr spät in diesem Buch zu sprechen kommen. Im nebenstehenden Bericht wird im Experiment ein sehr rasches Ende angekündigt. Es gibt heute noch in Amerika ein erfolgreiches und sehr großes weibliches Polizeibeamtencorps.

Derzeit befinden sich rund 250 weibliche Polizistinnen in Ausbildung bzw. im Dienst. Daß wir in Österreich noch fast 90 Jahre warten mußten, wird doch nicht darauf zurückzuführen sein, daß die Politiker dieser neun Dezennien den Journalisten tatsächlich so „hörig" waren, wie dies heute angeblich in Einzelfällen noch der Fall sein soll.

1907

Bei den Überlegungen zur Textierung des nebenstehenden Bildes erreicht mich im Juli dieses Jahres die Mitteilung, daß durch die große Anzahl der in Wien mit Beginn der Urlaubszeit ausgesetzten Hunde und Katzen die Aufnahmekapazitäten des Tierschutzvereines erschöpft sind und die Aufnahme von ausgesetzten Hunden in die Zwingeranlage der Diensthundeabteilung in Strebersdorf überlegt werden sollte.

Wenn sich 85 Jahre später die Wiener Wachzimmer mit herrenlosen Tieren füllen und die Statistik 1907 noch eher „ausgesetzte" Menschen, vor allem junge Mädchen aufweist, scheint sich am Eisenkern so mancher goldener Wiener Herzen nur graduell einiges geändert zu haben. Das Sozialnetz fängt heute zumindest die willigen Menschen auf. Aber es gehörte schon immer zum Selbstverständnis der Wiener Polizei, Menschen, die in Not sind, zu helfen und wenn diese nicht den Weg zu ihr fanden, sie aufzusuchen und zu unterstützen. Zur Zeit des obrigkeitsstaatlichen Denkens war sicher der Weg zur Polizei ein viel schwererer als heute, da schon jene Tätigkeiten, die man gemeiniglich als Hilfestellung oder friedensrichterliche Intervention bezeichnet, mehr als die Hälfte der Amtshandlungen im Jahr ausmachen. Es ist weithin unbekannt, daß nicht nur für Kriminelle, sondern auch für jene Menschen, die von der Gesellschaft aus anderen Gründen nicht akzeptiert oder sogar ausgeschlossen wurden, die Polizei oft erste und letzte Instanz ist. Die friedensrichterliche Funktion endet meist bei Streitschlichtungen, sie beginnt aber schon viel früher in Form von Hilfestellungen, die sich manchmal nur in einem zwischenmenschlichen Gespräch manifestieren. Der alte Wiener Slogan „Fragen'S an Wachmann", zeigt sehr deutlich, daß diese Funktion des Wiener Polizeibeamten von der Bevölkerung nicht nur zur Kenntnis genommen, sondern sogar der Erwartungshaltung gemäß eingefordert wird. Um so erfreulicher war vor einiger Zeit die Umfrage eines Meinungsforschungsinstitutes, welches die Wiener Polizisten nach einer Reihung der beliebtesten und unbeliebtesten Tätigkeiten befragte. An der Spitze jener „Amtshandlungen", die der Wiener Polizeibeamte am liebsten hat, stand mit Abstand „Menschenleben retten und Hilfestellungen geben".

Auch der Wachmann des Jahres 1907 war offenkundig bei einer dieser Tätigkeiten. Die Chronik verschweigt, ob er damit Erfolg hatte. Anzunehmen ist, daß er aber damals der einzige war, der sich der Frau in ihrer Verzweiflung demonstrierenden Situation annahm. Nicht immer erfährt der Polizist vom Erfolg seiner täglichen Bemühungen. Aber auch er muß zur Kenntnis nehmen, daß die Menschen lieber zu Papier und Bleistift oder Telefon greifen, um zu kritisieren, als einen Dank auszusprechen. Und deshalb wird auch jeder Polizist, der nicht aus seinen täglichen nach bestem Wissen und Gewissen durchgeführten Handlungen Erfolgserlebnisse schöpft, sondern auf öffentliche Anerkennung und Dank wartet, den Glauben an die Menschen und damit auch an sich selbst verlieren. Fragen'S an Wachmann und Sie werden hören, daß ich recht habe.

„Fragen'S an Wachmann"

1907

Als Nachfolger Habrdas hatte Karl Freiherr von Brzesowsky 1907 das Amt des Wiener Polizeipräsidenten angetreten und es gab wohl selten eine Personalentscheidung für dieses Amt, die so vorbehaltlos die Zustimmung weitester Kreise gefunden hat. Es war ja doch so etwas wie ein offenes Geheimnis, daß viele der Neuerungen und Reformen Habrdas von seinem nunmehrigen Nachfolger sehr wesentlich angeregt wurden. Brzesowskys Einstellung zur Polizei war nicht nur neu, sondern für diese Zeit geradezu sensationell: er betonte immer wieder, das die „Polizei eine Wohlfahrtseinrichtung sein müsse, die in erster Linie sozialpolitisch zu wirken habe." Diese Haltung sowie seine persönliche Hilfsbereitschaft und Liebenswürdigkeit erwarben ihm viele Sympathien bei seinen Mitarbeitern und in der Bevölkerung. Aber auch die Anerkennung des Kaisers erwarb er in besonderem Maße, er wurde zu Ende seiner Dienstzeit in den Freiherrnstand versetzt und hoch dekoriert.

Die Amtszeit Karl Frh. von Brzesowsky wurde durch große öffentliche und auch polizeiinterne Ereignisse bestimmt. Kaum im Amt hatte er die polizeilichen Maßnahmen zur Abwicklung des großen Kaiser-Jubiläums-Festzuges (1908) sowie aller anderen Jubiläumsveranstaltungen dieses Jahres aus sicherheitspolizeilicher Sicht vorzubereiten. Auch der Staatsbesuch des englischen Königs Edward VII. sowie die außenpolitische Krise nach der Annexion Bosniens (1908) erforderten von der Wiener Polizei aufmerksame Präsenz. Im Jahre 1909 entstand unter Brzesowskys Ägide das Amt einer „Polizeiassistentin für Jugendfragen" und damit wurde der Grundstein für die späteren weiblichen Kriminalbeamten gelegt. In dieser Richtung entstand auch 1910 (siehe 1910) das polizeiliche Jugendheim in der Hahngasse, ebenfalls eine Initiative des Polizeipräsidenten. Aber auch andere Ereignisse, wie die Teuerungsrevolte 1911 oder das Attentat gegen den sozialdemokratischen Abgeordneten Schuhmeier (1913) fielen in die Jahre der Tätigkeit des Polizeipräsidenten Brzesowsky, dessen Amtszeit 1914 – am Vorabend des Ersten Weltkrieges – endete.

Karl Brzesowsky, Frh. v.

11. November 1907 bis 9. Juni 1914.

Geboren 7. September 1855 zu Brünn, trat als Rechtspraktikant am 8. August 1879 beim Landesgerichte in Wien ein, ging dann als Konzeptspraktikant am 18. September 1879 zur Polizeidirektion in Wien, wurde am 7. Juli 1882 Konzipist, am 11. Jänner 1888 Kommissär, am 26. September 1893 Oberkommissär, erhielt am 5. September 1897 den Titel und Charakter eines Polizeirates, wurde am 13. Juli 1898 Polizeirat, bekam am 15. Mai 1899 den Titel und Charakter eines Oberpolizeirates, 25. Juni 1900 wurde er Oberpolizeirat, 15. März 1907 Hofrat und am 11. November 1907 Präsident, 27. September 1911 in den Ritter-, 9. Juni 1914 in den Freiherrnstand erhoben und am gleichen Tage pensioniert.

Ein Sittenbureau der Polizei-Direktion.

Die Lage der gefallenen Mädchen. — Rückkehr zur Anständigkeit. — Schutz der Minderjährigen. — Bekämpfung des Mädchenhandels.

Seit dem 15. d. besteht in der Wiener Polizeidirektion ein eigenes Bureau für sittenpolizeiliche Angelegenheiten. Dieses vor wenigen Tagen ins Leben gerufene Bureau ist bestimmt, auf dem Gebiete des Prostitutionswesens einschneidende Veränderungen hervorzurufen, wie sie sich besonders in der letzten Zeit als dringend notwendig erwiesen haben.

Die in das Gebiet der Sittenpolizei fallenden Angelegenheiten wurden bisher von einem Referenten im administrativen Bureau der Polizeidirektion erledigt. Man machte jedoch die Erfahrung, daß sich dadurch zwar aktenmäßig die einzelnen Fälle leicht erledigen lassen, daß aber dadurch naturgemäß die einzelnen Fälle nur flüchtig behandelt werden konnten. Durch die Einsetzung eines speziellen Bureaus soll jeder einzelne Fall genau geprüft und behandelt werden. Dem Bureau wurde außer der Ueberwachung sämtlicher in dieses Gebiet fallenden Angelegenheiten noch der Schutz der Minderjährigen und die Bekämpfung des Mädchenhandels als eine seiner hauptsächlichsten Aufgaben zugewiesen.

Ueber die Zwecke und Ziele des neuen Sitten-Bureaus liegen uns folgende Mitteilungen vor:

Die Schaffung des „Bureaus für sittenpolizeiliche Agenden" (dies der offizielle Titel des neuen Bureaus) entsprach dem Wunsche, gefallenen Mädchen die Wege zu einem ordentlichen Lebenswandel leichter zu machen, sowie Minderjährige vom berufsmäßigen Laster tunlichst fernzuhalten.

Schritt man an die Etablierung eines solchen, so schien es geboten, auch die Bekämpfung des Mädchenhandels diesem Bureau zuzuweisen. Sie obliegt nämlich einer eigenen Zentralstelle, die mit Rücksicht auf den kriminellen Charakter des Mädchenhandels bisher dem Sicherheitsbureau angegliedert war. Nunmehr wurde diese Zentralstelle dem neuen Bureau für sittenpolizeiliche Agenden einverleibt.

Eine der wichtigsten Aufgaben dieses Bureaus ist, wie erwähnt, diejenige, Minderjährige von der Prostitution nach Möglichkeit fernzuhalten. Zu diesem Behufe wurden Polizeikommissariate angewiesem, Minderjährigen sich um die Ausstellung von Gesundheitsbüchern werben, deren Ausfertigung zu versagen und sie an Polizeidirektion zu weisen. Im Bureau für sittenpolize Agenden werden, sobald ein solches Mädchen vorspricht, Eltern, der Vormund oder die Vormundschaf behörde verständigt und eingeladen, im Verein mit Polizeiorganen darauf hinzuwirken, daß die Minderjä von ihrem Vorhaben abstehe. Bleibt auch diese Interve erfolglos, so erfolgt die Ueberweisung des Mädchens an Liga zur Bekämpfung des Mädchenhand die dann bemüht ist, eine entsprechende Dienststelle findig zu machen. Diese Bemühungen können selbstverstän nur bei jenen Minderjährigen in Betracht kommen, die m geheimer Prostitution noch nicht bestraft, auch noch ni Besitze eines Buches, sowie nicht geschlechtskrank waren.

In allen Fällen bemüht sich weiter das neue Bu den Uebertritt in einen einwandfreien Beruf zu för Dieser Abteilung obliegt selbstverständlich auch die Evi haltung aller in Wien mit einem Buche beteilten P tuierten, der nur protokollarisch Vorgemerkten (der „ freten"), sowie der in öffentlichen Häusern untergebra Mädchen; weiter die Ueberwachung des Gassenstriches, Durchführung und Beobachtung der einschlägigen gesund polizeilichen Vorschriften u. s. w.

Eine wichtige Aufgabe dieser sittenpolizeili Zentralstelle ist in der Kontrolle der sec Wien bestehenden öffentlichen Häuser zu erbl Da sich in der Affäre Riehl als eine Quelle aller Uebelst insbesondere der Beschränkungen der persönli Freiheit, der Umstand erwies, daß die Mäd keine Gelegenheit hatten, irgendeinem Hilfsbe ihre Beschwerden vorzutragen, so begeben sich nun in diese Häuser wiederholt Polizeiorgane, um Mädchen in Abwesenheit der Wirtschafterin der Eigentümerin über ihre Lage zu vernehmen.

Illustr. Kronen Zeitung, 21. März 1908

Über die Prostiution ist viel geschrieben und noch mehr gesprochen worden. Man wird immer davon ausgehen müssen, daß Prostituierte eine gewisse soziale Funktion in jeder Gemeinschaft erfüllen und gerade im Bereich der Sicherheit ohne Zweifel für eine Verminderung von Sexualdelikten pervertierter oder auch in vielen Fällen nur sexuell übersättigter Männer verantwortlich sind. Die Problematik für die Exekutive besteht in den Begleiterscheinungen, wie Zuhälterei und die damit verbundene Begleitkriminalität in Form von Nötigung, Erpressung etc. Einen besonderen Stellenwert hat auch der Schutz der Jugendlichen und der allgemein bekannten Begriffe von Moral und Sitte. Die Gesetzgebung versucht dieser Problematik durch Schaffung von Zonen, in denen die Prostitution verboten ist, Herr zu werden. Hiebei wird insbesonders auf Schulen, Kirchen und ähnliche Orte, bei denen Gefährdungen der obangeführten Art erwartet werden können, Bedacht genommen.

Aus dem Sittenbureau der Polizei-Direktion

1908

Begegneten uns bisher in diesem Buch die Festgenommenen eher als heruntergekommene, teils zerlumpte Gestalten, so manifestiert sich langsam aber sicher auch in der Medienberichterstattung das, was wir heute als Wirtschaftskriminalität bezeichnen. Der Zeichner verdeutlicht dies sehr eindrucksvoll an den zwei dezent gekleideten Herren, der Täteraktentasche und im Hintergrund einer modänen Frau und eines Herren mit Zylinder. Die Wirtschaftskriminalität hat sich in den Folgejahren sehr facettenreich entwickelt und nimmt zu Ende dieses Jahrhunderts einen besonderen Stellenwert in der Kriminalitätsentwicklung europaweit ein. Die jüngsten Erkenntnisse lassen darauf schließen, daß sich die neuformierte organisierte Kriminalität in Europa von Anfang an in legalen Formen des jeweiligen nationalen Gesellschaftsrechtes niederläßt. Gesellschaften mit und ohne beschränkter Haftung und nicht mehr Maschinenpistolen stehen am Anfang. Letztere allerdings nur zu oft am Ende der Entwicklungen. Wir werden uns in den frühen 90er Jahren in diesem Buch noch sehr ausführlich damit zu beschäftigen haben.

„White-collar-crime" – Weiße Kragen (Weste) Kriminalität werden die Verbrechen bei reinen Wirtschaftsdelikten genannt – auch schon 1908 dagewesen.

Illustrirtes Wiener

Extrablatt.

Das Morgenblatt erscheint täglich, auch Montag, das Abendblatt täglich mit Ausnahme der Sonn- und Feiertage.

Redaktion und Druckerei: IX., Berggasse 31.

Administration, Expedition und Inseraten-Aufnahme: I., Schulerstraße 14, Telefon 3663

Manuskripte werden nicht zurückgestellt. — Unfrankierte Briefe werden nicht angenommen.

Nr. 144. Wien, Mittwoch, 26. Mai 1909. 38. Jahrgang.

Kalender für alle: Namenstage: Philipp Neri. Beda. Eleutheria.

Der Hund im Dienste der Wiener Polizei.

Der Hund im Dienste der Wiener Polizei.

Bei Ausflügen auf den Kahlenberg, in der Umgebung von St. Veit oder in Aspern hat man seit längerer Zeit schon Gelegenheit, Sicherheitswachleuten zu begegnen, welche auf ihren Patrouillegängen von einem Hunde begleitet werden. Ohne daß es bisher in der Oeffentlichkeit bekannt geworden ist, sind nämlich bei der Wiener Polizei schon seit langer Zeit Diensthunde in Verwendung, welche sich als Begleiter der Sicherheitswachen glänzend bewährt haben.

Die ersten Versuche der Wiener Polizei mit Diensthunden reichen auf das Jahr 1904 zurück. Dem Wachinspektor des auf dem Kahlenberg befindlichen Josefsdorfes wurde damals ein Schäferhund übergeben. Als Begleiter und auch als Beschützer des Wachmannes eignete sich der Diensthund vortrefflich, er fand überdies zum „Abrevieren“, zum Absuchen einer unverbauten Gegend Verwendung und durch sein scharfes Auge, durch sein vorzügliches Gehör, wie auch durch seine Witterung konnte der Hund dem Wachmanne bei schlechtem Wetter und auch bei Nacht wertvolle Dienste leisten.

Dieser Versuch hat im Jahre 1905 die Polizeidirektion veranlaßt, eine regelrechte Dressur von Diensthunden bewerkstelligen zu lassen. Die Rasse der Schäferhunde wurde als die beste anerkannt und die Züchtung, wie auch die Dressur der Hunde wurde vom Zentralinspektorat der Wache übernommen. Bereits im Alter von sechs Monaten wurden die Diensthunde von der Wache abgerichtet und nach einer mehrmonatlichen Ausbildung konnten die Hunde zur praktischen Betätigung auf Patrouillegängen mitgenommen werden. Bei einzelnen Wachposten, in Sievering, auf dem Kahlenberg, in Aspern und am Laaerwald sind diese dressierten Diensthunde seither in Verwendung und sie leisten ganz Vortreffliches.

Nach Schluß der Dressur findet immer eine Prüfung statt, bei welcher den Diensthunden schwere Aufgaben gestellt werden, die sie stets zur vollsten Zufriedenheit lösen. Die Hunde sind imstande, im unverbauten Terrain Spuren aufzusuchen und sie selbst über nacktes Gestein weithin zu verfolgen, sie sind vorzügliche Kletterer und — was die Hauptsache ist — sie folgen den Rufen oder den Zeichen der Wachleute sofort.

Aber auch praktische Erfolge sind diesen Diensthunden bereits zu verdanken. Im vergangenen Winter hat einer der Hunde einen Menschen aufgefunden, der halb erstarrt an einer wenig begangenen Stelle gelegen ist und dort sicher erfroren wäre. — An der Peripherie der Stadt waren öfters Waldbrände vorgekommen. Einer der Diensthunde hat sie stets gewittert und durch Standlaut angezeigt, so daß die Brände noch im Keime erstickt werden konnten. Dem Hunde gelang aber auch durch Aufnehmen und Verfolgen der Spur, die Wache zu dem Brandleger zu führen, welcher jedesmal das Feuer gelegt hat.

Als sogenannte „Kriminalhunde“ sind die Wiener Diensthunde noch nicht in Verwendung getreten. Hier ist wohl nicht zu verkennen, daß ein für die Unterstützung der Kriminalbeamten ausgebildeter Hund einer ganz besonderen Dressur bedarf und daß ein für diese Zwecke geeigneter Hund erst nach langem Suchen gefunden werden kann. In verbauten Stadtteilen dürften auch kaum Erfolge zu erziehen sein, wie man ja im Auslande mit derartigen „Kriminalhunden“ im allgemeinen keine besonderen Erfolge erzielt hat.

Aber als Begleiter für den Wachmann eignen sich die Diensthunde ganz ausgezeichnet. Eine andere Rasse von Diensthunden, und zwar Stallpinscher, befinden sich in der Dressur der Stallposten der berittenen Wache-Abteilungen. Diese Stallpinscher begleiten berittene Wachleute auf einsamen Patrouillen an der Peripherie der Stadt oder beim Passieren der Schmelz.

Bild oben: Diensthunde-Zwinger der k.k. Polizeidirektion Wien 1909

Der sogenannte „Kriminalhund"...

Fast fünf Jahre gelang es der Wiener Polizei, ihre Experimente mit Diensthunden vor der Öffentlichkeit abzuschirmen. Der Hund wurde am Beginn seiner Einführung vorwiegend als Schutzhund für die persönliche Sicherheit des Beamten selbst verwendet. Keine Frage, bei dem seinerzeit weitreichend unverbauten oder zumindest doch dünnbesiedeltem Wiener Polizeirayon. Erst allmählich erprobte man die Verwendbarkeit des Tieres auch in anderen Funktionen im Rahmen des polizeilichen Dienstes. Der sogenannte „Kriminalhund" war geboren. Die für die Wiener Polizei Verantwortlichen hatten stets ein gutes Gespür für das Diensthundewesen und erreichten in den letzten Jahrzehnten durch das Engagement der Beamten eine weltweite fachmännische Anerkennung der Wiener Diensthundeabteilung. Einige Staaten importierten ausgebildete Wiener Polizeihunde oder forderten Beamte zur Abrichtung für den polizeilichen Dienst an. Das Gästebuch der Wiener Diensthundeabteilung liest sich wie ein „Who is Who" der internationalen Polizeiwelt.

Begann man in der Wiener Polizei ursprünglich mit Schäferhunden, so sind heute neben den Schäferhunden dominierend die Rottweiler, aber auch der Dobermann, Riesenschnauzer, Boxer und Airedaleterrier vertreten. Die profunde Ausbildung der Hundeabrichter selbst ermöglicht nun die Heranziehung von Hunden, die neben der verfeinerten Schutzfunktion und der allgemein bekannten Spurensuche vor allem auch zur Auffindung von Suchtgiften trainiert sind. Hier haben die Diensthunde in Österreich bei der Sicherstellung von vielen Zentnern Rauschgift wesentlich mitgeholfen. Geheimgehalten werden nach wie vor – so wie 1909 – die Versuche über Abrichtung im Bereich des Aufspürens von Sprengstoffen. Eines der offenen Geheimnisse der Wiener Diensthundeabteilung besteht darin, daß man vom Zwingerdienst abgekommen ist. Die Hunde leben in der Familie des Polizeibeamten, was sicherlich für die Angehörigen neben vielen Stunden Freude auch eine gewisse Belastung bedeutet. Auf der anderen Seite ist gerade diese Haltung geeignet, die Beziehung Hund–Mensch in der Form herzustellen, wie sie den erfolgreichen Einsätzen der Diensthundeführer als Voraussetzung eigen ist.

Die freie Wahl der Versetzung zur erfolgreichen Diensthundeabteilung zeigt einmal stellvertretend für viele andere Fälle, wie sehr und oft Polizeibeamte den Rechenstift durch Idealismus ersetzen. Nicht immer wird dieser so Anerkennung finden, wie dies national und international seit Jahrzehnten bei dieser Wiener Polizeieinheit der Fall ist.

Diensthundeführer der K.K. Polizeidirektion Wien um 1910

Stadt und Polizei kümmerten sich in Wien sehr früh um die Probleme ent- bzw. verlaufener Kinder und Jugendlicher. Da die Polizei meist – und zwar Tag und Nacht – erste Anlaufstelle für Suche und Auffindung ist, war es schon damals naheliegend, den Kindern für die Zeit bis zur Erledigung aller amtlicher Formalitäten nicht nur ordentliche, sondern auch ihrer meist menschlich ohnehin tristen Situation nicht adäquate Räumlichkeiten im Rahmen der Polizei zur Verfügung zu stellen.

Trotz aller unbürokratischer Vorsorgen, intensiver Bemühungen und einer ausgezeichneten Kooperation mit den städtischen Dienststellen ist es auch heute nicht immer möglich, in der gebotenen Eile die Eltern oder den gesetzlich verantwortlichen Entscheidungsträger zu finden. Über das Polizeijugendheim, seine jahrzehntelange Geschichte und die menschlichen Tragödien könnte ein eigenes Buch geschrieben werden. Wir begnügen uns in diesem Buch mit den Ausführungen der Chronisten aus dem Jahre 1910, die in vielen Punkten noch unveränderte Gültigkeit haben, zumal und obwohl der soziale Standard der Stadt in den letzten Jahrzehnten dieses seinerzeit quantitativ und qualitativ beachtliche Problem zu Einzel- und Ausnahmesituationen degradiert hat.

Das erste Jugendheim der Wiener Polizei.

Von dem stetem Bestreben, namentlich die Jugend vor der Kriminalität zu bewahren, Jugendliche vor dem Straucheln, Gestrauchelte vor dem Rückfall zu bewahren, hat Polizeipräsident Brzesowsky, wie bereits gemeldet wurde, eine neue Institution mit kommunaler und privater Hilfe ins Leben gerufen, die sicherlich berufen erscheint, ein weiteres Glied in der Kette der Maßnahmen zu werden, die der Fürsorge für Jugendliche gelten. Die Polizeidirektion ist nämlich in sehr vielen Fällen genötigt, für die augenblickliche Unterbringung jugendlicher Personen, vom zartesten Alter angefangen, zu sorgen. Jugendliche müssen nicht selten oft nur deshalb im Polizeigefangenhause oder bei Polizeikommissariaten längere Zeit bleiben, weil die Intervention der zuständigen Behörden, Krankenanstalten oder privaten Wohltätigkeitsvereine nicht sofort bewirkt werden kann, sondern nur an bestimmte Stunden und bestimmte Bedingungen geknüpft ist. Dies trifft unter anderem bei Jugendlichen zu, die aus dem Elternhause entwichen sind, bei Angehörigen von Auswanderern, die ihren Eltern nachreisen wollen, bei Zugereisten, hier Arbeit oder Stelle suchenden Jugendlichen, dann bei Kindern, deren Erhalter in Haft genommen werden mußten, plötzlich gestorben oder ins Spital gebracht worden sind. Nicht selten bringen, insbesondere an Sonntagen, verirrte Kinder den Kommissariaten arge Verlegenheit. Sie mußten bisher bis zur Erulerung ihrer Eltern auf den Wachzimmern verbleiben und es kam vor daß sich die Angehörigen oft erst nach mehreren Tagen meldeten. Insbesondere am 1. und 15. eines jeden Monates kommen Mütter mit ihren Kindern spät nachts zu den Kommissariaten und bitten um Obdach im Arrest, da sie nach ihrer mittags erfolgten Delogierung trotz aller Bemühungen oft selbst gegen Zahlung keinen Unterstand finden konnten. Beim Kommissariat Ottakring z. B. sind an solchen Tagen nicht selten dreißig bis vierzig derartige Kinder! Vor einigen Wochen hat ein ungenannt sein wollender Wohltäter die Polizeidirektion in die Lage versetzt, das Heim zu errichten und für einige Jahre zu führen. Mit dem Polizeigebäude auf der Elisabethpromenade kommuniziert das städtische Haus 9. Bezirk, Hahngasse Nr. 8. Auf Ersuchen des Polizeipräsidenten Brzesowsky hat die Gemeinde Wien eine aus fünf Zimmern bestehende Wohnung für dieses Asyl der Zentrale für Jugendfürsorge zur Verfügung gestellt und auf die Zahlung eines Mietzinses Verzicht geleistet. Aus der Spende des Menschenfreundes wurde das Heim mit Bädern, den übrigen Einrichtungen, einem Isolierraum und Schlafstellen versehen. Gestern ist das Heim seiner Bestimmung übergeben worden. Mit der Leitung des Heimes wurde der Leiter der polizeilichen Jugendfürsorge Regierungsrat Windt betraut. Die unmittelbare Aufsicht wird die Polizei-Assistentin für Jugendfürsorge führen.

Das Jugendheim soll, so heißt es in der Hausordnung, die Anhaltung von Kindern und unter Umständen von Jugendlichen bis zum 18. Lebensjahre im Polizei-Arrest überhaupt ausschalten. Von der Aufnahme ausgeschlossen sind Gewalttäter und exzessive Elemente, Plattenbrüder, notorische Dirnen und infektiös Erkrankte. Das Heim soll in der Regel, damit stets Raum bleibt, nur als Zufluchtsort für eine Nacht dienen, bis die Jugendschutzeinrichtungen des Landes, der Stadt Wien oder privater Vereine in Funktion treten können. Zu der gestrigen Vorbesichtigung des Notasyls für Jugendliche hatten sich Polizeipräsident Brzesowsky, sein Stellvertreter Hofrat Freiherr Gorup v. Besanez und Hofrat Jerabek eingefunden. Der Leiter der polizeilichen Jugendfürsorge Regierungsrat Windt geleitete sie durch die Räume des Asyls, das den besten, zweckentsprechenden Eindruck machte. Das vorstehende nach der Natur aufgenommene Bild zeigt ein Zimmer des Jugendheimes. Die Räume sind sehr hübsch und überaus praktisch eingerichtet. Alles ist in weißer Farbe gehalten und wohl die wenigsten der Kinder, welche in dem Jugendheim eine Nacht Unterstand finden, werden es je im Leben so gut gehabt haben, wie hier. Das Jugendheim, in welchem die Kinder liebevoll gewartet und verköstigt, durch Spiele und Lektüre, wie dies in vorstehendem Bilde ersichtlich ist, unterhalten werden, verdient die werktätigste Förderung aller Wohltäter, damit der Bestand dieses Heims für immer gesichert bleibt.

Illustr. Wiener Extrablatt,
18. Oktober 1910

Bild links: Polizeiliches Jugendheim, Wien 9., Hahngasse 8

Die Problematik, Jugendprobleme polizeilich zu behandeln, wurde schon 1910 richtig erkannt. Heute hat der Magistrat Wien ausreichend Vorsorgen getroffen und die Polizei ist nur mehr im Vorfeld der Kriminalität tätig. Neben der Unterstützung des Magistrates wird hier von der Exekutive vor allem Aufklärungsarbeit zu leisten sein. Zu diesem Zweck wurden 1984 die Jugendkontaktbeamten geschaffen, über die wir im Zusammenhang mit den Kontaktbeamten noch an anderer Stelle dieses Buches ausführlicher berichten werden. Von den vielen Versuchen der Polizei, Jugendarbeit zu unterstützen, hat sich dieses Projekt bisher am besten bewährt.

Jugendfürsorge bei der Polizei.

Ein Erlaß des Polizeipräsidenten.

Auf allen Gebieten des öffentlichen Lebens nimmt jetzt die Jugendfürsorge einen breiten Raum ein. Die behördliche und die private Fürsorge wendet sich in der Erkenntnis, daß die Verrohung und Verwilderung der Jugend am ehesten zu bekämpfen sei, wenn man nicht Verbrecher züchten will, der Pflege jener Jugendlichen zu, die entweder kein Heim haben oder im Elternhause selbst böse Beispiele sehen und schlechte Behandlung erfahren.

Nun hat auch der Herr Polizeipräsident Brzesowsky angeordnet, daß fortan einer besonderen polizeilichen Fürsorge teilhaftig werden sollen: Jugendliche Vaganten und Bettler; jugendliche, aus der Gerichtshaft tretende und der Polizei zur weiteren Verfügung überstellte Abgestrafte, beziehungsweise Freigesprochene, und die jugendlichen, für die Abgabe in eine Besserungsanstalt zu behandelnden Individuen. Als Jugendliche im Sinne dieses humanen Erlasses sind anzusehen: Unmündige bis zum 14. Lebensjahre und Minderjährige vom 14. bis zum 18. Lebensjahre.

Mit dieser besonderen Fürsorge werden bei der Polizeidirektion die unter der Leitung des Regierungsrates Windt stehenden Polizeidirektions-Abteilungen an der Elisabethpromenade und bei den Kommissariaten besonders hierzu bestellte Referenten betraut. Alle polizeilichen Jugendreferenten haben im Sinne der Anordnungen des Polizeipräsidenten Brzesowsky vorzugsweise eine auf die Verwirklichung der humanitären Seite der Jugendfürsorge gerichtete Tätigkeit zu entfalten. Sie haben zu diesem Zwecke mit öffentlichen und privaten Instituten, die sich mit der Jugendfürsorge befassen, Fühlung zu nehmen, um, wenn dies nötig ist, augenblickliche Hilfe zu erzielen. Sie haben ferner mit Jugendrichtern, Pflegschaftsbehörden und Waisenämtern in Fühlung zu treten und sich überhaupt um alle gegen Jugendliche in ihrem Kommissariate durchgeführte Amtshandlungen zu kümmern.

Wie tief einschneidend diese Reformen in der Behandlung Jugendlicher sind, liegt auf der Hand und die Beispiele können aus der täglichen Amtstätigkeit bei den Kommissariaten geschöpft werden. Speziell für obdachlose Kinder ist besondere Jugendfürsorge aus verschiedenen Gründen notwendig. Es kommt z. B. nicht selten vor, daß Eltern mit kleinen Kindern sich spät abends bei der Polizei obdachlos melden. Vereine und andere Behörden amtieren zu so späten Stunden nicht mehr. So kam es beispielsweise einmal vor, daß eine Mutter mit acht Kindern in zartem Alter um 8 Uhr abends zur Polizei kam, um Obdach zu finden. Sie erzählte, der Portier eines Vereines, der Obdachlosen Unterstand gewährt, habe ihr auf ihre Bitte nach Obdach gesagt, sie müsse erst ein schriftliches Gesuch einreichen, ärztliche Zeugnisse über den Gesundheitszustand aller acht Kinder beilegen; dann werde das Gesuch bei der nächsten Sitzung zur Verhandlung kommen. Damit war der Frau allerdings nicht geholfen. In solchen und ähnlichen Fällen hat die Polizei, die Tag und Nacht amtiert, nun alle sofortigen Verfügungen zu treffen.

Eine große Verlegenheit bereiten oft auch verirrte Kinder, die zur Nachtzeit eingebracht werden. Man konnte sich oft nicht anders helfen, als sie zur Hausmeisterin des Amtsgebäudes zur einstweiligen Verwahrung zu geben. Auch in diesem Falle wird der Jugendfürsorgereferent helfend eingreifen und das verirrte Kind in Obhut bringen.

Ein Lehrling kommt z. B. nach Wien und will hier einen Landsmann aus dem Heimatsdorf aufsuchen. Nun ist der Landsmann abgereist oder nicht an der alten Adresse zu finden. Es wird spät, der Lehrling hat kein Nachtquartier und auch kein Geld. Er geht zur Polizei oder wird aufgegriffen. Da tritt nun in Hinkunft der Fürsorgereferent helfend und ratend ein. — Ein anderer typischer Fall: Ein Mittelschüler hat eine Ferienreise unternommen. Er kommt nach Wien und hier geht ihm das Geld aus. Er hat nicht einmal die Mittel zur Heimreise. Da ersteht ihm im Jugendreferenten der Helfer. Auch für jugendliche Vaganten und Taugenichtse, die der Besserungsanstalt übergeben werden sollen, eine Maßregel, zu deren Durchführung Gericht und Landesausschuß ihre Zustimmung erteilt haben, ist der Referent bestellt. Wenn der Platz auch gesichert ist, fehlen oft den Eltern die Mittel zur Bestreitung des Transportes in die Anstalt. Auch in diesem Falle ist die Intervention des Jugendreferenten anzusprechen.

Auch die jugendlichen Gepäckträger bei den Bahnhöfen, die dort oft exzedieren oder stehlen, die Schuhriemenverkäufer auf der Straße, die ihren Eltern entlaufen sind, fallen in die Kompetenz des Jugendreferenten.

Der Beamte darf sich nicht begnügen, schablonenhaft zu urteilen, sondern er muß alle Angaben und die persönlichen Verhältnisse genauestens prüfen, mit Ratschlägen und werktätiger Hilfe den Jugendlichen und deren Eltern zur Seite stehen.

Die Automobilrichter der Wiener Polizei.

Einzelrichter oder Senat? — Die Wildlinge.

Wir haben bereits am 10. d. M. unseren Lesern die Absicht der Wiener Polizeidirektion mitgeteilt, das Strafverfahren gegen Automobilisten, soweit es sich um die polizeiliche Ahndung von Uebertretungen handelt, teilweise zu zentralisieren. Wir haben auch den später erflossenen, darauf bezüglichen Statthalterei-Erlaß zitiert, welcher der Polizeidirektion die Schaffung eines dem landesgerichtlichen nachgebildeten „Automobilsenates" nahelegt. Seither finden Beratungen statt, deren Ergebnis aller Wahrscheinlichkeit nach der Beschluß sein dürfte, von der Errichtung eines kollegial beschließenden Senates abzusehen und die Judikatur, wie bisher, Einzelrichtern anzuvertrauen, allerdings innerhalb eines bei der Polizeidirektion selbst geschaffenen Strafdepartements. Dieses soll einen Teil des Verkehrsamtes bilden, welches zu dem gedachten Zwecke nicht bloß räumlich, sondern auch durch Zuteilung neuer Beamten in einem der Residenz entsprechenden Maße vergrößert werden wird.

Es sind auch schon die betreffenden Transferierungen erfolgt. Zu Richtern wurden nämlich ernannt: Der Polizeikommissär Rudolf Hanswenzl, bisher dem Kommissariate Neubau zugeteilt, der Kommissär Rudolf Seemann, derzeit im Administrationsbureau der Polizeidirektion, und endlich der Oberkommissär Dr. Theodor Reimer, bisher Bezirksleiterstellvertreter am Kommissariate Hietzing. Besonders der letztgenannte Beamte, welcher bereits lange Jahre dem Verkehrsamt angehört hat, bringt eine überaus reiche Erfahrung mit. Dr. Reimer ist auf dem Gebiete des Maschinenwesens sehr versiert und ist auch Mitglied der Lokomotivkessel-Prüfungskommission.

Wie auch schon berichtet, wird die Judikatur den Kommissariaten keineswegs gänzlich abgenommen. Zentralisiert soll nur die Rechtsprechung auf Grund der allgemeinen Automobilvorschriften werden, denen alle Privatlenker, sowie die Platzfuhrwerker in gewissen Punkten unterstehen. Die Zentralisierung der Judikatur richtet sich nicht gegen die Chauffeure und sonstigen Automobillenker in dem Sinne, daß man dieselben möglichst rasch und hart treffen will, falls sie irgend ein Delikt begehen, sondern erfolgt vielfach geradezu zu deren Schutz. Die freilich nicht genug zu bekämpfenden „Wildlinge" unter ihnen sind schuld daran, daß man so manchen Chauffeur ungerechterweise des Schnellfahrens beschuldigt.

Es ist zwar eine Maximalgeschwindigkeit vorgeschrieben, doch fehlt eine zuverlässige Kontrolle. Man kann unmöglich die Schätzung der Geschwindigkeit jedem nicht sachverständigen Menschen aus dem Publikum überlassen, der sich einbildet, das Auto wäre zu schnell gefahren. Viele Wachleute suchten sich zu helfen, maßen gewisse gerade Strecken genau ab und kontrollierten mit der Uhr in der Hand, wie lange ein Autolenker brauche, um sie zu durchfahren. Diejenigen, welche zu rasch ans Ziel kamen, wurden angezeigt und bestraft.

Solche gemessene Strecken waren zum Beispiel die Alszeile, die Märzstraße und andere lange, gerade Straßen. Der Automobilklub nahm sich aber bald der Autolenker an und erklärte in einer an die Polizeidirektion gerichteten Beschwerde, daß ein derartiges Vorgehen der Wache große Ungerechtigkeiten mit sich bringe, da es ganz ausgeschlossen sei, auf diese Weise ohne Stoppuhr und ohne die korrespondierende Mithilfe einer am Ende der Strecke aufgestellten zweiten Kontrollperson die gebrauchte Geschwindigkeit zu konstatieren. Ein am Anfange der gemessenen Strecke postierter Wachmann sei einfach außerstande, die Ankunft des Fahrers vom Anfangspunkte aus mit Sicherheit festzustellen. Das Verkehrsamt gab daher den Auftrag, von dieser Art der Schuldermittlung Umgang zu nehmen.

In anderen Großstädten läßt man bekanntlich Wachleute im Maximaltempo durch die Straßen fahren, und jeder, der vorfährt, wird bestraft. Das ist bei uns schon wegen des Kostenpunktes nicht durchzuführen. Es finden daher Beratungen statt, wie man die Frage in einer, alle Teile befriedigenden Art lösen könnte. Jedenfalls soll die Beurteilung sämtlicher diesbezüglicher Anzeigen in den Händen einiger sachverständigen Personen liegen.

Hier wird man den Automobilsenat also geradezu als eine Sicherung der Fahrer bezeichnen dürfen. Aehnlich verhält es sich mit der mangelhaften Beleuchtung. Wir besitzen nunmehr schon eine Unzahl von Laternensystemen, kein einziges ist aber zuverlässig, nicht einmal das auf Akkumulatoren beruhende. Endlich verursacht auch die Frage der „belästigenden Rauchentwicklung" große juristische Schwierigkeiten. Die automatischen Oeler sind keineswegs so geartet, daß der Chauffeur an der übergroßen Rauchentwicklung immer unschuldig sein müsse, dagegen wurden aber auch wieder sehr viele Lenker aus solchem Anlasse von den Kommissariaten vorschnell bestraft.

Alle diese Streitfragen werden im Verkehrsamt, wie gesagt, reiflich erwogen. Dieses aufstrebende Departement der Polizeidirektion übersiedelte erst kürzlich in das moderne Gebäude an der Elisabethpromenade, die Räume, die ihm jedoch dort zur Verfügung gestellt werden konnten, genügen schon jetzt nicht den bescheidensten Anforderungen. Daß eine so große Personalvermehrung unter Beibehaltung dieser engen Lokalitäten ein Ding der Unmöglichkeit sei, war daher für niemanden zweifelhaft. In dem weitläufigen Gebäude des Polizeigefangenhauses, welches erst vor so kurzer Zeit seiner Bestimmung übergeben wurde und sich bereits als zu klein erweist, waren nirgends mehr verfügbare Bureaux zu vergeben. So entschloß sich denn der Polizeipräsident dazu, ein Departement, nämlich das Fundamt aus dem Riesenbau in gemietete Privaträume zu verlegen. Wohin das Fundamt kommen soll, ist noch nicht bestimmt. Das Verkehrsamt gewinnt durch diese radikale Maßregel wohl nicht die erstrebten Amtsräume, denn es wird in mehreren Stockwerken arbeiten, aber es erhält wenigstens so viel Platz, um seine neuen Beamten unterzubringen.

Illustr. Wiener Extrablatt, 31. Dezember 1911

Das Wiener Verkehrsregelungsproblem wird an den belebtesten Straßenknotenpunkten durch die Einführung des „lenkbaren Schutzmannes" gelöst.

Die Muskete, 28. Dezember 1911

Untenstehendes Bild und Text dienen der Vervollständigung des Tätigkeitsbereiches der Wiener Polizei und bedürfen keines weiteren Kommentares.

Viel wesentlicher erscheint hingegen (siehe Bild und Text auf Seite 112) die 1911 bereits sehr deutlich heraufdämmernde Motorisierungswelle im Rahmen des großstädtischen Verkehrs. Die Probleme von damals sind im wesentlichen noch immer die Probleme von heute und in den 90er Jahren hat sich auch an der Rolle der Polizei im Rahmen des Straßenverkehrsgeschehens weder in der Erwartungshaltung der Bevölkerung noch in die des Gesetzgebers Wesentliches geändert. Die vom gegenwärtigen Polizeipräsidenten erst kürzlich wieder neu organisierten und institutionalisierten „Schnellrichter" mit erweitertem Kompetenzbereich passen zu dem roten Faden der endlosen Geschichte der Verkehrsüberwachung in Wien. Es scheint hier wie auch in anderen Lebensbereichen so zu sein, daß überall dort, wo der Staat die höchstpersönliche Eigenverantwortung des Einzelnen im Tagesablauf im Interesse der Allgemeinheit durch Normen erzwingen will (und muß), der Weg lang und steinig zu werden beginnt.

Seite 4 Wien, Mittwoch Illustrirtes Wiener Extrablatt 24. Mai 1911 Nr. 141

Prämiierung tierfreundlicher Sicherheitswachmänner.

Montag vormittags fand im Hofe der Sicherheitswachkaserne in der Postgasse die Verteilung der vom Wiener Tierschutzvereine für besondere Verdienste auf dem Gebiete des Tierschutzes gewidmeten Diplome und Prämien an 210 Mitglieder der Wiener Sicherheitswache statt. Zu dem feierlichen Akte fanden sich Oberpolizeirat Zentralinspektor Roman Fuchs mit zahlreichen Wachebeamten, sowie die Mitglieder des Präsidiums des Wiener Tierschutzvereines mit ihrem Präsidenten Oberlandesgerichtsrat i. P. Dr. v. Holland ein. Oberpolizeirat Fuchs hielt eine Ansprache, in der er die Sicherheitswache, deren Führer er sich mit Stolz nenne, aufforderte, dem Tierschutz nach wie vor die gebührende Aufmerksamkeit zu schenken. Hierauf erörterte der Präsident des Wiener Tierschutzvereines Oberlandesgerichtsrat Dr. v. Holland die Bedeutung des Tierschutzes und die Verdienste der Sicherheitswache auf diesem Gebiete. Sodann folgte die Verteilung der Prämien und Diplome. Nach Schluß der Verteilung dankte Oberpolizeirat Fuchs dem Präsidium des Tierschutzvereines für die der Wache zuteil gewordene Ehrung und schloß die Feier mit einem Hoch auf den Kaiser. Bilder von dieser Feier sind nach photographischen Aufnahmen vorstehend reproduziert.

„Die Muskete“

Die Fahr- und Gehordnung für Wien.

Links gehen und links fahren! — Eine Kundmachung der Polizeidirektion. — Tritt am 15. Oktober in Kraft. — Geld- und Arreststrafen für Zuwiderhandelnde.

Die Verkehrsordnung für Wien, die nach den zahlreichen Verkehrsunfällen im Sommer dieses Jahres von der gesamten Oeffentlichkeit nachdrücklich gefordert wurde, ist von der Wiener Polizeidirektion bereits erlassen worden. Sie tritt unter dem Namen „Fahr- und Gehordnung für Wien“ am 15. Oktober d. J. in Kraft. Die diesbezügliche Kundmachung der Polizeidirektion, die vom 10. d. M. datiert ist und soeben herausgegeben wurde, zerfällt in vier Abschnitte: Fuhrwerksverkehr, Fußgängerverkehr, Gemeinsame Vorschriften für Wagenlenker und Fußgeher und endlich — Strafbestimmungen.

Neu sind außer einigen Bestimmungen für den Fuhrwerksverkehr, die den modernen Verhältnissen angepaßt erscheinen, insbesondere die Vorschriften, betreffend den Verkehr der Fußgänger. Sie enthalten im wesentlichen nichts anderes, als die vor längerer Zeit vom Vorstand des Verkehrsamtes Herrn Oberpolizeirat Füchsel in Form von Ratschlägen an das Publikum entworfene und veröffentlichte Gehordnung:

„Für den Fußgänger sind die Gehwege (und nicht die Fahrstraße!) bestimmt.

Die Fußgänger haben sich auf den Gehwegen links in der Gehrichtung zu bewegen. Das Ausweichen hat links zu erfolgen. Das Gehen auf der Fahrstraße in der Längsrichtung ist verboten. Das Betreten oder Ueberschreiten der Fahrbahn hat mit der nötigen Vorsicht zu erfolgen. Unnötiges, den Verkehr hemmendes Verweilen auf der Fahrbahn ist verboten.“

Nun heißt es in Wien also nicht nur „Links fahren!“, sondern auch „Links gehen!“ Das heißt, nicht nur über Aufforderung der Wache, sondern überhaupt ein für allemal links gehen lernen! Denn der letzte Passus der polizeilichen Kundmachung, der auf Grund einer Ministerialverordnung aus dem Jahre 1857 für Uebertretungen der neuen Fahr- und Gehordnung (also auch für Fußgänger) Geldstrafen von 2 bis 200 K. oder Arreststrafen von sechs Stunden bis zu 14 Tagen festsetzt, könnte bei strikter Anwendung der Vorschrift durch die Polizeiwache jeden zerstreuten Passanten, der rechts geht oder rechts ausweicht, schon unangenehm werden. In der Kundmachung ist von einer vorherigen Aufforderung der Fußgänger, links zu gehen, nicht die Rede. Das muß jeder Fußgeher selbst schon wissen. So der Wortlaut der Kundmachung.

Allein sie ist, wie uns von wohlinformierter Seite erklärt wird, bezüglich der Fußgänger eben nicht wörtlich zu nehmen. Die Polizeimannschaft wird eine vertrauliche Instruktion für die Handhabung der Fahr- und Gehordnung erhalten, die jede unnötige Belästigung der Fußgänger ausschließen wird. Im allgemeinen wird es nicht möglich sein, eine Vermehrung des Wachkorps ausschließlich zur Einhaltung der Gehordnung auf den Bürgersteigen eintreten zu lassen. Man erwartet vielmehr vom Publikum selbst, daß es nach dem Inkrafttreten der neuen Verkehrsordnung sich im eigenen Interesse an die Vorschriften halten wird. Die Sicherheitswachleute werden also nicht die einzelnen Passanten überwachen und zum Linksgehen verhalten oder vielleicht gar im Uebertretungsfalle sofort der Bestrafung zuführen, sondern sie werden nur an stark frequentierten Stellen und bei besonderen Gelegenheiten in der Fahr- und Gehordnung eine Handhabe zur Regelung des Verkehres im Interesse der Sicherheit des Publikums besitzen. Während bisher ein Passant, der eine von der Wache ausgesprochene Aufforderung ignorierte, wegen Nichtfolgeleistung bestraft werden konnte, wird er sich dann, nach dem 15. Oktober, wegen Uebertretung der Gehordnung zu verantworten haben. Das ist jedoch meist für derartige Gelegenheiten, wie die große Festprozession vom Sonntag, die Fronleichnamsprozession, die Kaiserfeier im Prater usw. gedacht. Der Mangel einer Gehordnung, die von nun an bei allen Gelegenheiten angewendet werden soll, wo große Menschenmassen zusammenströmen, hat sich zum Beispiel bei der Jubiläums-Illumination am 2. Dezember 1908 in empfindlicher Weise fühlbar gemacht. Wäre das Wiener Publikum damals schon an eine bestimmte Ordnung im Gehen gewöhnt gewesen, so hätten sich Unfälle wohl kaum ereignet — meint unser Gewährsmann.

Illustr. Wiener Extrablatt, 17. 9. 1912

Die zunehmende Verkehrsdichte machte auch vor den Gehsteigen nicht halt. Interessant ist der Versuch, auch für Fußgeher eine mit Strafsanktionen ausgestattete Gehordnung durchzusetzen. Die heutigen Strafbestimmungen der Straßenverkehrsordnung, soweit sie den Fußgängerverkehr auf Gehsteigen regeln, sind durch die Prioritätensetzung infolge der Überlastung der Exekutive in diesem Bereich wieder eher zur Verhaltensnorm wie vor 1912 geworden. Da heute auch anscheinend niemand mehr im städtischen Bereich zu Fuß gehen will, ist ihre Aktualität – solange noch Platz für Autos auf den Fahrbahnen ist – ständig im Sinken begriffen. Erst die Schaffung von Fußgeherzonen, die von den Wienern interessanterweise doch sehr begeistert aufgenommen werden, scheint hier wieder eine Trendumkehr zu bewirken. Übrigens: Hand aufs Herz, geneigte Leser: Kennen Sie eigentlich eine Bestimmung der geltenden Straßenverkehrsordnung, die den Fußgängerverkehr regeln soll?

Der generelle motorisierte Streifendienst entsprach einem dringenden Bedürfnis infolge der großen Ausdehnung des Wiener Polizeirayons und wurde primär zur Unterstützung von Kollegen, die bei der Kriminalitätsbekämpfung in Notsituationen geraten waren, angelegt. Erst später entwickelte sich der motorisierte Patrouillendienst für Präventivaufgaben. Daß dies langsam aber sicher eine Verschlechterung des persönlichen Kontaktes zur und mit der Bevölkerung bringen mußte, blieb lange unerkannt und wurde erst siebzig Jahre später mit Kontaktbeamten auszugleichen versucht.

Eine Neuerung bei der Wiener Polizei.

Die Beamten lernen Automobilfahren.

Bei der Wiener Polizei ist wohl unter dem Eindrucke der Pariser Automobilverbrechen die Neueinrichtung getroffen worden, daß zunächst die höheren Polizeifunktionäre des Verkehrsdienstes theoretisch und praktisch in die Geheimnisse des Automobilismus eingeweiht werden. Zur Erwerbung der notwendigen theoretischen Kenntnisse finden zunächst Exkursionen in die Automobilfabriken statt. Unser Bild zeigt den Beamtenkörper der Verkehrspolizei bei einer dieser Exkursionen, an der auch Erzherzog Franz Salvator teilnahm. Einer der Polizeifunktionäre versucht es gerade, den Motor anzukurbeln.

Ill. Wiener Extrablatt, 3. April 1912

Trotz des kritischen Kommentars des Chronisten aus dem Jahre 1911 (Seite 112), der noch eine motorisierte Überwachungstätigkeit der Polizei als zu teuer bezeichnete, macht die Motorisierungswelle vor der Exekutive nicht halt.

Die Fahrausbildung begann zunächst im Erwerb der Kenntnisse, was denn eigentlich ein Automobil ist. Erst in der Folge wurden das Handling und die Verkehrsvorschriften dem künftigen Polizeifahrer beigebracht.

Die heutige Schulung der Wiener Polizisten, insbesondere der Beamten der motorisierten Verkehrsabteilung, ist in der Zwischenzeit ein besonderes Anliegen geworden. Die Ausbildung der sogenannten „weißen Mäuse“ erfolgt zum Beispiel auch heute noch mit der Technik und Akribie eines Moto-Cross- oder Rallyefahrers. Sie ermöglicht so dem Beamten nicht nur eine optimale Ausnützung der Straßenverhältnisse, sondern ist sicher auch Grund für die absolut geringe Anzahl der Dienstunfälle im Rahmen der Wiener Verkehrspolizei.

Das Automobil im Dienste der Polizei.

Die Wiener Polizeidirektion stellte einige Automobile in Dienst, die zur Beförderung der Wache dienen. Sie sind für den Sicherheitsverkehr von großem Vorteil, da die Sicherheitswachmänner, welche nicht beritten sind, mittels des Autos schneller zur gefährdeten Stelle gelangen können.

Illustr. Kronen Zeitung, 30. August 1912

Polizei 1913 in Karikatur...

Natürlich gehörte und gehört (heute mehr denn je) die Überwachung der Prostitution zu einer der wesentlichen Aufgaben der Exekutive. Dies nicht nur deshalb, weil sie die diesbezüglichen gesetzlichen Bestimmungen zu vollziehen hat, sondern weil sich im Zusammenhang mit der Prostitution schon immer Anhaltspunkte für organisiertes Verbrechen ergeben haben. Diese Delikte reichen von Erpressung, Nötigung, Körperverletzung bis hin zum Morddelikt. Das Vorgehen der Kriminalbeamten in diesem Bereich erfordert sehr viel Kenntnis der Szene und des Umfeldes. Die Bevölkerung selbst ist den diesbezüglichen Aktivitäten der Polizei immer zwiespältig gegenübergestanden. Während der eine Teil ein völliges Verbot und dessen Durchsetzung forderte, stand ein anderer Teil der Bevölkerung dem hiefür notwendigen Aufwand der Exekutive eher ablehnend gegenüber und meinte, sie solle sich doch eher um die echten Verbrecher kümmern. Für letztere Gruppe scheint auch der Karikaturist des Jahres 1913 gesprochen zu haben.

Interessant ist in diesem Zusammenhang, daß die letzten Jahrzehnte gezeigt haben, daß eine zunehmende Liberalisierung und Freizügigkeit im Sexualbereich nicht zu einer Verminderung, sondern zu einer Zunahme der Nachfrage im Bereich der Prostitution geführt hat. So beschäftigen sich auch alle Formen des organisierten Verbrechens des Jahres 1992 in hohem Maße mit Prostitution einschließlich Mädchenhandel auf breiter Basis.

Die Muskete, 29. August 1912

...und Realität.

Mannschaftstransportwagen der k.k. Polizeidirektion Wien
Mit der Einstellung dieses ersten Dienstfahrzeuges der Marke Austro-Fiat hatte auch für die Wiener Polizei eine neue Epoche begonnen – die Motorisierung. Wenngleich auch wenige Jahre später – während des Weltkrieges – alle inzwischen eingestellten Polizeiautomobile der militärischen Notwendigkeit geopfert werden mußten und dem Heer übergeben wurden, so konnte doch gleich nach dem Kriege die Motorisierung der Polizei wieder in vollem Umfang aufgenommen werden.

Am Vorabend des Ersten Weltkrieges schien – diesen Zeitungsberichten entsprechend – die Welt in Wien noch heil zu sein. Zumindest in der Welt der Polizisten, die sich nach wie vor ihrer Lieblingsaufgabe, der Rettung von Menschenleben, widmen konnten.

In zwei Zeitungsberichten fällt auf, daß die „Ringkragennummer" zweimal erwähnt wird. Die Frage der sichtbaren Numerierung der Wachebeamten tauchte in der Folgezeit immer wieder auf. Zwischenzeitlich – aber nicht als Zwischenlösung – wurde die Visitenkarte mit Dienstnummer eingeführt, die jeder Wachebeamte bei sich zu tragen und auf Verlangen vorzuweisen hat. Die Bekanntgabe des Namens stößt auf Widerstand, weil immer wieder Beamte wegen korrekter Amtshandlungen in ihrer Privatsphäre (auch Ehefrauen und Kinder waren schon betroffen) als Rache für Führerscheinabnahmen u. ä. arg sekkiert worden sind. In den letzten Jahrzehnten ist kein Fall bekanntgeworden, in welchem es bei Bekanntgabe von Zeit und Ort einer Amtshandlung nicht möglich gewesen wäre, den involvierten Beamten ausfindig zu machen.

Ein Wachmann als Lebensretter.

An einem der letzten Abende sprang die Bedienerin des Allgemeinen Krankenhauses Theresia Sch. gegenüber der Glasergasse in den Donaukanal. Der Wachmann Herr Johann Kainrath, Ringkragennummer 2005 vom Wachzimmer Brigittabrücke, entdeckte die Lebensmüde und sprang ihr sofort nach. Theresia Sch. wehrte sich aber mit allen Kräften gegen den Lebensretter, doch gelang es diesem schließlich, sie an der Bluse zu erfassen und ans Ufer zu bringen, wo Sicherheitswachmann Grafinger und einige Passanten die Lebensmüde über die Kaimauer hinaufzogen. Theresia Sch. wurde von der Rettungsgesellschaft ins Rudolfsspital überführt. Sie gab Zwist mit einer Krankenschwester als Motiv des Lebensüberdrusses an.

Ill. Kronen Zeitung, 3. 5. 1914

Der Retter des Kindes.

Die vierjährige Marie Hruschka lief am Donnerstag von der Parkanlage am Sechshausergürtel gegen die Sechshauserstraße. Zur selben Zeit fuhr ein Zug der 18er Linie vom Mariahilfergürtel gegen den Sechshausergürtel. Das Kind sah weder links noch rechts, sondern lief direkt auf die Straßenbahn zu. Im letzten Moment sprang unter eigener Lebensgefahr der Sicherheitswachmann Nr. 390 namens Walter Wendelin, 31 Jahre alt und verheiratet, hinzu, erfaßte das Kind und hatte gerade noch Zeit, durch einen Sprung zur Seite sich und das Kind aus der Schienennähe zu bringen und es zu retten; im nächsten Moment fuhr die Elektrische vorüber.

Ill. Kronen Zeitung, 23. 6. 1914

Schwierige Rettung eines Lebensmüden.

In der Nacht auf Montag sprang ein Mann unterhalb der Stefaniebrücke in den Donaukanal. Der Sicherheitswachmann Anton Thuiner sprang vom Ufer aus auf einen in das Wasser ragenden Balken der nächst der Brücke verankerten Fischbehälter. Der Balken gab nach und der Wachmann sank mit ihm tief ins Wasser; allein Thuiner konnte sich trotzdem aufrecht halten und den Lebensmüden, der schon besinnungslos war, erreichen. Beide schwebten aber in größter Gefahr; und wahrscheinlich wären beide von den Wellen weggetragen worden, wenn nicht vom Ufer Hilfe gekommen wäre. Passanten reichten dem Wachmann eine Stange, und auf diese Weise gelang es, Thuiner und den von ihm geretteten Manne ans Ufer zu ziehen. Der Lebensmüde erholte sich bald und wurde in das Spital der Barmherzigen Brüder gebracht.

Ein wackerer Polizeiagent.

Wir haben berichtet, daß der Polizeiagent Johann Achleitner, der zufällig im Hause Rudolfsheim, Ullmannstraße 5 weilte, besondere Kaltblütigkeit an den Tag legte, indem er in eine brennende Wohnung eindrang. In der Wohnung war die Werkführerswitwe Frau Karoline Weber ohnmächtig geworden. Frau Weber stieß hiebei die brennende Lampe vom Tische, die Einrichtung und die Wäsche gerieten in Brand und Frau Weber wäre erstickt, wenn nicht der aus der Wohnung dringende Rauch die Hausparteien aufmerksam gemacht hätte. Die Frau wurde aus der Wohnung getragen und das Feuer gelöscht. Frau Weber konnte sich dann bald erholen.

Ill. Kronen Zeitung, 27. 5. 1914

Ill. Kronen Zeitung, 22. 2. 1914

Ferdinand Gorup Frh. v. Besánez.

9. Juni 1914 bis 9. Juni 1917.

Geboren 1. Februar 1855 zu Saaz in Böhmen, trat am 24. Mai 1880 als Konzeptspraktikant bei der niederösterreichischen Statthalterei ein, wurde am 7. Juli 1882 provisorischer Konzipist der Wiener Polizeidirektion, am 22. Jänner 1883 definitiver Konzipist, 24. April 1888 provisorischer, 11. Oktober 1888 definitiver Polizeikommissär, 23. Jänner 1893 Polizeioberkommissär, 28. März 1898 Polizeirat, 10. Dezember 1901 Oberpolizeirat und Zentralinspektor der Sicherheitswache, 29. Juli 1908 Hofrat und Stellvertreter des Präsidenten, 9. Juni 1914 Präsident, 9. Juni 1917 pensioniert. Gestorben 15. April 1928.

Obgleich Ferdinand Gorup Freiherr von Besanez nur drei Jahre an der Spitze der Wiener Polizei stand, war sein Einfluß auf das Sicherheitswesen der Reichshaupt- und Residenzstadt Wien in den letzten Jahren und Jahrzehnten der Monarchie von großer Bedeutung. Seit 1901 Zentralinspektor der Wiener Sicherheitswache und in dieser Funktion verantwortlich für das oft harte Vorgehen der Wache bei den Wahlrechtskundgebungen 1905 und 1906 und anderen Demonstrationen, wurde er 1908 aus dem Zielpunkt der Kritik genommen und gelangte als Stellvertreter des Polizeipräsidenten (Vizepräsident) zu hohen Ehren, aber auch viel geringerem Einfluß auf das polizeiliche Tagesgeschehen.

Erst im Juni 1914 – dem Vorabend des Ersten Weltkrieges – bedurfte man wieder eines Mannes von der Konsequenz, Loyalität und Härte Gorups. Tugenden, die bis zum Tode Kaiser Franz Josephs gefragt waren, nach der Amtsübernahme des jungen Kaiser Karl I. jedoch einem Bemühen nach Ausgleich und politischer Verständigung in der auseinanderstrebenden und im dritten Kriegsjahr um ihren Bestand ringenden Monarchie weichen mußten. Die Pensionierung Gorups als Polizeipräsident war mehr als das berufliche Ende der Karriere eines treuen Staatsdieners, es war auch der Abschied eines Polizeidenkens des 19. Jahrhunderts.

1915

Unter den vielen offiziellen und inoffiziellen Berichten zum Thema erschien uns diese Wachemeldung aus dem Jahre 1915 aus zwei Gründen besonders illustrierend. Der Sachverhalt wird einfach und korrekt mit den Worten „Kinderausschreitung gegen Juden“ umfaßt. Im vorletzten Satz wird allerdings mit der Diktion „Der Vorfall fand bei der christlichen Bevölkerung Beifall“ die Situation gedankenlos verallgemeinert. Natürlich wurden und werden immer politische Radikalismen von jenen Kindern, die diese im Zuge von Gesprächen oder Diskussionen in der Familie hören, zunächst auf der Straße „altersklug“ wiederholt und – wenn sie wollen – manifestiert. Auch heute noch sind viele der sogenannten Hooligans Zwölf-, Dreizehn- und Vierzehnjährige, denen in Presseberichten der Jahre 1989 und 1990 wegen antisemitischer Sprechchöre allerdings ein vergleichsweise noch viel größerer Stellenwert eingeräumt wird als den Kindern des Jahres 1915.

Unter diesem Aspekt wird aber auch jene christliche Bevölkerung (wie hat der Wachbeamte das Religionsbekenntnis so rasch festgestellt?), bei der der Vorfall Beifall fand, in etwa mit den Eltern der Kinder bereits weitgehend umfaßt sein. Die großzügige Diktion des Beamten dürfte auf den Umstand zurückzuführen sein, daß die schweigende Mehrheit – damals wie heute – optisch und akustisch nicht manifest wird und somit die Schreier unabhängig von ihrer zahlenmäßigen Stärke Bedeutung erlangen.

Jedenfalls erschien es uns im Interesse der Objektivität dieses Buches auch notwendig, zu dokumentieren, daß schon damals von der Polizeiführung ungeachtet vorstehender Problematik in der Angelegenheit rasch, klarstellend und korrekt entschieden wurde.

K.k.Sicherheitswache   Abteilung Ottakring . Posten Koppstrasse

Wien, am 22.März 1915.

Kinderausschreitung gegen Juden.

Meldung. -

Am 22.März 1915, um 1/2 7 Uhr abends stellten sich ca 12 halbwüchsige Burschen vor dem Mazesgeschäfte des Verschleissers Wilhelm Offmann, XVI.Grundsteingasse 64 etabliert auf und schrien : „ Da schauts her, die Juden backen mit dem Nullermehl Mazes und wir haben nichts zu beissen“, und spuckten das Auslagefenster zum Teile an. Als Wache einschritt, liefen die Burschen nach allen Richtungen davon.

Der Vorfall fand bei der christlichen Bevölkerung, Beifall.

Hierüber dem Kommissariate die Meldung.

Lackinger m.p.
Rev. Inspektor.

Franz Küller m.p.
R. Inspektor.

Der Vorfall am 22. März 1915…

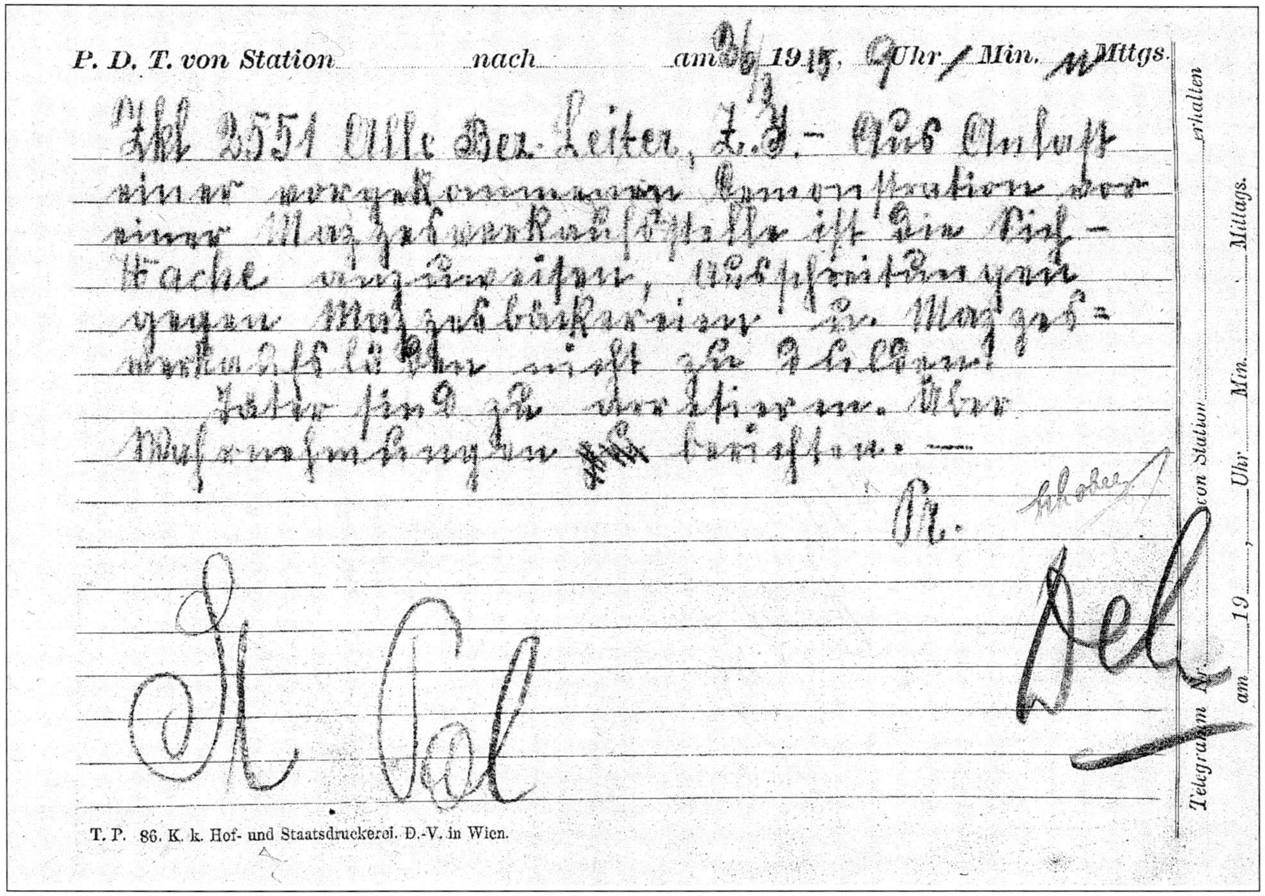
P. D. T. von Station ... nach ... am ... 1915, ... Uhr ... Min. ... Mitgs.

Telegramm Nr. ... von Station ... erhalten am ... 19 ..., ... Uhr ... Min. ... Mittags.

T. P. 86. K. k. Hof- und Staatsdruckerei. D.-V. in Wien.

P.D.T. (Polizei Direktions Telegramm) von Station…
Zkl 2551 Alle Bez.Leiter, Z.I. – Aus Anlaß einer vorgekommenen Demonstration vor einer Mazzesverkaufsstelle ist die Stich.Wache anzuweisen, Ausschreitungen gegen Mazzesbäckereien und Mazzesverkaufsläden nicht zu dulden. Täter sind zu arretieren. Über Wahrnehmungen berichten. – Pr. Schober

Marktverkehr im 2. Bezirk (Karmeliterplatz)

Verkauf gebratener Kartoffeln im 1. Bezirk

…und die Antwort der K.K. Polizeidirektion

1916

Die Sicherheitswache als Ordnungskraft…

Preistreibersenat und Wucherpolizei.

Zwei neue Mittel zur Bekämpfung der Teuerung.

Als der neue Justizminister Dr. Klein vor den Beamten seines Ministeriums seine Programmrede hielt, bezeichnete er es als eine der wichtigsten Aufgaben der Rechtsprechung, den Kampf gegen die „Kriegsgewinner", die wucherischen Ausbeuter der knappen Vorräte, aufzunehmen. Nicht durch neue Verordnungen sollte dieses Ziel erreicht werden, denn die Richter und Staatsanwälte sind mit „unverdauten" Verordnungen schon übersättigt. Dr. Klein plant, den Kampf gegen die Preistreiber damit zu eröffnen, daß er zunächst in seine Kampfmittel Einheitlichkeit bringt. Heute finden vor allen Wiener Bezirksgerichten — ganz abgesehen von den Erkenntnissenaten des Landesgerichtes — Strafverhandlungen gegen die Preistreiber statt und die gefällten Urteile weichen trotz des ähnlichen Tatbestandes oft recht merklich voneinander ab. Die Auffassung des einen Strafrichters führt zu einem Freispruch, wo eine andere Auffassung, die auch ihre guten Gründe für sich hat, eine empfindliche Strafe verhängt hätte. Ebenso oft aber tritt der umgekehrte Fall ein.

Die Justizverwaltung plant nun, einen eigenen Strafsenat für Preistreiber zu schaffen, dem alle Fälle zuzuweisen wären. Die Mitglieder des Senates würden so genaue Instruktionen erhalten, daß ihre Urteile einheitlicher ausfallen könnten, als es heute geschieht. Gleichzeitig würde es ein Vorteil für die Bezirksgerichte sein, die bei ihrem heutigen geringen Stand von Arbeitskräften durch die Preistreiberverhandlungen stark überlastet sind.

Aber nicht nur die Rechtsprechung soll geregelt, auch die Ausforschung der Preistreiber und Lebensmittelwucherer soll künftighin energischer betrieben werden. Deutschland und Ungarn sind uns in diesen Belangen voraus. In Berlin arbeitet seit 1. August das Wucheramt mit gutem Erfolge, in Budapest wird die Zentralpolizei gegen Verteuerung der Lebensmittel geschaffen. Für Wien ist nun die Schaffung einer Wucherpolizei geplant, die selbstverständlich der Polizeibehörde angegliedert und von bewährten Polizeibeamten geleitet werden soll. Die Wucherpolizei wird weitgehende Vollmachten besitzen, um ihren Zweck voll erfüllen zu können.

Ill. Kronen Zeitung, 18. 11. 1916

…bei der Lebensmittelverteilung im dritten Kriegsjahr…

...und bei dem Begräbnis des Kaisers am 1. Dezember

Abhandengekommene Wertpapiere.

5000 Kronen Belohnung.

Wie bereits seinerzeit verlautbart wurde, sind bei der k. k. priv. österr. Creditanstalt für Handel und Gewerbe, Wien, I., Am Hof 6, am 16. November 1916

40 Stück $5^{1}/_{2}$ %ige ungarische Staatskassenscheine der Emission 1916, datiert vom 28. August 1916, fällig am 1. Oktober 1919, u. zw.:

3 Stück zu je 50.000 K in violetter Farbe, mit den Nr. 110, 111 und 377,
33 Stück zu je 10.000 K in steingrüner Farbe, mit den Nr. 6370—6399, 10104—10106,
4 Stück zu je 5000 K in orangegelber Farbe, mit den Nr. 5416, 5417, 5418, 7171

in Verlust geraten.

Dies wird mit dem Bemerken nachdrücklichst in Erinnerung gebracht, daß die mit der Nummer 1 versehenen **Zinsenkupons am 1. April 1917 fällig** werden.

Es ergeht das Ersuchen, sämtliche dort befindliche Banken, Geld- und Kreditinstitute, Wechselstuben, Pfandleihanstalten, sowie sonstige etwa in Betracht kommende, mit dem Effektenhandel sich befassende Geschäftsleute und Einlösestellen neuerlich auf diese abhanden gekommenen Wertpapiere aufmerksam zu machen, insbesondere Nachforschungen zu pflegen, **ob etwa nunmehr die Zinsenkupons zur Einlösung präsentiert werden** und Veranlassung zu treffen, daß der Präsentant, bzw. Einlöser solcher Kupons angehalten und hievon auf kürzestem Wege anher Nachricht gegeben werde.

Von einer Veröffentlichung in den Tagesblättern wolle jedenfalls Abstand genommen werden.

Wien, am 9. März 1917.

K. k. Polizeidirektion in Wien.

Neben der Personenfahndung kommt im Bereich der Bundespolizeidirektion Wien der Sachfahndung besondere Bedeutung zu. Es gibt mehrere Fahndungssysteme, die alternativ oder mehrschichtig gemeinsam verwendet werden. In diesen Bereichen hat sich in den letzten Jahren, insbesondere mit der Wiener Handelskammer eine gute Zusammenarbeit ergeben, die sich unter anderem auch in neuen Ideen zur Beschreibung von gestohlenen Gütern – von Warenpässen bis zu hier nicht zu veröffentlichenden anderen Beschreibungssystemen – manifestiert. Während also mit dem Handel die für jede Fahndung maßgeblichen Grundsätze erreicht werden konnten, ist im Bereich der Privatpersonen noch immer ein Informationsdefizit spürbar. Es sollte daher auch bei dieser Gelegenheit darauf hingewiesen werden, daß man sich von allen wertvollen Dingen im Hause eine Beschreibung (in bestimmten Fällen Lichtbilder) anlegen sollte und diese Liste für den Fall eines Falles, nämlich eines Einbruches, getrennt von den Sachen aufbewahrt. Über die technischen und organisatorischen Fortschritte bei der Sachfahndung im Rahmen der Polizeidirektion Wien wird in diesem Buch an anderer Stelle berichtet.

S. B. 842/17.

1000 Kronen Belohnung!

Raubmord.

Am 2. Jänner 1917 gegen 9 Uhr abends wurde die 64jährige Bedienerin Josefine **Sykora** in ihrer Wohnung, III., Khunngasse 5, in ihrem Bette liegend als Leiche aufgefunden.

Wie die Obduktion ergeben hat, ist der Tod von **fremder Hand,** und zwar dadurch herbeigeführt worden, daß der Sykora zwei aus Tüchern hergestellte **Knebel** in den Schlund gepreßt worden sind.

Aus dem Besitze der Josefine Sykora dürften **folgende Gegenstände fehlen:**

1 altmodische, dicke, goldene Herren-Remontoiruhr mit Doppeldeckel, eingraviertem Kranz, in der Mitte je ein Schildchen, oben Monogramm **„F. S.“**, auf beiden Zeigern je eine Raute;
1 goldenes Halskettchen, dünngliedrig, mit goldenem Anhängsel mit Hirschkopf, der das Hubertuskreuz trägt;
1 lange, dicke, goldene Doppel-Panzerkette mit goldenem Kleeblatte als Anhängsel;
1 lange, dicke, goldene Damenkette (Schieber fehlt);
1 Gliederarmband, breit, Glieder in Achterform geflochten, mit Anhängsel in Form einer Münze, darauf gemalt der Kopf eines Tirolers;
1 Paar goldene Ohrgehänge mit je einem Brillanten;
1 goldener Herrenring mit rotem Stein (Koralle);
1 goldener Damenring mit blauem Stein, rechts und links je ein Brillant;
1 goldener Damenring mit grünem Stein:
1 goldener Damenring mit blauem, ovalem Stein;
1 goldener Damenring mit Aufsatz, welcher in eine Raute endigt;
1 Kettenring;
1 Paar neue, schwarze Damenschuhe mit Lackkappen und niederen Absätzen;
1 braune, hölzerne Geldschatulle;
2 Einsiedgläser, enthaltend Gänsefett.

Auf Angaben, welche zur Entdeckung des Täters führen, wird eine **Belohnung von 1000 Kronen** ausgesetzt, deren Verteilung sich die Polizeidirektion mit Ausschluß eines jeden Rechtsweges vorbehält.

Mitteilungen über sachdienliche Wahrnehmungen wollen auf **kürzestem** Wege dem **Sicherheitsbureau** der Polizeidirektion (Telephone Nr. 13.404 und 13.406) oder dem nächstgelegenen Kommissariate bzw. **Wachzimmer** gemacht werden.

Wien, am 5. Jänner 1917.

K. k. Polizeidirektion.

Als am 18. 8. 1952 der letzte k.k. Innenminister und Polizeipräsident von Wien der Jahre 1917–18, Edmund Ritter von Gayer starb, berichteten fast alle Wiener Blätter, unbeschadet der politischen Richtung, über den Tod dieser bedeutenden Persönlichkeit. Der Tod des 92jährigen Herrn war ja auch der Abschied von einer historischen Epoche, welche durch Gayer maßgeblich mitgeprägt wurde. Er war in den entscheidenden Jahren vor dem Zusammenbruch der Monarchie immer im Nahbereich der politischen Entscheidungsträger in verantwortungsvollen Funktionen. So war er von 1906–1908 Leiter des polizeilichen Sicherheitsdienstes des Kaisers und damit für die persönliche Sicherheit des Monarchen verantwortlich, eine Tätigkeit, die auf Grund der permanenten Balkankrise dieser Jahre und der bevorstehenden Annexion Bosniens (1908) besonders schwierig war. Als Chef der staatspolizeilichen Abteilung der Wiener Polizei war Gayer 1913 maßgeblich an der Enttarnung der wohl größten und verhängnisvollsten österreichischen Spionageaffaire, des Falles Alfred Redl, beteiligt. 1914 – knapp vor Kriegsausbruch – wurde der Oberpolizeirat als Delegierter der Polizeidirektion in die Verhandlungen des Generalstabschefs Conrad von Hötzendorf im Kriegsministerium einbezogen.

Als Polizeivizepräsident und ab 1917 als Polizeipräsident hatte Gayer maßgeblichen Einfluß auf die polizeiliche Fürsorgetätigkeit – als ehemaliger Leiter des „Armenreferates“ der Wiener Polizei brachte er für dieses Aufgabe nicht nur die Erfahrung mit, soziale Hilfe war ihm auch ein persönliches Anliegen. Die Bekämpfung des Schleichhandels, des Schwarzmarktes und des Wohnungswuchers im vorletzten Kriegsjahr war ihm ebenfalls eine tiefe Verpflichtung. Dank dieses Engagements wurde sein Abschied als polizeilicher Behördenleiter allgemein in Wien sehr bedauert. Gayer gehörte in der Folge ab 11. 6. 1918 dem Kabinett Seidler als Innenminister an, auch in den Regierungen Hussarek und Lammasch leitete er das Innenressort. Am 11. November 1918 ging er gemeinsam mit Lammasch den schweren und letzten Weg zu seinem Kaiser, um diesen namens der Regierung im Hinblick auf die Erhaltung der Ruhe in Wien zu einem Thronverzicht zu bewegen. Es war dies auch das Ende der politischen Tätigkeit Edmund Gayers, der bis zu seinem Tode den Wienern als ein zutiefst menschlicher und mitfühlender Behördenleiter in Erinnerung geblieben war.

9. Juni 1917 bis 11. Juni 1918.

Geboren 7. November 1860 zu Ober-Moschtienitz bei Prerau in Mähren, trat am 30. September 1884 als Konzeptspraktikant bei der Polizeidirektion in Wien ein, wurde 17. Februar 1889 Konzipist, 18. Dezember 1891 Kommissär, 25. Oktober 1899 Oberkommissär, erhielt am 2. Jänner 1906 Titel und Charakter eines Polizeirates, wurde am 18. September 1907 Polizeirat, am 30. November 1908 mit dem Titel eines Regierungsrates ausgezeichnet, am 7. Jänner 1910 zum Oberpolizeirat, am 9. Juni 1914 zum Hofrat und Stellvertreter des Präsidenten, am 9. Juni 1917 zum Präsidenten ernannt. 8. März 1918 wurde ihm der Ritterstand verliehen, am 11. Juni 1918 erfolgte seine Ernennung zum Minister des Innern.

1918

Wo sind die eleganten, vom französischen Chic und Charme beeinflußten Uniformen der Wiener Polizei des Jahres 1868 fünfzig Jahre später? Die Spuren des Krieges sind auch an der Wiener Polizei nicht vorübergegangen und haben sich unter anderem in Bewaffnung und Uniform verdeutlicht. Es war aber überhaupt ein schwieriges Jahr. Die Polizei trug noch kaiserliche Abzeichen und wurde von Teilen der Bevölkerung damit als monarchistisches Sinnbild abgelehnt.

Aus der großen Not kam es zu Streiks, Demonstrationen und sogar zu Plünderungen und das Einschreiten in diesem Zusammenhang ließ alle bürgerfreundlichen Tätigkeiten der Exekutive im Routinealltag verblassen. Die Bevölkerung hatte weder vor Kriegsende noch unmittelbar nach Kriegsende Interesse am Staat und dementsprechend auch nicht an dessen Repräsentanten – der uniformierten Polizei. Die Tätigkeitsberichte, sowohl der Sicherheitswache wie auch der zivilen (Staats)polizei, gaben die Illusionslosigkeit und die zunehmende Bereitschaft zur Aggression und kriminellen Handlung wieder. Erst spät, im Herbst, wurde die Stadt wieder ruhig und ein Polizeibericht stellt erstmalig am 27. November „wieder reges Interesse der Bevölkerung an Fragen der Gestaltung des neuen Staatswesens“ fest.

„HEISS UMFEHDET, WILD UMSTRITTEN“
Die Wiener Polizei in der Ersten Republik, der Zeit des Ständestaates und der nationalsozialistischen Herrschaft
1919–1945

So wie die politischen Führer und das von ihnen in dieser Zeit schon repräsentierte Volk wurde auch die Polizei in den letzten Jahrzehnten unseres Jahrhunderts immer wieder in staatspolitische Turbulenzen hineingezogen, die in den Jahren 1938 bis 1945 einen Höhepunkt in Form einer nationalsozialistischen Diktatur erreichten. Im inneren Bereich der Polizei waren die Fragen nach der Identitätssuche und Identitätsfindung sowie des eigenen Selbstverständnisses immer wieder vorrangig. Im Ansehen nach außen zeigten sich deutliche Versuche, die durch außenpolitische Probleme krisengeschüttelte junge Demokratie wenigstens im Inneren zu stabilisieren. Da dies nach dem 1. Weltkrieg nur mehr mit demokratischen Mitteln und ohne gesetzliche Freiräume erfolgen mußte, stellte diese Zeit besonders hohe Anforderungen an die menschlichen Qualitäten vom Polizeipräsidenten bis hinunter zum provisorischen Wachmann. Obwohl es natürlich nicht immer möglich war, haben wir versucht, die Polizei in diesen Jahrzehnten unter vorstehenden Aspekten – losgelöst von politischen Wertvorstellungen und damit verbundenen Rahmenbedingungen – soweit als möglich und so präzise als zeitgeschichtlich zulässig vorzustellen. Wir haben dabei bewußt nicht gescheut, die Unterschiede zwischen öffentlicher und veröffentlichter Meinung darzustellen und die Dinge anhand von Protokollen „beim Namen zu nennen“. Die technische Entwicklung dieser Jahrzehnte verbunden mit dem persönlichen Engagement der Wiener Polizisten haben in der Kriminalitätsbekämpfung neue und zukunftsorientierte Akzente gesetzt, die sich unabhängig von den inneren Spannungen des Landes wohltuend nach außen manifestierten.

Die Polizei hat in den ersten Jahrzehnten sehr oft zu unguten Situationen beigetragen, sie hat aber sehr oft auch ungute Situationen, die von anderen geschaffen wurden, kalmiert und manchmal auch in das Gegenteil verkehrt. Auch hier stand für uns das menschliche Bemühen im Detail und nicht in einer großen politisch nachvollziehbaren Dimension im Vordergrund der Betrachtungen mit Bild und Wort. Das Ansehen der Polizei war zu Beginn dieser Dezennien großen Schwankungen unterworfen und hat sich erst zu Ende dieses Jahrhunderts in einer sehr positiven und wieder international anerkannten Form wie der Wiener sagen würde „derfangen“. Mit dem Verlust tradierter Wertvorstellungen nach dem letzten Weltkrieg hat die Polizei sich zunehmend mit Akzeptanzproblemen bei der Gesetzesvollziehung zu befassen. Wir glauben, daß die Wiener Polizei auch unter diesem Aspekt auf die kommenden Jahrzehnte gut vorbereitet ist und sind sicher, daß kommende Geschichtsschreiber dies bestätigen werden. Der positive Ausklang dieses Jahrhunderts und dieses Buches in bezug auf das Ansehen der Polizei wird beim Leser neben der Feststellung „alles schon da gewesen“ auch die Möglichkeit der Identifikation mit sich selbst als Teil der österreichischen Bevölkerung ermöglichen. Wie sehr diese Polizei immer integrierter Teil der Menschen dieses Landes und damit dieses Staates war, zeigt letztendlich die damit zulässige Identifikation mit der Überschrift dieses Kapitels „Heiß umfehdet, wild umstritten“, welches gleichermaßen für die junge Republik wie für die mit ihr verbundene Exekutive galt.

Johann Schober.

Seit 11. Juni 1918.

Geboren am 14. November 1874 zu Perg in Oberösterreich, besuchte von 1886 bis 1894 das Staatsgymnasium in Linz, hierauf die Universität in Wien, trat am 7. November 1898 als Konzeptspraktikant bei der Polizeidirektion in Wien ein, wurde am 29. November 1899 provisorischer, 15. Mai 1900 definitiver Konzipist, 14. Mai 1904 Kommissär, 5. Juni 1910 Oberkommissär extra statum, 20. März 1913 Polizeirat, 8. Mai 1917 Oberpolizeirat mit dem Titel eines Regierungsrates, 25. Juni 1918 Hofrat, 30. November 1918 Präsident.

Als Edmund Ritter von Gayer im Juni 1918 das Amt des österreichischen Innenministers übernahm, war es ihm wohl bewußt, daß der Sessel des Wiener Polizeipräsidenten in dieser Zeit des sich ankündigenden Endes des alten Reiches nur von einer Persönlichkeit von hervorragender Integrität und außergewöhnlicher Eignung besetzt werden konnte. Und so lautete sein Personalvorschlag für das Amt des Wiener Polizeipräsidenten, welchen er dem Kaiser unterbreitete, Johann Schober. Schober wurde damit der letzte, noch vom Kaiser berufene, Polizeipräsident. Die Erwartungen Gayers in seinen Nachfolger schienen sich – jedenfalls vorerst – zu bestätigen. In Wien konnte – zum Unterschied zahlreicher anderer Städte – in den Tages des Umsturzes im November 1918 eine relative Ruhe erhalten werden und die Polizei war auch in der ersten Stunde der Republik die wohl einzige intakt verbliebene Ordnungsmacht. Ein Verdienst, welches wohl Schober für sich in Anspruch nehmen konnte. Dies war wohl auch Voraussetzung, daß Schober am 3. 12. 1918 von der Regierung Renner zum Leiter des gesamten Dienstes der öffentlichen Sicherheit für Österreich bestellt wurde. Am 21. 6. 1921 wird Johann Schober – er gehörte keiner politischen Partei an – vom österreichischen Nationalrat zum Bundeskanzler gewählt, er übt auch das Amt des Außenministers aus. Am 22. 1. 1922 wird er als Bundeskanzler erneut vom Parlament gewählt, zusätzlich übernimmt er auch das Innenressort. Wenig später allerdings, am 31. 5. 1922 stürzt ihn die Christlichsoziale Partei unter Ignaz Seipel. Am 26. 9. 1929 wird Schober erneut mit der Bildung einer Bundesregierung beauftragt, am 25. 9. 1930 tritt er als Bundeskanzler unter dem Druck der Christlichsozialen zurück. Von Dezember 1930 bis Jänner 1932 übt Schober das Amt des Vizekanzlers und Außenministers aus, bis er durch seinen großen Kontrahenten Dollfuß zum Verlassen der politischen Bühne veranlaßt wird. Die Amtszeit Schobers als Polizeipräsident – während der Zeit seiner politischen Funktionen war er als Polizeipräsident jeweils beurlaubt – war von Höhepunkten und schwerwiegenden Fehlentscheidungen geprägt. Einerseits hat er als Gründer der INTERPOL der Wiener Polizei internationales Ansehen verliehen – der Spruch „Wien hat die beste Polizei der Welt“ war zwar pathetisch, aber bestand nicht zu Unrecht. Andererseits war seine Mitentscheidung bei dem Vorgehen der Polizei gegen die Demonstranten vor dem Justizpalast am 15. 7. 1927 – es waren fast 100 Tote und rund 800 Verletzte zu verzeichnen – ein entscheidender menschlicher und politischer Fehler. Wie immer man die Person des Politikers und Polizeipräsidenten DDDr. h.c. Johann Schober politisch beurteilen mag, er zählt sicher zu den markantesten Persönlichkeiten des öffentlichen Lebens der Ersten Republik.

1919

Nr. 17. Erscheint Jeden Donnerstag. Wien, 24. April 1919. Abonnements durch jede Buchhandlung und Postanstalt. XXXVIII. Jahrg.

Die Straßenkämpfe in Wien.

Vier Polizisten gestorben, sechzehn Wachleute und neunzehn Zivilpersonen schwer verletzt.

Berittene Sicherheitswache unternimmt einen Angriff gegen die Exzedenten, welche ins Parlamentsgebäude eindringen wollen und wird mit Schüssen empfangen.

Nach einer photographischen Aufnahme von Richard Hausse.

Von der ersten Stunde ihrer Existenz an war die junge Republik von Staatsstreichen und Umsturzversuchen der extremen Rechten und Linken bedroht. Bereits am 12. 11. 1918, als nach Ausrufung der Republik vor dem Parlament die rotweißroten Fahnen gehißt wurden, kommt es zu blutigen Auseinandersetzungen mit kommunistischen Rotgardisten. Zwei Tote und vierzig Verletzte lagen an dem Geburtstag der Republik im Schatten der Pallas Athene vor dem alten Reichsratsgebäude. Bereits am 17. 4. 1919 kam es wieder zu dem Versuch, auch in Österreich eine Räterepublik nach bayerischem und ungarischem Muster zu errichten und die Regierung Renner zu stürzen (s. folgende Seite). Am 15. Juni des gleichen Jahres versuchten kommunistische Agitatoren, unterstützt von der Roten Garde – einer kommunistischen Einheit der Volkswehr –, in Österreich ein sowjetisches Regime zu errichten. In blutigen Kämpfen (20 Tote und 80 Verletzte) gelang es der Sicherheitswache gemeinsam mit der „Wiener Stadtschutzwache" – eine sozialdemokratische Kampforganisation – den Aufstandsversuch niederzuschlagen und damit den weiteren Bestand und die Entwicklung der demokratischen Republik zu sichern. Die Sicherheitswache war in diesen Jahren, der größten politischen Verunsicherung und wirtschaftlichen Not nach dem Zusammenbruch der Monarchie, die wohl einzige stabilisierende Kraft und der einzige staatsbejahende Garant für die Sicherheit der Stadt und ihrer Bürger.

Einsatz der berittenen Sicherheitswache, 24. April 1919

Gründonnerstags-Putsch 1919

Strassenbahnkarte durchbohrt von der todbringenden Kugel des am 17. April 1919 am Minoritenplatz durch einen Schuss aus einem Mannlicher Gewehre getöte-ten Revierinspektors Karl Molzer.

Am 17. April 1919 – einem Gründonnerstag – versuchten die Wiener Kommunisten im Zuge einer gewaltigen Demonstration die Regierung Renner zu stürzen, um die Macht im Staate zu erringen. Die Räteregierungen in Ungarn und Bayern sollten als Vorbild dienen. Als von den Demonstranten das Parlament in Brand gesetzt wurde und die Sicherheitswache den Befehl zur Auflösung der Demonstration bekam, fanden fünf Polizeibeamte den Tod. Zahlreiche Polizisten und Demonstranten wurden schwer verletzt.

Tagsbefehl Nr. 3893.

Wien, am 22. April 1919.

□ □ □

Z. I. 1530. In treuester Erfüllung ihrer Pflicht fanden bei den Ausschreitungen vor dem Parlamente am 17. April 1919 die Herren

Revierinspektoren I. Klasse	Franz **Gröger** und Karl **Molzer**,
Oberwachmann	Wenzel **Huschek**,
Wachmann	Emil **Mikisch** und
provisorischer Wachmann	Josef **Hradsky**

den Tod; außerdem haben neun Wachorgane sehr schwere, viele leichtere Verletzungen erlitten.

Der Herr Staatskanzler als Leiter des deutschösterreichischen Staatsamtes für Inneres und Unterricht hat mir gegenüber das innigste Beileid der Regierung für diese Opfer ihres Berufes ausgesprochen und zugleich den Vertretern der Sicherheitswache für die überaus besonnene, mutige und opferfreudige Haltung des gesamten Körpers seinen besonderen Dank ausgedrückt.

Der Kabinettsrat hat in seiner Sitzung am 18. April 1919 den Hinterbliebenen nach den gefallenen Wachorganen über meinen Antrag die letzten Aktivitätsbezüge (Gehalt und Aktivitätszulagen) als Versorgungsgenüsse zuerkannt und mir über meine Bitte gleichzeitig einen Betrag von 100.000 Kronen zur Verteilung an die Hinterbliebenen der Gefallenen sowie an die Verwundeten zur Verfügung gestellt.

Auch der Herr Landeshauptmann in Niederösterreich hat mir in herzlichen Worten die Anerkennung und den Dank der niederösterreichischen Landesregierung für die tadellose, opfermutige Haltung der Sicherheitswache zum Ausdrucke gebracht.

Indem ich diese Akte der Anerkennung der Regierung hiemit zur allgemeinen Kenntnis bringe, drängt es mich gleichzeitig, auch meinem Empfinden Ausdruck zu geben. Ich stehe selbst trauererfüllt als Leidtragender an der Bahre pflichtgetreuer Männer, ich habe betrübten Herzens die Verwundeten an ihrem Krankenlager besucht und von ihnen Beweise ihrer treuen, männlichen Gesinnung empfangen. Ich kann als Chef der Polizeidirektion all den Helden treuer Pflichterfüllung meinen herzlichsten Dank nur in die drei Worte kleiden: „Treue um Treue". Diese Treue wird ein festes Band um uns alle schlingen, das uns umso inniger aneinanderknüpfen soll.

Die Wiener Bevölkerung aller Schichten hat durch zahlreiche Beweise herzlicher Teilnahme gezeigt, daß sie die Haltung der Sicherheitswache voll zu würdigen weiß und die namhaften Spenden, die mir aus allen Kreisen der Bevölkerung für die Opfer vom 17. April 1919 zukommen, werden es mir möglich machen, die Wunden zu heilen, die dieser Tag geschlagen hat. Diese Teilnahme wird uns auch in dem Bewußtsein stärken, daß bei der getreuen Erfüllung unseres Berufes unsere Mitbürger hinter uns stehen.

Wir werden unsere toten Kameraden in feierlicher Weise zur letzten Ruhe geleiten und ihnen sodann das schönste Denkmal dadurch errichten, daß wir in edlem Wetteifer ihrem hohen Vorbilde an Mannestugend nachstreben und unsere Pflicht zum Wohle des deutschösterreichischen Vaterlandes und der Wiener Bevölkerung in demselben Sinne wie diese braven Männer erfüllen, furchtlos und treu bis in den Tod.

Schober.

Sicherheitswachmann mit der Kahkiuniform

Eine neue Adjustierung der Wiener Sicherheitswache.

Tellermützen und kakaobraune Uniform.

Wie wir erfahren, wird die Mannschaft der Wiener Sicherheitswache in Bälde in neuer Uniform den Dienst versehen.

Statt der bisher schwarzen und mit roten Aufschläaen versehenen Uniform erhält die Mannschaft eine kakaobraune Uniform und statt der schwarzen Mütze eine ebenfalls kakaobraune Tellermütze — nach deutschem Muster. Wie verlautet, soll auch der Säbel bedeutend kürzer werden.

Weiter steigende Kriminalitätsziffern, vor allem durch Hunger und Arbeitslosigkeit hervorgerufen, sowie Krawalle und Demonstrationen kennzeichnen auch das Jahr 1919. Staatskanzler Renner wird vom Polizeipräsidenten Schober täglich über die politische und sicherheitsmäßige Lage in Wien informiert. Dieses gute Einvernehmen zwischen Staatsführung und Polizeiführung hat sicher dazu beigetragen, daß die Bilanz der Opfer, die bei Polizei und Zivilbevölkerung im Zuge von Demonstrationen, Ausschreitungen und ähnlichen Anlässen zu beklagen waren, nicht noch schrecklicher ausgefallen ist.

Geradezu symbolhaft wird die Uniform der Wiener Sicherheitswache in diesem Jahr wieder etwas ziviler. Der Notzeit entsprechend, nicht unbedingt schön, aber praktisch und – vor allem „entmilitarisiert“. Wieder einmal wird deutlich, welchen Stellenwert eine Uniformierung der Polizei sowohl von seiten der Staatsführung als auch der Bevölkerung als Signalwirkung für jedes politische Systems gehabt hat und sicherlich auch heute noch hat.

1920

Polizeispital; Wien 3., Boerhavegasse 13

Wenn heute in Wien von Spitalsnot gesprochen wird, dann müßte man die Verhältnisse des Jahres 1920 vergleichen. Es war äußerst schwierig, ein Spitalsbett zu finden und im Dienst verletzte Sicherheitswachbeamte mußten oft auf ihre Spitalsbehandlung warten. Heute gibt es zwar keine offizielle Bevorzugung von verletzten Polizeibeamten, doch das gute Verhältnis mit dem Wiener Rettungsdienst und den Spitalsärzten hat in den letzten Jahren zu keinerlei Beschwerden Anlaß gegeben und wurde auch kein einziger Fall bekannt, in dem eine Verzögerung bei der ärztlichen Versorgung aufgetreten ist. Dieser Umstand und die doch wesentlich geänderte Situation des inneren Friedens in positiver Richtung lassen heute keinen Wunsch mehr nach einem eigenen Polizeispital aufkommen.

Die Polizei selbst verfügt über 39 Amtsärzte (+ 1 Chefarzt + 2 Chefarzt-Stv.), die Schulabteilung verfügt über eine eigene Sanitätsstelle mit einem eigenen Schularzt. Für unkomplizierte Krankheitsfälle, bei denen Bettruhe von Nöten ist, besteht eine eigene Krankenstation in der Marokkanerkaserne, die rund um die Uhr medizinisch betreut ist. Der Schularzt selbst hat neben Aufnahmeuntersuchungen und der medizinischen Betreuung der Polizeischüler auch die Verantwortung für eine profunde Ausbildung der Wiener Polizisten in Erste-Hilfe-Leistung. Diese Ausbildung umspannt einen weiten Bogen von Erstversorgungen nach Verkehrsunfällen und Selbstmordversuchen bis hin zur Geburtenhilfe. Es ist in den letzten 20 Jahren kein Fall bekannt geworden, in dem ein Polizist die in bezug auf Erste Hilfeleistung in ihn gesetzten Erwartungen nicht erfüllt hätte.

Eine Krankenanstalt für die Wiener Polizei.

Samstag vormittag wurde im ersten Stockwerk der früheren Militäroberrealschule in der Boerhavegasse eine Krankenanstalt für Wiener Polizeiorgane eröffnet. Zur Feier hatten sich eingefunden Staatskanzler Dr. Renner, Staatssekretär Eldersch, Unterstaatssekretär Professor Dr. Tandler, Landeshauptmann Sever, die Landeshauptmannstellvertreter Steiner und Widholz, der Direktor des Rudolfspitals Hofrat Dr. Hofmokl sowie zahlreiche Vertreter der Polizei und des Aerztestandes. Polizeipräsident Schober, der die Gäste empfangen hatte, sagte in einer Ansprache: Eines meiner größten Vorbilder im Amte, Polizeipräsident Brzesowsky, hat vor zwölf Jahren die Absicht ausgesprochen, eine Krankenanstalt für Polizeiorgane zu errichten. Die Verhältnisse waren nicht günstig. Mit meinem Amtsantritt habe ich den Gedanken wieder aufgenommen und getrachtet, ihn zu verwirklichen, besonders in der Zeit der ungeheuren Spitalsnot, die es mit sich bringt, daß auch Polizeiorgane trotz ihrer der Oeffentlichkeit gewidmeten Tätigkeit oft nur unter größten Schwierigkeiten in öffentlichen Krankenanstalten Aufnahme finden. Der Polizeipräsident dankte hierauf den Spendern, die die Verwirklichung des Gedankens ermöglicht haben, sowie der Staatsregierung für die Widmung des Stockwerkes des Gebäudes und schloß mit den Worten: Die Polizisten, die seit dem Umsturz gezeigt haben, daß sie ihre Kräfte stets dem Wohle des Staates leihen, wird die Eröffnung des Spitals nur in der Absicht bestärken, sich der ganzen Bevölkerung ohne Unterschied des Standes und Ranges zu widmen. Nachdem Staatskanzler Dr. Renner den Polizeipräsidenten zu dem Erfolg beglückwünscht hatte, wurde ein Rundgang durch das musterhaft eingerichtete, aus zwölf Krankenzimmern mit achtzig Betten bestehende Spital angetreten. Hierauf dankte Staatssekretär Eldersch dem Polizeipräsidenten für seine rastlose Tätigkeit im Interesse des Werkes, sprach den Wunsch aus, daß kein Polizeiorgan Aufnahme finden möge nach Ereignissen, wie sie der 15. Juni des vergangenen Jahres gebracht habe, und schloß mit den Worten: „Die Wiener Polizei hat bewiesen, daß sie eine Ordnungstruppe ist, auf die man sich verlassen kann. Ich muß jeden Angriff gegen sie, von welcher Seite er immer kommen möge, zurückweisen in der Ueberzeugung, daß sie auch weiterhin eine Garde der Ordnung bleiben wird.“ Sodann bat Polizeipräsident Schober den Direktor der Rudolfstiftung, unter deren Obhut die Anstalt steht, Hofrat Hofmokl, sich der Pfleglinge liebevoll anzunehmen. Hofrat Hofmokl erwiderte, daß in diesen Räumen nur der Geist der Menschlichkeit walten werde.

Arbeiter Zeitung, 16. März 1920

1920

Der Raubmord an dem Heimkehrer Prokopczyn.

Wo ist die zweite Uhr des Toten?

Wie berichtet, hat das Sicherheitsbureau unter dem dringenden Verdacht, den ukrainischen Heimkehrer Demetro Prokopczyn am 9. Dezember ermordet und seiner Barschaft von etwa 12.000 K beraubt zu haben, den ukrainischen Handlungsgehilfen Johann Ostapiuk, der richtig „Rudolf Bilinski" heißen soll, und den ukrainischen Chauffeur Gregor Wreciowa verhaftet und gegen beide ein Beweismaterial gesammelt, das ihre Schuld an der Bluttat fast außer Zweifel stellt. Einer der Hauptbelastungspunkte ist die Tatsache, daß bei Johann Ostapiuk eine Nickeltaschenuhr mit amerikanischem Fabrikszeichen gefunden wurde, die, wie durch Zeugenaussagen erwiesen ist, aus dem Besitze des Prokopczyn stammt. Alle Erklärungen, wie er zu der Uhr gekommen ist, haben sich als lügenhaft erwiesen. Nun erscheint auch einwandfrei festgestellt, daß Prokopczyn bis zu dem Tage seines gewaltsamen Todes auch eine Uhr besessen hat, die vielleicht Gold, vielleicht auch nur Double-Gold war. Auch diese Uhr hatte der Tote nicht mehr bei sich und sie ist auch bisher nicht zum Vorschein gekommen. Sie war ziemlich groß, wahrscheinlich doppelt gedeckt, hatte weißes Zifferblatt und arabische (nicht römische) Ziffern. Auf dem Zifferblatt war irgendeine Zeichnung als Schutzmarke zu sehen.

Das Sicherheitsbureau nimmt an, daß dem Prokopczyn auch diese Uhr geraubt worden ist. Auffällig und für ihn belastend ist, daß Ostapiuk einem Mädchen gegenüber nach dem Verschwinden des Prokopczyn geäußert hat, er habe eine goldene Uhr vor kurzer Zeit um 8500 K verkauft.

Bei seinem polizeilichen Verhör hat Ostapiuk diese Aeußerung geleugnet. Man glaubt aber, daß die Aeußerung doch geschehen ist und sich auf die Uhr des Prokopczyn bezieht, wenn auch vielleicht der Verkaufspreis nicht so hoch gewesen sein kann und Ostapiuk nur aufschneiderisch die Summe von 8500 K genannt haben kann. Es wäre nun im Interesse der restlosen Aufklärung des Falles sehr erwünscht, wenn sich der Käufer dieser Uhr, der ja keinerlei Ungelegenheiten zu besorgen hat, schleunigst im Sicherheitsbureau, Elisabethpromenade 7, 1. Stock, Zimmer Nr. 95, melden wollte.

Zwei Haare auf den Stiefelsohlen.

Die gerichtsärztliche Untersuchung der Leiche hat ergeben, daß der Ermordete durch Hiebe mit einem flachen Instrument betäubt und mit solcher Kraft gewürgt worden war, daß der Kehlkopf brach. Dann erst war dem Opfer mit seinem eigenen Taschenmesser der Hals durchschnitten worden. Außerdem wies das Gesicht des Toten kleine Verletzungen auf, die von Fußtritten mit genagelten Schuhen, wie sie Soldaten tragen, herrührten. Nun wurden die Schuhe des Verhafteten genau untersucht, darunter auch ein Paar Schuhe, das einer von ihnen in seinem Rucksack verwahrt hatte. An den Sohlen dieser Schuhe entdeckten die Kriminalbeamten zwei Haare von etwa 1½ Zentimeter Länge. Eines von ihnen hing an einem der starken Sohlennägel, der andere hatte sich in einem Riß zwischen Absatz und Sohle festgeklemmt. Unter der Lupe wurden diese zwei Haare als menschliche erkannt und auf einem davon war ein winziges Bluttröpfchen wahrzunehmen. Eine weitere mikroskopische Untersuchung und Vergleichung mit Haaren des Ermordeten, die Professor Haberda vornahm, ergab mit voller Sicherheit, daß auch diese zwei Haare von Prokopczyn stammen. Die Frage, wie sie auf die Schuhsohle eines der Mörder kommen, ergibt sich aus dem Gesagten von selbst.

Illustrierte Kronen Zeitung, 4. Jänner 1921

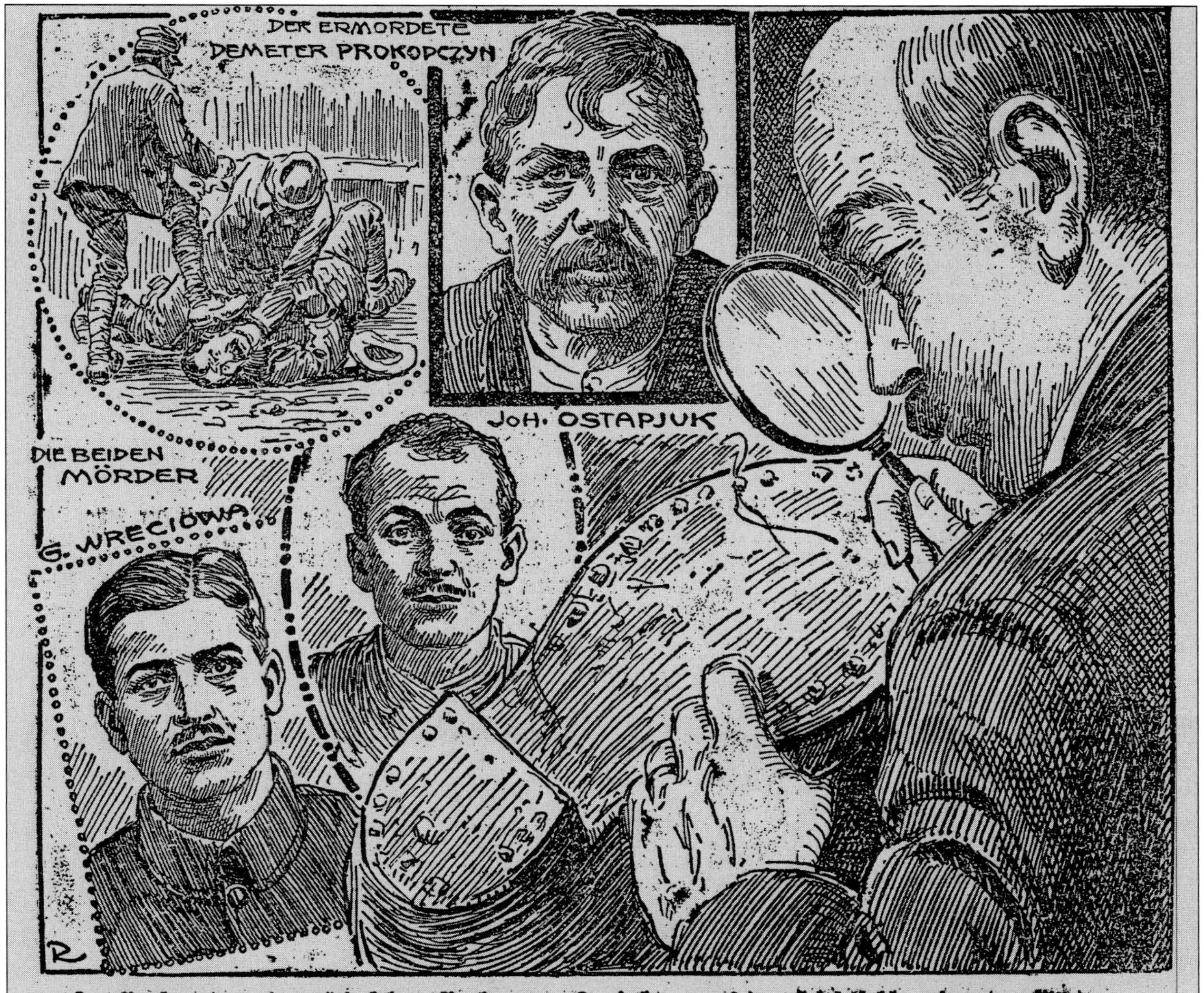

Der Raubmord an dem Heimkehrer Prokopczyn. Zwei Haare auf den Stiefelsohlen eines der Mörder.

In den Jahren nach dem Ende des Ersten Weltkrieges ist im Großraum Wien eine Steigerung der Kriminalität aller Delikte zu verzeichnen. Rückflutende Heimkehrer – durch den Zerfall des alten Staates oft heimatlos geworden – und andere durch den Krieg aus der Bahn geworfene Existenzen versuchen im Banne der Großstadt ihr Überleben zu finden. Ob als illegale Holzfäller im Wienerwald, ob als „Eintänzer" oder Schwarzhändler, ob als Schieber oder Spekulanten – überall bewegte sich der Kampf um das Dasein am Rande des Legalen. Aber auch Blutdelikte waren – mit ähnlichem zeitbezogenem Hintergrund – an der Tagesordnung. Wir haben den hier vorliegenden Kriminalfall aus der Fülle der Ereignisse des Jahres 1920 ausgewählt, da hier eine interessante Darstellung der kriminalpolizeilichen Arbeit dieser Zeit zum Ausdruck kommt. Der Fall selbst möge aber als allgemeines Beispiel der Kriminalität der Nachkriegsjahre und als Zeitbild der jungen Republik betrachtet werden.

Erholungsheim für Polizeibeamte in Mistelbach

„Die Mistelbacher"

Vor und nach dem Zweiten Weltkrieg (in den Jahren 1938 bis 1945 durfte man die Polizei ja nicht kritisieren) wurden die Wiener Sicherheitswachebeamten vor allem von Leuten mit denen sie notwendigerweise in dienstlichen Kontakt getreten waren, nicht gerade liebevoll als „Mistelbacher" bezeichnet. Mit dieser Bezeichnung machte der Wiener seinen Gefühlen Luft, indem er gut wienerisch zum Ausdruck bringen wollte: „Ihr Polizisten sollt euch nicht so wichtig machen, ihr seid doch nur vom Land". Es spielte sich dieser Vorgang in etwa auf der gleichen geistigen Ebene ab, wie der Wiener halt eine momentane Unterlegenheit gegenüber einem Bürger aus den Bundesländern mit den Worten „Gscherter" zu kompensieren versucht.

Tatsächlich ist es so, daß sich die Wiener Sicherheitswache zu rund 70% aus Zuwanderern aus den Bundesländern hier vor allem Niederösterreich, Steiermark, Burgenland aber auch Kärnten rekrutiert. Der Ausdruck „Mistelbacher", war aber nicht darauf zurückzuführen, daß es sich bei den Angesprochenen um „Zuagraste aus Mistelbach" handelte, sondern vielmehr waren es „zuagraste Wiener nach Mistelbach". Den wenigsten Wienern – ausgenommen natürlich Polizeiangehörige – war nämlich bekannt, daß die Assoziation mit dem Wort Mistelbach von dem von Polizeipräsident Schober in Mistelbach entrierten bzw. errichteten Erholungsheim stammte.

Im übrigen hat sich die jahrzehntelange Mischung der Wiener Sicherheitswache mit Wienern und Nichtwienern im vorgenannten Verhältnis sehr gut bewährt. Die meist sehr ambitionierten Neuzugänge aus den Bundesländern lernten mit Unterstützung der Polizeilehrer, aber auch ihrer Kollegen in den Schulungswachzimmern sehr rasch die Wiener Mentalität kennen und konnten sich in der Regel sogar besser darauf einstellen als die in dieser Beziehung nicht immer ganz objektiven Wiener. Da man Polizist nicht auf der Polizeischule, sondern mit den dort erworbenen Kenntnissen und Einstellungen nur im Rayonsdienst nach einigen Jahren werden kann, kam den Wiener Wachkommandanten bei der Heranbildung der Wiener Polizei stets besondere Bedeutung zu. Die Einführung in und die Anpassung an die Wiener Mentalität, welche noch immer das gute Vertrauensverhältnis der Wiener Polizei zu ihren Mitbürgern (die sich ja ähnlich zusammensetzen) mitbestimmt, war und ist ein Verdienst der guten Wiener Wachkommandanten. Diese Zusammensetzung macht auch den häufig gehörten Vorwurf, daß die Wiener Polizisten Autos mit Kennzeichen aus den Bundesländern besonders gerne aufschreiben, geradezu grotesk. Sie ist aber auch sicher in Zeiten wie diesen ein mitbestimmender Grund dafür, daß sich die Wiener Polizisten bei Integrationsfragen auch von Ausländern relativ leicht und ohne Vorurteile flexibel bewähren können.

Tagesbefehl 3922 – in Realität und Satire

Polizeidirektion in Wien.

Zentralinspektorat der Sicherheitswache.

Tagesbefehl Nr. 3922

Wien, am 7. Dezember 1920.

□ □ □

Der Herr Polizeipräsident hat am 6. Dezember 1920, Pr. 10.175, an mich folgenden Erlaß gerichtet:

„Bei der Demonstration öffentlicher Angestellter am 5. Dezember 1920, die angeblich gegen den Preiswucher gerichtet war, wurde die Wahrnehmung gemacht, daß sich an ihr auch ungefähr 200 Sicherheitswachorgane in Zivil und eine Anzahl von Stadtschutzmännern, zum Teile sogar in Uniform, beteiligt haben. Ein Aufruf, der zu dieser Demonstration aufforderte, war auch von der Freien Organisation der Sicherheitswache und Kriminalbeamten sowie von der Freien Organisation der Stadtschutzwache unterzeichnet. Schon aus dem Aufrufe allein war ersichtlich, daß die Demonstration nicht rein wirtschaftlicher Natur war, sondern einen politischen Hintergrund hatte und im Wesen gegen die gegenwärtige Regierung gerichtet war. Die Freie Organisation der österreichischen Gendarmerie, welche ebenfalls auf dem Aufrufe unterzeichnet ist, hat denn auch der Regierung in einer an das Bundesministerium für Inneres gerichteten Eingabe die Erklärung abgegeben, daß ihr Name ohne Wissen und ohne ihre Zustimmung, also mißbräuchlich auf den Aufruf gekommen ist und daß sie an der Kundgebung nicht teilzunehmen gedenke.

Leider kann das Gleiche nicht auch von den freien Organisationen der Sicherheitswache und der Stadtschutzwache gesagt werden.

Der Herr Zentralinspektor hat die Sicherheitswache rechtzeitig gewarnt, sich an dieser gegen die Regierung gerichteten Demonstration zu beteiligen. Nichtsdestoweniger fand eine solche Beteiligung statt.

Ich stehe auf dem Standpunkte, daß die Beteiligung von Polizeiorganen an Demonstrationen jeder Art, abgesehen von allen anderen Erwägungen schon aus dem Grunde ganz und gar unzulässig ist, weil sie dabei in die Lage kommen können, zum Schutze der öffentlichen Ruhe und Ordnung gegen Demonstranten einschreiten zu müssen. Am allerwenigsten ist jedoch die Teilnahme an Demonstrationen, welche sich — wenn auch indirekt — gegen die Regierung richten, mit der Pflicht eines Polizeiorganes vereinbar.

Es hat mir auch der Minister des Innern sein Befremden über dieses Verhalten eines Teiles der Sicherheitswache und der Stadtschutzwache am gestrigen Tage zum Ausdruck gebracht.

Ein solches Verhalten ist nicht nur geeignet, den guten Ruf und das Ansehen der Sicherheitswache zu untergraben und sie um das Vertrauen zu bringen, dessen sie sich bisher bei der Bevölkerung und bei der Regierung erfreute, sondern könnte schließlich auch ihre materielle Lage, ja sogar ihre Existenz gefährden.

Der gute Ruf der Wiener Polizei ist vor allem darauf zurückzuführen, daß die Sicherheitswache inmitten allgemeinen Verfalles und in einer Zeit, in der die Pflichten eines Staatsbeamten gegenüber dem Staate vielfach verkannt und bei Seite gesetzt werden, bisher jenes Maß von Disziplin und Pflichttreue an den Tag gelegt hat, das notwendig war, um unsern Staat vor dem völligen Zusammenbruche zu bewahren.

Ich ersuche Sie demnach, durch Belehrung und eindringliche Aufklärung der Sicherheitswache und Stadtschutzwache, sowie durch entsprechende Einflußnahme auf die Interessenvertretungen dafür Sorge zu tragen, daß die Wiederholung eines derartigen Falles in Hinkunft vermieden werde, da ich sonst gezwungen wäre, gegen Teilnehmer an Demonstrationen unnachtsichtlich und unbekümmert um die Konsequenzen vorzugehen.

Über die getroffenen Verfügungen wollen mir Herr Zentralinspektor umgehend berichten."

Der Hofrat und Zentralinspektor:
Dr. Pamer.

Gesehen:
Schober.

Wiener Stimmen, 15. Dezember 1920

Wie es kommen würde.

(Zum Erlaß des Polizeipräsidenten Schober gegen die Teilnahme von Sicherheitsorganen an Straßenkundgebungen.)

Der demonstrierende Wachmann: „Ach, das ist nicht schlecht: Jetzt muß ich mich wegen Störung der öffentlichen Ruhe selber arretieren! Im Namen des Gesetzes bin ich verhaftet!"

Das Streikrecht der Polizei war immer ein Gegenstand vieler und manchmal sehr heftiger Diskussionen. Zur Zeit steht es wieder in einem Nachbarland Österreichs auf der Tagesordnung. Für den Bereich Österreich sind die rechtlichen Fragen als gelöst anzusehen. Die damit verbundene Problematik bleibt nach wie vor bestehen, doch sind sich die Verantwortlichen – sowohl von Arbeitgeber- wie von Arbeitnehmerseite – der damit verbundenen Verantwortung durchaus bewußt und haben dies in den vergangenen Jahrzehnten vorbildlich „demonstriert".

1921

Mit der Nummer 1 des ersten Jahrganges der Polizeirundschau „Öffentliche Sicherheit“ gab es, obwohl es sich um eine Ausgabe der Polizeidirektion Wien handelte, die erste zentrale Aussage des Innenministers für die gesamte österreichische Polizei. Heute erscheint die „Öffentliche Sicherheit“ als Publikation des Bundesministeriums für Inneres und richtet sich wieder an die gesamte Exekutive, also an Polizei und Gendarmerie. Die „Öffentliche Sicherheit“ ist nicht nur ein objektiver Garant sowohl für die Meinungsbildung innerhalb der Exekutive, sondern versteht es auch, mit zum Teil kritisch redaktionellen Beiträgen berufliche Fortbildung in journalistisch aufbereiteter Form zu transportieren.

Für den Bereich der Bundespolizeidirektion Wien gibt es noch mehrere Publikationen, die von den einschlägigen Organisationseinheiten bzw. Vereinigungen herausgebracht werden. Da gibt es zunächst einmal für den Bereich der Sicherheitswache den Informationsbrief, der neben einem sehr wesentlichen Fachteil, der der berufsbegleitenden Fortbildung dient, auch einen journalistisch redaktionellen Teil mit wissenswerten und aktuellen Allgemeininformationen enthält. Redaktionsleitung: Hptm. Krenn. Dem selben Zweck dient in ähnlicher Form die vom Kriminalbeamteninspektorat herausgegebene „Kripo-Information“. Redaktionelle Leitung: Obstlt. Wurzinger. Mit kriminalpolizeilichen, aber auch allgemein wissenswerten redaktionellen Beiträgen befaßt sich die vom Verein der Kriminalbeamten herausgegebene Publikation „Der Kriminalbeamte“. Redaktionelle Leitung: BezInsp. Germadnik. Als letzte Publikation sei noch die Zeitschrift „Die Bundespolizei“ erwähnt, die 6 x jährlich erscheint und ebenfalls Informationen in fachlichen und allgemein interessanten Bereichen anbietet. Redaktionelle Leitung: Oberst i.R. Zuleger. All diese Publikationen dienen dazu, den Beamten nicht nur einen Überblick über die eigene, sondern auch fremde Organisationseinheiten zu verschaffen. Sie bieten darüberhinaus auch noch eine Unterstützung bei der behördlichen berufsbegleitenden Fortbildung und erweitern durch aktuelle Themengestaltung den Blickwinkel des Einzelnen nicht unwesentlich.

Nummer 1. 1. Jahrgang.

„Öffentliche Sicherheit“

Polizei-Rundschau

Für die österreichische Bundes- und Gemeinde-Polizei.

Schriftleitung: Wien, I., Schottenring 11 (Polizei-Direktion).
Verantwortlicher Schriftleiter: **Dr. Oskar Dreßler.**
Telephon: 13105, 12348, 15991, 19000.

Bezugspreis: jährlich ö. K 1000.—.
Verwaltung: Wien, IX., Roßauerlände (vormals Elisabeth-Promenade) 9 u. 11 **(Polizei-Direktion).**
Telephon: 13105, 12348, 15991, 19000.

INHALT:

Bundesminister Dr. **Leopold Waber:** Polizei und Bevölkerung.

Hofrat Dr. **Heinrich Dehmal:** Was will die „Oeffentliche Sicherheit“?

Hofrat Dr. **Bruno Schultz:** Der Tatort.

Hofrat Dr. **Heinrich Dehmal:** Die Prostitution in Wien.

Regierungsrat Dr. **Oskar Dreßler:** Das polizeiliche Einschreiten in Fällen der Ehrenbeleidigung.

Epigramm.

Staatsbibliothekskonzipist Dr. **Albert Petrikovits:** Kerkerinschriften.

Staatsbibliothekskonzipist Dr. **Albert Petrikovits:** Allerlei Gaunereien.

Verordnungen und Gesetze.

Kurrenden und Steckbriefe.

Illustrierte Kronen Zeitung, 19. September 1921

Einen ganz außergewöhnlichen und waghalsigen Fluchtversuch unternahm vor einigen Tagen der wegen Einbruches mehrfach vorbestrafte Franz **Bogner**, als er von dem Kriminalbeamten Revierinspektor **Hans Lenz** mit der Straßenbahn zum Polizeikommissariat gebracht werden sollte. In der Nähe des Deutschmeisterplatzes erhob er sich plötzlich von seinem Sitze und sprang blitzschnell aus dem Fenster des in voller Fahrt bfindlichen Wagens.

Franz Bogner hat im Verein mit seinem Spießgesellen **Stropnik**, einem berüchtigten Einbrecher, bereits wiederholt Bodeneinbrüche verübt und wurde bei einer seiner letzten Unternehmungen in der Gußhausstraße festgenommen und auf dem Kommissariate Margareten in Haft gehalten. Er entfloh aber durch das Fenster des Arrestes und hielt sich seither auf dem Meidlinger Friedhofe verborgen, wohin ihm seine Frau täglich das Essen brachte. Dadurch wurde das Versteck jedoch entdeckt und Franz **Bogner** neuerlich verhaftet.

Im Laufe der Untersuchung, die Oberkommissär Dr. **Maurer** leitete, gab Bogner die ihm zur Last gelegten Einbrüche zu. Da er auch weitere Aufklärung über einen seiner letzten Bodeneinbrüche auf der Wieden versprach, ließ man ihn durch Revierinspektor **Lenz** an den Tatort bringen. Nach daselbst erfolgter Einvernahme wollte der Kriminalbeamte den Dieb rasch zum Sicherheitsbüreau zurückbringen und bestieg mit ihm einen Straßenbahnwagen. Auf dem Schottenring nun versuchte Bogner sich der weiteren Haft durch den tollkühnen Sprung aus dem Fenster des fahrenden Zuges zu entziehen, wurde aber von dem ihm nacheilenden Revierinspektor in der Eßlinggasse eingeholt und festgenommen.

Der Fenstersprung des Einbrechers und die anschließende wilde Verfolgungsjagd, an der sich zahlreiche Passanten beteiligten, erregte begreiflicherweise außerordentliches Aufsehen.

Fenstersprung aus der Elektrischen. Eine Einbrecherjagd auf dem Schottenring.

SCHULKASERNE DER SICHERHEITSWACHE
Die Marokkanerkaserne – bis 1919 „Schwarzenbergkaserne" – war bis Ende des Ersten Weltkrieges Militärkaserne und wurde dann der Wiener Polizei zur Verfügung gestellt. Sie löste damit das längst unzulängliche Gebäude in der Postgasse ab. Die Kaserne dient noch heute der Ausbildung der Wiener Sicherheitswache sowie für gesamtösterreichische polizeiliche Weiterbildungskurse.

1922

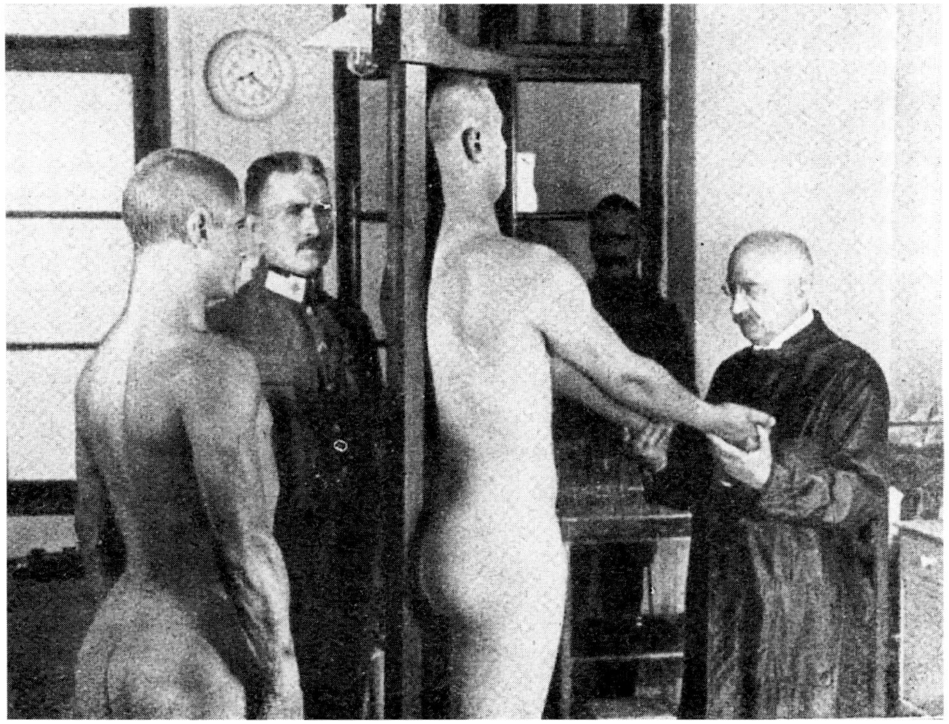

Einrücken von Sicherheitswache-Anwärtern in die Marokkanerkaserne

Assentierung von Sicherheitswache-Aspiranten

Die Ausbildung zum Sicherheitswachebeamten beginnt heute, also im Jahre 1992, zunächst mit der Erfüllung der Aufnahmevoraussetzungen: Unbescholtenheit, österreichische Staatsbürgerschaft, Alter zwischen 18 und 30 Jahren, Mindestgröße 168 cm für männliche bzw. 163 cm für weibliche Bewerber, sowie der abgeleistete Grundwehrdienst bei Dienstantritt. Bei Erfüllung dieser Erfordernisse ist eine ärztliche Untersuchung sowie eine Aufnahmeprüfung vorgesehen, die im wesentlichen die Merkfähigkeit, die Intelligenz, die psychologische Eignung des Bewerbers testet und dessen Rechtschreibkenntnisse überprüft. Der Grundausbildungslehrgang in der Schulabteilung der Bundespolizeidirektion Wien beginnt jeweils mit Monatsersten und dauert zwei Jahre. Im Lehrgangsabschnitt 1, der zwölf Monate dauert, erfolgt eine theoretische Ausbildung in den Gegenständen Verfassungsrecht und Behördenorganisation, Verwaltungsverfahrensrecht, Dienst- und Besoldungsrecht, materielles Verwaltungsrecht, Strafrecht und Strafverfahrensrecht, Privatrecht, Vollzugsdienst, Ordnungsdienst, Waffen- und Schießausbildung, Fernmeldefunkausbildung, Kriminalistik und Kriminaltechnik, Verfahrensrecht, Skizzenzeichnen, Vermessungstechnik, Deutsch und Schriftverkehr, Menschenbehandlung und Verhaltenstraining, Lokalkunde, Englisch, politische Bildung und Zeitgeschichte sowie eine Reihe anderer Gegenstände. Im Lehrgangsabschnitt 2 mit dreimonatiger Dauer wird eine praxisbegleitende theoretische Ausbildung bei Sondereinheiten der Sicherheitswache durchgeführt. Der Lehrgangsabschnitt 3, auch als Schulung am Arbeitsplatz bezeichnet, dauert sechs Monate. In diesem Lehrgangsabschnitt erfolgt die praktische Verwendung im Exekutivdienst in den Schulwachzimmern. Im Rahmen dieses Abschnittes findet auch die Kraftfahrausbildung (Erwerb des Führerscheines B) statt, sowie eine profunde Ausbildung zum Lenken von Einsatzfahrzeugen. Abgeschlossen wird die Grundausbildung mit dem Lehrgangsabschnitt 4, der in einer dreimonatigen Phase die theoretischen und praktischen Kenntnisse überprüft und auf die Dienstprüfung vorbereitet.

Nach der Dienstprüfung erfolgt die Zuweisung zu einer Organisationseinheit, die, soweit es dienstliche Notwendigkeiten zulassen, vom Beamten selbst gewählt werden kann.

Nach fünfjähriger Diensterfahrung besteht die Möglichkeit einer Überstellung in den Kriminaldienst bei entsprechender Eignung. Bereits nach vier Dienstjahren besteht für Maturanten die Möglichkeit einer Aufnahmeprüfung in die zweijährige Offiziersschule. Die Qualifikation als Wachkommandant kann man nach sechs Dienstjahren bei entsprechender Eignung und Absolvierung eines neunmonatigen Kurses erlangen.

Über nähere Details informiert man sich bei der Werbestelle des Generalinspektorates der Sicherheitswache in Wien 1., Schottenring 7–9.

Alltag in der Schulkaserne…

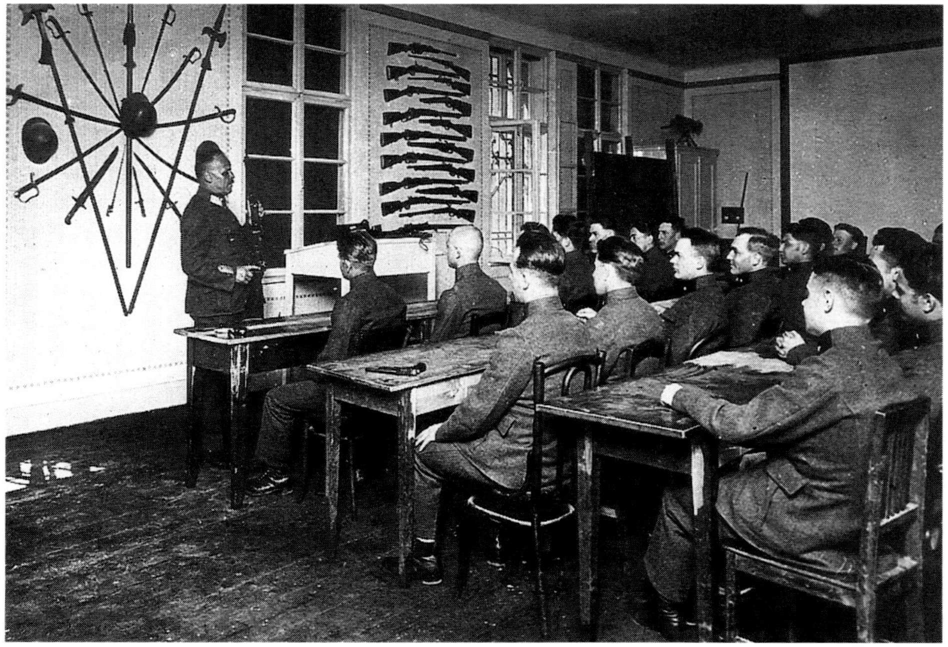

1922

Mit der gleichen Akribie, mit der man sich heute der Ausbildung der Sicherheitswachebeamten im Lenken von Einsatzfahrzeugen, aber vor allem im Rahmen der motorisierten Verkehrspolizei annimmt, ging man im Jahre 1922 bei der Ausbildung der Polizisten im Radfahren vor. In den Jahren nach dem Zweiten Weltkrieg stand das Fahrrad bei der Wiener Polizei noch in ständiger Verwendung, wenngleich es im Zuge der Motorisierung immer mehr an Stellenwert verlor. In den letzten Jahrzehnten stand die Frage der Fortbewegungsmittel für den Patrouillendienst vor allem in den peripheren Gebieten stets in Form der Frage nach einer berittenen Polizei im Vordergrund. Wir haben dazu schon auf Seite 82 dieses Buches eine Kurzdarstellung gegeben. Da die Einführung einer berittenen Polizei aus den dort dargelegten Gründen auf sich warten läßt, wurde in den letzten Jahren immer wieder die Frage des dienstlich radfahrenden Polizisten diskutiert. Tatsächlich gibt es zu diesem Projekt viele Vor- und Nachteile, wie diese auch von der Polizeigewerkschaft vertreten wurden, abzuwägen. Im Sommer des Jahres 1992 gelang es dem Polizeipräsidenten, in einem Bezirk, mit Unterstützung der Personalvertretung, einen Probebetrieb einzurichten. Seit dem Juli dieses Jahres versehen bei witterungsmäßiger Zulässigkeit radfahrende Polizeipatrouillen im Bereich des Schwarzenbergparkes im 17. Bezirk und in anderen Parkanlagen Hernals, Patrouillendienst. Statistisch gesicherte Erfahrungsberichte liegen bei Drucklegung dieses Buches (Ende August 1992) noch nicht vor, doch wird sowohl von Beamten als auch erholungssuchender Bevölkerung die Einführung grundsätzlich begrüßt und es ist zu erwarten, daß das Experiment positive Auswirkungen zeigt. In diesem Fall ist beabsichtig, Radpatrouillen auch in anderen Teilen Wiens, vor allem im Bereich Prater und Donauinsel einzusetzen. Auch eine Überwachung des ausgedehnten Wiener Radwegnetzes wäre in dieser Form duchaus denkbar, zumal in diesem Bereich weniger kriminelle Handlungen als verkehrsrechtlich zu ahndende Delikte im Steigen begriffen sind.

Sollte sich das Projekt der Radfahrpatrouillen als erweiterungswert erweisen, muß eine neuerliche Radfahrausbildung sogar im Bereich der Polizeischule wieder in Erwägung gezogen werden. Radfahren sieht zwar sehr einfach aus, erfordert aber gerade im Bereich des Handlings ein Erlernen und Übung. So nimmt es auch nicht Wunder, daß fast bei allen selbstverschuldeten Radfahrunfällen entweder Unkenntnis der Verkehrsvorschriften oder mangelhaftes Handling unfallskausal sind. Waren die Erfahrungen im Radfahren der Polizeischüler des Jahres 1922 noch deshalb gering, weil sie sich als Kinder vermutlich nur in Einzelfällen ein Fahrrad leisten konnten, so werden es die Polizeischüler des Jahres 1993 – falls es zu dieser Einführung kommt – vermutlich schwer haben, weil sie von Anbeginn als Fortbewegungsmittel nicht das Fahrrad sondern das Auto gewählt hatten. Dies trifft nicht nur für potentielle Polizeischüler, sondern für die Massen der Wienerinnen und Wiener zu und ist auch der Grund, weshalb unter den Verkehrsteilnehmern das Verhältnis Radfahrer–Autofahrer und Fußgänger nicht immer friktionsfrei, sondern eher spannungsgeladen ist. Es wird noch viele Jahre Aufklärungsarbeit auch seitens der Exekutive bedürfen, um diese Beziehung, die sich im wesentlichen aus dem Nichtkennen (in vielen Fällen auch Nichtakzeptieren) der Handlungsprobleme des jeweils anderen ergibt, in eine dem Vertrauensgrundsatz der Straßenverkehrsordnung entsprechenden Form zu bringen. Die bisherigen intensiven Bemühungen sowohl der Interessensverbände der Radfahrer, der Fußgeher und der Kraftfahrer einschließlich der Polizei haben zwar eine merkbare Entspannung, aber noch immer nicht die Lösung bzw. Tilgung dieses Gewaltpotentials erbracht. So wie in allen Bereichen seiner Dienstversehung wird auch beim radfahrenden Polizisten, dessen Vorbildfunktion besonders zum Tragen kommen und dementsprechend auch von der Öffentlichkeit kritisch gemessen werden. Das vorangeführte Experiment des Jahres 1992 hat – wenn auch in einem eingeschränkten Kreis – die vorstehende Erwartungshaltung durchaus bestätigt.

INTERNATIONALE KRIMINALPOLIZEILICHE ORGANISATION

Der internationale Polizeikongreß.

Gestern um 9 Uhr vormittags wurde mit großer Feierlichkeit und unter lebhafter Beteiligung aller Staaten der Welt der internationale Polizeikongreß im Gebäude der Polizeidirektion am Schottenring eröffnet.

Polizeipräsident Schober

eröffnete den Kongreß mit einer Ansprache, in der er unter anderem sagte: „Die Notwendigkeit, gegen die seit dem Kriege

ins Ungeheuere wachsende Woge der Kriminalität

mit allen Mitteln einen Damm zu errichten, wird heute allgemein anerkannt; die Erkenntnis, daß gegen diese Woge nur dann erfolgreich angekämpft werden kann, wenn sich die zur Bekämpfung bestehenden Institutionen die Hände reichen. Alle diese Arbeit ist jedoch ohne Erfolg, wenn es nicht gelingt, die Regierungen der Staaten zu überzeugen, daß die Polizeibehörden über die Staatsgrenzen hinweg zusammenarbeiten, einander jede Unterstützung und diese ohne Formalitäten leihen. Alle, die wir hier beisammen sind, müssen, von dieser Erkenntnis durchdrungen, in die Heimat zurückkehren, und dort unausgesetzt in dem Sinne tätig sein, daß den Polizisten in ihrer dem Wohle des eigenen Volkes dienenden Tätigkeit nicht die Hände gebunden werden. Daß

die Grenze frei

ist für den Polizisten, daß die Bewegungsfreiheit des Sicherheitsbeamten mindestens dieselbe sei, wie die des Verbrechers; nur so werden enorme Schäden für die Volkswirtschaft aller Völker in Zukunft verhindert und der Sieg des Prinzips des Guten über das Böse sichergestellt werden können. So bin ich überzeugt, daß die Arbeiten des Kongresses die Kulturgeschichte der Menschheit um eine wertvolle Tat bereichern werden!"

Bundeskanzler Dr. Seipel

ergriff unter allgemeiner Aufmerksamkeit das Wort. Der Bundeskanzler führte aus: Ich glaube, in keiner Zeit hat man die Aufgaben und den Beruf der Polizei, Ruhe und Ordnung aufrecht zu erhalten, so sehr gewürdigt und erkannt, als gerade in unserer Zeit nach Krieg, Revolution und Zusammenbruch. In allen Staaten wußte man das Wirken der Polizei als unentbehrlich zu schätzen, und wir besonders in Oesterreich haben Ursache, voll

mit unserer Polizei zufrieden

zu sein. Wenn wir auf den Weg der Sanierung gekommen sind, so war das wohl in erster Linie der Polizei zu verdanken. Zum Schlusse seiner Rede betonte Bundeskanzler Seipel, er wisse wohl, wieviel Wien und Oesterreich dem jetzigen Polizeipräsidenten Schober zu verdanken habe.

Nach herzlichen Ovationen für den Polizeipräsidenten Schober würdigte

Vizekanzler Dr. Frank

als Chef der Justizverwaltung die Aufgaben der Polizei im modernen Staate.

Nach den Begrüßungsansprachen, nach der Wahl des Kongreßbureaus und Bestimmung der Geschäftsordnung und der Verhandlungssprachen kennzeichnete der Kongreßreferent

Hofrat Dr. Bruno Schulz

in einer tief durchdachten Rede in Umrissen den Zweck des Kongresses.

Dann wurde zur Wahl eines viergliedrigen Komitees geschritten, das sich abwechselnd mit dem Präsidenten Schober in der Führung der Geschäfte teilen wird. Als Gewählte gingen die Herren Generalstaatsanwalt Dr. Hopler (Wien), Com. Calabrese, der Vertreter der italienischen Regierung in Rom, Legationsrat Dr. Heinl (Berlin) und der Polizeipräsident von Stockholm Hallgren hervor.

M. C. van Houten aus Doorn, Kapitän der Koninklijke Maré chaussee in Holland, erläuterte in seinen Ausführungen die wenigen Versuche, die bisher in die Wege geleitet wurden, um ein planmäßiges Zusammenarbeiten der Kulturstaaten aller Länder zu organisieren. Der [illegible] Versuch, vom Redner selbst auf Anregung des Präsidenten Schober unternommen, habe Erfolg, und seither hätten die Bemühungen nicht aufgehört, bis es zur Einberufung des heute tagenden Kongresses gekommen sei. Redner müsse hier wieder die Forderung nach einer vollständigen Freizügigkeit der Polizei ohne zwischenstaatliche Grenzbeschränkungen erheben. Es müßten also Polizeizentralen in allen Ländern errichtet werden, denen die Verpflichtung unmittelbaren gegenseitigen Zusammenarbeitens obliege.

Am Nachmittag fand ein Empfang der Kongreßteilnehmer im Gebäude der Polizeidirektion auf der Elisabethpromenade statt, an welchen sich eine Führung anschloß, die eine Besichtigung des Meldeamtes, Gefangenenhauses, Strafregisteramtes, Redaktionsbureaus, Sittenamtes, Kriminalbeamtenreferates und des Sicherheitsbureaus umfaßte.

Bürgermeister Reumann hat die Kongreßteilnehmer für den 5. d. in das Rathaus geladen.

Illustr. Kronen Zeitung 4. 9. 1923

Die Gründung der Interpol brachte Wien schlagartig in das Rampenlicht der internationalen (Polizei)Öffentlichkeit. Zwischenzeitlich ist diese Organisation weltweit gewachsen und hat Dimensionen erlangt, die die ursprünglichen Zielsetzungen weit überschreiten. 70 Jahre später entstehen durch die Entwicklung eines eigenen europäischen organisierten Verbrechens Überlegungen, innerhalb dieser großen weltweiten Organisation eine eigene europäische Institution als Europol zu schaffen. Heute wie damals wird als eine der wesentlichsten Notwendigkeiten die Entbürokratisierung und damit Vereinfachung und Beschleunigung des Informationsaustausches im Rahmen grenzüberschreitender Fahndungsmaßnahmen zu erreichen, angeführt.

1923

Die Begründer der Interpol. Sitzend von links nach rechts: Polizeivizepräsident Dr. Pamer, Polizeipräsident Dr. Schober. Stehend von links nach rechts: Kongreßreferent Dr. Schultz, Hofrat Dr. Victorin, Vorstand des Administrationsbüros, Sanitätschef Hofrat Dr. Merta, Hofrat Dr. Reimer, Vorstand des Polizeimuseums

Nachdem 1914 in Monaco der erste Polizeikongreß mit dem Ziel einer internationalen Zusammenarbeit ohne konkrete Ergebnisse geendet hat, gelang es Polizeipräsident Schober 1923 die „Commission Internationale de Police Criminelle" mit dem Sitz in Wien zu gründen. In kurzer Zeit erklären 34 Länder fast ausschließlich aus Europa ihre Mitgliedschaft. Im Jahr 1942, als die Institution bereits nicht mehr funktionsfähig war, wurde der Sitz nach Berlin verlegt, konnte aber keine nützliche Aktivität mehr entwickeln. 1946 trat man in Brüssel zusammen, um Interpol wieder zu aktivieren. 17 Staaten beschlossen nun Paris als Zentralstelle. 1950 wird in Lagny Pomponne eine eigene zentrale Funkstation errichtet. 1955 wird der fünfzigste Mitgliedstaat aufgenommen. 1956 gibt sich die Organisation ein neues Statut und nennt sich „L'ORGANISATION INTERNATIONALE DE POLICE CRIMINELLE" – Interpol. Im Jahre 1949 wird statuarisch die Zusammenarbeit mit dem Europarat festgelegt und 1960 findet die Generalversammlung erstmals nicht auf dem europäischen Kontinent, sondern in Washington statt. 1967 wird der hundertste Mitgliedstaat aufgenommen und 1971 beginnt die Zusammenarbeit mit der UNO. Bereits 1974 erhöht sich die Zahl der Mitgliederstaaten auf 120.

Die Aufgaben und Ziele sind wie folgt festgelegt: Gegenseitige Hilfeleistung und Unterstützung auf großzügigste Art im Rahmen der geltenden Gesetze der verschiedenen Mitgliedstaaten in bezug auf die Kriminalpolizei. Das heißt auf die Praxis bezogen, Informationen dürfen nur im Rahmen der in den einzelnen Staaten bestehenden Datenschutzgesetze ausgetauscht werden. Alle zuständigen Institutionen werden zur wirksamen Zusammenarbeit hinsichtlich Vorbeugung und Verfolgung von Gesetzesbrechern eingesetzt und diesbezüglich ausgebaut. Die Interpol verbietet sich selbst jegliche Aktivität, die sich auf Politik, Militär, Religion oder Rasse bezieht. Zur Zeit befindet sich der Sitz von Interpol in Lyon, Frankreich.

600 Kronen

Illustrierte Kronen Zeitung

40 Heller

23. Jahrgang. Nr. 8899.

Die Polizei rückt den Gefahren der Straße zu Leibe.

Sicherheitswachverkehrsinspektoren auf Dienstautomobilen.

Seit Anfang dieses Monats ist eine besondere Kontrolle des gesamten Fuhrwerksverkehres durch hiezu speziell geschulte uniformierte Sicherheitswachverkehrsinspektoren von der Polizeidirektion ins Leben gerufen. Diese Verkehrsinspektoren befahren nach einem bestimmten Plan abwechselnd zu verschiedenen Zeiten die verkehrsreichen Straßenzüge mit einem eigens hiefür bestimmten Dienstautomobil der Polizeidirektion, um nicht nur Uebelstände im Verkehre behufs späterer Ahndung wahrzunehmen, sondern auch Uebertretungen der verkehrspolizeilichen Vorschriften an Ort und Stelle mit Hilfe des Kontrollautos wirksam abstellen zu können.

Diese Kontrollfahrten scheinen sich nach den bisherigen Erfahrungen recht gut zu bewähren.

12. August 1924

Illustrierte Kronen Zeitung, 27. Oktober 1924

Die Verkehrsinspektoren haben heute, wie wir auf Seite 360 dieses Buches berichten, andere Aufgaben als Verkehrsüberwachung. Die Überwachung des Fließverkehrs in Wien erfolgt zunächst einmal im Rahmen des motorisierten Streifendienstes (Funkstreifen) und der Fußpatrouillen. Die Verkehrsüberwachung wird zum Teil mit Kraftfahrzeugen (vor allem bei Schlechtwetter und in den Wintermonaten) und (primär) mit Krafträdern von den sogenannten weißen Mäusen durchgeführt. Abgesehen von Schwerpunktaktionen agiert noch die technische Verkehrsüberwachungsgruppe, die sich primär mit Radarmessungen im Stadtgebiet und zwar mit der Betreuung der stationären Radargeräte, aber auch mit mobilen Radargeräten um die Eindämmung der Geschwindigkeitsüberschreitungen bemüht.

1924

Das Straßenbild in Wien zeigt einen Sicherheitswachebeamten bei der händischen Verkehrsregelung. Wie auf dieser Aufnahme gut demonstriert, war seine Tätigkeit bei der Verkehrsregelung zwar von einer untadeligen Haltung gezeichnet, dürfte sich jedoch weniger in seiner Funktion als Verkehrsposten denn als Auskunftsposten bewegt haben. Es könnte allerdings auch sein, daß – wie der „unkoordinierte" Fußgängerverkehr beim Zeichen „Achtung" zeigt – er gerade einen der zahlreichen Verkehrssünder beanstandet. Offenkundig ging das damals alles noch mit einer Ermahnung ab. Man kann sich bei Betrachtung des Bildes doch wirklich schwer vorstellen, daß der Polizist Lust und Muße hatte, die würdige Haltung aufzugeben und zu Notizblock und Bleistift zu greifen. Die Abmahnung bzw. das Absehen von der Strafe nach dem heutigen § 21 VStG setzt Einsichtigkeit des Beanstandeten voraus. Eine Prämisse, die nach alten Protokollen in den Zwanzigerjahren viel häufiger als heute gegeben schien.

Das Jahr 1924 ging mit einer großen Teuerungswelle bei den Grundnahrungsmitteln in dem auf Importe angewiesenen Österreich zu Ende. Die Anhebung des Kilopreises des Weizens in den USA setzte die Teuerung fort und erst mit Einführung des Schillings als Zahlungsmittel am 1. Jänner 1925 stabilisierten sich die Lebenserhaltungskosten langsam. Es war verständlich, daß immer mehr Menschen in dieser Zeit versuchten die Zukunftsaussichten durch Kartenlegen u. ä. zu ergründen. Auch alle Formen von Glücksspiel florierten in dieser Zeit mit den bekannten kriminellen Begleiterscheinungen. Heute gibt es das Glücksspielmonopol, welches vom Staat verwaltet wird. Dazu schrieb der gerichtlich beeidete Sachverständige für Glücks- und Falschspiel, Oberst des KrD Ernst Sprung im Jahre 1984 schon in der Einleitung zum Buch „Gedankensplitter über das Spiel und seine Daseinsberechtigung", Verlag: Vereinigung der Bundeskriminalbeamten Österreichs und deren Freunde 1984" u. a.:

Ill. Kronen Zeitung, 6. August 1924

„Wenn ich in meinen Ausführungen eingangs auf den schlechten Ruf der Spiele im allgemeinen, der Spielbanken im speziellen hinweise, dann hatte dies unbestritten seinen Grund und ich fühle mich moralisch verpflichtet, auf eine Entwicklung hinzuweisen, die ich in meiner mehr als dreißigjährigen Erfahrung und Tätigkeit als Gerichtssachverständiger für Glücks- und Falschspiel miterlebt und auch mitgemacht habe. Daß ein Spiel aus dem Leben des Menschen nicht wegzudenken ist, bleibt unbestritten. Daß so ein Spielsalon unter Kontrolle gehalten, überwacht und in richtige Bahnen gelegt werden muß, dies verlangt schon die menschliche Mentalität, vor allem aber der Umstand, daß der Grundsatz „Der Mensch ist von Natur aus gut" nicht mehr stichhältig ist, im Gegenteil, die Anschauung des altgriechischen Philosophen Plato, daß in jedem Menschen nebeneinander „kakos kai agathos" – also Gut und Böse – vorhanden wären, zu unterschreiben ist. So ist im Laufe der Zeit das Spiel ausgeartet, unkontrollierbar geworden, hat die öffentliche Ordnung und Sicherheit gestört und ist daher von jedem redlich, rechtlich denkenden Menschen abgelehnt worden. Daß mit jedem Spiel gewisse Risken verbunden sind, bleibt unbestritten. Unkontrolliert können solche Risken jedenfalls ausarten, mit einem Wort, man muß alles in Griff bekommen und rechtzeitig jedwede Auswüchse verhindern. Im Laufe meiner Tätigkeit, vor allem in den letzten fünfzehn Jahren hat sich ein Wandel vollzogen bzw. vollzieht sich weiterhin, welche das Spiel bereits gesellschaftsfähig gemacht hat. Ein unbestrittenes Verdienst der österreichischen Spielcasinos. So unterscheiden sich heute die österreichischen Spielcasinos von allem bisher dagewesenen. Ihre Redlichkeit steht außer Streit und hat vor allem eine bemerkbare Eindämmung auf dem illegalen Spielsektor gebracht. Vor allem soll hier darauf hingewiesen werden, daß dem Umstand, daß z. B. Roulett zu den ehrlichsten Glückspielen zählt, auch voll und ganz Rechnung getragen wird. Auch auf dem Spielautomatensektor wird hier eine entsprechende Richtung vertreten und praktiziert. Die seit neuestem in den Spielcasinos aufgestellten Automaten bieten dem Spieler echte Gewinnchancen. Die Aussicht hier zu gewinnen, ergibt sich schon daraus, daß die Automaten der Spielcasinos um die neunzig Prozent der Einwürfe ausspielen, während in der BRD dafür gesetzlich nur sechzig Prozent vorgesehen sind."

Tatsache ist jedenfalls, daß das verbotene Glückspiel in Wien in der Kriminalitätsbelastung in die Promilleziffer zurückgegangen ist. Neben den vorerwähnten staatlichen Regulativen hat sicher hier auch eine bis heute strenge Überwachung der bekannten Lokalitäten durch die Kriminalpolizei dazu beigetragen.

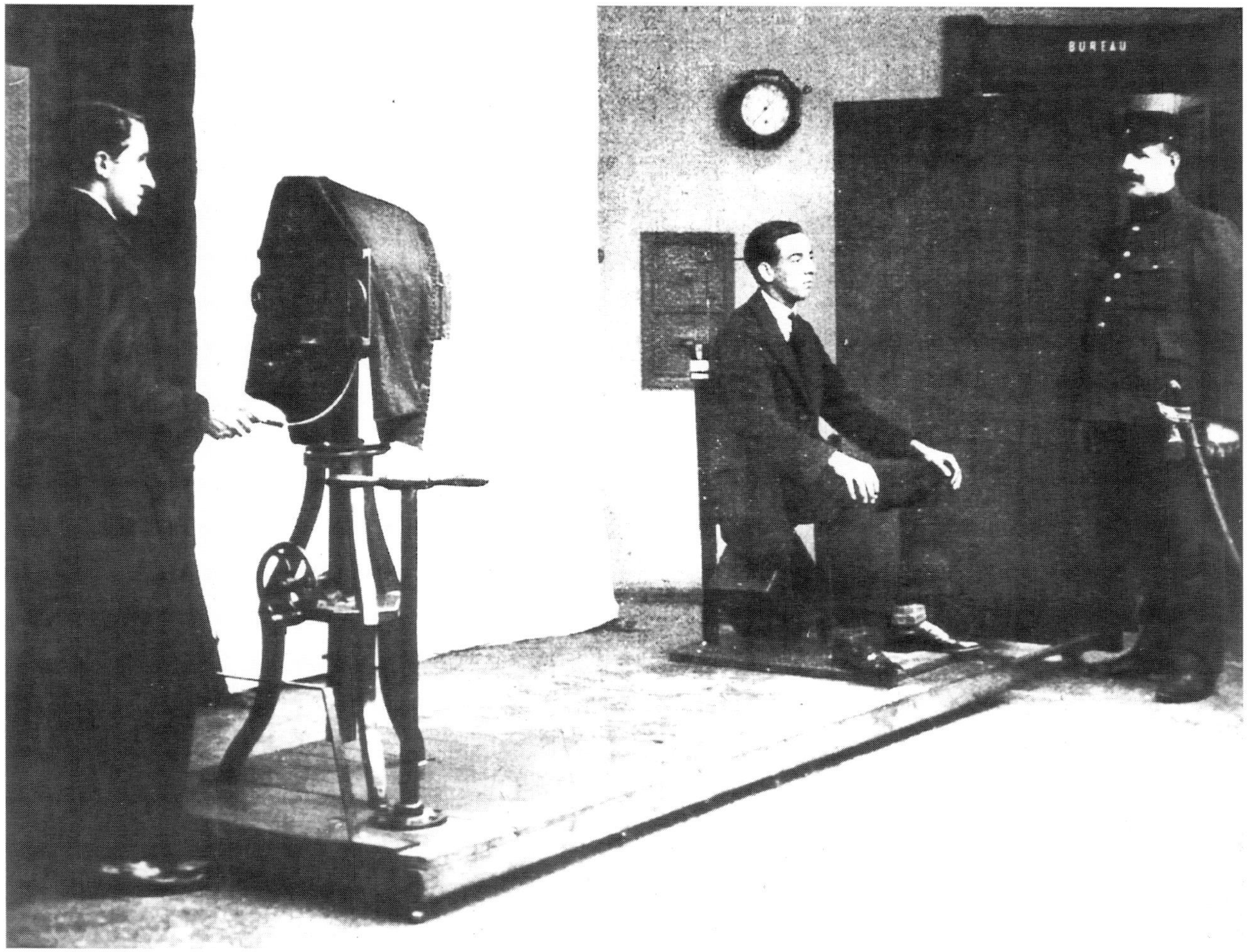

Eine Hochschule für Polizisten.

Errichtung eines kriminalistischen Institutes an der Polizeidirektion.

In Ansehung der außerordentlichen Wichtigkeit einer zeitgemäßen höheren fachlichen Aus- und Weiterbildung der zur kriminalistischen Betätigung berufenen leitenden Polizeibeamten wurde an der Polizeidirektion in Ausführung eines bereits im Jahre 1918 genehmigten Planes unter Bezeichnung „Kriminalistisches Institut“ eine Anstalt für hochschulmäßigen Unterricht und wissenschaftliche Forschung auf dem Gebiete der Kriminalistik errichtet.

Dieses Institut soll in erster Linie der wissenschaftlichen Fortbildung der im österreichischen Polizeidienste stehenden Akademiker, dann aber auch der Vermittlung dieser Kenntnisse an sonstige beruflich interessierte, akademisch gebildete Kreise dienen.

Der Lehrplan umfaßt neunzehn Vortragsgegenstände, die interessantesten darunter sind: Erkennungslehre, Handschriftenkunde, Kriminaltaktik, Kriminalstatistik, wissenschaftliche Photographie, gerichtliche Medizin usw. Der Lehrstoff ist auf zwei Jahrgänge (vier Semester) verteilt. Am 10. November 1924 wird mit den Vorlesungen des ersten Semesters begonnen, in welchem die Dozenten: Ordinarius Professor Dr. Beutel, Lektor Dr. Daimer, Ordinarius Dr. Türkel und Ordinarius Professor Ziegler Vorträge halten werden.

Ill. Kronen Zeitung, 19. 10. 1924

Mit dem Begriff „Polizei“ verbindet der Bürger vielfältige Assoziationen. Da die Funktion personifiziert wird, verbindet man damit in der Regel den (als Verkehrsteilnehmer allseits bekannten) Wachbeamten auf der Straße. Auch die Kriminalpolizei ist ihm aus der täglichen Medienberichterstattung geläufig. Das Vorlesungsverzeichnis auf der nächsten Seite war jedoch sehr wesentlich auch auf eine Organisationseinheit der Polizei abgestellt, die dem Bürger nur sehr wenig bekannt ist. Während in den europäischen aber auch vielen nichteuropäischen Staaten die Exekutive anderen Behörden (meist der Justiz) unterstellt ist und von dort Weisungen erhält, ist es speziell in Wien so, daß wesentliche Verfügungen der Behörde von einem rechtskundigen Polizeibeamten bzw. über dessen Weisung getroffen werden. Der Jurist in Wien wird somit in allen polizeilichen Belangen tätig, und hat ein äußerst weit gespanntes kaum abgrenzbares Arbeitsgebiet, das von ihm neben profunden juristischen Kenntnissen auch Flexibilität, Entscheidungsbereitschaft in Problemfällen des Alltags, aber auch speziell juristischen Fällen erfordert. Polizeijurist in Wien ist somit ein Tätigkeitsbereich, der schon in jungen Jahren die Möglichkeit eigenständigen Handelns nicht nur vorausgesetzt, sondern notwendig macht.

Für eine Aufnahme gilt das Ausschreibungsgesetz, welches folgende Voraussetzungen fordert: österreichische Staatsbürgerschaft, abgeschlossenes juridisches Studium, Höchstalter von 35 Jahren, Mindestgröße bei Frauen 163 cm und bei Männern 168 cm, körperliche und geistige Eignung und bei den Männern den abgeleisteten Präsenzdienst. Nach einer polizeichefärztlichen Untersuchung wird eine schriftliche Eignungsprüfung durchgeführt. Im günstigen Fall wird der Bewerber in ein öffentlich-rechtliches (also pragmatisches) Dienstverhältnis aufgenommen, das von gesetzeswegen zunächst provisorisch ist. Die Einschulung erfolgt direkt auf dem Arbeitsplatz in einem der 23 Bezirkspolizeikommissariate. Durch Zusehen und Zuhören sowie durch konkrete Anleitungen erfahrener Beamter wird der junge Kollege in sein Aufgabengebiet hineingeführt. Die Dauer dieser Einführung hängt von den Fähigkeiten und den Aufnahmekapazitäten des Betroffenen ab. Neben dieser praktischen Unterweisung findet einmal oder zweimal jährlich im Bereich der Bundespolizeidirektion Wien ein theoretischer Einführungslehrgang statt, in dessen Rahmen die für den Kommissariatsdienst notwendigen internen Anweisungen wie zum Beispiel Vorgangsweise bei bestimmten Amtshandlungen, interne Zuständigkeiten etc. vorgetragen werden. Dieser mehrtägige Kurs wird mit einer informativen Prüfung abgeschlossen und der Beamte wird spätestens ab diesem Zeitpunkt zu selbständiger Referententätigkeit herangezogen.

Wie schon angeführt, ist das Aufgabengebiet sehr umfangreich und kaum abgrenzbar. Man kann es sehr simplifiziert in zwei Abschnitte teilen:

a) Die Durchführung von Verwaltungsstrafverfahren. Hier sind der Behörde im materiellen Verwaltungsrecht viele Kompetenzen übertragen. Als Beispiel seien angeführt: Verkehrs-, Kraftfahr-, Paß-, Melde-, Waffen-, Fremdenpolizei-, Presse-, Vereins-, Versammlungswesen und anderes. Auf all diesen Rechtsgebieten hat der Polizeijurist angezeigte Verwaltungsübertretungen zu verfolgen, d. h., Verfahren nach den Bestimmungen des AVG und VStG durchzuführen und diese Verfahren bescheidmäßig zu erledigen. In vielen Fällen wird die Erledigung in Form einer Strafverfügung erfolgen, häufig muß jedoch ein ordentliches Verfahren mit Zeugeneinvernahmen, ergänzenden Erhebungen und ähnlichem durchgeführt werden. Auch allenfalls erforderliche formalrechtliche Bescheide sind zu erlassen. Die zweite grundsätzliche Art von Amtshandlungen sind jene, bei denen die Polizei auf kriminalpolizeilichem Gebiet als Hilfsorgan der Staatsanwaltschaft und der Gerichte nach den Bestimmungen der Strafprozeßordnung tätig wird. Hier wird zwar die Hauptarbeit von den Kriminalbeamten durchgeführt, dem Juristen obliegen aber gegebenenfalls Leitung und Koordinierung der Amtshandlung sowie die Lösung juristischer Probleme insbesondere bei Festnahmen, Hausdurchsuchungen, Antragstellung auf Erlassung von Haftbefehlen etc. Da der Polizeijurist nicht nur Verwaltungs- sondern auch Exekutivbeamter ist, hat er keine reine Schreibtischarbeit zu leisten, sondern muß bei wichtigen Fällen auch außer der Kommissariatsdienststelle tätig werden. Auch nahezu bei jeder öffentlichen Veranstaltung hat der Polizeijurist Aufsichtsdienst zu leisten, das heißt er ist für den reibungslosen Ablauf der Veranstaltung in sicherheitspolizeilicher Hinsicht verantwortlich. Ihm obliegt die Entscheidung, ob eine Veranstaltung durchgeführt werden kann oder untersagt bzw. abgebrochen werden muß, weil sich sicherheitspolizeilich relevante Notwendigkeiten wie z. B. Nichterfüllung von Auflagen ergeben. Diese Dienste sind in den meisten Theatern Wiens, im Konzerthaus, in Musikvereinen, in Ballokalitäten, auf Sportplätzen und ähnlichem zu leisten. Durchschnittlich wird ein Beamter zweimal in einem Monat zu einem Aufsichtsdienst zugeteilt. Dieser Dienst wird ebenso wie der Dienst im Rahmen des Zentralen Journaldienstes, der außerhalb der normalen Dienstzeiten zu versehen ist, separat entlohnt. Die Laufbahn des Beamten, der als Kommissär beginnt, führt über den Oberkommissär, den Rat, den Oberrat bis zum Hofrat. Die Bezirkspolizeikommissariate werden vom Bezirksleiter, dem sogenannten „Stadthauptmann" geleitet, der für alle polizeilichen Belange in einem Wiener Gemeindebezirk verantwortlich ist. Ihm zur Seite stehen der Leiter der Kriminalbeamten und der Abteilungskommandant der Sicherheitswache. Im Bereich des Präsidiums am Schottenring bestehen auch Sonderabteilungen, die sich für auf

Kriminalistisches Institut

der

Polizei-Direktion in Wien

Wien, IX., Roßauerlände 7.

Vorlesungs-Gegenstände,

verteilt auf den Zeitraum von 2 Jahren (vier Semester):

1. Kriminalistische Propädeutik und Instrumentenlehre;
2. allgemeine und spezielle Kriminalistik:
3. Kriminalanthropologie mit besonderer Berücksichtigung der Erkennungslehre;
4. Daktyloskopie;
5. Handschriftenkunde (Spezialkolleg);
6. Kriminaltaktik;
7. Kriminalätiologie;
8. Kriminalsoziologie;
9. Kriminalstatistik;
10. Kriminalpolitik und Einführung in die strafrechtlichen und strafprozessualen Neuerscheinungen in der Literatur, Judikatur und Legislative des In- und Auslandes;
11. kriminalistisch wichtige Kapitel der Physik;
12. allgemeine Chemie;
13. technische Chemie für Kriminalisten;
14. Photochemie:
15. Einführung in die Photographie und Mikrophotographie;
16. wissenschaftliche Photographie;
17. forensisch wichtige Kapitel der Toxikologie und verwandter Gebiete (Untersuchung der Faser, der Faeces etc.);
18. kriminalistisch wichtige Kapitel der Warenkunde und Technologie;
19. ausgewählte Kapitel der gerichtlichen Medizin;
20. experimentelle und forensische Psychologie;
21. forensische Psychiatrie;
22. Privatwirtschafts-Wissenschaft (Theorie des Bankwesens und der Bücher- und Bilanzprüfung vom Standpunkte des Kriminalisten).

Vorlesungsplan

für das

Winterhalbjahr 1925—26

(umfassend das I. und III. Semester)

auf den folgenden Seiten:

— 1 — ./.

Rechtsmaterien spezialisierte Beamte anbieten. Es ist dies die Präsidialabteilung, welche Organisation, Dienstaufsicht, Personal- und Wirtschaftsverwaltung über hat. Die staatspolizeiliche Abteilung befaßt sich mit Personenschutz, Objektschutz, wobei hier insbesondere mit Sicherheitsvorkehrungen bei Staatsbesuchen, Kongressen, Großveranstaltungen etc. Die Abteilung für Sonstige Sicherheitsverwaltung hat die Materien der Fremdenpolizei, Vereins-, Versammlungs- und Medienrechtsangelegenheiten zu betreuen. Die Verwaltungspolizeiliche Abteilung befaßt sich u. a. mit dem Verkehrs- und Kraftfahrwesen sowie mit den Veranstaltungsangelegenheiten. Eine präsidielle Abteilung mit dem Sitz Roßauer Lände, ist die Kriminalpolizeiliche Abteilung, der die Erhebungen bei Kapitalverbrechen, Suchtgiftwesen, Wirtschaftskriminalität, organisiertes Verbrechen, Kriminaltechnik und Fahndungswesen zugewiesen sind. Im Rahmen dieser Abteilungen kann ein Aufstieg über die Tätigkeit als Hauptreferent und Stellvertreter zum Amtsvorstand oder Abteilungsleiter geschafft werden.

Im Gegensatz zu dem Abdruck der Vorlesungsgegenstände erfolgt heute die Weiterbildung des Polizeijuristen ebenso wie die des Kriminalbeamten, meist in seminaristischer Form. Die Umwälzungen dieses Jahrzehntes, bedingen auch neue Formen der Aus- und Weiterbildung und werden die diesbezüglichen Überlegungen schon bei Erscheinen dieses Buches, spätestens aber im Jahre 1993, abgeschlossen sein. Wichtig ist und bleibt, daß in Österreich durch die unmittelbare Tätigkeit von Juristen in Alltagsfällen, wie kaum in einem anderen Land, der „Zugang zum Recht" für die Bürger sehr vereinfacht und erleichtert ist und bleibt.

Wie sich aus dem auszugsweise wiedergegebenen Stundenplan des „Kriminalistischen Institutes" der Polizeidirektion Wien aus dem Jahre 1925 ergibt, wurden die Fortbildungskurse vorwiegend abends bis 20.30 durchgeführt. Trotzdem waren die Kurse gut besucht und sicher mitbeteiligt an der Tatsache, daß gegen Ende des Jahrzehntes die Polizeidirektion Wien auf kriminalpolizeilichem Gebiet einen international anerkannten Ruf erlangte. Interessant an dem Stundenplan ist die Tatsache, daß die zunehmende Wirtschaftskriminalität die Verantwortlichen zur Fortbildung in „Privatwirtschaftswissenschaft" durch Professoren bzw. Assistenten der Hochschule für Welthandel veranlaßte. Die Wiener Wirtschaftspolizei, deren traditionell guter Ruf und hoher Ausbildungsstandard auch heute noch das Innenministerium veranlaßt, sie mit der Klärung von großen kriminellen Wirtschaftsdelikten im gesamten österreichischen Bundesgebiet zu betrauen, rührt u. a. aus den vorausschauenden Erkenntnissen über ihre Notwendigkeit aus dieser Zeit her.

	Vortragende	Gegenstand	Wöchentl. Stundenzahl	Tag und Zeit	Ort	Beginn
				der Vorlesungen		
1	Der wissenschaftliche Leiter des kriminalistischen Institutes, Dozent **Dr. Siegfried Türkel**	Kriminalistische Propädeutik und Instrumentenlehre	1	Montag von 6—7 Uhr abends	Polizeidirektionsgebäude IX., Roßauerlände 7, III. Stock (Hörsaal)	19./X. 1925
2.		Spezielle Kriminalistik	2	Samstag von 5—7 Uhr abends		17./X. 1925
3.		Kriminalistisch wichtige Kapitel der Physik (Kriminalistische Optik)	1	Montag von 7—8 Uhr abends		19./X. 1925
4.		Kriminalistische und mikroskopische Übungen	1	Samstag von 7—8 Uhr abends		17./X. 1925
5.		Kriminalistisches Konversatorium	1	Freitag von 7—8 abends		16./X. 1925
6.	o. ö. Professor der techn. Hochschule **Dr. techn. Ing. Friedrich Böck** Dozent am Institute	Kriminalistisch wichtige Kapitel der technischen Chemie	2	Freitag von 5—7 Uhr abends	Chemisches Institut der technischen Hochschule, VI., Dreihufeiseng. 4 (Hörsaal)	16./X. 1925
7	Prof. d. graph. Lehr- u. Versuchsanst. **Reg.-Rat Dr. Franz Nowak** Dozent am Institute	Photochemie	2	Dienstag von 6—8 Uhr abends	Graphische Lehr- und Versuchsanstalt, VII., Westbahnstraße 25	20./X. 1925
8	**Dr. Josef Daimer** (Graphische Lehr- u. Versuchsanstalt) Lektor am Institute	Praktische Einführung in die photographische Technik	2	Freitag von 5—7 Uhr abends	Polizeidirektionsgebäude IX., Roßauerlände 7 III. Stock (Hörsaal)	16./X. 1925
9.	o. ö. Universitätsprofessor **Dr. Richard Wasicky**	Forensisch wichtige Kapitel der Toxikologie und verwandter Gebiete (Untersuchung der Faser, der Faeces etc.)	2	Donnerstag von 5—7 Uhr abends	Pharmakognostisches Institut d. Universität, IX., Währingerstraße 13 a (Hörsaal)	22./X. 1925
10.	o. ö. Prof. d. Hochschule f. Welthandel **Dr. phil. u. techn. Ing. Ernst Beutel** Dozent am Institute	Kriminalistisch wichtige Kapitel der Warenkunde und Technologie	2	Mittwoch von 6—8 Uhr abends	Hochschule für Welthandel XIX., Exportakademiestraße 1 (Hörsaal für Warenkunde)	29./X. 1925
11	o ö. Universitätsprofessor **Dr. Albin Haberda**	Ausgewählte Kapitel der gerichtlichen Medizin	2	Mittwoch von ½6—½8 Uhr abends	Institut für gerichtl. Medizin IX., Sensengasse 2	21./X. 1925
12.	a ö. Universitätsprofessor **Dr. Moriz Oppenheim**	Kriminalistisch wichtige Berufsschädigungen der Haut	1	Dienstag von 6—7 Uhr abends (in der Zeit vom 20./X.—24./XII.)	Hörsaal der Klinik Prof. Finger, Allgem. Krankenhaus, 2. Hof	20./X 1925
13.	o. ö. Prof. d. Hochschule f. Welthandel **Julius Ziegler** Dozent am Institute	Privatwirtschaftswissenschaft (Theorie des Bankwesens und der Bücher- und Bilanzprüfung vom Standpunkte des Kriminalisten)	2	Donnerstag von ½5—½7 Uhr abends	Polizeidirektionsgebäude IX., Roßauerlände 7, III. Stock (Hörsaal)	15./X. 1925
14.	**Derselbe** mit seinem Hochschulassistenten **Karl Meithner**	Privatwirtschaftswissenschaftliches Seminar	2	Donnerstag von ½7—½9 Uhr abends		15./X. 1925

1925

Am 1. August 1925 war es in der Wiener Leopoldstadt zu einem ebenso dramatischen wie tragischen und auch blutigen Ereignis gekommen. Eine Menschenmenge hatte sich um die Zeitungskolporteure am Praterstern geschart und war in heftige Diskussionen verwickelt. Ein zufällig des Weges kommender 21jähriger Mann beobachtete die Diskutanten und erheiterte sich über ein besonders exaltiertes Ehepaar am Rande des Geschehens. Dies sah ein ebenfalls in der Menge stehender Mann, der im Volksmund den Titel eines „König des Praters" führte. Die folgende Auseinandersetzung zwischen dem jungen Mann und dem „Praterkönig" führte nun zu einer wilden Flucht des ersteren. Es gelang dem Verfolger – er war als Zuhälter und Gewalttäter polizeibekannt – sein Opfer in einem dunklen Gang eines Hotels in der Weintraubengasse zu stellen, wohin sich der Verfolgte in seiner Todesangst geflüchtet hatte. Der Flüchtende fand sich am Ende des Ganges vor einer verschlossenen Tür und einige Messerstiche seines Verfolgers beendeten sein Leben. Zwei zur Rettung herbeikommende Wachebeamte wurden von dem Mörder und seinen gefolgten Kumpanen dermaßen attackiert, daß sie sich nur durch Flucht retten konnten. Der nicht erfolgreiche Polizeieinsatz zur Rettung des Mannes bei dieser Menschenjagd durch die Gassen der Leopoldstadt führte natürlich bei den meisten Wiener Blättern zu sehr kritischen Stimmen, wobei hier zwei Karikaturen wiedergegeben werden sollen, in welchen sich die allgemeine Stimmung spiegelte. Der Ruf der Presse nach mehr Polizeipräsenz und -ausrüstung fand allerdings zwei Jahre später – nach den Ereignissen des 15. Juli 1927 – ein jähes Ende.

19. Februar 1925

Der Abend, 18. Juli 1925

Rettungsübungen der Wiener Polizei.

Bevor ein Sicherheitswachebeamter ausgebildet ist, um seinen Dienst voll versehen zu können, vergehen zwei schwere Schuljahre. In diesen zwei Jahren erfährt er manches von der Gewerbeordnung, dem Strafgesetzbuch, den Verkehrsvorschriften und andres mehr. Und nebst diesen theoretischen Weisheiten muß er telegraphieren, und um Ertrinkende retten und Ertrunkene bergen zu können, schwimmen und kahnfahren lernen. Es gibt in Wien keinen Wachebeamten, der nicht ein Telegraphist, ein behender Schwimmer und kunstfertiger Fahrer mit einer Rettungszille ist, sei es auf der Donau oder auf dem Donaukanal, auf dem die jungen Polizisten das Abc des Kahnfahrens lernen.

Die vielen Menschen, die vormittags an den Uebungsstunden der Polizeischiffahrer die Kaimauern des Donaukanals bei der Urania belagern und zusehen, wie Polizeimannschaften in leichten, schmalen Rettungszillen pfeilschnell stromab fahren, kunstfertig die schmutziggrünen Fluten durchkreuzen und ohne viel Anstrengung ihre Zillen stromaufwärts steuern, wissen nicht und glauben auch nicht, daß ein volles Jahr dazu gehört, um sich die nötige Sicherheit und die vielen Kunstkniffe, die für eine exakte Zillensteuerung notwendig sind, anzueignen.

Als Training für die rascheste Bergung Ertrinkender wird folgende Uebung gemacht: Oberhalb der Schwedenbrücke wirft ein Instruktor halbmeterlange farbige Hölzer, sogenannte Schwemmer, ins Wasser. Kaum treiben die Hölzer stromabwärts, stoßen vom Ufer Rettungszillen ab, die mit je einem Manne besetzt sind. Pfeilschnell, mit der Kranselspitze, dem Vorderbug der Zille, vorn, schießen die Rettungszillen auf dem kürzesten Wege auf die Schwemmer los, wobei die Fahrer, auf dem „Achter" der Zille stehend, mit dem Ruder steuern. Nun sind sie an die Schwemmer herangekommen, ein Griff ins Wasser und der Schwemmer wird in die Zille gehoben.

Dann schallen laute Kommandorufe über das Wasser. Die Zillen nehmen am stadtseitigen Ufer, eine hinter der andern, Aufstellung. „Alles kreuzen!" Kaum ist der Befehl verklungen, stoßen die Zillen vom Ufer ab und, von kräftigen Ruderschlägen getrieben, überquert die Flottille der Rettungszillen in musterhafter Weise den Donaukanal. Nun sind sie am andern Ufer angelangt. Kaum haben sie längsseits angelegt, wird befohlen: Gegenwärts fahren! Die Mannschaft arbeitet sich jetzt längs der Kaimauern mit Haken vorwärts. Langsam schiebt sich die schlangengleiche Zillenkette gegen Nußdorf und, wie sie die Schwedenbrücke unterfahren hat, wenden die Zillen befehlsmäßig und kehren in schnurgerader Reihe wieder an das Stadtufer zurück. Dann wird gegenseitig gekreuzt. Die Hälfte der Zillen fährt an das gegenüberliegende Ufer und die andre Hälfte bleibt am Stadtufer. „Fertig, kreuzen!" Und von beiden Ufern stoßen die Zillen ab, kreuzen sich, ohne zu karambolieren, in der Mitte des Stromes und legen wieder an beiden Ufern an.

Gegen drei Stunden schon übt die Mannschaft. Obwohl sie noch keine Müdigkeit zeigt, gibt, da es in wenigen Minuten 12 Uhr ist, der Kommandant der Schifferschulabteilung, Oberkommissär Schuster, den Befehl zum Einrücken. Und in langer Reihe fahren die Zillen stromabwärts in ihre Quartiere...

Arbeiter Zeitung, 15. 11. 1925

In Wien fließt zum Unterschied von anderen Weltstädten die Donau nicht unmittelbar durch dichtverbautes Gebiet. Es ist hier der Donaukanal, der dicht besiedelte und stark frequentierte Wohngebiete trennt. Wie jeder Flußlauf in einer Großstadt üben auch in Wien Donau und Donaukanal gleichermaßen Reiz aus, sei es zum Spazierengehen, sei es zum Verweilen auf den Uferböschungen oder – in früheren Zeiten – zum Baden. Die Wiener Sicherheitswache hat entsprechend ihrer Prioritätensetzung zur Bewahrung von Leben und Gesundheit ihrer Mitbürger stets der Ausbildung in der Lebensrettung – hier z. B. Ertrinkender – besonderes Augenmerk zugewendet. Erfolgte und erfolgt heute noch die Lebensrettung in diesen Gefahrensituationen im Donaukanal mittels der an dessen Ufern in bestimmten Abständen verankerten Rettungszillen, so hat auf der Donau primär der Donaudienst mit seiner Motorboot-Flottille diese Einsätze übernommen. Auf dem Strom sind es vor allem Unglücksfälle, die durch das Kentern von Paddelbooten, von anderen Booten oder (zumindest in früheren Zeiten) durch Badende entstehen. Die Lebensrettung von Badegästen hat sich allerdings in den letzten Jahren zunehmend in den Bereich der Alten Donau bzw. des Entlastungsgerinnes im Anschluß an die Donauinsel verlagert. Weitere Ausführungen über den Donaudienst der Bundespolizeidirektion Wien finden sie auf Seite 189 dieses Buches.

Illustrierte Kronen-Zeitung. Seite 9. Nr. 9319

Die Einführung der Strafverfügung.

Heute treten alle Bestimmungen der Gesetze zur Vereinfachung der Verwaltung in Kraft. Für die Oeffentlichkeit ist namentlich hier die Einführung der Strafverfügung und des Organmandats von besonderer Wichtigkeit.

Die mit der Handhabung des Gesetzes betrauten Behörden sind nunmehr berechtigt, auf Grund von Anzeigen, die von einem Gericht, einer Verwaltungsbehörde oder von einem Organ des öffentlichen Aufsichtsdienstes erstattet werden, **ohne weiteres Verfahren** gegen den Angezeigten eine schriftliche Strafverfügung zu erlassen.

Bringt der Bestrafte den **Einspruch** gegen die Strafverfügung vor, so tritt diese außer Kraft und es ist das ordentliche Verfahren einzuleiten, das auch mit einer **höheren** Strafe, als der mit der Strafverfügung verhängten, enden kann.

Wird der Einspruch nicht oder nicht rechtzeitig erhoben, so ist die Strafverfügung vollstreckbar.

Die Bezirkspolizeikommissariate

sind angewiesen, von der neuen Einrichtung, die nicht nur den Behörden eine bedeutende Entlastung bringen, sondern auch der Bevölkerung Zeitverlust und Kosten ersparen soll, weitestgehenden Gebrauch zu machen.

Ferner sind die im Dienste stehenden Sicherheitswachbeamten, wie wir bereits berichteten, ermächtigt, von Personen, die bei Uebertretung bestimmter Polizeivorschriften betreten werden, den einheitlich mit

zwei Schilling

festgesetzten Strafbetrag gegen Ausfolgung einer Empfangsbestätigung sofort einzuheben. Eine Feststellung des Namens des Bestraften erfolgt in diesem Falle nicht. Verweigert der Beanständete die Bezahlung des Strafbetrages, so ist über die Uebertretung die Anzeige zu erstatten und das ordentliche Verfahren einzuleiten. Die Sicherheitswachebeamten tragen eine schriftliche Ermächtigung bei sich, die sie den Beanständeten auf Verlangen vorzeigen. Die mit diesem sogenannten „Organmandat" zu ahndenden Uebertretungen sind bestimmte Uebertretungen der Fahr- und Gehordnung, von Fahrverboten, der Radfahrverordnung, der Automobilordnung, der Lohnfuhrwerksbetriebsordnung, der Beförderungsvorschriften für die Straßenbahn, der Uebertretungen der Parkvorschriften in Bundesgärten, ferner Nichteinhaltung des Maulkorbzwanges, Straßenverunreinigung, Parkbeschädigungen in öffentlichen Gärten usw.

Es steht zu erwarten, daß auch dieses abgekürzte Verfahren eine insbesonders auch den Interessen des Publikums entsprechende Vereinfachung und Beschleunigung der Handhabung der Polizeivorschriften zur Folge haben wird.

Illustrierte Kronen Zeitung, 1. Jänner 1926

Am 1. Jänner 1926 trat eine Regelung in Kraft, die im wesentlichen noch heute Gültigkeit hat. Obwohl der Deliktscode viele Handlungen umfaßt, ist er den Wienerinnen und Wienern nur aus den Beanstandungen im Straßenverkehr bekannt und selbst hier herrscht vielfach noch immer Unklarheit. Aus diesem Grunde soll kurz erläutert werden, unter welchen Voraussetzungen, und wann die Bürger im Rahmen des Verwaltungsrechtes mit einer Bestrafung rechnen müssen und welche Konsequenzen sie für den einen oder anderen Fall erwarten. Um die Darstellung nicht zu einer wissenschaftlichen Abhandlung werden zu lassen, wollen wir uns nur auf die noch immer überwiegenden Delikte im Rahmen des Straßenverkehrs beschränken:

1.) Wenn die Schuldfrage unbestritten und die Folgen der Verwaltungsübertretung geringfügig sind, kann der Beamte ein Organmandat (je nach Delikt bis zum derzeitigen Höchstwert von S 300,–) anbieten. Zahlt der Beschuldigte, dann ist die Angelegenheit für beide Seiten erledigt. Wichtig hiebei ist, daß ein Wachebeamter, der die Verhängung eines Organmandates angeboten hat, davon nur mehr Abstand nehmen kann, wenn sich im Verlaufe einer nachfolgenden Diskussion Zweifel über Tatbestand oder Schuld ergeben. Keinenfalls aber darf sich ein Polizist oder Gendarm dazu veranlaßt sehen, allfällige unsachliche und unsinnige Bemerkungen wie „Fangen's doch lieber Verbrecher, statt arme Verkehrssünder" zum Anlaß nehmen, um eine „teurere" Anzeige zu erstatten.

2.) Besteht keine Einigung mit den Angehaltenen über Tatbestand oder Schuld oder sind die Folgen (nicht nur die unmittelbaren) nicht unbedeutend, so ist die Ausstellung eines Organmandates, auch wenn dies vom Beschuldigten letztlich verlangt wird, nicht zulässig. In diesem Fall ist die Anzeige an die Behörde zu erstatten, welche nun je nach Sach- und Rechtslage eine Strafverfügung ohne weiteres Verfahren erlassen kann. Wird diese bezahlt, ist die Angelegenheit für beide Seiten erledigt. Für den Fall, daß der Adressat mit der Strafverfügung nicht einverstanden ist – sei es, weil ihm die Beurteilung der Sach-, Rechts- oder Schuldfrage nicht zutreffend erscheint – so muß er innerhalb der in der Strafverfügung angegebenen Frist Einspruch erheben. Nach dem Einspruch leitet die Behörde das ordentliche Verfahren ein, in welchen Zeugen vernommen, oder sonstige Beweise zusätzlich erhoben und gewogen werden. Wird der Einspruch verworfen, so erhält der Bestrafte ein Straferkenntnis, gegen welches in den meisten Fällen eine Berufung an die nächst höhere Instanz zulässig ist. in diesen Fällen kann (und wird auch in der Regel) im Straferkenntnis ein höheres Strafausmaß als in der Strafverfügung ausgesprochen.

Wie schon im Jahre 1926 begründet, dienen alle diese Regelgungen der Reduzierung des Verwaltungsaufwandes der Sicherheitsbehörden, der heute nach inoffiziellen Rechnungen schon rund S 400,– pro Strafverfahren ausmacht.

Einen Schritt weiter ist man im Jahre 1989 bei der Polizeidirektion Wien mit der Errichtung des Strafamtes gegangen. Mit dessen Einführung wurden nicht nur interne Verwaltungsabläufe vereinfacht oder ganz weggelassen, sondern es wurde darüber hinaus auch noch „zwischen" der Organverfügung also dem Organmandat und der Strafverfügung eine sogenannte „Anonymverfügung" eingeschoben. Die Anonymverfügung verfolgt mehrere Zwecke: Ad 1 wird sie elektronisch gespeichert und administriert und ad 2 vermeidet sie den wesentlichsten Nachteil der Strafverfügung, nämlich die Vormerkung des Betroffenen in einem polizeilichen Akt. Die Anonymverfügung ist kurz gesagt ein amtliches Schreiben – kein Bescheid mit Rechtswirksamkeit (!) – in welchem der Adressat aufgefordert wird, eine Strafe zu bezahlen. Tut er dies, ist die Angelegenheit – wie beim Organmandat – für beide Teile erledigt. Bezahlt er nicht, beginnt nun das Verwaltungsverfahren wie gehabt mit Strafverfügung und allenfalls Straferkenntnis. Wer also eine Anonymverfügung erhält und mit deren Inhalt – aus welchen Gründen immer – nicht einverstanden ist, bezahlt nicht und wartet die Strafverfügung ab. Erst mit Erhalt der Strafverfügung hat er nun die rechtliche Möglichkeit von Einspruch und Berufung. Da die Anonymverfügung der Behörde bei rechtzeitiger Bezahlung nur geringe Kosten verursacht, ist der Strafbetrag (auch um größere Akzeptanz zu erreichen) wesentlich geringer, als die in der Strafverfügung für das gleiche Delikt vorgesehene Summe.

„Bei wem soll ich jetzt zuerst einkassieren?!“

Illustrierte Kronen Zeitung, 21. März 1926

Sehr bald erkannte man, daß neben den polizeiinternen Fahndungen mit Funk- und fernmeldetechnischen Mitteln auch das Radio eine wesentliche Unterstützung bieten kann. Die diesbezüglich erfolgreichste Sendung der Nachkriegsjahre „Autofahrer unterwegs“ aus Wien befaßte sich in der Folge grundsätzlich zwar nur mehr selten mit kriminalistischen Fahndungen, aber neben Verkehrsinformationen doch immer wieder zumindest mit aktuellen Sicherheitsfragen im Zusammenhang mit dem Straßenverkehr.

Auch heute ist man sich bei Radio Wien der Sensibilität des Sicherheits-Themas voll bewußt. Die aktuelle Berichterstattung zielt nicht auf Chronik-Voyeurismus ab, sondern ist z. B. durch möglichst genaue Täter-Beschreibungen bemüht, den polizeilichen Ermittlungen zum Erfolg zu verhelfen. Gleiches gilt für die Fernsehsendung „Wien heute“, die auf Lokalebene „XY“-Funktion wahrnimmt. Aus aktuellem Anlaß oder saisonal bedingt werden auch immer wieder Sicherheitsfragen im Rahmen von Hörer-Diskussionen oder Expertengesprächen beantwortet.

Das rote Auto. Eine abenteuerliche Verbrecherjagd mit Hilfe des Radio.

Illustrierte Kronen Zeitung, 27. August 1926

Die Polizei filmt.

Illustrierte Verkehrsvorschriften.

Weil die Wiener felsenfest überzeugt sind, daß die Vorschriften nur dazu da sind, um nicht eingehalten zu werden, muß die Obrigkeit ein Erziehungsmittel anwenden, das peinliche Empfindungen weckt, weil es mit Kosten verbunden ist: Das Strafmandat.

Damit aber ja niemand den sträflichen Gedanken hege, daß er Zweischillingstrafen zu dem Zwecke bezahlt, um den Staatsfinanzen aufzuhelfen, greift nun die Polizei selbst in die Tasche und schafft einen Erziehungsfilm, der dem auf eigenen Füßen, im Auto oder auf Radeln verkehrenden Staatsbürger genaue Instruktionen erteilt, was er zu tun und zu lassen hat.

Der im Auftrag der Polizeidirektion hergestellte „Verkehrsfilm“ gibt einen ausgezeichneten Anschauungsunterricht. Er zeigt die schweren Gefahren, die sowohl der unachtsame Passant, als auch der unvorsichtige Wagenlenker heraufbeschwört. Die „illustrierten“ Vorschriften und Sünden zeigen, die probaten Mittel, die Unfälle verhüten:

Illustrierte Kronen Zeitung, 18. November 1926

Detektiv Radio!

Diebsbeute durch Radio agnosziert.

Wir leben im Zeitalter der Geschwindigkeit. Der Spruch: „Geschwindigkeit ist keine Hexerei", war einst nur die Devise geschickter Taschenspieler und Zauberkünstler, ist jetzt aber Allgemeingut. Der Wandel von der behäbigen Langsamkeit bis zur atemraubenden Schnelle vollzog sich zwar ziemlich rasch, aber dennoch nicht sprungweise, so daß man heute diese Aenderung kaum bemerkt. Nur in besonderen Fällen wird es klar, in welch rasendem Tempo unser Leben verläuft. Zu dieser Erkenntnis verhilft auch eine Diebsgeschichte, in der das Radio als geschickter Detektiv eine gewisse Rolle spielte.

Vor dem Gebäude des Verkehrsamtes der Polizeidirektion auf dem Deutschmeisterplatze stand ein Auto, das der Russisch-Oesterreichischen Warenkredit A. G. gehört. Der Wagen war unbeaufsichtigt, was in früheren Zeiten, wenn es sich um einen mit schweren Gäulen bespannten Lastwagen gehandelt hätte, keinen Dieb angelockt hätte. Ehe er mit Hott und Hüh die Pferde angetrieben hätte, wäre er erwischt worden. Gestern aber war es anders. Ein Dieb schwang sich auf das Auto, ließ den Motor angehen und — fort war er! Der freche Streich, förmlich vor den Augen der Polizei zu stehlen, konnte eben nur im Zeitalter der Geschwindigkeit geschehen.

Aber auch unsere Polizei hat sich dem modernen Tempo angepaßt. Nicht nur Telegraph und Telephon, sondern auch das Radio wurde in den Dienst der Kriminalistik gestellt. Und um 19 Uhr wurde von der „Ravag" allen Hörern in Wien und Umgebung auch die Geschichte von dem Autodiebstahl mitgeteilt.

Unterdessen hatte der Dieb die vierte Geschwindigkeit eingeschaltet. Er trachtete, so schnell als möglich nicht nur die Nähe des Tatortes, sondern auch den Polizeirayon Wien zu verlassen. Eigentlich war es ein bescheidener Dieb — vermutlich ein armer Teufel, den seine beschränkten Mittel zur Bescheidenheit zwangen. Wäre er nämlich besser gestellt, dann hätte er, ohne Argwohn zu erregen, den Versuch unternehmen können, das Auto (das einen Wert von 18.000 Schilling hat) zu verkaufen oder zu verpfänden. So aber machte er auf der Bezirksstraße bei Perchtoldsdorf halt, stahl zwei Reserveräder, den Vergaser und das Boschhorn, worauf er sich seitwärts in die Büsche schlug.

Das herrenlose Auto wurde bald entdeckt. Wem mochte es wohl gehören? Wenn man seine Phantasie nur ein klein wenig anstrengt, dann sieht man förmlich den würdigen Herrn Aktuar, der mit der Kielfeder ein umständliches Protokoll

Nr. 9541. Seite 6.

schreibt und einen Fragebogen durch Boten in die Hauptstadt sendet. Diesmal ging die Sache aber schneller. Der Gendarmerieposten Liesing hat selbstverständlich ein Radio. Um 19 Uhr saßen die Rayonsinspektoren Michael Korinek und Ignaz Dallinger im Amte. Sie hatten nicht Kielfedern hinter dem Ohre, sondern die Hörer an den Ohren. Einst hieß es: „Das Auge des Gesetzes wacht", jetzt muß man beifügen: „...und das Ohr des Gesetzes lauscht!"

Fünf Minuten nach der „Ravag"-Meldung hatte die Wiener Polizei aus Liesing die Telephonnachricht, daß das gesuchte Auto in Sicherheit sei. Detektiv Radio hatte fix gearbeitet.

Illustrierte Kronen Zeitung, 14. August 1926

Über technologische Neuerungen im Polizeidienst informierte die Polizeiausstellung 1926 in Berlin

Der erste Gruß!

Arbeiter-Zeitung, 21. 6. 1927

Wir haben bei der monatelangen Sichtung von Skizzen und Fotographien für dieses Buch unsere Bewunderung für gute Karikaturisten immer wieder neu bestätigt gefunden und festgestellt, daß eine gute Zeichnung – wenn überhaupt – nur durch wenige Worte ergänzt werden kann und soll. Leider scheint der Journalismus der heutigen Zeit vielfach in umgekehrter Richtung zu gehen, obwohl sehr oft langatmige Ausführungen durchaus durch Sprechblasen ersetzt werden könnten. Auch bei der nebenstehenden Zeichnung mit dem Hinweis „Der erste Gruß" muß man alle Facetten betrachten, um zu erkennen, daß die Handflächen des Polizisten Hautrillen in Hakenkreuzform aufweisen. Dieses kleine Detail mit – unserer Ansicht nach – großer und visionärer Aussage, zwingt den Leser, sich die Hand des öfteren anzuschauen, um festzustellen, ob „das" richtig oder falsch bzw. Zufall oder Absicht ist und befaßt ihn so längere Zeit unpenetrant mit der Aussage. Von der formalen Seite her fühlte sich der Zeichner durch die gekonnte und subtile Art dieser Darstellung vor rechtlichen oder faktischen Konsequenzen gesichert.

Tatsächlich werden die Ereignisse des Jahres 1927 für die rund 10 Jahre später realisierten politischen Entwicklungen in Österreich nicht als allein bestimmend betrachtet, aber bei Forschung nach den Ursachen des Schreckensszenarios auch nicht außer acht zu lassen sein. Die Wurzeln der Ereignisse in Wien rund um den Brand des Justizpalastes liegen – soweit sie die Auslösung betreffen – in einer kleinen burgenländischen Gemeinde namens Schattendorf. Trotz der besonderen Situation des Burgenlandes in der Nachkriegszeit und der Sorge um allfällige Angriffe des ungarischen Militärs begann man erst ab 1926 den Aufbau österreichischer Wehrverbände. So kam es, daß sich überall – auch in Schattendorf – starke paramilitärische Verbände entwickelt hatten. Im genannten Ort kam es am 30. Jänner 1927 zu gleichzeitigen Versammlungen der Frontkämpfervereinigung und der Schutzbundvereinigung. Nach mehreren Zusammenstößen mit nur relativ unbedeutenden Folgen einigte man sich im Verhandlungswege auf die Absage beider Veranstaltungen. Während des Rückmarsches vor dem Gasthof Tscharman kommt es zwischen Mitgliedern des Schutzbundes und den im Wirtshaus noch versammelten Frontkämpfern zu Wortgefechten, Steinwürfen und Drohgebärden. Die beiden Söhne des Wirtes und ihr Schwager schießen hierauf wahllos aus den vergitterten Fenstern des ersten Stockes mit Gewehren auf die Straße. Ein Kriegsinvalide, ein Hilfsarbeiter und ein 8jähriges Kind werden tödlich getroffen, 5 andere Personen werden verletzt.

Am 14. Juli werden die Täter überraschend von einem Geschworenengericht freigesprochen. In weiten Bevölkerungskreisen herrscht über das Urteil im Schattendorfer Prozeß große Erregung und am Folgetag versammeln sich rund 200.000 Personen auf dem Schmerlingplatz. Im Justizpalast und im Gebäude der „Reichspost" in der Strozzigasse wird Feuer gelegt. Die Polizei wird mit Bundesheergewehren ausgerüstet und schießt bei der angeordneten Räumung des Platzes „wirr" in die Menge, wobei auch Flüchtende und Feuerwehrautos getroffen werden. Am nächsten Tag zieht man die Bilanz des Schreckens: 97 Demonstranten und 5 Polizisten sind tot, mehrere 100 Demonstranten und 430 Polizisten zum großen Teil schwer verletzt, über 1000 Personen verhaftet, die meisten jedoch bald wieder entlassen.

In den folgenden Tagen wird aber auch die außenpolitische Situation des streik- und krisengeschüttelten Österreich deutlich. In der Umgebung des Brenners werden 10.000 italienische Soldaten zu Truppenübungen zusammengezogen. An der burgenländisch-österreichischen Grenze patrouillieren Bundesheer, Gendarmerie und Wiener Neustädter Schutzbündler und verhindern erfolgreich Übergriffe ungarischer Patrouillen. Die Tschechoslowakei konzentriert entlang der österreichischen Grenze einige tausend Soldaten und will beim Einmarsch der Ungarn eingreifen.

Die ausländische Presse beurteilt das Ereignis unterschiedlich, der „Manchester Guardian" führt die Unruhen auf die schweren Bedingungen der Friedensverträge zurück. „Times" und das Berliner „Acht-Uhr-Abendblatt" beschuldigen die Sozialdemokraten, sie hätten durch Rücksichtnahme auf die Kommunisten schwere taktische Fehler begangen.

Einzig unbestrittene Tatsache – und damit kehren wir wieder zu nebenstehender Karikatur zurück – bleibt, daß radikale Rechtskräfte in der Folge an Macht gewinnen und der Nationalsozialismus allgemein erstarkt.

15. Juli 1927:
Der Justizpalast steht in Flammen

7 Groschen für die österr. Republik

40 Heller tschechoslow. Währ. f. d. tschechoslow. Republik

Illustrierte
Kronen Zeitung

28. Jahrgang.

Druck, Verlag, Eigentum und Herausgabe: G. Davis & Co., Wien, IX., Pramergasse 28.
Verantwortlicher Schriftleiter: Richard Eisenmenger, Wien IX., Boltzmanngasse 13.

Nr. 9871.

Post-Abonnement für die österreichische Republik
1 Monat 2 Schilling 15 Groschen
Nachforderung bei Preiserhöhung vorbehalten.

Wien, Montag den 18. Juli 1927.
Redaktion und Administration: Wien, IX., Pramergasse 28.
Tel. 11042, 16229, 18390. Ab 9 Uhr abends: Tel. 11042 und 18390.
Nach Mitternacht: Tel. 19033. Stadtbureau: I., Schulerstr. 19, Tel. 77236.

Post-Abonnement für die tschechoslow. Republik
1 Monat K 10.50, 3 Monate K 31.50
tschechoslowakischer Währung

Furchtbare Folgen des Freispruchs im Schattendorfer Prozeß

Der Justizpalast gestürmt u. in Brand gesteckt

Blutige Kämpfe zwischen Demonstranten und Polizei

82 Tote, 500 Schwerverletzte

Barrikadenkämpfe beim Rathaus und beim Justizpalast

Der Sonntag in Ruhe verlaufen

Aufstellung einer provisorischen Gemeinde-Schutzwache

Die Beschlüsse der Vertrauensmänner-Versammlung

Der Verkehrsstreik dauert an.

Erste – durch den Generalstreik verzögerte – Pressemeldung zu den Ereignissen des 15. und 16. Juli 1927

1927

Der Einsatz der berittenen Polizei gegen Demonstranten prägte nicht nur das Jahr 1927, sondern auch die Folgejahre. Die auf dem Bild dargestellte Haltung schaffte den Polizisten Freiraum, wobei es allerdings durch die Drehung des Pferdes zu unkontrollierbaren Verletzungen der Demonstranten kam. Dieses und ähnliche Bilder prägten nach den Jahren des Zweiten Weltkrieges das Verhalten eines nun immer geringer werdenden Teiles der österreichischen Bevölkerung bei der Frage nach der Wiedereinrichtung einer berittenen Polizei. Der Einsatz berittener Polizeieinheiten bei unfriedlichen Demonstrationen wird allerdings bei fast keiner Polizei in demokratischen Staaten – sowohl aus humanitären als auch aus polizeitaktischen Gründen – mehr erwogen. Demonstranten haben diese Einsätze außer Diksussion gestellt, indem sie säckeweise kleine Plastikkugeln verstreuten, auf denen die Pferde ausrutschten und sich und den Reiter zu Fall brachten.

15. JULI 1927:
Der gewaltsame Tod des Polizeipferdes Benedikt

15. JULI 1927:
Die Demonstranten vor dem Wachzimmer Lichtenfelsgasse

15. JULI 1927:
Die Räumung des Schmerlingplatzes – die Sicherheitswache lädt durch…

15.–16. JULI 1927: Barrikaden bei Palais Auersperg
Sicherheitswache und Demonstranten stehen sich gegenüber

1928

Wenn die Wiener Polizei zu Beginn der Zwanzigerjahre dieses Jahrhunderts immer mehr internationale Beachtung fand und das Schlagwort von der „besten Polizei der Welt" kolportiert wurde, so war dies nicht zuletzt auf die Arbeit des damals so benannten „Erkennungsamtes" zurückzuführen. Und hier hatte in erster Linie die Arbeit der „Moulageabteilung" für Aufsehen gesorgt.

Die Abformung von Beweismittel war seit dem 19. Jhdt. in der Kriminalistik üblich, sowohl bei den Negativen als auch bei den Abgüssen waren jedoch ungenügende Materialien in Verwendung und noch Hans Groß ist sich in seinem „Handbuch des Untersuchungsrichters" über die Unzulänglichkeit dieser Methode im Klaren. Erst 1924 trat hier die entscheidende Wende ein. Polizeipräsident Schober hatte den Wiener Arzt Dr. Alfons Poller in den Dienst der Polizei berufen und Poller begann, seine Meisterschaft im Moulagieren in den Dienst der Kriminalistik zu stellen. Der Arzt hatte – wie das üblich war – bereits vorher Abformungen für den medizinischen Bereich angefertigt. Nun entwickelte er aber ein neues Abformmaterial, welches den im kriminalistischen Bereich strengeren Anforderungen entsprach. Die Negativmasse wurde unter der Bezeichnung „Negocoll" patentiert, die Positivmasse führte den Namen „Homanit". Das Material erlaubte eine bis in jedes Haar und jede Falte genaue Wiedergabe, außerdem war der Abguß bemalbar, was natürlich ungemein zur Anschaulichkeit und Natürlichkeit der Moulagen beitrug. Die Abformungen nach der „Methode Dr. Poller" wurden bis in die Sechzigerjahre bei der Wiener Polizei im Büro für EKF angefertigt, Dr. Poller hatte seine Kunstfertigkeit an jüngere Beamte weitergegeben, wobei vor allem der Kriminalbeamte Blaha in die Fußstapfen seines Meisters gestiegen war.

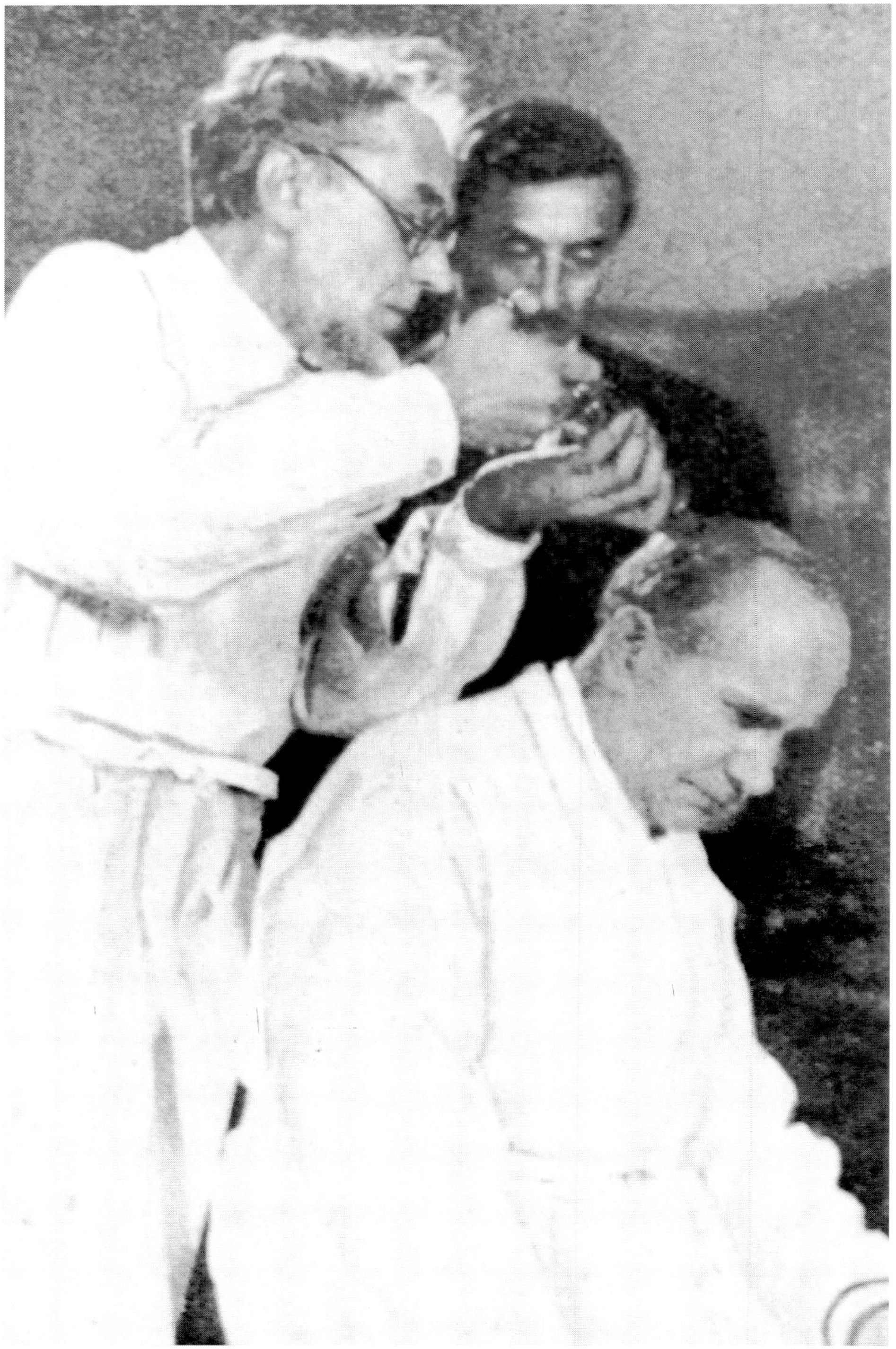

Dr. Alfons Poller bei der Anfertigung einer Kopfmoulage

1

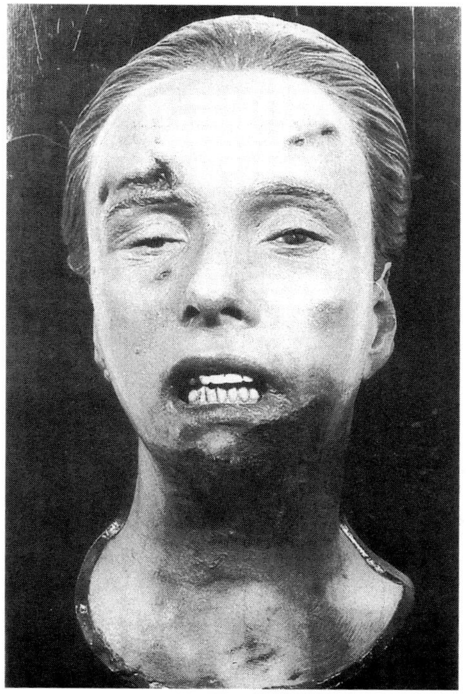
2

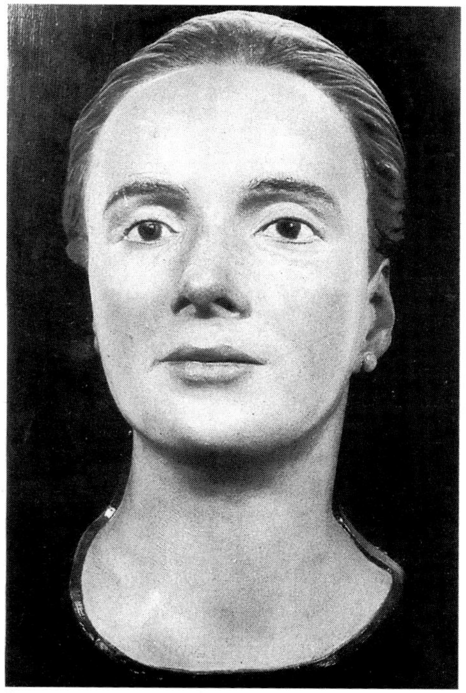
3

Der Mord im Lainzer Tiergarten

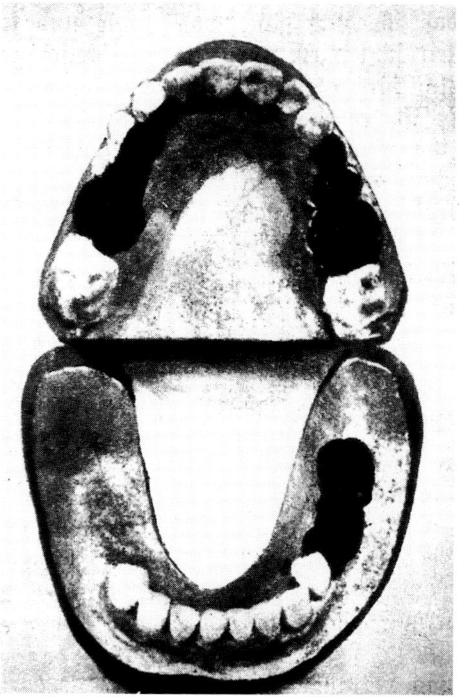
4

Wenn auf der vorherigen Seite dieses Buches die Herstellung von Moulagen (Abformungen) für erkennungsdienstliche Zwecke behandelt wurde, so kann hier das praktische Beispiel folgen.

Am 17. 7. 1928 wurde im Lainzer Tiergarten die Leiche einer ermordeten Frau gefunden. Der Täter hatte die Identität der Frau zu verwischen gesucht, indem er ihr Gesicht mit Benzin übergossen und in Brand gesetzt hatte. Auch andere Erkennungsmerkmale fehlten (Bild 1). In der Abformabteilung des Erkennungsamtes wurde nun eine Moulage des Kopfes der Ermordeten im Zustand der Auffindung angefertigt (Bild 2) und sodann eine Abformung unter Hinweglassen der Brand- und Verletzungsspuren (Bild 3). Ebenso moulagierte man das Gebiß der Toten (Bild 4). Diese Abformungen wurden der Presse vorgestellt und bei allen Ermittlungen in Hinblick auf die Agnoszierung der Leiche verwendet. Es sollte allerdings rund ein Jahr dauern, bis dies – mit Hilfe der Moulagen – möglich war. Der Wiener Zahnarzt Dr. Reisberg – er hatte sich im Sommer 1928 auf Urlaub befunden und die Abbildungen in der Presse nicht gesehen – besuchte das Polizeimuseum und erkannte in der moulagierten Toten vom Lainzer Tiergarten eine ehemalige Patientin. Endgültige Gewißheit konnte durch die Abformung des Gebisses der unbekannten Toten hergestellt werden. Der Mord von Lainz, welcher für Wiens Sicherheitsbehörde als unlösbar gegolten hatte (Bild 5), stand vor der Aufklärung.

5

„Die Stunde", 20. Juli 1928

Die neue Uniform der Sicherheitswache.

Gummiknüttel und kurzer Säbel.

Im Laufe dieser Woche werden die Neuadjustierungen, beziehungsweise Neubewaffnung der Wiener Sicherheitswache allgemein durchgeführt sein.

Wie seinerzeit gemeldet, haben einzelne Posten bereits probeweise in der neuen Bewaffnung Dienst verrichtet.

Die neue Bewaffnung besteht aus einem Gürtelriemen, einem über Brust und Rücken quer verlaufenden Riemen, einer kurzen Seitenwaffe, die an der linken Seite hängt, und einem Gummiknüttel und dem Dienstrevolver, an der rechten Seite des Gürtels hängend, der aber nicht mehr, wie bisher, unter dem Waffenrock, sondern über demselben getragen wird.

Illustr. Kronen Zeitung, 10. 7. 1928

Wieder gibt es eine neue Uniform bei der Wiener Polizei. Sie ist den unruhigen Zeiten entsprechend (in Wien gab es mit Heimwehr und republikanischem Schutzbund starke paramilitärische Verbände) wieder militant. Auch die Bewaffnung, die gleichzeitig geändert wurde, paßt sich der leider weiter zunehmenden Wahrscheinlichkeit, die Polizei eher bei inneren politischen Unruhen als in der Kriminalitätsbekämpfung einsetzen zu müssen, an.

Allerdings darf in diesem Zusammenhang nicht unerwähnt bleiben, daß die Wiener Polizei auch in diesen, von der Nachwelt sehr unterschiedlich beurteilten, aber jedenfalls von innerer Friedlosigkeit gekennzeichneten Jahren vor allem in der kriminalpolizeilichen Entwicklung große Schritte weitergekommen ist. Die Folgerung, daß die Exekutive grundsätzlich und wo immer möglich, nicht nur einer Pflicht sondern der inneren Einstellung entsprechend, Gefahren für Leib und Gut der Menschen abwehrt und die Kriminalität unabhängig vom politischen System bekämpft, ist auch am Beispiel dieser Jahre zulässig. Die Aufsicht darüber, wen der Gesetzgeber (politisch) als Verbrecher bezeichnet, liegt in einer Demokratie beim wahlberechtigten Volk und darf somit nur bedingt den Vollzugsorganen angelastet werden.

1928

Polizeimanöver.

Polizeimanöver gehören endgültig der Geschichte an. Natürlich steht die Exekutive immer wieder vor der Aufgabe, Einsatzpläne für krisenhafte Situationen zu erstellen und deren Kenntnis durch die Mitarbeiter und damit die Effizienz im Ernstfall durch Übungen abzuchecken. Waren diese Anlaßfälle in den strategischen Annahmen der 20er und 30er Jahre noch Störungen des inneren Friedens durch politische Gruppierungen, so trifft heute die Polizeistrategie Vorsorge für Katastrophenfälle, Unglücksfälle größerer Art, aber zunehmend auch für sicherheits- und kriminalpolizeilich relevante Erscheinungsformen im Rahmen des organisierten Verbrechens. In letzter Zeit kommt der Polizei neben den magistratischen Dienststellen auch zunehmend Bedeutung innerhalb der Einsatzpläne des Umweltschutzes zu. Die Situation und der Zustand einiger Kraftwerke in Nachbarländern Österreichs muß neben der Wirksamkeit aber auch vor allem die Koordination zwischen allen zuständigen Behörden und Organisationen einschließlich einer generalstabsmäßigen Führung sicherstellen.

Einsatzübungen werden heute nicht mehr in Form von Manövern, sondern in Teilaktionen durchgeführt, die durch die einheitliche Führung im Krisenmanagement aneinandergebunden die Realisierung der Zielvorgaben sichern. Die Problematik der Wiener Polizei, bei Spontananlässen obiger Art in kürzestmöglicher Zeit tausende Beamte zusammenziehen zu müssen, liegt vor allem in der Tatsache, daß ein nicht unwesentlicher Teil der Mitarbeiter nicht in Wien, sondern in der Umgebung wohnt. Es bedarf daher eines gut ausgeklügelten Alarmierungssystems unter Einbeziehung aller vorhandenen Medien. Die in den letzten zwei Jahrzehnten darauf abgestimmten Kommunikationssysteme, die durch Übungen laufend verfeinert und sicherer gestaltet worden sind, sehen mehrere Etappen vor. Diese Alarmpläne reichen von einem Zusammenziehen von Teilen der im Einsatz befindlichen Funkwagen bis zu einer „Generalmobilisierung“ unter vorübergehender Sperre einzelner Wachzimmer. Grundsätzliche Maxime ist die Aufrechterhaltung des Notrufes 133 und die damit verbundenen Reserven an Einsatzmitteln wie Funkwagen und deren Besatzung.

In diesem Zusammenhang flammen immer wieder Diskussionen über Teilprivatisierungen von Organisationseinheiten im Bereich der polizeilichen Logistik auf. Diese bereits begonnenen und zum Teil noch in Planung befindlichen Privatisierungen haben dort ihre Grenzen, wo in den vorangeführten Ausnahmesituationen die kompromißlose und engagierte Mitarbeit von Privatangestellten vor allem im Bereich der Kraftfahrzeug- und der Funk- und Fernmeldeabteilung nicht mehr mit hundertprozentiger Gewähr als gesichert angesehen werden kann.

Jubiläum der Sicherheitswache

Am 15. Juni 1929 wurde in festlicher Weise am Heldenplatz das Jubiläum der Wiener Sicherheitswache begangen. In Anwesenheit des Bundespräsidenten und der Regierung nahm der Wiener Erzbischof Kardinal Dr. Piffl die Weihe der neuen Korpsfahne der Sicherheitswache vor, Fahnenpatin war die Gattin des am Höhepunkt seiner Popularität stehenden Polizeipräsidenten Johann Schober. Der Festakt hatte weit mehr Bedeutung als das Jubiläum der Sicherheitswache, er sollte auch die seit den Ereignissen des Jahres 1927 umstrittene Rolle der Polizei im öffentlichen Leben als staatstragende Institution unter Beweis gestellt werden.

Wien, Heldenplatz, 15. Juni 1929

Neuadjustierung der Sicherheitswache

Vielleicht denkt der Leser beim Betrachten dieser Seite: „Hat man für das Jahr 29 keine anderen Bilder gefunden? Tatsache ist, daß wir in den Archiven und Medien in diesem Jahr fast nur andere Bilder gefunden haben. Bilder von Beamten in militärischen Formationen, bei militärisch organisierten Einsätzen u. ä. Wir wollten jedoch dem in der Einleitung dargelegten Grundsatz, die Polizei stets in allen Facetten ihres Wirkens zu dokumentieren, treu bleiben und auch die Tätigkeiten und Ausrüstungsfortschritte außerhalb der allgemein bekannten Aufgaben zur Bewahrung des inneren Friedens dokumentieren.

Tatsächlich war es ein schweres Jahr. Die Kämpfe im Parlament und auf der Straße um inneren Frieden blieben im wesentlichen ohne nachhaltiges politisches Ergebnis. Anton WILDGANS hat in seiner „Rede über Österreich“ am 1. Jänner 1930 die Wesenszüge des österreichischen Menschen als Ergebnis der Geschichte des österreichischen Vielvölkerstaates auch für das Jahr 1929 treffend zusammengefaßt. Allerdings waren es damals nicht primär Nationalitätenfragen, sondern die durch die Auflösung eines gut abgestimmten mitteleuropäischen Wirtschaftsraumes entstandenen ökonomischen und sozialen Probleme, die die Bürger in Not und Kriminalität trieben. Die Kündigung der 1926 langfristig gewährten Auslandskredite und die damit verbundene Stillegung von Betrieben war nur der Anfang. Die Weltwirtschaftskrise, ausgelöst durch den New Yorker Börsenkrach am 24. und 25. Oktober, als „Schwarzer Freitag“ in die Geschichte eingegangen, ließ die Zahl der Arbeitslosen von Oktober bis Dezember fast verdoppeln. Die noch immer auf Österreich lastenden Reparationszahlungen werden erst durch die 2. Haager Konferenz am 20. Jänner 1930 entgültig erlassen. Am 7. Dezember wird endlich die langdiskutierte Verfassungsreform beschlossen, die die Rechte des Nationalrates in einigen Belangen einschränkt und die Rechte des Bundespräsidenten erweitert. Sie trägt in Zeiten politischer Destabilität zu einer Beruhigung der Massen durch eine – wenn auch nur geringe – „Machtumverteilung“ bei.

1929

Obwohl der kriminalpolizeiliche Dienst in Wien vorwiegend von den Kriminalbeamten durchgeführt wird, kommt der Ausbildung der Sicherheitswache in diesem Bereich große Bedeutung zu. Meist ist es der Sicherheitswachebeamte, der zuerst am Tatort eintrifft. Ihm obliegt nun die Feststellung, ob und welches strafrechtlich relevante Delikt vorliegt. Bei Mord, Einbruch und ähnlichen strafbaren Handlungen, ist die Sicherung von Spuren, Feststellung von Zeugen und ähnlichem seine erste Aufgabe. Eine gute Vorarbeit der Sicherheitswache erleichtert die nachfolgende Arbeit der Kriminalbeamten sehr wesentlich – eine schlechte Arbeit erschwert oder verhindert den Erfolg. In dieser Richtung findet daher auch eine sehr eingehende und profunde Schulung der Sicherheitswachebeamten statt.

Im Jahre 1929 war die Truppe der sprachkundigen Sicherheitswachebeamten, wie sich aus dem Bild rechts unten ergibt, sehr dünn. Heute ist Englisch ein fester Unterrichtsgegenstand und die Anzahl der Sicherheitswachebeamten, welche sich freiwillig in Sprachkursen weitergebildet haben, ist groß. Im Hinblick auf die Wanderungsbewegung dieses Dezenniums werden nun insbesondere finanziell vom Bundesministerium für Inneres geförderte Sprachkurse in den Sprachen Serbokroatisch, Tschechisch, Ungarisch, Polnisch etc. angeboten. Auch hier gilt die Devise, das Wort ist die wichtigeste Waffe des Polizisten. So können durch Abbau der Sprachbarrieren Konflikte schon von vornherein verhindert und dem mit Integrationsproblemen kämpfenden, legal aufhältigen Ausländer echte Hilfestellungen angeboten werden. Jedenfalls trägt die Kenntnis der Sprache auch eines illegal eingereisten Ausländers sehr wesentlich dazu bei, dessen Anhaltungszeiten zu verkürzen oder ihm wenigstens sofort Auskunft und Aufklärung über die zu erwartenden Konsequenzen zu erteilen.

Bild oben: Kriminalistikunterricht in der Schulkaserne der Wiener Sicherheitswache

Bild unten: Instriktion für sprachkundige Sicherheitswachebeamte für den Einsatz während der Wiener Messe 1929

1929

Dieser Panzerwagen der Wiener Polizei war und blieb ein Unikat. Heute besteht die „Panzerung" der österreichischen Exekutive im wesentlichen aus Panzerwesten, die jedoch in der Regel aus keramischen Spezialstoffen angefertigt werden, und durch hohte Durchschlagswiderstandsfähigkeit und Leichtigkeit auffallen. Ergänzt wird die Ausrüstung dieser im Rahmen der Wiener Alarmabteilung eher selten eingesetzten „Panzerwagen zu Fuß" durch schußsichere Kopfbedeckungen.

Die guten und zukunftsorientierten Sicherheitsmaßnahmen auf dem Wiener Flughafen haben dank der guten und engagierten Zusammenarbeit der Flughafenbetriebsgesellschaft mit dem Bundesministerium für Inneres und den nachgeordneten Sicherheitsbehörden schon seit vielen Jahren dem Flughafen Wien einen international anerkannten Ruf in punkto Sicherheit und – das einzige noch existierende Panzerfahrzeug zum Schutz gegen terroristische Angriffe eingebracht.

1930

Die schneereichen Winter der Zwischenkriegszeit und auch noch der Nachkriegszeit bis etwa in die 60er Jahre bewirkten in den Bereichen des Wienerwaldes mit seinen für damalige Verhältnisse idealen Bedingungen eine hohe Akzeptanz als Wintersportgebiet. Der Autor selbst hat noch im Jahre 1955, während seiner Ausbildungszeit in der Polizeischule, Dienst im Bereich der Sophienalpe als Patrouille auf Skiern versehen. Die Haupttätigkeit beschränkte sich hiebei auf Erste-Hilfe-Leistungen bei Unfällen, Auskunftserteilungen über zweckmäßige Abfahrten oder Routen für die Rückkehr zu einer Straßenbahnendstelle, Funde und Verluste u. ä. Kriminelle Handlungen in den Wiener Erholungsgebieten waren damals so selten – wie heute noch. Die motorisierten Skipatrouillen waren mit Anorak und Alpinkappe mit den Emblemen der Sicherheitswache ausgerüstet. Die Einteilung als Skipatrouille wurde unter den Polizeischülern als große Auszeichnung empfunden und war erst nach Absolvierung einer Prüfung über das skiläuferische Können möglich. Heute wird der Wienerwald noch gerne von Langläufern und Skiwanderern frequentiert. Eine polizeiliche Pistenregelung ist leider nicht mehr notwendig.

„Skiwettlauf" der Wiener Polizei
Sophienalpe – Ob. Weidlingbach, 11. Februar 1930

1930

Der „Ambiverkehrsregler“ war eines von vielen Experimenten zur Verbesserung der Verkehrssicherheit. Heute sind die Wiener Kreuzungen, sofern sie für eine Ampelregelung in Frage kommen, durch automatische Verkehrslichtsignalanlagen gesichert. Von den insgesamt 856 ampelgeregelten Kreuzungen in Wien sind rund 80% an die Verkehrsleitzentrale angeschlossen. Über die Verkehrsleitzentrale wird noch später zu sprechen sein. Mit diesem Bild feiern wir jedenfalls in dem Buch Abschied von der „Handregelung“ durch Sicherheitswachebeamte, obwohl sie noch bis in die 60er Jahre einen wesentlichen Beitrag zur Verkehrsregelung in Wien lieferte. Sie erforderte von den Verkehrsposten, vor allem nach der sprunghaften Zunahme des motorisierten Verkehrs in der Nachkriegszeit, nicht nur profunde Kenntnisse rechtlicher Bestimmungen, sondern auch Überblick und – Begabung. Es entwickelten sich bei den Wiener Verkehrsposten Individualisten, die durch die Art ihrer Dienstversehung großes Ansehen in der Bevölkerung erlangten. Einer der berühmtesten aus dieser Serie war der Kollege Lukitsch auf der Kreuzung Ring/Babenbergerstraße. Die in aller Regel tüchtigen Verkehrsposten trugen zur damaligen Zeit sehr wesentlich zur Herstellung eines guten Ansehens der Polizei im allgemeinen bei der Bevölkerung bei. Nach und nach wurden sie zuerst in Häuschen neben die Fahrbahn verdrängt, bis sie später in sehr reduzierter Form die Verkehrsverhältnisse nur mehr auf den Monitoren der Verkehrsleitzentrale beobachten konnten. Es war dies die Parallel(rück)entwicklung vom guten alten Rayonsposten zum modernen Funkstreifenwagen.

„Ambiverkehrsregler“ auf der Kreuzung Babenbergerstraße–Getreidemarkt

Wien — Internationale Polizeizentrale.

Antwerpen, 30. September. Der internationale Kriminalpolizeikongreß hat beschlossen, in **Wien** Zentral-Nachweis- und Erkennungsämter und ein internationales Zentralamt für Rauschgifte sowie ein internationales Zentralbureau für Mitteilungen in Sachen des Mädchenhandels zu schaffen.

Illustrierte Kronen Zeitung, 1. 10. 1930

Wiener Bilder, 25. Mai 1930

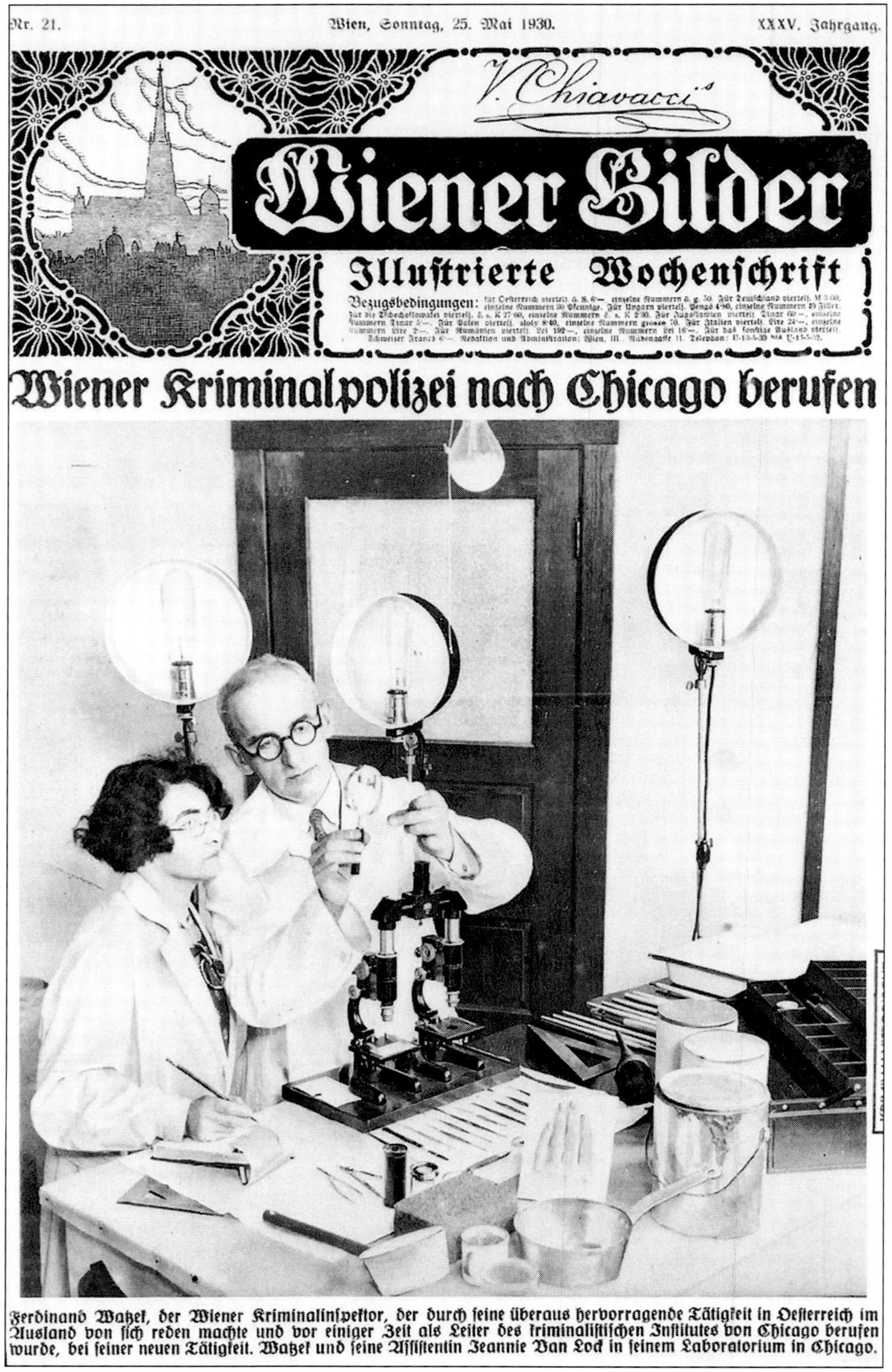

Während vor den letzten Nationalratswahlen in der 1. Republik am 9. November 1930 die Polizei im Auftrag von Innenminister Starhemberg gemeinsam mit dem Militär im ganzen Land mit der Suche nach Schutzbundwaffen beschäftigt war, arbeiteten die Kriminalisten in den Labors unentwegt an einer Verbesserung ihrer Methoden. Immerhin gab man in diesem Jahr schon 500 Millionen Schilling für soziale Zwecke aus, weil die Zahl der Arbeitslosen weiter stieg und 237.745 unterstützt wurden, aber mehr als 100.000 ohne Unterstützung als sogenannte »Ausgesteuerte“ leben mußten. Der Betrieb in der Kriminaltechnik der Bundespolizeidirektion Wien wurde trotz, gegenüber obiger Budgetierung, mit relativ bescheidenen Mitteln vorwiegend durch das Engagement der Beamten aufrechterhalten und weiterentwickelt. Der auf dem hohen Standard der Kriminaltechnik aufgebaute weltweit gute Ruf der Wiener Polizei und damit der Sicherheitsverhältnisse war – wie bekannt – in den internationalen Kreditverhandlungen Österreichs zur damaligen Zeit kein Nachteil.

Die Polizeistraßenmelder waren eine sehr wesentliche und notwendige Einrichtung der Wiener Polizei und verloren erst in der Mitte des Jahrhunderts mit Einführung der Funkgeräte ihre wesentliche Bedeutung. Sie dienten in der damaligen Zeit als meist einziges, sicher aber schnellestes Kommunikationsmittel zwischen einsamer Fußpatrouille und Kommissariatswachzimmer. Bis zuletzt erhielten sie sich noch in den Kabinen für die Verkehrsregelung, die aber durch die bereits erwähnte Einführung der automatischen Verkehrslichtsignalanlagen ebenfalls ihren Bestimmungszweck verloren.

Das neue Polizeiwohnhaus in Wien, Am Heumarkt 29—33.

Das an der Ecke Heumarkt–Lisztstraße von der Republik Österreich errichtete Wohnhaus für Polizeibeamte konnte im Dezember 1930 bezogen werden. Das Gebäude enthielt 99 Wohnungen, die dem in diesen Jahren besten Standard entsprachen.

Der neue Polizei-Notrufapparat.

Ein geöffneter Straßenapparat in Benützung.

Die Wiener Polizei hat, wie gemeldet, nach ausländischem Muster eine interessante Neueinrichtung in Benützung genommen, den elektrischen Notruf- und Alarmapparat. Dieser ermöglicht es einerseits den auf Posten befindlichen Wachebeamten, im Bedarfsfalle rasch Hilfe herbeizurufen, anderseits stellt er eine ständige Verbindung der Kommissariate mit den Wachebeamten her, da die von einem Kommissariat aus in Tätigkeit gesetzte Alarmglocke eines solchen Straßenapparates unbedingt vom nächsten Wachposten gehört werden muß.

Illustr. Kronen Zeitung, 5. September 1930

1931

Im Jahre 1923 wurde in Wien von Polizeipräsident Schober die INTERPOL gegründet. Der gute Ruf der Wiener Polizei in aller Welt entstand aus dem Weitblick der unmittelbar Verantwortlichen in der Behörde und einigen nach den Ereignissen des Ersten Weltkrieges aufgeschlossenen politischen Funktionsträgern in allen Lagern. Zu diesem Zeitpunkt war die Polizei zwar schon in ein politisches Kreuzfeuer geraten, aber noch – was die Einschätzung ihrer der Republik zutiefst verbundenen Grundeinstellung betraf – nicht zuletzt wegen der sachlich fundierten Erfolge bei der Kriminalitätsbekämpfung – vertrauenswürdig. Dazu trugen wesentlich die internationalen Anerkennungen bei, die in der Folge zu einigen internationalen Kooperationen bzw. Aus- und Fortbildungsprojekten führten.

Eines davon war dem Umstand zu verdanken, daß China in dieser Zeit seine Sicherheitsverhältnisse neu ordnete. In diesem Jahrzehnt hatte sich vor allem Shanghai zum „westlichen" Schaufenster des Landes entwickelt. Der Großhafen brachte nicht nur Ansiedlungen von Wirtschaftsunternehmungen, sondern auch Fremdenverkehr in beachtlichem Ausmaß und führte zur Notwendigkeit einer sowohl der Ordnungsals auch der Sicherheitsfunktion adäquaten Polizeiausbildung. Die Internationalität der Hafenstadt hatte als Schattenseite auch einen Kriminalitätsanstieg zur Folge. Obwohl die Engländer beste Beziehungen vor Ort hatten, wurde nicht die Londoner, sondern die Wiener Polizei der wesentliche Ausbildungsfaktor. Polizeipräsident Schober war auch hier maßgeblich beteiligt. Die Shanghaier Polizei galt viele Jahre als bestausgebildete und vor allem auf kriminalistischem Gebiet äußerst erfolgreiche Exekutivgruppe des Fernen Ostens.

Auch im Jahre 1992 ist die Wiener Polizei nicht untätig. Wieder gibt es mit Unterstützung des Innenministeriums Kooperationen und Ausbildungsmöglichkeiten für andere Polizisten. Die österreichisch-ungarische und in Kürze die mitteleuropäische Polizeiakademie nahmen von Wien ihren Ausgang. Die Arbeitsgemeinschaften zwischen Österreich, Ungarn und der CSFR zur Bekämpfung des organisierten internationalen Verbrechens, insbesondere der „Russischen Mafia", wurden nicht nur von den Medien, sondern auch von anderen Polizeien anerkannt. Die international optimalen Wiener Sicherheitsverhältnisse haben gezeigt, daß die Wiener Polizei in den Nachkriegsjahren nicht nur Anschluß gefunden hat, sondern dabei ist, wieder einen Spitzenruf zu erlangen. Mag sein, daß es in anderen Ländern bessere budgetäre Dotationen gibt, die Motivation und das damit verbundene Engagement der Wiener Polizeibeamten garantieren aber heute, wie in der Zwischenkriegszeit, eine zu großem Optimismus berechtigende Weiterentwicklung.

Bild oben:
Chinesische Polizeioffiziere bei der Demonstration von Jiu-Jitsu im Hof der Marokkanerkaserne. 20. 2. 1931
Bild unten:
Chinesische Polizeioffiziere während des Unterrichtes in der Marokkanerkaserne

12. Juli 1931 – Zeppelin über Wien

Das deutsche Luftschiff „Graf Zeppelin" landete am 12. Juli 1931 auf dem Wiener Flughafen Aspern vor einer riesigen, staunenden Menge. Der polizeiliche Ordnungsdienst machte es möglich. Im Bild: Dr. Hüttel, Kommandant der Schulabteilung, zu Pferd, vor dem landenden Luftschiff

Polizeivizepräsident Dr. Brandl auf dem Flugfelde in Aspern.

1931

Nach den tragischen Ereignissen des Jahres 1927 galt es nun für die Wiener Polizei, einerseits ihre Stellung als bürgerfreundliche Einrichtung unter Beweis zu stellen, andererseits aber hatte die dumpfe Angst vor Revolution und Bürgerkrieg von den maßgeblichen Köpfen des öffentlichen Lebens Besitz ergriffen. So gesehen findet die Belastungsprobe einer Fähre über den Donaukanal in der Nähe des Gassteges durch Wiener Polizisten am 6. 5. 1931 (Bild rechts oben) den ungeteilten und erwünschten Applaus der Wiener. Auch der Wachmann zu Pferd (links unten) wird gerne gesehen, wenn er sich dem immer stärker werdenden Verkehr auf Wiens Straßen widmet und nicht in Kämpfe mit Demonstranten verwickelt ist. Auch die Streifung durch das Buschwerk von Prater und Lobau findet Beifall in der Bevölkerung, wird doch manch Vagabund so aufgespürt und aus dem „Verkehr" gezogen (rechts unten). Wohl anders verhält es sich bei der Aufrüstung und militärischen Organisation der nach 1927 gegründeten Alarmabteilung der Sicherheitswache. Eine schlagkräftige Polizeitruppe war entstanden – in Ausbildung und neuer Uniformierung (Bild unten mitte) kaum von einem Heeresverband zu unterscheiden. Es war für alle Fälle vorgesorgt.

„Pfriemer-Putsch"
13. September 1931

Polizeibereitschaft in Wien

In der Nacht vom 12. zum 13. September 1931 versuchte der steirische Landeskommandant und Bundesführer der Heimwehr, Dr. Walter Pfriemer, mittels einer Anzahl ihm treu ergebenen Heimwehrabteilungen, die österreichische Bundesregierung zu stürzen. Dr. Pfriemer will sich selbst zum „Staatsführer" ausrufen. Durch das bestimmte Entgegentreten der Exekutive (siehe Bilder) sowie das mangelnde Echo in den eigenen Reihen bricht der Putsch bereits am 13. September zusammen, der von Pfriemer geplante „Marsch auf Wien" erfolgt nicht einmal in Ansätzen.

Links und rechts oben:
Plakatierung von Aufrufen der Regierung durch Wiener Sicherheitswache

Zentralinspektor Skubl bei der Inspektion der Polizeibereitschaft zur Niederwerfung des Putsches im Hof der Wiener Marokkanerkaserne

Das Jahr 1932 war – ebenso wie die gesamte Zwischenkriegszeit – von zahlreichen und schweren Auseinandersetzungen der politischen Lager in Österreich gekennzeichnet. Wirtschaftskrise und politischer Extremismus – wobei eines das andere hervorrief – führten zu einer immer stärkeren Verlagerung der Auseinandersetzungen auf die Straße. Nur allzuoft gelang es der Sicherheitswache nur um den Preis von Toten und Verletzten in den eigenen Reihen, die Streitparteien zu trennen und die Ordnung wiederherzustellen. Als am 27. Mai 1932 die – damals noch legalen – Nationalsozialisten für die Auflösung des Parlamentes und die Ausschreibung von Neuwahlen demonstrierten (siehe Bilder), kam es zu schweren Auseinandersetzungen mit der Sicherheitswache. Aber auch andere Ereignisse, wie der Besuch von Joseph Goebbels in Wien mit seiner Kundgebung in der Engelmannarena am 18. September, der nationalsozialistische Gauparteitag am 29. September, die Prügelei zwischen Sozialdemokraten und Nationalsozialisten im Gemeinderat am 30. September und die blutigen Ereignisse in Simmering am 16. Oktober sowie zahlreiche „Saalschlachten" in allen Wiener Bezirken erforderten eine steigende und opfervolle polizeiliche Präsenz. Die Anwendung des „Kriegswirtschaftlichen Ermächtigungsgesetzes" von 1917 schien der Regierung Dollfuß der einzige Ausweg aus der Krise zu sein – das Ende der parlamentarischen Demokratie war in bedrohliche Nähe gerückt.

27. Mai 1932: Polizeiliche Maßnahmen während einer Demonstration, in welcher die Nationalsozialisten die Auflösung des Parlamentes forderten.

Als am 19. August 1932 Polizeipräsident Johann Schober starb, war dies auch das Ende einer Ära der Wiener Polizei. Obwohl politisch umstritten, bedeutete der Tod Schobers – im gleichen Jahr wie der seines politischen Widersachers Seipel – doch den Abschluß einer kontinuierlichen Entwicklung auf polizeilichem Gebiet und den Beginn der Verunsicherung gegenüber vielen Werten staatlicher Ordnung.

Bundes-Polizeidirektion in Wien. Zentralinspektorat der Sicherheitswache.

Tages-Befehl.

Nr. 4079. Wien, am 20. August 1932. 63. Jahrgang.

Pr. IV—996.

Unser Präsident Bundeskanzler a. D. **Dr. h. c. Johannes Schober** ist am 19. d. M. um 9 Uhr 40 Minuten abends dem schweren Herzleiden, dem er seit längerer Zeit verfallen war, erlegen.

Was wir in Präsident Schober verlieren, brauche ich uns Polizisten nicht mit langen Worten klar zu machen.

In den schweren Tagen, da Österreich nach einer neuen Lebensform rang, an der Spitze der Polizeibehörde der Bundeshauptstadt stehend, hat er die hohe Aufgabe gelöst, diese Behörde durch die Wirren der Zeit hindurch als den festesten Hort von Recht und Ordnung aus den alten in die neuen Verhältnisse herüber zu leiten, nur von dem einen Gesichtspunkte durchdrungen, den er auch allen seinen Beamten als Leitstern vorhielt, dem Staate und dem ganzen Volke gegenüber unbeirrbar innerhalb seines verantwortungsvollen Pflichtenkreises die Treue zu halten.

In den folgenden ruhigeren Zeiten hat er trotz der Schwierigkeiten der materiellen Verhältnisse zielbewußt und rastlos an dem organisatorischen Auf- und Ausbau der Polizei, der durch den Krieg zum Stillstande gelangt war, gearbeitet, dabei aber das Hauptgewicht darauf gelegt, daß jedes Organ dieser Institution von der ihm selbst eigenen Schaffensfreudigkeit, aber auch verständnisvoller Berufsauffassung erfüllt wurde. Diese seine Arbeit beschränkte sich nicht auf den Wiener Boden, er prägte seinen Geist auch den übrigen Bundes-Polizeibehörden auf und auch das Ausland begann auf ihn aufmerksam zu werden. Es ist keine Phrase, sondern Überzeugung der Polizisten größter Hauptstädte, daß Schober die Wiener Polizei zur „besten Polizei" der Welt ausgestaltet hat. Es war eine selbstverständliche Folge dieser Auffassung, daß Schober auch Chef jener weltumspannenden polizeilichen Organisation wurde, die als Internationale Kriminalpolizeiliche Kommission über seine Initiative geschaffen, sich die Aufgabe der Bekämpfung des internationalen Verbrechertums gestellt hat.

Schober war die edelste Blüte der altösterreichischen Bürokratie. Kein Wunder, daß er in dieser Eigenschaft wiederholt berufen ward, den Staat selbst als Ganzes durch Fährlichkeiten aller Art zu leiten. Auch hier ist ihm Erfolg beschieden gewesen oder er hat Großes in die Wege zu leiten versucht. Seine Taten als Bundeskanzler und Bundesminister werden in die Geschichte unseres Vaterlandes eingehen.

Was uns aber bei seinem Heimgange am meisten ans Herz greift, ist, daß wir einen Freund verloren haben. Vielleicht dürfen wir sogar mehr sagen: Wir waren für ihn ein Teil seiner Familie. Zahllos sind die Institutionen, die er zum Wohle der Polizeiorgane geschaffen hat: das Polizeispital, die Erholungsheime und die Stiftungen, zu denen er die privaten Kreise angeregt hat. Niemand, der in Sorge und Nöten war, hat sein Bureau ungetröstet verlassen. Der Grundzug seines Charakters war die Güte. An dem Harten, das sein Beruf mit sich brachte, hat er selbst am meisten gelitten.

An seiner Bahre stehend, nehmen wir Abschied von einem Menschen, der ein Mann war durch und durch; Führer und Freund. Möge seine Tugend der Bundes-Polizeidirektion Wien immerdar voranleuchten. Möge sein Geist nie aus unseren Köpfen, sein Gefühl nie aus unseren Herzen entschwinden. Schober wird uns Polizisten unvergeßlich bleiben.

Dr. Brandl.

23. August 1932: Der Sarg Schobers wird aus dem Gebäude der Polizeidirektion am Schottenring, seiner jahrzehntelangen Wirkungsstätte, getragen. Die Alarmabteilung der Wiener Polizei stellt das Spalier.

1932

Als im September 1932 – nach dem Tode Schobers – der bisherige Polizei-Vizepräsident Dr. Franz Brandl zum Wiener Polizeipräsidenten bestellt wurde, erhoffte man, daß Brandl zu einer ähnlichen Vaterfigur für alle Wiener Polizisten würde, wie dies bei seinem Vorgänger der Fall war. Brandl war als Leiter der Polizeidirektion in der Zeit der Verhinderung Schobers durch dessen Regierungstätigkeit ja geradezu prädestiniert für das Amt des Präsidenten, er verfügte auch über eine nicht geringe Popularität bei seinen Mitarbeitern und galt als hervorragender Fachmann in allen polizeilichen Bereichen.

Als bei der Auflösung des Parlamentes durch die Regierung Dollfuß am 4. März 1933 die polizeilichen Maßnahmen nur allzu schleppend aus der Sicht der Regierung durchgeführt werden und Polizeipräsident Dr. Brandl außerdem sozialdemokratische Politiker vorzeitig in Kenntnis setzt, entzieht Bundeskanzler Dollfuß Brandl das Vertrauen und fordert ihn zum Rücktritt auf. Brandl entspricht dem Wunsch des Kanzlers. Aus Protest gegen die Regierung Dollfuß tritt Brandl am folgenden Tag der damals noch legalen NSDAP bei, ein Schritt, der von den Nationalsozialisten propagandistisch weidlich ausgenützt wurde und später die großen Leistungen Brandls für das Wiener Polizeiwesen in den Schatten stellte.

NATIONALSOZIALISTISCHER TERROR IN WIEN
In der ersten Jahreshälfte 1933 kam es in Wien zu zahlreichen nationalsozialistischen Anschlägen. So fand am 12. Juni 1933 der Juwelier Norbert Futterweit bei einem Bombenanschlag gegen sein Geschäft in der Meidlinger Hauptstraße den Tod (Bild oben). Die Ermittlungen gegen die Attentäter wurden am Tatort persönlich vom damaligen Sicherheitsminister Emil Fey und dem Polizeipräsidenten Seydel geleitet. Am 19. Juni 1933 wurde schließlich die NSDAP in Österreich verboten.

Nachdem Bundeskanzler Dollfuß dem Wiener Polizeipräsidenten Brandl 1933 sein Vertrauen entzogen hatte und sich die innenpolitische Lage erheblich zuspitzte, galt es, das vakante Amt des Polizeipräsidenten mit einem Mann zu besetzen, der in keinerlei Konflikt mit der Linie der Regierung stand. Diesen fand man in der Person des bisherigen Polizeivizepräsidenten Dr. Eugen Seydel, dem der Ruf vorausging, ein treuer Diener des Staates in bester altösterreichischer Beamtentradition zu sein. Seydel war vor allem ein überzeugter Österreicher und galt als Garant für den kompromißlosen Widerstand gegen die seit 19. Juni 1933 verbotenen Nationalsozialisten. Dem neuen Präsidenten fiel nun die unangenehme Aufgabe zu, mit seiner Behörde die neue Gesetzeslage zu exekutieren und vor allem auch die Polizei selbst von den Gefolgsleuten der verbotenen NSDAP zu befreien. Ein Auftrag, den Seydel nach dem verhängnisvollen 12. Februar 1934 auch in Hinblick auf die Sozialdemokraten zu erfüllen hatte. Dr. Eugen Seydel, der als ruhig, freundlich und konziliant galt, hatte nun plötzlich – ohne es zu wollen – die „Schmutzarbeit" des autoritären Regimes zu tun – eine Aufgabe, die ihm offensichtlich widerstrebte und für die er auch nicht die erforderliche Härte besaß. Ein Umstand, der sich schon bei der blutigen Niederschlagung der sozialdemokratischen Erhebung abzeichnete und bei der Beendigung des nationalsozialistischen Putsches am 25. Juli 1934 erneut offenbar wurde. Der Polizeipräsident wurde auch mit dem Vorwurf konfrontiert, daß er die Entfernung der Nationalsozialisten aus den Reihen der Polizei mit zu geringem Nachdruck betrieben hatte und es so möglich war, daß maßgeblichste Exponenten des „Juliputsches" in Wien aktive Polizeiangehörige waren. Dieser Umstand führte zu einer Beurlaubung des Polizeipräsidenten und schließlich zu siner Pensionierung im September 1934. Dr. Eugen Seydel starb – als Folge eines Verkehrsunfalles – im Alter von 79 Jahren im März 1958 in seiner Heimatstadt Wien.

Warnung!

Aus Rücksichten des öffentlichen Wohles wurden von den Behörden alle für den 1. Mai geplanten Straßendemonstrationen untersagt. Trotzdem wurde von einigen Seiten die Parole ausgegeben, am 1. Mai in die Innere Stadt zu ziehen und zu demonstrieren.

Um dies zu verhindern, wird die Bundes-Polizeidirektion mit Unterstützung des Bundesheeres am 1. Mai die Zugänge zur Inneren Stadt absperren und auch sonst umfassende Vorkehrungen treffen.

Die Bevölkerung wird vor der Teilnahme an Demonstrationen jeder Art auf das nachdrücklichste gewarnt und aufgefordert, der Parole, in die Stadt zu gehen, nicht Folge zu leisten.

Die Behörden sind pflichtgemäß entschlossen, jede Demonstration, nötigenfalls auch mit den schärfsten Mitteln, zu unterdrücken.

Die Bundes-Polizeidirektion erwartet, daß die Bevölkerung diesen Appell in ihrem eigenen Interesse beachten und in diesen schweren Tagen alles vermeiden wird, was den guten Ruf unserer Stadt und unserer Heimat beeinträchtigen könnte.

Wien, am 28. April 1933.

Die Bundes-Polizeidirektion in Wien.

Politisches Zeitbild aus der Amtszeit von Polizeipräsident Seydel

Eugen Seydel, Dr. jur.

20. März 1933 bis 28. September 1934.

Eugen Seydel, Dr. jur., geb. 20. Okt. 1879 in Wien, 16. Aug. 1902 Konz.-Prakt., 15. April 1907 Konzip., 5. Febr. 1912 Kom., 25. Febr. 1917 Minist.-Sekr., 1. Jänn. 1921 Sekt.-R., 11. Dez. 1923 Minist.-R., 18. Okt. 1932 mit der Funktion eines Pol.-Vize-Präsid. in Wien betraut, 16. Dez. 1932 zum Pol.-Vize-Präsid., 20. März 1933 zum Pol.-Präsid. ern., 21. Juni 1933 zum Sicherh.-Direktor für das Bundesland Wien, 10. Febr. 1934 zum Sicherh.-Kom. für das Gebiet der Bundshauptstadt Wien bestellt, 28. Sept 1934 pens.

1933

Absperrmaßnahmen im Bereich des Heldenplatzes durch berittene Sicherheitswache am 15. März 1933, um eine Sitzung im aufgelösten Nationalrat zu verhindern…

…und der Leiter der „Internationalen Zentrale gegen die Verfälschung von Banknoten" Polizeirat Dr. Arthur Klauser bei der Überprüfung von Falsifikaten.

ZURÜCK!
SONST WIRD
GESCHOSSEN

Michael Skubl, Dr. jur.

30. Juli 1934 bis 13. März 1938.

Michael Skubl, Dr. jur., geb. 27. Sept. 1877 in Bleiburg, Kärnten, 3. Jänn. 1906 Konz.-Prakt., 2. Okt. 1908 Konzip., 26. Sept. 1909 Bez.-Insp. der Sich.-W., 1. Jänn. 1913 O.-Kom., 6. Juli 1918 Pol.-R., 1. Jänn. 1921 Tit.-Reg.-R., 14. Febr. 1923 Tit.-Hof-R., 30. Sept. 1929 wirkl. Hof-R. Vom 27. Sept. 1908 bis 19. Febr. 1909 der Land.-Reg. in Laibach, dann der Sich.-W.-Abt. Innere Stadt und dem Zentr.-Inspektorate zuget. Vom 12. Nov. 1912 bis 1. April 1913 der Land.-Reg. in Laibach unmittelbar und vom 1. April 1913 bis zum Umsturze 1918 als Stellvertr. des Pol.-Dirs. in Laibach zugew. Nach der Einberufung nach Wien am 26. Febr. 1919 Kommandant der beritt. W.-Abt., 16. Sept. 1929 mit der Leitung des Zentr.-Inspektorates betraut, 11. April 1933 Pol.-Vize-Präsid., 24. Juli 1934 Generalinspizierender der Bundes-Pol.-Beh. Österreichs, 30. Juli 1934 prov. mit der Leitung der Bundes-Pol.-Dion Wien und mit der Führung der Agenden des Sich.-Dirs. für Wien betraut, 29. Sept. 1934 Pol.-Präsid., 20. März 1937 zum Staats-Sekr. für die Angelegenheiten des Sicherheitswesens besteilt, 13. März 1938 abberufen.

Als der stolze „Schimmelreiter" war der Zentralinspektor der Wiener Sicherheitswache Dr. Michael Skubl in Wien längst eine bekannte und auch populäre Persönlichkeit, als er am 30. Juli 1934 mit der Leitung der Bundespolizeidirektion Wien betraut wurde. Skubl galt als Mann der Tat, welchem man die Regeneration der durch zahlreiche „Illegale" durchsetzten Polizeibehörde zutraute, er galt auch als überzeugter und kompromißloser Österreicher. Der neue Polizeipräsident hatte nicht nur das Vertrauen der Regierung Schuschnigg, er fand auch trotz – oder gerade wegen – seiner korrekten Haltung die Achtung einflußreicher Männer aus dem sogenannten „betont-nationalen" Lager. Diese großdeutsche Gruppierung stand naturgemäß zur Regierung in Opposition, war aber auch gegenüber den bombenwerfenden Kriminellen innerhalb der illegalen NSDAP äußerst reserviert. Aus diesem Lager kam nun auch an jenem verhängnisvollen 11. März 1938 der Wunsch, Skubl in seinem Amt als Polizeipräsident von Wien auch von der Regierung Seyss-Inquart bestätigen zu lassen. Skubl stimmt zu, nicht weil er die Fronten gewechselt hatte, sondern weil er hoffte, noch Schlimmeres verhindern zu können. Bereits am 13. März ist jedoch seine Amtszeit zu Ende – der Druck der Illegalen war stärker. Dr. Michael Skubl muß das Gebiet des ehemaligen Österreichs verlassen und nimmt Aufenthalt im sogenannten „Altreich", wo er in der Privatwirtschaft bis Kriegsende tätig ist. Nach dem Kriege wird er als Österreicher aus Deutschland abgeschoben, wieder in Wien sieht sich der mittellose, gebrochene alte Mann mit dem Vorwurf konfrontiert, ein Kollaborateur der Nationalsozialisten gewesen zu sein. Erst über Intervention des jungen Polizeipräsidenten Holaubek findet Skubl in Wien wieder eine Unterkunft, wo er dann auch seinen Lebensabend verbringt. Am 24. 2. 1964 stirbt der einst so stolze „Schimmelreiter" in Vergessenheit und teilweiser Ächtung. Ein österreichisches Schicksal hatte sich erfüllt.

1934

Durch die Ausschaltung des Parlamentes und die schrittweise Beseitigung demokratischer Kräfte wird in Österreich die Voraussetzung für ein autoritäres Regierungssystem geschaffen. Die lang andauernde Arbeitslosigkeit und die dadurch entstandene Verarmung und Verelendung weiter Bevölkerungsteile bedeuten eine latente Gefahr für die Wirtschaft, aber auch für den sozialen Frieden in Österreich. Der aufkommende Nationalsozialismus macht Österreich reif für den Verlust seiner staatlichen Eigenständigkeit.

Am 1. Mai wird aufgrund des Verfassungsermächtigungsgesetzes die ständische Verfassung verkündet. Danach ist Österreich ein auf berufständischer Ordnung und christlichen Grundsätzen beruhender Bundesstaat bestehend aus acht Bundesländern und der bundesunmittelbaren Stadt Wien, die kein Bundesland mehr ist. Ein Staatsrat, ein Bundeskulturrat, ein Bundeswirtschaftsrat und ein Länderrat beschicken den Bundestag.

Nach einer Welle nationalsozialistischer Anschläge kommt es am 25. Juli zum Putschversuch der Nationalsozialisten. Kernstück ist der Einsatz der SS-Standarte 89. Diese militärisch gut ausgebildete Gruppe sieht die Festnahme des Bundespräsidenten, die Festnahme der Regierung während des Ministerrates, die Besetzung der Rundfunkzentrale RAWAG und der zentralen Telefonanlagen vor. Ein Beamter der Bundespolizeidirektion Wien informiert auf Umwegen die zuständigen Stellen. Gegen Mittag wird tatsächlich von den zur Beobachtung entsandten Kriminalbeamten vor der Bundesturnhalle in der Siebensterngasse ein starker Zuzug von Leuten in Polizei- und Militäruniform, aber auch in Zivil beobachtet. Vor dem Hause fahren Lastautos vor, Säcke und Kisten zweifellos mit Waffen und Munition werden aufgeladen. Polizei wird in die Siebensterngasse sowie zur Beobachtung der Gebäude des Bundeskanzleramtes und der Herrengasse entsandt. Gleichzeitig konzentriert die Polizei ihre Kräfte am Michaelerplatz, den Bundeskanzler Dollfuß regelmäßig zu Mittag überquerte. Um 12.53 Uhr benutzen die Putschisten, als Bundesheersoldaten verkleidet, die Wachablöse auf dem Ballhausplatz und fahren in das Bundeskanzleramt ein. Kurz danach besetzt eine Gruppe von 15 Putschisten die Senderäume der RAWAG im 1. Bezirk in der Johannesgasse. Ein Sprecher wird gezwungen bekanntzugeben: „Die Regierung Dollfuß ist zurückgetreten, Rintelen hat die Regierungsgeschäfte übernommen.“ Um 13.00 Uhr versuchen zwei Beamte Bundeskanzler Dollfuß über eine Hintertreppe aus dem Bundeskanzleramt zu bringen. Sie werden jedoch von Putschisten gestellt und Dollfuß wird durch zwei Schüsse schwer verletzt. Um 13.05 Uhr zerniert die Polizei das RAWAG-Gebäude und kämpft die nationalsozialistische Putschistengruppe nieder. Um 13.30 Uhr trifft das Panzerauto der Wiener Polizei am Ballhausplatz ein. Zwei gefangene Polizisten werden zum sterbenden Bundeskanzler geholt und legen diesem einen Notverband an. Die Putschisten verweigern die Bitte des Kanzlers um einen Arzt und einen Priester. Erst nach 19.00 Uhr entscheiden sie sich, die seit Stunden von Polizei und Bundesheer eingeschlossen waren, zum Aufgeben und öffnen das Tor. Dollfuß ist um etwa 15.40 Uhr seinen Verletzungen erlegen. Alle Putschisten, 154 Mann, davon 96 ehemalige Angehörige des Bundesheeres, werden als Gefangene in die Polizeikaserne Marokkanergasse gebracht. Am 31. Juli beendet das Militärgericht die Verhandlung gegen die Putschisten; drei Stunden nach Verkündigung des Urteiles werden die acht Hauptangeklagten hingerichtet. Noch am Tag vorher verfügte Hitler die Auflösung der Landesleitung der NSDAP in Österreich.

Bundes-Polizeidirektion in Wien. — Generalinspektorat der Bundes-Sicherheitswache.

Tages-Befehl.

Nr. 4123. Wien, am 1. September 1934. 65. Jahrgang.

I.

G. Z. 2115.

Polizeimajor der Bundes-Sicherheitswache in Wien

Franz Hickl,

Kommandant der städtischen Sicherheitswache-Abteilung des Bundes-Polizeikommissariates in Innsbruck, ist am 25. Juli 1934 in Innsbruck einem heimtückischen Mordanschlag zum Opfer gefallen.

Polizeibezirksinspektor

Peter Fluch

der Sicherheitswache-Abteilung Innere Stadt hat am 25. Juli 1934 in den Kämpfen zum Entsatze des von Aufständischen besetzten Gebäudes der „Ravag“ in Wien, in treuer und heldenhafter Pflichterfüllung den Tod gefunden.

Polizeirayonsinspektor

Matthias Kaufmann

der Alarmabteilung, ist den beim Entsatze des „Ravag“-Gebäudes in treuer und heldenhafter Pflichterfüllung am 25. Juli 1934 erlittenen schweren Verletzungen am 26. Juli 1934 erlegen.

Polizeirevierinspektor

Ferdinand Forstner

der Sicherheitswache-Abteilung Favoriten ist als Opfer treuester Pflichterfüllung am 9. August 1934 den Verletzungen erlegen, welche er am 21. Juli 1934 in Ausübung des Dienstes bei einem auf ihn durch einen Sprengstoffattentäter verübten tückischen Mordanschlag erlitten hat.

Diese braven Kameraden, ausgezeichnet durch Mannesmut und Soldatentugend sind mit Entschlossenheit und Tatkraft für die Erfüllung ihrer beschworenen Pflicht eingetreten. Als tapfere Schirmer der österreichischen Heimat sind sie fluchwürdigen Verbrechern zum Opfer gefallen und als Märtyrer für Österreich gestorben.

Wir werden ihnen, die in dem schweren Ringen um die Freiheit und Selbständigkeit unseres Vaterlandes ihr Höchstes, das Leben, als Helden der Pflicht und der Treue hingegeben haben, in Bewunderung und Liebe ein immerwährendes, ehrendes Andenken bewahren. Ihre Namen reihen sich der stattlichen Anzahl jener Opfer an, die Verbrechertum und wahnsinnige politische Verhetzung im Verlaufe der Jahrzehnte aus den Reihen des Wiener Sicherheitswachekorps gefordert haben. Ihre Namen werden ein neues Ruhmesblatt in der Geschichte des Sicherheitswachekorps zieren, ihr für das Vaterland vergossenes Blut den Ehrenschild des Korps blank erhalten.

25. Juli 1934:
Leiche des von den Putschisten im Gebäude der RAVAG erschossenen Bezirksinspektors Peter Fluch

Pferdemusterung im Burgenland

Am 13. September 1935 fand im burgenländischen Wallern wieder einmal die traditionelle Pferdemusterung der Wiener Polizei statt. Alte Kavalleristen, im Dienste der Polizei stehend, beurteilten fachmännisch, welche Pferde für die Wiener Sicherheitswache aufgekauft werden sollten.

1935

STROMPOLIZEI
Im Oktober 1935 wurden die neuen Motorboote der Strompolizei in Dienst gestellt. Die Wiener Polizei verfügte über drei Boote dieser Art, welche jeweils mit einem Maschinengewehr (MG 07) auszurüsten waren

Am 1. 7. 1992 sind insgesamt 30 Beamte beim Donaudienst beschäftigt. Die Flotte setzt sich aus dem 10-m-Schiff „Donau", den 7-m-Schiffen „Fischa" und „Piesting", zwei Sturmbooten mit Außenbootmotor und einer Elektrozille für den Streifendienst auf der Alten Donau zusammen.

Der Donaudienst ist zweckmäßigerweise in die Sicherheitswacheabteilung Leopoldstadt eingegliedert, verfügt aber über ein im wesentlichen selbständiges Kommando. Obwohl von 1935 bis 1992 die Aufgabenstellung des Donaudienstes präventiv und in Richtung Hilfeleistung im wesentlichen unverändert geblieben ist, hat sich der Repressivbereich in den letzten zwei Jahren sehr wesentlich quantitativ und qualitativ verändert. Näheres dazu lesen sie bitte auf Seite 251.

Polizeinotruf „A-I-22"

Telefonzentrale der Wiener Polizei mit dem neuen „Notrufschrank"

„A I 22" bringt Sicherheit und Brot.

Was in vielen anderen Städten längst, und zwar mit dem denkbar besten Erfolg eingeführt wurde — ein „Polizei-Alarmruf" — wird bekanntlich in allernächster Zeit auch in Wien verwirklicht werden. Im Zusammenhang damit ist man mit der Ueberprüfung eines Vorschlages befaßt, der einem Ausbau dieses Notrufes gilt und berufen ist, hinsichtlich der Sicherheit unserer Stadt und ihrer Bewohner eine große Rolle zu spielen. Die Oeffentlichkeit soll das unersetzbare Gefühl unbedingter Geborgenheit und ausreichenden Schutzes haben, unter dem sie Tag und Nacht steht, und

ständig in der Lage sein, die Polizei auf dem kürzesten Weg an jede gewünschte Stelle zu berufen, wo Gefahr für Leben oder Eigentum gegeben ist.

Anfang September wird, wie gemeldet, der „Alarmruf" in der Marokkanergasse eingerichtet werden und jedem Fernsprechteilnehmer ermöglichen, durch den Ruf „A 122" raschest ein jederzeit eingriffsbereites Ueberfallkommando zu verständigen, wenn dies notwendig ist. Um diese in einer Großstadt unvermeidliche Einführung auch technisch mit den modernsten Mitteln auszustatten, werden schon in den kommenden Tagen

drei neue Ueberfallsautos eingestellt,

die jede Minute eingesetzt werden können und eine erprobte Mannschaft als dauernde Besatzung haben Gasmasken, Maschinenpistolen, Radioanlagen, Hebegeräte und andere Hilfsmittel, kurz, das ganze Rüstzeug im Kampf gegen das neuzeitliche Verbrechertum, ist hier auf den schnellen Wagen vereinigt, die dem Schutz und der Sicherheit jedes zu dienen haben, der sie benötigt. Kleine, aber überaus leistungsfähige Motoren vermögen binnen weniger Minuten den Wagen mit seiner Mannschaft an die rufende Stelle zu bringen.

Eine Schwierigkeit barg diese begrüßenswerte Einführung aber noch: Da nämlich nicht alle Wiener Häuser mit Fernsprechern ausgestattet sind — es handelt sich da um nicht weniger als etwa 10.000 Objekte — würden die Bewohner aller dieser Häuser auch in dringendsten Fällen keine Gelegenheit haben, den Notruf an die Polizei weiterzuleiten. Um diesem Uebelstand abzuhelfen, sieht ein der Polizei vorgelegtes Projekt die Einrichtung sogenannter

Not-Telephone in allen telephonlosen Häusern

vor, die über keine eigenen Sprechstellen verfügen. Im Zug der Arbeitsbeschaffung soll, dem eingangs erwähnten Plan entsprechend, in telephonlosen Gebäuden je ein Apparat installiert werden, der den Bewohnern gestattet, im Bedarfsfall jederzeit und sofort polizeiliche Hilfe herbeizuholen. Allerdings sollen diese Apparate ausschließlich für derartige Zwecke bestimmt sein und jeden Mißbrauch unmöglich machen.

„A 1 22" wird also nicht nur allen Wienern ein wünschenswertes Gefühl unbedingter Sicherheit geben, er wird auch vielen Arbeitslosen zu Brot verhelfen und so einen doppelten Zweck erfüllen.

Ill. Kronen Zeitung, 15. 8. 1935

Der als „Überfallswagen" bezeichnete Mannschaftswagen der Wiener Polizei, welcher von der Notrufzentrale an seinen Einsatzort geleitet werden konnte.

Polizeinotruf „A-I-22“

Polizeinotruf 1935 – von der telefonischen Meldung bis zum Ausrücken der Mannschaft

Tatbestandsaufnahme nach Verkehrsunfall

Schon 1936 befaßte man sich mit akribischen Tatbestandsaufnahmen nach Verkehrsunfällen. Da Verkehrsunfälle mit Personenschaden grundsätzlich eine gerichtliche Untersuchung nach sich ziehen, kommt der Arbeit der Polizei hier eine besondere Bedeutung zu. Es gilt auf der einen Seite, die Rechtsansprüche des schuldlosen Lenkers zu wahren und auf der anderen Seite, dem Schuldigen jene Beweise zu geben, die gegebenenfalls zu seiner Entlastung, zu einer Milderung des Verschuldens und ähnlichem dienen. Sehr oft können sich Zeugen im nachfolgenden Gerichtsverfahren nicht mehr an Details erinnern, was Monate später durchaus verständlich erscheint.

Umso mehr wird der polizeilichen Tatbestandsaufnahme vom Gericht Bedeutung beigemessen. In den Skizzen müssen nach den Angaben der Lenker die allenfalls ortsveränderten Fahrzeuge eingetragen bzw. bei unveränderter Lage vor Eintragung genauestens vermessen werden. Dabei ist auch darauf Bedacht zu nehmen, dem Richter ein möglichst genaues Bild der Straßenverhältnisse – wie z. B. Verstellung von Straßenverkehrszeichen durch Fahrzeuge, Baustellen und sonstige vorübergehende Hindernisse auf der Fahrbahn – zu geben. Der Aufnahme der Beschädigungen am Fahrzeug kommt deshalb große Bedeutung zu, weil die unmittelbar vom Exekutivorgan festgestellten Beschädigungen u. a. später dem Sachverständigen Grundlage für seine Entscheidung, ob sich der Vorfall so oder anders zugetragen haben könnte, bieten. In letzter Zeit kommt der Aufnahme von Beschädigungen an Fahrzeugen vermehrte Bedeutung zu, da sich die Fälle der Fahrerfluchtdelikte häufen und mangels Zeugen nur aufgrund von Lackspuren, Scheinwerfersplittern und ähnlichem eine Verfolgung und Dinghaftmachung des Täters möglich ist. In diesem Bereich hat gerade die Bundespolizeidirektion Wien in den letzten Jahren im Büro für Erkennungsdienst und Fahndung neue Methoden entwickelt, die schon bei Auffindung geringster Lackspuren am Fahrzeug des Fahrerflüchtigen dessen Ausforschung ermöglicht haben.

Der Fernschreiber im Dienst der Polizei.

Der Fernschreiber, eine der neuesten Errungenschaften der Technik, ist zwar noch nicht ganz auf der Höhe, aber immerhin schon so weit vervollkommnet, daß sich die Wiener Polizei entschloß, solche Fernschreibmaschinen anzuschaffen, die das, was in einer Stadt auf ihnen geschrieben wird, in einer anderen Stadt, wo sich das Empfangsgerät befindet, zu Papier bringen.

Illustrierte Kronen Zeitung, 6. März 1936

1936

Motorrad mit Beiwagen, mit radiotelegraphischem Empfangsgerät versehen.

In den dreißiger Jahren begann die Funkausstattung im Rahmen der Wiener Polizeidirektion auch bei den Fahrzeugen. Wie man an den Bildern sieht, bedurfte damals die funkmäßige Ausrüstung noch viel Platz. Die rasante Entwicklung, gerade auf dem Sektor der Funkmittel, bringt es mit sich, daß heute schon mit einem stecknadelgroßen Mikrophon im Observationswagen unbemerkt (verschlüsselte) Funksprüche durchgegeben werden können und der Empfang über ein in der Verkleidung des Autos eingebautes Gerät hervorragend klappt. Näheres über Funk- und Fernmeldeanlagen der Wiener Polizei erfahren Sie auf Seite 250.

Polizeilicher Funkwagen, 1936

FLUGPLATZINSPEKTION ASPERN
Im Rahmen dieser so bezeichneten Dienststelle verfügte die Bundespolizeidirektion Wien auch über eigene Flugzeuge. Ursprünglich aus Restbeständen der Luftwaffe des Ersten Weltkrieges entstanden, wurden in den Zwanziger- und Dreißigerjahren auch moderne Maschinen eingestellt, die Piloten rekrutierten sich meist aus Kampffliegern der alten Armee, welche in den Polizeidienst getreten waren. Aufgabe der Polizeiflugstaffel war die Regelung des bereits sehr regen Luftverkehrs im Großraum Wien, nach 1933 war sie auch mit der Verhinderung und Abdrängung illegaler nationalsozialistischer Propagandaflugzeuge betraut.

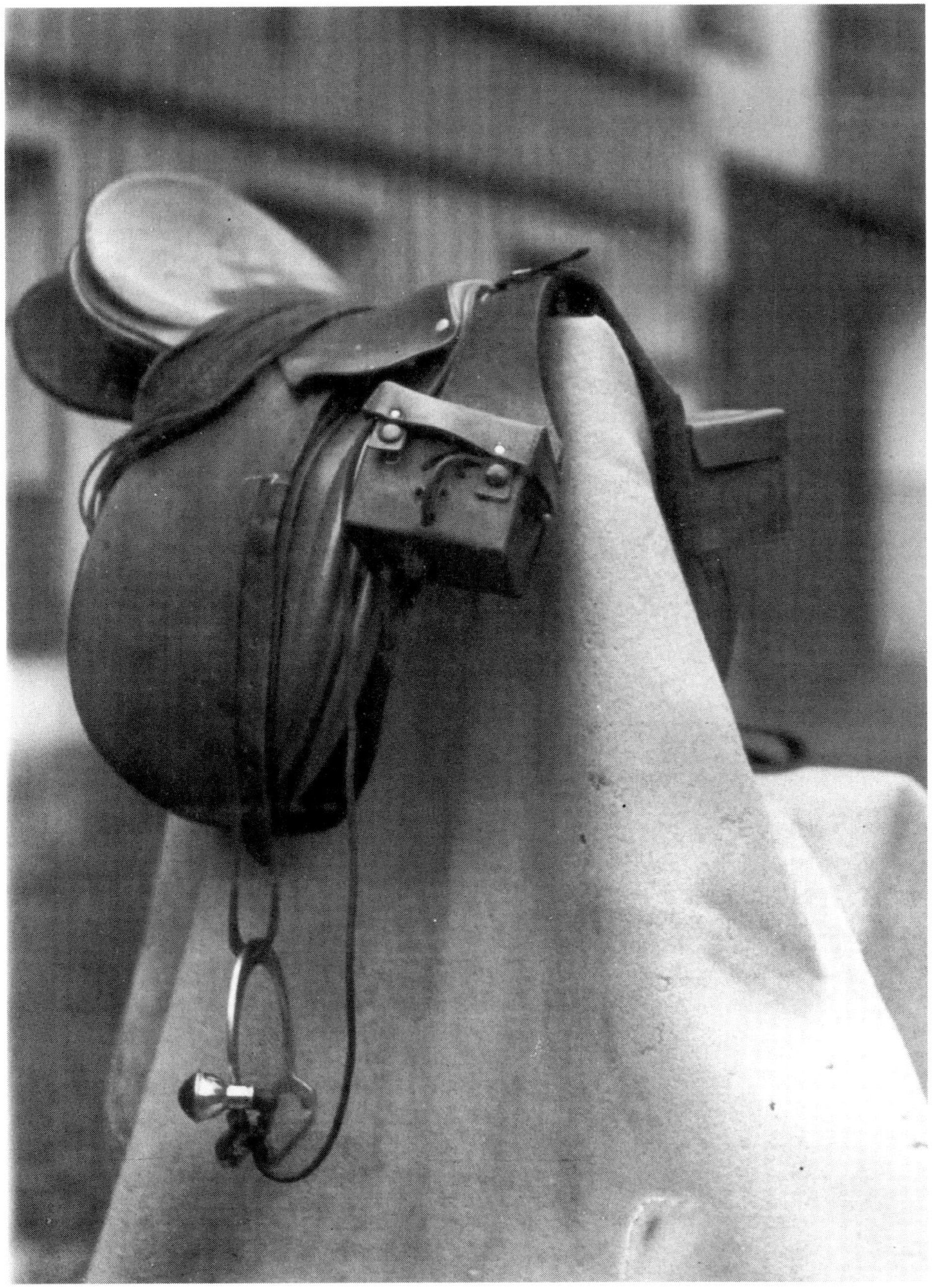

Im Zeitalter der Technik.

Zeichnung von Peter Eng.

Wie das „Neuigkeits-Welt-Blatt" meldete, erhalten die berittenen Wachleute in Wien demnächst elektrische Decklichter, die am Steigbügel installiert werden sollen.

„Höchst unzulänglich! Wo bleibt Nummerntafel, Kotflügel, Stoßstange, Hupe und Auspuff?"

Schlußlicht am Steigbügel mit Batterie am Sattel für die berittene Sicherheitswache – eine Einführung des Jahres 1937 in der Realität…

…und in der Karikatur der satirischen Zeitschrift „Der Igel" vom 7. März 1937

Ausmusterung des ersten Lehrganges der Polizeiakademie im Hof der Marokkanerkaserne am 7. Juli 1937

Als im Jahre 1937 die ersten Absolventen der im Vorjahr gegründeten Wiener Polizeioffiziersakademie ausgemustert wurden, dachte niemand, daß es noch rund fünfzig Jahre dauern würde, bis die getrennte Ausbildung von Polizei- und Gendarmerieoffizieren beendet würde.

Tatsächlich wurden bis zum Jahr 1988 Gendarmerieoffiziere für ganz Österreich in der Gendarmeriezentralschule in Mödling und Polizeioffiziere für ganz Österreich in der Marokkanerkaserne in Wien in rund zweijährigen Schulungen ausgebildet. Erst im letztgenannten Jahr wurden durch Erlaß des Bundesministeriums für Inneres an der Gendarmeriezentralschule in Mödling zur Ausbildung von Offizieren eine Sicherheitsakademie eingerichtet, in welcher nunmehr sowohl Polizei- als auch Gendarmerieoffiziere gemeinsam ausgebildet werden. Diese neue Ausbildungsform hat nicht nur den Vorteil, daß sich diese Beamten der beiden Exekutivkörper aus einer zweijährigen gemeinsamen Schulzeit kennen und damit verbessert kooperieren können, sondern verbürgt auch einen etwa gleichen Level bei den leitenden Beamten der österreichischen Exekutive. Für die Zulassung zur Sicherheitsakademie ist die erfolgreiche Ablegung der Reifeprüfung an einer höheren Schule oder die erfolgreiche Ablegung der Beamtenaufstiegsprüfung Voraussetzung , soferne der Beamte sechs Jahre im Bundesdienst steht und ein Lebensalter von höchstens vierunddreißig Jahren hat. Des weiteren ist neben dem Abschluß der Grundausbildung für Wachebeamte auch eine vierjährige Dienstzeit im Polizei- oder Gendarmeriekorps notwendig. Die Auswahlprüfung gliedert sich in eine Überprüfung der persönlichen und der fachlichen Fähigkeiten. Die persönliche Eignung wird durch ein Vorstellungsgespräch und einem psychologischen Test, die fachliche Fähigkeit durch die Ablegung einer Auswahlprüfung nachgewiesen. Die Absolventen werden als Leutnante oder (je nach Dienstzeit) Oberleutnante ausgemustert. Die Aufgaben der leitenden Beamten in der österreichischen Exekutive sind vielfältig. Sie umfassen neben den Bereichen Menschenführung die Bereiche Dienstaufsicht, Fortbildung, taktische Einsatzleitung und vieles andere mehr und erfordern damit ein besonders hohes Maß an Flexibilität, Verantwortungsbereitschaft und fachlicher Qualifikation.

Ausmusterungsfeier bei der Wiener Polizei-Akademie.

Gestern vormittags wurde in überaus feierlicher Weise zum erstenmal die Ausmusterung der im Vorjahr gegründeten Wiener Polizei-Offiziers-Akademie vorgenommen: fünfzig Absolventen der Akademie wurden zu Polizei-Oberleutnants ausgemustert.

Im Hof der Marokkaner-Kaserne war ein Feldaltar errichtet, an dem der Polizeiseelsorger und Domkurat Dr. Illek in Gegenwart des Staatssekretärs für Sicherheitswesen Polizeipräsident Dr. Skubl, zahlreicher Ehrengäste aller Polizeiabteilungen und Vertretern der Aemter und Behörden die Feldmesse las. In einer zündenden Ansprache würdigte der Polizeiseelsorger die hohe Bedeutung des Tages für die 50 jungen Offiziere. Sodann folgte die feierliche Eidesleistung, wobei Polizeirat Doktor Hüttl, der Leiter der Polizei-Akademie, die Schwurformel verlas. Nach einer eindrucksvollen Rede des Generalinspektors der Wiener Bundessicherheitswache Hofrat Dr. Manda ergriff Staatssekretär Dr. Skubl das Wort und sprach in tiefempfundenen und zugleich prägnanten Sätzen über die hohen Aufgaben und Ziele, denen sich ein Polizeioffizier zu widmen habe.

Mit Dankesworten, die der Jahrgangsälteste der Ausgemusterten, Polizei-Oberleutnant Ing. Helsinger sprach und der Säbelweihe schloß die eindrucksvolle Feier.

Ill. Kronen Zeitung, 8. Juli 1937

Verkehrserziehungswoche der Wiener Polizei Juni 1937

Über die vielen Versuche der Polizei, die Bevölkerung im Kampf gegen den Tod auf der Straße einzubinden, berichten wir auf Seite 230, zwölf Jahre später. Das Bild des Jahres 1937 stellt nur eine Dokumentation des Facettenreichtums der Wiener polizeilichen Tätigkeit in diesem sicherlich schweren und entscheidenden Jahr dar.

Nachdem schon im Jänner Hermann Göring als Beauftragter für die Durchführung des Vierjahresplanes anläßlich eines Besuches bei Mussolini in Rom den Anschluß Österreichs an Deutschland als wirtschaftliche Notwendigkeit erklärt hatte und gleichzeitig zur Aufrüstung der Achse einen Verzicht Deutschlands nach Anschluß Österreichs auf Südtirol erklärte, ging das Jahr mit düsteren Vorahnungen für die einen (die noch immer die Mehrheit waren) und hoffnungsvoller Erwartung für die anderen dem Ende zu. Für den schon erwähnten Göring waren die österreichischen Rohstoffquellen ein unabdingbares Erfordernis für die Fortführung der Rüstung. Im November informiert der oberösterreichische Sicherheitsdirektor, Revertera, Bundeskanzler Schuschnigg über ein Gespräch mit Hermann Göring anläßlich eines Besuches einer Jagdausstellung. Dabei stellt Göring den Anschluß Österreichs im Frühjahr 1938 als gegeben hin und prophezeit geradezu seherisch die Nichteinmischung Englands, Frankreichs, Italiens und der Sowjetunion. Erst im Jänner 1938 werden bei einer polizeilichen Durchsuchung des Sitzes der illegalen Landesleitung der NSDAP (sogenannter „Siebener Ausschuß“) Unterlagen gefunden, welche die beabsichtigte Machtübernahme der Nationalsozialisten bestätigen. Der sogenannte „TAVS-Plan“ sieht vor, durch gezielte Provokationen Deutschland zum Einmarsch zu veranlassen. Das Dokument wurde der Öffentlichkeit vorenthalten; der Anführer, Rechtsanwalt Tavs, verhaftet und wegen Hochverrates unter Anklage gestellt.

Große ordnungspolizeiliche Einsätze fielen für die Polizei durch den Großbrand der Rotunde im Wiener Prater (Weltausstellung, Gebäude 84 m hoch, 1837 erbaut), sowie durch die am 10. Oktober dem Verkehr übergebene neuerrichtete Reichsbrücke in Wien an. Die erste Brücke (Kronprinz-Rudolf-Brücke) war im Zuge der Donauregulierung errichtet worden und dem Verkehr nicht mehr gewachsen. Die auf nebenstehenden Abbildungen links und unten dargestellten Radfahrer wurden langsam aber sicher zur Minorität im Straßenverkehr. Die Zunahme der Autos, aber auch der Kraftfahrräder (damals noch vielfach mit Beiwagen) brachte für die in den Verkehrsvorschriften weitgehendst unkundigen Radfahrer große Probleme und ernsthafte Gefährdungen der körperlichen Sicherheit und des Lebens mit sich. Die Wiener Polizei bemühte sich daher schon damals, eine Harmonisierung der Begegnungen zwischen motorisierten und nichtmotorisierten Verkehrsteilnehmern herbeizuführen. Das Hauptaugenmerk war primär darauf gerichtet, die Kenntnis der Rechtsvorschriften nicht in bestrafender, sondern erklärender Form zu vertiefen und Verständnis der Autofahrer für die Radfahrer und umgekehrt zu erwecken. Die starke Zunahme des Radfahrerverkehrs stellt die Wiener Polizei seit Mitte der achtziger Jahre vor etwa die gleiche Problematik. Die Methoden von damals wurden im wesentlichen übernommen, modernisiert und dem neuen Selbstverständnis der Verkehrsteilnehmergeneration angepaßt. Damals wie heute gilt allerdings der Grundsatz, daß gutes und harmonisches Zusammenleben der Menschen nicht von der Polizei bewirkt, sondern von ihr nur im Rahmen der Gesetze gesichert werden kann.

Das Unterstützungsinstitut der Wiener Sicherheitswache macht jährliche Weihnachtsfeiern für unterstützungsbedürftige Familien, insbesondere für Halbwaisen oder Waisen von in Dienst getöteten Beamten. Darüberhinaus gibt es viele Initiativen von Sicherheitswachebeamten (wie auf untenstehendem Bild) oder auch kompletten Wachzimmerbesatzungen, welche sich bedürftige Kinder auf die Dienststelle einladen und sie dort bewirten. Dies dient einerseits dazu, das Vertrauensverhältnis zwischen Bevölkerung und Exekutive zu verbessern, zum anderen aber zeigt es auch, daß die Polizeibeamten Sorgen und Nöten ihrer Mitbürger nicht nur administrieren, sondern sie im Rahmen der gegebenen Möglichkeiten auch lindern helfen.

21. 12. 1937: Vorweihnachtliche Ausspeisung für hungernde Kinder durch die Wiener Polizei (SW Abt. 27)

Am 15. 2. 1938 war Dr. Arthur Seyss-Inquart in die neugebildete Regierung Schuschnigg V als Innenminister eingetreten. Als er am 28. 2. 1938 die Bundespolizeidirektion in dieser Funktion offiziell besuchte, entstand dieses – wohl letzte – Bild aller leitender Beamten der Wiener Polizei vor dem Ende Österreichs. Viele der hier Dargestellten befanden sich wenige Wochen nach dem Entstehen dieser Aufnahme in Haft der Gestapo und standen vor dem Transport in das Konzentrationslager Dachau … einige allerdings am Beginn einer neuen „Karriere".

Geheime Staatspolizei
Staatspolizeileitstelle Wien II D

47) M a n d a Dr.Rudolf

6.) Dr. B ö h m Richard, Polizeirat

78) S t r e i t m a n n Friedrich

9.) B u c h s b a u m Leopold,

133) H ü t t l Dr.Heinrich

1. April 1938.

Nach dem Rücktritt der Regierung Schuschnigg in den Nachtstunden des 11. März 1938 und der Übernahme der Macht durch die Nationalsozialisten kam es zu Sympathiekundgebungen der Illegalen aber auch übereifrig Angepaßter aus allen Teilen der Bevölkerung. Auch Angehörige der Wiener Polizei machten hier keine Ausnahme. Die Gunst der neuen Herrn und der gesicherte Arbeitsplatz war für viele wichtiger als das ideologische Bekenntnis (Bild oben).

Bereits in den Morgenstunden des 12. März wurden zahlreiche Persönlichkeiten der österreichischen Politik und Verwaltung in Haft gesetzt. Während auf den Straßen Wiens eine fanatisierte Menge den Sieg feierte, füllten sich die „Notarreste" und später die Räume des Hotel Metropol – Sitz der Gestapo – mit den Gegnern des neuen Regimes. Auch zahlreiche Polizeifunktionäre waren darunter, wie die Liste der für den Transport nach Dachau vorgesehenen Häftlinge (Bild links) zeigt.

5. April 1938: Der deutsche Polizeigeneral Daluege inspiziert im Hof der Marokkanerkaserne die Alarmabteilung der Wiener Polizei und begutachtet mit abschätzigem Blick das Wiener Polizeipanzerfahrzeug

25. 6. 1938: Die Sicherheitswache ist zur „SCHUPO" geworden
Inspektion der neu ausgebildeten Wiener Schutzpolizisten im Prater.

Unter dem Eindruck der tristen Situation im Inland und dem militärischen Ultimatum des sogenannten „Berchtesgadner Abkommens", nach welchem sich die österreichische Außenpolitik nach Deutschland ausrichten muß, wird der Nationalsozialist Seyss-Inquart Sicherheitsminister. Ihm unterstehen alle Sicherheitskräfte. Damit wird klar, daß für die Nationalsozialisten die – ohnedies stark mit ihnen durchsetzte – Polizei führungsmäßig nicht vertrauenswürdig schien und man daher noch vor einer Machtübernahme sich dieses Apparates bemächtigen mußte. Die Nationalsozialisten durften sich in der Folge öffentlich bekennen und dies führte zu großer Erregung unter der Arbeiterschaft. Es gab Proteststreiks und in Versammlungen leidenschaftliche Stellungnahme gegen die Zugeständnisse an die Nationalsozialisten. Der März verläuft weiter turbulent. Die sozialdemokratischen Arbeiter fordern Zulassung zur politischen Tätigkeit im selben Ausmaß wie die Nationalsozialisten, freie Wahlen im Gewerkschaftsbund, Herausgabe einer Tageszeitung, Garantien für verbesserte Sozialgesetzgebung. Der Österreichexperte Hitlers, Keppler, trifft in Wien ein und überbringt weitere deutsche Forderungen. Innenminister Seyss-Inquart erklärt in Radioreden in Linz und Graz den Hitlergruß, das Singen des Deutschland- und des Horst-Wessel-Liedes, das Hissen von Hakenkreuzfahnen, sowie das Tragen von Hakenkreuzabzeichen für erlaubt. Am 11. März führen die Verhandlungen zwischen den illegalen Sozialdemokraten und der Regierung endlich zu einem vorläufigen Abschluß, die Vereinbarung kommt jedoch zu spät. Hitler „erklärt" um 2.00 Uhr des gleichen Tages die Weisung Nr. 1 an die Wehrmacht: Einmarsch mit bewaffneten Kräften nach Österreich. Als Grund wird die Herstellung verfassungsmäßiger Zustände und der Schutz der deutschgesinnten Bevölkerung gegen Gewalttaten angegeben. Um 5.30 Uhr verständigt Polizeipräsident Skubl den Bundeskanzler von der Einstellung des Zugsverkehrs nach Österreich und der Sperre der Salzburger Grenzen. Die von Schuschnigg beschlossene Volksabstimmung wird von den Nationalsozialisten abgelehnt. Hitler unterschreibt seine Weisung Nr. 1. Die Volksabstimmung wird abgesagt und um 16.00 Uhr tritt Bundeskanzler Schuschnigg zurück und schlägt Seyss-Inquart als neuen Bundeskanzler vor. Bundespräsident Miklas weigert sich Seyss-Inquart zu bestätigen. Bürgermeister Schmitz erwägt die Bewaffnung der Wiener Arbeiter, wird aber von Bundeskanzler und Regierung nicht gefördert. Am 12. März, um 8.00 Uhr beginnt der Einmarsch deutscher Truppen. Insgesamt marschieren 105.000 Mann in Österreich ein, gefolgt von starken Polizeikräften mit ca. 17.000 Mann SS-Einheiten und GESTAPO. Am 13. März legt Seyss-Inquart dem (nationalsozialistischen) Ministerrat das Bundesverfassungsgesetz über die Wiedervereinigung Österreichs mit dem Deutschen Reich vor, der dieses genehmigt. Damit ist die Eigenständigkeit Österreichs ausgelöscht.

Hofrat Otto Steinhäusl, Wiens neuer Polizeipräsident bei der Angelobung der Sicherheitswache im Hof der Marokkanerkaserne am 16. 3. 1938

1939

Am 1. Mai 1939 tritt das Gesetz über den Aufbau der Verwaltung in der Ostmark (Ostmarkgesetz) in Kraft. Mit diesem Gesetz ist die Bezeichnung Österreich erloschen. Mit der Einführung der Sammelbezeichnung Alpen- und Donaureichsgaue versucht man, auch die Tradition des österreichischen Geschichtsbewußtseins zu verändern bzw. auszulöschen. Österreich wird in Gaue eingeteilt, die sich mit den festgelegten Parteigauen decken und als Selbstverwaltungskörper eingerichtet sind. An der Spitze steht der Reichsstatthalter, zugleich Gauleiter. Die Befugnisse der Österreichischen Landesregierungen gehen auf die Reichsgaue über und mit dem Ostmarkgesetz sind die föderalistischen Strukturen durch die Errichtung reichsunmittelbarer Territorien zerschlagen.

Dieselbe Systematik galt, wie das nebenstehende Organigramm zeigt, auch im Bereich der Sicherheitspolizei. Symptomatisch waren die vielen direkt und indirekt eingebauten Überwachungs- und Eingriffsmöglichkeiten „von außen". Die geheime Staatspolizei saß (lt. Organigramm) eher unauffällig sicher wie die Spinne im Netz und hatte de facto die Möglichkeit, jede Bewegung des Sicherheitsapparates nicht nur zu registrieren, sondern auch zu manipulieren.

Die Aufgaben der Polizei waren in kürzester Zeit auch im Verordnungswege umfunktioniert. Verordnungen über außerordentliche Rundfunkmaßnahmen (Schwarzhören) bis zu Verordnungen zum Schutze der Wehrkraft des deutschen Volkes, gewinnen an Bedeutung. Meist sind für die Aburteilung der von der Polizei aufzuspürenden Zuwiderhandelnden Sondergerichte zuständig. Ein spezielles Aufgabengebiet u. a. für sogenannte „Heimtückesachen" wurde geschaffen. Dieser Begriff ermöglichte Polizei und Gerichten, aber vor allem der politischen Verwaltung eine weitgehende Auslegung und damit Ausweitung der Kompetenzen. Für Schwarzhören, für Vergehen gegen die Kriegswirtschaftsordnung (Schwarzschlachten etc.), die Wehrkraftschutzverordnung und zur Aburteilung von „Volksschädlingen" hatten z. B. die Sondergerichte durchaus die Möglichkeit der Verhängung von Todesstrafen und machten davon auch Gebrauch. Das Gesetz gegen heimtückische Angriffe auf Staat und Partei und zum Schutz der Parteiuniform, welches bereits im Jahre 1934 in Deutschland geschaffen wurde und nebst den dazugehörigen Durchführungsverordnungen am 23. Jänner 1939 auch in Österreich in Kraft gesetzt wurde, bewirken einen steilen Anstieg des Denunziantentums. Tausende Österreicher wurden abgeurteilt. Es waren u. a. die sogenannten „Meckerer", die ihre Meinung über Maßnahmen der NS-Regierung nicht für sich behalten konnten. Die vorhandenen Berichte zeigen, daß es zu dieser Zeit noch einen breiten, unterirdischen Meinungsstrom gegen das Regime gab und viele Wiener Polizeibeamte versuchten, die Denunzianten zu beschwichtigen bzw. deren Angaben unter erhöhter Gefahr für ihre persönliche Sicherheit und ihr Leben „unter den Tisch fallen zu lassen". Mit dem deutschen Angriff gegen Polen am 1. September beginnt der Zweite Weltkrieg. Die schon längst gedruckten Lebensmittelmarken werden schlagartig in Umlauf gesetzt. Die Verordnung zum Schutze der Wehrkraft des Deutschen Volkes gewinnt auch für die Schutzpolizei zunehmend an Bedeutung, obwohl vielfach lokale Parteigrößen eigenmächtig ihre Durchführung übernehmen. Nach wie vor bleibt das politisch verläßlichste Instrumentarium der Deutschen Sicherheitspolizei die GESTAPO, deren Einschreitungsbefugnisse sich we-

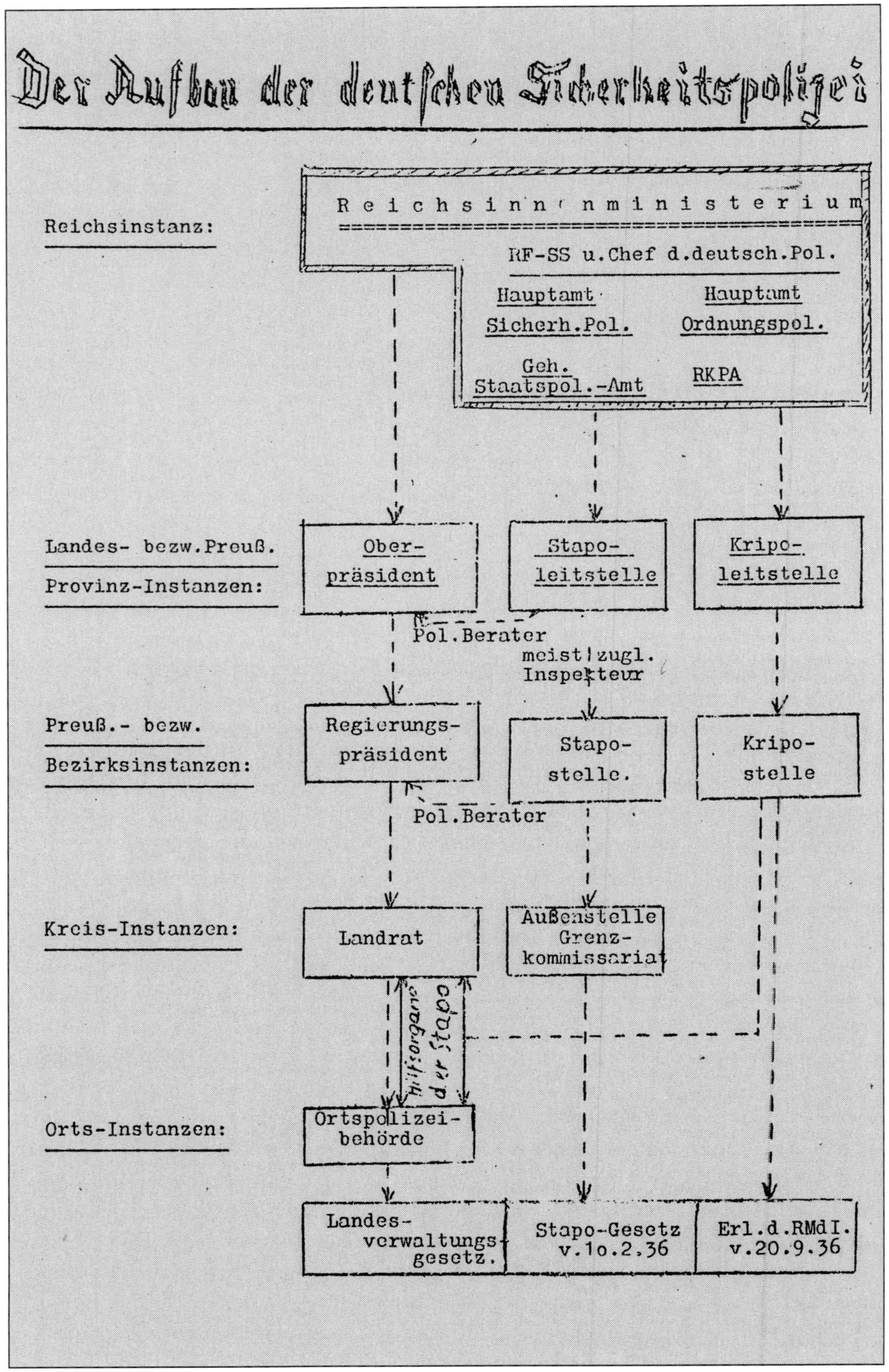

Abteilung II Dez.6 u.6a   Wien, den 27. August 1940.

<u>Betrifft:</u> Prüfungsfrage für eine Glasurarbeit der Anwärter des staatlichen mittleren Polizeiverwaltungsdienstes.

<u>Frage :</u> Eine Kreisleitung der NSDAP ersucht das Polizeipräsidium um Mitteilung, ob der Jude Wilhelm Israel R. die Bewilligung erhalten hat, die arische Hausgehilfin Amalia H o f e r geboren am 1. November 1900 zu beschäftigen. Bei dem Juden wohnen die Schwester und deren Mann und ein 26 jähriger schwachsinniger Sohn in Untermiete.

Das Polizeiamt ermittelt, dass die deutschblütige Hausgehilfin Amalia H o f e r, am 1. November 1900 in Fulpmes Tirol geboren, deutsche Staatsangehörige, ledig, seit 17. April 1932 bei dem Juden Wilhelm Israel R e i s , beschäftigt und wohnhaft ist.

Amalia H o f e r gibt an, ihr sei im Jahre 1938 bei dem Polizeiamt die Ausk nft erteilt worden, dass sie bis auf weiteres ihren Dienstposten beibehalten kann.

Die Kripodienststelle beim Polizeiamt zeigt den Juden wegen § 3 des Bltuschutzgesetzes der Staatsanwaltschaft beim Landgericht Wien, an.

<u>Antwort:</u> Die Hausgehilfin ist seit 17. April 1932 beim Juden beschäftigt.

Nach der 1. Vdg. zum Blutschutzgesetz LGBl.f.Österr. Nr.150/38 § 12 Abs.3 dürfen deutschblütige Hausangestellte die am 16.September 1935 in einem jüdischen Haushalt beschäftigt waren, in ihrem bisherigen Arbeitsverhaltnis bleiben, wenn sie bis zum 31.Dezember 1935, das 35. Lebensjahr vollendet haben. Diese Voraussetzungen treffen im vorliegenden Falle zu.

Die Staatsanwaltschaft gem. § 90 Strafprozessordnung zurückgelegt, das Polizeipräsidium Wien hat die Kreisleitung verständigt, dass eine Bewilligung zur Beschäftigung der Hausgehilfinnen nicht erteilt wurde ,und die Hausgehilfin bei dem Juden weiter beschäftigt werden darf.

der an den ohnehin großzügig neugeschaffenen Gesetzen, geschweige denn an der Menschenrechtskonvention oder ähnliche Deklarationen orientierten.

Wie bereichts eingangs erwähnt, bestand aber ein wesentlicher Teil der Aufgabe der GESTAPO in der Überwachung der anderen Polizeidienststellen, hier im besonderen der Schutz- und Kriminalpolizei. Ungeachtet dieser starken weitverzweigten und fein verästelten Kontroll- und Aufsichtsmechanismen gelang es in den Jahren 1939–1945 Polizeibeamten immer wieder, politisch Verfolgten oder auch nur politisch anders Denkenden zu helfen, und sie in vielen Fällen vom sicheren Tod durch den Strang zu retten. Es gab diese Polizisten in diesen Zeiten in allen Dienststellen und in allen Hierarchiebereichen, wenngleich ihre Quantität von den unteren in Richtung der obereren Ränge verständlicherweise absank. Daß viele von ihnen ihr demokratisches Beharrungsvermögen mit Verlust der Gesundheit, Freiheit oder sogar dem Leben bezahlten, bezeugt u. a. die Ehrentafel der in diesen Jahren „justifizierten“ Beamten im Foyer der Polizeidirektion Wien.

Emblem der Deutschen Schutzpolizei

Nachdem sich die erste Euphorie des „Anschlusses“ an das Deutsche Reich im Jahre 1938 gelegt hatte und der Kriegsbeginn 1939 viel zur Ernüchterung der Wiener beigetragen hatte, bemerkte die Schutzpolizeiführung, daß die Wiener Polizeiangehörigen alles andere als sattelfest waren, wenn es um ideologische Fragen ging. Schulungen und Seminare sollten dazu beitragen, daß die ehemalige Wiener Sicherheitswache und nunmehrige SCHUPO bis zum letzten Mann den Geist des Nationalsozialismus verstehen und in diesem Sinne auch alle Amtshandlungen durchführen könne.

Amtsblatt
des Polizeipräsidiums in Wien.

Das Amtsblatt erscheint mindestens zwölfmal im Jahre. — Der jährliche Bezugspreis beträgt 1 RM. — Bestellungen auf das Amtsblatt nimmt jedes Postamt entgegen. Abbestellungen und Änderungen in der Anschrift sind ebenfalls dem zuständigen Postamt bekanntzugeben. Einzelne Blätter werden nur in der **Verwaltung, Wien, I., Schottenring Nr. 11, 1. Stock, Tür Nr. 124,** zum Preise von 10 Rpf abgegeben.

Sondernummer. Wien, den 27. Jänner 1941. 4. Jahrgang.

Der Führer hat mit Urkunde vom 6. Jänner 1941 den bisherigen kommissarischen Leiter des Polizeipräsidiums Oberregierungsrat **Leo Gotzmann** zum Polizeipräsidenten ernannt.

Gleichzeitig hat der Reichsführer SS und Chef der Deutschen Polizei im Reichsministerium des Innern den Polizeipräsidenten zum SS-Standartenführer befördert.

Der Reichsstatthalter, Reichsleiter Baldur von Schirach hat am 24. Jänner den neuernannten Polizeipräsidenten in Anwesenheit von Vertretern der Partei, des Staates und der Wehrmacht in feierlicher Weise in sein Amt eingeführt.

Eigentümer, Herausgeber, Verleger und Druck: Polizeipräsidium in Wien.

Leo Gotzmann
Polizeipräsident 1941–1945
Leo Gotzmann wurde 1892 in Olmütz geboren. Nach dem Besuch der Grundschulen übersiedelte er mit seiner Familie nach Wien, wo er Jus studierte und 1919 das Absolutorium erreichte. Im gleichen Jahr trat Gotzmann in den Staatsdienst und wurde 1929 Kommandant der neugegründeten Alarmabteilung der Wiener Polizei. Am 14. 8. 1933 wurde er von dieser Funktion enthoben, da er offen mit der in der Zwischenzeit verbotenen NSDAP sympathisiert hatte und auch durch seine persönliche Popularität einen Großteil seiner Mannschaft in dieses politische Lager gezogen hatte. Gotzmann fand in der Folge als Konzeptsbeamter im Bezirkspolizeikommissariat Döbling Verwendung. Unmittelbar nach dem Putschversuch der Nationalsozialisten am 25. 7. 1934, bei welchem Bundeskanzler Dollfuß den Putschisten zum Opfer fiel, wurde Oberkommissär Gotzmann verhaftet. Man konnte in dem folgenden Militärgerichtsverfahren nachweisen, daß er der eigentliche Planer der praktischen Durchführung des Putsches war, Gotzmann hatte bereits 1933 ein Konzept für die Besetzung des Bundeskanzleramtes bei einem nationalsozialistischen Staatsstreich ausgearbeitet. Gotzmann wurde zu lebenslänglichem Kerker verurteilt. Am 18. 2. 1938 wurde er im Zuge der sich anbahnenden politischen Veränderungen aus der Strafanstalt Stein bedingt entlassen. Nach der Machtübernahme der Nationalsozialisten wurde er wieder in Polizeidienst gestellt, wurde zuerst Amtsrevisor, 1940 Oberregierungsrat und stellvertretender Polizeipräsident. Nach dem Tode Steinhäusls erfolgte am 6. 1. 1941 seine Ernennung zum Wiener Polizeipräsidenten. Nach dem Kriege wurde er von der amerikanischen Besatzungsmacht verhaftet und kam unter nie ganz geklärten Umständen am 17. 5. 1945 in der Nähe Stuttgarts ums Leben.

1942

Der Tag der deutschen Polizei

Als Auftakt zum „Tag der Deutschen Polizei" fand vor dem Präsidium eine Flaggenparade statt. Anschließend legte der Polizeipräsident Gotzmann vor den Ehrentafeln für den verstorbenen Präsidenten Dr. Schober und für die im Weltkrieg und im nationalsozialistischen Freiheitskampf gefallenen Polizeiangehörigen Kränze nieder. An den Gräbern der in Pflichterfüllung Gefallenen waren auf den Friedhöfen Ehrenposten aufgezogen.

*

Der Tag der Deutschen Polizei ist für die Briefmarkenfreunde hochwillkommen, denn er bringt ihnen einen Sonderstempel im Sonderpostamt des Polizeipräsidiums am Schottenring. Mehrere Ausgabestellen sorgen für einen flotten Verkehr, so daß man sich nicht lange anstellen muß. Seltene Markenwerte, die sonst nicht so leicht erhältlich sind, kann man dort erwerben und gleich mit dem Stempel versehen lassen.

An etlichen Kreuzungspunkten des Straßennetzes gab es gestern Platzkonzerte und Vorführungen von Panzerkraftwagen usw.

Mutige Wiener ließen sich vom Kanalzug in die Unterwelt der Großstadt einführen und stiegen im Girardipark in den Sammelkanal ab. Auch heute wird dazu Gelegenheit gegeben.

In der Otto-Steinhäusl-Kaserne, in der Marokkanergasse 4, gibt es einen kleinen Prater mit mancherlei Überraschungen. Ringelspiel,

(Lichtbild Wien-Bild)

Polizeipräsident Gotzmann sammelte gestern am Schottentor für das Kriegs-WHW.

Kleinautobahn, Schießbuden und einen Maronibrater mit Maroni! Im Stockwerk hat sich ein 73jähriger Kasperltheaterdirektor niedergelassen und zeigt dort seine Künste.

Heute erlebt Wien den Höhepunkt des Tages der Deutschen Polizei, ein überaus abwechslungsreiches Programm ladet zum Besuch ein.

Das Sammeln war im dritten Kriegsjahr zu einem wesentlichen Inhalt der Deutschen Wirtschaft geworden. Nachdem bereits am 14. März 1940 Göring zu einer nationalen Metallspende als Geburtstagsgeschenk für Hitler aufgerufen und damit nur bescheidenen Erfolg geerntet hatte, setzte man in den folgenden Jahren alles, was bei der Bevölkerung noch irgendwo ankam, zum Sammeln ein. Neben Kindern waren natürlich auch die Polizei als Medium den Machthabern willkommen. Vielleicht setzte man darauf, daß der erzwungene Respekt im Dritten Reich die immer mehr nachlassende Spendenfreudigkeit noch einmal ankurbeln könnte.

Einen „Tag der offenen Tür" gibt es auch noch heute, aber zum Unterschied von damals wird er nicht dazu benutzt, heimlich Geld einzutreiben, sondern der Bevölkerung die Polizei und ihre Tätigkeit sowie ihre Aufgaben im Rahmen der Rechtsordnung darzustellen. Ein Effekt, der zur damaligen Zeit nicht nur nicht beabsichtigt, sondern mit ganz akribischen Methoden sogar perfekt verschleiert wurde.

Kennmarke der Staatlichen Kriminalpolizei, 1938–45

VERTRAULICH!
NICHT FÜR DIE PRESSE!
Mit diesem Hinweis erschienen in den Jahren der nationalsozialistischen Herrschaft in Österreich die „Mitteilungen der Kriminalpolizeileitstelle Wien“. Da der NS-Staat immer wieder auf seine Erfolge bei der Eindämmung der Kriminalität hingewiesen hatte, durfte in der deutschen Presse nur in ganz geringem Maße eine Kriminalberichterstattung erfolgen. Es sollte nicht der Eindruck erweckt werden, daß die nationalsozialistischen Machthaber auch in diesem Fall ihr Regierungsziel nicht einhalten konnten.

Staatliche Kriminalpolizei
Kriminalpolizeileitstelle Wien.

Vertraulich!
Nicht für die Presse!

Mitteilungen
über
wichtige kriminalpolizeiliche Ereignisse.

Augustfolge Nr. 4

Wien, den 6. August 1943.

Mord:

Die Büglerin Franziska Plöckinger, geb.Bic[illegible]er (22.1.1907 Viehhofen geb.), XXI., Schwarzlackenau, Voltelinistrasse 13 wh., wurde festgenommen, weil sie den 21 jähr. Hilfsarbeiter Karl Kedrosch, XXI., Koloniestrasse 38 whg., mit dem sie durch längere Zeit ein Liebesverhältnis unterhalten hatte, aus dem ein Kind hervorgegangen war, nach einer Auseinandersetzung auf der Strasse in der Nähe des Jedleseer Friedhofes mit einem Küchenmesser in die Brust gestochen und getötet hatte. Die Plöckinger hatte das Küchenmesser beim Verlassen ihrer Wohnung, in der die Auseinandersetzung zuerst erfolgt war, zu sich gesteckt. Sie wird dem Sondergericht Wien zugeführt. (KD Fd)

Festnahme einer Einbrecherbande:

In den letzten Monaten wurden in Wien eine Anzahl größerer Geschäftseinbruchsdiebstähle begangen und dadurch die Geschäftswelt arg beunruhigt. In einem Falle wurden die Täter bei einem Einbruch überrascht und gaben auf dem Geschäftsmann fünf Schüsse ab, ohne jemanden zu verletzen. Nunmehr

Formblatt Nr. 72, eingeführt mit RVBl.-I B 574/1939. — Amtsdruckerei des Polizeipräsidiums in Wien.

Propagandakarte zum „Tag der Deutschen Polizei“

Wie von der Zivilbevölkerung und den Heeresangehörigen forderte der Krieg auch in den Reihen der Wiener Polizei unzählige Opfer. Fast alle – im wehrfähigen Alter stehende – Wiener „Schutzpolizisten“ standen in eigenen Polizeiregimentern an vorderster Front des Krieges, meist im Rahmen der Waffen-SS-Verbände bzw. diesen unterstellt. Angehörige der „Staatspolizeileitstelle Wien“ – der GESTAPO, teilten meist dieses Schicksal nicht – sie hatten ihre „Aufgabe“ im Hinterland zu erfüllen…

Deckblatt eines polizeilichen Schulungsbehelfes

1945

Das Ende...
vor dem neuen Anfang

Mai 1945: Amtsgebäude der Polizeidirektion Wien
Roßauerlände–Berggasse

Mai 1945: Polizeidirektion Wien
Schottenring 11

Im Morgengrauen des 7. April 1945 beginnt die Schlacht um Wien. In der Nacht waren die ausgebildeten Feuerwehrmänner mit ihren Geräten über die Floridsdorfer Brücke nach Oberösterreich in Marsch gesetzt worden. Ebenso waren Rettung, Rotes Kreuz und andere Hilfseinrichtungen abgezogen worden. Auch die gesamte Polizei erhält noch in der Nacht den Befehl zum Abzug aus Wien. Man wollte diese Hilfseinrichtungen erhalten und den Kampf um Wien den Wienern und der SS überlassen. Aber jedenfalls die Wiener waren nicht zur befohlenen Verteidigung der Stadt bereit. Ihre Haltung und ihr Wille zum Widerstand gegen unsinnige Anordnungen der NS-Führung haben maßgeblich beigetragen, riesige Zerstörungen, wie sie andere europäische Hauptstädte erleiden mußten, zu verhindern. Selbst der Moskauer Rundfunk muß neben dem Lob über den Einsatz der Roten Armee am 13. April diese Wiener Grundhaltung erwähnen. Am 18. April nimmt die Gemeindeverwaltung der Stadt unter Bürgermeister Körner, Vizebürgermeister Kunschak und dem Kommunisten Steinhart als legale Staatsgewalt in Österreich die Arbeit auf. Schon am 27. April findet im Wiener Rathaus die erste konstitutierende Sitzung der provisorischen Staatsregierung statt und wird mit den Proklamationen über die Selbständigkeit Österreichs und deren Unabhängigkeit die Zweite Republik errichtet.

Am 9. Mai, um 1.00 Uhr, tritt die Gesamtkapitulation des Deutschen Reiches in Kraft. In Österreich und im besonderen in Wien lebten 400.000 deutschsprachige Flüchtlinge aus Ost- und Südeuropa und aus der Tschechoslowakei. Dazu kamen noch rund 100.000 DP's (= displaced persons). Die allgemeine Not und die triste Versorgungslage machte die Errichtung einer eigenständigen österreichischen Polizeistruktur immer dringlicher. Das Gebiet von Wien wird in fünf Zonen aufgeteilt.

„... DEIN FREUND UND HELFER"
Die Wiener Polizei in der Zweiten Republik 1945–1992 – ein Polizeipräsident zieht Bilanz

Wenn ein Regime die Mehrheit der Bevölkerung mißbraucht, dann ist in dieser Mehrheit ganz ohne Zweifel auch die Exekutive, also Polizei und Gendarmerie eingeschlossen. Insbesondere die Wiener Polizei in deren Amtsbereich auch das Hauptquartier und die wesentlichen Dienststellen der GESTAPO eingegliedert worden waren, hatte nach 1945 nicht nur die Zukunft zu gestalten, sondern auch Vergangenheit aufzuarbeiten. Wenn sich jedes Jahr am 1. November vor der marmornen Ehrentafel in der Aula des Polizeipräsidiums am Schottenring der Polizeipräsident, die Abteilungsleiter, Abordnungen der Widerstandskämpfer und namhafte Vertreter des öffentlichen Lebens zur Kranzniederlegung und Gedenkminute versammeln, dann geht dieser Vorgang weit über Tradition oder Zeremonie hinaus. Getreu dem Motto „Handeln statt reden" werden keine Ansprachen gehalten, sondern in stummer Zwiesprache mit den vielen justifizierten Opfern unter den Wiener Polizeiangehörigen in der Zeit zwischen 1938 und 1945, der damit verbundenen Verpflichtung für die Überlebenden und kommender Generationen gedacht.

In diesem Sinne wurde auch zügig der Aufbau der Wiener Polizei zu einer demokratischen Institution begonnen. Besonderes Verdienst kam hiebei dem Wiener Polizeipräsidenten der Nachkriegszeit, Josef Holaubek zu, der sich konsequent und erfolgreich bemühte, die Wiener Polizei, die erst dem Zugriff einer politischen Macht entkommen war, vor einer neuerlichen Verpolitisierung zu retten. Die demokratische Grundeinstellung der Wiener Polizei erwies sich sehr deutlich im Jahre 1950, als innere Unruhen von der sowjetischen Besatzungsmacht unterstützt, die wieder erstarkte Demokratie ernsthaft gefährdeten. Neben den Verdiensten der Demokraten in der Regierung, der Konsequenz der in der Gewerkschaft organisierten Arbeiter und der vieler anderer aufrechten Männer, Frauen und Organisationen war die damalige verantwortungsbewußte Haltung der Wiener Polizei nicht nur mitbestimmend für den dadurch ausgelösten blühenden Aufschwung der jungen Demokratie in punkto Wirtschaft und Sozialbelange, sondern sie hat auch sehr wesentlich für die Bildung jenes Vertrauensverhältnisses mit der Bevölkerung beigetragen, das bis heute noch Grundstein erfolgreicher Wiener Polizeiarbeit ist. Wenn wir für die Jahrzehnte nach dem Krieg, was die Sicherheitsverhältnisse (aber auch die Wirtschaftssituation) betrifft, eine Insel der Seligen waren und bis heute noch eine Insel der Glücklichen sind, dann bleibt neben vielen, vielen anderen Faktoren auch als einer der Gründe die gute Zusammenarbeit zwischen der Wiener Bevölkerung und ihrer Polizei als Grundlage und Verpflichtung. In fast keinem anderen Staat mutierte ohne offizielle und offiziöse Öffentlichkeitsarbeit der Begriff „Dein Freund und Helfer" so deutlich zum Begriff „Die Polizei – dein Partner" als in Österreich. Wir müssen das verstehen um zu begreifen, weshalb der internationale Terrorismus, der in den sechziger Jahren und vor allem in der Folgezeit Europa überschwemmte, ebenso wie zwar unterroristische aber demokratiefeindliche Systeme und Ideen in Österreich nicht Fuß fassen konnten.

Im Handbuch des Terrorismus anfangs Sechzig diskret publiziert, steht frei wiedergegeben: „Willst Du Anhänger suchen, die nicht auf Deine eigentliche Zielsetzung achten, dann erschüttere zunächst das Vertrauen der Menschen in die drei Säulen der Demokratie, so da sind: Justiz, Heer und Exekutive". Ich überlasse es dem geneigten Leser, nun nachzudenken, wie, wann und vom wem seit 1945 – wollen wir konzidieren unwissend – diesen Maximen nachgegangen bzw. nachgegeben wurde. Ich bin sogar der Meinung, daß bei den vielen Versuchen, das Vertrauensverhältnis der Bevölkerung in dieser Richtung zu erschüttern, Unwissenheit, Gleichgültigkeit und Orientierungslosigkeit ausschlaggebend waren. Professor Röglin vom Institut für angewandte Sozialpsychologie in Düsseldorf hat einmal den Begriff des politischen Terrorismus definiert und mit mir in vielen Vier-Augen-Gesprächen ausdiskutiert. Es ist richtig, daß politisch motivierte Gewalttäter Wert auf die „Vermittelbarkeit" ihrer Taten und Absichten legen. Publizität wird von ihnen instrumental eingesetzt, soll die Sympathisantenszene mobilisieren und die Öffentlichkeit am Staat zweifeln lassen. Der Staat von eben dieser politischen Kriminalität als „System" diffamiert, soll entweder als schwach und wehrlos oder als gewalttätig und repressiv erscheinen. Die Wiener Polizei hat Jahrzehnte ständiger nur zum Teil subtiler Angriffe in dieser Richtung hinter sich gebracht und Untersuchungen wegen angeblicher Menschenrechtsverletzungen und ähnlicher Vorwürfe nicht nur in der inneren Motivation sondern auch vor den Augen der Bevölkerung überstanden. Allerdings soll mit dieser grundsätzlichen Feststellung keinesfalls das Wort jenen gesprochen werden, die es immer und überall gab bzw. gibt und die als sogenannte „schwarze Schafe" immer wieder für berechtigte Schlagzeilen sorgen. Jedenfalls sind die Versuche, die Polizei bei ihren Einsätzen zu verunsichern, dank der kontinuierlichen Aufbauarbeit seit 1945 ebenso fehlgeschlagen, wie die Anläufe, die Exekutive als Prügelpolizei einfach abzuqualifizieren, kläglich gescheitert sind. In diesem Stellvertreterkrieg ist es bisher nicht gelungen und wird es auch in Zukunft nicht möglich sein, den echten Adressaten, nämlich das gegenwärtige politische System als schwach und wehrlos oder als gewalttätig und repressiv erscheinen zu lassen. Die Polizei wurde nicht verunsichert und trotzdem nicht so „griffig", wie sich das so mancher Agitator wünscht. Es mag dabei durchaus zutreffen, daß die diesbezüglichen klaren Richtlinien der Behörde zu vielen Frustrationen außerhalb und in Einzelfällen auch in den eigenen Reihen geführt haben. Institutionen wie die Polizei müssen jedoch als Ausführungsorgan eines demokratischen Systems die Welt verstehbar, vorausschaubar und verläßlich machen. Wir sehnen uns zwar nach der öffentlichen, müssen uns aber auch mit der gegenwärtigen eher stillschweigenden Zustimmung der Mehrheit der Menschen zufriedengeben. Diese Art der Zustimmung ist das unreflektierte Verständnis des Menschen von sich selbst, das allgemeine Bewußtsein dessen was man tut oder läßt. Die Strafen der etablierten Ordnung sanktionieren nur den Abfall vom Selbstverständlichen, das institutionalisiert, erst menschliche Ordnung ermöglicht. Es ist die grundsätzliche Zustimmung des Menschen, die der Polizei erst ihre verbindende und verbindliche Kraft gibt und sie damit legitimiert.

Die formalen Grundlagen hiefür sind die Gesetze und damit letztlich die demokratisch gewählten Volksvertreter. Es ist notwendig, daß auch sie in diesem Stellvertreterkrieg nicht verunsichert werden und unter Bedachtnahme auf die vorstehenden Überlegungen die Rahmenbedingungen mutig, langfristig und zukunftsorientiert abstecken. Dem Grundrecht des Bürgers auf Sicherheit ist neben der Übertragung des Gewaltmonopols an die legitimierten staatlichen Organe auch die Tatsache immanent, daß die freie Entwicklung des einzelnen Individuums im Sinne der Menschenrechte auch dort ihre Grenzen hat, wo ebenso legitime Rechte anderer (sehr oft sogar der Mehrheit) beeinträchtigt oder verhindert werden.

Die Leitlinien der Polizei der 90er Jahre müssen daher auf die Tatsache, daß Mißtrauen, Angst und Neid als Folge der Orientierungslosigkeit der Menschen zunehmend zu deren Verhaltensmotive geworden sind, Bedacht nehmen. Wenn die politische Zielsetzung, soziale Sicherheit und allgemeinen Wohlstand zu garantieren, mit Vorstellungen von Lebensqualität wie „gesund" und „natürlich" verbunden wird, dann haben wir es tatsächlich mit einer Gesellschaft zu tun, die „ja" sagt zum Produkt und „nein" sagt zur Produktion. Solange dieser Widerspruch im öffentlichen Bewußtsein nicht reflektiert wird und in das Selbstbewußtsein des Einzelnen eingeht, wird es kein Maß geben für notwendiges Wachstum und ebenso notwendige Verzichte. Es bleibt dann nur eine zutiefst verunsicherte, sehr sensible Öffentlichkeit, die sich mit Forderungen nach absoluter Sicherheit und Risikolosigkeit zu wehren versucht.

Dieser seit 1945 festzustellende Wandel hat die Polizeiarbeit der Nachkriegsjahrzehnte mitbestimmt und wird sie noch einige Zeit beeinflussen. Somit gewinnt aber auch die Transparenz einer so großen Organisation wie der Wiener Polizei für die Öffentlichkeit zunehmende Bedeutung. Sie ist aber ebenso wichtig für das Selbstverständnis der Mitarbeiter, denn nur in jenem Maße, in dem sich Mitarbeiter mit ihrer Organisation identifizieren, sind sie bereit, sich engagiert für ihre Organisation gegenüber der Öffentlichkeit einzusezten. Diese Identifikation ist auch mitentscheidend für die Motivation. Die Organisation selbst muß daher eine Identität haben, unverwechselbar und konkret, damit die Öffentlichkeit weiß, was sie von ihr erwarten kann und auch die Mitarbeiter ihre Identität ableiten können.

Wie sie aus diesen nur andeutungsweise wiedergegebenen Überlegungen ersehen können, hat sich in den letzten Jahren wieder eine Wiener Polizeiphilosophie entwickelt. Sie ist noch in Diskussion, wird jedoch auch über die Grenzen hinaus in ihren schon klaren Grundzügen anerkannt. Das Jahrtausend geht sehr abwechslungsreich und von vielen Unwägbarkeiten bestimmt, dem Ende zu. Was für die Grundlage unserer Tätigkeit, nämlich für die Gesetze gilt, muß auch für die Vollzugsorgane gelten. Es wird unter Bedachtnahme auf den vorangeführten sozialpsychologischen Befund der Vertrauenskrise der Menschen die Akzeptanz der Gesetze und damit auch ihrer Vollzugsorgane zunehmend in den Vordergrund treten. Bürgerdienst kann nicht bei der Exekutive beginnen, er darf selbstverständlich auch nicht bei ihr enden. Wir müssen durch unsere Vorbildfunktion den Bürger vermehrt in die Lösung der gesellschaftlichen Probleme einbinden, denn nicht noch mehr Information sondern (die mit dem Vorbild angeregte) Inspiration wird in Zukunft seine Identifikation bestimmen.

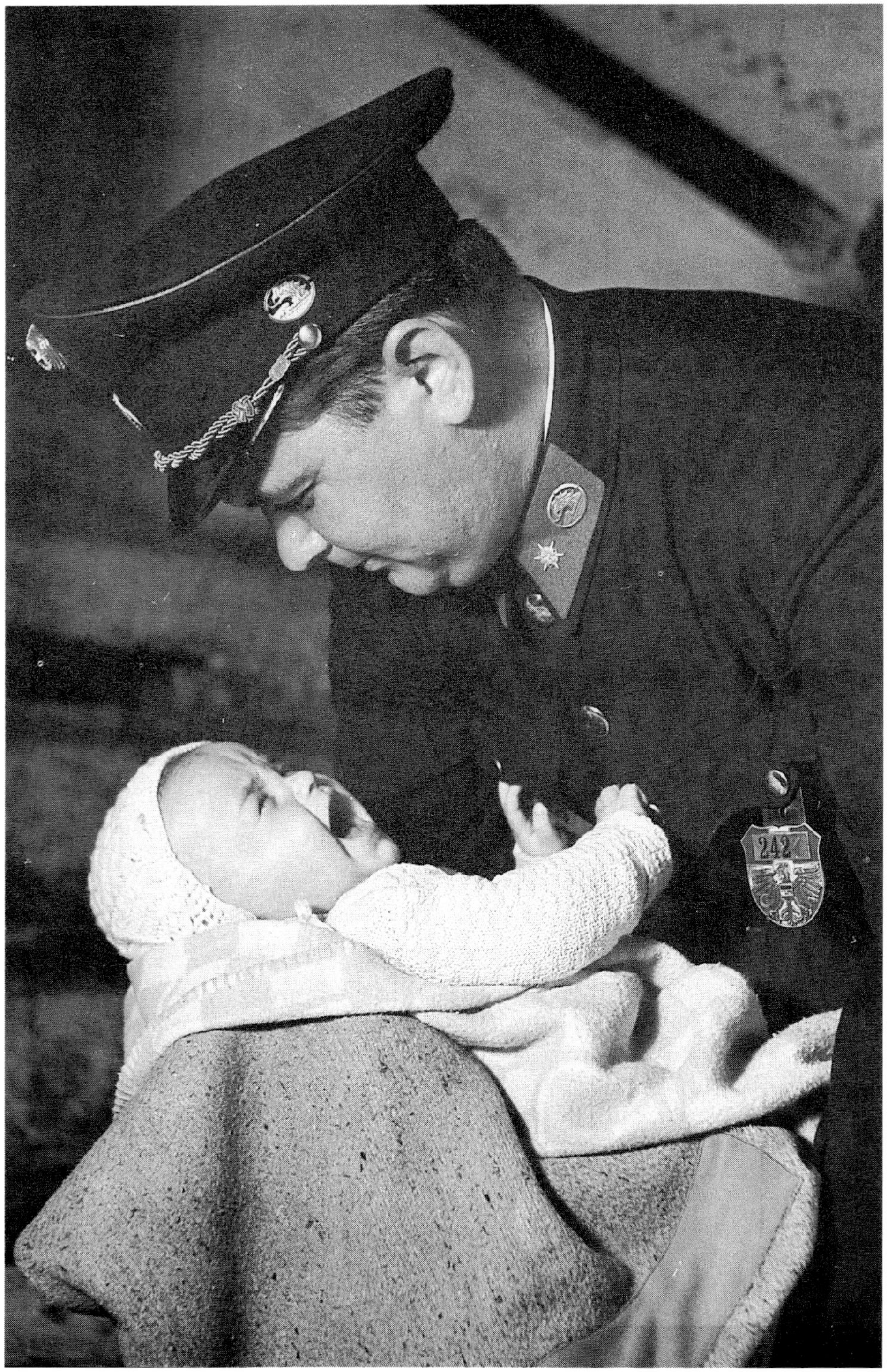

1945

1945

POLIZEILICHER HILFSDIENST
„Uniformierung“ der ersten Stunde…

Bereits am 17. April 1945 wurde in Wien der „Polizeiliche Hilfsdienst“ errichtet – initiiert und gestützt von der Roten Armee und der sowjetischen Besatzungsmacht. Rudolf Hautmann wurde „Polizeichef“, wie das Amt des Leiters dieser kurzlebigen Sicherheitstruppe genannt wurde.

RUDOLF HAUTMANN
Chef des „Polizeilichen Hilfsdienstes“

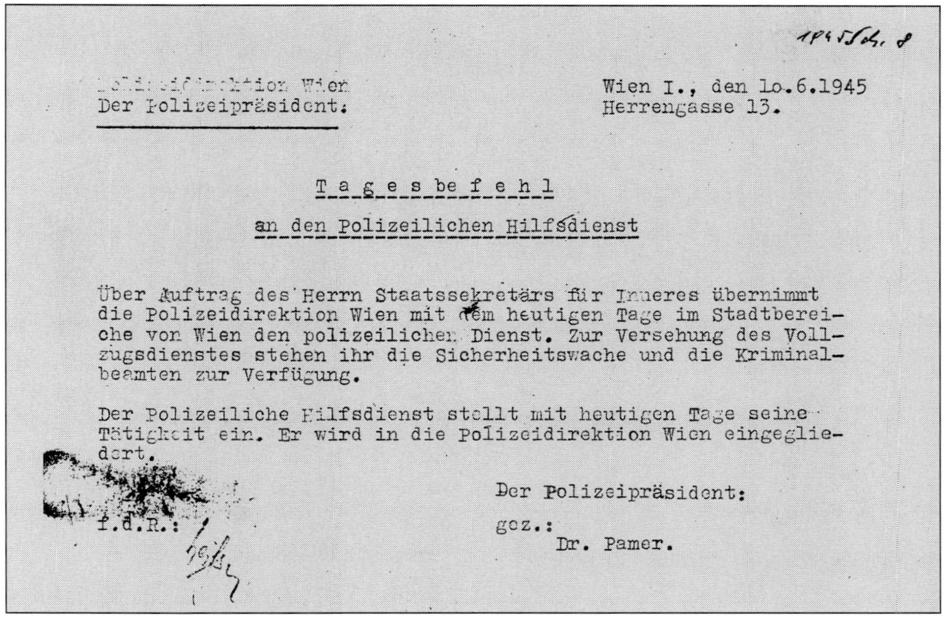

Polizeidirektion Wien
Der Polizeipräsident:

Wien I., den 10.6.1945
Herrengasse 13.

Tagesbefehl

an den Polizeilichen Hilfsdienst

Über Auftrag des Herrn Staatssekretärs für Inneres übernimmt die Polizeidirektion Wien mit dem heutigen Tage im Stadtbereiche von Wien den polizeilichen Dienst. Zur Versehung des Vollzugsdienstes stehen ihr die Sicherheitswache und die Kriminalbeamten zur Verfügung.

Der Polizeiliche Hilfsdienst stellt mit heutigen Tage seine Tätigkeit ein. Er wird in die Polizeidirektion Wien eingegliedert.

Der Polizeipräsident:
gez.:
Dr. Pamer.

f.d.R.:

Dr. Ignaz Pamer
Polizeipräsident 1945–1946

Wohl selten war ein Leben so sehr mit der Wiener Polizei verbunden, wie dies bei Ignaz Pamer der Fall war. 1866 in Korneuburg geboren, trat Pamer 1892 als Konzeptspraktikant in den Dienst der Polizei und wurde dem Kommissariat Leopoldstadt zugeteilt. Im Jahre 1893 wurde er Provisorischer Konzipist und bereits 1895 Bezirksinspektor, ein damals nicht unbedeutender Rang. 1902 berief man Pamer zum Kommandanten der berittenen Sicherheitswache und schon 1911 erreichte er den Rang des Zentralinspektors der Wiener Sicherheitswache. Im Jahre 1923 übernahm Pamer das Amt des Polizei-Vizepräsidenten unter Schober und war in den folgenden Jahren der oftmaligen politischen Tätigkeit Schobers immer wieder selbstständiger Leiter der Polizeidirektion. 1932 trat Pamer altersbedingt in den Ruhestand.

1945 – in der Stunde größter Probleme und nach Auflösung des Polizeilichen Hilfsdienstes, erinnerte man sich des alten Herrn und Staatskanzler Renner berief Dr. Ignaz Pamer zum Polizeipräsidenten in Wien. Die absolute Loyalität gegenüber Österreich und den Staat ließen den Pensionisten Pamer in dieser schweren Stunde noch einmal in den Dienst der Polizei treten. Einer Polizei, die von der Gunst und Gnade der Besatzungsmächte abhängig war, über kaum verwendbare Diensträume und keinerlei Ausrüstung verfügte. Bis 1946, etwas mehr als ein Jahr, leitete der fast 80jährige Herr die Behörde unter diesen schweren Voraussetzungen. Nach seiner zweiten Pensionierung war Pamer dann noch als Präsident des Dorotheum-Kuratoriums tätig. Am 16. Juli 1957 starb Dr. Iganz Pamer im 91. Lebensjahr. Ein Leben im Dienste Österreichs war erfüllt.

Polizeipräsident Dr. Ignaz Pamer

Niederösterreichisches Landhaus, Wien 1., Herrengasse 13, März–Juli 1945 provisorischer Sitz der Wiener Polizei

Am 13. Juni nimmt die Polizei und am 18. Juni nimmt die Justizbehörde in Wien ihre Tätigkeit in vollem Umfang wieder auf. Die Rechtsprechung erfolgt wieder nach österreichischem Recht. Die tatsächliche Gewalt wird am 4. Juli im Abkommen über die alliierte Kontrolle in Österreich (erstes Kontrollabkommen) in London beschlossen. Der „Alliierte Rat" wird durch die vier Hochkommissare gebildet und ist oberste Instanz für alle Fragen, die Österreich in seiner Gesamtheit betreffen. Die österreichischen Regierungen in dieser Zeit sind in allen Belangen von der Zustimmung der Alliierten abhängig.

Wichtige Gesetze dieser Zeit waren das Staatsbürgerschaftsüberleitungsgesetz, das Behördenüberleitungsgesetz, welches die Wiedererrichtung der österreichischen Behörden regelt, das Beamtenüberleitungsgesetz, welches einerseits die Möglichkeit gibt, ehemalige NS-Beamte aus ihren Ämtern zu entfernen und andererseits den aus politischen oder rassischen Gründen in der NS-Zeit verfolgten und entlassenen Beamten Wiedereinstellungsmöglichkeiten gibt. In der Zeit vom 24. bis 26. September tagt die erste Länderkonferenz im Sitzungssaal des niederösterreichischen Landhauses in Wien. Damit wird der Kontakt mit allen vier Zonen hergestellt und durch die völlige Übereinstimmung der Länder die Einheit Österreichs gewahrt.

Am 25. November finden erste Nationalrats-, Landtags- und Gemeinderatswahlen in der Zweiten Republik statt. Der neu gewählte Nationalrat tritt am 19. Dezember und die österreichische Bundesversammlung (Nationalrat und Bundesrat) am 20. Dezember zusammen. Der mit 204 von 205 abgegebenen Stimmen zum Bundespräsidenten gewählte Karl Renner nimmt nach Angelobung durch Präsident Kunschak die Angelobung der ersten gewählten Regierung Figl vor.

Polizeidirektion Wien.

Kundmachung.

Mit dem heutigen Tage übernimmt die

Polizeidirektion Wien

den gesamten polizeilichen Dienst im Stadtgebiet von Wien. Ihr Aufgabenbereich ist der gleiche wie bis zum 13. März 1938. Der Amtssitz der Polizeidirektion befindet sich vorläufig im I. Bezirk, Herrengasse 13.

In den Bezirken bestehen derzeit folgende **Bezirks-Polizeikommissariate: Innere Stadt, Leopoldstadt, Landstraße, Wieden, Margarethen, Mariahilf, Neubau, Josefstadt, Alsergrund, Favoriten, Simmering, Meidling, Hietzing, Penzing, Schmelz, Ottakring, Hernals, Währing, Döbling, Brigittenau, Floridsdorf, Stadlau, Schwechat, Liesing, Mödling, Klosterneuburg.**

Der äußere Dienst wird von der Sicherheitswache und den Kriminalbeamten versehen. Nur diese Organe sind gesetzlich befugt, Verhaftungen auszusprechen und Hausdurchsuchungen vorzunehmen. Bei der Vornahme von Hausdurchsuchungen weisen sich diese Polizeiorgane mit besonderen Ermächtigungen aus. Die Kräfte des bisherigen polizeilichen Hilfsdienstes werden in diesen Exekutivapparat eingebaut.

Jedermann ist verpflichtet, den Aufforderungen der Sicherheitswache und der Kriminalbeamten unbedingt Folge zu leisten.

Nur die Polizeidirektion, die Bezirks-Polizeikommissariate, die Sicherheitswache und die Kriminalbeamten können polizeiliche Befugnisse ausüben. Eingriffe in die Zuständigkeit der Polizei werden nicht geduldet. Wer sich polizeiliche Befugnisse anmaßt, wird der gesetzlichen Bestrafung zugeführt.

Die Wiener Polizei wird ihre Tätigkeit im Rahmen ihrer ordentlichen Zuständigkeit und auf Grund der geltenden Gesetze und Vorschriften ausüben.

Die Bewohner der Stadt können alle Anzeigen, Beschwerden usw. bei den Dienststellen der Polizeidirektion anbringen. Jedermann kann eine verständnisvolle Behandlung aller dieser Angelegenheiten erwarten. Die Wiener Polizei wird helfen, wo Hilfe möglich ist.

Wien, am 13. Juni 1945.

Der Polizeipräsident:
gez. **Dr. Pamer.**

DEUTSCHMEISTERPALAIS
Im Juli 1945 wurde die Bundespolizeidirektion Wien in dem als „Deutschmeisterpalais“ bezeichneten Gebäude Wien 1., Parkring 8 untergebracht. Erst 1974 übersiedelte die Polizeidirektion wieder auf den traditionsreichen Schottenring.

Befehl des sowjetischen Ortskommandanten an den Wiener Polizeipräsidenten – deutliches Zeichen österreichischer Hilflosigkeit im Jahre 1945

BEFEHL

des Ortskommandanten der Stadt Wien

Wien, den 7. September 1945 Nr. 13

§ 1.

Dem Polizeipräsidenten der Stadt Wien,
Herrn Dr. Pamer:

a) In der Zeit bis zum 15. September 1945 ist eine Registrierung aller Kraftfahrzeuge der Stadt Wien (Staatsbesitz, Gemeindebesitz, Privatbesitz u. a.) durchzuführen und entsprechende Pässe auszufolgen.

b) In der Zeit bis zum 1. Oktober 1945 ist eine Registrierung von Kraftfahrrädern und Fahrrädern der Stadt Wien durchzuführen und entsprechende Bescheinigungen sind auszufolgen.

§ 2.

Besitzer von Kraftwagen (staatlichen, Gemeinde-, privaten u. a.) haben ihre Kraftwagen, Kraftfahrräder und Fahrräder bei dem Polizeipräsidenten der Stadt Wien zu registrieren und entsprechende Dokumente zu erhalten.

§ 3.

Nach dem 15. September 1945 werden alle Kraftwagen und nach dem 1. Oktober 1945 alle Kraftfahrräder und Fahrräder, welche keine Pässe und Nummern haben oder von Kraftfahrern, welche keine Führerrechte besitzen, geführt werden, aus dem Verkehr gezogen und der Stadtgemeinde übergeben werden.

Der Ortskommandant der Stadt Wien
Generalleutnant
Blagodatow

Die triste Lage Wiens führte zu einem merklichen Ansteigen der Kriminalität, insbesondere mit bewaffneten Tätern. Die gesamtösterreichische Zoneneinteilung hat eigene Wirtschaftsräume mit eigennützigen Wirtschaftsinteressen entstehen lassen. Die Westzonen handeln mit der Schweiz, Italien und Deutschland. Oberösterreich schließt Handelsabkommen mit der Tschechoslowakei ab. Die innerösterreichische Lage Wiens macht sich deutlich bemerkbar. Betrug die Zahl der vertriebenen Personen unmittelbar nach Kriegsende 100.000, so stieg sie bis August 1946 auf 600.000 an. Viele davon waren in Wien und viele davon bedeuteten eine große Belastung bei Ernährungs- und Sicherheitsfragen. Die Flüchtlinge waren stark am schwarzen Markt beteiligt und es etablierte sich ein riesiger Schleichhandel, auch in Verbindung mit alliierten Offizieren und Beamten, da diese an begehrte Lebensmittel, Kleider oder Treibstoffe leicht herankamen. Die Schwarzmarktpreise stiegen zu ungeahnten Höhen im Vergleich zu normalen Preisen. So war der Preis für Mehl 188fach, Zucker 390fach, Schmalz 463mal höher als der Normalpreis. Die Stadtbewohner versuchten auf dem Land Lebensmittel gegen Kleidung, Wäsche, Schmuck und Gold einzutauschen. Die alliierte Kommission beeinflußte und dominierte auch stark die Entwicklung im Sicherheitsbereich. Britische Labour-Abgeordnete bezeichneten im Jänner 1946 bereits die Arbeit der Alliierten Kommission als „gescheitertes Experiment" und vertraten öffentlich die Meinung, Österreich solle die Freiheit erhalten und Mitglied der UNO werden.

Zur schlechten allgemeinen Lage in Österreich kamen auch innenpolitische Schwierigkeiten. Zwischen den Großparteien gab es noch immer Verstimmungen und heftige Vorwürfe, vor allem zum Problembereich „Austro-Faschismus". Im Februar des Jahres war die Brotversorgung im gesamten Osten Österreichs nur mehr bis Ende März gesichert und für April war eine Kürzung der Brotration um ein Drittel vorgesehen. Auch der Finanzminister konnte die Bezüge der öffentlich Bediensteten oft erst um Monate verspätet flüssig machen. Am 18. März wurden tatsächlich die Lebensmittelrationen für Normalverbraucher auf 1200 Kalorien gekürzt. Der erste Bundesvoranschlag am 22. März sah für 1946 15 Milliarden Schilling in der ordentlichen Gebarung vor. Für das außerordentliche Budget von 584 Millionen Schilling fehlte jede jegliche Bedeckung. Am 10. Mai setzten die Alliierten die Besatzungskosten mit 35% des Bundeshaushaltes fest. Bis dahin waren die Ausgaben für Unterbringung, Verpflegung und andere Notwendigkeiten des Zivil- und Militärpersonals höher als die gesamten Zivilausgaben. Am 28. Juni wird das zweite Kontrollabkommen über Österreich von den Hochkommissaren der vier Mächte unterzeichnet. Das Abkommen ist den österreichischen Verhältnissen besser angepaßt und bringt wesentliche Erleichterungen. Nach österreichischer Ansicht entbehrte das Abkommen jeder völkerrechtlichen Grundlage, da Österreich eine freigewählte Volksvertretung und eine verfassungsmäßig gebildete, schon weithin international anerkannte Regierung besaß.

Die Sicherheitsverhältnisse und die Kriminalitätsabwicklung in Wien beginnen sich langsam zu stabilisieren.

Mit 1. 1. 1946 wird die Abteilung Waffenwesen im Rahmen der Polizeidirektion unter Oberstleutnant Grüll wieder errichtet. Kurze Zeit später fallen auch die notwendigen Beschränkungen hinsichtlich der Bewaffnung der Wiener Exekutive. Mit Wirkung vom 1. 12. 1985 wird die Waffenabteilung zu einem Referat des Generalinspektorates und hat in ihrer Aufgabenstellung unter anderem Verwaltung, Ausgabe, Instandhaltung und technische Betreuung aller im Behördenbereich vorhandenen Dienstwaffen der dazugehörigen Munition sowie bestimmte Ausrichtungsgegenstände wie Schutzschilder, Helme etc., die Bedarfsplanung hinsichtlich Dienstwaffen, Munition und diesen Ausrüstungsgegenständen, die Feststellung des Jahresaufwandes, Instandsetzung, Instandhaltung von Waffen und Geräten des Wirtschaftsbetriebes und schließlich der Schießausbildung der Beamten. Dem Waffenreferat obliegt die Zustandsüberprüfung von Dienstwaffen, Munition und Ausrüstungsgegenständen, die Einschulung und Ausbildung von bestellten Waffenarten sowohl im Behördenbereich Wien als auch bei anderen Polizeibehörden aufgrund spezieller Festlegungen, die Übernahme, die sachgerechte Verwahrung und Verwertung von eingezogenen, für verfallen erklärten bzw. im Rahmen der Überwachung der gesetzlichen Bestimmungen angefallener Waffen, Munition und Gegenständen, die Aufsicht über die Einhaltungen von Ordnungs- und Sicherheitsmaßnahmen auf Schießanlagen, die Durchführung der Schießausbildung und des Übungsschießens für alle mit Dienstwaffen ausgestatteten Organen der BPD-Wien, das sind Sicherheitswachebeamte, Kriminalbeamte und Konzeptsbeamte. Weiters obliegt dem Referat die Fortbildung der Strahlenspürer und vieles andere mehr. Derzeitige Leitung: Oberst Nick.

Neues Österreich, 12. 3. 1946

Bewaffnung aller uniformierten Polizisten

Verschiedene weitere Schritte, um die Lage der Wiener zu verbessern, sei es hinsichtlich der Post-, Telegraphen- und Telephonverbindungen, sei es die Erzeugung von Baby-Nährmitteln und die Errichtung neuer Polizeischulen, die von den USFA während des Monats Februar durchgeführt wurden, wurden von General Mark W. Clark an den Stabschef in Washington in einem Bericht aufgeführt.

Von größter Wichtigkeit für die reibungslose Durchführung der Verwaltung war

ein Viermächteabkommen, welches die Bewaffnung aller uniformierten Polizisten vorsah,

im Gegensatz zu den früher herrschenden Einschränkungen, wonach nur ein Drittel der Wiener Polizei Waffen tragen durfte.

Wien hat einen neuen Polizeipräsidenten

Dr. Artur Klauser gestern vom Ministerrat ernannt

Wien, 18. Juli (Eigenbericht). Wie wir schon an anderer Stelle berichten, ist der bisherige Oberpoilzeirat Dr. Artur Klauser zum Polizeipräsidenten von Wien ernannt worden. Damit kommt an diese wichtige und hohe Stelle ein kriminalistischer Fachmann von wahrhaft internationalem Ruf. Denn Polizeipräsident Dr. Klauser hat sich schon vor zwei Jahrzehnten in der kriminalistischen Fachwelt einen Namen gemacht, der weit über die Grenzen Österreichs hinaus in Ansehen steht.

Groß und kräftig gewachsen, ist Dr. Artur Klauser schon äußerlich das, was man eine repräsentive Erscheinung nennt. Klugheit, Weltgewandtheit und Konzilianz kennzeichnen ihn als einen jener Österreichern, die ihrem Vaterland Achtung verschaffen. Weil ihm auch jenes Maß von Energie zu eigen ist, das die Bewältigung großer und schwieriger Aufgaben erst möglich macht, kann Dr. Artur Klauser als eine starke Persönlichkeit gewertet werden.

Dr. Klauser kam nach dem Weltkrieg 1914/18 zur Wiener Polizei, wo er anfangs in den Kommissariaten Margareten, Favoriten, Simmering und als Leiter der Bahnexpositur Matzleinsdorf Dienst versah. 1920 wurde er ins Sicherheitsbüro versetzt, wo er etwa zwei Jahre hindurch die Gewaltdelikte zu bearbeiten hatte, bis er damit begann, sich als Spezialist auf dem Gebiet der Fälschungsbekämpfung zu betätigen. Während des Internationalen Polizeikongresses, der 1923 in Wien stattfand, wurde die Internationale Zentrale zur Bekämpfung des Fälschungswesen gegründet, deren Leitung Dr. Klauser bis zum Jahre 1938 innehatte. Es gab in diesen 15 Jahren keinen größeren Fall von Banknoten-, Wertpapier- oder Briefmarkenfälschung, der nicht geklärt worden wäre. Das Sicherheitsbüro leistete damals auch auf diesem Gebiet hervorragende kriminalistische Arbeit, die schon deshalb, weil sich die Fälscher international betätigten, auch im Ausland stärkste Beachtung fand.

„Politisch mißliebig"

Mit der Qualifikation „politisch mißliebig" wurde Dr. Artur Klauser 1938 pensioniert. Die Internationale Zentrale zur Bekämpfung des Fälschungswesens verlegte ihren Sitz nach Berlin, sank aber dann zur völligen Bedeutungslosigkeit herab. Als sich der Krieg schon seinem Ende näherte, mußte man sich dazu bequemen, bei schwierigen Fällen Doktor Klauser heranzuziehen, weil es niemand gab, der mit der Materie in gleichem Maße vertraut gewesen wäre wie er.

Als Oberpolizeirat Dr. Artur Klauser im Vorjahr die Leitung des Sicherheitsbüros übernahm, mußte, da kein Grundstock mehr vorhanden war, der Aufbau fast aus dem Nichts begonnen werden. Im Kampf gegen das Verbrechertum hat das Sicherheitsbüro seither trotz allen Schwierigkeiten schon wieder eine Reihe von bemerkenswerten Erfolgen erzielt, die eine Gewähr dafür bieten, daß es in seinen Leistungen bald wieder die frühere Höhe erreichen wird. Das Publikum hat Kriminalromane, in deren Mittelpunkt Scotland Yard stand, mit stärkstem Interesse gelesen. In internationalen Polizeikreisen hatte das Wiener „Sb" einen Ruf, der sich mit dem der Londoner Kriminalpolizei wohl messen konnte und diesen Ruf wird es sich bald wieder erringen.

Der richtige Mann auf dem richtigen Platz

Dr. Klausers Auffassungen über Wesen und Wirken der Polizei sind durchaus moderne und so ist er das Gegenteil dessen, was man einen verknöcherten Aktenmenschen nennt. Daß die Verbrechensbekämpfung nur mit Hilfe der Allgemeinheit und demgemäß durch intensive Zusammenarbeit zwischen Polizei und Presse erfolgreich sein kann, ist für ihn eine Selbstverständlichkeit. Nicht nur als Hüterin der öffentlichen Sicherheit, sondern auch auf vielen Gebieten der Verwaltung hat die Polizei große Aufgaben zu bewältigen und so braucht man für die Leitung einer so eminent wichtigen Institution eine Persönlichkeit, die mit allen charakterlichen und geistigen Vorzügen ausgestattet ist. In Dr. Artur Klauser hat man für diese exponierte Stellung den richtigen Mann gefunden!

L. D.

Weltpresse, 18. Juli 1946

Dr. Arthur Klauser Polizeipräsident 1946–1947

Die polizeiliche Bedeutung von Dr. Arthur Klauser war – ähnlich wie bei seinem Vorgänger Pamer (siehe 1945) in der Ersten Republik gelegen. 1889 in Lemberg geboren, begann Klauser im August 1918 seinen Dienst bei der Wiener Polizei. Der Jurist war bereits 1934 Oberpolizeirat galt als international bedeutender Fachmann und war Leiter der „Internationalen Zentrale zur Bekämpfung von Geldfälschung". 1938 aus politischen Gründen in den Ruhestand versetzt, wurde Klauser 1943 – in Zeiten größter Personalknappheit – auf Widerruf mit dem Titel eines Kriminalrates wieder in Dienst gestellt.

Am 20. Juli 1946 erfolgte seine Ernennung zum Polizeipräsidenten. Dr. Arthur Klauser war jedoch – bei all seiner fachlichen Qualifikation – kein Organisator. Es fehlte im wohl auch das Durchsetzungsvermögen, die Wiener Polizei in der viergeteilten Stadt vom überstarken Einfluß der Besatzungsmächte freizuhalten und im Inneren zu einer rechtsstaatlichen Einrichtung zu machen. Es war wohl Klausers Schicksal, als ein Mann des Überganges im Sessel des Polizeipräsidenten zu gelten und Platzhalter zu sein für einen Nachfolger, der all die Eigenschaften besaß, die man bei Klauser vermißte. Am 31. 10. 1947 trat Klauser in den Ruhestand – er verstarb 1959 in Wien.

Mit Ende des Jahres 1945 wurde die Roßauerkaserne von den Besatzungsmächten der Wiener Polizei übergeben. Die im Krieg schwer beschädigte Anlage – sie hieß ursprünglich „Kronprinz-Rudolph-Kaserne" – war bis Kriegsende militärisch genutzt gewesen. Ihre polizeiliche Verwendung sollte etwas die drückende Raumnot der Wiener Polizei in dieser Stunde Null lindern, waren doch die meisten Amtsgebäude entweder gänzlich zerstört oder durch Kriegseinwirkung schwerst beschädigt.

Übergabe der Roßauerkaserne an die Wiener Polizei durch die Besatzungsmächte, Ende 1945

Neuer Beginn in der Stadt der Ruinen

18. 1. 1946: Wiedereröffnung der Wiener Polizeischule in der Roßauerkaserne durch Bundeskanzler Ing. Leopold Figl

Zerstörter Trakt der Marokkanerkaserne vor Beginn der Wiederaufbauarbeiten

Innenraum in der schwer beschädigten Roßauerkaserne, die ab 1946 als Schulkaserne der Wiener Polizei diente

1

2

3

1 STREIFENWAGEN, aus einem instandgesetzten Volkswagenwrack, viersitzig
2 DIENSTWAGEN, Marke „Opel Super"
3 MANNSCHAFTSWAGEN, Marke Gräf u. Stift, sechzehnsitzig
4 DIENSTWAGEN DES GENERALINSPEKTORS, Mercedes Kabriolett, Type 230

4

Polizeiliche Motorisierung – Zwei Jahre nach der Stunde Null

Im Zusammenhang mit der Motorisierung der Polizei erhebt sich immer die Frage nach Typenvielfalt oder Typeneinheit. Im Jahre 1947 war die Typenvielfalt sicher kein Ergebnis strategischer Überlegungen, sondern ergab sich aus dem Reservoir der übergebliebenen oder von wem immer zur Verfügung gestellten Kraftfahrzeuge. Meist hatten sie aus unerklärlichen Gründen den Krieg überstanden, oder waren von den zur damaligen Zeit in der Improvisation geradezu meisterlichen Mechanikern aus vorhandenen oder wie immer requirierten Lagerbeständen zusammengebaut worden.

In den folgenden Jahrzehnten, bis zum heutigen Tag, war die Frage der Fahrzeugtypen zum einen Teil von strategischen, zum anderen Teil von rechnerischen Überlegungen beeinflußt bzw. bestimmt. Die Festlegung auf eine bestimmte Type im polizeilichen Fuhrpark hat sicher den Vorteil der Spezialisierung der Mechaniker auf der einen Seite und der einfachen Lagerhaltung an Ersatzteilen auf der anderen Seite. Die Typenvielfalt hingegen paßt sich besser den taktisch verschiedenen Anforderungsprofilen an und schafft auch im Einkauf größere Flexibilität. Die Wiener Polizei hat daher eine Mischform aus beiden Möglichkeiten, die sich sowohl in der praktischen Diensterfahrung als auch im budgetären Bereich angepaßt und zweckmäßig erwiesen hat. Sieht man von den für eine Observation notwendigen Fahrzeugen ab, bei denen eine Typenvielfalt notwendigerweise gegeben sein muß, wird der Streifendienst sowohl der Uniformierten – wie auch der Kriminalpolizei vorwiegend mit einem Wagenpark der Marken Volkswagen, BMW, Mercedes und Opel bestritten. In all diesen Fahrzeugen wurde neben der serienmäßigen Ausstattung auch noch zusätzliche Um- und Einbauten in der polizeieigenen Kraftfahrzeugwerkstätte durchgeführt.

1

2

3

1 DIENSTWAGEN, Steyr 220
2 LKW ENTMINUNGSDIENST, Chevrolet, 2t
3 STREIFENWAGEN, Mercedes 170 V

8. 1. 1947: Innenminister Helmer inspiziert Einrichtungen und Gebäude der Wiener Polizei – wie hier die Roßauerkaserne. Der Minister konnte sich von den katastrophalen Zuständen in diesem zweiten Nachkriegswinter ein Bild machen – es mangelte an allem und eine Abhilfe schien in weiter Sicht…

JOSEF HOLAUBEK
Polizeipräsident 1947–1972

Als am 2. 9. 1947 Josef Holaubek zum Wiener Polizeipräsidenten von Wien bestellt wurde, begann eine 25jährige Amtszeit, die für die Geschichte der Wiener Polizei ungemein bedeutend und prägend war. Josef Holaubek führte die Behörde souverän aus dem Chaos der ersten Nachkriegsjahre in die geordneten Verhältnisse der Siebzigerjahre. Auf ihn trifft das Wort vom „Richtigen Mann zur richtigen Zeit" wohl zu wie auf kaum eine andere Persönlichkeit.

Es kann nicht Aufgabe dieses Buches sein, den Lebensweg und die Amtszeit Holaubeks darzustellen – dies würde den Rahmen sprengen und muß einem umfangreichen Werk vorbehalten werden. Es soll nur – gleichsam als Programm dieses großen Polizeipräsidenten – seine Erklärung zur Amtsübernahme wiedergegeben werden. Das Programm eines der ganz Großen unserer Zeit.

Amts- Blatt

der Polizeidirektion Wien

Nur für den inneren Dienstbetrieb

Nr. 9 — Wien, am 5. September 1947 — 3. Jahrgang

Der Ministerrat hat mich mit Beschluß vom 2. September 1947 zum Polizeipräsidenten von Wien designiert.

Ich übernehme dieses schwere Amt in einer Zeit, da die wirtschaftlichen und moralischen Zerstörungen durch einen totalen Krieg den Aufbau unserer Republik und ihrer schönen Hauptstadt aufs schwerste belasten und hemmen: Die erste Notwendigkeit für den Aufstieg unseres ganzen Volkes zu einem wahren Frieden und zu Wohlstand ist Ordnung und Sicherheit.

Ich habe das Amt des Polizeipräsidenten von Wien im vollen Bewußtsein seiner Größe und Bedeutung übernommen. Ich weiß, ich kann die mir übertragene Aufgabe nur verwirklichen, wenn alle meine Mitarbeiter mich mit allen ihren Kräften unterstützen. Darum bitte ich alle Organe der Wiener Polizeidirektion, ihren Dienst in diesen Jahren einer bedrückenden Nachkriegszeit so selbstlos und pflichtgetreu wie bisher zu erfüllen — zum Wohle der Bevölkerung von Wien, damit zum Wohle unserer ganzen Republik Österreich: Jeder Bürger unserer Stadt muß wissen, daß die Wiener Polizei ein objektiver und unbeirrter Hüter des Rechtes und der Ordnung, ein treuer Helfer in vielen Nöten, mit einem Wort ein Freund des Volkes ist.

Vor allem leiten mich in meiner Arbeit neben den Erkenntnissen der sachlichen Notwendigkeiten die Grundsätze einer wahren Demokratie, dieses entscheidenden Pfeilers unseres Staates. So werden wir in unserem geliebten Wien mit Hingabe und Aufopferung für Ordnung und Sicherheit sorgen und damit hervorragend beitragen, einen raschen Wiederaufbau unserer Heimat zu sichern.

Holaubek.

Schon im Herbst 1947 wurde die Dauer der Besatzung Österreichs auch für die vier Mächte ein Problem. Die Franzosen beorderten einen Großteil ihrer Truppen in die Heimat zurück, was allerdings nicht ausschließlich durch budgetäre Probleme, sondern durch einen befürchteten kommunistischen Staatsstreich begründet war. Auch Großbritannien wollte sich so weit wie möglich seiner Besatzungsaufgaben entledigen und beschloß ab Jänner 1948, die österreichische Gendarmerie mit dem Schutz der österreichisch-jugoslawischen Grenze zu betrauen. Die zuständigen Stellen begannen mit der Berechnung über zusätzlich benötigte Gendarmeriekontingente, deren Ausrüstung und Unterbringung. Die Dienstleistung sollte dem Präsenzdienst bei einem zukünftigen österreichischen Heer angerechnet werden. Damit wurde die sogenannte „B-Gendarmerie" der Vorläufer des österreichischen Bundesheeres. Am 5. August legten die Briten einen positiven Bericht über die Grenzsicherung in Kärnten durch B-Gendarmerie vor und es begannen die ersten angloamerikanischen Studien über Erfordernisse eines zukünftigen österreichischen Heeres. Ende August 1948 wurden auch die Franzosen zur Mitarbeit eingeladen. Es wurde überlegt, für jede Westzone ein etwa 500 Mann-Gendarmeriebataillon, insgesamt ein Regiment aufzustellen.

Am 6. November gibt Innenminister Helmer die bisherige Anzahl von Verhaftungen bekannt. Nach der amerikanischen Statistik wurden 1948 von den Sowjets 364 Verhaftungen durchgeführt, davon 66 Nichtösterreicher. 195 Personen (davon 22 Nichtösterreicher) wurden wieder freigelassen, 169 bleiben in Gefängnissen und Verwahrung der Sowjetunion. Die Amerikaner und Briten erlassen ihre Verordnung 200, welche gleichfalls die Möglichkeit zur Verhaftung mißliebiger Personen schafft. Die Franzosen nehmen ihre Vorschrift 104 zum gleichartigen Anlaß. Westalliierte gestatten aber nun auch endlich das Eingreifen der österreichischen Exekutive bei Zwischenfällen mit Angehörigen der Besatzungsmächte. Die Sowjets bestehen bis 1955 auf ein ausschließliches Eingreifen durch sowjetische Organe.

Schon 1947 wurde mit dem Währungsschutzgesetz und dem Lohn- und Preisabkommen die Flucht in die Sachwerte gestoppt. Die Schleichhandelspreise sinken nach der zweiten Währungsreform und dem Abschluß des zweiten Lohn- und Preisabkommens am 16. September 1948 fast bis an die Normalgrenze. Trotzdem war die wirtschaftliche Situation und damit auch die Problematik für die Polizei nicht einfach und rosig, was der Lebensmittelaufruf für Ostern 1948 beweist: 15 dag Schweinefleisch, ein Ei, ein Achtel Kilogramm Fett, 10 dag Süßwaren, ein Achtel Kilogramm Kakao für Kinder und Jugendliche bis zum 18. Lebensjahr und ein Viertel Kilogramm Malzkaffee für Erwachsene über 69 Jahre.

Österreichische Polizei zur Kontrolle britischer Fahrzeuge befugt

Aus einem Tagesbefehl für das britische Element der Alliierten Kommission für Österreich und für die britischen Truppen in Österreich geht, wie der Britische Nachrichtendienst meldet, hervor, daß der österreichischen Polizei in der britischen Zone das Recht eingeräumt wurde, britische Personen, die unter dem Verdacht stehen, für einen Zwischenfall oder irgendeine Störung verantwortlich zu sein, so lange festzuhalten, bis sie in britische Haft übergeben werden können.

Die österreichische Polizei und Gendarmerie in jenen Teilen der Bundesländer Kärnten und Steiermark, die derzeit durch britische Truppen besetzt sind, ist berechtigt, Personen, die britische Uniform tragen, oder britische Zivilisten festzunehmen. Auch britische Fahrzeuge kann die Polizei, wenn sie es zur Durchführung von Erhebungen für notwendig befindet, anhalten.

Die entsprechenden Befehle, die an alle Dienststellen weitergegeben wurden, betonen, daß jeder Soldat, der sich der Festnahme durch die österreichische Polizei widersetzt, sich als Kraftfahrer weigert, das Fahrzeug anzuhalten oder seine Personalien anzugeben, beziehungsweise seine Papiere vorzuweisen, sobald dies von österreichischer Polizei gefordert wird, disziplinäre Maßnahmen zu gewärtigen hat.

Wiener Zeitung, 11. Mai 1948

1948

Vielleicht fällt auf, daß wir uns in diesem Jahr auf den vorstehenden Seiten viel mit der Polizeischule bzw. mit der polizeilichen Ausbildung befaßt haben. Dies hat seinen Grund darin, daß in diesem Jahr die Ausbildung der Wiener Polizei sehr zukunftsorientiert einen Hauptschwerpunkt bildete. Man muß sich vorstellen, Not und steigende Kriminalität verbunden mit einer Demokratisierung in allen (staatlichen) Lebensbereichen. Die Wiener erwarteten von ihrer Exekutive nicht nur Schutz gegen die zahlenmäßig zunehmenden Kriminellen, sondern auch eine Polizei, die zum Unterschied der Jahre 1938 bis 1945 auch Hilfestellungen in nicht gesetzlich geregelten Lebensbereichen anbot. Auch in Richtung der neuen Demokratie mußte der Polizist seiner Vorbildfunktion gerecht werden und durch sein Beispiel dem Bürger die Vorausschaubarkeit der Staatsführung bzw. deren Entscheidungen demonstrieren.

Die polizeiliche Ausbildung mußte sich daher nicht nur auf die Vermittlung der neuen, für die Aspiranten meist unbekannten Rechtsvorschriften, sondern auch auf die Vermittlung demokratischer Grundeinstellungen konzentrieren. Die Situation war insoferne nicht einfach, als sich die Polizei der Nachkriegszeit sehr deutlich in ihrem Verhalten von jener der Kriegszeit unterscheiden mußte, gleichzeitig aber trotzdem die stets notwendige Autorität zu demonstrieren hatte. Die Bedingungen, unter der diese Polizistengeneration ausgebildet werden mußte, waren – wie sie nach den Bildern der vorstehenden Seiten erkannt haben – sowohl für Lehrer als auch für Schüler nicht einfach. Die Nachkriegsgeneration der Wiener Polizisten leistete in punkto Improvisation und Motivation Erstaunliches. Sie legte mit ihren persönlichen Vorgaben aber auch den Grundstein für jene Einstellung der Exekutive, die sich im Jahre 1950 als demokratieerhaltend erweisen sollte.

Torposten zum Eingang in die Polizeischule Roßauerkaserne in der Nachkriegszeit

1

3

1 Vorbereitung der Lehrmittel
2 Vortragssaal einer Kameradschaft
3 Frühsport im Kasernenhof
4 Jiu-Jitsu-Unterricht für Polizeischüler

2

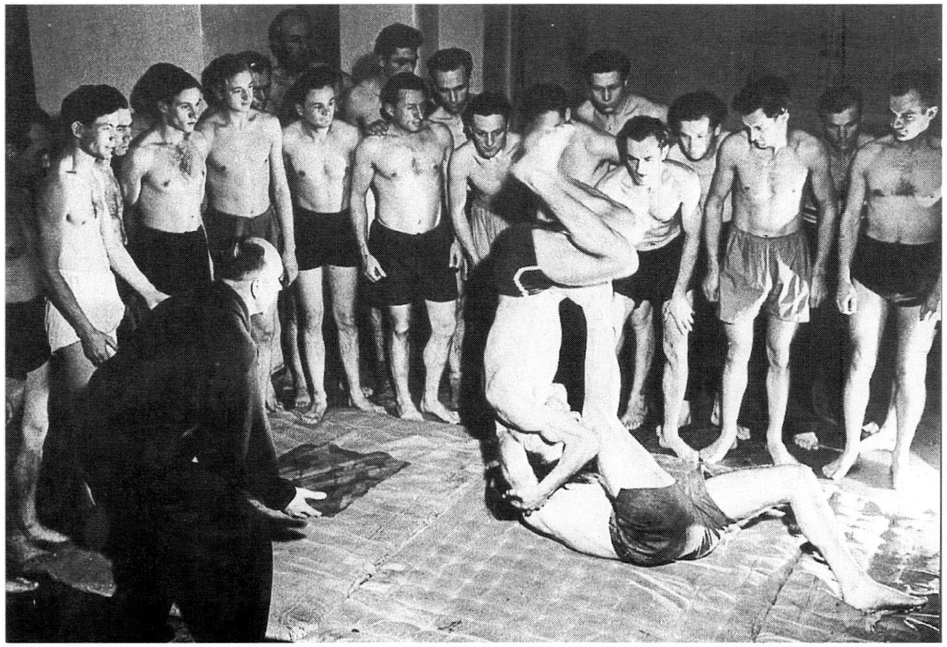

4

Kontrollinspektor nimmt die Meldung zweier Sicherheitswachebeamten entgegen –
– das Leben und auch der polizeiliche Alltag beginnt sich zu normalisieren.

1949

Schon in diesem Jahr begann man, die Verkehrserziehung in Wien im Rahmen der Polizei zu institutionalisieren. Im März 1953 wurde mit der ersten polizeilichen Verkehrserziehung in den Wiener Schulen begonnen. Im Mai 1953 fanden bereits die ersten Radfahrerprüfungen im Hof der Roßauer Kaserne statt. Mit der Eröffnung der beiden Schulverkehrskindergärten Prater Hauptallee (1965) und Floridsdorf Tetmajergasse (1971) wurde die Radfahrerausbildung der Schüler intensiviert. Die Kinder aller Wiener Schulen werden ab der 7. Schulstufe (AHS, HS und ASO) in einem der beiden Schulverkehrsgärten in Theorie und Praxis geschult. Nach der Schulung besteht für die Schüler die Möglichkeit zur freiwilligen Radfahrerprüfung. Im Jahre 1959 wurde die Verkehrserziehungstätigkeit durch Vorträge in den 250 Wiener Pensionistenclubs (nur in den Wintermonaten, wenn die Verkehrsgärten geschlossen sind) erweitert, um auch den älteren Menschen Anhaltspunkte für ihr Verhalten im Straßenverkehr zu vermitteln.

Im Jahre 1991 wurden für über 55.000 Kinder von 350 Beamtinnen und Beamten über 4000 Stunden Verkehrsunterricht durchgeführt. Von 380 Beamtinnen und Beamten wurden 1418 Stunden für Vorträge bei Elternabenden, Pensionistenclubs etc. aufgewendet und ca. 35.000 Teilnehmer angesprochen. In den Schulverkehrsgärten wurden 10.337 Schüler in 1215 Stunden betreut.

Interessant ist, daß man von Verkehrserziehung immer nur in Zusammenhang von Kindern spricht. Die Verkehrserziehung bei Erwachsenen scheint ein tabuisiertes Thema zu sein. Inwieweit Strafen zur Verkehrserziehung beitragen, ist umstritten. Sicher sind Strafen, die in Form von Verfügungen drei Monate und noch später nach Begehung der Tat kommen, nicht mehr geeignet, im Adressaten einen Konnex zu seinen Handlungen herzustellen. Aus diesem Grunde wird auch immer wieder der Schnellrichtereinsatz forciert und der § 101 der Straßenverkehrsordnung („Sonntagsschule") diskutiert.

Sehr wesentlich für die Arbeit der Exekutive auch im Rahmen der Verkehrserziehung war und ist die Unterstützung durch die Öffentlichkeit. Hier waren es im vorangeführten Bereich die großen Wiener Versicherungsgesellschaften, die nicht nur Problembewußtsein zeigten, sondern auch Aktivitäten der Polizei finanziell unterstützten. Allen voran die Allgemeine Unfallversicherungsanstalt, die in den letzten fünf Jahren für Unterstützung der Schulwegsicherung und der Verkehrserziehung rund 20 Millionen Schilling ausgab und deren Generaldirektor Thiel die Unternehmensphilosophie jüngst mit den Worten zusammenfaßte: „Wir sind um Sie besorgt, gemeinsam sicher und nimm Dir Zeit für Sicherheit."

Alle Menschen sollen ein sicheres, gesundes und unfallfreies Leben führen können, denn frei nach Schopenhauer ist Sicherheit und Gesundheit nicht alles, aber ohne Sicherheit und Gesundheit ist alles nichts.

Plakat für die Verkehrserziehungswoche der Wiener Polizei, 1949

Werbebroschüre für die Verkehrserziehung 1949 der Wiener Polizei
– deutliches Zeichen, daß der Straßenverkehr allgemein und die Motorisierung im besonderen im zerstörten Wien wieder im Steigen begriffen war.

Damals wie heute wendete sich die Polizei an den Verkehrsteilnehmer, seinen Beitrag zur Verkehrssicherheit zu leisten. Sukzessive wies der Bürger seine Verantwortung wieder an die Polizei zurück und heute hat sie – seiner Meinung nach – ausschließliche Zuständigkeit = Verantwortung. Wenn es uns nicht gelingt, im Straßenverkehr jene Klarstellung zu treffen, die uns im täglichen Leben so selbstverständlich ist, nämlich daß das Zusammenleben in einer menschlichen Gesellschaft ein Produkt aus Verantwortung, Toleranz und der dafür notwendigen geistigen Bewegungsfähigkeit ist, dann werden wir es nie schaffen. Einseitige Schuldzuweisungen von wem und an wen immer helfen weder den vielen Toten noch den Überlebenden im Straßenverkehr.

1949

Wir haben uns im Jahre 1909 mit einigen grundsätzlichen Ausführungen zur Wiener Diensthundeabteilung befaßt und wollen nun mit einer Chronologie diese doch sehr interessanten Entwicklung fortsetzen. Schon im Jahre 1902 erwog die Polizeidirektion in den Wiener Grünbereichen Diensthunde einzusetzen. Wegen der Schwierigkeiten in bezug auf Ausbildung, Hundebeschaffung und Kosten wurde jedoch vorerst davon Abstand genommen. In der Zwischenzeit hatte man sich im Wachzimmer Josefsdorf einen Hund privat gekauft, der den einzelnen Rayonsposten nur zu deren persönlichen Schutz mitgegeben wurde. Im Jahre 1904 wurde mit dem Bau des späteren Wachzimmers im Kommissariat Stadlau, Wagramer Straße 31, begonnen und ab 1906 eine noch immer private Hundeabteilung errichtet. Von den „Inspektoren minderer Gebühr" (so der damalige Amtstitel), Nausch und Jarma wurden vier Schäfer und ein Airdale-Terrier abgerichtet. Im Jahre 1909 erfolgte die offizielle Errichtung einer Diensthundeabteilung, wie auf Seite 107 dargestellt. In den Folgejahren wurden Lehrgänge durchgeführt und die Hundeabteilung auf 24 Diensthunde gebracht. Durch den Krieg, die schlechte Versorgung und finanzielle Probleme wurden 18 Diensthunde nach und nach außer Dienst gestellt und die Diensthundeabteilung hörte de facto auf zu bestehen. Erst 1925 wurden 15 Diensthunde für einen Lehrgang mit 23 Teilnehmern angekauft. Bis zum 1. 12. 1926 dauerte der Lehrgang und der Aufbau des Zwingers in der Wagramer Straße durch die Lehrgangsteilnehmer. Das Material stammte von einem Abbruchhaus aus dem 21. Bezirk und der Rest wurde aus Abbruchteilen der ehemaligen Brigittabrücke käuflich erworben. 1927 wird der Bau einer Zwingeranlage in Ober-Sievering begonnen. Dort wurden 11 Hundeführer untergebracht, 12 Hundeführer verblieben in der Wagramer Straße. In diese Zeit fällt auch der erste eigene Zuchtversuch, da der Ankauf von Hunden zu teuer war. 1927 wurde die Entwicklung gestoppt, Sparmaßnahmen zwangen zur Entlassung von Hundeführern. Bis zum Jahre 1938 gab es ein stetes Auf und Ab bei der Diensthundeabteilung. Im Jahre 1933 wurde der Deutsche Schäfer „Dojan", der am Semmering nach einem Raubmord eine 15 km Fährte zum Täter zurückverfolgte, berühmt. „Dojan" half auch bei Diebstählen in Millionenhöhe sehr wesentlich mit. Im Jahre 1938 wurde die Einführungsvorschrift gemäß Oberstleutnant Belleville eingeführt und alle sechs Wochen 20–25 Kursteilnehmer, bestehend aus Beamten von Polizei, Gendarmerie und Zollwache einberufen. Während des Krieges waren gute Hunde rar. Für den Rest wurden Spezialausbildungen, wie die Abrichtung der Hunde zum Verweisen von abgeworfenen Phosphatblättchen eingerichtet. Diese Einsätze waren im Jahre 1943 an der Tagesordnung. Während des Krieges gab es bei der Polizeidiensthundeabteilung 6 Opfer zu beklagen.

Am 25. 6. 1945 wurde Bezirksinspektor Kerngast mittels Dienstauftrages mit der Nahaufstellung der Polizeidiensthunde betraut.

Fortsetzung auf Seite 296

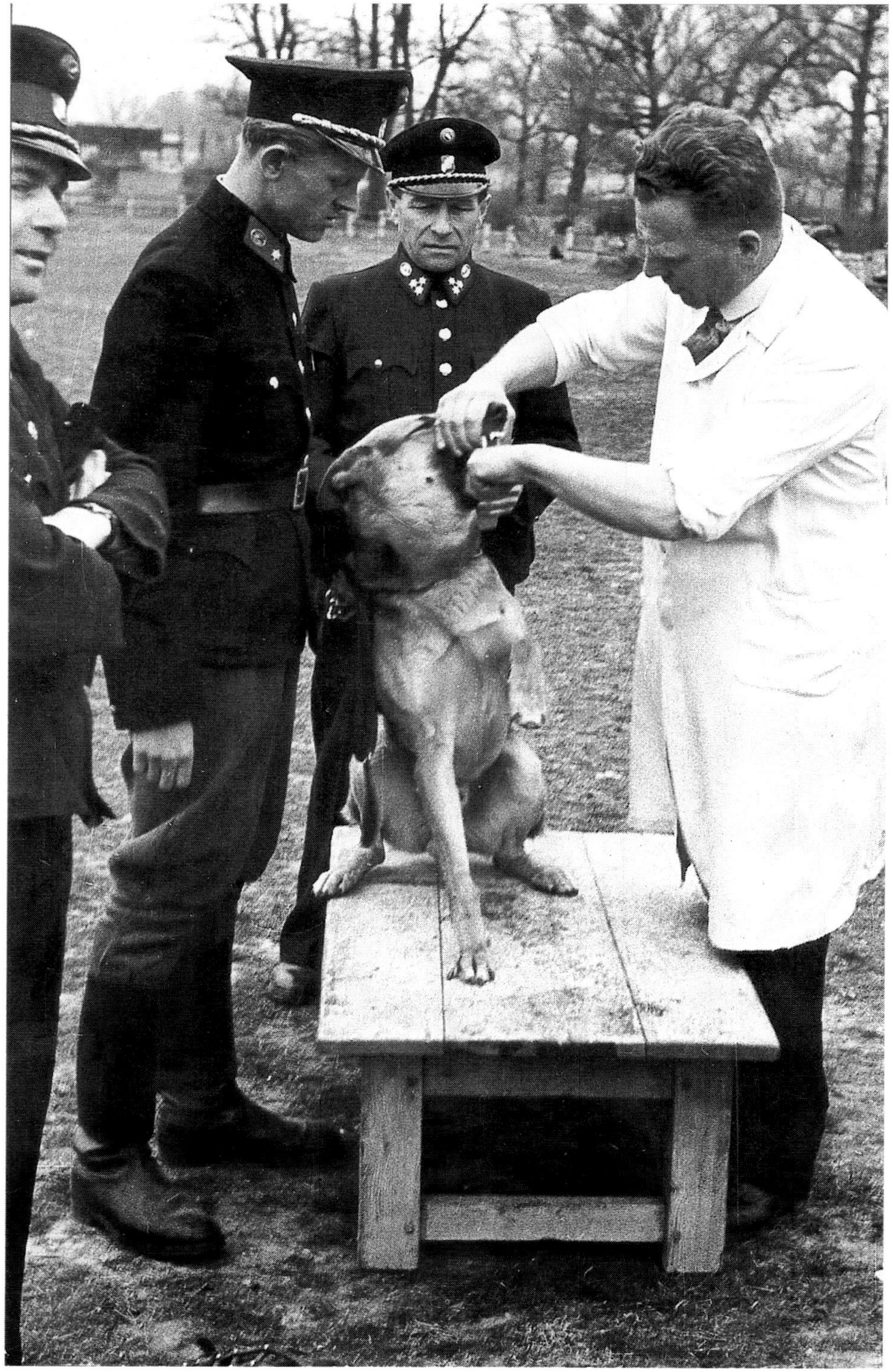

Tierärztliche Visite in der Diensthunde-Abteilung auf dem Übungsgelände der Polizeihunde in Kagran. April 1949

1949

1. Juni 1949: Heimkehrertransport aus Rußland.
Szenen wie diese gehörten in den Jahren 1945–1955 in Österreichs Städten zur Tagesordnung.
Menschenschlangen warteten voll Hoffnung vor den Bahnhöfen, ob wohl diesmal der Mann, Vater, Sohn oder Bruder unter den Heimkehrenden sein würde.
Manch ein junger Polizist der Nachkriegsgeneration – wie hier im Bild – entdeckte unter den ausgemergelten Gestalten, die in die Heimat zurückkamen, einen ehemaligen Kollegen oder Vorgesetzten.
Aber auf viele wartete man umsonst – der Krieg hatte besonders unter den ehemaligen Polizeiangehörigen unzählige Opfer gefordert.

Zunächst scheint das Jahr 1950 gut anzulaufen. Im Februar ist Baubeginn am neuen Westbahnhof, im August legt Bürgermeister Körner den Grundstein für die Errichtung der 10.000 Gemeindewohnung. Im selben Monat wird das Lebensmittelbewirtschaftungsgesetz außer Kraft gesetzt und kurz danach die Lebensmittelbewirtschaftung aufgehoben. Trotzdem war die Lage alles andere als rosig. Der Index der Lebenserhaltungskosten stieg mit Beginn des Koreakrieges wesentlich höher als der Index der Löhne. Vor diesem Szenario und der Einschränkung des ERP-Programmes durch die USA begannen am 22. 9. die Verhandlungen zwischen Gewerkschaften, Kammern und Regierung über ein 4. Lohn- und Preisabkommen.

Die „Volksstimme" (Parteiorgan der KPÖ) berichtet vorzeitig über die Besprechungen und bezeichnet sie als Verrat. Die Kommunisten planten für den 26. September Protestaktionen und Streiks. Die Bundespolizei Wien erfährt von den bevorstehenden Demonstrationen und bereitet sich vor. Am 26. September wird nach schwierigen Verhandlungen im Ministerrat das „4. Lohn- und Preisabkommen" beschlossen. In den Usia-Betrieben Wiens wird hierauf der Streik ausgerufen. In anderen Betrieben Wiens wird die Belegschaft zur Teilnahme am Streik aufgefordert. Etwa 30.000 Arbeiter marschieren in Richtung Innere Stadt und legen dort gegen 10 Uhr den Straßenverkehr am Ring lahm. Gegen 11 Uhr dringen etwa 8.000 Manifestanten unter Überwindung der Polizeiabsperrung bis zum Bundeskanzleramt vor. Die fanatisierte Menge greift die Polizei mit Knüppeln, Latten und Steinen an, 4 Polizisten werden schwer, 23 leicht verletzt. Bundeskanzler Figl lehnt Verhandlungen unter dem Druck der Straße ab. Die Demonstranten beschädigen auf der Ringstraße Autos und blockieren in der Simmeringer Hauptstraße, Praterstern, Gürtel, Wiedner Hauptstraße und auf der Opernkreuzung den Straßenbahnverkehr. Nachdem etwa 70 Demonstranten am Nachmittag gehindert worden waren, in das ÖGB-Gebäude in der Hohenstauffengasse einzudringen, ziehen gegen Abend die meisten Demonstranten wieder ab. Am 27. September ersucht der Wiener Polizeipräsident, Josef Holaubek, den sowjetischen Hochkommissar um Erlaubnis für den zusätzlichen Einsatz von Polizei in der sowjetisch besetzten Zone, hat aber mit dieser Intervention keinen Erfolg. Vielmehr wird bei einem Eingreifen der Polizei mit Verhaftungen gedroht. Die Streikbewegung hat in der Zwischenzeit auch auf die Bundesländer Niederösterreich, Burgenland und das obersteirische Industriegebiet sowie auf die großen Werke in Oberösterreich übergegriffen, nimmt jedoch nicht das Wiener Ausmaß an. Nach einem kurzfristigen Abflauen der Streikbewegungen wird in einer „gesamtösterreichischen Betriebsrätekonferenz" in Floridsdorf in einer Resolution an die Bundesregierung die Zurückziehung der Preiserhöhungen oder eine Verdopplung der im Abkommen vorgesehnen Erhöhung der Löhne, Gehälter, Pensionen, Renten und Kinderzulagen bei voller Steuerfreiheit für die gesamten Erhöhungen gefordert. Die Bundesregierung trifft Vorbereitungen für den Streikfall. Die Wiener Polizei erstellt das polizeistrategische Konzept. Einzelne Gewerkschaften mobilisieren ihre Mitglieder zur Solidarität mit den Beschlüssen der Bundesregierung. Nachdem am 1. Oktober das Lohn- und Preisabkommen in Kraft getreten war, lehnt die Bundesregierung am 3. Oktober das Ultimatum der Betriebsrätekonferenz ab und rechtfertigt in einem Aufruf an das österreichische Volk dies damit, daß die Hilfeleistungen des Auslandes nicht dauernd fortgesetzt und die staatlichen Unterstützungsbeiträge zu Lebensmitteln nicht endlos weitergezahlt werden können. Der Streikbeschluß wird als kommunistischer Versuch zur Beseitigung der demokratischen Republik bezeichnet. In Wien lehnt eine Konferenz der sozialistischen Betriebsräte von Wien und Niederösterreich im Einvernehmen mit der Führung des Gewerkschaftsbundes den Streik ab und Präsident Johann Böhm kündigt die Entschlossenheit der Arbeiter zum Widerstand an. Ab 12 Uhr ordnet Innenminister Helmer für die gesamte Exekutive Permanenzdienst an. Der sowjetische Ortskommandant von Mödling untersagt Verlegung von Beamten der Gendarmerieschule nach Wien und droht den Verantwortlichen mit persönlichen Konsequenzen. Die Kommunisten sehen sich zunehmend von der Arbeiterschaft isoliert, können aber ihre Streikandrohung nicht mehr zurücknehmen, sodaß am 4. Oktober in Wien 145 Betriebe stillstehen. Kommunistische Streiktrupps hindern Straßenbahnzüge am Ausfahren, blockieren Geleise und Straßen mit Sand und Schotter (siehe Bild Seite 240), gießen Zement in die Weichen. Rollkommandos besetzen Straßen und Plätze, werfen Straßenbahnen, Autobusse und Autos um

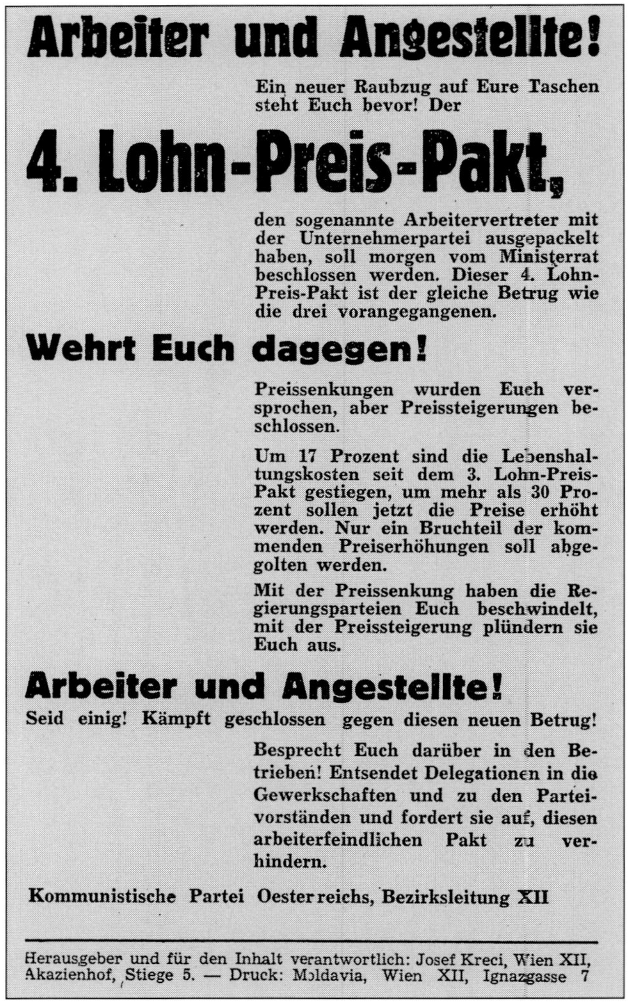

Arbeiter und Angestellte!

Ein neuer Raubzug auf Eure Taschen steht Euch bevor! Der

4. Lohn-Preis-Pakt,

den sogenannte Arbeitervertreter mit der Unternehmerpartei ausgepackelt haben, soll morgen vom Ministerrat beschlossen werden. Dieser 4. Lohn-Preis-Pakt ist der gleiche Betrug wie die drei vorangegangenen.

Wehrt Euch dagegen!

Preissenkungen wurden Euch versprochen, aber Preissteigerungen beschlossen.

Um 17 Prozent sind die Lebenshaltungskosten seit dem 3. Lohn-Preis-Pakt gestiegen, um mehr als 30 Prozent sollen jetzt die Preise erhöht werden. Nur ein Bruchteil der kommenden Preiserhöhungen soll abgegolten werden.

Mit der Preissenkung haben die Regierungsparteien Euch beschwindelt, mit der Preissteigerung plündern sie Euch aus.

Arbeiter und Angestellte!

Seid einig! Kämpft geschlossen gegen diesen neuen Betrug!

Besprecht Euch darüber in den Betrieben! Entsendet Delegationen in die Gewerkschaften und zu den Parteivorständen und fordert sie auf, diesen arbeiterfeindlichen Pakt zu verhindern.

Kommunistische Partei Oesterreichs, Bezirksleitung XII

Herausgeber und für den Inhalt verantwortlich: Josef Kreci, Wien XII, Akazienhof, Stiege 5. — Druck: Moldavia, Wien XII, Ignazgasse 7

Aufruf der Kommunisten vom 27. 9. 1950

die kommunistische Umsturzbewegung...

und behindern den Verkehr auf Donaubrücken. Franz Olah, Spitzenfunktionär der Gewerkschaft Bau- und Holzarbeiter, tritt mit seinen Mitgliedern energisch gegen die komunistischen Rollkommandos an und wird dabei von katholischen Studenten und sozialistischen Jugendlichen unterstützt.

Am Nachmittag gelingt es der konsequent im Rahmen der gesetzlichen Bestimmungen agierenden Wiener Polizei mit Hilfe der von Franz Olah organisierten Werktrupps und einer massiven Unterstützung der Wiener Bevölkerung, in den Nachmittagsstunden wieder Ruhe und Ordnung in der Stadt herzustellen. Am Abend beschließt auch das Präsidium der „gesamtösterreichischen Betriebsräteversammlung" formell die Beendigung des Streiks. Am Folgetag wird in Österreich die Arbeit ohne Störung wieder aufgenommen. Am 7. Oktober geben die Zeitungen den Dank der Bundesregierung für den Einsatz der Exekutive und höchstes Lob und Anerkennung für die Arbeiter und Angestellten Weiter. Auch die Vereinigung österreichischer Industrieller anerkennt die gute Einstellung der Arbeiterschaft zu ihren Betrieben und stellt fest, daß dadurch die Fabriken vor Stillegungen bewahrt und vor Zerstörungen geschützt wurden. Das Verhalten der Exekutive wurde als vorbildlich klassifiziert.

Da es am 4. Oktober in der Sowjetzone vereinzelt auch Solidarisierung von Polizeibeamten mit Streikenden gegeben hat, werden am 20. Oktober die Konsequenzen gezogen und diese Polizeibeamten versetzt oder entlassen. Die Streikbewegung und der Ausbruch des Koreakrieges gaben dann auch Anlaß zu verstärktem Ausbau der B-Gendarmerie. Nachdem, wie bereits erwähnt, im Sommer 1948 in den Besatzungszonen der Westmächte mit der Ausbildung kleinerer Gendarmeriegruppen begonnen worden war, wurde bis 1955 die B-Gendarmerie bis auf 7.000 Mann aufgestockt und bildete nach Abschluß des Staatsvertrages den Kader für die Aufstellung des Bundesheeres.

5. 10. 1950 – 16 Uhr: Sicherheitswache und Straßenbahner bei der Räumung der Straßenbahnschienen am Schwedenplatz

...und deren deutliche Spuren.

26. 9.–6.10. 1950: Ein von Demonstranten beschädigter Polizei-LKW

5. 1. 1951: Staatsbegräbnis Dr. Karl Renner
Polizeiliche Begleitung des Konduktes am Weg zum Zentralfriedhof

Mit Anlässen des Großen Polizeilichen Ordnungsdienstes – wie auf obenstehendem Bild – sind im Generalinspektorat der Wiener Sicherheitswache die Referate 1 und 5 befaßt. Dies gibt Gelegenheit, Ihnen nachstehend kurz die Referatseinteilung des Generalinspektorates und die Referatseinteilung des Kriminalbeamteninspektorates vorzustellen:

Generalinspektorat der Sicherheitswache: Referat 1: Organisation, Dienstaufsicht, Schulung. Leiter: Oberst Kurt HENGELMÜLLER. Referat 1a: Ordnungsdienst und Einsatz. Leiter: Hauptmann Franz SCHNABL. Referat 2. Disziplinarangelegenheiten. Leiter: Oberst Mattäus PAUMANN. Referat 3: Personal- und Leistungsfeststellungsangelegenheiten, Werbung. Leiter: Oberst Johann SCHERERBAUER. Referat 4: Besoldungsangelegenheiten. Leiter: Major Herbert BRUNNER. Referat 5: Verkehrswesens. Leiter: Oberst Gerhard KRAIGER. Referat 6: Planung und Organisation des Funk-, Fernsprech- und Fernschreibbetriebes. Leiter: Oberst Walter RAFFETSEDER. Referat 7: Monturwirtschaft. Leiter: Major Gernot ORTNER. Referat 8: Kraftfahr- und Werkstättenangelegenheiten. Leiter: Oberst Alfred STIFTER. Referat 9: Waffen- und schießtechnische Belange der Behörde. Leiter: Oberst Gerhard NICK. Kriminalbeamteninspektorat: Referat 1: Organisation. Leiter: Oberst Karl RICHTER. Referat 2: Dienstausrüstung, Gebühren, Dienstkraftfahrzeuge. Leiter: Oberst Willibald PLENK. Referat 3: Dienstkontrolle, Leistungsfeststellungsangelegenheiten. Leiter: Oberst Adolf FICHTINGER. Referat 4: Personalangelegenheiten. Leiter: Oberst Alfred ALTERMANN. Referat 5: Aus- und Fortbildung. Leiter: Oberst Peter NAGEL.

Staatsbegräbnis Dr. Karl Renner

5. 1. 1951: Motorradfahrer und Fackelträger der Wiener Polizei eröffnen den Kondukt beim Staatsbegräbnis Dr. Karl Renners, des verstorbenen Gründers der Ersten und Zweiten Republik sowie deren ersten Bundespräsidenten. Die Polizei sollte die Macht des Staates im besetzten Österreich des Jahres 1951 dokumentieren – eine Macht, die in Wirklichkeit sehr gering war.

1951

Vielfalt „polizeilicher Aufgaben"...

...bei der Instandsetzung und händischen Ausbaggerung des Polizeistrandbades...

Wenn wir dieses Bild von der Instandsetzung des Polizeistrandbades und der händischen Ausbaggerung der Alten Donau betrachten, sollten wir nicht vergessen, daß die Lage in Österreich im Jahr 1951 zwar gut, aber noch immer unter vorwiegend persönlichem Einsatz der Menschen geschaffen wurde. Im April wurde auf Beschluß des Ministerrates ein Wirtschaftsdirektorium geschaffen, welches die notwendigen Maßnahmen für eine verschärfte Marktlenkung koordinieren sollte. Der Beschluß dieses Wirtschaftsdirektoriums vom 20. August wegen neuerlicher Lebensmittelverknappung zwei fleischlose Tage pro Woche einzuführen, zeigt, wie schwer dieses Österreich noch immer kämpfen mußte. Das Ausland beurteilt die produktive Leistung des neuen Österreichs allerdings als vorbildlich und zukunftsweisend. Das fünfte und letzte Lohn- und Preisabkommen am 10. Juli hatte durch Gehalts- und Lohnsteigerungen sowie Verbesserungen der Renten- und Kinderbeihilfen einerseits die Belastung der Konsumenten ausgeglichen, durch Erhöhung von Steuern und Beiträgen aber auch eine Budgetsanierung erreicht. Mit 2.051.050 Arbeitnehmern erreicht Österreich im Oktober den höchsten Stand seit 1918. Bei der Sitzung zum Abschluß des neuen Mietengesetzes, welches den Mieterschutz für die Zukunft sichern soll, muß das Parlamentsgebäude durch rund 2.000 Polizisten geschützt werden. Die dabei beschlossenen S 30,– Wohnungsbeihilfe werden unverändert bis 31. 12. 1983 ausbezahlt.

...und bei der Angelobung des Bundespräsidenten Theodor Körner am 21. Juni 1951

Am 21. Juni 1951 wird der im zweiten Wahlgang gewählte Bürgermeister Theodor Körner als erster vom Volk gewählter Bundespräsident Österreichs angelobt. Theodor Körner erreicht 49,7%, sein Gegenkandidat Heinrich Kleisner 45,9% der gültigen Stimmen. Eine Volkszählung am 1. Juni dieses Jahres ergibt für ganz Österreich 6.881.100 Einwohner.

Zum neuen Wiener Bürgermeister wird der Stadtrat Franz Jonas gewählt. Bundespräsident Körner legt in Eisenstadt am 11. November ein großes Bekenntnis zur Einheit Österreichs ab und fordert gemeinsames Streben nach voller Freiheit. Über Ersuchen der Bundesregierung stellen die Außenminister der Westmächte die Einberufung der Sonderbeauftragen zur Beratung über Fertigstellung des Staatsvertrages am 21. November in Aussicht.

1952

Für die begehbaren Kanäle unterhalb der Bundeshauptstadt in einer Länge von cirka 3.000 km steht eine Spezialeinheit der Alarmabteilung, der sogenannte „Kanaltrupp" zur Verfügung. Ihm obliegen neben der routinemäßigen Bestreifung des Kanalnetzes auch gezielte Einsätze bei der Klärung und Verhinderung krimineller Straftaten einschließlich der Terrorbekämpfung. Die Grundausbildung erfolgt bei Spezialisten der MA 30 der Gemeinde Wien, die Aus- und Fortbildung im sicherheitspolizeilichen Bereich erfolgt durch Beamte der Alarmabteilung.

Neben den angeführten sicherheits- und kriminalpolizeilichen Tätigkeiten erstreckt sich der Aufgabenbereich des Kanaltrupps sehr flexibel bis hin zur Suche nach verlorenen Gegenständen, die durch Kanalgitter oder sonstige Öffnungen in das Kanalnetz gefallen sind. Summa summarum eine sehr wesentliche Unterstützung der Sicherheitsverhältnisse in Wien, bei denen man die Stadt ober der Erde von der Stadt unter der Erde in dieser Hinsicht nicht trennen darf.

1952

Dem Strafregisteramt obliegt die Führung des zentralen Strafregisters aufgrund des Strafregisters und Tilgungsgesetzes. Im Jahre 1991 wurden von diesem Amte allein 76.689 Strafkarten betreffend Verurteilung durch inländische Gerichte, 11.208 Strafkarten betreffend Verurteilungen durch ausländische Gerichte und 58.413 nachträgliche Beschlüsse vermerkt bzw. bearbeitet. Im gleichen Jahr wurden 504.082 schriftliche Anfragen an das Strafregisteramt gerichtet. 116.974 Bescheinigungen nach § 10 des Strafregistergesetzes wurden ebenso ausgestellt wie 13.691 Anfragen via Telefax und 12.889 Anfragen via Fernschreiber beantwortet. Unter der Leitung von Amtsdirektor Ernst SCHRAMMEL sind zur Zeit 32 Mitarbeiter im Strafregisteramt beschäftigt.

Strafregisteramt der Bundespolizeidirektion Wien im Jahre 1952

Die Ermordung des „Cadbury-Königs“ 22. November 1952

1

2

In der Nacht zum 22. 11. 1952 bemerkte ein SW-Beamter einen offenen Rollbalken des Delikatessengeschäftes Arthold in der Alser Straße und entdeckte bei Nachschau im Lagerraum des Ladens die Leiche des Geschäftsinhabers (Bild 1). In der Tasche des Toten fanden bei der folgenden Untersuchung die Kriminalisten des Sicherheitsbüros zwei Straßenbahnfahrscheine mit Entwertung der Linie 38 (Bild 2). Dies führte nach umfangreichen kriminalpolizeilichen Recherchen zur Verhaftung einer jungen Frau, welche zwar eine Mitschuld an der Ermordung des als „Cadbury-König“ bekannten Arthold gestand, die Hauptschuld einem Mann namens Bertini zuwies. Ganz Wien suchte nun Bertini, den „Mann im Dufflecoat“. Eine erfolglose Suche und man vermutete, die Verdächtige habe Betini nur als Schutzbehauptung erfunden. Noch dazu, wo das Tatwerkzeug, eine Fleischfaschiermaschine (Bild 3) in der Wohnung der Frau gefunden wurde. Die Täterin wurde bei dem folgenden Verfahren von den Geschworenen für schuldig befunden. Die minuziösen Ermittlungen zur Klärung des Falles aber stellen ein erfolgreiches und ganz bedeutendes Kapitel in der Geschichte der österreichischen Kriminalistik dar.

3

1953

Noch immer fungiert die Polizei bei gleichartigen Anlässen in zweifacher Hinsicht: Zum einen in einer staatsrepräsentativen Ehrenformation, zum anderen im Rahmen des Großen Polizeilichen Ordnungsdienstes in Absperr- und (Verkehrs-)Ordnungsfunktion. Diese Anlässe müssen stets geübt werden und daraus ergibt sich auch heute noch das sogenannte Exerzieren. Diese Form der Ausbildung wurde jedoch sukzessive mit Wiederherstellung des Bundesheeres in den Ausbildungsgegenstand „Verhalten in geschlossene Formationen" übergeführt. Hiebei kommt es weniger auf militärischen Drill, sondern mehr darauf an, daß die Exekutive in einer geschlossenen Einheit einen disziplinierten und damit zivilisierten Eindruck macht. Da auch heute noch die Staatsrepräsentationsfunktion immer wieder, wie z. B. bei Angelobungen der Bundespräsidenten etc. eingefordert wird, kann auch dieser Ausbildungsgegenstand nicht vernachlässigt werden.

Viel intensiver allerdings gestalten sich die Ausbildungen im Rahmen des Großen Polizeilichen Ordnungsdienstes – dort wo es um das „in Zaum halten" großer Menschenmengen geht. Hier ist einerseits darauf Bedacht zu nehmen, daß das Ereignis, welches die Zuseher anlockt, ungestört vonstatten gehen kann und andererseits die Zuschauer „vor sich selbst", also vor undisziplinierten Menschengruppen geschützt werden. Diese Vorgangsweisen können nicht nur theoretisch gelehrt, sondern müssen auch immer wieder geübt werden. Nicht nur bei unfriedlichen Demonstrationen, sondern auch in diesen Zusammenhängen wird seitens der Wiener Bevölkerung immer wieder das Ansehen der Wiener Polizei nach der Art des Einschreitens interessanterweise sehr wesentlich beurteilt. Die Polizeiführung hat auf diese Erfordernisse stets im Rahmen der Polizeitaktik Bedacht zu nehmen, ohne damit in die Nähe einer Militarisierung der Exekutive geraten zu müssen.

17. 3. 1953: Begräbnis Leopold Kunschak
Polizei und Gendarmerie stellen die Ehrenformation beim Begräbnis des langjährigen Nationalratspräsidenten und Abgeordneten im altösterreichischen Reichsrat.

16. 5. 1953: Übernahme der Marokkanerkaserne für die Polizei
Die Übernahme der Marokkanerkaserne durch Innenminister Helmer und Staatssekretär Graf nach Kriegszerstörung und Zweckentfremdung am 16. Mai 1953 war in doppelter Weise ein Festtag für die Wiener Polizei. Es war nicht nur die Wiederinbesitznahme der traditionsreichen Schulkaserne, es war auch die augenscheinliche Rückkehr zur Normalität nach Jahren des Krieges und des Wiederaufbaues.

16. 5. 1953: Übernahme der Marokkanerkaserne durch die Wiener Polizei

Der Bundesvoranschlag 1954, der am 23. Oktober 1953 vom Finanzminister in den Nationalrat eingebracht wurde, sah im ordentlichen Haushalt 21.351 Millionen Schilling Ausgaben und 20.696 Millionen Schilling Einnahmen vor. Im außerordentlichen Haushalt waren nochmals Ausgaben von 1.054 Millionen Schilling enthalten. Im Gesamtabgang von 1.709 Millionen Schilling war sicherlich auch der Neubau der Marokkanerkaserne inbegriffen. So wie viele Verschuldungen dieser Zeit, war dieser Neubau trotzdem zukunftsweisend. Die bereits 1948 begonnene Verbesserung der Ausbildung wurde in den 50er Jahren zügig fortgesetzt. Mit diesem Bau wurde endlich den gegebenen Motivationen der Lehrer und Schüler auch durch entsprechende Rahmenbedingungen Unterstützung gegeben. Heute wäre ohne diese Kaserne eine Ausbildung nicht denkbar. Wieder ein Beweis: Investitionen in die Sicherheit (auch auf Kredit) sind Investitionen in die Zukunft.

Detail am Rande: Unter den ersten Einberufungen in die neue Marokkanerkaserne des Jahres 1953 befand sich auch der derzeitige Polizeipräsident Dr. Bögl, der sich dort bis 1955 die ersten Grundkenntnisse im Polizeidienst aneignete.

Mit dieser nebenstehenden Neukonzeption wurde der Geschäftsplan der Polizeidirektion Wien vom 31. Juli 1945 abgeändert. Dieser sah folgende bis heute richtungsweisende Kompetenzen vor:

„Der Polizeipräsident: Entsprechend dem Aufbau der österreichischen Behörden der verantwortliche Leiter der Polizeidirektion. In seiner Person ist die Befehlsgewalt über sämtliche Zweige dieser Behörde, also sowohl des zentralisierten, wie auch des dezentralisierten Apparates sowie über die beiden Exekutivkörper zusammengefaßt.

Der Polizeivizepräsident: Stellvertreter des Polizeipräs.

Präsidialbüro:

Sekretariat:

Referat für Personalangelegenheiten: ausgenommen die Personalsachen der beiden Exekutivkörper.

Referat für Organisation und Dienstaufsicht: Behandlung der allgemeinen rechtlichen, organisatorischen Fragen, Übung der Dienstaufsicht über sämtliche Dienststellen mit Ausnahme der beiden Exekutivkörper, Verwaltung der Amtsdruckerei, der Amtsbibliothek, des Archivs und des Museums.

Referat für ökonomische Angelegenheiten der Polizei:

Polizeichefarzt: Amtsärztliche Begutachtung in allen Beamtenangelegenheiten, Dienstaufsicht über die Polizeiärzte, ärztlicher Sachverständiger für die Polizei.

Kulturreferat:

Gebäudebeschaffung und Gebäudeaufsicht:

Hilfsämter: Einlaufstelle, Präsidial-Protokoll, Präsidial-Registratur, Abgangsstelle.

Abteilung I – Staatspolizeiliche Abteilung:

1. Staatspolizeiliches Büro:

Referate: a) Kriegsverbrecher; b) Säuberung; c) Informationen; d) Abwehr.

2. Preßbüro: Informationen über alle Erscheinungen auf dem Gebiete der Presse, Handhabung der gerichtlichen Preßpolizei.

3. Vereinsbüro: Handhabung des Vereins- und Versammlungsgesetzes.

4. Paßamt: Handhabung der paßpolizeilichen Vorschriften, Ausstellung von Reisepässen und sonstigen Ausweispapieren, soweit dies nicht dem Bezirks-Polizeikommissariat überlassen wird.

5. Fremdenpolizei: Handhabung der fremdenpolizeilichen Bestimmungen.

Abteilung II – kriminalpolizeiliche Abteilung:

1. Sicherheitsbüro: Leitung des kriminalpolizeilichen Dienstes der Bezirkskommissariate, Bearbeitung schwerer Verbrechensfälle, wie Mord, Brandstiftungen, Münz- und Kreditpapierfälschungen sowie aller jener Delikte, zu deren Aufklärung besondere Spezialistenarbeit erforderlich ist; Wahrnehmungen der allgemeinen Interessen der Kriminalpolizei in Zusammenarbeit mit den Dienststellen der Sicherheitsbehörden des Auslandes.

2. Wirtschaftspolizei:

3. Erkennungsamt: Daktyloskopische Sammlungen, Lichtbildersammlungen, Handschriften- und sonstige Sammlungen, Lichtbildwerkstätte.

4. Fahndungsevidenz: Führung der Fahndungsevidenzen, Herausgabe der Fahndungsblätter.

Abteilung III – Administrative Polizei:

1. Administrationsbüro: Mitwirkung der Polizeidirektion bei der Handhabung der Verwaltungsvorschriften über Theater, Kino und sonstiger Vergnügungsstätten sowie des Gast- und Schankgewerbes.

2. Fundamt: Aufbewahrung gefundener Gegenstände und Ermittlung von Verlustträgern nach Maßgabe der Bestimmungen des allgemeinen bürgerlichen Gesetzbuches.

3. Korrespondenzbüro: Erledigung aller Amtshilfe-Ersuchen, die nicht von den anderen Stellen erledigt werden können, Ausstellung von Führungszeugnissen.

4. Verkehrsamt: Handhabung der straßenpolizeilichen Vorschriften, Bestimmungen über Kraftwagenverkehr und aller sonstigen einschlägigen Verwaltungsvorschriften.

5. Strafregisteramt:

6. Zentralmeldungsamt:

7. Abteilung für die Bekämpfung der Geschlechtskrankheiten und des Mädchenhandels sowie Rauschgiftmißbrauches.

Das Kriminalbeamtenkorps: Ein der Polizeidirektion beigegebener nicht uniformierter Exekutivkörper.

Der Vorstand des Kriminalbeamtenreferates, Abteilungen, Gruppen.

Das Sicherheitswachkorps: Ein der Polizeidirektion beigegebener uniformierter Exekutivkörper.

Der Generalinspektor der Sicherheitswache, Abteilungen, Wachzimmer.

Die Polizeiabteilung bei der Staatsanwaltschaft.

Das Polizeigefangenenhaus."

Konzentration polizeilicher Dienststellen

Wirtschaftspolizei und Preisüberwachung vereinigt

Als Folge der Kriegsereignisse waren eine Reihe von Ämtern der Bundes-Polizeidirektion Wien in verschiedenen, zum Teil weit auseinanderliegenden Häusern untergebracht worden. Nach langen Bemühungen ist es Polizeipräsident Holaubek gelungen, im Zuge der ständigen Bestrebungen durch Zusammenlegen von Ämtern eine Konzentration der polizeilichen Dienststellen zu erreichen und zugleich Räumlichkeiten für andere staatliche Stellen, vor allem auch für Wohnungen, freizumachen und das Bundesgebäude, Wien, II., Aspernbrückengasse 2, mit mehr als 90 Zimmern nunmehr zu räumen.

Das bisher noch dort untergebrachte wirtschaftspolizeiliche Referat wurde mit der Preisüberwachung und dem Referat für Devisenstrafsachen zu einem einheitlichen Amt „Wirtschaftspolizei — Preisüberwachung" mit dem Sitz in Wien, I., Postgasse 7, vereinigt.

Durch diese organisatorische Maßnahme wird die Schlagkraft auf wirtschaftspolizeilichem Gebiet gefördert und überdies eine sehr wesentliche Kostenersparnis erzielt werden.

Drei zentrale Abteilungen

Als weitere Maßnahme zur Verwaltungsvereinfachung und zum Zwecke von Ersparungen sowie einer übersichtlicheren Organisation wurde die Anzahl der zentralen Abteilungen der Bundes-Polizeidirektion Wien von bisher 4 auf 3 verringert. Es bestehen in Hinkunft demnach die Abteilung I mit staatspolizeilichen Agenden unter der Leitung des Ministerialrats Dr. Oswald Peterlunger, die Abteilung II für den gesamten kriminalpolizeilichen Sektor unter der Leitung des Wirkl. Hofrats Dr. Rudolf Wagner und die Abteilung III mit administrativpolizeilichen Aufgaben unter der Leitung des Wirkl. Hofrats Dr. Johann Hornegg.

Wiener Zeitung, 19. 5. 1953

1954

Aus der polizeilichen Erkenntnis der Notwendigkeit eines raschen Informationsflusses wurde bereits am 18. Juli 1871 die erste Telegraphenschule gegründet, obwohl das rund 10 Jahre vorher erfundene Telefon noch in den Kinderschuhen steckte. Dessen ungeachtet wurden 1872 im Wiener Polizeibereich die ersten Telefonstationen errichtet und ein eigenständiges von dem in privater Hand befindlichen Telefonnetz unabhängiges Fernsprechnetz geplant. Bis zum Jahre 1919 verfügte die Polizeidirektion Wien über Telefonzentralen mit fast 500 Nebenstellen und Verbindungen mit allen damaligen (21) Bezirkskommissariaten.

Dank der Erfindung des Telegraphenapparates System MORSE 1866, war die Wiener Polizei bereits 1874 in der Lage, eine weitere wichtige technische Neuerung in Betrieb zu nehmen und verfügte im Jahre 1919 schon über 250 Telegraphenstationen. Ab dem Jahr 1955 wurde dieses Telegraphensystem durch die Einbindung von Fernschreibgeräten und Fernschreibempfangsgeräten bis in die Wachzimmer ergänzt. Nach Abschluß dieser Entwicklungsphase im Jahre 1962 erfolgte 1968 die Umstellung des Polizeifunkes auf das Zweimeterband im UKW-Bereich. 1969 wurde die Funkleitstelle ermals modernisiert und 1975 mit Bezug der neuen Polizeidirektion nochmals. Der Ausbau der Sendestationen Donauturm (1964) und Wienerberg (Herbst 1992) ergänzen die Entwicklung. Erwähnenswert ist die Errichtung und Verbesserung der Anlagen im Wiener U-Bahn-Funk, welche heute einen sehr wesentlichen Beitrag für die Sicherheit in diesem Überwachungsbereich darstellen. Im November 1988 begann die Umstellung des Fernsprechnetzes der Kommissariate auf Selbstwählverkehr und steht nun vor dem Abschluß. Die Rasanz der technischen Entwicklung im Fernmeldebereich dokumentiert sich am besten bei den Funkgeräten. Waren 1972 rund 350 Funkgeräte vorhansen, so sind es 1992 bereits 1800 Stück. Dazu kommen über 60 Mobiltelefone im C- und D-Netz und rund 200 Personenanrufgeräte (PAGER). In den letzten Jahren ist ein starker Ausbau dieser Einrichtungen feststellbar. Telefax, Büroautomations- und andere Kommunikationssysteme sind im Ausbau begriffen. Für alle diese technischen Gerätschaften steht der „technische Dienst" im Rahmen des 1987 in der derzeitigen Organisationsform errichteten Referates 6 zur Verfügung. Er betreut nicht nur Fernsprech-, Fernschreib- und Funkwerkstätte (mit derzeit starker Gewichtung auf das Büroautomatisations- und Kommunikationssystem, welches einen großen Umfan g an Planungs- und Schulungsarbeiten erforderte), sondern steht auch als Betriebsdienst für die Betreuung des gesamten Fernsprech- und Fernschreibverkehrs zur Verfügung. Fast 300 Sicherheitswachebeamte und Vertragsbedienstete sind in diesem für ein klagloses Funktionieren der Sicherheitsexekutive unabdingbaren Verwendungsbereich äußerst erfolgreich tätig.

1. Mai 1954: Die neuen Funkgeräte der Wiener Polizei erwecken allgemeine Aufmerksamkeit.

1954

12.–15. Juli: Hochwassereinsatz der Wiener Polizei

Links oben: Günther Bögl (oberste Reihe mit Sandsack) als Polizeischüler beim Hochwassereinsatz in Wien-Albern

Wiener Polizei zieht Jahresbilanz

In ihrer Tätigkeit bedauerlicherweise noch immer von den Besatzungsmächten behindert

Trotzdem ein stolzer Bericht über eine gewaltige Leistung

Ein gestern von Polizeipräsident Holaubek veröffentlichter, überaus aufschlußreicher Tätigkeitsbericht der Wiener Polizei über das abgelaufene Arbeitsjahr enthält die bemerkenswerte Feststellung, daß es infolge des Einspruches der sowjetischen Stadtkommandantur trotz unzähliger Versuche bisher nicht möglich war, in der sowjetischen Zone Wiens den Journaldienst durch rechtskundige Beamte einzuführen. Zwei Kommissariate, Leopoldstadt und Liesing, dürfen noch immer nicht von Beamten des rechtskundigen Dienstes geleitet werden. Versetzungen, die sich als dienstlich notwendig erweisen, stoßen überhaupt in der sowjetischen Zone auf Schwierigkeiten, oftmals selbst dann, wenn es sich nicht um leitende Beamte handelt. Außerdem durften auf Anordnung der Besatzungsmächte verschiedene Gebiete nicht dem geographisch zugehörigen Bezirks-Polizeikommissariat eingegliedert werden, wie beispielsweise ein Teil der Kuchelau, der nicht an Döbling, sondern an Floridsdorf angeschlossen ist.

Verkehrsüberwachung — erträgliches „Geschäft"

Aus den Berichten über die einzelnen Dienstzweige geht weiter unter anderem hervor, daß das Generalinspektorat der Sicherheitswache die motorisierte Verkehrsgruppe noch stärker als bisher zur Überwachung des Verkehrs eingesetzt hat. Die Beamten der Verkehrsabteilung verhängten etwa 17.000 Organmandate und hoben dabei fast 150.000 S an Strafgeldern ein. Das Verkehrsunfallkommando unternahm 1832 Ausfahrten, davon 146 zu tödlichen Verkehrsunfällen und 1247 zu Verkehrsunfällen mit verletzten Personen. Insgesamt stellte die Wiener Sicherheitswache rund 155.000 Organmandatsverfügungen aus und nahm Strafbeträge von über 1 Mio. S ein.

Eine einzige Bluttat unaufgeklärt

Vom Sicherheitsbüro wurden von 30 bearbeiteten Fällen eines gewaltsamen Todes 17 als Morde, 7 als Totschlag und 5 als Selbstmorde aufgeklärt. Nur in einem einzigen Fall, in der Mordaffäre Maria Glock, verliefen die Nachforschungen nach dem Täter bisher ergebnislos. In den Spezialabteilungen des Büros wurden außerdem 221 Suchtgiftfälle, 111 Falschgelddelikte und 19 Fälle von Briefmarkenfälschungen bearbeitet. Das Abgängigkeitsreferat hatte sich mit 1872 Anzeigen, davon allein 960 aus Wien, zu befassen; 1696 Fälle konnten bisher aufgeklärt werden.

Jeder 27. Wiener ein Ausländer

Das Vereinsbüro hatte 9555 Vereine zu betreuen. Dabei wurden 491 Neubildungen, 335 Umbildungen, 11 Untersagungen und 277 Löschungen registriert. Eine Reihe von Vereinen, die satzungsgemäß zwar zu wohltätigen Zwecken gegründet worden waren, jedoch nur der persönlichen Bereicherung einzelner dienten, wurde aufgelöst. Die Versammlungstätigkeit erfuhr gegenüber dem Vorjahr eine weitere Zunahme. Insgesamt wurden 9020 Versammlungen angemeldet, das sind um 627 mehr als 1953.

Aus dem Bericht des fremdenpolizeilichen Büros geht hervor, daß sich die Zahl der Ausländer in Wien gegenüber dem Vorjahr erhöht hat. Ihr Anteil an der Gesamtbevölkerung der Bundeshauptstadt beträgt derzeit 3·6%, so daß nahezu jeder 27. Einwohner ein Ausländer ist.

Von der Abteilung II wurden insgesamt 4304 wirtschaftspolizeiliche Amtshandlungen durchgeführt, darunter umfangreiche Arbeiten zur Aufdeckung großangelegter Betrügereien in der Exportwirtschaft. Ferner wurden über 3000 Verstöße gegen die Preisregelungsvorschriften behandelt, 638 Personen der Staatsanwaltschaft, 59 den Finanzämtern angezeigt, 866 im Verwaltungsstrafverfahren bestraft und 183 Anzeigen den zuständigen Behörden abgetreten.

Die Jugendpolizei hatte sich mit rund 6000 gefährdeten Kindern und Jugendlichen zu befassen. In 144 Fällen wurden die Betroffenen krimineller Handlungen beschuldigt, in 226 Fällen waren sie Opfer von Verbrechen geworden. Das Büro zur Bekämpfung der Geschlechtskrankheiten und des Mädchenhandels hält derzeit 631 Prostituierte unter ständiger Kontrolle; der Jahresdurchschnitt ihrer venerischen Erkrankungen beträgt etwa 1%.

Verkehrsunfälle — relativ rückläufig

Nach dem Bericht des Verkehrsamtes hat sich der Kraftfahrzeugbestand in Wien im Laufe des Jahres um 16.365 auf 107.354 erhöht. 24.419 Führerscheine wurden neu ausgestellt, 1168 Lenkern der Führerschein entzogen, und zwar in 848 Fällen wegen Trunkenheit am Steuer, in 138 Fällen wegen gerichtlicher Verurteilung, in 70 Fällen wegen Fahrerflucht, in 55 Fällen wegen körperlicher Nichteignung und in 74 Fällen wegen Verschuldens an schweren oder tödlichen Unfällen. Der Erlös an Strafgeldern betrug in dieser Abteilung rund 410.000 S.

Im abgelaufenen Jahr ereigneten sich in Wien 17.321 Verkehrsunfälle mit 171 Toten und 9589 Verletzten. Der Zunahme des Kraftfahrzeugbestandes um etwa 19% steht ein Ansteigen der Verkehrsunfälle um etwa 9·4% gegenüber, während im Vorjahr bei einer Zunahme um 22·5% die Unfälle um 20% angestiegen waren.

Die im Zentralmeldungsamt registrierten Veränderungen im Einwohnerstand betrugen 1·4 Mio., weiters wurden 502.000 Adressenauskünfte erteilt. Im Fundamt wurden rund 42.000 Fundgegenstände im Wert von etwa 300.000 S in Evidenz genommen, denen etwa 11.000 Verlustanzeigen gegenüberstehen.

Die Bezirks-Polizeikommissariate bearbeiteten rund 7100 Betrugsakte, 17.200 Diebstahlsanzeigen und etwa 37.000 Amtshandlungen über andere kriminelle Delikte. Außerdem wurden annähernd 100.000 Verwaltungsstrafsachen geführt. Im Polizeigefangenhaus wurden während der vergangenen zwölf Monate 4845 Männer und 2280 Frauen angehalten. 196 Obdachlosen wurde vorübergehend eine Nächtigungsmöglichkeit gegeben.

Das Pressebüro der Bundes-Polizeidirektion Wien verzeichnete gegenüber dem Vorjahr einen Rückgang der periodischen Druckschriften um 648 auf 1492.

Jahresbilanz der Wiener Polizei für das Jahr 1954

Wiener Zeitung, 31. 12. 1954

1954

Exotischer Staatsbesuch aus Äthiopien

In den Tagen vom 28. November bis 1. Dezember 1954 besuchte der Kaiser von Äthiopien, Haile Selassie, Österreich. Der Besuch dieses Monarchen war nicht nur für das österreichische Selbstverständnis eine ungeheure Aufwertung, auch politisch war die Visite dieses in aller Welt angesehenen Sprechers der „Blockfreien" im viergeteilten Österreich von großer Bedeutung. Österreichs Souveränität – in Wirklichkeit noch nicht vorhanden – wurde demonstriert: die Wiener Polizei stellt die Ehrenformation beim Empfang des exotischen Gastes...

1955

Wiener Zeitung, 15. 1. 1955

Polizisten leisten Erste Hilfe

Die Beamten der Wiener Sicherheitswache sind, wie aus einer Aussendung der Polizeidirektion hervorgeht, nicht nur die Hüter der Ordnung, der Ruhe und Sicherheit, sondern darüber hinaus auch Helfer der Bevölkerung bei vielen Ereignissen. Dank einer sorgfältigen Ausbildung in der ersten Hilfeleistung besitzt jeder Wachebeamte auch die erforderlichen Kenntnisse, um bei Notfällen wirksamen Beistand leisten zu können. Dieser scheint um so notwendiger, als der Polizist im Straßendienst oft als Erster an einer Unfallstelle eintrifft und solcherart vielfach Menschenleben retten kann.

Im letzten Halbjahr 1954 wurde von der Wiener Sicherheitswache in rund 1200 Fällen Erste Hilfe geleistet, davon bei 2753 Verkehrsunfällen, bei 669 Arbeits- und 466 Sportunfällen, bei 243 Selbstmorden und 359 Selbstmordversuchen, ferner bei 86 Geburten, 686 Unfällen im Haushalt und schließlich bei über 6700 Unfällen anderer Art.

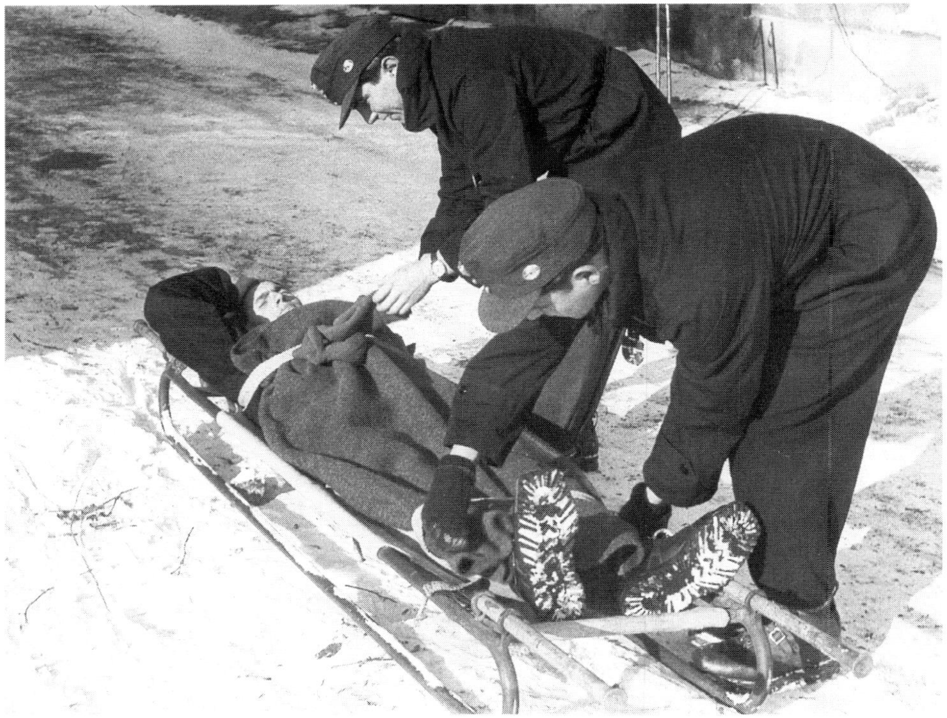

Nachdem im Jahr 1953 nach den USA auch die Sowjetunion auf österreichische Beitragsleistungen zu den Besatzungskosten verzichtet haben, schließen sich am 1. Jänner 1954 auch Frankreich und Großbritannien diesem Verzicht an.

Infolge der günstigen Situation der Weltwirtschaft setzt nun auch in Österreich etwa Mitte des Jahres eine Hochkonjunktur ein. Das Sozialprodukt steigt um 11%, der Banknotenumlauf ist zu etwa 75% in Gold und Devisen gedeckt. Im Juli wird die Schatzkammer in der Wiener Hofburg wiedereröffnet. Der Nationalrat beschließt das Schillingeröffnungsbilanzgesetz und macht damit eine Wertfestsetzung für jedes einzelne Unternehmen möglich. Ein Teil der Autobahn Wien–Salzburg wird fertiggestellt. Ein Spatenstich für einen neuen Abschnitt der Autobahn in Eugensdorf bei Salzburg erfolgt. Der Turm des Stephansdomes in Wien wird im August endlich zur Renovierung eingerüstet. Am Donaukraftwerk Ybbs/Persenbeug beginnen die Arbeiten. Obwohl Wien durch Rückgliederung von 80 Gemeinden an Niederösterreich verkleinert wird, beträgt die Einwohnerzahl bei der Volkszählung 1961 1.627.560. Der allgemeine Optimismus des Aufschwunges setzt sich auch in der Geburtenziffer dieses Jahres fort und am 15. Dezember wird in diesem Zusammenhang das Familienlastenausgleichsgesetz vom Nationalrat beschlossen, welches als wichtiges Sozialgesetz, Entlastung und Unterstützung für Familien mit Kindern bietet. Im Rahmen der Wiener Polizei wird der strukturelle Aufbau weiter fortgesetzt und so auch eine Garantie für die Sicherheitsverhältnisse nach Abschluß eines Staatsvertrages und Abzug der Besatzungsmächte mitgeschaffen.

Als am 15. 4. 1955 die österreichische Regierungsdelegation von den erfolgreichen Staatsvertragsverhandlungen aus Moskau zurückkehrte, wurde sie überall – so wie hier im Nahbereich des Ballhausplatzes – von einer freudig hoffenden Menschenmenge erwartet. Für die Wiener Polizisten war die Anwesenheit bei diesen „Freudendemonstrationen“ nicht nur eine dienstliche Pflicht, wie den Zügen der eingeteilten Polizeibeamten deutlich zu entnehmen ist.

15. Mai 1955: „ÖSTERREICH IST FREI!"
Als Außenminister Leopold Figl nach Unterzeichnung des Staatsvertrages diese Worte vom Balkon des Belvedere der wartenden Menschenmenge zurief, waren für Österreich siebzehn Jahre der Unfreiheit endgültig zu Ende gegangen. Die zahlreichen Polizeibeamten in der Menge – dienstlich und privat – stimmten freudig bewegt in den Jubel ein. Österreich war wieder Herr im eigenen Haus geworden…

Erstmals wurden im Rahmen der Polizeidirektion Wien 1910 drei Kraftfahrzeuge angekauft. Zwei Jahre später kamen die ersten beiden Polizeimannschaftskraftwagen, zwölfsitzige Kraftwagen der Marke Austro Daimler mit Kettenantrieb zur Beförderung von Sicherheitswachebeamten hinzu. Da man mit diesen 5 Fahrzeugen bis Kriegsende 1918 das Auslangen finden mußte, kann man sich die Beanspruchung dieses Fuhrparkes vorstellen. Die kraftfahrtechnische Ausbildung der Beamten erfolgte im technologischen Gewerbemuseum und dauerte 6 Monate. Die Nachkriegsverhältnisse machten eine Vergrößerung des Kraftfahrzeugparkes notwendig und die Sachdemobilisierung der Jahre 1919 bis 1922 gab eine willkommene Möglichkeit zur Erwerbung von weiteren 13 Kraftfahrzeugen. Die Vergrößerung des Kraftfahrzeugparkes erforderte auch eine entsprechende Garagierung und wurden im Jahre 1921 die Stallungen der Schwarzenbergkaserne (jetzt Marokkanerkaserne) ausgebaut und eingerichtet.

Der Arrestantentransport, dessen Wagen im Volksmund als der „Grüne Heinrich" bezeichnet wurde, ist bis zum Umbau dieser 13 vorerwähnten Wagen als Pferdetransport durchgeführt worden. Dabei ist interessant, daß bei bekannten Steigungen (eine solche war die Maria-Theresia-Straße) Vorspannpferde warten mußten, um den Wagen über die Steigung zu fahren. Als Signalzeichen wurde von diesem Wagen eine Glocke verwendet. Jedenfalls war im Jahre 1925 der Umbau soweit fortgeschritten, daß der Arrestantentransport voll motorisiert betrieben werden konnte. Die steigenden Anforderungen machten noch im Jahre 1925 die Anschaffung zwei weiterer Personenkraftwagen notwendig. Trotzdem zeigte sich beim Brand der Bettfedernfabrik GANS im Jahre 1926, wie ungenügend die Motorisierung der Polizei bezüglich Mannschaftskraftwagen war. Bei diesem Brand trafen die Polizeikräfte in ungenügender Anzahl und durch den geringen zur Verfügung stehenden Transportraum auch verspätet ein. Die öffentliche Kritik veranlaßte die Verantwortlichen im gleichen Jahr noch 5 Stück 30sitzige Saurer-Mannschaftskraftwagen und 4 Stück 10sitzige Mannschaftskraftwagen Marke Gräf und Stift, alle Wagen mit fixem und festem Dach, in Auftrag zu geben. Bei den Juliereignissen 1927 standen von diesen in Auftrag gegebenen Kraftwagen bereits 2 Stück Saurer und 2 Stück Gräf und Stift Wagen im Einsatz. Im Jahre 1927 erhielt Polizeipräsident SCHOBER als Geschenk vom Polizeipräsidenten von New York 4 Beiwagenkrafträder der Marke Indian Typ 1002. Im Jahr 1928 wurde die Motorisierung fortgesetzt und 3 Stück 30sitzige und 3 Stück 15sitzige Mannschaftstransportwagen angeschafft. Im selben Jahr wurden auch ein Sanitätskraftwagen und 2 Lastkraftwagen angekauft. Die Aufstockung der Kraftfahrabteilung erforderte auch eine Aufstockung des Personals von bisher 6 auf 12 Beamte pro Dienstgruppe.

Die Ereignisse des Jahres 1927 waren Anlaß zum Ankauf von 3 Straßenkampfwagenpanzern und wurden in gebrauchtem Zustand beschafft. Armiert waren diese Wagen mit 4 SMG, schwarlose Null-Acht-Fünfzehn. Im Jahr 1931 wurde die Kraftfahrabteilung von der Schulabteilung gelöst und Polizeistabsrittmeister BRETTENEDER mit der Leitung betraut. Im Jahre 1932 und 33 erfolgte aufgrund der politischen Verhältnisse die Anschaffung von unauffälligen Personenkraftwagen für Überwachungs- und Begleitzwecke. Trotzdem reichte der verstärkte Wagenpark aufgrund für die Ereignisse des Jahres 1934 nicht aus und eine große Anzahl von Postautobussen mußte für den Transport angemietet werden. Diese Umstände waren Anlaß zur weiteren Anschaffung von 6 Personenkraftwagen, sowie 21 Stück 30sitzigen Mannschaftskraftwagen. 19 Stück 16sitzige Mannschaftskraftwagen, 2 Spezialwagen für das Notrufkommando und 5 Lastkraftwagen, sowie ein Arrestantenwagen, 52 Beiwagenkrafträder und 5 Steyrer Straßenpanzerkraftwagen vervollständigten Anschaffung und Auftragserteilung. Aufgrund dieser Anschaffungen wurde im Jahre 1935 ein Teil der Garage „Am Modenapark" von der Gemeinde Wien angemietet. Abgeschlossen wurde diese Motorisierungswelle im Jahre 1937 und auch der Stand der Kraftfahrer, die ihren Dienst nun im 3teiligen Gruppendienst versahen, auf 33 Mann pro Gruppe angehoben.

Im Jahre 1945 wurde mühsam aus ehemaligen Luftschutzfahrzeugen und Privatwägen sowie von den Besatzungsmächten überlassenen altersschwachen Fahrzeugen ein neuer Wagenpark aufgestellt. Im März 1946 wurde die Kraftfahrabteilung unter den Kommandanten Wehofer und später Wiener wieder in der Roßauer Kaserne geführt. Am 12. August 1946 wurde Stabsrittmeistzer Donner mit der Leitung und Neuaufstellung der Kraftfahrabteilung betraut. Die Schwierigkeiten des Aufbaues und der Neuaufstellung lagen darin, daß keine Aufzeichnungen über die Herkunft der Fahrzeuge und über die sonstigen Gebarungen vorhanden waren. Sichergestellte Kraftfahrzeuge mußten freigegeben werden und eine kaufmännische Basis für die Reparatur und Wartung geschaffen werden. Erst im September 1946 konnten die ersten Neuerwerbungen erfolgen und 20 Lastkraftwagen auf Polizeimannschaftswagen umkarosseriert werden. Im Jahr 1947 wurden Werkstättenräume gebaut und saniert und im Jahre 1948 eine 40.000 Liter fassende Tankstelle mit 2 Zapfsäulen im Hof der Roßauer Kaserne errichtet. 1947 und '48 konnten einige Personenkraftwagen und Krafträder erworben werden. Erst im Jahre 1949 gelang es, den ersten Steyrer Diesel Mannschaftswagen der Type 380 B als 1. Dieselkraftwagen für Zwecke des Mannschaftstransportes im Polizeidienst in Verwendung zu nehmen. Im Jahre 1950 wurde die Errichtung einer Servicestation begonnen und damit eine weitere Gewährleistung der Betriebssicherheit und Wirtschaftlichkeit des Kraftfahrzeugparkes geschaffen. 1955 gab es jedenfalls schon 22 Personenkraftwagen, 66 Streifenkraftwagen, 95 Mannschaftskraftwagen, 13 Lastkraftwagen, 11 Arrestantenkraftwagen, 2 Lautsprecherkraftwagen, 1 Notrufkommandokraftwagen, 1 Sanitätskraftwagen, 1 Bauleiterkraftwagen, 1 Scheinwerferkraftwagen, 8 Tankspritzenkraftwagen, 6 Anhänger, 28 Krafträder mit Beiwagen, 83 Krafträder ohne Beiwagen, 1 Benzintankwagen und 2 Autobussse als Kommandowagen bei der Kraftfahrabteilung der Bundespolizeidirektion Wien. Unter den späteren Kommando, den Obersten Donner, Doplitzhofer, Schopper, Reisinger und Stifter wurde die Kraftfahrabteilung nicht nur technisch sondern auch (inner)organisatorisch auf den heute optimalen Stand gebracht.

Tradition und Fortschritt

18. 6. 1955: Übergabe einer neuen Korpsfahne an die Sicherheitswache durch Polizeipräsident Josef Holaubek im Hof der Marokkanerkaserne. Ein Symbol der neuen Freiheit…

Der neue Wagenpark der Funkstreife

1956

Brand der Wiener Börse
13. April 1956

Am 13. 4. 1956, zwischen 00.08 und 00.10 entdeckten Wachorgane während eines Kontrollganges einen Brand in nächster Nähe der Rolltreppe. Sie verständigten interessanterweise über die APA (Austria Presseagentur) die Feuerwehr. Erst um 00.19 Uhr wurde der Polizeinotruf (A 022) von privater Seite verständigt. Um 00.21 Uhr trifft die Feuerwehr mit zwei Löschzügen am Brandplatz ein. Da der Brand schnell um sich greift, wird um 00.56 Uhr Großalarm für die Feuerwehr, die mit vier kompletten Löschzügen, zwölf einzelnen Löschfahrzeugen, einem Gasschutzwagen und zwei Magirusleitern auf den Brandplatz eintrifft. Von der Polizei wurde in der Zwischenzeit ein Zug der zweiten Kompanie der Bereitschaftsabteilung und schon um 00.54 Uhr die ganze Kompanie zur Sicherung des Aktionsraumes angefordert. Diese trifft 8 Minuten später komplett am Brandplatz ein. Um 01.40 Uhr greift der Brand auf das Dach über und die Bewohner der umliegenden Häuser werden zur Besetzung der Dächer aufgefordert. Um 04.00 Uhr gelingt es der Feuerwehr, den Brand zu lokalisieren und unter Einsatz von 20 Geräten bis 05.00 Uhr auf die Hälfte zu reduzieren.

Die nebenstehenden Bilder geben Anlaß, die Aufgaben der Polizei bei Bränden einmal näher darzustellen. Zunächst ist die oberste Aufgabe in diesen Fällen die Rettung von Menschenleben. Hier ergeben sich besondere Aufgaben dann, wenn Funkwägen noch vor der Feuerwehr am Brandort eintreffen. Zunächst ist festzustellen, ob Menschen in Gefahr sind. In diesem Fall muß ein arbeitsteiliges Verfahren eingeleitet werden, welches sich auf der einen Seite auf die Rettung der in Not befindlichen Menschen konzentriert, auf der anderen Seite muß die Bedrohung von Menschen unter möglichst genauer Angabe der Dimension und der Entwicklungswahrscheinlichkeit des Brandes der Funkleitzentrale durchgegeben werden, damit diese die Feuerwehrzentrale für deren taktische Konzeption informieren kann. Des weiteren muß bei Bedrohung von Menschenleben auch entsprechender Rettungseinsatz durchgeführt werden. Zu diesem Zweck gibt es direkte Leitungen von der Funkstelle der Polizeidirektion zu den beiden angeführten Hilfsorganisationen. Die nächste Aufgabe der Polizisten besteht darin, mitzuhelfen, Sachwerte zu retten, wobei dabei auch die Bewachung der von der Feuerwehr sichergestellten Wertgegenstände oder auch nur des Hausrates inkludiert ist. Gleichzeitig mit dieser Veranlassung hat die Exekutive die nötigen Absperrmaßnahmen durchzuführen, die sich auf der einen Seite darauf zu konzentrieren haben, daß nicht Passanten oder Zuschauer gefährdet werden, während auf der anderen Seite die Zufahrtsrouten für Feuerwehr, Rettung und anderen Einsatzfahrzeugen frei gemacht oder frei gehalten werden müssen.

Schon während der Löscharbeiten versucht die Feuerwehr, Anhaltspunkte über die Brandursache zu gewinnen. Wenn aus der Situation oder aufgrund von Annahmen der Feuerwehr die Vermutung einer Brandstiftung besteht, wird die Kriminalpolizei zugezogen, welche nun als nächste Aufgabe die Ursachenfeststellung übernimmt. Für den Fall einer Brandstiftung, also der Annahme einer vorsätzlichen Herbeiführung einer Feuersgefahr treten die Spezialisten der Brandgruppe des Sicherheitsbüros in Aktion. Bei Fahrlässigkeitsdelikten wird in der Regel die örtliche Kriminalpolizei in die Erhebungen eingeschaltet. Diese Erhebungen und die darauf basierenden Berichte sind mit größter Genauigkeit abzufassen, da sie in der Regel später im Gerichtsverfahren, bei denen es oft um viele Millionen Schilling geht, Verwendung finden. Bei Brandstiftungen zum Zwecke des Versicherungsbetruges erfolgt in der Regel eine Kooperation mit den Sachverständigen der Versicherungsgesellschaft. In diesem Bereich hat die Polizeidirektion Wien in den letzten Jahren nicht nur dank der guten technischen Ausstattung, sondern auch des besonderen Engagements ihrer Spezialisten eine besonders hohe Aufklärungsquote erreicht.

Nach Brandende ergibt sich sehr häufig für die Polizei noch die Aufgabe, allfällige vor dem Zugriff Fremder ungeschützte Gebäudeteile zu überwachen bzw. im Falle von Evakuierungen tätig zu werden. Bei der Sicherung von Kunstwerken – wie auf dem nebenstehenden Bild dargestellt – hat die Polizei auch noch die Aufgabe der Transportsicherung durchzuführen. Summa summarum ergibt diese kurze nicht vollständige Darstellung der polizeilichen Aktivitäten doch ein sehr anschauliches Bild über den polizeilichen Wirkungsbereich bei Bränden in der Großstadt.

Brand der Wiener Börse

13. 4. 1956: Sicherstellung von Kulturgut aus der brennenden Börse durch Angehörige der Wiener Polizei

1956

Ungarnaufstand: Aktive Flüchtlingshilfe der Wiener Polzei

Die Frage, ob eine Polizei soziale Kompetenzen hat, wird zwar sehr oft an-, aber niemals ausdiskutiert. Tatsächlich gibt es im Sozialstaat Österreich eine ganze Reihe von Behörden und Ämtern, die sich kompetenzmäßig, und von Organisationen, die sich freiwillig mit Sozialproblemen befassen. Die Polizei hat daher nur gesetzlich nicht verankerte Restkompetenzen, d. h., wenn irgendwo irgendwas nicht funktioniert, dann muß sie nach der Erwartungshaltung der Bevölkerung einfach „da sein". Es gibt Rechtswissenschaftler, die auch das einmal unter den Aufgabenbereich Aufrechterhaltung der öffentlichen Ruhe, Ordnung und Sicherheit subsumiert haben. Ich möchte mich auf diese eher rechtphilosophischen Überlegungen hier nicht näher einlassen.

Tatsache ist, daß die Polizei in Katstrophenfällen, aber auch in Notfällen welcher Art immer von der Bevölkerung gerufen wird und auch in der Regel „amtshandelt". Dies besteht primär darin, die kompetenzmäßig zuständigen Stellen zu finden und zu aktivieren. Sekundär aber wird dort, wo Kompetenzen oder Kapazitäten fehlen, grundsätzlich selbst Hand angelegt. Dies zum Beispiel bei außerordentlichen Witterungsverhältnissen (siehe nebenstehendes Bild – früher Wintereinbruch), Elemtarereignissen, bei Unglücksfällen aller Art bis zum Tätigwerden anderer Hilfsorganisationen und und und...

Die Kontaktbeamten haben hiebei eine besondere „Marktlücke" entdeckt. Das ist das Gespräch mit den älteren einsamen Menschen und hiebei kommt es immer wieder vor, daß der Polizeibeamte, bevor er alte Menschen in der ungeheizten Wohnung auf den überlasteten Kohlenlieferanten oder überforderten Installateur, den ausgebuchten Lieferdienst der Firma X etc. warten läßt, selbst Hand anlegt. Hiebei geht es meist gar nicht darum, eine lebensbedrohliche Notsituation zu meistern, sondern nur den Menschen das Gefühl zu geben, daß die Polizei den Begriff „Sicherheit" im weitestmöglichen Sinn des Wortes auslegt. Und so zeugen auch manchmal sehr naive Anrufe – oft an den Notruftischen – davon, daß die Wiener in ihrer Erwartungshaltung sicher sind, bei einem Anruf, von der Polizei Rat und Hilfe in der jeweils gewünschten Dimension zu bekommen. Die diesbezüglichen Aktivitäten der Polizei bestehen dann im Bergen von Autoschlüsseln, die durch das Kanalgitter gefallen sind, über das Einfangen entflohener Wellensittiche bis hin zur Auskunftserteilung über die Abfahrtszeiten des letzten Zuges einer bestimmten Straßenbahnlinie. Zu all diesen Tätigkeiten werden die Beamten behördlicherseits nicht gezwungen. Sie entspringen vielmehr der grundsätzlichen Einstellung der Beamten zum Helfen und der zu erwartenden Befriedigung, einen Apparat zur Hand zu haben, der dem Organ diese zwischenmenschliche Hilfestellungen als persönliches Erfolgserlebnis auch ermöglicht.

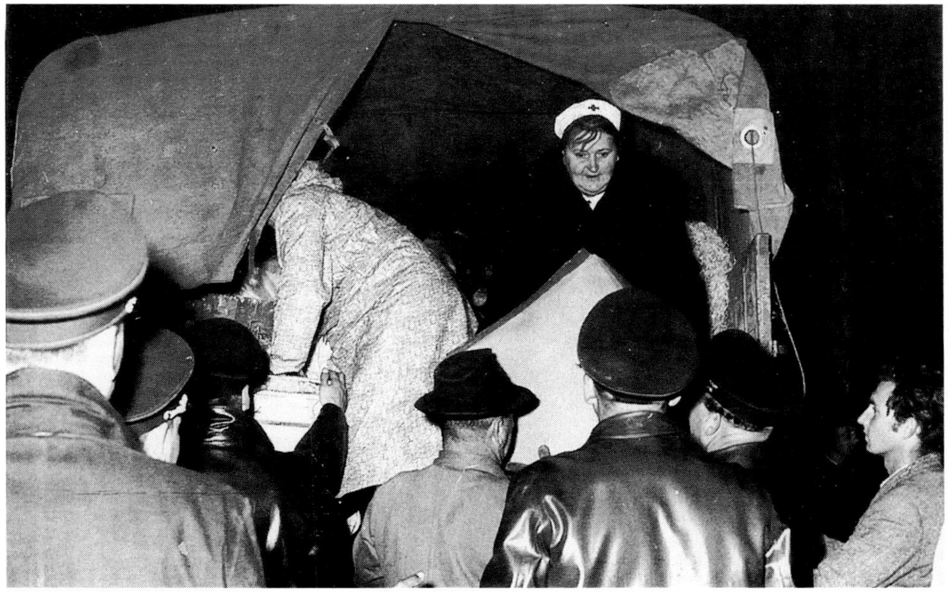

Der Wiener Polizist –
im Dienste der Menschlichkeit

Wir haben in diesem Buch schon darüber geschrieben, daß sich der Gesetzgeber nach wie vor scheut, der Polizei Sozialkompetenzen zuzuweisen. Tatsächlich hat sich seit dem Übergang von der Pickelhaube zur Tellerkappe bis heute nichts geändert. Ein sehr wesentliches Kapitel dabei ist die Versorgung und Identitätsfeststellung aufgefundener Kinder. Bei diesen Bildern – das linke stammt aus dem Jahre 1898 – handelt es sich allerdings um absichtlich weggelegte Kinder. Der Polizei gelingt es in diesem sehr sensiblen Bereich trotz der oft spärlichen Anhaltspunkte fast immer, durch akribische Arbeit die Kindesmutter zu eruieren.

Interessant ist in diesem Zusammenhang die Feststellung, daß sich die Zahl der Kindesweglegungen – von marginalen Schwankungen abgesehen – in den letzten fünf Jahrzehnten im wesentlichen gleich gehalten hat. Die Zeit der diesbezüglich höheren Statistiken im vorigen Jahrhundert scheint endgültig vorüber zu sein.

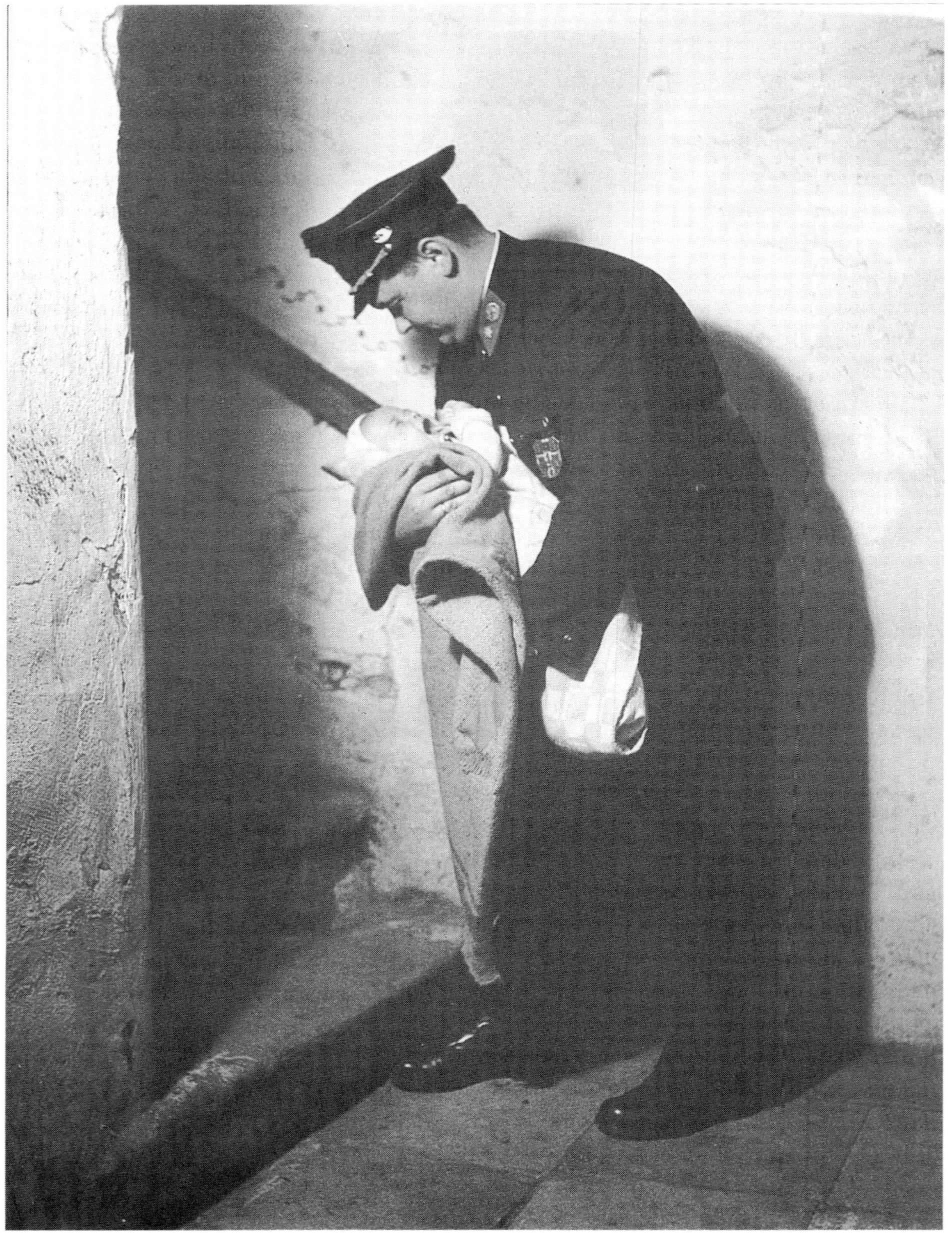

*8. 5. 1957: Blutspendeaktion –
die Wiener Polizeischüler gehen mit gutem Beispiel voran.*

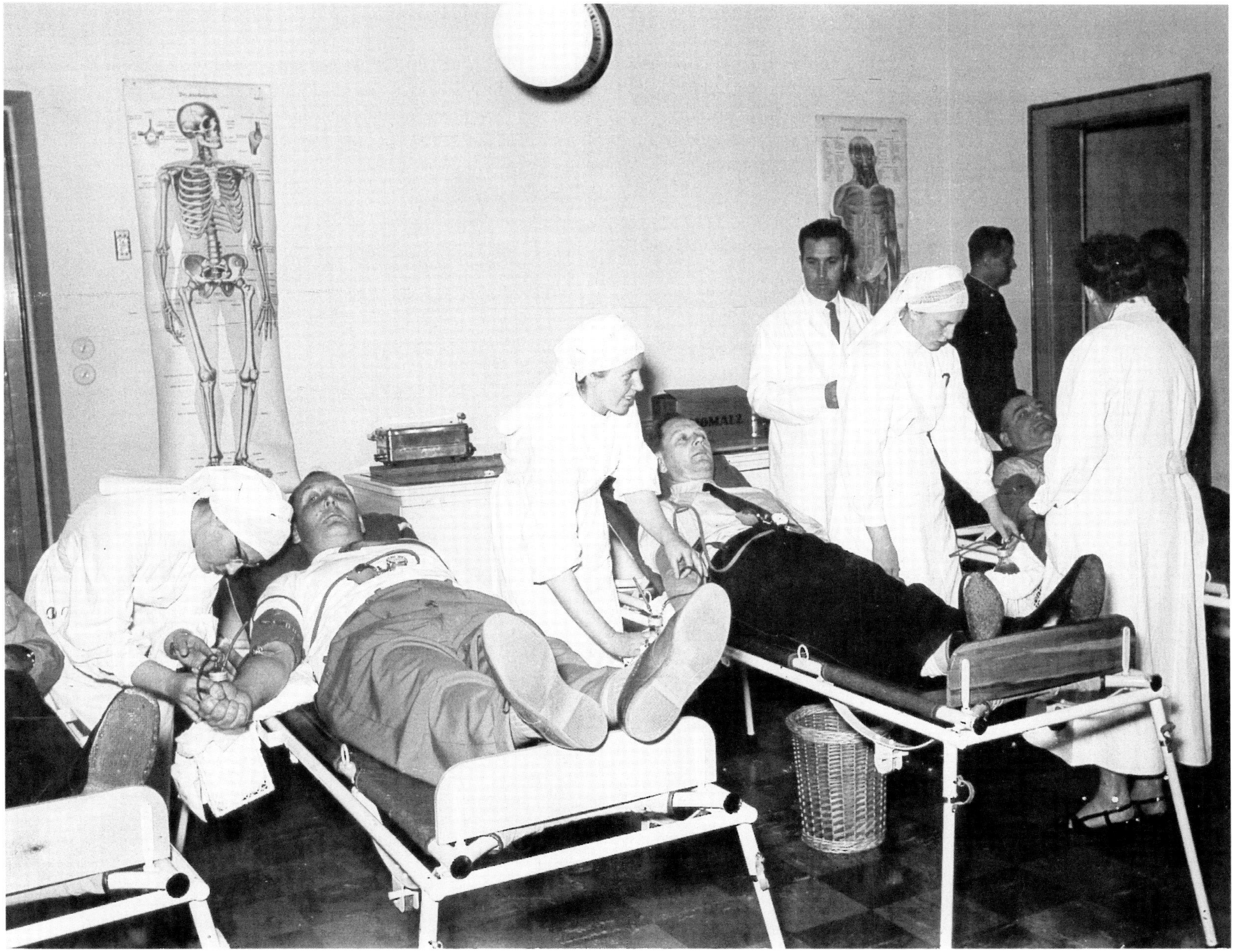

Funkstreife: Hans Dampf in allen Gassen

Rettung nach einem Gasunfall — Oberwachmann als Hebamme
Schweineleiche im Wienfluß

Am vergangenen Wochenende hatte die Funkstreife der Wiener Polizei wieder einmal Hochbetrieb. Diesmal war ihr Aufgabengebiet aber besonders groß. Sie betätigte sich u. a. als Lebensretter, Geburtshelfer und barg schließlich eine Schweineleiche aus dem Wienfluß, nachdem man schon an ein Blutverbrechen gedacht hatte.

Bewohner des Hauses XXI., Wankenäckergasse 24, teilten über den Polizeinotruf mit, daß aus der Wohnung der 24jährigen Margarete Kopac Leuchtgasgeruch dringe. Die Besatzung des Funkstreifenwagens „Otto" drang sogleich in die Wohnung ein, wo sie Frau Kopac, auf dem Boden liegend, bewußtlos vorfand. Die Polizisten brachten die Verunglückte ins Freie, flößten ihr Milch ein und machten Wiederbelebungsversuche, die nach zirka sechs Minuten Erfolg hatten. Der Rettungsarzt konnte Frau Kopac in häuslicher Pflege belassen. Frau Kopac dürfte den Vorfall durch Unaufmerksamkeit selbst verschuldet haben.

*

Auf Grund eines telephonischen Anrufs von privater Seite wurde Sonntag kurz nach 17 Uhr die Funkstreife „Berta" in eine Wohnung des Hauses III., Kärchergasse 3/13, geschickt, wo eine Frau in den Wehen lag. Der 32jährige Polizeioberwachmann Paul Pöchhacker leistete fachmännisch Assistenz und half einem gesunden Wiener in die Welt. Die Rettung konnte sich dann mit dem Abtransport von Mutter und Sohn begnügen.

*

Funkstreife, Kanalzug und die diensthabenden Kriminalbeamten des Kommissariats Wien IV eilten Sonntag gegen 10 Uhr 30 Minuten an den Wienfluß, wo nächst der Brückengasse zwei blutige Pakete aufgefunden worden waren. Schon glaubte man, einem Blutverbrechen auf der Spur zu sein, entfernte gespannt die Umhüllung der Pakete und fand — Leichenteile, nämlich Kopf und Knochen, eines Schweines.

Wiener Zeitung

Polizeilicher Alltag des Jahres 1957 im Spiegel der Presse:
Bericht der Wiener Zeitung vom 20. und 25. August 1957

Funkstreife verhindert Entführung

Mit heulender Sirene zum Flugplatz — Gerade noch zurechtgekommen

Mit heulender Sirene raste gestern nachmittag ein Polizeiwagen des Kommissariats Innere Stadt zum Flugplatz Schwechat: die sausende Fahrt galt einem Pärchen — einem Engländer und einer Wienerin —, das mit einem Flugzeug um 17 Uhr nach London fliegen wollte.

Das Mädchen, die erst vor wenigen Tagen 17 Jahre alt gewordene Susanne M. aus Wien-Mariahilf, hatte die Absicht, ohne Erlaubnis ihrer Eltern mit einem Engländer, dem angeblichen Ingenieur Edward Gordon Priggen aus London (die Angaben des Mannes werden derzeit von der Polizei überprüft), das Weite zu suchen.

Die Polizisten waren aber rechtzeitig zur Stelle: 20 Minuten vor dem geplanten Abflug saßen Susanne und ihr Begleiter, für den die Sache den Tatbestand der Entführung bedeutet, im „Grünen Heinrich", der sie auf das Polizeikommissariat Innere Stadt brachte.

Bei der Überprüfung der Personalien und des Vorlebens des Engländers stellte sich heraus, daß dieser der Polizei keineswegs unbekannt ist. Edward Gordon Priggen war erst vor vier Wochen aus dem Gefängnis entlassen worden, nachdem er eine Strafe von zehn Monaten schweren Kerkers wegen Notzucht verbüßt hatte. Außerdem war er des Landes verwiesen worden, hatte aber eine Erstreckung der Frist für seine Abreise bis 28. August erwirkt. Vier Tage vor Ablauf des Termins wollte er nun tatsächlich aus Österreich verschwinden, wird aber jetzt wegen seines Entführungsversuches damit noch einige Zeit warten müssen.

3. 10. 1957: Die neugegossene und vom Land Oberösterreich gestiftete „Pummerin" – sie war am 26. 4. 1952 in Wien eingezogen und war seither provisorisch gehängt gewesen – wird durch das Riesentor in den Dom zu St. Stephan gebracht. Sie findet im instandgesetzten Nordturm des Domes ihren endgültigen Platz. Die Wiener Sicherheitswache flankiert den Einzug der Glocke in den Dom (Bild)

Die Polizei unterscheidet im Großen Polizeilichen Ordnungsdienst grundsätzlich zwischen friedlichen und unfriedlichen Ereignissen. Diese Unterscheidung erfolgt nach der Einschätzung, ob die Veranstaltung durch andere Personengruppen gestört, unterwandert oder sonstwie beeinflußt werden kann. Die Verantwortlichen können natürlich keine Abschätzung bezüglich einzelner Individuen, wie etwa Geistesgestörte, politische oder religiöse Fanatiker nehmen, sondern müssen diese latente Gefahrensituation in beide Strategien einbauen. Über Vorbereitung und Durchführung unfriedlicher Anlaßfälle sprechen wir in diesem Buch mehrfach, wie zum Beispiel bei den Opernballdemonstrationen. Über friedliche Anlaßfälle, wie sie die Ankunft der Pummerin in Wien 1957 darstellte, kann an dieser Stelle berichtet werden. Veranstalter von Umzügen, Trauerfeiern, Prozessionen, Eröffnungen etc. legen naturgemäß Wert darauf, daß das Ereignis in würdiger Form abläuft. Eine Prämisse, die auch von vielen Veranstaltern unfriedlicher Demonstrationen – dies sei fairerweise dazugesagt – programatisch ehrlich erklärt wird, dann aber aufgrund der labilen Teilnehmer und des schwachen eigenen Ordnungsdienstes die bekannten Eskalationen auftreten. Die Polizei hat tatsächlich in beiden Fällen bei allen ihren Maßnahmen diese Vorstellungen im Auge zu behalten und deshalb die polizeiliche Präsenz deutlich und doch diskret zu gestalten. Es beginnt zunächst damit, daß man in Gesprächen mit dem Veranstalter versucht, die erwartete Zahl von Teilnehmern ungefähr festzustellen und dann in internen Gesprächen zwischen Generalinspektor der Sicherheitswache und Abteilung I mögliche Pro-Gruppen, die die Veranstaltung verstärken bzw. Gegengruppen, die die Veranstaltung stören könnten, qualitativ und quantitativ zu umgrenzen. Zusätzlich ist darauf Bedacht zu nehmen, ob in einem näheren Umkreis eine andere Veranstaltung angemeldet wurde. Bei Veranstaltungen nach dem Versammlungsgesetz auf dem selben Platz entscheidet bei Nichtuntersagung der Zeitpunkt der Anmeldung, soferne nicht andere Ausschlußgründe gegeben sind. In enger Zusammenarbeit mit den zuständigen Bezirkspolizeikommissariaten wird sodann die Zahl der einzusetzenden Beamten und zwar getrennt nach Beamten in Zivil (Kriminalbeamten) und Sicherheitswachebeamten festgelegt und deren örtliche Aufstellungsorte ausgerechnet. Bei angekündigten oder vermuteten Gegendemonstrationen ist die Bereitstellung von Reserven und technischer Hilfsmittel (Seile, Gitter etc.) festzulegen. Im taktischen Einsatzplan der Sicherheitswache wird neben diesen Fakten auch nach Rücksprache mit dem Behördenleiter festgelegt, wo die Toleranzgrenzen für unangemeldete und unerlaubte Ausweitungen der Veranstaltungen bzw. allfälliger Gegenveranstaltungen liegen. Bei Großveranstaltungen müssen Druckausgleichsräume festgelegt werden, damit Menschenmassen im Falle einer Panik nicht Opfer ihrer Gedrängtheit und mangelnder Fluchtwege werden. Alle diese Komponenten werden bei der Abteilung I mit dem Veranstalter vor der Versammlung durchgesprochen und diesem – falls Gründe für eine Untersagung vorliegen – die Möglichkeit von Abänderungen angeboten. Zwischenzeitlich werden vom Generalinspektorat im Bedarfsfall Kontakte mit Feuerwehr und Rettung hergestellt und deren Einsatzpläne mit der Polizeistrategie abgestimmt. Es kann auch in diesem Zusammenhang nicht oft genug darauf hingewiesen werden, daß das gute Einvernehmen der Wiener Polizei mit den Wiener Magistratsdienststellen – und hier sei einmal expressiv verbis das Büro für Sofortmaßnahmen unter der Leitung von Obersenatsrat Vorrath erwähnt – in vielen Fällen ganz wesentlich zu einem ordnungsgemäßen Ablauf vieler Veranstaltungen beigetragen hat. Am Tag des Ereignisses selbst müssen die Kriminalbeamten so aufgeteilt werden, daß sie auf der einen Seite Einzeltäter in der Menge rechtzeitig erkennen und festnehmen können und auf der anderen Seite durch Beobachtung allfälliger opponierender Gruppen, störende Aktivitäten vorzeitig an die Sicherheitswache durchgeben. Die Sicherheitswache selbst nimmt bei friedlichen Anlässen eine deutliche Präsenz nur als Manifestation der „Unrechtsgrenze", also jener Linie, bei deren Überschreitung die Versammlung den Schutzanspruch auf Durchführung verliert, an. Die Reserven müssen nach der Informationslage entsprechend aufgestellt werden, um im Krisenfalle rasch und ohne zusätzliche Beeinträchtigung der Versammlung herangeführt und zum Einschreiten gebracht werden können. Die Vorarbeiten und die Durchführung, die in der Regel vom Kommandoraum in der Polizeidirektion am Schottenring geleitet werden, lassen sich im hier gegebenen Rahmen nicht detailliert anführen. Die Akribie der mit diesen Vorbereitungs- und Durchführungshandlungen befaßten Beamten der Staatspolizei und der Sicherheitswache bis hin zum provisorischen Inspektor der Schulabteilung haben dank entsprechender Motivation und Verantwortungsbewußtsein bisher diese Ereignisse in einer international als vorbildlich anerkannten Form ablaufen lassen. Da die Bevölkerung die Polizei wesentlicher als manche glauben bei ihrem Einschreiten in diesen Aufgabengebieten mißt, sollte die vorstehende Aufzählung nur demonstrativ das Faktum untermauern, daß im „Wiener Weg" nichts dem Zufall überlassen werden kann und wird.

1958

Kokarde der österreichischen Kriminalbeamten, seit 1958 in Verwendung

Über die Entwicklung der Kriminalbeamten oder Agenten, wie sie bei ihrer Schaffung geheißen haben, sowie deren allgemeine Tätigkeit wird in diesem Buch an einigen Stellen ausführlich berichtet. Auf dieser Seite wollen wir uns einmal mit einer speziellen Dienstversehung der Kriminalpolizei befassen. Üblicherweise ist es so, daß der Kriminalpolizei in jeder Behörde die repressive Tätigkeit und der Sicherheitswache die präventive Tätigkeit zugeordnet wird. Die Kriminalpolizei übt jedoch, abgesehen von der durch die Festnahme von Tätern gegebenen generalpräventiven Wirkung, auch noch Prävention in Form des Streifendiestes aus. Am 15. 7. 1958 wurde nämlich auch verfügt, daß Polizeistreifen zentral gemeinsam von Sicherheitswache und Kriminalbeamten durchzuführen sind. Diese Streifen fanden (und finden bis heute) ungefähr 3x im Monat statt und bestehen im Durchschnitt aus 50 Kriminalbeamten. Die Streifen dienen primär der Vorbeugung, werden aber auch für konkrete Einsätze herangezogen. Ursprünglich setzten sie sich nur aus Fußpatrouillen zusammen, die bestimmte Örtlichkeiten, die kriminalpolizeiliche Auffälligkeiten aufwiesen, zu bestreifen hatten. In der Folge zeigte sich, daß eine ständige Verbindung dieser Streifen mit der zentralen Funkstelle zweckmäßig war und Ende 1959 wurden zwei und ab Jänner 1962 insgesamt vier mit Funkgeräten ausgerüstete Streifenwagen im kriminalpolizeilichen Bereich eingesetzt. In der Folge verminderte sich der Personalstand und damit die Rayonsposten der Sicherheitswache in den Nachtstunden, sodaß sich die Notwendigkeit ergab, neben diesen fallweisen zentralen Streifen, einen täglichen Funkwagenstreifendienst mit Beamten des Kriminaldienstes einzuführen. Die Streifentätigkeit wurde in den täglichen Aufgabenstellungen auf Kontrollen und Razzien in übel beleumundeten Lokalen, die Durchkämmung von Bauruinen und fertigen Neubauten, Park- und Bahnhofanlagen erweitert. Diese Tätigkeit trug sehr wesentlich dazu bei, daß sich an diesen Örtlichkeiten kein Rekrutierungspool für Verbrecherbanden entwickeln konnte. Auch bei der Bekämpfung des Zuhälterwesens und der Suchtgiftkriminalität hatten und haben die Kripostreifen sehr wesentliche Erfolge erzielt, indem sie eine Eskalation der bekannten Szenen durch ständige Kontrollen sehr erfolgreich verhinderten. In diesen Fällen wurde selbstverständlich die Zusammenarbeit mit den Kriminalbeamten des Sicherheitsbüros stets gesucht und gefunden.

Eine besondere Bedeutung erlangten die Kriminalbeamtenstreifen bei der Bekämpfung der U-Bahn-Kriminalität. Am 11. April 1991 wurden die täglichen Funkwagenstreifen in die Überwachungstätigkeit in U-Bahn-Bereichen eingebunden. Hiebei ist vorgesehen, daß die Beamten ihren Streifenwagen verlassen, um die Stationsbauwerke zu inspizieren und U-Bahn-Züge zu begleiten. Daß die Wiener U-Bahn-Kriminalität im internationalen Vergleich im letzten Fünftel rangiert, ist nicht zuletzt auf das gute Zusammenarbeiten bzw. Zusammenwirken von Sicherheitswache und Kriminalpolizei in diesem Einsatzbereich zurückzuführen.

Aber nicht nur örtlich, sondern auch zeitlich findet eine besondere Streifentätigkeit der Kriminalpolizei statt. Dies insbesondere in der Vorweihnachtszeit zur Verhinderung von Raubüberfällen und ähnlichen Delikten. Sonderstreifen gibt es Tag und Nacht auch auf den bekannten Örtlichkeiten wie Karlsplatz, Schwedenplatz und Gumpendorfer Straße, wobei in diesen Fällen auch die Beamten der Suchtgiftgruppe des Sicherheitsbüro federführend tätig sind.

3. 6. 1958: Tagung der INTERPOL in Wien
Langsam gelingt es den österreichischen Kriminalisten, den bedeutenden Ruf unseres Landes auf kriminalpolizeilichem Gebiet nach dem Kriege wiederherzustellen. Den ursprünglichen Sitz in der Gründungsstadt Wien wieder zurückzuerhalten, gelang – trotz Leistung und Bemühen – leider nicht mehr.

Der Mord beim „Russendenkmal“

Mordfall Faber: Prämien wurden ausgesetzt

Die Polizei braucht die Mithilfe der Bevölkerung — Jeder Hinweis wichtig

Die Bundes-Polizeidirektion Wien gibt über die Bemühungen bei der Ausforschung des Täters im Mordfall Faber zusammenfassend bekannt, es stehe bisher lediglich fest, daß Helene am 14. April die Vorstellung im Schwarzenberg-Kino um 20 Uhr besuchte und das Kino nach Schluß um 21 Uhr 45 verließ.

Es ist nun von Bedeutung, ob das Mädchen, das vermutlich zwischen dem Denkmal und dem Hochstrahlbrunnen den kürzesten Weg nach seinem Wohnhaus, IV., Argentinierstraße 66, genommen haben dürfte, von irgend jemandem, sei es von einem Kinobesucher oder einer anderen Person, gesehen wurde. Es erscheint ferner wichtig, ob von irgend jemandem kurz vor 22 Uhr in der Nähe des Denkmals eine verdächtige Person wahrgenommen wurde.

Da aus dem Besitz der Ermordeten, abgesehen von einem Ohrgehänge, auch noch eine Armbanduhr, Marke Kienzle, rundes Format, nahezu Herrenfasson, aus gelbem Material mit rötlichen Leuchtziffern, großem Zentralsekundenzeiger und beige Armband, fehlt, wären Mitteilungen über den eventuellen Fund oder Ankauf dieser Uhr wichtig.

Für zweckdienliche Informationen, die zur Ausforschung des Täters dienen, werden Prämien in der Höhe bis zu 10.000 S ausgesetzt, deren Zuerkennung sich die Bundes-Polizeidirektion Wien unter Ausschluß des Rechtsweges vorbehält.

Die Bundes-Polizeidirektion Wien stellt ferner mit Bedauern fest, daß der Fundort der Leiche zahllose Neugierige anlockt, die sich nicht scheuen, sogar ihre Kinder dorthin mitzunehmen. Fallweise war es sogar notwendig, zur Aufrechterhaltung der Ordnung eine größere Zahl von Sicherheitswachebeamten aufzubieten. Da es nicht vertretbar ist, Wachebeamte für solche Zwecke ihrer eigentlichen Aufgabe zu entziehen, wird die Bevölkerung aufgefordert, vom Besuch des Fundortes der Leiche Helene Fabers Abstand zu nehmen. Außerdem wurde die Sicherheitswache angewiesen, Ansammlungen zu unterbinden.

Wiener Zeitung, 22. April 1958

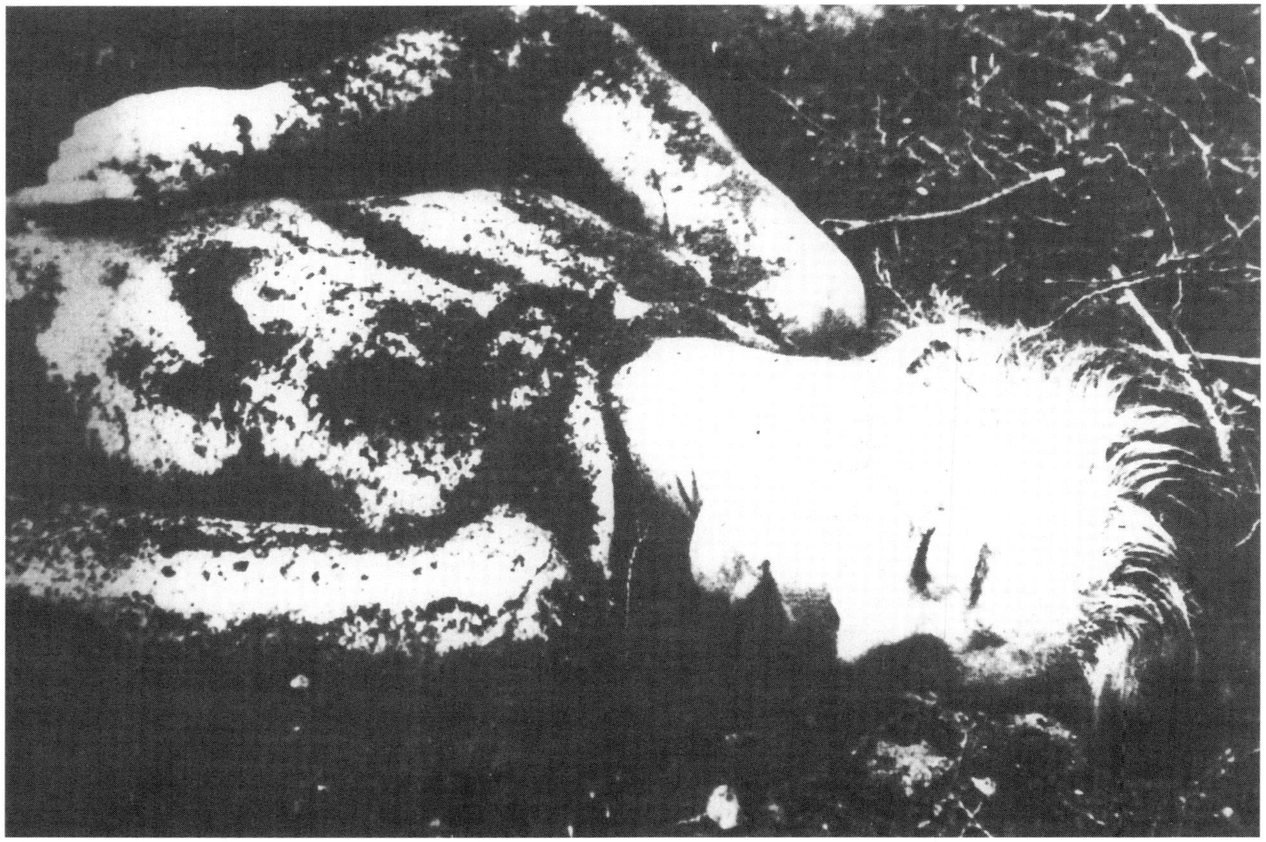

In den Morgenstunden des 15. 4. 1958 wird im Gebüsch hinter dem Denkmal der Roten Armee am Schwarzenbergplatz – im Volksmund „Russendenkmal“ genannt – die halbverscharrte Leiche eines jungen Mädchens gefunden. Es handelte sich bei der Toten um eine 21jährige Mannequinschülerin, die am Vorabend eine Kinovorstellung besucht hatte und seither als vermißt galt. Wenig später kann ein als verdächtig erscheinender Mann verhaftet werden. Zahlreiche Indizien sprechen für die Täterschaft dieses mehrfach Vorbestraften. Endgültige Beweise fehlen jedoch – nicht zuletzt deshalb – weil wichtige Spuren in der Nähe des Auffindungsortes der Leiche von einer Unmenge von sensationslüsternen Neugierigen zunichte gemacht wurden. So kam es zur Aussetzung von Prämien und der dringlichen Bitte der Wiener Polizei an die Bevölkerung, an der Aufklärung des Falles durch zweckdienliche Hinweise mitzuarbeiten. Trotz vieler Meldungen erfolglos. So war es verständlich, daß sich die Geschworenen nicht für einen Schuldspruch des Tatverdächtigen bei dem folgenden gerichtlichen Verfahren entscheiden konnten. Trotz eines gewaltigen kriminalpolizeilichen Maßnahmenpaketes war und blieb dieser Fall ungeklärt. Ein Akt des Sicherheitsbüros, welcher nie geschlossen werden konnte…

Im Herbst 1945 bildeten vier Sicherheitswachebeamte, darunter der langjährige Kommandant der motorisierten Verkehrsgruppe, Oberst (i. R.) Schwarzlmüller, mit eigenen Krafträdern den Grundstock für die motorisierte Verkehrsgruppe der Wiener Polizei. In den Jahren 1946 und 1947 erhöhte sich der Stand auf 20 Mann, die sich aus den auf der Straße aufgefundenen und von den westlichen Besatzungsmächten überlassenen Motorradwracks fahrbereite Dienstmotorräder zusammenstellten.

Die Einsätze dieser Gruppe umfaßten hauptsächlich Transportbegleitungen der damals so wichtigen Lebensmittellieferungen. Erst im Jahre 1948 wurden die ersten Dienstkrafträder fabriksneu angekauft und ein regelmäßiger motorisierter Streifendienst noch im Zusammenwirken mit der Militärpolizei der Besatzungsmächte eingeführt. 1950 wurden erstmals österreichische Motorräder der Marke Puch zum Patrouillendienst herangezogen und bis zum Jahre 1965 der Stand der motorisierten Verkehrsgruppe nach und nach auf 116 Beamte erhöht. Zu diesem Zeitpunkt standen der motorisierten Verkehrsgruppe neben den Motorrädern für jeden Sicherheitswachebeamten auch 16 Streifenwagen zur Verfügung. Diese wurden nur bei extrem schlechter Witterung verwendet, da ja damit einer der Hauptvorteile, die Wendigkeit und Unabhängigkeit von Staubildungen, wegfiel. Der Dienst wurde im 24-Stundensystem in drei Gruppen mit 07.00 Uhr Ablöse rund um die Uhr versehen. Die Zunahme des Verkehrs hatte in der Zwischenzeit die Anfangsaufgaben zu Nebentätigkeiten werden lassen. Die Verkehrsüberwachung und Lenkung sowie die Überprüfung der Einhaltung der technischen Vorschriften gewinnen zunehmend an Bedeutung. Die erste Reorganisation erfolgte 1973, in welcher die Dienstzeit den Früh- und Abendverkehrsspitzen angepaßt wurde, um eine lückenlose Ausfüllung des inzwischen weiter vergrößerten Aufgabengebietes zu ermöglichen. Die Notwendigkeit, immer mehr technische Überprüfungen durchzuführen, war vor allem in der Zunahme des Lastwagenverkehrs begründet. Gemeinsam mit der Bundesprüfanstalt für Kraftfahrzeuge wurden Schwerpunktprogramme durchgeführt, die auch im Bereich von Wien Problembewußtsein bei den verantwortlichen Fahrzeughaltern und Lenkern bewirkte. Vom Ehrengeleit bei Staatsbesuchen bis zur Assistenzleistung bei Überprüfungen nach dem Gasöl-Steuerbegünstigungsgesetz war alles in der Aufgabenstellung der „Mot“, wie sie im Polizeibereich genannt wurde, enthalten. In Zeiten arger Personalnot wurden sie über den Codenamen „Eule“, bei Nacht zeitweise von verkehrs- zu sicherheitspolizeilichen Aufgaben „umgepolt“. Die „Mot“ war überall erfolgreich verwendbar.

Die starken Personalschwankungen im Stand der Wiener Sicherheitswache machten auch vor der motorisierten Verkehrsabteilung nicht halt. Die Beamten und das Kommando mußten sich dazu noch den ständig wechselnden, im allgemeinen aber stets zunehmenden Aufgaben sehr flexibel anpassen und ist Flexibilität überhaupt eines der wesentlichsten Merkmale dieser Sondereinheit.

Über die zweite und vorläufig letzte Reorganisation im Jahre 1992 werden wir in diesem Buch zu einem späteren Zeitpunkt berichten.

15. 10. 1958: Die neuen Motorräder der Wiener Polizei – fortan als „Weiße Mäuse“ bezeichnet – werden in Dienst gestellt.

16. 3. 1959:
Einführung der Kurzparkzonen in Wien.
Versuch, der Blechlawine in den Straßen der Bundeshauptstadt Herr zu werden. Die Abgabenentrichtung in Kurzparkzonen (gebührenpflichtig) wurde erst 1974 eingeführt.

Die Idee zur Einführung von Kurzparkzonen wurde aus Paris, wo gleichartige Zonen im Jahre 1957 durch Anordnung des Polizeipräfekten erlassen wurden und positive Erfolge brachten, übernommen. Im Jahre 1958 fanden die ersten Besprechungen der Wiener Landesregierung statt und am 16. 3. 1959 wurde die erste Kurzparkzone im Bereich Kärntner Straße–Stock-im-Eisen-Platz–Rotenturmstraße–Hoher Markt–Tuchlauben–Kohlmarkt–Michaelerplatz–Reitschulgasse–Augustiner Straße–Führichgasse von der Wiener Landesregierung verordnet. Im Jahre 1960 wurden weitere Zonen im 6. und 7. Bezirk errichtet. Für die Überwachung der Einhaltung und Bestrafung war die Bundespolizeidirektion Wien zuständig. In der Folge wurden in ganz Wien Kurzparkzonen eingeführt, welche die höchstzulässige Parkdauer mit 1,5 Stunden beschränkten. Ein Hilfsmittel zur Überwachung der Parkdauer wurde die durch Parkscheibenverordnung eingeführte „Parkuhr". Durch die Erlassung des Parkometergesetzes im Jahre 1974 wurde die Verpflichtung zur Abgabenentrichtung in Kurzparkzonen eingeführt. Sie betrug im Jahre 1975 S 2,– für jede halbe Stunde Parkzeit. Als Hilfsmittel zur Überwachung wurden erstmals Parkscheine eingeführt. Für die Überwachung auch der abgabenrechtlichen Vorschriften war die Bundespolizeidirektion Wien, zur Ahndung der Verwaltungsübertretungen hinsichtlich abgabenrechtlicher Tatbestände war der Magistrat der Stadt Wien als Bezirksverwaltungsbehörde zuständig. Das Parkometergesetz wurde in den nächsten Jahren zahlreiche Male novelliert, die Überwachungsverpflichtung durch die Bundespolizeidirektion Wien blieb unverändert. Das mit der Einführung gebührenpflichtiger Kurzparkzonen geschaffene Faktum, daß ein Kraftfahrzeuglenker, der sein Fahrzeug ohne Parkschein in einer Kurzparkzone abstellt, sowohl wegen einer Übertretung des Parkometergesetzes vom Magistrat als auch wegen einer Übertretung der Kurzparkzonenüberwachungsverordnung von der Bundespolizei bestraft werden konnte, wurde durch die 10. StVO-Novelle 1983 insofern positiv korrigiert, daß ab diesem Zeitpunkt eine Zuwiderhandlung gegen die Kurzparkzonenüberwachungsverordnung dann keine Verwaltungsübertretung bildet, wenn zugleich ein abgaberechtlicher Tatbestand (nach dem Parkometergesetz) erfüllt war. Die letzte Veränderung brachte die Novelle zum Wiener Parkometergesetz vom 29. 5. 1989, wonach seit 1. Juli 1989 die Überwachung der Einhaltung der abgabenrechtlichen Tatbestände durch besonders ermächtigte Organe der Stadt Wien zu erfolgen hat. Vom Übergang dieser Zuständigkeit blieb die Überwachung der Einhaltung der Bestimmungen der Kurzparkzonenüberwachungsverordnung unberührt. Eine Übertretung dieser Verordnung liegt aber nur dann vor, wenn man die Dauer der Parkzeit überschreitet, aber keinen abgaberechtlichen Tatbestand (alle Parkscheine werden ausgefüllt) setzt. Mit 1. März 1993 ist seitens des Magistrates der Stadt Wien geplant, den gesamten 1. Bezirk zur Kurzparkzone zu erklären und lediglich Ausnahmen für die Wohnbevölkerung und andere Interessensgruppen (§ 45 Abs. 2 und 4 StVO 1960) zu gewähren. Der Sinn der Kurzparkzonen bestand stets darin, die beschränkten, aber von Dauerparkern verstellten Parkplätze für Personen frei zu machen, die aus beruflichen Gründen, aus Gründen des Ein- und Verkaufs oder anderer Besorgungen ihr Fahrzeug kurzfristig in der Nähe des Zielpunktes abstellen wollen.

Durch die Übernahme der Überwachung des ruhenden Verkehrs in diesen Teilbereichen durch Magistratsorgane konnten im Rahmen der Wiener Sicherheitswache bei etwa gleichbleibender Überwachung der anderen Übertretungen einerseits Schwerpunkte bei der Überwachung des Fließverkehrs (vor allem Geschwindigkeitsüberschreitungen) gesetzt und ein anderer Teil der freigewordenen Kapazitäten für die Kriminalitätsbekämpfung wie z. B. Autoeinbrüche und Autodiebstähle umgewidmet werden.

12. 3. 1959: Übergabe der neuen Motorboote an den Polizei-Donaudienst.
Der wachsende Verkehr am Wasserweg Donau, aber auch die steigende sportliche Nutzung des Stromes, erfordern eine stärkere polizeiliche Präsenz mit modernem Gerät. Aber auch zu Wasser setzt der Fortschritt ein…

Es war wieder einmal soweit – die Personalnot der Wiener Sicherheitswache war zum Sicherheitsproblem geworden. Nach jahrelangen Plakataktionen (siehe Bild) wurde am 21. 5. 1967 ein „Tag der Offenen Tür" durchgeführt, der in den Medien damals unter dem Titel „Die Polizei wirbt mit Gulaschkanonen" im wesentlichen zusammengefaßt wurde. Da durch diese Aktionen in der Bundeshauptstadt allein nicht der Personalbedarf abgedeckt werden konnte, wurde das Einzugsgebiet noch im gleichen Jahr auf Niederösterreich, Burgenland, Steiermark und Oberösterreich erweitert und sogenannte „Werbetrupps" in den Bezirkshauptstädten, bestehend aus einem Offizier und der Besatzung eines Streifenwagens, eines Lautsprecherwagens und zwei Bugkanzel-BMW-Motorrädern eingesetzt. Diese Werbung bestand bis zum Jahre 1973 und hatte zweifellos Erfolg. Ein Nachteil ergab sich dadurch, daß die so gewonnenen Beamten durch Film, Dia und Werbeschriften manchmal falsche Vorstellungen von der Realität hatten, was sich in einer sehr hohen Austrittsquote und damit Kapazitätsverlust äußerte. Es wurde daher im Jahre 1973 die sogenannte „individuelle Direktwerbung" für die Bereiche Niederösterreich, Burgenland und Wien eingeführt. Die Werber, als Fachberater, waren in den einzelnen Bezirkshauptmannschaften stationiert und hatten vorwiegend den Kontakt zu den Bezirkshauptmännern, Bürgermeistern und Arbeitsämtern herzustellen und aufrechtzuerhalten, sowie in persönlichen Kontaktgesprächen mit den Bewerbern Vor- und Nachteile des Polizeidienstes ehrlich, offen und schonungslos vor Augen zu führen. Die Anzahl der Fachberater schwankte zwischen acht und zehn Sicherheitswachebeamten, die direkt aus dem Rayonsdienst kamen. 1977 wurde die Aktion auf die Steiermark ausgedehnt und in dieser Form bis ins Jahr 1984 fortgesetzt. Aus der Protokollage zwar nicht eindeutig ersichtlich, dürfte sich im Jahre 1984 wieder einmal jenes „Drama" abgespielt haben, das für den Bundesdienst symptomatisch ist. Es dürften ausreichend Bewerber, aber zu wenig Dienstposten vorhanden gewesen sein, jedenfalls wurde die Werbung mit diesem Jahr eingestellt und erst im Jahre 1990 in der gleichen Form wieder installiert. In der Folge wurde mit Unterstützung des Bundesministeriums für Inneres die Werbetätigkeit auch auf die Bundesländer Oberösterreich und Kärnten erweitert und die Kontaktgespräche auf Bundesheerkasernen ausgedehnt. Unter der Leitung von Hauptmann Bigl waren insbesondere die Berater Fuchs, Bajer, Dvorak, Fischer, Matlschweiger, Mastalir und Promber erfolgreich tätig, welche auch nun Vorträge in AHS, HAK, HAS, HBLA sowie in Berufsinformationszentren und wie schon gesagt, Kasernen durchführten.

Auch die Presse wie Krone, Kurier, Presse, Standard, Kleine Zeitung, Wiener Zeitung sowie Regional- , Wochenzeitungen, Gemeindezeitungen und Arbeitsmarktverwaltungszeitungen stellten sich kostenlos in den Dienst der guten Sache: „Werbung für die Sicherheit". Die „Wiener Internationale Frühjahrsmesse 1991/92" zeigte sich leistungsmäßig sehr großzügig, sodaß Kojen in guter Lage zu guten Bedingungen errichtet werden konnten. Zwei Werbefilme, die die Wiener Polizei in ihren facettenreichen Aufgabengebieten zeigten, wurden hergestellt. Die Bewerber und nun auch Bewerberinnen, werden wieder an ihrer Wohnadresse besucht und über den Beruf aufgeklärt.

So wurden im Jahre 1991 2.344 Frauen und Männer für den Polizeidienst geworben, von denen allerdings nur 440 die nach wie vor strengen Aufnahmebedingungen erfüllen konnten. Auch in der Zeit vom 1. 1. 1992 bis 3. 8. 1992 haben 1.319 Frauen und Männer ihr Interesse am Beruf des Sicherheitswachebeamten bekundet, wobei davon bisher 168 Bewerber die Auswahlkriterien nachweisen konnten.

Auch diese Ziffern beweisen eindeutig, wie groß die Anforderungen an die Qualifikation eines Polizeibeamten in Wien gestellt werden. Sie entsprechen aber der Aufgabenstellung und Verantwortung der Beamtinnen und Beamten im Staatsgefüge.

1960

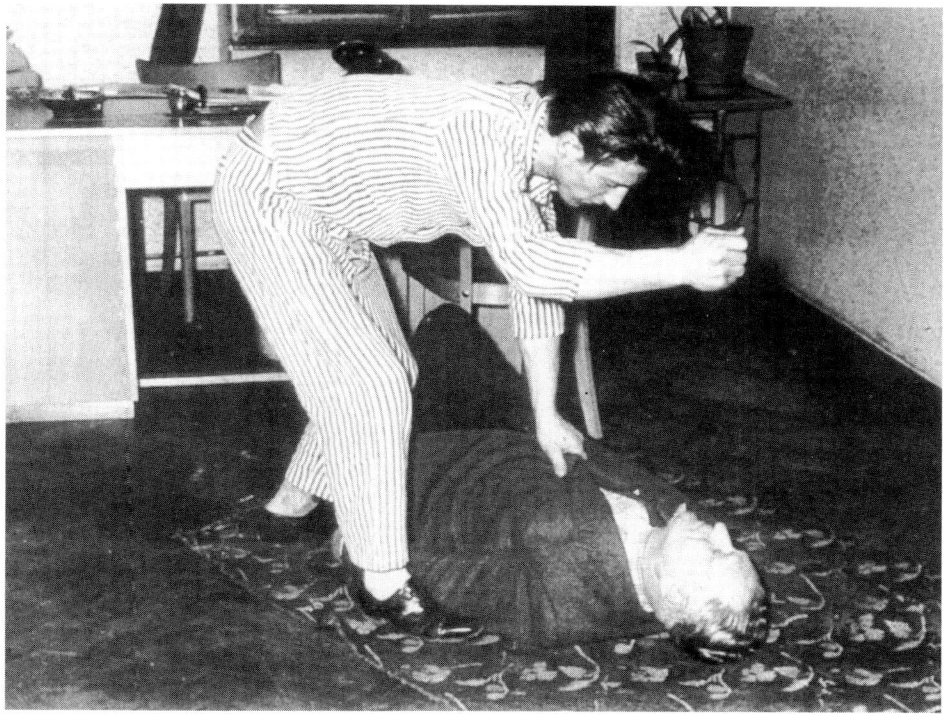

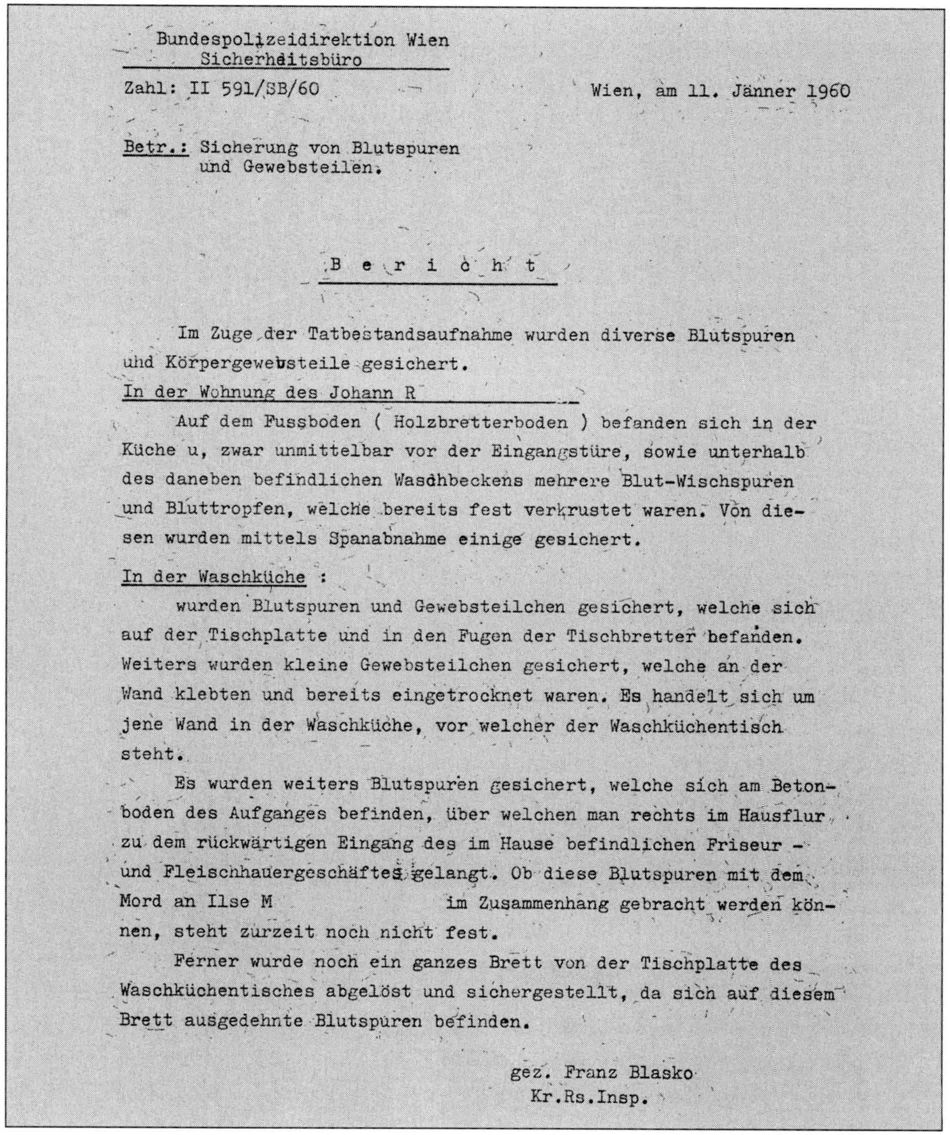

Bundespolizeidirektion Wien
Sicherheitsbüro

Zahl: II 591/SB/60 — Wien, am 11. Jänner 1960

Betr.: Sicherung von Blutspuren und Gewebsteilen.

B e r i c h t

Im Zuge der Tatbestandsaufnahme wurden diverse Blutspuren und Körpergewebsteile gesichert.

In der Wohnung des Johann R

Auf dem Fussboden (Holzbretterboden) befanden sich in der Küche u. zwar unmittelbar vor der Eingangstüre, sowie unterhalb des daneben befindlichen Waschbeckens mehrere Blut-Wischspuren und Bluttropfen, welche bereits fest verkrustet waren. Von diesen wurden mittels Spanabnahme einige gesichert.

In der Waschküche :

wurden Blutspuren und Gewebsteilchen gesichert, welche sich auf der Tischplatte und in den Fugen der Tischbretter befanden. Weiters wurden kleine Gewebsteilchen gesichert, welche an der Wand klebten und bereits eingetrocknet waren. Es handelt sich um jene Wand in der Waschküche, vor welcher der Waschküchentisch steht.

Es wurden weiters Blutspuren gesichert, welche sich am Betonboden des Aufganges befinden, über welchen man rechts im Hausflur zu dem rückwärtigen Eingang des im Hause befindlichen Friseur - und Fleischhauergeschäftes gelangt. Ob diese Blutspuren mit dem Mord an Ilse M im Zusammenhang gebracht werden können, steht zurzeit noch nicht fest.

Ferner wurde noch ein ganzes Brett von der Tischplatte des Waschküchentisches abgelöst und sichergestellt, da sich auf diesem Brett ausgedehnte Blutspuren befinden.

gez. Franz Blasko
Kr.Rs.Insp.

Am 11. 1. 1960 erstattete eine Frau Anzeige, daß sich unter dem Futter für ihren Hund ein menschlicher Fuß befinden würde. Diese Meldung löste einer der umfangreichsten kriminalpolizeilichen Fahndungen dieser Zeit in Wien aus, welche schließlich zur Aufklärung des Falles führten. Ein Mann hatte eine 19jährige Studentin in seine Wohnung gelockt, ermordet und zerstückelt. An Hand des Bildmateriales dieser Seite soll die polizeiliche Arbeit zur Klärung dieses Falles im Jahr 1960 angedeutet werden. So die Rekonstruktion des Tatvorganges (links oben), die Sicherung von Beweismittel (links unten) oder eine Meldung mit Zusammenfassung von Maßnahmen der Spurensicherung (oben).

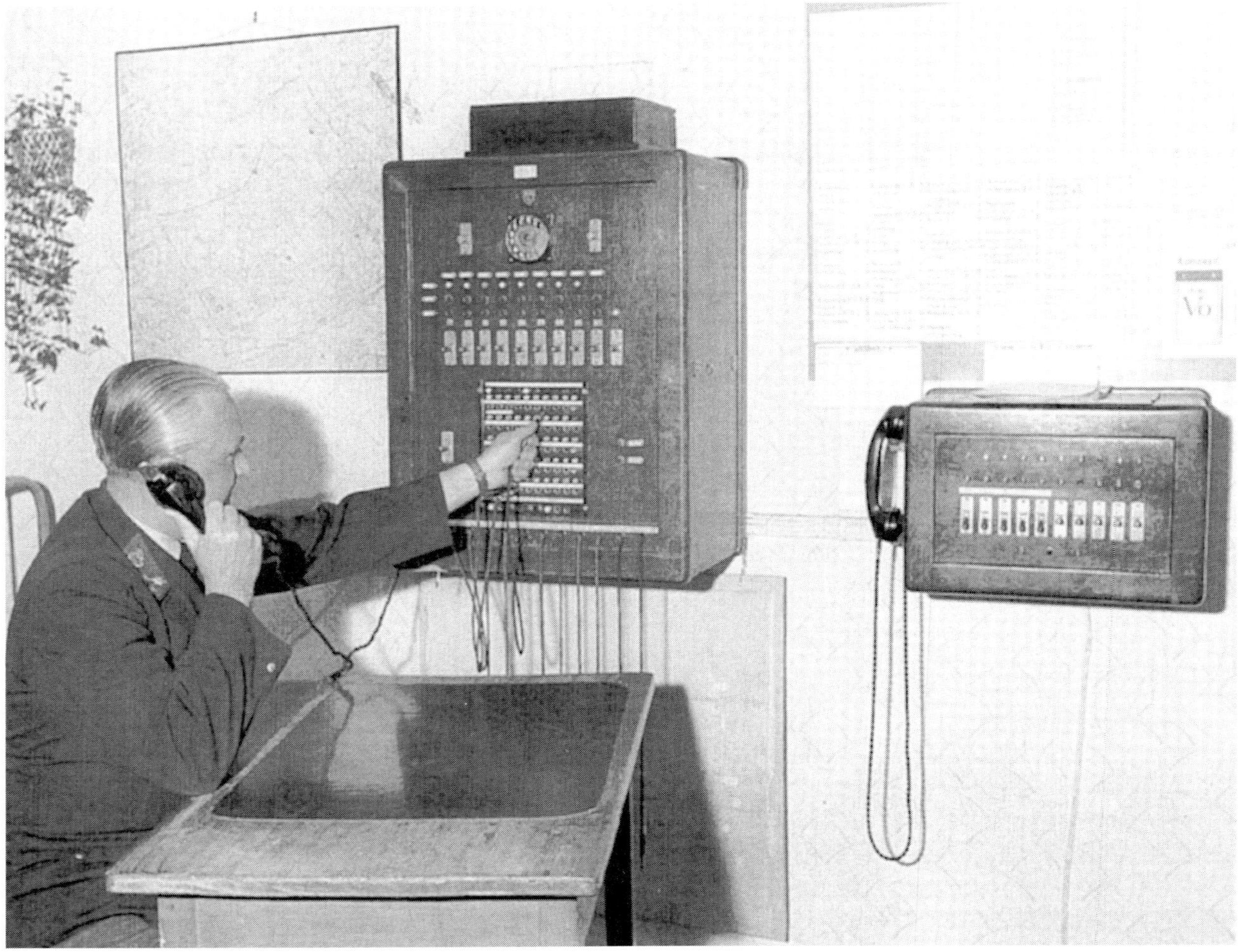

Wenn Sie zu nebenstehendem Bild von der sogenannten Funkstelle der Bundespolizeidirektion Wien mit der eher mühsamen Kommunikation des Jahres 1961 das Bild der neuen Funkleitstelle aus dem Jahre 1992 vergleichen, wird die technische und organisatorische Entwicklung innerhalb der Behörde auch auf dem Funk- und Fernmeldesektor wieder einmal sehr deutlich. Über die Funkstelle und deren Aufgabenbereich werden sie im Jahre 1992 ausführlich informiert. Wir möchten nachstehend die Gelegenheit nutzen, über weitere Dienststellen innerhalb der Behörde zu informieren:

Ein Sicherheitsunternehmen mit über zehntausend Beschäftigten braucht auch eine Wirtschaftsführung. Diese ist im Aufgabenbereich des Büros für ökonomische Angelegenheiten festgehalten. Dafür stehen der Behörde rund zweihundert Bedienstete zur Verfügung, die zur Lenkung des Haushaltes der Behörde als anweisende Stelle im Sinne des Bundeshaushaltsgesetzes Aufgaben wie die Erstellung der Jahresteil- und Monatsvoranschläge, die Begründungen zum Teilrechnungsabschluß, die Vornahme von Virements innerhalb der finanzgesetzlichen Ansätze, die Antragstellung zu den Budgetüberschreitungsgesetzen, die Erteilung von Zahlungs- und Verrechnungsanweisenungen an die Buchhaltung, die Ausgaben-, Einnahmen- und Durchlaufergebarung sowie die Koordinierung der Tätigkeiten im Zusammenhang mit dem Bundesrechnungswesen zwischen Anweisung und Buchhaltung. Weiters obliegen diesem Büro die Beschaffung von Wirtschaftsgütern aller Art, die Veranlassung aller Bau-, Bauneben- und Instandhaltungsarbeiten, die Antragstellung an das Bundesministerium für Inneres und die Bundesbaudirektion für Wien in allen Angelegenheiten wirtschaftlicher Natur, Behandlungen aller Angelegenheiten des Miet- und Pachtwesens sowie der Natural- und BUWOG-Wohnungen, die Zuweisung der Benützung von Amtsräumen an die Dienststellen, die Aufsicht über die Arrestantenküche des Polizeigefangenenhauses sowie die Dienstküche in haushaltstechnischen und wirtschaftlichen Belangen, die Erfassung, Nachweisung und Bestandsprüfung aller beweglichen Sachen, sowie die Verwaltung des unbeweglichen Bundesvermögens, die Angelegenheiten nach den Bestimmungen des Organhaftpflichtgesetzes und des Dienstnehmerhaftpflichtgesetzes und vieles andere mehr. Derzeitiger Leiter: Oberrat Mag. Gustav KRAMLINGER.

Die Aufgaben eines Personalbüros bei zehntausend Mitarbeitern aufzuzählen, würde den Rahmen dieser kurzen Darstellung der ha. Organisationseinheiten sprengen. Die Aufgaben des Personalbüros decken sich im übrigen mit jenen in der Privatwirtschaft, sind jedoch aufgrund einer Vielzahl von gesetzlichen Bestimmungen, die für Beamte, Vertragsbedienstete und Bundespensionisten gelten, viel komplizierter und arbeitsintensiver. Das Personalbüro wird derzeit von Rat. Dr. Martin MÜHLGASSNER geleitet.

3.–4. Juni 1961: Gipfeltreffen Kennedy–Chruschtschow in Wien

Alle Augen der Welt sind in diesen Tagen auf Wien gerichtet, wo sich die mächtigsten Männer der beiden Supermächte USA und UdSSR zu einem erstmaligen, persönlichen Gespräch treffen. Die Hoffnungen einer ganzen Generation knüpfen sich an dieses Gespräch.

Auf fast allen Bildern dieses weltpolitischen Ereignisses sah man an vorderster Stelle den Wiener Polizeipräsidenten Josef Holaubek. Nicht von ungefähr, war doch die Sicherheit der Gäste und damit die Voraussetzung für ein Gelingen des Gipfels in besonderem Maße von der Organisation und Aufmerksamkeit der Wiener Polizei abhängig.

John F. Kennedy begrüßt Nikita Chruschtschow vor der amerikanischen Botschaft, links neben Präsident Kennedy Innenminister Josef Afritsch

Begrüßung Präsident Kennedys durch Ministerpräsident Chruschtschow, links hinter Chruschtschow Außenminister Gromyko

Unfallkommando fuhr in zehn Jahren 314.000 Kilometer
Gerichte loben vorzügliche Arbeit der Polizeibeamten!

TZ-Eigenbericht

Wien, 16. Jänner. — „Mit Tod, Blut und schweren Schäden ist die Mission der Beamten des Verkehrsunfallkommandos verbunden", erklärte Dienstag bei einer schlichten Feier anläßlich des zehnjährigen „Geburtstages" des Verkehrsunfallkommandos in der Roßauer Kaserne Dr. Lipovitz, der Generalinspektor der bundeshauptstädtischen Sicherheitswache. Die jubilierende Institution, die von vielen gefürchtet, bei den meisten aber sehr beliebt ist, wurde 1952 gegründet, um Verkehrsunfälle in Wien besser und rascher „behandeln" zu können.

Die geleistete Arbeit ist wirklich imposant: Innerhalb der letzten zehn Jahre wurden etwa 20.200 Unfälle bearbeitet, während die Einsatzwagen mehr als 314.000 Kilometer zurücklegten. Darüber hinaus wurden rund 100.000 Lichtbilder von Unfällen angefertigt und bei über 2000 tödlichen Unfällen interveniert.

Derzeit besteht diese polizeiliche Spezialgruppe — Leiter ist Polizeirittmeister Janda — aus vier Kommanden, von denen zwei in der Roßauer Kaserne untergebracht sind. Eine hat seinen Sitz in der Marokkanerkaserne und ein weiteres in der Tannengasse. Insgesamt sind bei diesen Stellen ein leitender sowie 53 dienstführende und eingeteilte Sicherheitswachebeamte tätig.

„Täglich sind vier Wagen im Einsatz, die laufend gebraucht werden. Oft müssen wir sogar noch Funkstreifenwagen zu Hilfe rufen", erklärte Rittmeister Janda, und unterstrich so die Bedeutung des Verkehrsunfallkommandos, dessen Beamte vor allem „starke Nerven, großes Wissen und immenses Einfühlungsvermögen brauchen."

Das Verkehrsunfallkommando ist wegen seiner flinken und exakten Arbeit besonders bei all denen beliebt, die bei einem Unfall schuldlos zum „Handkuß" kommen. Auch die Gerichte haben schon wiederholt auf die vorzügliche Arbeit und Genauigkeit des Verkehrsunfallkommandos hingewiesen.

DEN 10. GEBURTSTAG FEIERTE MONTAG DAS VERKEHRSUNFALLKOMMANDO IN WIEN

Bei einer Führung im Unfallstatistikraum der Roßauer Kaserne erregte vor allem eine große Landkarte von Wien Aufsehen, auf der alle Unfälle, die sich im Jahre 1960 ereigneten, peinlich genau mit Stecknadeln gekennzeichnet sind. Im abgelaufenen Jahr haben sich in der Bundeshauptstadt laut Statistik nicht weniger als 21.676 Verkehrsunfälle abgespielt, bei denen in insgesamt 10.083 Fällen Personen zu Schaden gekommen sind.

Die Arbeit des Verkehrsunfallkommandos wird aber noch immer größer: Heute gibt es einschließlich Mopeds in Wien schon 272.000 Motorfahrzeuge. Das bedeutet einen Zuwachs von rund 200.000 Einheiten in zehn Jahren.

Zum Abschluß der Feier dankte Dr. Lipovitz dem Kommandanten der Verkehrsabteilung, Polizeioberstleutnant Hofmann, und Polizeimajor Ing. Kubista, die vor zehn Jahren das Verkehrsunfallkommando aufgebaut hatten, sowie allen Beamten dieser polizeilichen Institution.

Österreichische
Neue Tageszeitung
17. 1. 1962

1962

Die nebenstehenden Bilder der Wiener Sicherheitswache im Rahmen des Großen Polizeilichen Ordnungsdienstes aus Anlaß der Rückkehr erfolgreicher Sportler geben Gelegenheit auf das sportliche Geschehen im Rahmen der Wiener Polizei zu verweisen. Die sportliche Konditionierung als Teil des Dienstbetriebes ist nur während der Grundausbildung für die Beamten verbindlich. In der übrigen Dienstzeit erfolgt deren sportliche Betätigung auf freiwilliger Basis und stellt hiefür die Polizeisportvereinigung Wien – von einem kleinen Mitgliedsbeitrag abgesehen – fast unentgeltlich alle notwendige Anlagen zur Verfügung. Die Entwicklung der Wiener Polizeisportvereinigung ist eine langjährige und wechselvolle. Schon im Jahre 1898 wurde im 4. Wiener Gemeindebezirk von Sicherheitswachebeamten ein Radfahrverein gegründet. Viele Sicherheitswachebeamten waren in fremden, vorwiegend Kraftsportvereinen tätig. Erst im Jahre 1910 kam es zur Gründung eines eigenen Kraftsportklubs der Polizei. Diese Sportvereinigung zählte rund achtzig ausübende Mitglieder, durchwegs Wachebeamte und betrieb neben Kraftsport auch Geräteturnen. Nach einer Unterbrechung durch den Ersten Weltkrieg nahm die sportliche Entwicklung durch die Gründung der „Polizeisportvereinigung Wien" im Jahre 1918 eine neue Dimension an. Die Mitgliederzahl und auch die sportlichen Erfolge erhöhten sich innerhalb kürzester Zeit und heute zählt die PSV-Wien zu den größten (wenn nicht größte) Amateursportvereinigungen Österreichs. Fast alle Sportarten werden betrieben und die Zahl internationaler österreichischer Meister beweist auch die harte Trainingsarbeit in den einzelnen Sektionen.

Die Polizeisportvereinigung Wien stellt mit ihren Anlagen einen wesentlichen Beitrag zur Ableistung der sportlichen Ausbildung während der Grundschule. Darüberhinaus gibt sie aber auch den aktiven Mitgliedern nicht nur ein sportliches Betätigungsfeld, sondern fördert damit auch die innere Zusammengehörigkeit der großen Polizeifamilie. Die staatlichen Subventionen und Unterstützungen sind mehr als dürftig. Ein Wirtschaftsbetrieb mit Herausgabe einer Zeitung, die an Inseraten einen Teil der Einnahmen bringt, eine Lotterie und andere Veranstaltungen sollen das für die Sportausübung heutzutage so dringend benötigte Geld bringen. Die Sportvereinigung wird vom reinen Idealismus der Mitglieder getragen. Es ist immer wieder erstaunlich, wie in einer Zeit materialistischer Einstellungen hier junge, ältere und alte Kollegen gemeinsam ans Werk gehen, sei es bei der Restaurierung von Sportanlagen, sei es bei der Gestaltung der vorangeführten Feste oder beim Lotterielosvertrieb. Diese Wirkung als Vorbildfunktion für andere Polizeibeamte müßte allein schon genügen. Doch die große Zahl von Europameistern, österreichischen Meistern und Wiener Meistern zeigt darüberhinaus, daß der Polizeisportvereinigung Wien neben den vorangeführten – eher im zwischenmenschlichen Bereich gelagerten – Erfolgen auch eine sehr wesentliche und notwendige Gestaltungsfunktion im gesamtösterreichischen Sportgeschehen zukommt.

21. 2. 1962:
Ankunft der österreichischen Skiweltmeister am Wiener Westbahnhof – die Polizei hat zu sorgen, daß sich die Begeisterung der Wiener in Grenzen hält.

1962

Polizeiinterna anno '62

Sowohl bei der Betrachtung der Vorstellung des neuen Generalinspektors der SW, Dr. Lipovitz am 5. 1. 1962 (B. o.) als auch bei der Eröffnung der neuen TV-Anlage der Verkehrsleitzentrale am 12. 11. 1962 gewinnt man ein interessantes Bild der polizeilichen Struktur und Repräsentanz jener Jahre.

Bild Oben:
Vorstellung des neuernannten Generalinspektors der SW, Dr. Gottfried Lipovitz bei Polizeipräsident Josef Holaubek in der Polizeidirektion am Parkring am 5. 1. 1962

Bild unten:
Eröffnung der neuen TV-Anlage der Verkehrsleitzentrale in der Roßauerkaserne am 12. 11. 1962 durch Bürgermeister Franz Jonas

6. 6. 1962: Polizeiliche Verkehrsregelung anläßlich des Staatsbesuches des dänischen Königspaares in Österreich –
– ob Skiweltmeister oder Staatsgast, jedermann wird in Wien herzlich begrüßt…

Am 12. März 1963 wurde in einem Vorraum der Damendusche in der Wiener Staatsoper die durch zahlreiche Messerstiche ermordete 11jährige Mittelschülerin und Ballettelevin Dagmar Fuhrich aufgefunden. Erst Monate später gelang es den Kriminalisten der Abt. II, den Täter nach Hinweisen aus der Bevölkerung in der Person des 33jährigen, mehrfach vorbestraften Johann W. festzunehmen. Der Mann hatte in der Zwischenzeit weitere Überfälle auf Frauen begangen. Die kriminalpolizeilichen Maßnahmen bei der Suche nach dem „Opernmörder" – sie waren letztlich von Erfolg gekrönt – galten als die wohl umfangreichsten nach 1945.

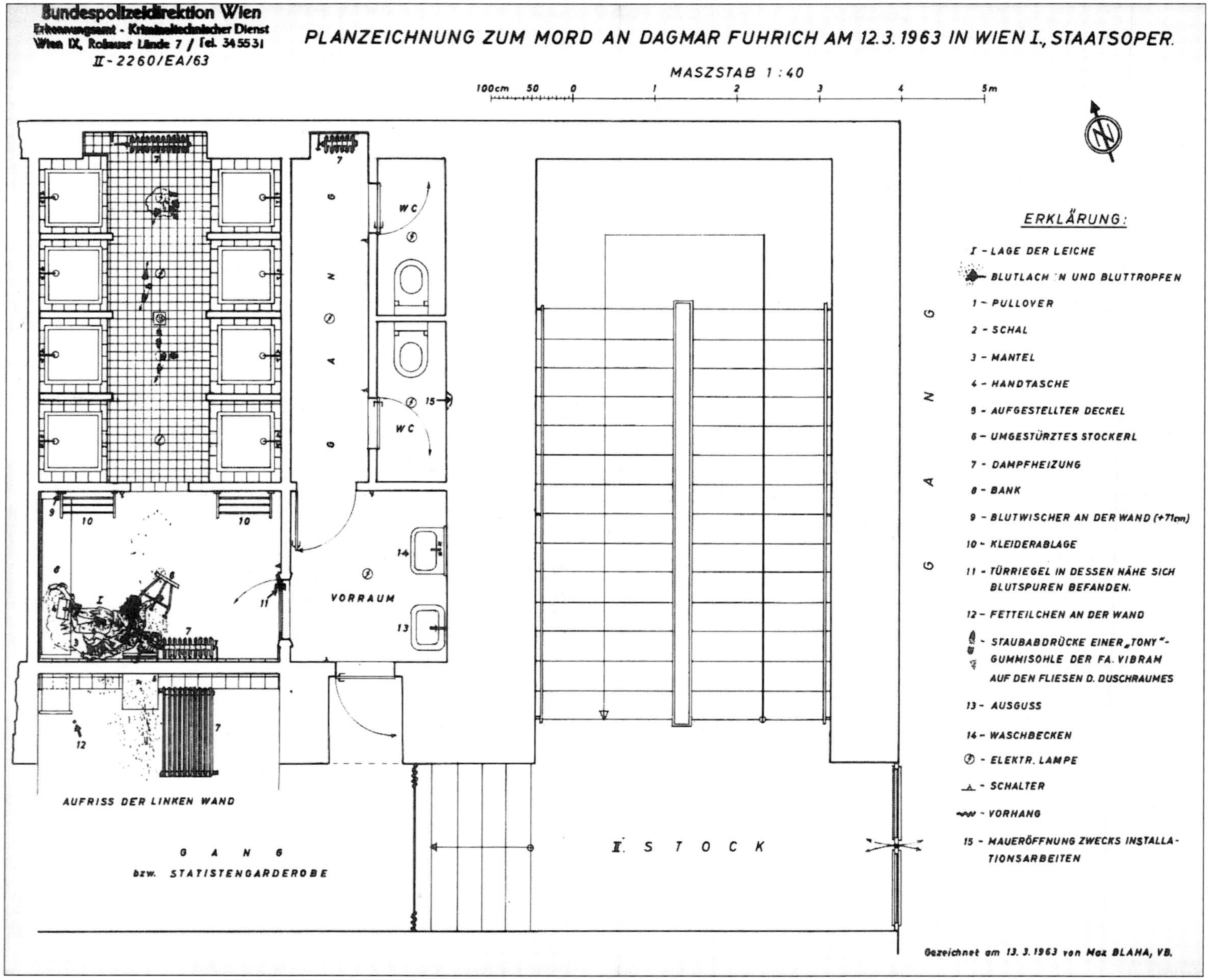

Der „Opernmord“

Lichtbild des Erkennungsamtes (heute EKF) der Wiener Polizei von der Auffindung der ermordeten Ballettelevin Dagmar Fuhrich im Vorraum der Damendusche in der Wiener Staatsoper am 12. 3. 1963

Polizeilicher Lokalaugenschein in der Wiener Oper mit dem festgenommenen Täter Johann W. Die Leitung der Ermittlungen lag bei dem damaligen Leiter der Abt. II der Wiener Polizei (Kriminalpolizeiliche Abteilung) Hofrat Dr. Franz Heger (Bild links unten)

Das Steigen des Verwaltungsaufwandes in allen Lebensbereichen – auch bei der Polizei – war 1963 Anlaß zu zahlreichen Überlegungen. Auf dieser, aus dem Jahr 1963 stammenden schematischen Darstellung der kriminalpolizeilichen Amtshandlungen wird der gewaltige Bereich der Verwaltung deutlich erkennbar. Nur Reformen können hier Abhilfe schaffen…

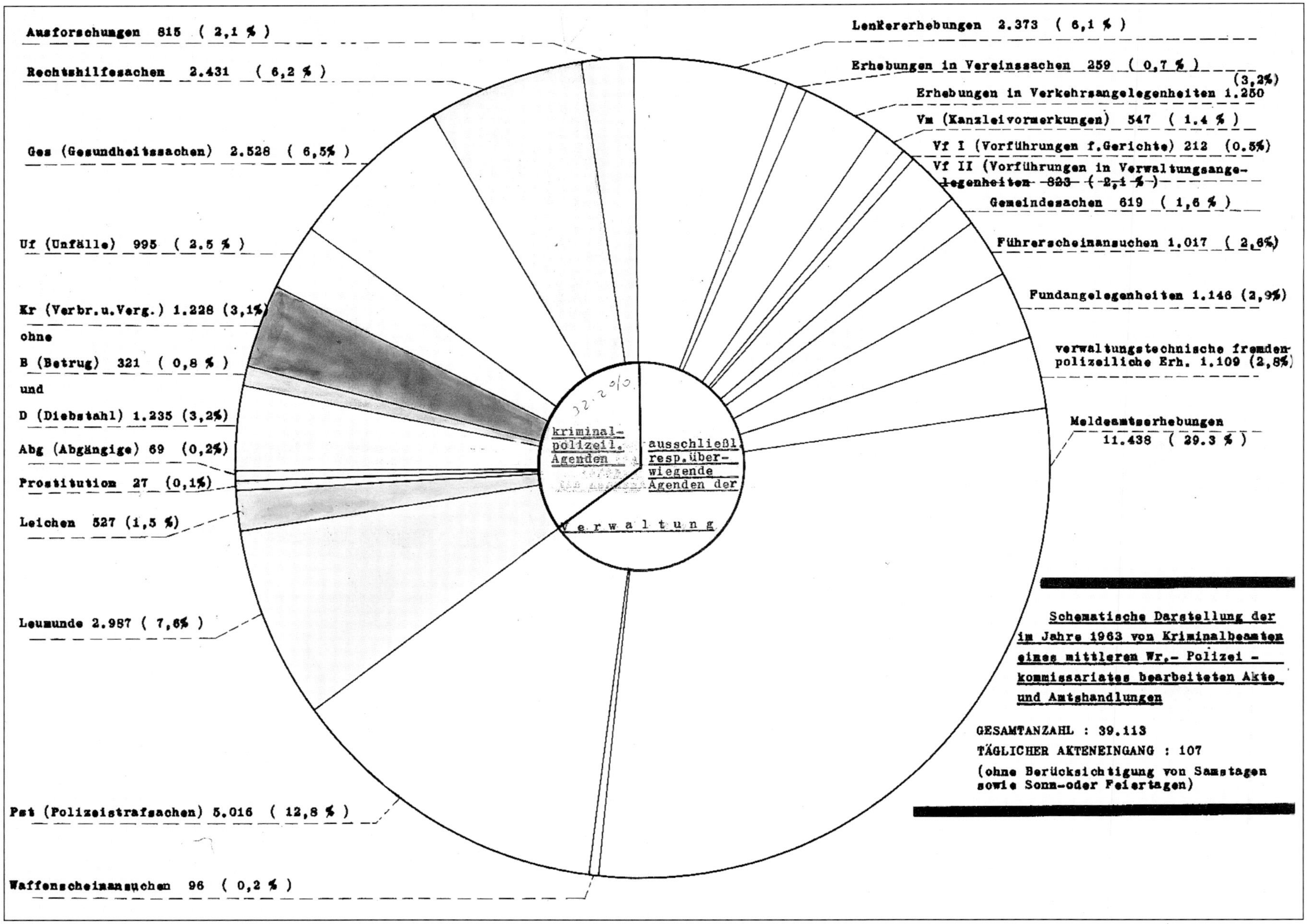

Im Zuge der Diskussionen um den damaligen Innenminister Franz Olah geriet auch die Reformierung der Behörde sowie die Polizei an sich in den Strudel der tagespolitischen Auseinandersetzungen.

Die Presse, 3. 9. 1963

Olah kündigt Reform der Sicherheitsbehörden an

„In personeller und organisatorischer Hinsicht"

WIEN (apa). Reformen der Exekutive „in personeller und organisatorischer Hinsicht" kündigte Innenminister Olah am Montag in einer Ansprache an, die er, wie das Innenministerium offiziell bekanntgab, bei der Eröffnung eines Fachkurses für den Kriminaldienst in der Roßauer Kaserne hielt. Auch eine bessere Bezahlung der Beamten stellte der Minister in Aussicht.

Die Exekutive sei der täglichen Beobachtung und Kritik der Bevölkerung ausgesetzt, sagte der Minister, eine gesunde Kritik könne jedoch sehr gut dazu beitragen, sich an ihr zu orientieren. Jede Überheblichkeit eines Amtes wäre falsch.

„Einige aktuelle Begebenheiten der letzten Zeit haben bewiesen, daß die Exekutive tüchtige und bestens ausgebildete Beamte hat und weiterhin benötigt. Dieses gesteigerte Erfordernis wird Reformen sowohl in personeller als auch in organisatorischer Hinsicht notwendig machen", kündigte Olah an.

Auch das Aufgabengebiet der Kriminalbeamten sei äußerst weit gespannt und man verlange heute von einem Kriminalbeamten gediegene Kenntnisse auf den verschiedensten Gebieten. Daraus ergebe sich, daß man bestqualifizierte und außerordentlich befähigte Bewerber in den Exekutivdienst aufnehmen müsse, die auch in der Lage sind, den Aufgaben ihres Berufes zu entsprechen.

In einem diktatorischen Staat werde die Polizei immer besonders gut bezahlt, weil es ja in einem solchen Staatswesen Aufgabe der Exekutive ist, die Herrschaft einiger weniger oder einer kleinen Gruppe sicherzustellen.

Die Tätigkeit eines Angehörigen der Exekutive erfordere weitgehende Kenntnisse, Fähigkeiten und Verantwortlichkeit. Aus dieser Erkenntnis ergeben sich ganz bestimmte Notwendigkeiten, erklärte Olah, mit denen er eigentlich erst anläßlich der bevorstehenden Budgetdebatte den Nationalrat und damit die Öffentlichkeit befassen wollte.

Die öffentliche Diskussion der letzten Woche lasse es ihm aber zweckmäßig erscheinen, diese Dinge schon jetzt darzulegen. Die Entscheidung liege bei der Volksvertretung, aber auch die Öffentlichkeit solle Gelegenheit haben, dazu Stellung zu nehmen. Als zuständiger Ressortchef der Exekutive sei der Bundesminister der Überzeugung, daß es auf diesem Gebiet nunmehr an dem Dienstgeber liege, die notwendigen Änderungen durchzuführen. Es sei eine ungesunde Entwicklung, wenn heute zahlreiche Beamte nur durch Ausübung einer kräfteraubenden Nebenbeschäftigung in der Lage seien, sich das für das Leben ihrer Familie erforderliche Einkommen zu schaffen. „Die hier notwendigen Reformen müßten daher möglichst bald getroffen werden. Es wird Aufgabe des Dienstgebers sein, im Einvernehmen mit Gewerkschaft und Personalvertretung zu einer für beide Seiten befriedigenden Lösung zu gelangen."

Holaubek geehrt

Die leitenden Beamten der Polizeidirektion Wien unter Führung von Vizepräsident Seutter fanden sich am Montag bei Polizeipräsident Holaubek ein, um ihm anläßlich der Vollendung seines 16. Dienstjahres als Chef der Wiener Polizei zu gratulieren. In den Ansprachen wurde vor allem die Aufbauleistung Holaubeks in der Nachkriegszeit und sein mannhaftes Eintreten während des kommunistischen Putschversuchs 1950 gewürdigt. Beobachter weisen darauf hin, daß die Gratulationscour bei Holaubek offenbar demonstrativen Charakter hatte: bekanntlich kursieren seit einiger Zeit Gerüchte, die davon wissen wollen, daß Holaubek auf Wunsch Olahs demnächst aus seinem Amt scheiden werde.

Montag, 4. 11. 1963

Reformkleidersalon

„Weil wir schon dabei sind . . ."

1964

Als die gute alte Hausbesorgerin (meist böhmischer Abstammung) der Zwischen- und Nachkriegszeit vom Frühjahr bis Herbst auf ihrem Sessel vor oder nebem dem Haustor saß, spielte sich zwischen dem zu Fuß patrouillierenden Rayonsinspektor und der Genannten oft folgender Dialog ab: „Guten Tag Frau Pomeisel, wie geht's Ihnen?". „Danke Herr Inspektor, ganz gut und Ihnen?". „Na, nicht so gut. Wir haben wieder so viele Einbrecher im Grätzl." „Wem sagen Sie das Herr Insepktor! Die Frau Hofrat hat erst unlängst wieder darüber geklagt, daß bei ihrer Nichte eingebrochen worden ist." „Na und bei Ihnen im Haus Frau Pomeisel, alles ruhig?" „Na ja, so weit alles gut, nur wissen Sie, der Herr Pschistranek vom dritten Stock ist schon das dritte Monat hackenstad (arbeitslos) und kann sich trotzdem jede Woche ein neues Sakkl (Sakko) leisten." „Na, sehr interessant. Der Pschistranek vom dritten Stock, ja. Na und sonst?" „Na ja, Sie wissen ja, die Mitzi vom Parterre – ich will ja nicht sagen, womit sie sich ihr Geld verdient – schöne Kleider hat sie immer. Hab' ich zur Frau Wetschera gesagt, beim Gamswirten kann man jetzt billig Waschmittel unter der Budel kaufen. Na ja, ich will ja nichts sagen, aber wie man hört, haben's das letzte Mal im Lager der Wäscherei Birkner eingebrochen und sollen ganz schön Waschmittel erwischt haben." „Da schau, die Mitzi erzählt das, Frau Pomeisel?" „Ja." „Na, sehr interessant und sonst?" „Na sonst, ist eigentlich alles ruhig." Und der Herr Inspektor, der sich zwischenzeitlich eifrig Notizen gemacht hatte, verabschiedete sich mit einem „Schönen Tag noch, Frau Pomeisel", um sich der nächsten Außenstelle der Polizei, der Hausbesorgerin Beranek zuzuwenden, die er in ihrer Wohnung aufsuchte.

Tatsächlich fühlten sich die Hausbesorgerinnen in jener Zeit, so wie die berühmte Concierge in Paris, mitverantwortlich für die Sicherheit in ihren Wohnhäusern. Ging man als Fremder in ein Haus, so sah man sich sehr oft von diesem „Detektiv" mit der Frage konfrontiert: „Zu wem wollen's denn?" und wehe man konnte nicht den Namen einer Hauspartei sagen. Schon wurde man in ein Gespräch verwickelt, wieso man auf diesen Namen komme, obwohl doch eine Partei gleichen Namens weder die letzten fünf Jahre in diesem noch in einem der Nebenhäuser gewohnt hätte. Dem Herrn Rayonsinspektor wurde bei seinem nächsten Rundgang dann in der Regel eine ausgezeichnete Personenbeschreibung des Neugierigen übermittelt, die nicht selten dann zur Ausforschung eines Einbrechers führte.

Heute sieht sich der Kriminalpolizist bei seinen Erhebungen nach Wohnungseinbrüchen meistens mit der Situation konfrontiert, daß man zwar noch die Nachbarin aber schon nicht mehr den Nachbarn kenne und daher auch nicht sagen könne, ob ein Mann, der aus der Nachbarwohnung kam, diese berechtigt oder unberechtigt betreten hätte. Die Anonymität der Menschen in Wohngemeinschaften stellt die Kriminalpolizei vor ungleich schiwerigere Aufgaben, als es in früheren Zeiten war. Abgesehen davon, daß heute der Einbrecher innerhalb von ein bis zwei Stunden das Bundesgebiet samt Beute verlassen kann (über den sogenannten Kriminaltourismus wird noch gesondert zu sprechen sein), können die hochtechnisierten Fahndungseinrichtungen der Polizei heute den Nachteil, der durch den Wegfall dieser zwischenmenschlichen Kontakte in der vorangeführten Form entstanden ist, nur eingeschränkt kompensieren. Aus diesem Grund wird auch alles daran gesetzt, sowohl den Rayonskriminalbeamten als auch den Rayonssicherheitswachebeamten als unbürokratische Anlaufstelle präsent zu halten bzw. präsent zu machen. Ein Beispiel mehr, daß Technik, so hochentwickelt sie auch sein mag, den Menschen nur bedingt ersetzen kann und dies gilt nicht nur, aber ganz besonders für die polizeiliche Tätigkeit.

1964

Erste Hilfe

In diesen Jahren war das Schifahren oder sagen wir besser das Schiwandern in Wien noch en vogue. Dementsprechend auch die mit dem Schifahren verbundenen Unfälle. Die Erste-Hilfe-Leistung und die Bergung der von den Verunglückten mitgeführten Gegenstände beschäftigten die Sicherheitswache seit eh und je. Da wir jedoch darüber auf vielen Seiten dieses Buches berichten, wollen wir diese Seite noch dazu verwenden, um einige Dienststellen der Behörde vorzustellen:

Im Fundamt der Polizeidirektion Wien, welches 1920 gegründet wurde und sich zurzeit in Wien 9., Wasagasse 22 befindet, bearbeiten monatlich 25 Beamte durchschnittlich 3.500 Fundgegenstände, die abgegeben wurden. 1.500 Funde können regelmäßig wieder an den Eigentümer ausgefolgt werden. Von diesen Gegenständen sind ungefähr 700 Dokumente, die in Postkästen aufgefunden werden. 1.000 Gegenstände müssen entweder durch das Dorotheum oder den Altwarenhandel veräußert werden. Monatlich werden durchschnittlich 2.400 Verlustanzeigen erstattet und davon 2.000 über diverse Dokumente. Im Fundamt werden monatlich rund 9.400 mündliche und schriftliche Auskünfte über Anfragen bezüglich verlorener Gegenstände erteilt. Infolge der Registrierung können monatlich 200 bis 300 Widerrufe bezüglich Diebstahlanzeigen erstattet werden. Im Jahr 1991 wurden S 2.173.436,14 an Fundgeldern vereinnahmt. Derzeitige Leiterin: Regierungsrat Edith OSTERBAUER.

Das Büro für Vereins-, Versammlungs- und Medienrechtsangelegenheiten umfaßt alle Rechts- und Administrativangelegenheiten in den vorangeführten Gesetzesmaterien und sieht sich vor allem auf dem Gebiet der Pornographie (Kinderpornographie) zunehmenden Aufgaben gegenübergestellt. So wurden 1991 auf dem Gebiet des Vereins- und Versammlungswesens 16.390 Geschäftsstücke, vom Pressereferat 716 Geschäftsstücke bearbeitet. Es gab 84 Beschlagnahmeverfahren, wobei auf dem Gebiet der Pornographie über 23.700 Druckschriften und Videokassetten im Verkaufswert von ca. 25 Mill. Schilling aus dem Verkehr gezogen wurden. Es handelt sich hiebei vorwiegend um Produkte der sogenannten „harten Pornographie“. Im ersten Halbjahr 1992 gab es hingegen schon 48.500 Druckschriften und über 7.000 Videokassetten, die von diesem Dezernat vorläufig beschlagnahmt wurden. Derzeitiger Leiter: Oberrat Mag. Helmut SCHERHAK.

16. 5. 1964: Über dem 7. Gemeindebezirk, im Bereich der Neubaugasse, kommt es zu einem Zusammenstoß zweier Privatflugzeuge in der Luft. Die Trümmer der abgestürzten Machinen verursachen große Schäden, es sind sieben Tote zu beklagen. Der Unfall erforderte umfangreiche polizeiliche Maßnahmen bei der Untersuchung der Unfallursache sowie bei der Absicherung der Absturzstelle.

1964

Die österreichische Polizei wurde immer wieder im Rahmen der UNO zu internationalen Einsätzen im Ausland einberufen. Der Ausbildungsstand und die Disziplin machten die Österreicher immer wieder zu gern gesehenen Mitgliedern internationaler Polizeieinheiten. Auch die Wiener Polizei war stets vertreten. Die jahrelangen Einsätze in Zypern, an der Demarkationslinie als Grenze zwischen den türkischen und griechischen Volksgruppen setzten sich später im Kongo fort. Im Jahre 1989 kamen vier Polizisteneinsätze in Namibia hinzu. 1991 und 1992 sind Wiener Polizisten im Nordirak, in El Salvador und seit Juli dieses Jahres in Kambodscha für friedenserhaltende Missionen tätig.

Dieser Teil des Polizeieinsatzes stellt an die Beamten sehr große Anforderungen und die Kommandierungen werden selbstverständlich auf freiwilliger Basis durchgeführt. Abgesehen von der friedenserhaltenden Mission sind die Einsätze auch für das Ansehen der österreichischen Exekutive im Ausland sehr wichtig. Deshalb ist es selbstverständlich, daß den abkommandierten Beamten nach Beendigung ihrer Dienstzeit im Rahmen der Vereinten Nationen nach ihrer Rückkehr wieder adäquate Dienstposten zur Verfügung stehen, damit ihre inländische Karriere durch diese Mission nicht beeinträchtigt wird.

Über weitere Verwendung Wiener Polizisten im Ausland – allerdings zu Ausbildungszwecken – lesen sie auf den Seiten des Jahres 1992 im Rahmen der österreichisch-ungarischen bzw. mitteleuropäischen Polizeiakademie.

28. 9. 1964: Verabschiedung des östrreichischen UNO-Kontingentes der Exekutive für Zypern durch Innenminister Czettel im Festsaal der Marokkanerkaserne

Der nebenstehende Zeitungsartikel vom 16. 1. 1965 zeigt, wie schwierig und wie kompliziert alle die Lösung der Probleme beim ersten Versuch, weibliche Polizistinnen in Wien einzustellen, sahen. Tatsächlich wurden am 1. Oktober 1965 54 Frauen zur Ausbildung als „provisorische Polizeiwachmänner“ in die Marokkaner Kaserne einberufen. Am 1. 10. 1967 hatten sie ihre Grundausbildung beendet und wurden vorläufig der Sicherheitswacheabteilung Innere Stadt, dem Wachzimmer 1., Stubenring 1 zur Dienstleistung zugeteilt. Im diesbezüglichen Dienstbefehl hieß es „Die weibl. prov. SWB sind zur Regelung und Überwachung des Straßenverkehrs im Bereich der SW.-Abteilung Innere Stadt zu verwenden. Für die Diensteinteilung ist die für die Verkehrsposten angeordnete Regelung mit der Auflage maßgeblich, daß die weibl. prov. SWB in der Reserve-Diensttour je nach Erfordernis und Bedarf als Ersatz im Verkehrsdienst, ansonsten zur Überwachung des ruhenden Straßenverkehrs heranzuziehen sind. Die verbleibende Zeit ist – ausgenommen Abteilungsschule – im Einsatzwachzimmer zu verbringen“.

Mit diesem Anfang zeichnete sich auch bereits das Ende dieses Experimentes ab. Es ging nicht an, daß man vollausgebildete weibliche Sicherheitswachebeamte ausschließlich für den Verkehrsdienst einsetzte. Diese offenkundig geschlechtsspezifische Diskriminierung gegenüber den männlichen Kollegen mit gleicher Ausbildung (und gleichem Gehalt) war nicht nur negativ für das Betriebsklima innerhalb der Sicherheitswache, sondern dämpfte auch das Engagement der Damen, die zweifellos mit anderen Vorstellungen zur Wiener Sicherheitswache eingetreten waren. In der Folge verlagerten sie dann auch ihre Ambitionen in den privaten Bereich; heirateten, bekamen Kinder und schieden nach und nach aus dem aktiven Dienst und später auch aus den alternativ angestrebten Innendienstverwendungen aus.

Polizistinnen schlägt im Herbst die Stunde

Bis zur Einschulung müssen noch viele Einzelheiten geklärt werden

Eigenbericht der „Presse“ von Detlef Harbich

WIEN (d. h.). Das lebhafte Echo auf das Projekt der Wiener Polizeidirektion, in Hinkunft wie in vielen anderen ausländischen Großstädten weibliche Polizisten einzusetzen, hat verschiedentlich den Eindruck entstehen lassen, daß bereits in nächster Zukunft charmante Damen in Polizeiuniform das Wiener Straßenbild beleben werden. Diese Hoffnung wird im Innenministerium mit rauher Hand zerstört. „Obwohl sich bereits eine ansehnliche Schar interessierter Damen gemeldet hat, darf nicht darüber hinweggesehen werden, daß das ganze Projekt noch mehr oder minder im Planungs- und Diskussionsstadium ist. Die Polizeidirektion Wien, in deren Schoß der Plan geboren wurde, ist erst am Dienstag offiziell mit der Angelegenheit an uns herangetreten.“

Als theoretisch frühesten Termin für den Beginn der Einschulung, über deren Einzelheiten noch Unklarheit herrscht, nennt man in der Herrengasse den 1. März. „Das ist aber graue Theorie“, beeilt man sich hinzuzufügen, denn der Rest des Jänners wird sicher noch mit der Beratung der Details vergehen. Dann muß die Angelegenheit noch dem Bundeskanzleramt übergeben werden, dessen Genehmigung notwendig ist, und das wird auch einige Zeit dauern. Da die meisten der Anwärterinnen auf die gleichfalls noch nicht feststehende Polizeiuniform einen Beruf ausüben, muß auf die Kündigungsfristen Rücksicht genommen werden. Die Kündigungen sind aber erst dann aktuell, wenn die Anstellung bei der Polizei sicher ist. Dazwischen müssen die Eignungsprüfungen und die ärztlichen Untersuchungen durchgeführt werden.

Die Einkleidung wird man wahrscheinlich erst nach Beginn der Schulung durchführen können: „Es ist geradezu eine Gnade, wenn heutzutage ein Gewerbetreibender überhaupt noch einen Uniformauftrag übernimmt“, sagen Beamte des Innenministeriums. Der Beginn der Schulung wird daher unter diesen Umständen kaum vor Anfang April möglich sein, was bedeutet, daß frühestens im Spätherbst 1965 die Polizistinnen den regelmäßigen Dienst werden aufnehmen können.

Keineswegs billiger

Zu den wichtigsten Fragen, die in den nächsten Tagen geklärt werden müssen, gehört der Aufgabenbereich der Polizistinnen. Im Innenministerium verweist man darauf, daß Frauen als Sicherheitswachebeamte keineswegs billiger als Männer seien, aber nur auf eng begrenzten Teilgebieten eingesetzt werden können. Man müsse sich daher sehr genau überlegen, wie man die Damen möglichst rationell und nutzbringend im Rahmen der Polizei beschäftigt.

Selbstverständlich wird man auch nicht gleich mit einem Großaufgebot an Polizistinnen beginnen, sondern mit einem zunächst relativ kleinen Korps — wie klein, steht auch noch nicht fest — Erfahrungen sammeln, bevor man der Personalknappheit bei der Polizei stärker zu Leibe rückt. Wien wird voraussichtlich bis auf weiteres die einzige Stadt in Österreich bleiben, die Frauen als Polizistinnen verwendet. Nicht etwa, weil man in den Bundesländern weniger wagemutig und fortschrittlich ist, sondern ganz einfach deshalb, weil nur in Wien der Personalmangel bereits so katastrophal ist.

1965

Mehr als ein Jahrzehnt war aufgrund des (selbstverschuldeten) Experimentes 1965 das Thema „weibliche Sicherheitswachebeamte in Österreich" tabu. Erst im Herbst 1990 gab Innenminister Dr. Löschnak grünes Licht für einen neuen Versuch. Am 18. 9. 1990 wurde über Weisung des Polizeipräsidenten im Generalinspektorat eine Arbeitsgruppe eingerichtet, welche Grundlagen über Auswahlprüfung, Lehrplan, Aufstiegschancen und entsprechende flankierende Maßnahmen für künftige weibliche Sicherheitswachebeamte erstellte. Als Verwendungvorgabe wurde ausdrücklich vorgesehen, daß die weiblichen Sicherheitswachebeamten im üblichen exekutiven Dienst, d. h. also auch im Gruppendienst einzusetzen sind. Des weiteren war festzulegen, daß ihr Einsatz bzw. ihre Zuteilung zu jeder Organisationseinheit (Bezirksabteilungen und Sonderabteilungen) möglich sein muß. Für die Übernahme von weiblichen Straßenaufsichtsorganen (den sogenannten Politessen) wurde ein eigener Lehrplan für eine verkürzte einjährige Ausbildung aufgestellt. Alle anderen weiblichen Sicherheitswachebeamten sollten die auch für Männer übliche zweijährige Ausbildung erhalten. Am 1. 12. 1990 erfolgte die Aufnahme von 25 „Politessen" in den einjährigen Schulungskurs sowie von 25 Bewerberinnen aus der Privatwirtschaft in die zweijährige Grundausbildung. Am 1. 12. 1991 beendeten 24 weibliche Sicherheitswachebeamtinnen ihre Ausbildung und stehen seit dieser Zeit in Wachzimmern in den Bezirken Innere Stadt, Leopoldstadt sowie im Bereich des Kommissariates Schmelz im Dienst. Ihre Verwendung hat bisher zu keinen Klagen Anlaß gegeben und die Quote ihrer Erfolge ist in Relation zu ihrer noch kurzen Dienstzeit durchaus denen der Männer ebenbürtig. Zur Zeit stehen 243 weibliche Sicherheitswachebeamtinnen in Ausbildung und werden in den kommenden Jahren in Teilgruppen (je nach dem Zeitpunkt des Eintrittes) das Sicherheitswachekorps in Wien verstärken. Die nach den Anforderungen des Arbeitsinspektorates notwendigen Um- und Zubauten in den Wiener Wachzimmern sind zum Teil schon abgeschlossen, zum anderen Teil in Arbeit bzw. Planung. Die Aufteilung wird so erfolgen, daß keine geschlechtsspezifischen Überlegungen, sondern eher der Wunsch der Mitarbeiterin (z. B. nach Wohnung, Kindergarten etc.) für die Bezirkszuweisung ausschlaggebend sein soll.

Die auf nebenstehender Abbildung dargestellten Uniformen entsprachen der damaligen Zeit. Über die Uniformen der heutigen Polizistinnen werden wir noch berichten.

Die Erkenntnis des Experimentes der 60er Jahre zeigte jedenfalls deutlich, daß die – wenngleich auch sicher gutgemeinte – unterschiedliche Verwendung von Frauen und Männern mit gleicher Ausbildung weder für den Dienstbetrieb noch für die betroffenen Beamtinnen selbst akzeptabel und somit undurchführbar ist.

15. 10. 1965: Uniformschau und Pressekonferenz zum Thema „weibliche Sicherheitswache" – dem Interesse der Öffentlichkeit wurde endlich entsprochen: So sieht die neue Uniform der jungen Damen aus…

Am 26.–29. und 31. 3. 1965 kommt es in Wien zu Demonstrationen und Zusammenstößen, die durch deutschnationale Äußerungen eines Professors an der Hochschule für Welthandel, Dr. Taras Borodajkewycz, ausgelöst wurden. Bei dem Zusammenstoß zwischen Gegnern und Sympathisanten des Professors am 31. März findet der 67jährige Pensionist und ehemalige Widerstandskämpfer Ernst Kirchweger den Tod. An Hand eines ORF-Filmes gelingt es der Polizei, den Verantwortlichen für den Tod Kirchwegers, einen Studenten, zu eruieren und festzunehmen.

Volksstimme/Basch

Der Mörder Kirchwegers ist bereits in Untersuchungshaft. Polizisten führen Kümel, den vorbestraften Neonazi, ab. Inzwischen wurde eindeutig festgestellt, daß Kümel auch Komplicen hatte. Die Staatspolizei verweigert vorerst jede Auskunft, doch ist mit neuen Verhaftungen zu rechnen.

Volksstimme, 6. 4. 1965

Es begann mit Aufmarsch gegen Borodajkewycz

Donnerstag, 1. April 1965 S1.--
Nr. 1898 / 65. Jahrgang

ILLUSTRIERTE
Kronen Zeitung
Parteiunabhängiges Tagblatt

Verlagspostamt 117, P. b. b. Erscheinungsort Wien

Blutige Unruhen in Wiens Innenstadt: 23 wurden verletzt!

Tumulte in Wien
3 Seiten Bildbericht

Eine wilde Straßenschlacht tobte gestern abend im ersten Wiener Bezirk. Gegner des umstrittenen Hochschulprofessors Borodajkewycz prügelten sich mit Studenten. Tausende Menschen blockierten den Verkehr. 23 Verletzte meldete der Polizeibericht: 22 Studenten und ein völlig unbeteiligter Pensionist. Es wurde mit Bleirohren, Fahnenstangen, Steinen und faulen Eiern gekämpft. Besonders „aktiv" waren Mitglieder der KP-Jugendorganisation FÖJ (Siehe Seite 10 und 11)

Aktion „Leben hat Vorrang“

17. 12. 1965: Eröffnung der Aktion LEBEN HAT VORRANG durch Bundespräsident Jonas im Wiener Musikvereinssaal

Die Wiener Sicherheitswache hat das vom Bundesministerium für Unterricht, Kunst und Sport im Einvernehmen mit dem Bundesministerium für Inneres vorgegebene Standardprogramm für die Verkehrserziehung in den Schulen neben den sonstigen Tätigkeiten durchzuführen. Dieses Programm ist vorgeschrieben für alle Volksschulen (1. bis 3. Schulstufe), für die Allgemeinen Sonderschulen und die Übungsvolksschulen der Pädagogischen Akademie. Das Ziel des Programmes ist, bei den Schülern richtiges Verhalten als Fußgänger und durch theoretische und praktische Unterweisungen richtiges Verhalten als Mitfahrer in Bus, Straßenbahn etc. zu erreichen. Neben dem theoretischen Unterricht in den Klassen sind vier Lehrveranstaltungen aus nachfolgenden Themenkreisen, die den jeweiligen entwicklungsbedingten Gegebenheiten der Kinder angepaßt sein müssen, auszuwählen: 1) Überqueren der Fahrbahn (Kreuzung) mit Ampelregelung, 2) Überqueren auf Schutzweg (Zebrastreifen) mit und ohne Regelung, 3) Überqueren der Fahrbahn im Ortsgebiet ohne Zebrastreifen, 4) Gehen auf Freilandstraßen, überqueren der Freilandstraßen. Ferner soll geübt werden, die Schüler als Mitfahrer in öffentlichen Verkehrsmitteln und beim Überqueren der Fahrbahn zwischen geparkten Autos an die dafür gegebenen Notwendigkeiten anzupassen bzw. sie mit den dabei auftretenden Gefahrenquellen vertraut zu machen. Sowohl der theoretische Unterricht als auch die Lehrausflüge erfolgen im Einvernehmen mit der Direktion bzw. den Lehrern der Schulen.

Zurzeit werden in Wien rund 1.800 Klassen von fast 350 Sicherheitswachebeamten und weiblichen Straßenaufsichtsorganen betreut. In den Schulverkehrsgärten Prater und Floridsdorf werden jährlich über 5.000 Kinder in 780 Unterrichtsstunden auf die freiwilligen Radfahrprüfungen vorbereitet. Für die Betreuung der Schulverkehrsgärten werden für rund 10.000 Schüler jährlich 1.200 Unterrichts- und Betreuungsstunden von den Angehörigen der Verkehrsabteilung geleistet. Die Tätigkeit der Verkehrserziehungsgruppe im Rahmen der Verkehrsabteilung macht jedoch nicht bei den Kindern halt. Vorträge bei Elternabenden sowie Teilnahme an Veranstaltungen in Pensionistenklubs, Seniorenwochen etc. haben im abgelaufenen Jahr ca. 35.100 Privatpersonen erfaßt. Dafür wurden von 274 Sicherheitswachebeamten und 106 weiblichen Straßenaufsichtsorganen rund 1.500 Stunden aufgewendet. Ab und zu werden die Aktivitäten der Beamten durch öffentliche Aktionen, wie die nebenstehenden Bilder aus dem Jahre 1965 zeigen, unterstützt.

Die Tatsache, daß auf den nebenstehenden Bildern viele Kinder und Jugendliche zu sehen sind, gibt Anlaß, sich bei der Gelegenheit einmal mit der Jugendpolizei zu befassen.

Die Erkenntnis, daß Kinder und Jugendliche auch bei der Polizei eine besondere Behandlung und Betreuung erfahren müssen, setzte sich schon 1909 durch. Anlaß dazu war, daß einige kriminell gewordene Jugendliche schwer verwahrlost in das Polizeigefangenenhaus eingeliefert werden mußten. Man begann zu überlegen, in welcher Form man diese Jugendlichen betreuen könnte und betraute am 1. 7. 1909 die Beamtin des Meldeamtes Wessely als „Polizeiassistentin für Jugendfragen" mit dieser Aufgabe. Die Tageszeitung „Neue Presse" stellte dies damals mit dem Titel „Die erste Frau bei der Wiener Polizei" in den Mittelpunkt der Berichterstattung. Die Aufgaben bestanden hauptsächlich darin, die Entlassung der Jugendlichen aus dem Polizeigefangenenhaus vorzubereiten, mit den auf dem Gebiet der Jugendfürsorge tätigen Vereinen die Verbindung zwecks späterer Betreuung aufzunehmen und anderes mehr. Die Praxis zeigte aber rasch, daß es nicht zweckmäßig war, Jugendliche, die nicht schwer kriminell geworden waren, im Polizeigefangenenhaus unterzubringen. Daher wurde schon im Jahr 1910 ein Polizeijugendheim gegründet. Dieses Heim wurde im 9. Bezirk in der Hahngasse neben dem ehemaligen städtischen Gefangenenhaus errichtet und hatte eine direkte Verbindung mit diesem. Es bestand zunächst nur aus vier Zimmern, später sechs Zimmern und einem Dienstraum für die Aufsichtsorgane. Die zunächst zwanzig, später zweiunddreißig Untergebrachten waren weibliche Jugendliche, die unter dem Verdacht standen, die Geheimprostitution auszuüben und ähnliche Fälle. Auch kleinere Verwaltungsstrafen konnten im Polizeiheim verbüßt werden. Schon der Erlaß aus dem Jahre 1910 zeigt, daß die Polizei sich für eine jugendgemäße Behandlung der Minderjährigen bei ihren Amtsstellen einsetzte. In diesem Erlaß wurden die Polizeibeamten angewiesen, dem Verhalten der Jugendlichen größte Aufmerksamkeit zu widmen, bei jeder Beanstandung das jugendliche Alter in Betracht zu ziehen, sie von Erwachsenen abzusondern, nicht in Polizeigewahrsam, sondern auch in Warteräumen und so weiter unterzubringen. Außerdem wird den Beamten ein dem Ruf des Jugendlichen besonders schonendes Verhalten zur Pflicht gemacht. Die Arbeit wurde immer mehr und immer mehr, weitere Beamtinnen mußten beigegeben werden. Letzen Endes zwang auch die quantitative Auslastung zu einer Übersiedlung in das Polizeigebäude 3., Ungargasse 69, wo die Beamten von den Schwestern der Organisation „Caritas Soziale" unterstützt wurden. Nach dem Krieg wurde die Institution in die Boltzmanngasse 30 verlegt.

Infolge des 1. Weltkrieges zeigten sich immer stärkere Verwahrlosungserscheinungen, die eine immer intensivere Fürsorgearbeit der Polizei notwendig machten. In den Jahren 1927 bis 1930 erreichte man, daß alle in diesem Bereich tätigen Polizeibeamtinnen eine fürsorgerische Ausbildung nachgeholt hatten und geschulte Fürsorgerinnen eingestellt wurden. Im Jahre 1951 wurden die Polizeifürsorgerinnen endlich in den Kriminaldienst übernommen, nachdem sich ihre Tätigkeit in dieser Richtung immer weiter entwickelt hatte.

Am „Festtag der Exekutive" – dem 15. Mai – wurde der Öffentlichkeit in der Roßauerkaserne (Bild oben) und der Marokkanerkaserne (Bild unten) polizeiliches Gerät und polizeiliche Einrichtung vorgeführt. Das besondere Interesse der Wiener galt allerdings den dabei erstmals auftretenden – wenngleich noch in Ausbildung stehenden – weiblichen Sicherheitswachebeamten.

1966

Im Schatten des Südtirol-Konfliktes kam es in den Sechzigerjahren auch in Wien zu einer Reihe von politisch motivierten Anschlägen.

Der wohl spektakulärste Fall war die Bombenexplosion beim Eingang der italienischen Fluglinie ALITALIA in den Morgenstunden des 20. 8. 1966. Der technisch perfekte Sprengsatz verursachte gewaltigen Sachschaden (Bild oben), Personenschaden entstand jedoch nicht.

Bereits nach wenigen Tagen konnte der Täter von Beamten der Abteilung I (Staatspolizei) unter der Leitung des damaligen Oberkommissärs Mag. Ernst Wallaschek – heute Leiter der Abt. I – ermittelt werden.

In einer vom Gericht angeordneten detaillierten Rekonstruktion demonstrierten Wallaschek und Oberst Massak im Zuge des Verfahrens gegen den Täter dem Untersuchungsrichter die Sprengwirkung der Bombe (Bild unten).

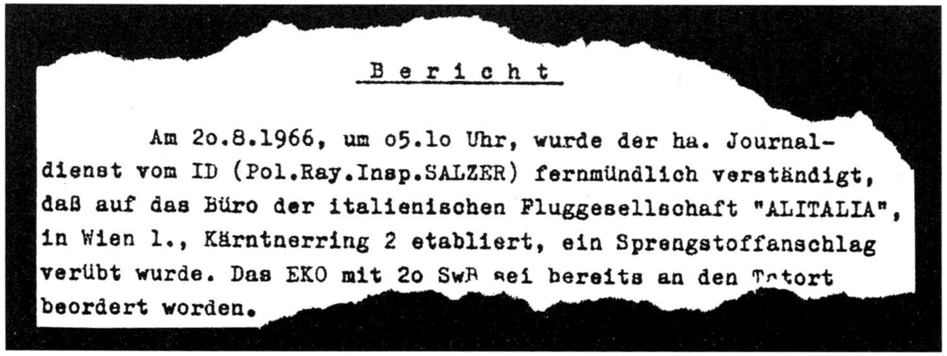

B e r i c h t

Am 2o.8.1966, um o5.1o Uhr, wurde der ha. Journaldienst vom ID (Pol.Ray.Insp.SALZER) fernmündlich verständigt, daß auf das Büro der italienischen Fluggesellschaft "ALITALIA", in Wien 1., Kärntnerring 2 etabliert, ein Sprengstoffanschlag verübt wurde. Das EKO mit 2o SwB sei bereits an den Tatort beordert worden.

Im Vergleich der Jahre 1990 zu 1991 sind die strafrechtlichen Delikte auf der Donau bzw. in den vom Donaudienst zu überwachenden Wasserflächen und Bereichen von 215 (1990) auf 123 zurückgegangen. Hingegen sind die verwaltungspolizeilichen Delikte von 36 auf 225 angestiegen, hiebei sind insbesondere fremdenpolizeiliche Kontrollen und die damit im Zusammenhang stehenden Amtshandlungen, vor allem im Rahmen der Donauschiffahrt, zu inkludieren. Die verkehrspolizeilichen Delikte im Bereich des Donauraumes sind von 1.132 auf 2.217 gestiegen. Trotzdem bestätigen die Beamten des Donaudienstes den Donaukapitänen vom Motorboot bis zum Großschlepper aufwärts, große Verkehrsdisziplin und verantwortungsvolles Verhalten. Dies scheint auch ein Grund dafür zu sein, daß die Unglücksfälle auf der Donau noch zu den Seltenheiten gehören. Jedenfalls zeigen die Zahlen deutlich, daß die polizeiliche Präsenz auf den Wasserstraßen notwendig ist.

Wie das untenstehende Bild zeigt, wird im wesentlichen auch die Wartung einschließlich kleinerer und mittlerer Reparaturen an den Polizeibooten von den Beamten selbst vorgenommen. Alle Beamten haben neben umfassenden nautischen Kenntnissen auch hervorragende technische Fachkenntnisse nachzuweisen. Die Tätigkeit als Donaupolizist gehört sicherlich nicht zu den ungefährlichsten Verwendungsbereichen der Wiener Polizei. Die Vielfältigkeit, die unbestrittene Notwendigkeit und das Engagement der Beamten, vor allem in Hilfeleistungsfällen, haben ihn aber zu einem interessanten und von der Bevölkerung ausnahmslos anerkannten polizeilichen Verwendungsbereich gemacht.

Weitere Informationen über den Donaudienst finden Sie auf den Seiten 169, 207, 271 und 363

8. 7. 1966: Eröffnung des neuen Bootshauses des Donaudienstes am Mexikoplatz

23. 7. 1966: 200 JAHRE WIENER PRATER

Wann immer in Wien große Jubiläen gefeiert wurden – die Polizei war dabei. So auch, als man im Juli 1966 des Tages gedachte, an welchem vor damals zweihundert Jahren der Wiener Prater für die Öffentlichkeit zugänglich gemacht worden war. Viele Österreicher denken bei den Konnex Polizei–Prater an Kriminalität und nicht – wie auf oben stehendem Bild – an Marschmusik. Dabei hat es die Polizeidirektion Wien in der Nachkriegszeit verstanden, den Prater sukzessive sicher zu machen. Heute gehört der Prater als Vergnügungszentrum im europäischen Vergleich zu den anerkannt sichersten derartigen Veranstaltungszentren. Als man vor einigen Jahren versuchte, ihm zum Aufmarschgebiet für Jugendbanden zu machen, griff die Polizei rasch und konsequent durch und heute kommt es nicht einmal mehr im Anschluß an Stadionveranstaltungen zu relevanten Zwischenfällen im Prater.

Kerngast war seit 1913 Hundeführer. Es gab aber fast keine Hunde. Der Wehrmachtshundeersatzstaffelkommandant hatte sich unter Mitnahme aller Hunde abgesetzt. Sie wurden nach langen Recherchen bei einem Bauer in Linz aufgefunden und zu einem Großteil zurückgebracht. Zum Glück hatten aber die zur Wehrmacht eingezogenen Hundeführer ihre Tiere vor dem Einrücken ihren Familien übergeben und standen somit ausgebildete Hunde für den Neubeginn zur Verfügung. Im Jänner 1946 nahm die Diensthundeabteilung unter dem zwischenzeitlich zum Stabsrittmeister beförderten Bezirksinspektor Kerngast den Dienstbetrieb auf. Der erste Lehrgang bestand aus der Einschulung von acht Polizisten und vier Gendarmen. Im Mai gab es die ersten Einsätze und im Juni wurde der Zwinger im 16. Bezirk, in der Montleartstraße als Krankenzwinger in Betrieb genommen. Am 1. Juli 1960 übernahm Oberst Jaksch als Kommandant die Diensthundeabteilung, nachdem er schon ein Jahr vorher für das Aufgabengebiet zuständig war. In dieser Zeit fiel die „Urbanmachung" des 1959 in Strebersdorf zur Verfügung gestellten Geländes im Ausmaß von 182.000 m^2. Das Gelände wurde der Polizei zur Verfügung gestellt, da die Kagraner Militärschießstätte, auf der bis dahin abgerichtet wurde, dem Donaupark weichen mußte. 120 LKW-Fuhren Holz und Unkraut, 75 Fuhren Chemikalien, 50 Fuhren Steine, Glas und Gerümpelwaren waren wegzubringen oder zu vergraben. Das durch Bomben verwüstete Gelände wurde begradit, was durch Zufuhr von Aushubmaterial und einer 40tägigen Einsatzübung der Pioniere mit schweren Schubraupen auch gelang. Im Jänner 1964 wurde das Gelände fertiggestellt, nachdem 150 Birken, 10 Kastanien, 200 Fliedersträuche, 50 Nadelbäume und zahlreiche Obstbäume gepflanzt worden waren. Auch der Sprung- und Übungsgarten wurde neu errichtet. Im Jahre 1967 erfolgt die erste Abrichtung eines Suchtgiftspürhundes bei der österreichischen Polizei. In den Folgejahren fanden bis 1970 jährlich Tage der offenen Tür mit großen Publikumserfolgen statt. Im Jahre 1969 betrug der Personalstand 75 Hundeführer und der erste Tasso-Funkwagen wurde errichtet. Damit motorisierte sich auch die Diensthundeabteilung, obwohl dieser Funkwagen vorerst nur an Wochenenden verwendet wurde. Im Jahre 1972 wurde der Fünf-Gruppen-Dienst eingeführt und im 10. Wiener Gemeindebezirk der zweite Tasso-Funkwagen eingerichtet. Im Jahre 1945 wurde der dritte Tasso-Funkwagen in Wien 16., Johann-Staub-Straße 75 in Betrieb genommen.

Dressurvorführung der Hundeabteilung der Wiener Polizei:
Diensthund überwindet im sogenannten „Klettersprung" eines der Hindernisse. Die Zuschauer sind sichtlich beeindruckt…

1967

1978 wurde die fünfte motorisierte Diensthundestreife im gleichzeitig errichteten Diensthundestützpunkt Schüttelstraße 430 errichtet. Gleichzeitig wurde der Fußstreifendienst in den Bezirken 1., 2., 15., 22. und 23. bei einer Gesamtpersonalstärke von rund 100 Mann verstärkt. Im Jahre 1974 wird der Abteilungskommandant auch Referent für das Diensthundewesen im Bundesministerium für Inneres und im Jahre 1981 wird Major Neuwirth zum neuen Kommandanten, der die Abteilung als Stellvertreter schon seit 1966 kennt, bestellt. Im Oktober 1984 werden die Beamten der Diensthundeabteilung zur Ausbildung einer Suchtgiftspürhundetruppe nach Sri Lanka berufen. 1986 erfolgt die Eröffnung des Wachzimmers Oberlaa als Diensthundestützpunkt mit einer Besetzung von einem Wachkommandanten und fünf Diensthundeführern. Damit schließt sich der Kreis von dezentralen Stützpunkten Süd, West, Nord und Ost. Dieser Ausbau hat wesentlich zur Stabilisierung der Sicherheitsverhältnisse in den peripheren Wiener Stadtgebieten beigetragen. 1988 müssen ca. 60.000 m^2 Grund zum Bau der Bundesprüfanstalt für Kraftfahrzeuge abgetreten werden. 1989 erfolgt ein weiterer internationaler Auftrag zur Ausbildung einer Suchtgiftspürhundetruppe auf den Cap Verde'schen Inseln. 1990 wird mit der Planung vom neuen Freilaufzwinger, Suchtgiftübungshaus, Quarantänezwingern sowie eines neuen Kommandogebäudes begonnen. Ein Jahr später ist Baubeginn und der bisherige Stellvertreter Major Diethart wird zum neuen Kommandanten bestellt.

Im Rahmen des zwischenzeitlich angelaufenen Strukturbereinigungsprogrammes der Polizeidirektion wird das Polizeidiensthundewesen von den Doppelaufgaben im Bundesministerium für Inneres getrennt und ein mobiler Fußstreifendienst installiert. 1992 findet mit Eröffnung des zweiten Diensthundewachzimmers im bisherigen Stützpunkt Ost mit einer Besetzung von einem Wachkommandanten und fünf Diensthundeführern die Entwicklung einen vorläufigen Höhepunkt.

Die Diensthundeabteilung umfaßt zur Zeit 121 Bedienstete, davon 102 Diensthundeführer. Mit dem Stand von 81 Polizeidiensthundeführern bei anderen Behörden sind insgesamt 183 Beamte in 14 Bundespolizeidirektionen tätig.

Dressurvorführung der Hundeabteilung der Wiener Polizei:
Freisprung durch Ringe eines Diensthundes. Diese Übung war 1967 noch Bestandteil des Ausbildungsprogrammes der Hunde, wurde später aber aus veterinärmedizinischen Gründen nicht mehr durchgeführt

Am 25. 7. 1967 konnte das neue Gebäude des Bezirkspolizeikommissariates Liesing seiner Bestimmung übergeben werden. Damit ging an diesem Tag nicht nur ein langgehegter Wunsch der dort dienstversehenden Polizeibeamten nach einer zeitgemäßen Arbeitsstelle in Erfüllung, sondern konnten auch die Serviceeinrichtungen der Polizei für die Bevölkerung in diesem Bezirk umfassend erweitert werden. Derzeit befinden sich die Bezirkspolizeikommissariate Margareten, Floridsdorf und Ottakring im Neu- bzw. zeitgemäßen Umbau.

1967

Wie der geneigte Leser in diesem Buch gesehen und gelesen hat, ist der Dienst der Wiener Polizei sehr vielfältig und die Erfüllung der Aufgaben nicht immer einfach. In jeder zwischenmenschlichen Kommunikationsphase ist die Kenntnis der Nöte und Zwänge des anderen von entscheidender Bedeutung. Der Beseitigung dieses Mankos dient nicht nur dieses Buch, sondern dienten auch die vielen Versuche, den polizeilichen Alltag durch einen „Tag der offenen Tür" transparent zu machen. In Zeiten von Personalkrisen wurde und wird er auch als Werbung zum Eintritt für die Wiener Sicherheitswache verwendet.

Die Aktivitäten dieser Veranstaltungen sollen aber nicht nur den Wienerinnen und Wienern einen Einblick in den polizeilichen Alltag vermitteln, sondern auch den Ausbildungs- und Ausrüstungsstandard ohne mediale Zwischenschaltung darstellen. Darüberhinaus bietet der Tag der offenen Tür die Möglichkeit, Fragen die sich aus der täglichen Dienstversehung und aus den täglichen Konfrontationen (vor allem bei der Überwachung des Straßenverkehrs) ergeben, zu erörtern und gegebenenfalls losgelöst vom konkreten Fall zu diskutieren. Die Tage der offenen Tür im Rahmen der Wiener Polizei wurden zwar hauptsächlich von der Sicherheitswache beschickt und organisiert, doch waren auch die anderen Organisationseinheiten, wie Kriminalpolizei und Verwaltung vertreten. In den letzten Jahren hat der Kriminalpolizeiliche Beratungsdienst diese Veranstaltungen als willkommene Anlässe für Aufklärungskampagnen zur Vorbeugung gegen Straftaten genommen. Über den Kriminalpolizeilichen Beratungsdienst selbst wird an anderer Stelle dieses Buches ausführlicher berichtet.

Die „Tage der offenen Tür" der Wiener Polizei waren bisher große Erfolge, zumal auch den Kindern immer wieder Attraktionen, allen voran durch die Alarmabteilung, die Verkehrspolizei und die Diensthundeabteilung, geboten wurden. Auch viele junge Bürger konnten sich durch die breite Palette der Darbietungen einen Überblick über die Realisierung ihrer Erwartungen bei einem Eintritt in die Wiener Sicherheitswache verschaffen und diese Möglichkeit wird ab sofort auch für Bürgerinnen von Interesse sein.

TAG DER OFFENEN TÜR 1967
Vorführung der neuen schußsicheren Weste, auch „Bleiweste" genannt, sowie der Schutzhaube durch einen Mann der Alarmabteilung im Hof der Roßauerkaserne.

4 SAMSTAG, 27. APRIL 1968 — LOKALES — KURIER

Holaubek rief in die Kaserne: Polizei-Gipfeltreffen

Der Initiator der „Generalstabsbesprechung", Polizeipräsident Holaubek, trifft ein. Neben ihm der Ottakringer Stadthauptmann, Dr. Altmann. Die Besprechung galt der Krisensituation bei der Polizei

Strengster Ausweiszwang beim Betreten der Kaserne auch für die Spitzen der Staatspolizei. Von links nach rechts Oberpolizeirat Dr. Raidinger, Oberpolizeirat Dr. Hkrlyk und Dr. Wallascheck

Der Vorstand des Sicherheitsbüros, Hofrat Dr. Heger...

Chef der Mordkommission Oberpolizeirat Dr. Kuso erschien pünktlich zu der Besprechung

Wien (Eigenbericht). Die Verhaftung des ehemaligen Polizisten Ernst Karl unter Mordverdacht war das auslösende Moment für eine „Generalstabsbesprechung" der Wiener Polizei. Gestern nachmittag versammelten sich die höchsten Beamten und Offiziere in der Marokkanerkaserne, wo Polizeipräsident Holaubek eine Aussprache über die Situation der Wiener Polizei im allgemeinen abhielt.

Bekanntlich befindet sich die Wiener Polizei infolge Personalmangels, verschiedener Unzukömmlichkeiten und nicht zuletzt durch mehrere Kriminalaffären in den eigenen Reihen in einer Krisensituation. Die Schlagkraft der Polizei läßt da und dort zu wünschen übrig, die Popularität des Korps hat gelitten. Darüber hinaus steht die Polizei im Hinblick auf politische Demonstrationen vor staatspolitischen und taktischen Problemen.

Im ehrlichen Bemühen, die Wirksamkeit und das Image der Wiener Polizei wieder voll herzustellen, wurde die gestrige Veranstaltung abgehalten.

... leitende Offiziere der Sicherheitswache...

... und sogar weibliche Kriminalbeamte die höhere Ränge bekleiden, mußten in die Kaserne „einrücken"

„Im ehrlichen Bemühen, die Wirksamkeit und das Image der Wiener Polizei wieder voll herzustellen, wurde die gestrige Veranstaltung abgehalten..."

So lautete der Tenor der österreichischen Presse fast übereinstimmend zu einer nicht unspektakulären internen Behördenbesprechung am 26. 4. 1968 in der Marokkanerkaserne. Die gute Presse war tatsächlich von Wichtigkeit, hatten doch der Polizeieinsatz bei Studentendemonstrationen und die Tat eines kriminellen Polizeiaspiranten dem polizeilichen Ansehen in der Öffentlichkeit schwer geschadet.

ERSTE POLIZEI- -SPORTSCHAU

Am 7. 9. 1968 fand auf der Hohen Warte die „Erste Polizei Sportschau" statt. Vor zahlreichem Publikum demonstrierten Polizeiangehörige ihre sportliche Tüchtigkeit und geradezu aktrobatisches Geschick. Fähigkeiten, die im so bewegten 68er Jahr für einen Polizisten nicht nur von Nöten, sondern geradezu als eine Art „Überlebenstraining" anzusehen waren.

1969

Nicht bei allen Staatsbesuchen kam es 1969 zu solch Turbulenzen, wie beim Besuch des iranischen Herrschers. Die Visite von Königin Elizabeth II. von Großbritannien von 5.–10. Mai fand allgemein freudige Zustimmung und die Wiener jubelten der britischen Königin bei allen öffentlichen Auftritten begeistert zu.

Trotzdem stellte dieser Staatsbesuch auch wieder besondere Anforderungen an die Wiener Polizei, die für die Sicherheit unseres Gastes verantwortlich war. Nicht nur die „Weißen Mäuse“ begleiteten die Königin durch die Straßen (Bild rechts), auch Staatspolizei (Abteilung I) war voll im Einsatz (Bild oben).

Staatsbesuch von Königin Elizabeth II. von Großbritannien, Mai 1969

1969

Das Unterstützungsinstitut der Bundessicherheitswache in Wien bildet im Sinne des Erlasses des Bundesministeriums für Inneres vom 6. Februar 1974 einen integrierenden Bestandteil der Bundessicherheitswache und untersteht dem Präsidenten der Polizeidirektion. In den Statuten wird der Zweck wie folgt umschrieben: Den Mitgliedern und ihren Ehegattinnen (Ehegatten) beim Ableben ein würdiges Leichenbegängnis zu sichern, die Hinterbliebenen eines Mitgliedes zu unterstützen sowie Wohlfahrtseinrichtungen für Institutsmitglieder zu gründen oder zu fördern.

Im einzelnen sieht das so aus: Aus den Mitgliedsbeiträgen und sonstigen Geldmitteln (keine staatlichen Subventionen) werden zunächst Zuschüsse und Zuwendungen beim Ableben eines Beamten (Beamtin) gezahlt. Die in den Statuten angeführte Gründung und Förderung von Wohlfahrtseinrichtungen bezieht sich vornehmlich auf die Beschaffung billiger und ansprechender Wohnungen für aktive verheiratete oder verwitwete Institutsmitglieder. Das Unterstützungsinstitut verfügt über einige Mietshäuser, deren Wohnungen in diesem Sinne vermietet und verwaltet werden. Die Erhaltung und Administration erfolgt auf gemeinnütziger Basis, sodaß die Mieten entsprechend den wirtschaftlichen Gegebenheiten festgelegt werden können. Darüberhinaus zahlt das Unterstützungsinstitut für unverschuldet in Not geratene Beamte Zuschüsse entweder in Form nichtrückzahlbarer Aushilfen oder in Form zinsenloser Darlehen. Das Unterstützungsinstitut der Sicherheitswache hat gerade in den letzten Jahren wiederholt durch finanzielle Zuschüsse an die Witwen und Kinder von im Dienst getöteter Beamten seine Notwendigkeit und Zweckmäßigkeit unter Beweis gestellt. Der Vorstand besteht aus langjährig aktiven Beamten und ist somit mit Ausnahmesituationen, die bei Beamten eintreten können, bestens vertraut. Eine der ohnehin schon spärlich gewordenen Einnahmequellen des Unterstützungsinstitutes für ihre soziale Tätigkeit sind – wie am nebenstehenden Bild dargestellt – Festkonzerte, bei denen die Polizeimusik Wien und der Polizeichor Wien unter der Leitung des Vorstandes VOGEL engagiert und kostenlos mitwirken. Neben dieser doch eher selbstverständlichen Haltung muß aber auch den Künstlern, die bei diesen Festkonzerten unentgeltlich auftreten und somit die gemeinnützige Tätigkeit unterstützen, an dieser Stelle herzlich gedankt werden. Neben Dirigenten – wie auf dem nebenstehenden Bild – stellen sich auch Sängerinnen und Sänger aus Oper und Operette jedesmal gerne in den Dienst der guten Sache.

Das Unterstützungsinstitut der Bundessicherheitswache Wien ist daher mehr als nur ein Knoten in einem Sozialnetz. Es ist – wie die Statuten schon bestimmen – tatsächlich ein integrierender Bestandteil der Bundessicherheitswache in Wien.

15. 11. 1969: Fest des U. I. (Unterstützungsinstitut der Wiener Sicherheitswache). Robert Stolz dirigiert die Polizeimusik

1970

Jubiläum der Wiener Sicherheitswache: Die Trabrennbahn ist der Austragungsort zahlreicher Veranstaltungen zum 101jährigen Jubiläum der Sicherheitswache.

Wesentlich einfacher und unspektakulärer als alle Jubiläen war allerdings die Zeit des Gedenkens, das Jahr 1869. Die Wiener hatten aber wohl Grund zu feiern – 100 Jahre Sicherheitswache bedeutete ein Jahrhundert von Hilfsleistungen aller Art einer Institution, welche den Wienern ans Herz gewachsen war.

1970

Über die motorisierte Gruppe der Wiener Verkehrspolizei wurde in diesem Buch schon mehrfach geschrieben. Wir haben auf dieser Seite zwei Bilder nebeneinandergestellt, bei denen das linke Bild im Jahre 1970 anläßlich einer Jubiläumsvorfühung in der Wiener Roßauer Kaserne und das Bild rechts oben 1992 bei der Abschlußübung des letzten Kurses für den motorisierten Streifendienst aufgenommen worden ist. Beide Bilder zeigen, welche Anforderungen an einen motorisierten Wiener Verkehrspolizisten gestellt wurden und noch immer vorausgesetzt werden. Der Ausbildungslevel hat sich, was das Handling der Motorräder betrifft, in den letzten 20 Jahren nicht wesentlich verändert, lediglich die Maschinen sind moderner und wartungsfreier geworden.

Jubiläum der Wiener Sicherheitswache: Vorführungen im Hof der Roßauerkaserne

Wir wollen in diesem Buch, das von der Wiener Polizei handelt, zumindest auch einmal über jene Sicherheitsinstitution sprechen, die ebenso für die österreichischen Sicherheitsverhältnisse sehr maßgeblich ist und das ist die Bundesgendarmerie. Zu diesem Zweck haben wir einen Besuch des seinerzeitigen Bundesministers Rösch bildmäßig ausgewählt, da er vor allem (im Bild unten) Ausrüstungsgegenstände der Gendarmerie zeigt, die die Wiener Polizei nicht hat. Es handelt sich um die Ausrüstung der Alpingedarmen, welche mit ihren Patrouillengängen nicht nur sicherheitspolizeiliche Aufgaben erfüllen, sondern darüber hinaus in tausenden Einsätzen Menschenleben (die ohne krimnelle Einflüsse bedroht waren) gerettet haben.

Die Bundesgendarmerie ist in Österreich in all jenen Orten und Bereichen tätig, für die keine Bundespolizeidirektionen errichtet sind. Solche Direktionen sind in allen Landeshauptstädten (mit Ausnahme Vorarlbergs) und in den Städten Wiener Neustadt, Schwechat, Leoben, Villach, Wels und Steyr errichtet. Alle anderen österreichischen Städte (auch die Städte mit eigenem Statut) werden von der Bundesgendarmerie oder in ortspolizeilichen Belangen von Gemeindewachen betreut. Diese Gemeindewachen sind insbesondere im Bundesland Vorarlberg zahlenmäßig stark vertreten. Bundessicherheitswache und Bundesgendarmerie weisen zwar organisatorische Unterschiede auf, sind jedoch beide im Bundesministeriums für Inneres verankert, gleich ausgerüstet und auch funk- und fernmeldemäßig auf dem gleichen Level. Im Bundesministerium für Inneres wird die Gruppe Bundespolizei von Gruppenleiter Ministerialrat Dr. SCHIESSL und die Gruppe Bundesgendarmerie durch General SEISER repräsentiert. Die gleichmäßige Ausrichtung in Sicherheitsbelangen erfolgt dann durch den Generaldirektor für die öffentliche Sicherheit (derzeit: Mag. Michael SIKA). Ein wesentlicher Unterschied zwischen Polizei und Gendarmerie besteht in dem Faktum, daß im Bereich der Sicherheitswache die kriminalpolizeiliche Tätigkeit vorwiegend in den Händen der Kriminalbeamten liegt, während im Gendarmeriebereich Gendarmen, ohne ihre Titel und ihre Eingliederung in den Wachkörper zu verlieren, in Form der Kriminalabteilungen in allen Bundesländern ebenso erfolgreich wie die Wiener Kollegen tätig sind.

Was die Einsamkeit sowohl der Sicherheitswache- als auch der Gendarmeriebeamten anbelangt, besteht kein Unterschied. Während der Sicherheitswachebeamte im anonymen und zum Teil feindselig eingestellten Menschengewühl der Großstadt Gefährdungen seiner körperlichen Sicherheit hat, wird diese dem Gendarmen in seinen einsamen Patrouillengängen in unverbautem und unübersichtlichem Gelände der Bundesländer ebenso deutlich bewußt. Die Kooperation zwischen den beiden Exekutivkörpern ist eine ausgezeichnete und hat sich in vielen großen Kriminalfällen dieses Landes ausgezeichnet bewährt. Die Ausbildung von Gendarmerie- und Polizeioffizieren in der Akademie in Mödling zählt ebenso zu den Gemeinsamkeiten wie die Teilnahme an verschiedenen internationalen Missionen im Rahmen der UNO. Der einstige Sympathievorsprung der Gendarmerie gegenüber der Sicherheitswache, der darin bestand, daß die Gendarmerie im ländlichen Bereich nur in der Schutzfunktion dem Bürger gegenüber in Erscheinung treten müßte, hat sich durch die zunehmende Motorisierung und die Tatsache, daß der Gendarm sich nun zunehmend auch um Parksünder, Schnellfahrer und Alkolenker kümmern muß, weitgehend ausgeglichen.

Bauerndemonstration in Wien,
18. September 1970

Am 18. 9. 1970 kam es in Wien – wie auch am 19. 3. 1971 – zu großen Demonstrationen der Bauern gegen die Agrarpolitik der Regierung. Es kam zu schweren Verkehrsstörungen im innerstädtischen Bereich, da die Demonstranten mit tausenden Fahrzeugen und Traktoren nach Wien gekommen waren und diese Fahrzeuge teilweise bei der Kundgebung mitführten. Polizeipräsident Josef Holaubek mengte sich direkt unter die Demonstranten, um auf sie einzuwirken, daß sich die Verkehrslage wieder normalisieren könne.

25. März 1971:
Einstellung weiblicher Vertragsbediensteter als Straßenaufsichtsorgane

Mit Ermächtigung vom 25. 3. 1971 erteilte Bundesminister RÖSCH die Ermächtigung, zu Lasten freier Dienstposten der Sicherheitswache 150 weibliche Vertragsbedienstete aufzunehmen, deren Aufgaben wie folgt umschrieben wurden: „Verwendung als Straßenaufsichtsorgan der Bundespolizeidirektion Wien (§ 97StVO) und Verfolgung der bei diesem Anlaß zur Kenntnis der Vertragsbediensteten gelangenden sonstigen von Amts wegen zu verfolgenden strafbaren Handlungen“. In der Folge erhöhte sich der Stand an „Politessen“ – wie sie der Volksmund bald bezeichnete – bis auf 200. Ungeachtet ihrer ausgezeichneten Dienstleistung (nach wenigen Monaten zählten sie zu den fast beschwerdefreien Organisationseinheiten) war es aber aufgrund der zunehmenden Kriminalitätsentwicklung schon in den 80er Jahren wieder notwendig, die gebundenen Planstellen der Sicherheitswache mit Sicherheitswachebeamten zu besetzen. Neben einer Reduzierung der Anzahl erfolgte im letzten Jahr auch ein einjähriger Überleitungs- bzw. Fortbildungskurs, mit welchem rund 20 Vertragsbedienstete zu Sicherheitswachebeamtinnen ausgebildet wurden.

Im Hinblick auf die 1993 beginnende Parkraumbewirtschaftung in Wien sind gegenwärtig wieder Diskussionen um Neueinstellungen ohne Bindung von SW-Planstellen im Gange.

Am 8. Juni 1971 kam es in Wien zu großen Demonstrationen mit meist jugendlichen Teilnehmern gegen die Person des neuen Verteidigungsministers Lütgendorf, aber auch gegen das von ihm vertretene Reformkonzept des österreichischen Bundesheeres. Durch die starke Polizeipräsenz (siehe Bild) konnten Übergriffe radikaler Elemente, welche sich unter die Demonstranten gemengt hatten, weitgehend verhindert werden. Brigadier Karl Lütgendorf war am 8. 2. 1971 vom Bundeskanzler in das Kabinett Kreisky I als parteiunabhängiger Minister für Landesverteidigung berufen worden. Er bezeichnete sich selbst am Beginn seiner Amtszeit als „Mordssteher" und vertrat mit Konsequenz seine Vorstellungen einer Heeresreform. Die Diskussion um seine Person und um seine Reformpläne mündete in der Öffentlichkeit meist in der Frage nach der Sinnhaftigkeit der allgemeinen Wehrpflicht sowie der Notwendigkeit eines Heeres in Österreich.

Die Geiselnahme von 5.– 8. 11. 1971
und ihre Beendigung…

„I bins, dein Präsident…“
Die österreichische Art, ein Geiseldrama zu beenden.

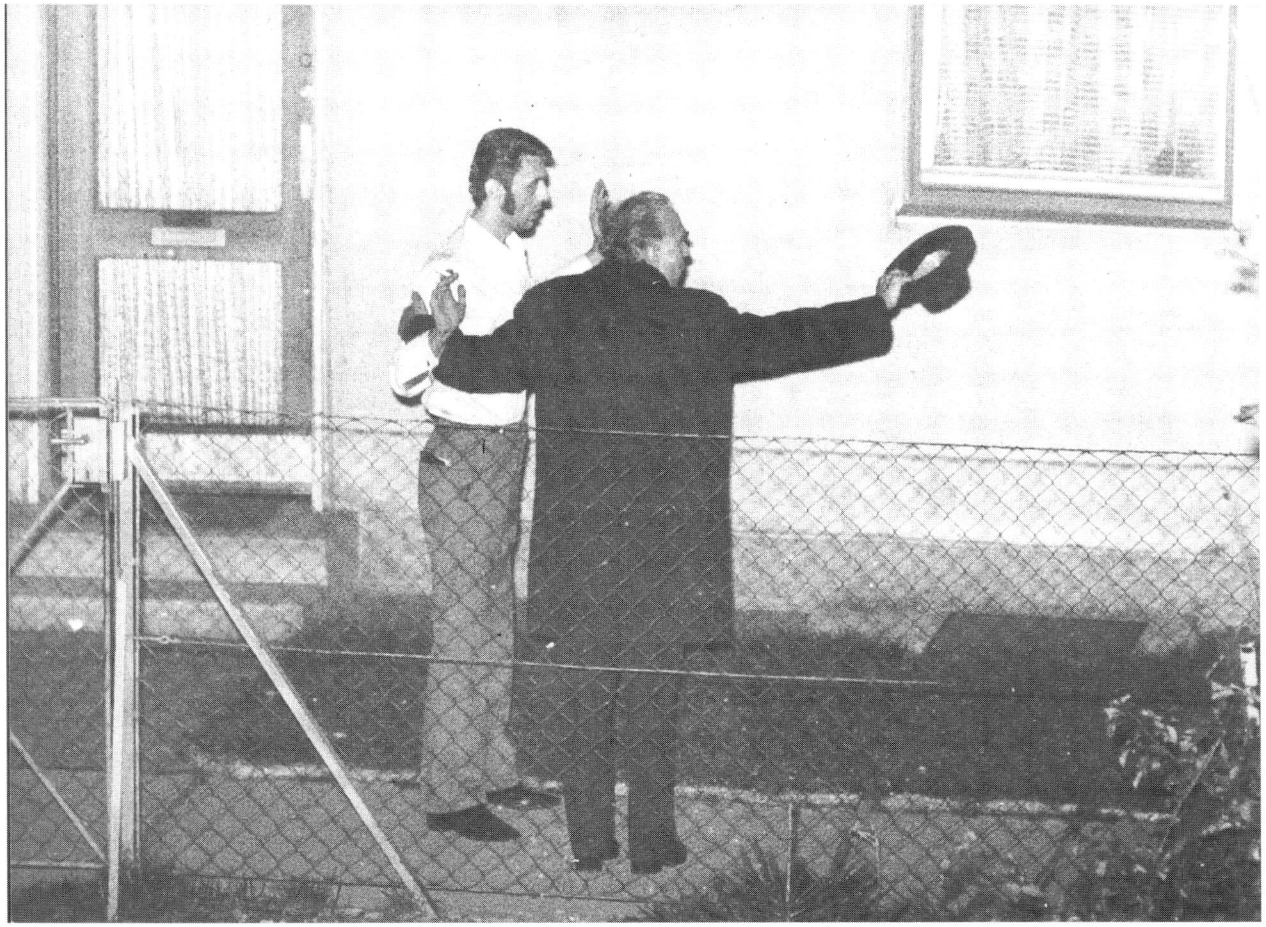

Als im November 1971 drei Ausbrecher aus der Strafvollzugsanstalt Stein durch eine Geiselnahme ihre Flucht fortsetzen wollten, konnten sie von Polizeikräften gestellt werden. In dramatischer Form forderte Polizeipräsident Holaubek mit den so verstandenen Worten „I bins, dein Präsident“ die bewaffneten Geiselnehmer zur Aufgabe und nahm persönlich die Verhaftung der Täter vor. Josef Holaubek hatte durch diese mutige Aktion, aber auch durch seine ungewöhnliche Wortwahl bei der Amtshandlung wohl den absoluten Höhepunkt seiner Popularität erreicht.

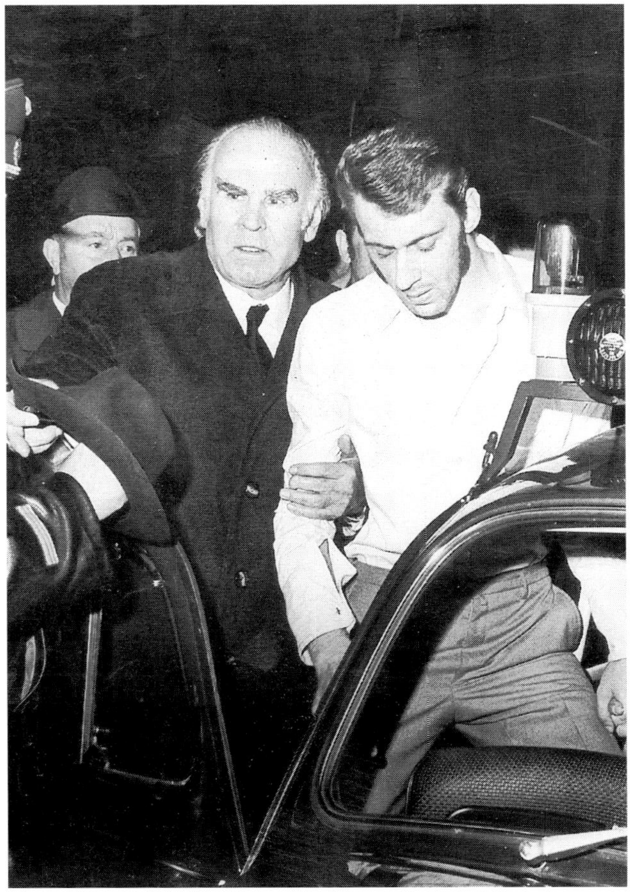

Der Stein-Ausbrecher Walter Schubirsch wird am 4. November 1971 von Polizeipräsident Josef Holaubek zur Aufgabe überredet

8. 2. 1972: Der von der Teilnahme an den Olympischen Bewerben ausgeschlossene österreichische Skirennläufer Karl Schranz wird in Wien wie ein Triumphator gefeiert und am Ballhausplatz (Bild) empfangen. Die Sicherheitswache hatte alle Hände voll zu tun, um die Begeisterung der Wiener in Grenzen zu halten. Eine Begeisterung, die viel erschreckende Parallelität zu einer ähnlichen Massenhysterie hatte, welche allerdings schon einige Jahrzehnte zurücklag…

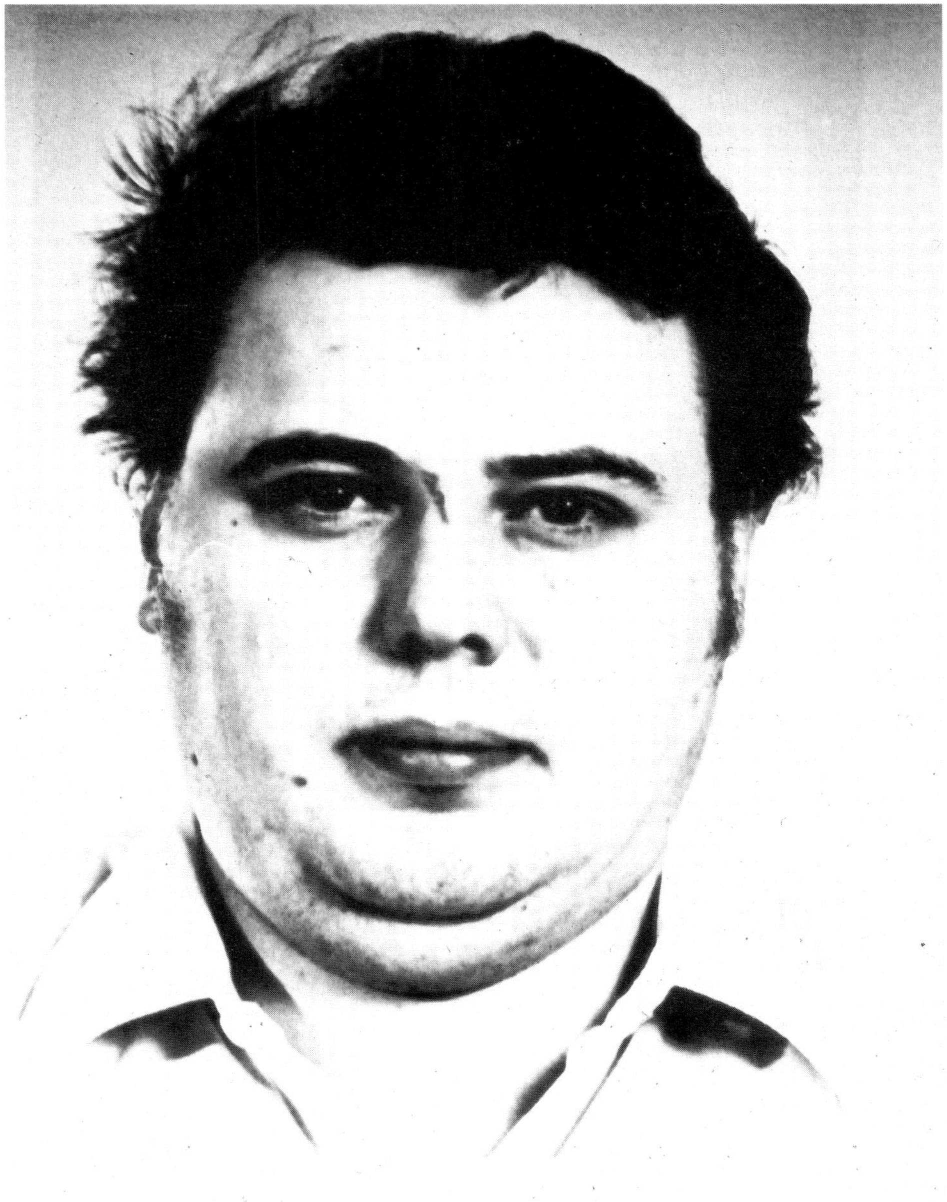

In den Jahren 1969–1972 waren in Wien immer wieder ältere Frauen Opfer eines vorerst unbekannten Raubmörders geworden. Der Täter hatte sich unter dem Vorwand, er wäre Kontrollor des Gaswerkes, Eintritt in die Wohnungen der Frauen verschafft und diese dann beraubt und ermordet. In mehr als 1.000 Zeugenbefragungen und fast ebensoviel Spurensicherungen entstand für die Kriminalisten ein Täterbild, welches dann auch in einem Phantombild – angefertigt von den Zeichnern des „Büros für Kriminaltechnik und Fahndung" der Wiener Polizei – kurz EFK genannt – ihren Niederschlag fand. Am 12. Februar 1972 konnte – nach einem neuerlichen Überfall – ein Verdächtiger festgenommen werden, dessen Aussehen sich in frappanter Art mit dem polizeilichen Phantombild deckte. Es handelte sich tatsächlich um den Täter. Das Phantombild aber stellt eines der eindrucksvollsten kriminalistischen Hilfsmittel aus der Wiener Berggasse dar und ist als Ruhmesblatt in die Geschichte der Wiener Polizei eingegangen.

30. 12. 1972: Verabschiedung von Polizeipräsident Josef Holaubek im Festsaal der Marokkanerkaserne durch den damaligen Generalinspektor der Sicherheitswache, Dr. Günther Bögl. Josef Holaubek, ein Symbol für Nachkriegszeit und Wiederaufbau, verläßt nach 25 richtungsweisenden Dienstjahren die Bühne.

31. 12. 1972: Josef Holaubek überreicht seinem Nachfolger Dr. Karl Reidinger die „Kokarde Nr. 1“ in Gegenwart der leitenden Beamten der Bundespolizeidirektion Wien und übergibt damit symbolisch das Amt des Polizeipräsidenten. Die Anwesenden v. l. n. r.: ObPolRat Dr. Gottfried HASENÖHRL, WHR Dr. Friedrich KUSO, ObPolRat Dr. Julius ESSINGER, ObPolRat Dr. Ferdinand REISEL, WHR Dr. Hermann WEINMANN, ObPolRat Dr. Gustav TONNHOFER, ObPolRat Ernst TRYBUS, WHR Dr. Rudolf SZIRBA, WHR Dr. Gerhard LIBISCH, WHR Dr. Wolfram TRISKA, WHR Dr. Erich Baum.

Dr. Karl Reidinger
Polizeipräsident in Wien 1973–1978

Der am 7. 6. 1922 in Wiener Neustadt geborene Karl Reidinger maturierte 1940 in Graz und begann im gleichen Jahr sein Studium an der Juridischen Fakultät der Grazer Universität. Da er 1941 zur Deutschen Wehrmacht eingezogen wurden, konnte er das begonnene Studium erst nach Kriegsende weiterführen. Im März 1948 promovierte Reidinger an der Grazer Karl-Franzens-Universität zum Doktor Juris. Nach dem Gerichtsjahr beim Landesgericht Graz entschloß sich der junge Jurist zum Eintritt in die Bundespolizeidirektion Wien, wo er am 16. 8. 1948 seine Tätigkeit begann. Noch im gleichen Jahr erfolgte seine Zuteilung zum Staatspolizeilichen Büro der Abteilung I der Wiener Polizei. Am 11. 12. 1961 wurde Dr. Karl Reidinger zum Vorstand des Staatspolizeilichen Büros und zum stellvertretenden Leiter der Abteilung I (Staatspolizei) bestellt. Im Jahre 1971 folgte seine Beförderung zum Wirklichen Hofrat, im selben Jahr seine Bestellung zum Leiter der Abteilung I.

Mit 1. Jänner 1972 wurde Dr. Karl Reidinger Vizepräsident der Bundespolizeidirektion Wien, mit 1. Jänner 1973 wurde er als Nachfolger Josef Holaubeks zum Polizeipräsidenten in Wien bestellt.

Die Jahre der Amtszeit des Polizeipräsidenten Dr. Reidinger waren von einer Fülle von Ereignissen geprägt, auf die in den folgenden Seiten dieses Buches immer wieder eingegangen wird. Nicht nur bei den zahlreichen internationalen Kontakten und Staatsbesuchen im Wien jener Jahre – wo die Wiener Polizei für die Sicherheit der Gäste verantwortlich war – prägten die erfolgreiche Präsidentschaft Reidingers. Auch der geradezu legendäre „Wiener Weg“ – eine polizeiliche Defensivstrategie bei großen und gewaltsamen Auseinandersetzungen auf der Straße – ist auf einer Konzeption Reidingers und seines damaligen Generalinspektors Dr. Bögl zurückzuführen.

Nach Erreichung seines 65. Lebensjahres trat Polizeipräsident Dr. Karl Reidinger am 31. Dezember 1987 in den Ruhestand.

Vielseitig kulturell und musisch interessiert sowie sportlich aktiv verbringt der ehemalige Polizeipräsident seinen Ruhestand in Wien. Einer Stadt, von der man in den Jahren seiner Amtszeit als von der „Sichersten Metropole der Welt“ sprechen konnte.

1973

Bis zum 1. Mai 1973 versah die Wiener Sicherheitswache Dienst nach dem berühmten „Dreierradl". Dies bestand darin, daß die Sicherheitswache in drei Gruppen aufgeteilt war und bei gleicher Personalstärke zur Tag- und Nachtzeit in einem 24stündigen Turnus mit 12 Außendienststunden und 12 Innendienststunden Dienst versah. An diesen 24stündigen Dienst schlossen sich dann allfällige Überstundenkommandierungen an. Dies führt bei dem bekannten Personalmangel des Jahres 1973 zur Notwendigkeit, daß die Beamten manchmal 48 Stunden Dienst versehen mußten. Andererseits hatte der 24stündige Dienst, der um 7 Uhr morgens begann und um 7 Uhr morgens des nächsten Tages endete, zur Folge, daß die im Innendienst befindlichen Beamten in der Nachtzeit zur Hälfte in den Wachzimmern schliefen, alle drei Stunden geweckt wurden und wieder Außendienst versehen mußten. Dieses System war daher weder vom medizinischen noch vom sozialen Standpunkt zukunftsorientiert und beinhaltete daher auch keine sinnvolle Verwendung der geringen Personalressourcen. Der seinerzeitige Bundesminister Otto RÖSCH hatte daher schon im Jahre 1972 den neuen Generalinspektor beauftragt, eine Änderung des Dienstsystems durchzuführen. Dies scheiterte an massiven Widerständen der Personalvertretung. Erst nach insgesamt 68 Dienststellenversammlungen gelang es dann in der Folge, bei einer Sicherheitswacheabteilung (Schmelz) einen Probebetrieb durchzuführen. Dieser Probebetrieb verlief für alle Beteiligten (Beamte und Dienstbehörde) positiv und der Dienststellenausschuß stimmte seinerzeit für eine Abänderung des berühmt-berüchtigten „Dreierradls". In monatelangen Verhandlungen mit der Personalvertretung, die allerdings sehr sachlich geführt werden konnten, gelang es dann, drei Dienstsysteme den Beamten anzubieten und daraufhin wurden – wie schon angeführt – im Mai 1973 der 6-Gruppendienst, der 5-Gruppendienst und der 4-Gruppendienst in Wien eingeführt. Der 6-Gruppendienst beinhaltet den Turnus 12 Stunden Dienst, 24 Stunden frei, 12 Stunden Dienst, 24 Stunden frei, 12 Stunden Dienst und 48 Stunden frei. Als soziale Komponente kommt dazu noch durch Zusammenlegung von Diensttouren alle 6 Wochen ein längerer Freizeitblock. Der 5-Gruppendienst besteht ebenfalls aus 6 Stunden Dienst, 18 Stunden Freizeit, 12 Stunden Dienst, 24 Stunden Freizeit, 12 Stunden Dienst, 36 Stunden Freizeit. Der 4-Gruppendienst besteht aus 12 Stunden Dienst, 24 Stunden Freizeit, 12 Stunden Dienst, 48 Stunden Freizeit. Alle Organisationseinheiten der Wiener Sicherheitswache konnten sich seinerzeit in einer Mehrheitsabstimmung ihr Dienstsystem wählen bzw. stand es ihnen frei, sich zu einer Abteilung mit einem ihnen genehmen Dienstsystem versetzen zu lassen. Die neue Dienstzeitregelung hat sich seither für Dienstnehmer und Dienstgeber bewährt und trotz vieler skeptischer Äußerungen im Jahre 1973 gibt es fast 20 Jahre danach keine wie immer gearteten Probleme.

Die Zahl der Überstunden der Wiener Sicherheitswache monatlich an die 180.000 (!) Stundengrenze heranreicht, kann man sich vorstellen, wie zukunftsorientiert diese Dienstzeitänderung war. Es wäre heute unmöglich, nach einem 24stündigen Dienst Überstunden in dieser großen Anzahl abzuschließen, ohne daß dies zu schweren gesundheitlichen Schädigungen für den Beamten oder gar durch Übermüdung zu einer schweren Vernachlässigung der Dienstleistung geführt hätte. Die neuen Dienstsysteme tragen jedenfalls dem dienstlichen Anforderungsprofil voll Rechnung, ohne dabei die soziale Komponente des Familienlebens zu kurz kommen zu lassen.

Der Verein der Freunde der Wiener Polizei hat seinen Sitz in Wien und erstreckt seinen Wirkungsbereich auf das gesamte Gebiet der Stadt Wien. Er verfolgt ausschließlich gemeinnützige Zwecke, die sich aus § 2 der Statuten ergeben. Da gibt es zunächst die weitere Verbesserung der Beziehungen zwischen Bevölkerung und Polizei zu unterstützen und das gegebene Vertrauensverhältnis zu vertiefen. Die Errichtung eines Informationsdienstes soll u. a. den polizeilichen Alltag im Bereich der Serviceleistungen transparent machen, Vorurteile objektivieren, und die behördliche Zielsetzung „Die Polizei – Ihr Partner" so mitgestalten helfen. Drittens werden besondere Leistungen und außergewöhnliche Verdienste für die öffentliche Sicherheit durch Übergabe von Dekreten und Ehrengeschenken anerkannt. Die Unterstützung und Betreuung von verletzten, erkrankten und in Not geratenen Beamten sowie deren Angehörigen gehört ebenso zur Aufgabenstellung wie die Förderung der Bestrebungen, geeigneten Nachwuchs für die Wiener Polizei im ausreichenden Maß zu finden. Der Verein erreicht diese Zwecke durch Abhaltung von Veranstaltungen, Konferenzen, Diskussionen unter Einschaltung der Massenmedien, durch Unternehmung, Verlegungen und Herausgabe periodischer und sonstiger Durchschriften und durch Einrichtung von Beratungsstellen.

Der unpolitische Verein, dem Vertreter aller politischen Richtungen, aller Berufszweige ebenso wie Polizeibeamte angehören, hat in letzter Zeit durch seine jährlichen Veranstaltungen, bei denen er sich nicht scheut, sogenannte „heiße Eisen" anzufassen, Aufsehen erregt und Anerkennung gefunden. So war die Veranstaltung im Herbst dieses Jahres dem Thema „Was oder wem nützt ein Grundrecht auf Sicherheit?" gewidmet. Die Veranstaltungen sind durch sachkundige Vorträge auf wissenschaftlichem Niveau und anschließende Diskussionen mit Meinungsbildern aus Politik und Wirtschaft gekennzeichnet. Der Bundesminister für Inneres, Löschnak, nimmt ebenso wie seine Vorgänger regelmäßig an den Topveranstaltungen teil.

Die Vereinsführung hat der Präsident des Rechtsanwaltskammertages, Dr. Walter SCHUPPICH, schon seit Jahren inne und bietet gerade in dieser Position Gewähr dafür, daß der Verein in seinen öffentlichen Veranstaltungen eine sachliche und objektive Haltung gegenüber der Polizei einnimmt. Seine Unterstützung ist als aktiver Rechtsanwalt nicht von philanthropischen sondern von praktischen Erwägungen der Notwendigkeit einer Unterstützung polizeilicher Imagepflege getragen.

Mitglied des Vereines kann jede physische oder juridische Person werden. Beitrittsgebühren und Mitgliedsbeiträge bilden die finanzielle Grundlage für die Vereinstätigkeit. Verantwortungsbewußtsein und Engagement für die Anliegen der öffentlichen Sicherheit stellen die ideelle Vereinsbasis dar. Mit beiden Ressourcen gibt der Verein der Wiener Polizei bei der Erfüllung der Aufgaben zur Vollziehung der Gesetze große Hilfestellungen und hat an dem ausgezeichneten Vertrauensverhältnis der Wiener Bevölkerung zu ihrer Polizei unmittelbaren Anteil.

Am 9. 1. 1973 wurde der „Verein der Freunde der Wiener Polizei" gegründet. Als der Verein seine ersten Aktivitäten und Erfolge verzeichnen konnte, berichtete auch die Presse – wie hier der Kurier vom 24. 8. 1975 – darüber.

„Gengans liaba Mörda fongan"

Auszug aus dem Gespräch eines Verkehrssünders mit einem Polizeibeamten: „Gengan S' liaba Mörda fongan." Auszug aus dem Gespräch eines Polizeibeamten mit einem Verkehrssünder: „Wenn S' schon so teppat gfohrn san, dann zohln S', oda i zag Sie on." Das Verhältnis Polizeibeamter–Verkehrssünder – oder auch umgekehrt – ist gestört. In Wien fand sich vor zwei Jahren ein Verein, der

Von Heinz Grötschnig

diesen Mißstand beseitigen will: der Verein der Freunde und Förderer der Wiener Polizei.

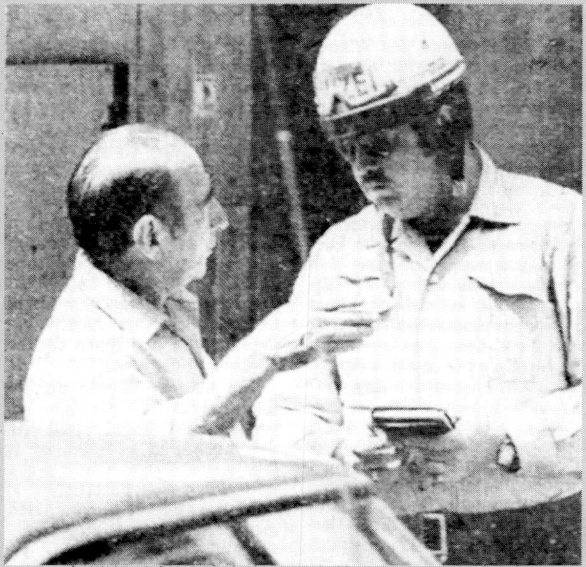

Es kommt oft zum Streit: Polizist und Verkehrssünder

Als sich der Pensionist Fritz Karl Bacher – langjähriger Dufreund des Polizeipräsidenten Karl Reidinger – und der Rechtsanwalt Rudolf Hoppel entschlossen, besagten Verein zu gründen, wußten sie, daß es eine harte Arbeit werden würde und daß man sich keine Wunder erwarten dürfe. Erstes Ergebnis des Vereins: Die Personalnot – Wien verfügt zur Zeit über immerhin 10.000 Polizeibeamte – konnte gemildert werden. Nun hat es sich der Verein zum Ziel gesetzt, Polizeibeamten ein gewisses Maß an Freundlichkeit gegenüber Verkehrssündern zu lehren.

„Der Polizist fühlt sich sozial nicht integriert, er hat das Gefühl, daß die Leute etwas auf ihn herabschauen. Es entsteht eine emotionell hochgeschaukelte Beziehung, und der Polizeibeamte ist dann eben um eine Spur weniger freundlich, als er es in Wirklichkeit sein sollte.

Der Polizeifreundeverein arbeitete ein Grundkonzept aus und gab die Anregung zu psychologischen Schulungen, die nun bei Polizeischülern in der Marokkanerkaserne von einem Polizeipsychologen regelmäßig durchgeführt werden. Bereits im Dienst stehende Polizeibeamte sollen in Gruppengesprächen die Grundlagen der Menschenbehandlung kennenlernen.

Der Verein besteht aus den Gründern und fördernden Mitgliedern, die eventuell eine Beratungstätigkeit ausüben. Einzelmitglieder sind unerwünscht, da sich die Einzelmitgliedschaft sicher in einigen Fällen auf Protektionspolitik ausweiten würde: „Interventionen zugunsten fördernder Mitglieder werden entschieden abgelehnt", erklärt Gründer Bacher. „Zu deutsch heißt das: Die fördernden Mitglieder – unter anderen Leopold Gratz, Karl Reidinger, Bildhauer Fritz Wotruba, die Generaldirektoren Geist und Hajek – sollen ebenso ihre Strafmandate aus eigener Tasche zahlen wie jeder Sterbliche.

„Als junger Mensch war ich – irgendwie verständlich – ein Feind der Polizei. Heute habe ich aber ihre Wichtigkeit erkannt und versuche, sie zu unterstützen. Nur die Polizei gewährleistet Sicherheit, man müßte mehr Beamte auf den Straßen sehen", sagt Förderer Wotruba zu seiner Tätigkeit.

Der Verein lebt von Subventionen und Spenden. Verdiente Beamte werden mit kleinen Geschenken (Manschettenknöpfe) geehrt, ebenso werden Polizeischüler aus den Bundesländern, die sich auszeichnen, unterstützt. Aus diesen Ehrungen und Unterstützungen soll dann im Laufe der Zeit ein Klub der tüchtigsten und erfolgreichsten Polizisten entstehen.

1973

Sie und wir gemeinsam gegen das Verbrechen

Der Kriminalpolizeiliche Beratungsdienst (in der Folge KBD genannt) bietet seit 1974 allen Wiener Bürgerinnen und Bürgern die Möglichkeit, sich von speziell ausgebildeten Kriminalbeamten in persönlichen Sicherheitsfragen höchst individuell und kostenlos beraten zu lassen. Ob es um die Erneuerung eines Türschlosses an der Eingangstüre zur Wohnung geht, ob man über sein Auto oder irgend ein anderes Sicherheitsproblem Auskunft oder Beratung haben möchte, der KBD steht für Privatpersonen aber auch für Firmen und Institutionen zur Hilfestellung bei der Lösung von Sicherheitsproblemen zur Verfügung. Auf Wunsch kommen die Beamten auch zum Intervenienten, um sich an Ort und Stelle einen Überblick über die Sicherheitssituation zu verschaffen und orts- und sachbezogene Sicherheitsfragen zu erstellen. In Wien wurden im Jahre 1981 die Bezirkspolizeikommissariate eingebunden und somit das Angebot der Beratungsstellen auf insgesamt 24 erhöht. Die Beratung wird durch die leitenden Kriminalbeamten auf den Bezirkspolizeikommissariaten, im Sicherheitsbüro durch Juristen und Kriminalbeamte durchgeführt. Einen Schauraum mit Exponaten von geprüften Sicherheitseinrichtungen gibt es im Sicherheitsbüro. Im Sommer 1991 wurde ein Seminar für weibliche Kriminalbeamte, für leitende Kriminalbeamte sowie für Sicherheitswacheoffiziere zum Thema „Sicherheitstips für Frauen" veranstaltet und dieses Thema auch mit Experten außerhalb der Exekutive diskutiert. Seit einigen Jahren werden auch die Kontaktbeamten der Sicherheitswache eingesetzt und im Frühjahr 1992 in einem Seminar erstmals umfassend geschult. Erstmals im Stellenplan 1992 wurden hauptamtliche Beratungsbeamte berücksichtigt. Eine Aufstockung der Planstellen ist beantragt.

Ein Schwerpunkt der Arbeit der KBD's ist einerseits die Öffentlichkeitsarbeit, um eine Bewußtseinsbildung der Menschen generell zu erreichen und auf der anderen Seite die individuelle Beratung der Betroffenen. Hier werden seit 1990 neue Wege gegangen. Unter dem Motto „Die Polizei kommt zum Bürger" wird in Geschäftszentren oder Einkaufsstraßen eine Beratungsstelle in Form eines Ausstellungsstandes oder eines Beratungsbusses eingerichtet und über den Zeitraum von zwei bis drei Tagen der Bevölkerung angeboten. Parallel dazu wird mit Postwurfsendungen und Plakaten auf diese Aktion aufmerksam gemacht. In den Parkhäusern und Straßen der Umgebung werden Merkblätter mit Sicherheitstips für Autofahrer und Radfahrer verteilt. In den nahegelegenen Schulen werden zur gleichen Zeit von Kontaktbeamten und Kriminalbeamtinnen Kurzvorträge zu den verschiedenen Themen abgehalten. In Einfamilienhaussiedlungen in der Umgebung des Aktionsbereiches wird die Aktion „Sichere Tür" durchgeführt. Dabei gehen Rayonskriminalbeamte sowie Kontaktbeamte der Sicherheitswache von Haus zu Haus und bieten Beratungen über die Möglichkeit der Sicherung des Hauses an. Im Vordergrund für all diese Aktivitäten steht die Idee, den für diesen Bereich zuständigen Rayonsbeamten der Bevölkerung vorzustellen, um eine spätere Kontaktaufnahme in Anlaßfällen zu erleichtern. Höhepunkte der jeweiligen Aktionen sind öffentliche Diskussionen, welche der Bevölkerung die Möglichkeit bieten, Fragen an den Bezirksvorsteher, den Polizeipräsidenten und den Stadthauptmann des Bezirkes zum Thema Sicherheit zu stellen.

Daneben nimmt der KBD regelmäßig an folgenden Messen seit 1989 teil: Ferienmesse mit Schwerpunkt „Sicherheitstips für Urlauber", Freizeitmesse bzw. Zweirad- und Automesse mit Schwerpunkt „Sicherung von Fahrzeugen", Frühjahrsmesse mit Schwerpunkt „Sicherung des Hauses", Herbstmesse mit Schwerpunkt „Sicherung Autoradio bzw. Sicherung des Hauses", Security-Sicherheitsfachmesse, Senior Aktuell mit Schwerpunkt „Sicherheitstips für Senioren". 300 bis 600 Beratungen zeigen einerseits den großen Bedarf beim Messepublikum, andererseits die schnelle Amortisation der relativ geringen Kosten für diese Aktivitäten. Allein im Sicherheitsbüro werden täglich 10 telefonische und 2 persönliche Beratungen durchgeführt. Gerade im Bereich des Kriminalpolizeilichen Beratungsdienstes zeigt sich, wie wesentlich die Unterstützung der Öffentlichkeitsarbeit durch die Medien ist. Beim Erscheinen von Mitteilungen in den Zeitungen über die vorgeführten Aktivitäten steigt die Zahl der Ratsuchenden sprunghaft an. Neben dem Abteilungsleiter Hofrat PRIEHSNITZ haben sich in den letzten Jahren besonders Rat JEDELSKY und OKmsr. Lepuschitz in Wien um den Aufbau des KBD verdient gemacht.

Schach dem Alkohol

Der starke Anstieg von Verkehrsunfällen, welche von alkoholisierten Lenkern verursacht wurden, führte im Jahre 1974 einerseits zu einer großangelegten Aufklärungsaktion der Wiener Polizei durch Flugblätter (oben), andererseits zu verstärkten Verkehrskontrollen im ganzen Stadtgebiet. „Schach dem Alkohol" war die Devise.

Bögl: Jeder 60. Lenker alkoholisiert

„Die Bedeutung dieser Verkehrskontrollen für die Sicherheit auf unseren Straßen erkennt man schon allein daran, daß etwa jeder sechzigste angehaltene Autofahrer alkoholisiert ist", erklärt der Generalinspektor für die Wiener Sicherheitswache, Günther Bögl, dem KURIER.

Im Dezember wurden 22.983 Fahrzeugkontrollen in Wien durchgeführt, dabei sind 383 betrunkene Lenker angezeigt worden.

„Unsere Überprüfungen können jederzeit sowohl auf Hauptstraßen, als auch auf ‚Schleichwegen' einsetzen. Länger als eine halbe Stunde an der gleichen Stelle zu kontrollieren, hat aber keinen Sinn", meint der oberste Wachmann Wiens. „In diesem Zeitraum hat es sich meist in der Umgebung schon herumgesprochen, und die Autofahrer sind gewarnt."

Kurier, 4. Februar 1974

Und Schach der Prostitution

Auch mehr als sechzig Jahre nach unserem ersten Bericht über die Prostitution in Wien (siehe 1913 – Seite 132) hat sich nichts daran geändert, daß die Polizei in diesem Zusammenhang verantwortlich gemacht und kritisiert wird. Galt es allerdings noch 1913 – nach Ansicht des Zeichners – die Überreaktion der Wiener Polzizei bei der Prostitutionsbekämpfung zu geißeln, so sah der Karikaturist des Jahres 1975 die Polizei eher in einer diesbezüglich desinteressierten Rolle. Er dokumentiert dies sehr eindeutig, indem er neben den qualmenden Auspuff, um welche sich der Polizist ausschließlich zu kümmern scheint, auch noch ein Fahrverbotsschild gezeichnet hat. Damit trifft er haargenau die Meinung jener Anrainer in Prostiutionsbereichen, in denen sich – einziger Unterschied zu 1913 – der sogenannte „Autostrich" entwickelt hat. Dort wird die Bevölkerung zusätzlich zur Problematik der Prostitution selbst – vor allem in den Nachtstunden – durch kreisende Autos, mehr oder weniger lautstarke Diskussionen und ähnliches molestiert und diese ersucht verständlicherweise die Polizei um Abhilfe. Weil aber nicht sture Gesetzesvollziehung, sondern das Bemühen dem Bürger zu helfen im Vordergrund polizeilicher Aktivitäten stehen, kümmern sich die Polizisten eben um die Freier als Autofahrer und nicht als „Verkehrsteilnehmer anderer Art". So werden die Herren der Schöpfung eben wegen abgefahrener Reifen, unzulässiger Rauchentwicklung des Fahrzeuges und anderen Delikten nach dem Kraftfahrgesetz und der Straßenverkehrsordnung angezeigt. Verständlich, daß solche Anzeigen, die zur Namensfeststellung führen, nicht die Ambitionen potentieller Kunden heben, und dazu führen, daß diese mit dem Kraftfahrzeug selten wieder in diese Bereiche zurückkehren. So wird diese Form der Prostitution immer wieder verdrängt und vorübergehend nur in Gegenden geduldet, in denen es keine Anrainer gibt. So gesehen ist die Karikatur richtig und zeigt eine der vielen Facetten polizeilicher Aktivitäten fern ab vom Standpunkt: „Da können wir nichts machen, wenden Sie sich an den Gesetzgeber". Dieser hat nämlich im Bereich des Prostitutionswesen nur die Möglichkeit, die Prostitution ganz zu verbieten oder sie von ganz sensiblen Bereichen wie Schulen, Jugendheimen, religiösen Andachtsstätten und ähnlichem fernzuhalten. Da die Prostitution so alt ist wie die Geschichte der Menschheit, kann es nur den zweiten Weg geben. Und dieser wird vom Gesetzgeber in Form von Verbotszonen realisiert. Außerhalb dieser Verbotszonen kann die Polizei nicht gegen die Prostitution selbst, sondern nur gegen unzumutbare Begleiterscheinungen – wie z. B. in der vorstehenden Form beschrieben – einschreiten. Ein Hauptproblem bei der Effizienz polizeilicher Maßnahmen gegen die Prostitution selbst liegt in der Tatsache begründet, daß es dafür fast in allen westeuropäischen Staaten nur Geldstrafen gibt. Diese wieder hindert die Prostituierte selten, ihr Gewerbe aufzugeben, sondern veranlaßt sie, den durch die Realisierung des staatlichen Strafanspruches entstandenen „Schaden" (vor allem für die „Beschützer") durch zusätzliche Tätigkeit wieder gutzumachen. Der wahre Ungeist in dieser Branche manifestiert sich nämlich – von einigen allerdings sehr unguten Ausnahmen abgesehen – meist weniger bei den Mädchen selbst, als bei deren Zuhältern, die mit ihren kriminellen Praktiken immer wieder Hauptan- und Einsatzpunkt polizeilicher Aktivitäten sind.

Kurier, 28. Dezember 1975

Das Gebäude der neuen Polizeidirektion, Schottenring 7–9…

…nimmt langsam Formen an. (siehe folgende Seite)

1974

Ende des Jahres 1974 begann die Übersiedlung der Polizeidirektion vom „Deutschmeisterpalais“ am Parkring in das neuerbaute Amtshaus Schottenring 7–9 (Bild). Ein traditionsreicher Ort, wenn man bedenkt, daß sich an dieser Stelle das 1881 abgebrannte Ringtheater und am Nebengrundstück – zu dieser Zeit noch unverbaut – die k.k. Polizeidirektion – das ehemalige Hotel Austria – befunden hatte.

Im Zuge der Vorbereitungen der Weltausstellung 1873 wurden im Ringstraßen- und Kaibereich Nobelhotels errichtet. Darunter das Hotel Austria im Bereich Schottenring 11. Ende 1874 und 1875 zog die k.k. Polizeidirektion in den von Wilhelm FRAENKEL 1872 errichteten Bau ein. Das Hotel wurde vom Staat 1874 gekauft und nach verschiedenen Adaptierungen der Polizei gewidmet. 1904 wurden die Kriminalpolizei und einige andere Departements in das neue Polizeigebäude an der Elisabethpromenade (Roßauer Lände) verlegt, welches von 1902 bis 1904 in etwa an der Stelle der ehemaligen Lampelmaut durch die Dikasterialgebäudedirektion errichtet worden war. Hiebei wurden neben den in den Hoftrakten befindlichen Arresten mit anderen Dienststellen auch das Zentralmeldeamt und das Polizeimuseum untergebracht. Die neue Polizeidirektion am Schottenring wurde während des Zweiten Weltkrieges am 12. 3. 1945 zerstört, die Dienststellen übersiedelten in das Hoch- und Deutschmeisterpalais am Parkring 8. Dieses Gebäude war von Theophil von Hansen 1864–1868 in strengen Renaissanceformen für Erzherzog Wilhelm als Privatpalais erbaut und dann 1870–1938 Eigentum des Deutschen Ritterordens und damit auch Sitz des jeweiligen Hochmeisters.

Neben der zerstörten Polizeidirektion befand sich ehemals das von Emil von Förster 1873/1874 erbaute Ringtheater. Da die Bauparzelle klein war, mußte Förster zur Erweiterung des Platzangebotes eine Raumerweiterung nach oben anstreben und gelang es ihm, durch geschickte Architektur eine den Anforderungen angepaßte Lösung zu finden. Das Theater wurde am 17. Jänner 1874 als Komische Oper eröffnet, erhielt jedoch später nach Änderung des Repertoires den Namen Ringtheater. Unter der Direktion Franz JAUNERS brannte es am 8. Dezember 1881 unter den bekannten dramatischen Umständen ab. 386 Todesopfer waren zu beklagen, da die Besucher der oberen Ränge nicht rasch genug die Ausgänge erreichen konnten. An Stelle der Ruine entstand aus den Mitteln des Kaiserhauses das sogenannte „Sühnhaus“, ein Zinshaus, dessen Zinsertrag wohltätigen Zwecken zufloß. Es wurde am 8. Dezember 1885 eröffnet und 60 Jahre später so schwer beschädigt, daß es in der Folge abgetragen werden mußte. Ursprünglich bestand der Plan, die beiden nebeneinander gelegenen unbebauten Grundstücke für die Polizeidirektion und als Ersatzbau für die Roßauer Kaserne zu nützen. Später entschied man sich für den Alleinbau der Polizeidirektion Wien auf dem heutigen Gelände Schottenring 7–9. Der Ersatzbau für die Roßauer Kaserne erfolgte auf dem Liechtenwerder Platz.

Im Gebäude selbst befinden sich neben den Präsidialabteilungen das Generalinspektorat der Sicherheitswache, das Kriminalbeamteninspektorat, die wesentlichsten Dienststellen der Abteilung I, Dienststellen der Abteilung III, der Abteilung IV und die Abteilung V. In zentraler geschützter Lage ist die Funkleitstelle untergebracht. Außer diesem Hauptgebäude ist die Polizeidirektion Wien noch neben 95 Wachzimmern und 23 Kommissariatsgebäuden in weiteren 12 Dienststellen dezentralisiert.

Kurier, 6. Mai 1975

Bilder: Agentur HANNI

Start zur ersten „Tasso-Streife" auf dem WIG-Gelände in Wien-Favoriten: Vierbeinige Polizisten

Vierbeinige Polizisten auf der WIG

Aktion gegen Banden

Auf dem Gelände der WIG 74 ist das Unternehmen „Tasso-Streife" angelaufen. Der Name sagt es schon: Vierbeinige Polizisten (freilich in Begleitung zweibeiniger Kollegen) werden künftig nach Einbruch der Dunkelheit das riesige Gelände auf dem Laaerberg kontrollieren. Unser Bildbericht stammt vom ersten Einsatz in der Nacht zum Montag.

Die Aktion, die nicht in regelmäßigen Abständen durchgeführt wird, richtet sich in erster Linie gegen Banden von Jugendlichen, die auf dem WIG-Gelände gelegentlich Überfälle verüben oder ihre Aggressionen an Bänken, Lampen oder Blumen abreagieren.

Die Polizei: „Das WIG-Gelände ist für ‚[illegible]hunde' obendrein ein ideales Trai[illegible]gelände."

Die erste Nacht verlief ruhig: Hundepatrouillen

Der polizeiliche Einsatz von Diensthunden war seit der Einführung der Diensthundestaffel der Wiener Polizei im Jahre 1909 nichts außergewöhnliches. Als in den Siebzigerjahren der Ruf der Wiener nach Grünflächen und Erholungsgebieten immer stärker geworden war und Veranstaltungen wie die Gartenschau WIG 74 abgehalten wurden, entstanden in diesen großen Grünlandflächen neue Sicherheitsprobleme. Eine Antwort auf die sich ergebenden Probleme war der Einsatz von Polizei-Diensthunden. Die Presse berichtete und die Lichtbildstelle der Polizei dokumentierte…

2. 7. 1975: *Hochwassereinsatz der Sicherheitswache in Kaiserebersdorf.*

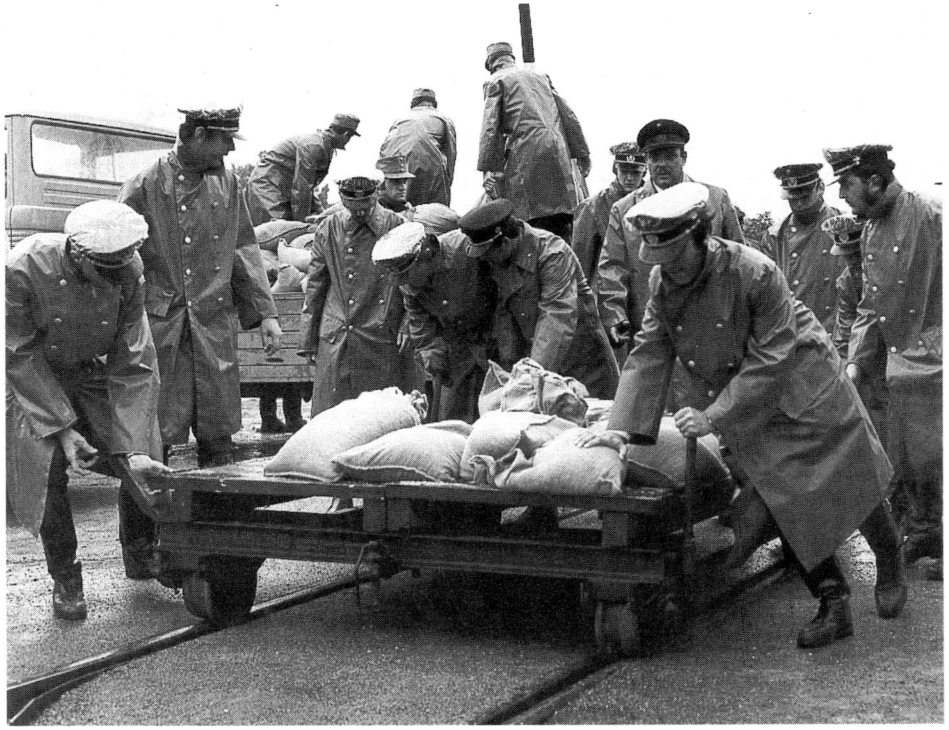

Wieder einmal mußte die Wiener Sicherheitswache ausrücken, um bei Hochwasser zu bergen und retten. Nur die Uniform hatte sich im Laufe der vielen Jahrzehnte verändert. Unverändert aber war die Hilfsstellung, welche die Wiener Polizei unbeschadet der jeweiligen politischen Regimes der Bevölkerung leistete.

„Containerschießen" im Industriehafen.

Die weltweiten Proteste gegen den spanischen Staatschef Franco machten auch vor Österreich nicht halt. In den Abendstunden des 2. 10. 1975 kam es zu einer Demonstration von Franco-Gegnern, an welcher mehr als 1000 Personen teilnahmen. Als die Demonstranten sich gegen das Büro der spanischen Luftfahrtgesellschaft IBERIA wandten und hier schwere Zerstörungen verursachten, mußte die Sicherheitswache eingreifen. Bei der nun folgenden Auseinandersetzung zwischen Polizei und radikalen Demonstranten wurden 66 Polizeibeamte teils schwer verletzt. Die Demonstration und die Zerstörung spanischer Einrichtungen wurde von allen im österreichischen Parlament vertretenen Parteien auf das Entschiedenste verurteilt.

2. Oktober 1975: Anschlag auf das IBERIA-Büro

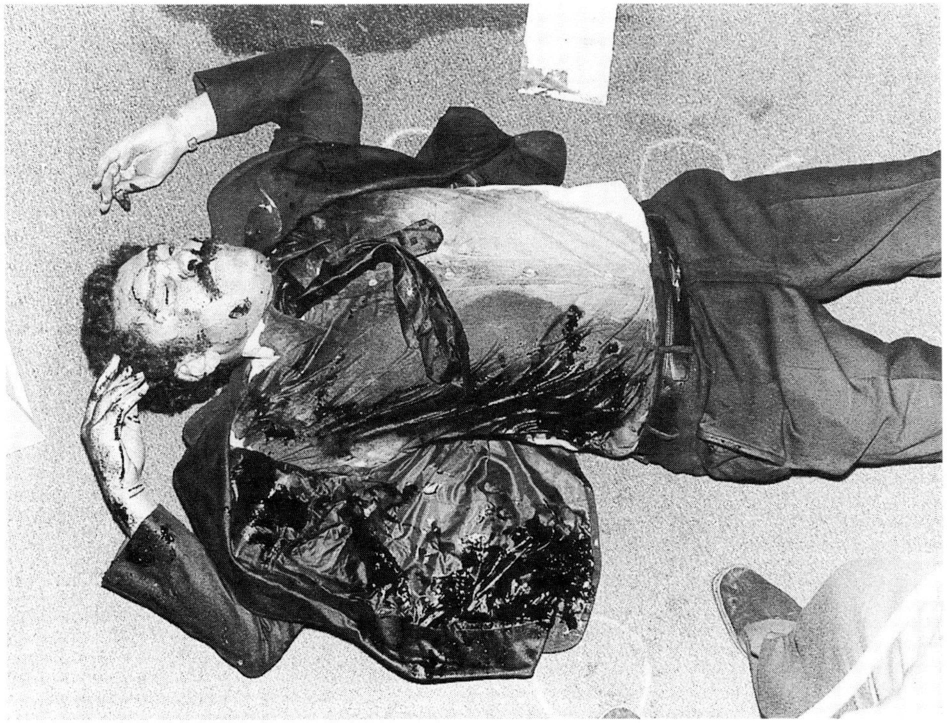

21. Dezember 1975: Der OPEC-Überfall

Am Sonntag, den 21. Dezember 1975, tagt im Gebäude der OPEC (Organisation erdölexportierender Länder) in Wien 1., Dr.-Karl-Lueger-Ring eine Konferenz, an der Delegierte aller in der OPEC vertretenen Länder teilnehmen. Insgesamt rund 70 Personen, unter ihnen mehrere Minister. Gegen 11.45 Uhr drangen sechs Terroristen, fünf Männer und eine Frau, in die Räume ein und schossen mit Maschinenpistolen auf die Anwesenden. Hiebei wurden der Kriminalbeamte des Staatspolizeilichen Büros, Kriminalbezirksinspektor Anton Tichler, der sich den Terroristen entgegenstellte und ein Sicherheitsbeamter der OPEC, Alar Hassan durch Kopfschüsse und der libysche OPEC-Delegierte, Jussif Izmirli durch Schüsse in den Leib getötet. Ein weiterer dienstversehender Polizist und der Delegierte von Kuwait wurden durch Schüsse leicht verletzt. Ein Terrorist erlitt durch einen Bauchschuß lebensgefährliche Verletzungen.

Nach Schönau war der Fall OPEC das zweite Mal, daß Österreich mit dem politischen Wahnsinn extremer Gruppen konfrontiert wurde. Der Terroranschlag hielt nicht nur Österreich, sondern die Welt in Atem. Er führte auch in der Folge überall zu einer Verschärfung der Sicherheitsvorkehrungen, insbesondere der Einlaßkontrollen und der Bewachungssysteme, die im wesentlichen noch bis heute aufrecht sind. Die Wiener Sicherheitskonzepte für internationale Tagungen, die unabhängig von der Örtlichkeit praktisch am Stadtrand (in vielen Fällen schon an der österreichischen Grenzen bzw. auf dem Flughafen) beginnen, haben dazu beigetragen, daß Österreich und Wien selbst unter Bedachtnahme auf die hohen internationalen Anforderungsprofile auch in dieser Beziehung als eine der sichersten Städte gilt. Nicht zuletzt waren diese Fakten auch für die Errichtung der UNO-City (in welcher UNIDO, IAEO, UNRWA, UNHCR, UNDCP, UNOC u. a. ihre internationalen Büros haben) sowie für den Bau und Betrieb des Wiener Konferenzzentrums, dem AUSTRIA CENTER VIENNA, welches gut angekommene Tagungsräumlichkeiten (14 Säle) für 50 bis 4.700 Teilnehmer bietet, ausschlaggebend. Die großen Kongresse wie z. B. die UN-Drogenkonferenz, der Radiologie- bzw. der Kardiologiekongreß, mit bis zu 10.000 Teilnehmern, hatten nicht zuletzt dank erprobter Zusammenarbeit der Polizei mit den Verantwortlichen für Betrieb und Organisation im AUSTRIA CENTER VIENNA internationale und nationale Erfolge.

„UNO-City" und Konferenzzentrum beeinflussen durch die permanente oder vorübergehende Anwesenheit tausender nationaler Beamter, Delegierter oder Tagungsteilnehmer die Devisensituation und den Wiener Handel und Gewerbe sehr positiv und ist dies wieder eine der vielen möglichen Beweisführungen dafür, wie wesentlich gute Sicherheitsverhältnisse die Wirtschaft eines Landes positiv oder negativ beeinflussen.

8. 4. 1976: Polizeiliche Hilfsstellung bei Großbrand der Firma Bunzl und Biach

Am 8. 4. 1976 bemerkte ein Oberwerkmeister der ÖBB Rauch auf dem Gelände der Hauptwerkstätte in Wien 21., Brünner Straße 68–70 und stellte fest, daß an drei verschiedenen Stellen Brandherde entstanden waren. Die Feuerwehr wurde sofort verständigt, doch breitete sich infolge des herrschenden starken Windes das Feuer rasch auf eine Holzbaracke der ÖBB und in weiterer Folge durch Funkenflug auf die Papierfreilager der Firma Bunzl & Biach aus. Um 17.00 Uhr wurde von der Feuerwehr Großalarm Stufe 5 gegeben. Zu diesem Zeitpunkt waren ca. 30 Feuerwehrfahrzeuge beim Brandort eingetroffen. Das Feuer hatte zwischenzeitlich die lagernden, gepreßten Papierballen im Ausmaß von ca. 20.000 m^2 ergriffen. Da Gefahr bestand, daß durch Funkenflug die Siedlungshäuser der Wolfsgrube in Brand geraten könnten, wurde die Bevölkerung durch Polizeilautsprecherwagen zur Vorsicht und Beobachtung des Funkenfluges aufgefordert. Am Brandherd waren zwischenzeitlich 14 Funkwagen, 18 Sicherheitswachebeamte der Alarmabteilung, 20 Beamte des Bezirkes und der Wasserwerfer der Polizei eingetroffen, da man infolge der starken Hitzeentwicklung in das Zentrum der brennenden Papierballen nur schwer eindringen konnte. Die Feuerwehr setzte unter dem Kommando von Oberbrandrat Abulesz und Branddirektor Sanytr sämtliche verfügbaren Kräfte ein. Zusätzlich wurden Soldaten der Luftschutztruppenschule des Bundesheeres und 10 Ambulanzen des Rettungsdienstes zum Brandherd beordert.

Der Autor, der damals als Generalinspektor der Sicherheitswache deren Einsatz leitete, hatte hiebei ein Erlebnis, welches zeigt, unter welch schwierigen Bedingungen und Einsatz ihres Lebens die Fotoreporter unserer Zeitungen arbeiten und zum Teil arbeiten müssen. Als der nebenstehend abgebildete Wasserwerfer wieder einmal auftankte und in das Zentrum des Brandes zurückfuhr, bemerkte er den für seine aktuellen Bilder bekannten und aufgrund dieser engagierten Berufsausübung immer wieder in Konflikte mit der Polizei verwickelten Fotoreporter Otto Mang auf dem Boden der Fahrerkabine hockend. Otto Mang war es wieder einmal gelungen, die Polizisten zu überreden und so konnte er aus der Fahrerkabine des Wasserwerfers aktuelleste Fotos mitten aus dem Inferno schießen und liefern. Fotoreporter müssen tatsächlich, um Ihnen für die Abend- oder Morgenzeitungen aktuelle Bilder zu liefern, sehr oft ihr Leben oder ihre persönliche Gesundheit gefährden. Gute Fotoreporter verfügen über wahre Trickkisten, mit denen sie versuchen, polizeiliche Absperrungen zu durchdringen und finden hiebei immer wieder – wie im geschilderten Fall – Unterstützung bei den Polizeibeamten, die deren beruflichen Druck mit großem Verständnis gegenüberstehen. Das gleiche gilt natürlich auch in einer etwas gemilderten Form für nur schreibende Reporter, welche persönliche Eindrücke bei der Berichterstattung verständlicherweise auch oft durch Eindringen in gesperrte Aktionsräume unter Vernachlässigung ihrer persönlichen Sicherheit haben möchten. Diese Engagement und Mut erfordernde Facette der Tätigkeit vom Lokal- und Kriminaljournalisten, denen wir sehr oft nur wegen ihrer inhaltlichen Artikelgestaltung kritisch gegenüberstehen, soll an dieser Stelle am Beispiel von Otto Mang, dem wir im übrigen viele schöne Bilder in diesem Buch verdanken, gewürdigt werden.

Polizeilicher Wasserwerfer im Löscheinsatz

Generalinspektor Dr. Bögl bei der Einsatzleitung der polizeilichen Unterstützung der Löscharbeiten

1976

Als in den frühen Morgenstunden des 1. August 1976 dem polizeilichen Journaldienst am Schottenring gemeldet wurde, daß die Reichsbrücke eingestürzt wäre, lag natürlich vorerst einmal – wie in diesen politisch so bewegten Jahren verständlich – der Verdacht nahe, es würde sich um einen Sprengstoffanschlag handeln. Wenig später konnte – nach eingehender Überprüfung durch Sprengstoffexperten der Wiener Polizei und des Innenministeriums, die Vermutung eines Anschlages jedoch ausgeschieden werden. Grund des Einsturzes war – wie sich später herausgestellt hatte – eine mangelhafte Betonverdichtung des Brückenpfeilers an der Kagraner Flußseite und – wie könnte es anders sein – auch zu oberflächliche Kontrollen. Eine gerichtliche Untersuchung brachte allerdings keine Bestätigung des letztangeführten Vorwurfs.

1976

Das Ausbildungsmodell des Polizeipraktikanten wurde geschaffen, um jugendlichen Interessenten für den Polizeidienst die Möglichkeit zu geben, ohne Umweg über eine andere Berufsausbildung nach Abschluß der Pflichtschule, den Polizeiberuf zu erlernen. Nach einer Aufnahmsprüfung und einer Einstellungsuntersuchung erhielten die Polizeipraktikanten (in den Medien und im Volksmund immer wieder als „Kadetten" bezeichnet) eine dreijährige Ausbildung in einer Polizeitagesschule ohne Internatsbetrieb. Es wurden ihnen jährlich 14 Gehälter ausgezahlt, die der Höhe nach mit den üblichen Lehrlingsentschädigungen vergleichbar waren. Das Anstellungsverhältnis war das eines Vertragsbediensteten mit Sondervertrag. Im ersten Jahr der Ausbildung sah der Lehrplan die Vermittlung von allgemeinem Wissen und die behutsame Vorbereitung auf das polizeiliche Fachwissen vor. So waren unter anderem neben Deutsch, Englisch, Geschichte, Geographie, Psychologie, Stenographie auch die Sportstunden im Vordergrund. Helfer- und Retterschein der österreichischen Wasserrettung und das österreichische Turn- und Sportabzeichen waren zu erlangen. Daneben wurden immer wieder Polizeidienstvorschriften und Verkehrsrecht gelehrt. Letzteres war notwendig, da im zweiten Jahr der Ausbildung auch schon der erste praktische Einsatz in Uniform erfolgte: Schulwegsicherung. Die theoretische Ausbildung wurde auf Verwaltungsrecht, Kriminalistik, Strafrecht und Strafprozeßrecht erweitert. Im dritten Jahr der Ausbildung wurde dann mit der Vorbereitung zur Erlangung des Führerscheines begonnen und vermehrt Psychologie, Strafrecht und Verkehrsrecht unterrichtet. Studienreisen sollten nicht nur in- sondern auch ausländische Polizeistrukturen näher bringen. Nach Beendigung der dreijährigen Ausbildung wurde der Praktikant als Polizeiwachmann – später als Inspektor – in ein öffentlich-rechtliches Dienstverhältnis provisorisch übernommen und der weiteren Ausbildung im Schulungswachzimmer zugeführt. Gab es noch im ersten Jahr eine fast 20%ige Ausfallsquote, so sank diese im zweiten Jahr auf 5%, während im dritten Jahr nur mehr Einzelfälle, die statistisch nicht erfaßt worden sind, zu verzeichnen waren.

Die ersten 30 Praktikanten wurden am 4. 11. 1974 einberufen und 28 davon am 1. 9. 1977 als Polizeiwachmänner in das öffentlich-rechtliche Dienstverhältnis übernommen. Die letzten beiden Praktikanten wurden am 1. 12. 1989 als Inspektoren übernommen und damit ging diese Ausbildungsform zu Ende.

In der Zeit von 1974 bis 1986 (letzte Einstellung) wurden insgesamt 2.113 Bewerber aufgenommen und davon 697 während der Ausbildung ausgeschieden. 1.416 Praktikanten, das sind insgesamt 67%, wurden in das öffentlich-rechtliche Dienstverhältnis übernommen. Aus diesen gingen bis jetzt ein Beamter des rechtskundigen Dienstes, 4 Offiziere und eine nicht mehr zu erfassende Zahl von Wachkommandanten hervor.

Polizeipraktikant bei Schulwegsicherung

1976

17. 12. 1976: Ansicht eines durch den Bombenanschlag zerstörten Kanzleiraumes im Verkehrsamt der Wiener Polizei in der Roßauerkaserne.

Mitte Dezember 1976 wurde die Öffentlichkeit von einer Reihe von Sprengstoffanschlägen in Wien beunruhigt. So wurde am 16. Dezember im Flur des Hauses Schottenring 14 eine mit einer Gelatine-Donarit-Patrone gefüllte Coca-Cola-Dose, die jedoch nicht zur Detonation gekommen war, aufgefunden. Am darauffolgenden Tag, dem 17. Dezember, detonierte im Verkehrsamt der Wiener Polizei in der Roßauerlände eine ca. 30 dkg schwere Gelatine-Donarit-Sprengladung. Es entstand schwerer Sachschaden, Personen wurden nicht verletzt.

Bereits am 18. Dezember wurde wieder eine Coca-Cola-Dose mit einer Sprengstofffüllung – diesmal im Hause Spittelauer Lände 7 – gefunden. Sie war nicht zur Explosion gelangt.

Sowohl bei dem Sprengkörperfund am 16. als auch am 18. Dezember wurden Drohbriefe gefunden (Bild unten), welche einen Zusammenhang mit der Verhaftung eines Mitgliedes der deutschen Terrorszene in Wien einige Tage zuvor vermuten ließen. Bei Nichtfreilassung der Inhaftierten wurde die Sprengung eines Zuges und die tägliche Ermordung eines Polizisten angedroht.

Der befürchtete Zusammenhang mit der deutschen Terrorszene war jedoch nur vorgetäuscht und sollte den finanziellen Forderungen des wenig später eruierten Täters den gehörigen Nachdruck verleihen. Der Täter – ein 32jähriger Mann – fand bei der Explosion einer weiteren Bombe unmittelbar vor seiner Verhaftung am 27. 1. 1977 den Tod.

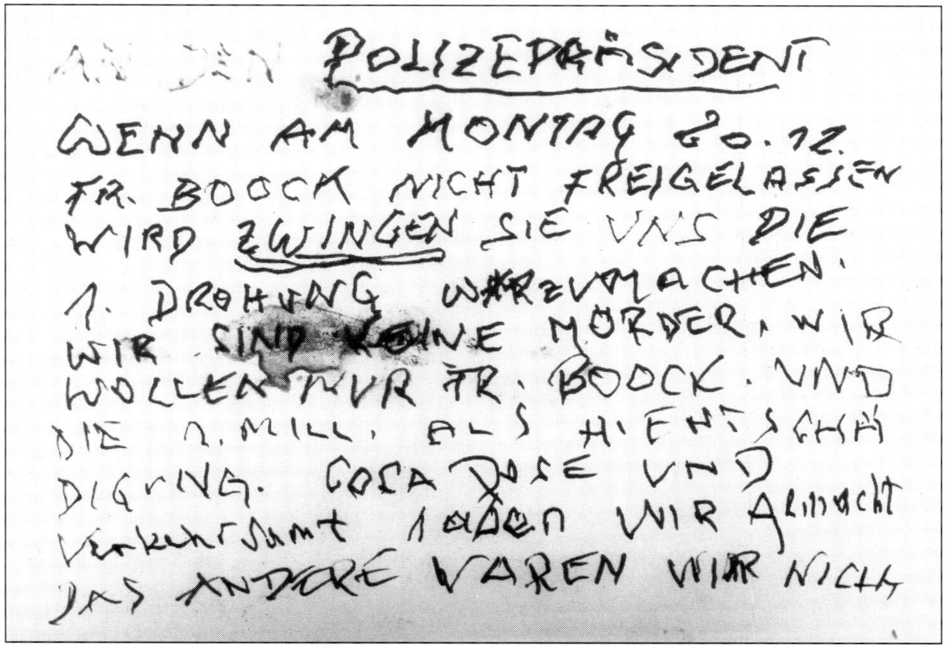

AN DEN POLIZEPRÄSIDENT

WENN AM MONTAG 20.12.
FR. BOOCK NICHT FREIGELASSEN
WIRD ZWINGEN SIE UNS DIE
1. DROHUNG WAHRZUMACHEN.
WIR SIND KEINE MÖRDER. WIR
WOLLEN NUR FR. BOOCK. UND
DIE 1. MILL. ALS ENTSCHÄ
DIGUNG. COCA DOSE UND
Verkehrsamt haben WIR [illegible]
DAS ANDERE WAREN WIR NICHT

1977

Am 27. Jänner 1977 erschütterte eine gewaltige Detonation die Hütteldorfer Straße. Man fand einen durch einen Sprengsatz gänzlich zerstörten PKW. In dem Wagen hatte ein Mann durch die Gewalt der Explosion den Tod gefunden. Es handelte sich um den „Bombenleger vom Verkehrsamt“ (s. S. 331). Der Mann hatte noch weitere Anschläge größten Ausmaßes geplant, sein Tod durch den selbstgebauten Sprengkörper war einer Verhaftung zuvorgekommen.

Der Bombenleger vom Verkehrsamt...

...hat wieder einmal zugeschlagen: 27. Jänner 1977, Hütteldorfer Straße

1977

Einer der tüchtigsten Kontaktbereichsbeamten der SW-Abteilung Ottakring im Juni 1977

Langsam aber sicher besserte sich nach Einführung der individuellen Direktwerbung (siehe Seite 272) der Personalstand der Wiener Sicherheitswache und man konnte daran gehen, den guten alten Rayonsinspektor wieder in einer anderen Form zu etablieren. Die Motorisierung und die durch den Personalmangel veranlaßte Reduzierung der Funkstreifen hatte zum Verlust persönlicher Kontakte zwischen Sicherheitswache und Bevölkerung geführt. Dieser Entwicklung wurde im April 1977 durch die Einführung von Kontaktbeamten begegnet. Neu an dieser Organisationsform war, daß der Kontaktbeamte von sich aus mit der Bevölkerung in Verbindung trat und zusätzlich zu den Aufgaben der Aufrechterhaltung der öffentlichen Ruhe, Ordnung und Sicherheit, durch Gespräch und Beratung auch in die Marktlücke „friedensrichterliche Funktion“ eintrat. Es wurde bei der Einführung dieses Modells sehr streng darauf geachtet, den Kontaktbeamten nicht zu einem „Polizeispitzel“ werden zu lassen. Diese Gefahr war gegeben, da der Sicherheitswachebeamte selbstverständlich Mitteilungen im Rahmen zwischenmenschlicher Gespräche, soferne sie sich auf strafrechtlich oder verwaltungsrechtlich relevante Handlungen bezogen, nicht ignorieren konnte und auch heute nicht ignorieren kann. Es bedurfte daher einer strengen Selektion und einer gründlichen Ausbildung dieser Kontaktbeamten, deren Augaben demonstrativ etwa wie folgt zusammengefaßt wurden: Kontaktaufnahme mit verschiedenen Bevölkerungsgruppen (z. B. alleinstehende Menschen, Ein-Mann-Gewerbe etc.), Teilnahme an Veranstaltungen (z. B. Vorträge oder Diskussionen in Seniorenheimen), Verbindungsherstellung mit Konzepts- und Kriminalbeamten bei Vorliegen von kriminalpolizeilich relevanten Verhältnissen, Serviceleistungen für die Bevölkerung durch Information über Zuständigkeitsverhältnisse, Erleichterungen von Behördenwegen, Mitwirkung an Hilfsaktionen für Menschen bei extremen Witterungsbedingungen („sicherer“ Gehsteig im Winter, Kälteaktionen etc.).

Da die Nachfrage nach den Kontaktbeamten zunehmend aus dem Kreis älterer Menschen kam, wurde das System in der Folge unterteilt und spezielle Jugendkontaktbeamte geschaffen, über die an anderer Stelle dieses Buches berichtet wird.

Palmers sen. entführt 50 Millionen gefordert

Gangster haben es nur auf Geld abgesehen Polizei verhängte totale Nachrichtensperre

Eine der größten Kriminalaffären der österreichischen Nachkriegszeit wurde am Donnerstag bekannt: Der Seniorchef des „Wäscheimperiums" Palmers, der 74jährige Kommerzialrat Walter Michael Palmers, ist am Mittwochabend vor seinem Haus in Wien-Währing entführt worden. Die Lösegeldforderung soll 50 Millionen S betragen. Weitere Einzelheiten über die Affäre, mit der die „Schonzeit" der Kidnapper für Österreich offenbar zu Ende gegangen ist, wurden weder von der Polizei noch von den Angehörigen bekanntgegeben, da man sich auf eine strenge Nachrichtensperre geeinigt hatte. Dennoch scheint festzustehen, daß die Entführer keine politischen Ziele verfolgen, sondern ausschließlich die Erpressung des Lösegeldes im Auge haben.
Nach Berichten von Augenzeugen kann man sich folgendes ungefähres Bild vom Hergang der Tat machen: Kommerzialrat Palmers befand sich am Mittwoch um etwa 22 Uhr mit seinem VW-Golf auf dem Weg nach Hause. In unmittelbarer Nähe seiner Währinger Villa in der Hockegasse wurde sein Fahrzeug angehalten und der Industrielle von zwei Gangstern in ein anderes Auto gezerrt, das daraufhin spurlos verschwand. Am nächsten Morgen entdeckte die besorgte Gattin des Industriellen den leeren VW-Golf, worauf sie die Polizei benachrichtigte. Diese soll in dem verlassenen Auto einen Zettel mit den Forderungen der Kidnapper gefunden haben. Da u. a. die Ausschaltung der Polizei gefordert worden sein soll, wurde von den Sicherheitsbehörden eine totale Nachrichtensperre zu diesem Fall verhängt.
Einen besonders dramatischen Akzent bekommt dieses erste kapitale Entführungsverbrechen seit der Affäre Bensdorp im Jahre 1971 dadurch, daß Kommerzialrat Palmers herzleidend ist. Die Polizei und die Familienangehörigen müssen also möglicherweise schon wegen der Medikamente, die dem Entführungsopfer ausgehen könnten, einen Wettlauf mit der Zeit bestehen. Der Sohn der „Schokoladenfamilie" Bensdorp, der 1971 in Wien-Döbling entführt worden war, wurde von den Verbrechern nach zwei Tagen freigelassen. Wie hoch damals die bezahlte Lösegeldsumme war, wurde niemals bekanntgegeben.

Walter Michael Palmers wird in der Branche als Mehrheitsinhaber der Firmenkette angesehen, die auf den Handel mit Damenmoden und Damenwäscheartikeln spezialisiert ist. Dem praktisch als eine Art Familienimperium aufgebauten Geschäftsbetrieb gehören drei vollhaftende Komplimentäre und vier Kommanditisten an, die durchwegs aus Familienmitgliedern bestehen.

Die Firmenkette dürfte in Österreich über rund 90 Filialen in allen Bundesländern verfügen und des weiteren noch zirka 160 Verkaufsstellen regelmäßig beliefern.

Wiener Zeitung, 11. November 1977

Am 9. 11. 1977, gegen 20.30 Uhr wurde der Industrielle Walter Palmers vor seinem Wohnhaus von zunächst unbekannten Tätern in einen PKW gezerrt und mehrere Tage an einem anfänglich nicht festzustellenden Ort gefangengehalten. Die Täter forderten von der Familie Palmers ein Lösegeld von 50 Millionen Schilling in verschiedenen Währungen. Da die Erhebungen Anhaltspunkte dafür ergaben, daß die Tat von Angehörigen der Deutschen Terroristenszene und österreichischen Sympathisanten geplant und verübt worden war, wurde die Staatspolizei mit der Amshandlung beauftragt. In der Folge konnten die Täter ausgeforscht werden. Der entführte Industrielle wurde am 13. November freigelassen.

Das Bild oben zeigt jenen Verschlag, in dem der Entführte von den Verbrechern festgehalten wurde. In diesem Jahr kam es auch zur Entführung der Gattin des Industriellen Böhm, und allgemein zu einer großen Anzahl von anonymen Anrufen, die Bombenanschläge auf Ämter, Schulen, Bahnhöfe, Brücken, Kaufhäuser, Geldinstitute, Theater und dergleichen ankündigten. In elf Fällen konnten die Täter ausgeforscht und den Gerichten übergeben werden. Die Staatspolizei leistete in diesen Jahren außerordentlich gute Arbeit und trug damit wesentlich dazu bei, daß sich die Deutsche Terroristenszene in Österreich nicht in größerem Umfang manifestieren konnte.

Lotte Böhm wurde nach 106 Stunden freigelassen Auffallende Parallelen zur Palmers-Entführung

Nach 106 Stunden Gefangenschaft an einem unbekannten Ort wurde die am Montag entführte Unternehmergattin Lotte Böhm zwar unversehrt, aber schwer geschockt, nur zwei Kilometer vom Tatort entfernt freigelassen. Von dort aus, der Kreuzung Heiligenstädter Straße—Barawitzkagasse, fuhr sie mit einem Taxi zu ihrer Villa am Unteren Schreiberweg. Für die Freilassung Lotte Böhms wurde, wie die Polizei mitteilte, ein Lösegeld in der Höhe von mehr als 20 Mio. S bezahlt. Die Summe setzte sich aus Banknoten zu 1000 Schilling sowie Hunderternoten in Dollars, D-Mark und Schweizer Franken zusammen. Das Lösegeld für den „Textilkönig" Palmers hatte eine ähnliche Zusammensetzung. Sie war — wie auch jetzt — von den Entführern genau vorgeschrieben. Die Übergabe des Lösegeldes, dessen Höhe den Entführern vorher über Inserate (siehe „TT"-Bericht vom 17. 12.) mitgeteilt wurde, erfolgte in der Nähe der Westautobahnraststation Großram.

Mit der gleichen Verwirrungstaktik wie im Fall Palmers wurde den Entführern das Geld zugespielt. Auch wie im Fall Palmers vergingen zwischen Übergabe und Freilassung der Entführten mehrere Stunden, die die Entführer zum Verwischen ihrer Spuren und zur Flucht benutzen konnten.

Lotte Böhm wurde — ähnlich wie Palmers — in einem kleinen Raum gefangen gehalten, der allerdings mit Schaumgummi ausgekleidet und somit schallisoliert war. Es ist daher auch nicht feststellbar, ob das Gebäude abseits großer Verkehrsadern lag. Frau Böhm gab an, keinerlei Geräusche vernommen zu haben.

Während ihrer Gefangenschaft — so berichtete ihr Mann — sei sie von ihren Entführern gut behandelt, mit den nötigen Medikamenten und mit gutem Essen versorgt worden. Bei den Entführern dürfte es sich um intelligente und gebildete Leute handeln, die ein sehr gepflegtes Deutsch sprachen. Einer der Verbrecher sprach Wiener Dialekt.

Böhm erklärte, er könne wegen der vielen Anrufe nicht sagen, wann er tatsächlich Kontakt mit den Entführern bekommen habe.

Die sofort nach der Freilassung Frau Böhms angelaufene Großfahndung der Polizei hat bis Redaktionsschluß kein konkretes Ergebnis gebracht.

Tiroler Tageszeitung, 19. 12. 1977

Der Ablauf

- Montag, 12. Dezember: Kurz nach 18.30 Uhr wird Frau Böhm vor ihrer Villa am Unteren Schreiberweg in Wien-Döbling entführt.
- Dienstag, 13. Dezember: Leopold Böhm kehrt um 3.35 Uhr morgens aus Mailand zurück. Die Welle der Anrufe vermeintlicher Entführer beginnt. Möglicherweise bereits erster Kontakt mit den wirklichen Entführern.
- Mittwoch, 14. Dezember: Böhm lehnt jede Zusammenarbeit mit der Polizei ab.
- Donnerstag, 15. Dezember: In den „Schöps"-Geschäften wird bereits Lösegeld gesammelt. Böhm erhält einen Eilbrief und ein Foto von seiner Frau.
- Freitag, 16. Dezember: Am Nachmittag beginnt eine hektische Aktivität bei Familie und Polizei.
- Samstag, 17. Dezember: Knapp nach 4 Uhr früh wird Frau Böhm freigelassen.

Die Entführung der Textilunternehmersgattin Lotte Böhm am 12. Dezember 1977 verursacht in Wien ungeheures Aufsehen, war es doch nach der Palmers-Entführung der zweite ähnliche Fall innerhalb weniger Wochen. Die Angehörigen des Opfers gehen auf die Forderung der Entführer ein – Frau Böhm wird am 17. 12. 1977 gegen ein Lösegeld von mehreren Millionen Schilling freigelassen. Wenig später – am 12. 1. 1978 – können die Entführer, sie nennen sich die „MP-Bande" von der Polizei verhaftet und der Tat überführt werden.

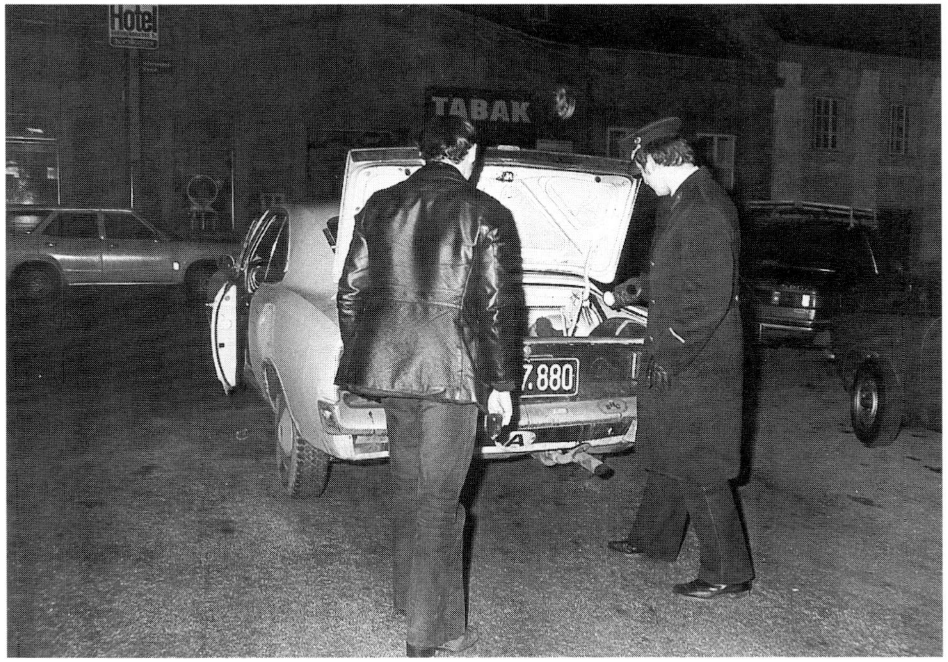

13. 3. 1978: Wiener Schüler lauschen in einem Wachzimmer andächtig den Worten eines Kontaktbeamten. Wichtiger Beitrag zur Vorbeugung von Straftaten gegen Kinder und Jugendliche bei gleichzeitiger Aufklärung über den oft schmalen Grat zwischen Lausbubenstreich und krimineller Handlung.

24. 6. 1978: Der Wiener Erzbischof, Kardinal Dr. Franz König, besucht die neue Polizeidirektion am Schottenring. Mit dem Hubschrauber – wobei der Helikopterlandeplatz am Dach der Polizeidirektion sein besonderes Interesse fand.

Kokarde der Wirtschaftspolizei, wie sie kurz nach dem Krieg in Verwendung war.

Die Wirtschaftspolizei als Organisationseinheit der BPD-Wien und deren Zuständigkeit erstreckt sich grundsätzlich auf das gesamte Stadtgebiet von Wien. Über Anforderung von Staatsanwaltschaften oder Strafgerichten bzw. anderer Sicherheitsbehörden außerhalb von Wien, werden fallweise (in den letzten fünf Jahren ein- bis zweimal jährlich) Amtshandlungen übernommen, deren Tatorte nicht in Wien liegen bzw. die Fälle bundesländerübergreifend sind. In solchen Fällen werden die eingesetzten Beamten im Sinne der Kompetenzbestimmungen formal dem Bundesministerium für Inneres zugeteilt. Die zunehmende Internationalisierung bzw. internationalen Verpflichtungen machen mehr Auslandseinsätze wie Hausdurchsuchungen und Vernehmungen erforderlich. Das international organisierte Verbrechen macht einen ständigen Informationsaustausch zwischen Wirtschaftspolizei und den errichteten Sondergruppen zur Bekämpfung der organisierten Kriminalität sowohl in der eigenen Behörde als auch mit Bundesministerium für Inneres erforderlich.

Die Ermittlungskompetenz der Wirtschaftspolizei bezieht sich schwerpunktmäßig auf Betrug, Veruntreuung, Untreue, Geschenkannahme durch Machthaber betrügerischer Krida, fahrlässige Krida, Schädigung fremder Gläubiger, Begünstigung eines Gläubigers, Umtriebe während der Geschäftsaufsicht, Ausgleich, Konkursverfahren, Vollstreckungsvereitelung, Bestechung, verbotene Intervention, Geldwucher, Sachwucher, betrügerischer Datenverarbeitungsmißbrauch und Datenbeschädigung. Aufgrund strafrechtlicher Nebengesetze werden im Dienste der Strafjustiz Ermittlungen zu Straftaten auch nach den Devisengesetzen, nach den GesmbH-Gesetzen, nach dem Aktiengesetz, nach dem Außenhandelsgesetz, nach dem Gesetz über die Erwerbs- und Wirtschaftsgenossenschaften, nach dem Kartellgesetz, nach dem Kreditwesengesetz und anderen geführt. Die Zuständigkeit nach dem Versicherungsaufsichtsgesetz und dem Marktordnungsgesetz sei nur der Vollständigkeit halber angeführt. Nach dem Devisengesetz und nach dem Kartellgesetz besteht auch eine Verwaltungsstrafkompetenz. Etwa 100 Hausdurchsuchungen jährlich werden nach dem Markenmusterschutz und Urheberrechtsgesetz schon bisher geführt. Infolge der Neuregelung der Urheberrechtsbestimmungen wird ab 1. 1. 1993 mit einer erheblichen Zunahme der Amtshandlungen im Zusammenhang mit Raubkopien von Software zu erwarten sein.

Obwohl die Wiener Wirtschaftspolizei in den letzten Jahren sehr oft mit Amtshandlungen befaßt war, die in die Nähe politischer Organisationen gebracht wurden oder in eher seltenen Fällen vom Gericht auch dort einzuordnen waren, hat die Wiener Wirtschaftspolizei eine völlig politisch unabhängige Vorgangsweise beibehalten und dies wurde auch in allen Medienberichten besonders hervorgehoben. Selbstverständlich besteht zunehmend Bedarf an hochqualifizierten Fachkräften auch aus wissenschaftlichen Bereichen. Gerade die Computerkriminalität – selbst fern ab von organisierter Kriminalität – ist nur durch Einsatz einer auf den letzten Stand befindlichen technischen Ausrüstung und eines dafür geeigneten qualifizierten Personalstandes möglich. Unter dem derzeitigen Leiter Hofrat Stiedl wurde in den letzten Jahren ein zukunftsorientiertes Konzept in dieser Richtung aufgebaut und ist zu erwarten, daß diese Abteilung nicht nur finanziell mit der nötigen Dotierung, sondern auch legistisch mit dem zunehmend erforderlichen Rahmen ausgestattet wird.

1978

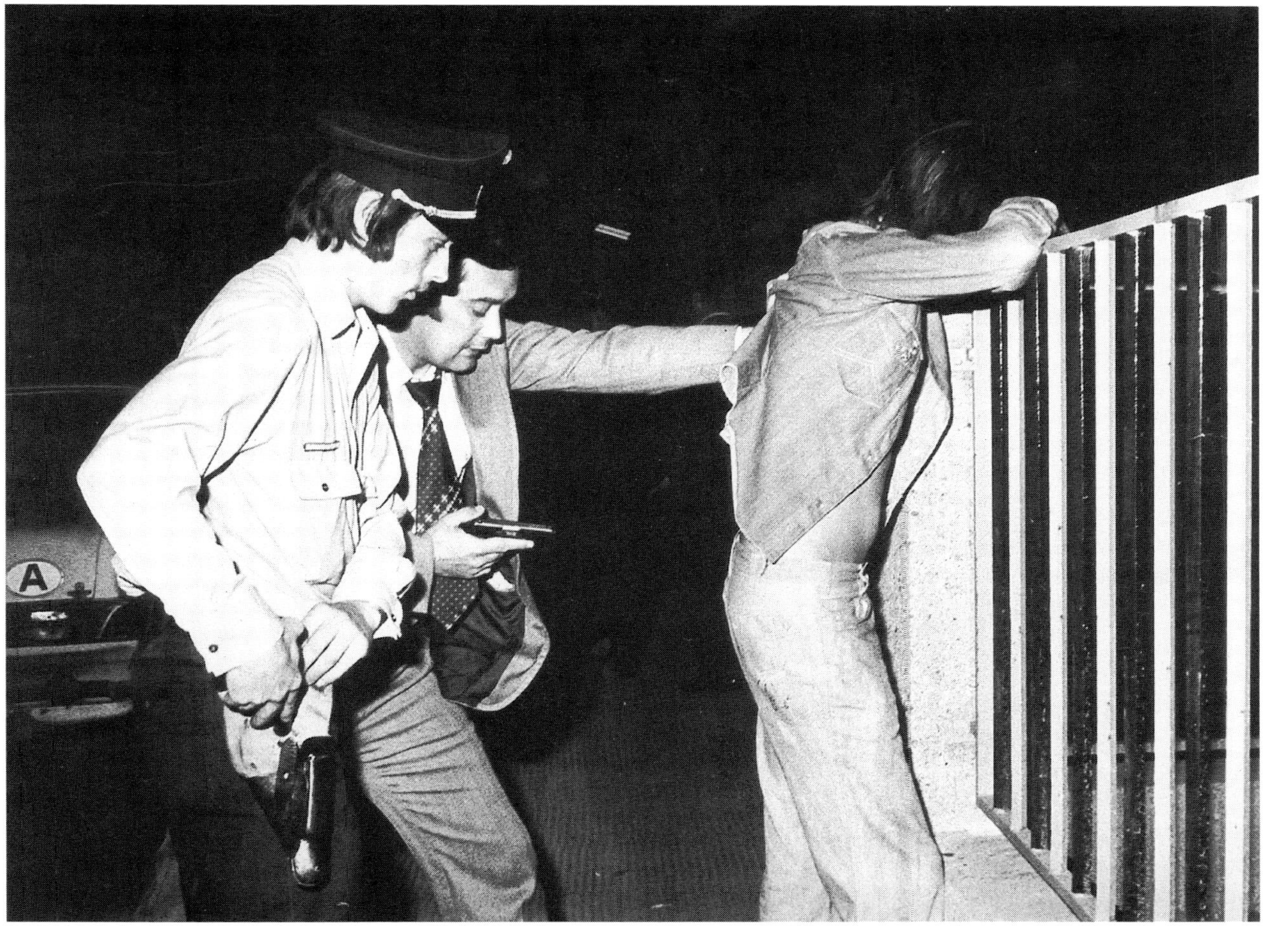

AKTION „PLANQUADRAT"
Sicherheitswache und Kriminalbeamter stellen gemeinsam einen Einbrecher auf frischer Tat.

Neben der im Straßenbild uniformiert präsenten Wiener Sicherheitswache im Rayonsdienst wird die Stadt sicherheitsmäßig durch eine Vielzahl von permanenten Streifentätigkeiten sowohl der Kriminalpolizei als auch der Sicherheitswache betreut. Als sich zu Ende der 70er Jahre die Einbrüche in Siedlungshäuser und Wohnungen häuften, wurde eine eigene Form der Streifentätigkeit in Form von Planquadraten eingeführt. Der Sinn dieser Aktionen bestand darin, das Risiko für Einbrecher in Wien unkalkulierbarer zu machen. Ist es doch so, daß der Einbrecher versucht, bei seinen Erkundigungen über geeignete Objekte auch die Rayonsbegehungen und sonstigen routinemäßigen Aktivitäten der Polizei abzuchecken, um den geeigneten Fluchtweg vorbereiten zu können. In den Planquadrataktionen wurde nun ein kleiner Bezirksteil umstellt und alle in diesem Teil angetroffenen Verdächtigen perlustriert. Da diese Planquadrate meist zur Nachtzeit in völlig unregelmäßigen Abständen erfolgten, war damit für Einbrecher tatsächlich ein zusätzliches, unkalkulierbares Risiko geschaffen worden. In der Folge wurden diese Planquadrate differenziert. Es gab Planquadrate im Verkehrsbereich mit Kontrolle der Autolenker bezüglich Alkoholisierung, Planquadrate der vorhin beschriebenen Form und in den letzten Jahren Planquadrate, welche gemeinsam mit Sicherheitswache- und Kriminalbeamten nach kriminalpolizeilichen Schwerpunkten abgehalten wurden.

Diese zusätzlichen Überwachungssysteme des Generalinspektorates der Sicherheitswache aus den Siebzigerjahren haben sich vor allem nach Zuziehung der Diensthundeabteilung im Jahre 1982 ausgezeichnet bewährt und sind in den letzten Jahren noch personell und anzahlmäßig verstärkt worden. Die Streifentätigkeit des Kriminalbeamteninspektorates wurde ebenfalls in den letzten Jahren den neuen Gegebenheiten angepaßt. Hier sind vor allem neben der ständigen U-Bahn-Streife „Maulwurf" durch die Sicherheitswache, für die zivilen Kriminalbeamten ebenfalls die U-Bahn und einschlägige Treffpunkte Krimineller, Gegenstand der kriminalpolizeilichen Aktivitäten. Die Änderung der Streifentätigkeit in Wien, die ursprünglich nur präventiven Charakter hatte, führt nun mit gemeinsamen Aktionen von Sicherheitswache und Kriminalpolizei zu einer guten Mischung zwischen Präventiv- und Repressivtätigkeit im Streifenbereich.

1979

7. 2. 1979: Großbrand im Kaufhaus Gerngroß – auch eine polizeiliche Aufgabe.

In der Nacht vom 7. auf den 8. Februar 1979 brach im Kaufhaus Gerngroß in Wien 7, Mariahilfer Straße ein Großbrand aus, den die Feuerwehr schon in der Anfangsphase mit Brandstufe drei qualifizierte. Mehr als hundert Sicherheitswachebeamte und mehr als zwanzig Kriminalbeamte wurden von der Behörde zur Durchführung von Absperrmaßnahmen, Information der Anrainer, Unterstützung bei Evakuierung, Bergung von Gütern, Sicherung des Eigentumes sowie zur Erhebung der Brandursache eingesetzt. Insgesamt mußten achtzehn Kreuzungen gesperrt und mit Beamten besetzt werden. Zur Warnung der Bevölkerung der angrenzenden Häuser wurden zwei Lautsprecherwagen eingesetzt. Die Verständigung der Feuerwehr erfolgte um 22.46 Uhr und bis 23.57 Uhr erweiterte sich der Brand so sehr, daß die Feuerwehr Alarmstufe sechs, was einem Katastrophenalarm entspricht, durchgeben mußte. Das Feuer hatte sich auch zum Nebenhaus in der Kirchengasse durchgefressen. Die Feuerwehr setzte 15 Rüstlöschfahrzeuge, 25 Tanklöschfahrzeuge, 7 Drehleitern, 530 Atemschutzgeräte, 3 Großtanklöschwagen und viele andere Fahrzeuge und Geräte ein. Ein Einsatzstab aus Feuerwehr, Polizei, Magistrat und Firmenleitung von Gerngroß wird in einem Kaffeehaus nahe dem Brandherd errichtet. Die Löscharbeiten unter Einsatz von Feuerwehr und Polizei dauern bis in die frühen Morgenstunden. Am Morgen muß die Polizei ihre Absperrungen mehrmals verstärken, da sich eine große Zuschauermenge mit Ferngläsern und Fotoapparaten bei der Unglücksstelle eingefunden hatte.

1979

22. 4. 1979: Bombenanschlag gegen ein Gebäude der israelitischen Kultusgemeinde

Am 22. 4. 1979, gegen 21.45 Uhr explodierte in der Vorhalle der Synagoge der Israelitischen Kulturgemeinde in Wien ein Sprengkörper, der großen Sachschaden verursachte. Es war dies die Zeit, in der sich der internationale Terrorismus auch in Wien zu manifestieren suchte. Die Vorkehrungen und der hohe Standard der Wiener Staatspolizei sorgten dafür, daß die Mehrzahl der Täter ausgeforscht oder bei den Attentaten bzw. im Zusammenhang mit der versuchten Festnehmung erschossen wurden. Diese konsequenten Reaktionen der österreichischen Sicherheitsbehörden sorgten dafür, daß Wien damals (wie heute) kein Idealboden für die Entwicklung terroristischer Aktivitäten wurde.

Abwehrmaßnahmen gegen terroristische Anschläge und Überfälle konzentrieren sich in zwei Richtungen. Zunächst einmal die Vorsorge und die Überwachung der Objekte, wobei hier einerseits Beamte in Uniform und andererseits Beamte in Zivil zum Einsatz kommen. Es ist bekannt, daß Terroristengruppen bei der Planung ihrer Unternehmungen besonderen Wert auf ein Entkommen der Täter legen, da durch die Festnahme von Tätern und deren Identifizierung und folgende Vernehmung meist die Terroristengruppen aufgerollt wurden bzw. ausgeforscht werden können. Daher haben sich die Vorsorgemaßnahmen besonders in dieser Richtung zu konzentrieren, wobei im Rahmen dieses Buches selbstverständlich auf Details nicht eingegangen werden darf. Für den Fall, daß trotz all dieser Maßnahmen terroristische Anschläge verübt werden, muß sich zum zweiten in der Folge die polizeiliche Aktivität auf die Aufklärung konzentrieren. Hiebei müssen nicht nur nationale Kontakte und Verbindungsleute, sondern auch internationale Kontakte genutzt werden, wobei in verschiedenen Ländern bestimmte Gruppen latent und unbemerkt überwacht werden. Für den Fall, daß in einem Land ein Anschlag passiert, können dann durch rechtzeitigen Informationsaustausch entsprechende Hinweise gewonnen und die Täter ausgeforscht werden. Auf dem Gebiet des internationalen Terrorismus ist die internationale Zusammenarbeit ausgezeichnet. Die positiven Veränderungen in Richtung eines Abklingens dieser Kriminalitätsform sind sicher Auswirkungen dieser durch nationale Gesetze und internationale Übereinkommen gestützten Kooperation, der zeitliche Zusammenfall mit dem Ende der kommunistischen Dominanz im Osten Europas ist jedoch ebenso augenfällig.

Die Wiener Staatspolizei hat eine jahrzehntelange gute Tradition, die schon unter dem seinerzeitigen Leiter Dr. Peterlunger, in der Folge über Hofrat Dr. Hejkrlik, Dr. Liebhard und nun durch Hofrat Mag. Wallaschek fortgeführt wird.

1979

30. 8. 1979: Großbrand in der Österreichischen Nationalbank

Am 30. 8. 1979, gegen 0.53 Uhr, brach in der Nationalbank in Wien ein Brand aus, der vorerst nur geringen Ausmaß hatte. Das Brandgeschehen entwickelte sich allerdings derart rasch, daß schließlich Katastrophenalarm gegeben wurde. Als Brandursache wurde das Wegwerfen einer Zigarette in einen Papierkorb ermittelt. Menschen kamen bei dem Ereignis nicht zu Schaden.

Der Verursacher konnte damals vom Sicherheitsbüro ausgeforscht werden, wurde aber im gerichtlichen Strafverfahren freigesprochen. Dies gibt uns Anlaß, einmal mehr ein paar Zeilen über das Sicherheitsbüro zu schreiben. Das Sicherheitsbüro (SB) wurde vor über 130 Jahren gegründet, um die Schwerkriminalität in Wien zentral zu bekämpfen. Zu den klassischen Aufgaben Mord, Raub, Einbruchs-, Betrugskriminalität, Bekämpfung der Prostitution, des organisierten Verbrechens sind neue, zum Teil soziale Kriminalitätsbereiche hinzugewachsen wie Suchtgiftkriminalität, Umweltkriminalität, internationales organisiertes Verbrechen und ein großes Aufgabengebiet im Rahmen der Vorbeugung durch den kriminalpolizeilichen Beratungsdienst. Jährlich werden im SB ca. 25.000 Akte bearbeitet und etwa 1500–1600 Häftlinge (davon 1/3 Frauen) einvernommen, den Gerichtsbehörden angezeigt oder eingeliefert. Bei 700 Hausdurchsuchungen, 600 Beschlagnahmungen und Sicherstellungen wird im jährlichen Schnitt gut ein Wert von 50–70 Millionen Schilling zustandegebracht und befinden sich jährlich über 20.000 Verwahrungsgegenstände bei der Depositenstelle. Daneben werden etwa 2.000 Verwaltungsstrafverfahren jährlich erledigt. Diese Arbeit wird von 12 Polizeijuristen, 3 B-Beamten, 3 C-Beamten, 25 D-Beamten bzw. Vertragsbediensteten, 8 leitenden und 139 dienstführenden Kriminalbeamten sowie 20 Sicherheitswachebeamten im Kriminaldienst verrichtet. Die wichtigsten Aufgaben nach dem Geschäftsplan bestehen in der Führung der Vorerhebungen bei schweren und aufsehenerregenden Verbrechensfällen insbesondere Mord, Totschlag, Sprengstoffdelikte, Geld- und Dokumentenfälschungen, Kraftfahrzeugdiebstählen sowie Suchtgiftangelegenheiten, Bekämpfung von Kunst- und Kulturdiebstählen, Amtsmißbrauch, Taschen- und Warendiebstählen, Großbrände und Erpressung. Sehr wesentlich für die Erfolge ist die Zusammenarbeit mit den Kriminalbeamten der Bezirke. Aus diesem Grund ist in der zweiten Phase des Strukturbereinigungsprogrammes des Kriminaldienstes ab April 1993 auch vorgesehen, unter grundsätzlicher Beibehaltung des Rayonskriminalbeamtensystems bei den Bezirksabteilungen Spezialisten für Suchtgift (gibt es derzeit nur in einzelnen Bezirken), Autoeinbruch, organisierte Kriminalität (OK) zu schaffen. Im letzten Bereich entwickelt sich dadurch ein engmaschiges Netz, das von der Sicherheitswache, den Bezirkskriminalbeamten über die neugegründete OK-Gruppe im Sicherheitsbüro bis zu der überregionalen Sondergruppe im Bundesministerium für Inneres die Fäden zieht. Die Herausforderung OK darf aber nicht dazu führen, jene Bereiche der Kriminalität, die die Bevölkerung besonders sensibilisert haben, wie Einbrüche, Sittlichkeitsdelikte, Taschendiebstähle, Raubüberfälle etc. zu vernachlässigen. Dieser Entwicklung versucht die Bundespolizeidirektion Wien nach wie vor technisch und personell Prioritäten auch unabhängig von den oa. Spezialisten einzuräumen.

Das Wiener Sicherheitsbüro steht zur Zeit unter der Leitung von Hofrat Mag. Edelbacher und seinem Stellvertreter Dr. Geiger.

1979

In den Morgenstunden des 28. September 1979 brach im Hotel am Augarten in Wien 2., Heinestraße ein Großbrand aus, bei dem 25 Personen (3 Amerikaner, 15 Jugoslawen, 1 Portugiesin und 6 Österreicher) ums Leben kamen. Als Brandursache wurde eine weggeworfene Zigarette in einem Papierkorb in der Portiersloge festgestellt.

Bei Großbränden wird immer wieder die Zusammenarbeit zwischen Polizei und Feuerwehr auf eine Belastungsprobe gestellt. Die guten Kontakte zwischen den beiden Dienstleistungsunternehmungen haben bisher einen reibungslosen Ablauf bewirkt. Diese Zusammenarbeit beginnt nicht erst im Brandfall, sondern wird schon vorher durch generellen gegenseitigen Informationsaustausch vorbereitet. Feuerwehr und Polizei sitzen gemeinsam in den von der Wiener Landesregierung für Katastrophenfälle und andere Krisensituationen eingerichteten Ausschüssen. Die Koordination in Anlaßfällen ist stets gesichert und ein Streit oder gegenseitige Vorwürfe über Verschuldensfragen, wie beim seinerzeitigen Ringtheaterbrand (siehe Seite 68) scheinen weder im Jahr 1992 noch in den Folgejahren möglich oder wahrscheinlich.

28. 9. 1979: Großbrand im Hotel „Augarten" in der Leopoldstadt – die Polizei steht der Feuerwehr zur Seite...

1980

Die Geschichte der Alarmabteilung beginnt unmittelbar vor dem Jahr 1870, als 150 Mann von den Bediensteten des Polizeigefangenenhauses zu einer „Einsatzbereitschaft" zusammengefaßt wurden. Im Jahr 1886 bildeten nur mehr 80 Sicherheitswachebeamte die damalige „Polizeidirektionsabteilung". 1892 wurde die Sondereinheit als „Bereitschaftsabteilung" organisatorisch in die Schulabteilung übergeführt und 1912 durch Zuteilung von 2 Mannschaftsbussen motorisiert. Erst im Jahre 1927 wurde ihr die Bezeichnung „Alarmabteilung" mit der (auszugsweisen) Begründung „um eine den geänderten Verhältnissen angepaßte und ihnen entsprechend ausgestaltete eigentlich schon seit der Aufstellung der Sicherheitswache bestandene Einrichtung..." zuerkannt. Die Beamten der Alarmabteilung waren damals schon in Kompanien gegliedert und auch in geschlossenen Formationen eingesetzt. Sie waren motorisiert, hatten aber trotzdem über 300 Fahrräder. Nach dem Krieg vermied man zunächst die Bezeichnung „Alarmabteilung" und verwendete die Titel „Reserveabteilung" bzw. „Bereitschaftsabteilung".

Erst nach dem Abzug der Besatzungstruppen wurde mit Wirksamkeit vom 19. Dezember 1955 die Alarmabteilung unter dieser Bezeichnung neu aufgestellt. Der Hauptschwerpunkt lag damals und in den Folgejahren bei der Bezeichnung „Einsatzkommando" und spiegelte sich auch dieses Leitmotiv bei den Einsätzen wieder. Die Tätigkeit der Polizei wurde allerdings immer vielschichtiger und die Aufgabenstellung der planmäßig vorbeugenden Tätigkeit im Vorfeld der Kriminalität gewann zusehends an Bedeutung. Mit Wirksamkeit vom 2. Oktober 1978 wurde die erste Reform der Alarmabteilung in Angriff genommen und eine den durchschnittlichen Erfordernissen im Bereich der Bundeshauptstadt angepaßte Einsatzreserve mit einer überlagernd eingesetzten Einheit mit aktiver Präventivwirkung unter Beibehaltung der traditionellen Kompanie-, Zugs- und Gruppengliederung aufgestellt. Die Alarmabteilung gliederte sich ab diesem Zeitpunkt in 4 Kompanien und eine Wachkompanie. Die Kompanien 1 bis

ALARMABTEILUNG 80:
Ausrüstung–Ausbildung–Gerät

4 gliederten sich in einen Dienst- und einen Alarmzug, wobei die Beamten bei dieser Dienstzuteilung ständig wechselten. Der Dienstzug wird für den überlagerten Streifendienst in Sektorenfunkwagen im gesamten Stadtbereich eingesetzt, wobei rund um die Uhr zusätzlich zu den im Rayonsdienst agierenden Funkwagen 10 Sektorenfunkwagen im Außendienst stehen. Zu den Aufgaben gehörten und gehören auch besondere Zielaktionen, wie Terroristenfahndung und Terroristenbekämpfung, Überwachung von gefährdeten Personen, Objekten und anderes. Zu den ständigen Aufgabengebieten gehört die Überwachung der U-Bahn-Stationen in Form der Aktionen „Maulwurf" sowie die Überwachung des Wiener Kanal- und Heizschachtsystems. Der Alarmzug bildet eine permanente Einsatzreserve für Alarmeinsätze. Solche Einsätze werden insbesondere zur Bekämpfung von bewaffneten Schwerverbrechern, für besondere Sicherungs- bzw. Fahndungsaufgaben aber auch bei der Suche nach vermißten Personen in unübersichtlichen Gebieten, bei Katastrophen oder katastrophenähnlichen Ereignissen sowie für sicherheitspolizeiliche Aktionen, Flächenstreifen, Planquadrate etc. eingesetzt. Für diese vielschichtige Aufgabenstellung, die hier nur demonstrativ aufgezählt wurde, werden die Beamten im Rahmen des Alarmzuges ständig nach einem den modernsten Gegebenheiten und Anforderungen angepaßten Ausbildungs- und Trainingsprogrammes geschult. Durch den ständigen Wechsel vom Dienst- zum Alarmzug, welche für derartige Sondereinheiten ein europäisches Unikat darstellt, war die Überlegung maßgebend, daß man keine frustrierten Einheiten schaffen soll, die nur auf den Tag X warten und dann unter Umständen überreagieren. Im Dienstzug wird daher der Beamte der Alarmabteilung ständig mit den Alltagssorgen und Nöten der Menschen konfrontiert, muß sich mit diesen befassen, Lösungsmodelle erarbeiten und kommt so gar nicht in Versuchung, sich trotz seiner absolut profunden Ausbildung als elitäre Menschengruppe zu empfinden.

ALARMABTEILUNG 80:
Ausrüstung–Ausbildung–Gerät

1980

Den Anforderungen entsprechend wurde die harte physische Ausbildung auch durch eine moderne psychologische Schulung einschließlich autogenem Training ergänzt und verbessert. Jedenfalls machte die Reform 1978 auch mit dem „Gemischtwarenhandel mit polizeilichen Agenden" ein Ende. Wurde vorher die Alarmabteilung in Paradeadjustierung bei Akkreditierungen von Diplomaten oder im Overall zur Beseitigung von Schmieraktionen, zum Transport von Verkehrszeichen für den Friedhofsverkehr, als Überfallkommando mit Stahlhelmen genauso wie als Kondukt bei Trauerfeiern verwendet, dann konnte diese mannigfaltige Aufgabenstellung zwar dem Laien imponieren, der Fachmann wußte allerdings, daß die Anforderungen der neuen Zeit einen zwar eingeschränkten, aber präzisierten Wirkungskreis erforderten. Innerhalb der Kompanien mußten daher zu den bereits angeführten Spezialisierungen weitere Sondergruppen aufgestellt werden. Es waren dies die Gas- oder Strahlenspürtrupps und andere Spezialisten, die in diesem Buch nicht alle angeführt werden können. Die Kommandanten in der Aufbauphase der Alarmabteilung Oberst Bayer und in der Folge Oberst Mayerhofer leisteten hervorragende Arbeit, die vom derzeitigen Kommandanten Oberst Gauster fortgesetzt wird.

Neben den organisatorischen Neuerungen wurde auch die Ausrüstung der Alarmabteilung auf ein europäisches Niveau gestellt. Neben Maschinenpistolen, beschußsicheren Westen, schußsicheren Helmen und kompletten Schutzausrüstungen gegen Wurfgeschosse verfügt die Alarmabteilung über Gaswurfkörper, Gasgewehre, über eine moderne Ausstattung mit Ferngläsern, Nachtsichtgeräten, Restlichtaufhellern und anderem. Ein komplettes Pioniergerät versetzt sie in die Lage, nicht nur in Katastrophenfällen allen Anforderungen gerecht zu werden, sondern auch bei der Bekämpfung des organisierten Verbrechens verbarrikadierte Wohnungen bzw. Häuser aufzubrechen und ein Eindringen der bewaffneten Einsatzgruppen zu ermöglichen. Für das Anhalten von Fahrzeugen stehen Autostoppgurte und andere Hindernisse zur Verfügung. Der Strahlenspürtrupp ist mit modernen Geräten zur Feststellung der Radioaktivität ausgerüstet und konnte damit z. B. beim Kernkraftwerksunglück Tschernobyl der Wiener Bevölkerung bei der Überprüfung der Verstrahlung von Früchten und Pilzen auf öffentlichen Plätzen unbürokratisch, schnell und kostenlos helfen. Die Notstromaggregate der Alarmabteilung haben in früheren Zeiten, als es in Wien noch öfter Zusammenbrüche des öffentlichen Stromnetzes gab, Beatmungsgeräte und Brutkästen in Spitälern versorgt und damit Menschenleben gerettet.

Es ist ausgeschlossen im Rahmen dieses Buches auch auf mehreren Seiten verteilt, eine Darstellung der Erfolge dieser Sondereinheit zu geben. Als im Jahr 1980 die 25-Jahr-Feier nach der offiziellen Wiedererrichtung der Alarmabteilung im Jahre 1955 gefeiert wurde, schrieb die Presse unter der Überschrift „Europaexperiment bei Wiens Polizei – neue Aufgaben für die Alarmabteilung" u. a.: „Der Wandel der Kriminalität, das Auftreten des Terrorismus und die nach wie vor gespannte Personalsiutation erforderten einen neuen Polizistentyp". Die Alarmabteilung in ihrer exponierten Situation hat – sowie die gesamte Wiener Sicherheitswache – diesen Wandel geschafft und es ist auch diesem Wiener Polizistentyp in tausendfacher Gestalt gelungen, der in den 90er Jahren doch noch auf Wien überschwappenden europäischen Kriminalitätswelle konsequent und nicht erfolglos paroli zu bieten.

Der Kampf gegen Berufskriminelle und gegen das organisierte Verbrechen sowie gegen den Drogenhandel ist gefährlich. Dies und die Tatsache, daß viele Überstunden geleistet werden, haben die Behördenleitung veranlaßt, die Alarmabteilung nur aus Freiwilligen zusammenzustellen. Ihre Einsatzbereitschaft, die Opferbereitschaft und das Engagement ist innerhalb der großen Wiener Sicherheitswache zwar kein Unikat, aber doch symptomatisches Beispiel. Und wenn sie auf vielen Seiten dieses Buches die martialische Ausrüstung dieser Beamten gesehen haben, dann dient diese weniger zur Einschüchterung potentieller Feinde als ausschließlich dem dringend notwendigen Selbstschutz der Beamten.

Aus den vielen Bereichen wie Präzisionsschützentrupp, U-Bahnstreifentrupp, Seiltechnikgruppe, etc. möchte ich noch 2 neue Gruppen herausgreifen. Dies ist zum einen die vor einigen Jahren gegründete Einsatzschwimmergruppe, die für Einsätze in den fließenden und stehenden Gewässern Wiens der Bevölkerung zur Verfügung steht. Ihr Tätigkeitsbreich reicht von der akuten Hilfeleistung über die Bergung von Tatwaffen bei kriminellen Handlungen bis zum Anti-Terror-Einsatz.

Die Bekämpfung der Jugendkriminalität ist im Vorfeld der Kriminalität weitgehend der Wiener Sicherheitswache übertragen. Neben den rund 200 Jugendkontaktbeamten, über die an anderer Stelle dieses Buches geschrieben wird, ist es nun die Alarmabteilung, in der im Jahre 1992 durch Schaffung eines eigenen Referates innerhalb der Alarmabteilung neue und zusätzliche Aufgaben zugeordnet worden sind.

Abgerundet wird das Bild dieser traditionsreichen Sondereinheit durch die Polizeimusik Wien, die seit dem Jahre 1909 besteht und sich durch ihr hohes Niveau im Laufe der Jahre ein beachtliches Ansehen im In- und Ausland erworben hat, welches sie als Imagewerbung zuletzt unter den Kapellmeistern Hofbauer und Hauk voll für den Ruf der Wiener Polizei weitergegeben hat. Darüberhinaus bildet sie eine latente Einsatzreserve bei Großalarmierungen und sonstigen Dienstleistungen.

Die strategische Konzeption der Bundespolizeidirektion Wien umfaßt bei Alarmierungsfällen oder im Großen Polizeilichen Ordnungsdienst neben den erwähnten Kompanien der Alarmabteilung noch 12 weitere Reservekompanien, die sich aus den Beamten im Bezirksdienst der Wiener Wachzimmer zusammensetzen und welche außer zu Übungs- und Ausbildungszwecken nur im Anlaßfall einberufen werden. Die Ausbildung, Koordinierung, Weiterbildung sowie der taktische Einsatz aller erwähnten Einheiten obliegt dem Referat 1 des Generalinspektorates und wurde hier in den letzten Jahrzehnten von den Obersten Kreuzer, Schneider, Kranl und Hengelmüller als jeweils Hauptverantwortliche in Aufbau- und Umstrukturierungszeiten ganz hervorragende Arbeit geleistet.

ALARMABTEILUNG 80:
Ausrüstung–Ausbildung–Gerät

Bundeskanzler Dr. Bruno Kreisky besucht die Diensthunde-Abteilung der Wiener Polizei.
Im Jahr der Anschläge und des politischen Terrors gewinnt die Effizienz polizeilicher Einrichtungen und Maßnahmen besondere Bedeutung. Der Besuch des Regierungschefs bei Dienststellen der Wiener Polizei soll diese Erkenntis auch in der Öffentlichkeit dokumentieren.

1. Mai 1981: Mord an Stadtrat Heinz Nittel

Durch einen am 24. 2. 1981 in einer Tageszeitung erschienenen Bericht, wonach der Wiener Stadtrat Heinz NITTEL in seiner Eigenschaft als Präsident der österreichisch-israelischen Gesellschaft einen Besuch in Israel absolviert habe, wurde der spätere Mörder, der Angehöriger einer Terrororganisation war, auf Nittel aufmerksam. Die Führung dieser Bewegung zur Nationalen Befreiung Palästinas stimmte dem Vorhaben zu und der Attentäter forschte im Wege des Auskunftsdienstes die Privatadresse des Stadtrates aus. In der Folge bezog er mehrere Male sowohl in den Morgen- als auch in den Abendstunden Beobachtungsposten in unmittelbarer Nähe des Wohnhauses, um sich über die Lebensgewohnheiten des in Aussicht genommenen Mordopfers zu informieren und Anmarsch und Fluchtwege zu erkunden. Am 28. 4. wurde der Morgen des 1. Mai 1981 für das zu verübende Attentat als Zeitpunkt endgültig festgelegt. Am 30. 4. 1981 erwarb der Täter eine grau-grüne Natojacke in einem Kaufhaus und übernahm am Abend desselben Tages eine Pistole der Marke Makarow, Kaliber 9 mm mit zwei munitionierten Magazinen. An Waffen dieses Typs war der Beschuldigte im Zuge seiner Terrorausbildung geschult worden. Um 5.30 Uhr des 1. 5. 1981 verließ der Mörder seine Wohnung und ließ sich mit zwei nacheinander aufgenommenen Taxis zum Wohnort bringen. Dort mußte er vorerst an dem bereits wartenden Dienstwagen vorbeigehen und abwarten, bis zwei Passanten den Straßenzug verlassen hatten. In der Zwischenzeit war der Stadtrat in den Dienstwagen eingestiegen. Der Mörder näherte sich dem Dienstwagen und schoß aus einer Position auf dem Gehsteig neben der Beifahrertür stehend auf den Kopf des Stadtrates. Dieser erlitt dabei tödliche Verletzungen.

Die Erhebungstätigkeit durch die Wiener Staatspolizei war eine von deren hervorragenden Leistungen und hat wesentlich zur Zerschlagung dieser gefährlichen Terrororganisation, die auch für das Attentat auf die Jüdische Synagoge in Wien verantwortlich war, beigetragen.

Phantombild des mutmaßlichen Nittel-Mörders

1. Mai 1981: Der Maiaufmarsch der Wiener Kommunisten wird von Beamten und Fahrzeugen der Wiener Polizei begleitet (Bild). Wie alle anderen politischen Kräfte – wenn sie sich zur Souveränität Österreichs bekennen – haben auch die Kommunisten das Recht, ihre Veranstaltungen ungehindert und unter dem Schutz der staatlichen Macht abhalten zu können.

29. August 1981: Anschlag auf die jüdische Synagoge in der Seitenstettengasse

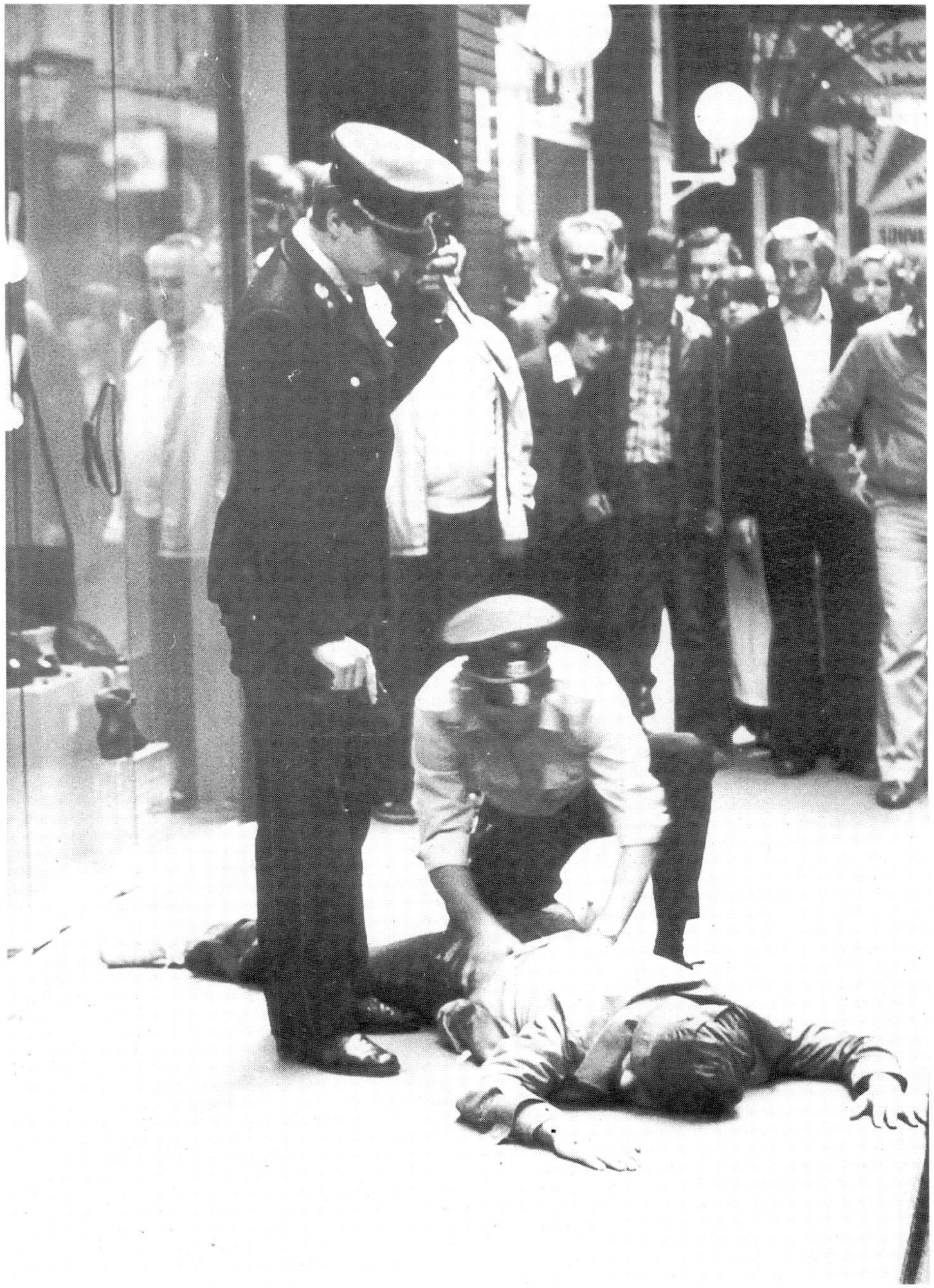

Im Jahre 1981 erreichte die von arabischen Extremisten duchgeführte Terrorkampagne auch in Wien einen Höhepunkt. Nach dem Mord an Stadtrat Nittel (siehe zwei Seiten vorher) erfolgte am 29. 8. 1981 ein Überfall auf eine Synagoge in Wien durch zwei Angehörige einer international agierenden Terrororganisation. Die beiden Täter schossen auf der Straße auf die Gläubigen, die die Synagoge verließen und warfen Handgranaten. Der Überfall forderte zwei Tote und 21 Verletzte. Anstifter dieses Attentates war ein Araber, der nach intensiven Ermittlungen der äußerst sensibilisierten Staatspolizei am 28. 10. 1981 bereits festgenommen werden konnte. Es wurde festgestellt, daß er auch der Anstifter für den Mord an Stadtrat Nittel war und einer der beiden Täter beim Synagogenanschlag zusätzlich auch für den Mord am 1. 5. verantwortlich zu machen war. Bei diesem „Führungsoffizier" der beiden Synagogenattentäter wurde anläßlich seiner Festnahme in Salzburg ein umfangreiches Waffen- und Sprengstofflager sichergestellt. Die beiden Täter wurden vom Landesgericht für Strafsachen Wien jeweils zu lebenslangem Arrest verurteilt. Der Führungsoffizier wurde in zwei Rechtsgängen ebenfalls zu lebenslangem Arrest verurteilt, doch wurden diese beiden Urteile vom Obersten Gerichtshof wegen Nichtigkeit aufgehoben und in der dritten Handlung wurde der Drahtzieher zu 20 Jahren Gefängnis verurteilt. Alle drei Attentäter sind derzeit in österreichischen Strafvollzugsanstalten in Haft.

Die Wiener Polizeidienststellen, vor allem Wachzimmer waren wiederholt Gegenstand von Anschlägen mannigfaltiger Art. Von Steinen bis zu Brandbomben ist alles schon dagewesen. Personalvertretung und Generalinspektorat forderten immer wieder, daß der Gedanke an Sicherheitsvorkehrungen wie sie im Rahmen des Kriminalpolizeilichen Beratungsdienstes allen Firmen und Privatpersonen eingetrichtert werden, auch bei Bundesbauten Platz greifen sollten. Es hat bis Ende der 80er Jahre gedauert, bis endlich auch der planmäßige Einbau von Sicherheitsvorrichtungen beim Neubau oder im Zuge von Renovierungen von Wachzimmern Platz griff. Heute wird dem Sicherheitsaspekt erhöhte Bedeutung gewidmet und bei Um- und Neubauten berücksichtigt.

Die Tendenz geht nicht – wie von manchen behauptet – dahin, die Wiener Wachzimmer nur in Festungen zu verwandeln. Dazu gibt auch die Sicherheitslage zur Zeit keinen wie immer gearteten Anlaß. Aber ein vernünftiges Sicherheitspaket gepaart mit entsprechender Sorgfalt im Rahmen der Eigensicherung der Beamten ist auch in friedlichen Zeiten kein Zeichen von Angst oder Überreaktion.

Kurier,
5. März 1982

● Benzinbomben gegen Auto und Wachzimmer

● Parallelen zu erstem Anschlag auf Amtshaus

Feuerattentat auf die Polizei in Wien-Liesing

Das Polizeikommissariat Wien-Liesing in der Lehmanngasse 3a war in der Nacht zum Donnerstag Schauplatz eines Anschlags. Ein Unbekannter warf nach Mitternacht zwei Brandbomben. Die Eingangstür des Kommissariatswachzimmers wurde beschädigt und ein Funkstreifenwagen brannte aus. Verletzt wurde niemand.

Die Polizei hatte trotz allem Glück im Unglück. Der Brandattentäter ließ zwei mit Benzin gefüllte Plastiksäcke vor der Polizeieinfahrt und im Briefkasten des Bezirksgerichts (an der Rückseite des Gebäudes) zurück – er war von einem Taxilenker bei weiteren Anschlägen gestört worden. Der Gangster entkam unerkannt.

Schon kurz vor dem Anschlag hatte ein Mann am Telefon mit der Sprengung des Liesinger Kommissariats gedroht. Zwei Minuten nach ein Uhr war es dann soweit: Auf dem Dach des Funkstreifenwagens „BP 57", unmittelbar vor dem Wachzimmer, zündete der Attentäter seine erste Brandbombe. Brennendes Benzin ergoß sich ins Wageninnere.

Noch ehe die Polizisten, wenige Meter daneben, in ihrer Wachstube begriffen, schleuderte der Unbekannte einen zweiten Benzinsack – vor deren Eingangstür. Als die Beamten durch die Fenster ins Freie sprangen, war der Täter davongerannt.

Es meldete sich sofort ein Taxilenker. Er hatte den Brandstifter flüchten sehen. Dutzende Polizeiwagen und Gendarmen suchten die Umgebung des Tatorts ab – vergeblich.

30 Minuten später kam für die Beamten die nächste Schreckensmeldung. Der Unbekannte meldete sich abermals beim Wachkommandanten per Telefon: „Jetzt fliegt euer Kommissariat in die Luft!"

Sprengstoffsachverständige fanden zwar keine Bomben, dafür zwei unversehrte Benzinsäcke. Einer lehnte an der Außenmauer des Gebäudes. Der zweite steckte im Briefkasten des Bezirksgerichts Liesing. Diesen für die Polizei blamablen Anschlag soll jetzt das Wiener Sicherheitsbüro aufklären. Am Donnerstag verfolgten die Kriminalisten „gewisse", aber keine konkreten Spuren.

Die Lehmanngasse in Wien-Liesing scheint ein Anziehungspunkt für Brandstifter zu sein. Bereits vor zwei Jahren zündeten Einbrecher neben der Polizei das Amtshaus an (Bericht siehe unten).

MICHAEL JÄGER ■

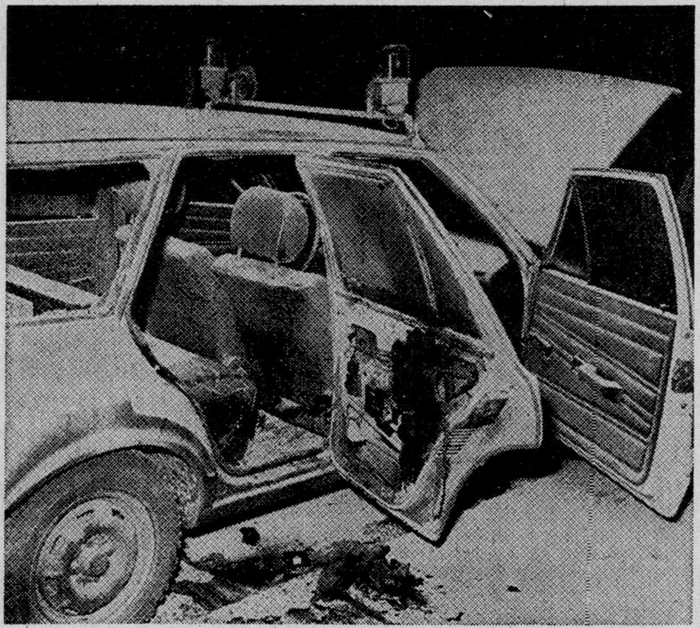

Benzinbombe auf dem Dach gezündet: „BP 57" brannte vollständig aus

1982

Über das Experiment des autonomen Jugendzentrums Gassergasse (siehe Bilder neben), vor allem aber über die polizeilichen Einsätze in diesem Zusammenhang ist viel geredet und noch mehr geschrieben worden. Es sollen daher im Rahmen dieses Buches nicht mehr Standpunkte vertreten und behauptet werden. Aus der Sicht des Autors, der damals die Dinge zwar hautnah – aber nicht als Polizeipräsident – miterlebt hat, sei nur folgendes zu bemerken: Der Versuch, im Objekt Gassergasse im 5. Wiener Gemeindebezirk ein autonomes Jugendzentrum zu errichten, war ein sowohl in der Theorie als auch (in der Anfangsphase) von der Praxis her ein durchaus tauglicher. Die damals für Jugendfragen zuständige Vizebürgermeisterin Gertrude Fröhlich-Sandner hatte das Experiment zwar nicht initiiert, aber voll unterstützt. Und es funktionierte auch anfangs. Jugendliche müssen (so wie auch noch viele Erwachsene) Demokratie lernen. So bildeten sie richtigerweise einen Ausschuß, der für die Abklärung interner Fragen, wie sie aus dem Zusammenleben von Menschen auf relativ engen Räumen entstehen, zuständig war und Lösungsmodelle erarbeiten mußte. Dieser Ausschuß war auch für die Vertretung der Wohngemeinschaft nach außen zuständig. Wie halt auch bei Jugendlichen außerhalb autonomer Jugendzentren üblich, ist die Artikulation meist eine sehr lautstarke, was sich auch immer wieder in der Untermalungs- oder Selbstzweckmusik aus HIFI-Türmen oder anderen Apparaten für Akustik äußert. In den ersten Monaten des Bestehens entwickelte sich daraus die Übung, daß die Polizei bei den Anrainerbeschwerden diesbezüglich und ähnlicher Art Ansprechpartner hatte, die sich auch dann, das soll einmal zugegeben werden, redlich bemühten, Zu- und Umstände herzustellen oder zu erhalten, die den allseitigen Interessen gerecht wurden. Irgendwann spielte sich aber dann in der Gemeinschaft etwas ab, das auch Demokratien ständig beschäftigt, nämlich die Unmittelbarkeit der Einflußnahme auf die inneren und äußeren Gestaltungsmöglichkeiten oder Gestaltungsnotwendigkeiten der Gemeinschaft. Im Bereich Gassergasse äußerte sich der Übergang zur „unmittelbaren Demokratie“ darin, daß plötzlich für die Polizei keine Ansprechpartner mehr da waren und bei Intervention von Androhung polizeilichen Einschreitens darauf verwiesen wurde, daß nur das Plenum bestehend aus sämtlichen Mitgliedern der Wohngemeinschaft über die Frage entscheiden könne. Die Einberufung des Plenums dauerte in der Regel (ohne Böswilligkeit) so lange, daß die Polizei ihrerseits die verärgerten Anrainer, die noch dazu auf den Rechtsstaat pochten, nicht vertrösten konnte. So kam es zunächst einmal wegen Lärmstörungen, später wegen anderer Delikte zu Polizeieinsätzen und die ursprüngliche Gesprächsbasis Polizei–„Belegschaft“ ging in Brüche. An deren Stelle trat das Feindbild „Bullen“, welches nun durch Reizung derer, die sie repräsentierten, nämlich der Bevölkerung und zwar Anrainer wie Passanten „in Frage gestellt oder geradezu herausgefordert wurde“. Diese zunächst emotionale Provokation der Polizei ohne böse Absicht wurde in der Folge von extranei des Projektes Gassergasse zum rationalen und taktischen Konzept hochstilisiert. Die letzte Konsequenz, die Räumung des Objektes, war daher keine Entscheidung in der Sache selbst, sondern die Reaktion der großen Demokratie auf den fehlgeschlagenen Versuch der Herstellung einer direkten kleinen Demokratie, bei der es eben nicht gelungen war, rasche Entscheidungsmechanismen sicherzustellen, wie sie die echte Demokratie mit allen damit verbundenen Fehlerquellen aufgrund jahrhundertelangen Erfahrungen und nicht aus der überlegenen Selbsteinschätzung von Politikern nun einmal etabliert hat.

Der Bombenanschlag gegen ein Textilgeschäft am 31. Juli 1982

```
bombenexplosion im eingangsportal der firma schoeps wien 16.,
thaliastr 1.
am 310782 um 0115 uhr wurde der fkwg o/1 von der funkstelle
nach wien 16., thaliastr 1 geschaeftslokal der firma  s c h o e p s
beordert, weil dort eines bombenexplosion erfolgt sei. bei ihrem
eintreffen stellten die beamten fest, dass durch unbek taeter
in der eingangspassage des geschaeftslokales eine bombe zur
explosion gebracht worden war. tatzeugen konnten nicht eruiert
werden. durch die explosion entstand erblicherschaden in der
passage. es wurden mehrere schaufensterscheiben zertruemmert
und in der auslage befindliche kleidungsstuecke verkohlt.
auch wurde die decke des portals schwer beschaedigt. es wurde
der journaldienst des koates 16, abt roem 1 und der spreng-
stoffsachverstaendige des bmfi verstaendigt. auch wurde der
geschaeftsfuehrer der firma schoeps verstaendigt. bis zum
eintreffen des geschaeftsfuehrers bzw bis zum abschluss der
tatorterhebungen wurde das geschaeftslokal durch rp koat 16
ueberwacht.=

sw abt 16 +

vgl: erheblicher schaden +
```

Ansicht des zerstörten Geschäftsportales und der Schaufenster

Der Sprengstoffanschlag gegen ein Textilgeschäft in der Wiener Thaliastraße am 31. 7. 1982 verursachte in der Bevölkerung starke Beunruhigung. Fürchtete man doch zu Recht, daß sich die Welle der Gewalt der vergangenen Jahre wieder fortsetzen werde. Immerhin war der Bombenanschlag auf das Gebäude der Air France vom 19. April noch in jüngster Erinnerung.

In dem oben wiedergegebenen Fernschreiben sowie den Lichtbildern vom Tatort sollen die ersten polizeilichen Maßnahmen zur Aufklärung des Bombenanschlages in der Thaliastraße dargestellt werden.

Innenansicht des Geschäftes nach der Bombenexplosion

Problem Verkehrsunfall

Es gibt eine wissenschaftliche Untersuchung, die feststellt, daß in 90 Prozent der Verkehrsunfälle menschliche Fehlerquellen unfallkausal sind. Natürlich spielt die Straßenbeschaffenheit auch in vielen dieser Fälle eine Rolle, doch sagt schon der – leider allzusehr in Vergessenheit geratene – wichtigste Paragraph der Straßenverkehrsordnung, nämlich der § 20 aus, daß der Lenker eines Fahrzeuges seine Geschwindigkeit so einzurichten hat, daß er u. a. dabei auf seine persönliche Verfassung, die Straßenbeschaffenheit, den Zustand seines Fahrzeuges Bedacht zu nehmen hat. Leider wird diese Bestimmung, die rein auf die Eigenverantwortung des Fahrzeuglenkers Bedacht nimmt, immer wieder durch generelle Tempolimits unterlaufen, sodaß zum Beispiel eine 30 km/h-Zone die Lenker zur Annahme einer Richtgeschwindigkeit veranlaßt. Daß der Straßenzustand und die anderen vorangeführten Umstände aber diese Geschwindigkiet gar nicht zulassen, fällt unter den Tisch. Und so kommt es, daß sich Fahrzeuglenker bei ihrem Fahrverhalten ausschließlich an dem am Straßenrand befindlichen Verkehrszeichen und den generellen Tempolimits orientieren. So realisieren sich dann diese menschlichen Fehlerquellen und werden nach Unfällen – wie den obigen – dann meist in den Aussprüchen „Ich bin doch nicht mehr als 30, 50 oder 100 km/h gefahren" manifest. Die Fragen des Richters: „Und haben Sie nicht auf Ihren zum Unfallszeitpunkt gegebenen Erregungs-, Ermüdungs- etc. Zustand, auf den Regen, den Nebel, ihre schmutzige Windschutzscheibe etc. Bedacht genommen?" erwecken dann meist ungläubiges Kopfschütteln beim schuldtragenden Lenker.

Wir dürfen aber nicht aufgeben und einfach feststellen, daß nun einmal die Menschen für die Verwirklichung ihrer Eigenverantwortung plakative Vorgaben brauchen. Wir müssen sowohl in der Gesetzgebung als auch in der Vollziehung davon ausgehen, daß die Menschen lern- und damit besserungsfähig sind. Das heißt aber auch klarzustellen, daß im Bereich der Verkehrsüberwachung und der damit verbundenen Bestrafung der verpönte Begriff „Erziehung" wieder eingeführt und einen entsprechenden Stellenwert gegenüber dem Inkassogedanken erhält. Wer dieses System nicht begriffen hat oder begreifen kann, der muß dann eben z. B. in der Sonntagsschule ohne Rücksicht auf sein Einkommen und seinen Rang nachsitzen. Für die ganz Unbelehrbaren würde der Führerscheinentzug adäquat bleiben und der tatsächlich unabdingbare Griff in den Geldbeutel würde nur das Denken beim Fahren von der materiellen Komponente her unterstützen. Resignation war noch nie Motivation und so können die Vor-, Zu- und Umbauten nur Ergänzung, aber nicht Hauptinhalt verkehrserzieherischer Maßnahmen sein. Verkehrsunfälle sollten in diesem Sinne in Zukunft nur mehr dann entstehen – auszuschließen werden sie nie sein –, wenn mehrere Faktoren zusammentreffen. Aber heute ist – wie ich eingangs gesagt habe – meist ein Faktor ausschlaggebend: keine oder mangelhafte Eigenverantwortung. Denn solange ich mein Denken als Verkehrsteilnehmer auf das Motto beschränke: „Was nicht vom Gesetzgeber expressis verbis verboten und durch Beschilderung kundgemacht ist, ist erlaubt", wird es kein Verblassen obiger Bilder geben und es wird dazu kommen, daß Verkehrspsychologen von Verkehrssoziologen abgelöst werden müssen. Leben ist lebensgefährlich, sagt Erich Kästner, auch wenn er (damals) weder den Kraftfahrzeugverkehr noch die Eigenverantwortung gemeint hat.

1983

Während man sich in diesen Jahren, wie die nebenstehende Karikatur im Kurier vom 14. Juni 1983 zeigt, wieder mit der Einführung der berittenen Polizei zu befassen schien, ging der Aufbau der Wiener Sicherheitswache zügig voran. Der nachstehende Überblick über die Jahre 1972 bis 1987 zeigt dies in Schlagworten.

1972: Erprobung neuer Dienstsysteme, Errichtung der ersten Diensthundestützpunkte, Planungen zur Erhöhung des Personalstandes, Planung einer Schulreform, Einstellung von weiblichen Straßenaufsichtsorganen.

1973: Start der individuellen Direktwerbung (Dienstplanänderung, Ende des 3-Gruppendienstes nach erfolgreichem Probebetrieb). Dezentralisierung des Funkstreifendienstes, Einführung des überlagerten Sektorenstreifendienstes, Einführung von Planquadraten, Einführung des Informationsbriefes als schriftliches Fortbildungs-, Informations- und Motivationsmedium für alle Sicherheitswachebeamten.

1974: Beginn der Praktikantenausbildung, Ausbau der Diensthundeabteilung.

1975: Verstärkung der Fußpatrouillen in sämtlichen Wiener Bezirken, Verbesserung der Wachzimmersituation durch Errichtung des dritten Polizeidiensthundestützpunktes und Errichtung von zwei neuen Wachzimmern.

1976: Verkehrslageberichte der Sicherheitswache im Österreichischen Rundfunk (ÖR), bei besonderer Dringlichkeit erfolgen unmittelbare Einblendungen in Ö3, Start der Radarüberwachung – erster Radareinsatz am 4. Juni anläßlich des Pfingstverkehrs, probeweise Einführung von Kontaktbeamten bei den SW-Abteilungen 15, 16, 19 und 22 ab 15. September 1976.

1977: Einführung der Kontaktbeamten in allen Bezirken Wiens, Aufnahme von Niederschriften in bestimmten kriminalpolizeilichen Angelegenheiten (Kleinkriminalität) durch die Sicherheitswache, Reorganisation der Reservekompanien.

1978: Reorganisation der Alarmabteilung, Einführung der Planquadratflächenstreifen.

1979: Start einer Großaktion zur Erhöhung der Sicherheit von Einzelgeschäftsbetrieben, Durchführung einer Informationsaktion „Meine Kinder – unsere Kinder" in Zusammenarbeit mit dem Kuratorium für Verkehrssicherheit, neue Richtlinien der Grundausbildung für Sicherheitswachebeamten, Erhöhung der Rayonswachzimmer von 87 auf 89.

1980: Intensivierung der Überwachung von U-Bahn-Stationen durch den Start der Aktion „Maulwurf", Verstärkung der Parkstreifen, Umorganisation der Reservekompanien, nun stehen zwölf Reservekompanien für Einsatzzwecke zur Verfügung.

1981: Beginn einer Großwerbeaktion mit Plakaten für Sicherheitswachenachwuchs in allen Verkehrsmitteln der Wiener Verkehrsbetriebe, Fortsetzung und Erweiterung der individuellen Direktwerbung in den Bundesländern Wien, Niederösterreich, Burgenland und Steiermark, neue Richtlinien betreffend Objektschutz, Einführung einer eingehenden Schulung aller Sicherheitswachebeamten zur Bekämpfung der Suchtgiftkriminalität.

1982: Einführung der Abteilungsschule für die SW-Bezirksabteilungen, Einführung von Diensthundeführerflächenstreifen zusätzlich zu den Planquadrat- und Planquadratflächenstreifen, Erhöhung der Rayonszimmer auf 92.

1983: Erlassung von Detailrichtlinien zur Schwerpunktbildung im Fußstreifendienst, Erhöhung der Rayonswachzimmer auf 94.

1984: Versuchsweise Einführung der Jugendkontaktbeamten, Eröffnung des ersten Verkehrsübungsplatzes in Wien 11, Albern, definitive Aufstellung von Jugendkontaktbeamten.

1985: Intensivierung und Organisationsänderung der Schießausbildung, verstärkte Schulung von sicherheitspolizeilich bedeutenden Grundsätzen (z. B. bei schwerwiegenden Raubüberfällen, Geißelnahmen, Terroraktionen usw.).

1986: Intensivierung des Jugendkontaktbeamtenprojektes bei den AHS und berufsbildenden mittleren und höheren Schulen, Schwerpunktaktion „Schutzweg und Kreuzungen", Erhöhung der Rayonswachzimmer auf 95.

Wie man aus dieser kurzen Darstellung sieht, war eines der Hauptthemen des Jahres 1983 nicht die Einführung einer berittenen Polizei, sondern die Erlassung von Detailrichtlinien zur Schwerpunktbildung im Fußstreifendienst, entsprechend der Kriminalitätsentwicklung und dem dadurch gegebenen Anforderungsprofil.

Nach dem Attentat auf den Heiligen Vater vor der Basilika auf dem Petersplatz in Rom zählten Papstbesuche in allen Staaten zu den Ereignissen mit höchster Sicherheitsstufe. Auch die Vorbereitungen für den Papstbesuch im September 1983 wurden mit größter Akribie durchgeführt und bei den Einsatzplänen alle möglichen Varianten von Zwischenfällen einkalkuliert. Der Personenschutz von Staatsbesuchen zählt zu den schwierigsten Aufgaben der Polizeiverantwortlichen, weil hier absolute Erfolgshaftung herrscht. Es muß bei der Planung von drei Haupttätergruppen ausgegangen werden. Organisierter Terrorismus, vernünftig planende und handelnde Einzeltäter und Geistesgestörte. Insbesondere bei letzter Kategorie, die immer wieder auf der ganzen Welt bei Großanlässen auftauchten, ist eine vorausschauende Planung sehr schwierig.

Der Besuch des Heiligen Vaters unterschied sich darüberhinaus noch von sonstigen Staatsbesuchen durch den Umstand, daß es eine Reihe von religiösen Zeremonien gab, deren Gestaltung von der Polizei nicht beeinflußt werden konnte und durfte und deren Durchführung den Papst in ein unkalkulierbares Naheverhältnis zu Personengruppen bringen mußte, die ihrerseits wieder unkontrollierbar waren. Der Erfolg dieses Staatsbesuches war daher neben der wirklich bis ins letzte ausgefeilten Polizeitaktik auch der Umsicht, dem Improvisationstalent und der auf jahrelange Erfahrungen aufgebauten Flexibilität der Wiener Polizeibeamten, allen voran jener der Abteilung I, zu verdanken.

9.–13. 9. 1983: Besuch des Heiligen Vaters in Wien. Der Papst fährt durch Wien – ständig von Kriminalbeamten der Abt. I der Wiener Polizei begleitet.

9.–13. 9. 1983: Besuch des Heiligen Vaters in Wien. Der Papst fährt durch die Wiener Innenstadt – die Wiener Polizei sorgt für die Sicherheit unseres Gastes.

Kurier, 11. 9. 1983

Wachsames Auge auf die Menge: Wiens Polizei steht im Großeinsatz

Kriminalbeamte für den Papst auf „Mann-Deckung"

● 3000 Polizisten sind rund um die Uhr im Dienst

Für des Papstes Sicherheit in Österreich wurde alles menschenmögliche getan, sagt die Polizei. Das Wirksamste ist nach wie vor die „Mann-Deckung"

Samstag mittag, drei Stunden vor Eintreffen des Heiligen Vaters in Wien-Schwechat, stand in einer letzten Einsatzbesprechung des Innenministeriums, der Staatspolizei, der Sicherheitswache und der Kriminalbeamten fest: Es ist alles Menschenmögliche für die Sicherheit des Papstes getan worden.

Das Geheimnis der leiblichen Sicherung heißt „Manndekkung": Vor allem Kriminalbeamte in Zivil werden den Heiligen Vater mit ihren Körpern decken und sich schützend vor ihn werfen, sollte es irgendwelche Angriffe geben. Das Papamobil, in dem der Papst von Schwechat nach Wien zu fahren beabsichtigt, bietet nur begrenzt Schutz. Auch hier ist während der Fahrt, soferne sie langsam genug ist, „Manndeckung" durch neben dem Fahrzeug gehende und laufende Kriminalbeamte vorgesehen.

Der Konvoi: zwei Lotsenfahrzeuge der Verkehrspolizei, gefolgt vom Wagen des Generaldirektors für die öffentliche Sicherheit, dem der Wagen mit den vatikanischen Sicherheitsbeauftragten folgt. Unmittelbar danach kommt ein Fahrzeug der Staatspolizei. Es folgt der Papst im Papamobil, knapp dahinter der „James-Bond-Wagen" der Staatspolizei mit Beamten auf den Trittbrettern, jederzeit zum Abspringen, Eingreifen und Schießen bereit.

Nicht weniger als 3000 Polizeibeamte stehen an diesem Wochenende im Dienst – die meisten rund um die Uhr. Urlaube und freie Tage gibt es nicht. Die Polizeidirektion legt Wert auf die Feststellung, daß auch die Kommissariate, Wachzimmer und Streifendienste „nahezu normal" besetzt sind, so daß nirgends der Eindruck entstehen kann, die allgemeine Sicherheit litte unter dem Papstbesuch.

Hauptsicherheitsproblem: die Europavesper Samstag auf dem Heldenplatz und die Messe Sonntag im Donaupark. Ein Polizeioffizier: „Wir können nicht jeden Besucher perlustrieren, ob er eine Waffe hat. ‚Seltsame Gestalten', etwa mit Plastiksakkerln unklaren Inhalts, werden sich schon Kontrollen gefallenlassen müssen."

Daß die Sicherheitsbehörden auch in den eigenen Reihen Probleme haben, versuchen sie, nicht an die Öffentlichkeit dringen zu lassen: Es gab zuwenig Fahrzeuge, man mußte auf alte VW-Käfer und -Busse aus den Bundesländern zurückgreifen.

Besuch des amerikanischen Vizepräsidenten George Bush in Wien.

21. 9. 1983: Die österreichische Hauptstadt war seit den Tagen des Wiener Kongresses immer wieder Angelpunkt der internationalen Politik. Und die Polizei hatte – zu allen Zeiten – die Aufgabe, unsere Gäste zu schützen. So auch im Jahre 1983 – wie dieses Bild zeigt…

Neue Kronen Zeitung, 4. 8. 1984

Die nebenstehende Karikatur zeigt in brilliant witziger Form die Probleme der Wiener Polizei bei der Verkehrserziehung, speziell im Rahmen der Durchsetzung der Gurten- und Helmpflicht. Insbesondere die Helmpflicht stieß bei den jungen Leuten lange Zeit auf Unverständnis, obwohl der Helm doch wirklich zu den zweifelfreiesten Schutzmaßnahmen für Lenker einspuriger Fahrzeuge zählt. Die Wiener Polizei ist insbesondere bei Jugendlichen in diesen Bereichen nicht den einfachen Weg des Strafens gegangen, sondern hat mehrere Varianten im „Angebot". Zum einen wurde von den Jugendkontaktbeamten das sogenannte „Mängelverfahren" ausgearbeitet. Dieses besteht im wesentlichen darin, daß Mopedlenkern, deren Moped Mängel aufweist, welche nicht die Verkehrssicherheit direkt beeinträchtigen, sondern die z. B. durch unzumutbaren Lärm oder Gestank die Exekutive im Sinne der einschlägigen gesetzlichen Bestimmungen zum Handeln veranlassen, nicht sofort bestraft werden. Vielmehr werden ihnen die Mängel vor Augen geführt und ihnen eine kurze Frist zur Behebung derselben und Vorführung des nunmehr den gesetzlichen Bestimmungen entsprechenden Mopeds vor dem Wachzimmer eingeräumt. Wird der Mangel behoben, erfolgt keine Bestrafung. Kommen sie der Auffordernung nicht nach, dann verlieren sie nicht nur die Straffreiheit, sondern auch ihre Nummerntafel.

Eine zweite Form, Verkehrserziehung nicht unter dem Druck der Strafdrohung zu betreiben, führt die motorisierte Verkehrsgruppe der Verkehrsabteilung der Wiener Polizei beim Alberner Hafen durch. Dort wurde am 29. 4. 1984, das von der „Hafen-Wien-G.m.b.H." dankenswerterweise überlassene Zweiradübungsgelände „Am Sauhaufen" eröffnet. Das Gelände wurde zunächst für Motorrad- und Mopedfahrer in einem Bereich von 60.000 m^2 ausgelegt. Die Gestaltung des Geländes übernahmen engagierte Beamte der motorisierten Verkehrsgruppe in ihrer Freizeit unter Mithilfe verschiedener Magistratsdienststellen. Von Anfang an führend und mit einem besonderen Gespür für Jugendprobleme ausgestattet war Gruppeninspektor Schwarz, dem von Abteilungsinspektor Klepac jedmögliche Unterstützung gegeben wurde. Die beiden Beamten haben mit vielen Mitarbeitern das Gelände angelegt und Gruppeninspektor Schwarz betreut noch heute persönlich die vielen Gäste, nachdem am 8. 8. 1987 zusätzlich ein Gelände für Radfahrer mit Ampeln, Schutzwegen und Verkehrszeichen angelegt worden war. Im Zeitraum von 1984–1991 haben 5.685 Motorrad- bzw. Mopedfahrer und 2.288 Fahrradfahrer an den Kursen teilgenommen. Im heurigen Jahr haben bis zum August 284 Motorrad- und Mopedfahrer die Kurse absolviert. Für die Kursteilnehmer stehen 30 Fahrzeuge vom Mofa über Enduro- bis Motocrossmaschinen zur Verfügung. Die Fahrzeuge befinden sich fast durchwegs in Privatbesitz der Trainer und werden den Wiener Jugendlichen kostenlos zur Verfügung gestellt. Während des Kurses erhalten die Teilnehmer einen kleinen Mittagsimbiß und ganztägig Mineralwasser. Eine Zusatzleistung, die von Versicherungen, Treibstoffirmen und Transportunernehmen finanziert wird.

Kursziel ist neben dem Erlernen oder der Auffrischung von Verkehrsvorschriften vor allem das Handling. Ein Umstand, der gerade bei einspurigen Fahrzeuglenkern sehr oft unfallkausal ist. Nach Abschluß der jeweiligen Kurse setzen sich die aktiven Beamten der Verkehrsabteilung mit den Kursteilnehmern zusammen und haben diese die Gelegenheit, über allgemeine polizeiliche Probleme zu diskutieren. So wird neben einem wesentlichen Beitrag zur Hebung der Verkehrssicherheit auch eine Brücke zwischen Jugendlichen und Polizeibeamten geschaffen, die in der Folge die vielfach bestehende Schwellenangst behebt und einen wesentlichen Beitrag für das gute Verhältnis der Wiener Polizei zur Wiener Jugend darstellt. Der Wiener-Hafen-Ges.m.b.H., welche nicht nur unentgeltlich den Platz zur Verfügung gestellt, sondern auch die für die Übungsfahrten notwendigen Um- und Zubauten duldete, sei an dieser Stelle besonderer Dank erwähnt. Aber auch den Beamten der Verkehrsabteilung muß Dank und Anerkennung gezollt werden, weil sie nicht nur durch Erdbewegungen entsprechende Trainingsvoraussetzungen geschaffen, sondern auch durch das Setzen von Büschen und Pflanzen sowie die Aussaat von Gras eine wirklich freundliche Umgebung, in der sich die guten Beziehungen zur Jugend auch vom Ambiente her entwickeln können, geschaffen haben.

1984

Am 20. Juni 1984 detonierte vor der türkischen Botschaft in der Theresianumgasse in einem PKW ein gewaltiger Sprengsatz. Die Autobombe tötete einen türkischen Diplomaten, den Fahrer des Wagens. Der in unmittelbarer Nähe Dienst machende Polizeibeamte, Bez.-Insp. Leopold Smetazek, erlitt schwerste Verbrennungen.

Die Täter des Anschlages – er hatte dem Botschaftsgebäude gegolten – konnten nicht festgestellt werden.

Wieder einmal hatte der internationale Terror auch in Österreich seine Opfer gefordert...

Bundespolizeidirektion Wien
Generalinspektorat der
Sicherheitswache   Wien, im September 1984

J U G E N D K O N T A K T B E A M T E

der

W i e n e r   S i c h e r h e i t s w a c h e

Wir wollen Ihnen mit dieser Information den Jugendkontaktbeamten, eine Einrichtung der Bundespolizeidirektion Wien, näherbringen.

Unter anderem sind unsere Jugendkontaktbeamten dafür vorgesehen, mit Jugendlichen über deren Probleme zu sprechen und Ihnen nach Möglichkeit mit Rat und Information zur Seite zu stehen.

Wenn Sie ein Gespräch mit einem Jugendkontaktbeamten suchen, erreichen Sie ihn derzeit über die Bezirkspolizeikommissariate

Innere Stadt	Tel.	34 76 01	Penzing	Tel.	92 33 21
Wieden	"	65 16 19	Schmelz	"	92 26 76
Mariahilf	"	57 66 33	Hernals	"	43 15 01
Neubau	"	93 35 31	Döbling	"	36 41 55
Favoriten	"	64 16 45	Brigittenau	"	33 46 47
Meidling	"	83 36 24	Floridsdorf	"	38 36 31

in der Alarmabteilung   Tel. 34 55 11
und in der Verkehrsabteilung   " 34 55 11

In der Verkehrsabteilung werden überdies Anmeldungen für Fahrübungskurse auf dem ersten Verkehrsübungsplatz Albern entgegengenommen, wo Sie unter Anleitung von Jugendkontaktbeamten der Verkehrsabteilung das Fahren mit einspurigen Kraftfahrzeugen im Gelände üben können. Voranmeldungen für diese jeweils an Samstagen stattfindenden Kurse werden auch im "Club 80" unter der Tel.Nr. 31 26 51 angenommen.

Ihre Bundespolizeidirektion Wien

Verleger und Hersteller: Bundespolizeidirektion Wien

Jugendkontaktbeamte werden primär bei Interventionen im Zusammenhang mit Jugendlichen und zwar nicht nur bei Einsätzen wegen Lärmbelästigungen etc., sondern auch in Form von präventiven Kontaktgesprächen, vor allem bei einschlägigen Treffpunkten herangezogen. „JuKobs“, wie sie genannt werden, machen auch Dienst bei Veranstaltungen mit überwiegend jugendlichem Publikum z. B. Pop-Konzerte, Fußballspiele etc. Jugendkontaktbeamte nehmen teil an Diskussionsveranstaltungen mit Jugendlichen in Schulen, Jugendklubs, jeweils im Einvernehmen mit Schul- und Klubleitung. Am Beispiel der Jugendkontaktbeamten zeigt sich sehr deutlich, daß die Polizeidirektion Wien zwischen pubertierenden Jugendgruppen und kriminellen Jugendbanden sehr wohl zu unterscheiden weiß.

Jugendkontaktpolizisten: Helfen statt strafen

„Ich bin's, euer Inspektor!“

Sie gehören zu den Stammgästen der Jugendtreffs, stehen nicht selten mit Rowdyplatten auf freundschaftlichem Fuß, laden ihre Schützlinge manchmal sogar auf ein Eis ein und erreichen mit ihrer Methode „zuhören, ermahnen, beraten und zureden statt gleich zu strafen“ oft mehr als jene ihrer Kollegen, die mit der ganzen Strenge des Gesetzes gegen Halbwüchsige vorgehen.

Gemeint sind die Jugendkontaktbeamten der Wiener Polizei, die ihren Wirkungskreis im Vorfeld der Jugendkriminalität seit Mai so ausgebaut haben, daß man in der Polizeidirektion bereits von einem geglückten Experiment spricht.

Geglückt vor allem deshalb, weil die 18 Polizeibeamten im Durchschnittsalter von 24 Jahren, die erst vor vier Monaten ihre für die österreichische Exekutive völlig neuartige Tätigkeit aufnahmen, schon das Vertrauen zahlreicher Jugendlicher gewannen. Und

Generalinspektor Günther Bögl: „Experiment geglückt“

manche von ihnen auf den richtigen Weg zurückbrachten.

Typisches Beispiel: Ein 17jähriger häufiger Besucher eines übel beleumundeten Lokals in der Neubaugasse im 7. Bezirk hatte bei einer Razzia in diesem Café beobachtet, wie ein anderer Gast Rauschgift verbarg.

Statt zu schweigen, suchte der Bursch „seinen“ Jugendkontaktpolizisten auf und verriet ihm das Versteck. „So etwas wäre früher in dieser Szene undenkbar gewesen“, meint der Generalinspektor der Wiener Sicherheitswache, Günther Bögl, einer der Paten der Jugendkontaktbeamten.

Bevor das Experiment gestartet wurde, hatte Bögl in Diskussionen mit Jugendverbänden deren Vorstellungen von einem Jugendkontaktbeamten auszuloten versucht.

Wichtigste Erkenntnisse: Die Polizisten sollten nicht zu jung, aber auch nicht zu alt sein, und sie sollten ihren Dienst in Uniform versehen, denn Beamte in Zivil würden von ihren künftigen „Schützlingen“ als Spitzel angesehen werden.

Viele Jugendliche erzählen ihre Sorgen

An diese Erkenntnisse hielt sich der Generalinspektor, als heuer im Frühjahr die neuartigen „Jobs“ ausgeschrieben wurden: 36 Interessenten meldeten sich, 18 wurden ausgesucht, wobei jene den „Vorrang“ erhielten, die bereits gegen Halbwüchsige eingeschritten waren, ohne daß es dabei zu Auswüchsen gekommen wäre.

Seither haben die 18 jungen Polizisten bereits sehr oft „amtsgehandelt“, aber nur sehr wenig gestraft. Der Erfolg gab ihnen recht: Hatten sie anfangs von sich aus Kontakt zu Jugendlichen im Vorfeld der Kriminalität suchen müssen, indem sie traditionelle Jugendtreffs aufsuchten, sich dort bekannt machten – „Ich bin ein Jugendkontaktbeamter der Polizei“ – und ihr Aufgabengebiet erläuterten, kommen heute schon viele Burschen und Mädchen mit ihren Sorgen und Nöten freiwillig zu ihnen.

So beklagten sich vor kurzem ein paar 12- bis 13jährige bei „ihrem Polizisten“, daß sie auf dem Spielplatz im Esterházypark im sechsten Bezirk nicht Fußball spielen dürften, sie würden immer wieder von ein paar älteren Burschen vertrieben.

Worauf der Kontaktbeamte mit beiden Gruppen sprach und einen regelrechten Stundenplan entwarf: Am frühen Nachmittag, nach Schulschluß, sollten die jüngeren Schüler hinter dem Ball herjagen, am späteren Nachmittag, sobald sie aus der Arbeit heimgekommen waren, die älteren Lehrlinge.

Stammgäste in Polizeiuniform bei Jugendtreffs: Manchmal haben sie Spendierhosen an

Beide „Teams“ hielten sich zunächst peinlich genau an diese Einteilung, bis sie sich eines Tages erübrigte. Weil plötzlich beide Gruppen zusammenfanden und nunmehr gemeinsam spielen.

Lärm und Mopedunwesen beschäftigen die Jugendkontaktbeamten am häufigsten, da sich ältere Leute immer wieder gestört fühlen und Anzeigen erstatten. In einem dieser Fälle fand einer der Polizisten einen originellen Ausweg.

Familienprobleme werden gelöst

Als die Bewohner der Floridsdorfer Puffergasse darüber klagten, daß vor ihren Häusern regelmäßig motorisierte „Rowdygruppen“ zusammenträfen, schlug der Beamte den Jugendlichen vor, gemeinsam mit ihnen einen neuen Treff zu suchen, wo sie niemanden störten. Er fand ihn in der Tetmajergasse, einem fast unverbauten Straßenstück, von dem sich die „Moped-Fans“ begeistert zeigten.

Nicht selten müssen die 18 Polizisten in ganz ausgefallenen „Affären“ helfen. So beschwerte sich ein Mädchen darüber, daß seine Mutter nicht mit ihm rede. Einer der Beamten sprach daraufhin mit der Frau und stellte fest, daß ein familiäres Mißverständnis vorlag. Heute sind Mutter und Tochter wieder ein Herz und eine Seele.

Auch einem Lehrling, der meinte, er sei von seinem Meister ungerechtfertigt entlassen worden, wurde geholfen. Ein Kontaktpolizist redete dem Meister zu, der den Burschen tatsächlich wieder aufnahm.

Größten Erfolg erzielten die Jugendkontaktbeamten mit ihren Einladungen an Mopedfans, ihre Fahrkünste auf dem Verkehrsübungsplatz der Polizei in Wien-Albern zu perfektionieren: 265 Teilnehmer meldeten sich bisher zu den Übungskursen (siehe Bild ganz oben), wobei Nichtmotorisierten Fahrzeuge kostenlos zur Verfügung gestellt werden.

Schuldirektionen noch zurückhaltend

Bedauert wird in der Polizeidirektion, daß viele Schuldirektionen die Jugendkontaktbeamten noch nicht zur Kenntnis genommen und, statt sie in gewissen Fällen einzuschalten, sofort Anzeigen erstattet haben. „Aber“, so gibt sich Generalinspektor Bögl hoffnungsfroh, „auch hier werden wir zum Ziel kommen“. ERICH GROLIG ■

Kurier, 19. 8. 1984

1984

Mit dem Stapellauf des Polizei-Patrouillenbootes „DONAU" am 20. 12. 1984 in der Korneuburger Werft ging nicht nur ein langgehegter Wunsch des Donaudienstes in Erfüllung, es konnte auch die polizeiliche Arbeit auf der Donau wesentlich effizienter gestaltet werden.

Die Wiener Polizei war wieder einen Schritt weiter in Richtung einer modernen Sicherheitsbehörde gegangen.

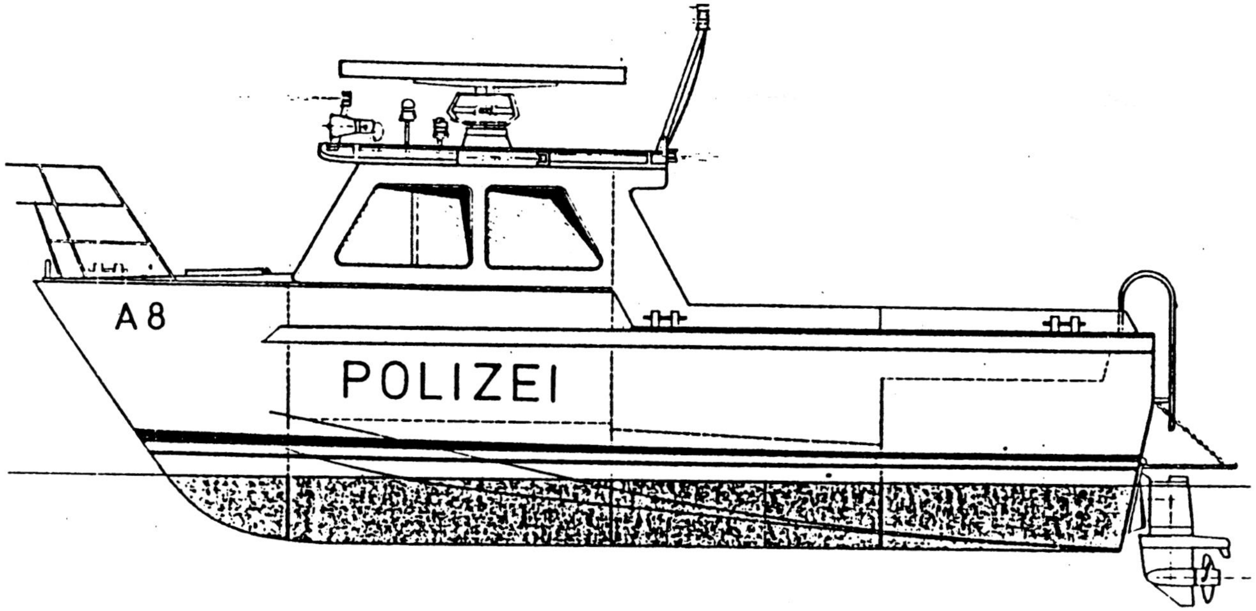

POLIZEI-PATROUILLENBOOT

„DONAU"

GEBAUT FÜR DIE REPUBLIK ÖSTERREICH
BUNDESMINISTERIUM FÜR INNERES
BUNDESPOLIZEIDIREKTION WIEN, DONAUDIENST
IN DER ÖSTERREICHISCHEN SCHIFFSWERFTEN AG
LINZ-KORNEUBURG, WERFT KORNEUBURG

SCHIFFSTAUFE, STAPELLAUF UND ÜBERGABE:
20. DEZEMBER 1984

IN ANWESENHEIT DES HERRN
BUNDESMINISTERS FÜR INNERES
KARL BLECHA

TAUFPATIN:
FRAU GUNDY BLECHA

Polizei-Patrouillenboot „DONAU"
Bau Nr. 755

Das Zweischraubenpatrouillenboot „Donau" ist für den Polizeidienst auf Binnengewässern ausgerüstet. Die Konzeption des Schiffskörpers erlaubt jedoch auch den Einsatz auf großen Stauseen und küstennahen Gewässern.

HAUPTDATEN:	Länge über Alles	9,60 m
	Länge auf Deck	8,65 m
	Länge in der WL	7,50 m
	Breite über Scheuerleiste	3,65 m
	Breite auf Deck	3,50 m
	Seitenhöhe	1,65 m
	Tiefgang Rumpf	0,50 m
	Propeller	0,95 m
	Motorleistung	2 x 140 KW (190 PS)
	Geschwindigkeit	mind. 50 km/h
	Besatzung	2 (+6) Pers.

TECHNISCHE AUSRÜSTUNG:

Das Boot wird durch 2 BMW 6-Zylinder 4-Takt Marine-Benzinmotore Type B220 über die angebauten Z-Triebe angetrieben.

Zur Vorwärmung des Motorkühlwassers sowie zur Heizung des Steuerhauses sind 2 Eberspächer Warmwasserheizanlagen installiert.

Zur Gewährleistung des sicheren, einwandfreien Einsatzes ist das Boot ausgerüstet mit:

- Präzisions-Radaranlage mit hohem Auflösungsvermögen
- Radarsignalhorn mit Durchsageeinrichtung
- Echolot mit Speeker
- Polizeifunkanlage
- Schiffsfunkanlage

7. 3. 1984: Die Taucher der Alarmabteilung
Die Vorstellung der Polizeitaucher brachte erneut die Wandlungsfähigkeit der polizeilichen Einsatzgruppe zum Ausdruck, welche von einer halbmilitärischen Paradeeinheit zu einem hochtechnisierten und zeitgemäßen Korps geworden war.

20. 3. 1985: Rapid–Dynamo Dresden

Im letzten Jahrzehnt hat sich europaweit die Aggressivität Jugendlicher zunehmend auf Fußballplätzen manifestiert. Psychologen erklären dies mit der „Massenwirkung". Das heißt: einerseits haben große Menschenansammlungen eine aufputschende Wirkung, andererseits schützen sie kriminelle Elemente vor Entdeckung. Die vorgehenden Ausführungen über das Aggressionspotential der Jugendlichen von heute würde den Rahmen dieses Buches sprengen. Wir begnügen uns dementsprechend hier mit den Fakten.

Die Vorbereitungen für Fußballverstanstaltungen sind je nachdem, ob es sich über eine internationale oder um eine nationale Veranstaltung handelt, unterschiedlich. Zunächst ist in gleicher Form festzustellen, um welche Art von Anhängern es sich sowohl bei den ausländischen als auch bei den inländischen Vereinen handelt. Nicht jeder Fußballklub in Europa hat die gleiche Anhängerschaft in bezug auf Aggressivität und Neigung zu Ausschreitungen. Bei internationalen Fußballspielen ist bei Spielen mit diesbezüglicher erhöhtem Risiko auch der gesamte Stadtbereich in die Vorfeldsicherung einzubeziehen, das heißt, es ist Kontakt mit den Grenzkontrollstellen herzustellen, um Ort und Zeit der Ankunft von größeren Fangruppen rechtzeitig zu erfahren. Aufgrund dieser Informationen erwarten Polizeikontingente die Gruppen bereits an den Bahnhöfen oder an den Abstellplätzen der Busse. Sie werden dann manchmal über Stunden auf ihren Wegen zum Fußballstadion von Polizeikräften begleitet. Bei strafrechtlichen Delikten aber auch bei Ordnungsstörungen wird unverzüglich eingeschritten und so mancher ausländische Fußballfan konnte ein Europacupfinale bestenfalls aus dem Radio, das eben ein mitleidiger Wachebeamter in die Zelle gestellt hatte, mitverfolgen. Die gleiche Vorgangsweise wird nach Beendigung des Spieles durchgeführt. Dadurch wurden Verwüstungen, wie sie durch meist betrunkene Fußballfans vor und nach den Spielen in anderen europäischen Städten registriert wurden, in Wien bisher vermieden. Beim Spiel selbst wird schon mit der Stadionverwaltung vorher eine Aufteilung der Fangruppen in bezug auf Sitzplätze nach der Maxime vorgenommen, daß rivalisierende Gruppen diese nach Möglichkeit nicht im gleichen Sektor und wenn möglich auch nicht in benachbarten Sektoren bekommen. Dies beginnt schon beim Vorverkauf der Karten. Bei der Einlaßkontrolle leistet die Polizei Assistenzleistung bei der Durchsuchung der Fans nach Schlagstöcken und Wurfgeschoßen, wobei insbesondere auf Raketen Bedacht genommen wird. Weibliche Kriminal- und Sicherheitswachebeamtinnen wurden nach einiger Zeit beigezogen, da die Fußballrowdys zunehmend die Gegenstände ihren Begleiterinnen vor der Einlaßkontrolle übergeben hatten. Im Stadion selbst wird nach einem genau vorausbestimmten Plan, die Kräfteaufgliederung so vorgenommen, daß Problemgruppen von starken Polizeikräften zerniert sind, die jederzeit eingreifen können. Von der UEFA hat das Wiener Stadion die höchste Qualifikation in Sicherheitsfragen erhalten. Ein Erfolg, der nicht zuletzt auch der bisher erfolgreichen Polizeitaktik zuzuschreiben ist. Für das Wiener Praterstadion haben dabei der ehemalige Stadthauptmann und nunmehrige Generaldirektor für die öffentliche Sicherheit, Mag. Michael Sika, und der leitende Sicherheitswachebeamte Untiedt große Verdienste erworben. Für das Hanappi-Stadion hat sich besonders der Sicherheitswacheoffizier Weidinger bei gleichen Anläßen qualifiziert. Das gleiche System gilt in verringertem Ausmaß für nationale Sportveranstaltungen mit der Maßgabe, daß die Begleitung der Fangruppen vor dem Match wegfällt, während nach dem Match allerdings auch hier bei bestimmten Spielen wie zum Beispiel Austria–Rapid eine Nachsicherung in der Umgebung des Praterstadions oder des Hanappi-Stadions und bestimmter Plätze im ersten Wiener Gemeindebezirk vorgesehen ist.

Die Arbeit beginnt jedoch nicht erst beim Match. Die Jugendkontaktbeamten und nunmehr auch die für Jugendarbeit zuständigen Beamten der Alarmabteilung sind nicht nur bei den Matches direkt eingesetzt, sondern versuchen auch schon vorher, mit Fanclubs und Fangruppen Kontakt herzustellen und Aggressionen abzubauen. Die Wiener und die österreichischen Sportvereine unterstützen diese Arbeit der Exekutive ebenso wie die einzelnen Stadionverwaltungen. Die flexible aber konsequente Vorgangsweise der Exekutive hat sich bisher in Wien ausgezeichnet bewährt, weshalb sich auch sehr oft aggressive Handlungen, insbesondere Vandalenakte auf die Anreise oder Abreise von Wien per Zug verlegt haben. Seit einiger Zeit werden daher die Züge mit Fußballfans von Sondereinheiten der Bundesgendarmerie zur Verhinderung von Exzessen sehr erfolgreich begleitet.

1985

März 1985: Polizeilicher Inspektionsdienst im Burgtheater:
Seit dem verhängnisvollen Brand des Ringtheaters (siehe Seite 68 und 69) verfügt Österreich über besonders strenge Vorschriften auf dem Gebiet des Theaterwesens. Unter Leitung eines rechtskundigen Polizeibeamten (Konzeptsbeamten) wird vor Beginn der Vorstellung die Theateranlage überprüft (siehe Bild) und der Beamte hat auch während der Vorstellung anwesend zu sein.

1985

Korpsabzeichen der Sicherheitswache

15. Mai 1985: „Die Polizei – die Hüterin der inneren Sicherheit Österreichs". Diese Bildbezeichnung hätten die Autoren dieses Buches gewählt, wenn sie Freunde hochtrabender Formulierungen wären. So aber lautet der Bildtext schlicht: Überwachungsposten bei den Feierlichkeiten zum 30jährigen Jubiläum der Unterzeichnung des Staatsvertrages im Belvederegarten.

Die Wiener Kriminalistik – zu Zeiten Schobers von Weltruf – hat auch in jüngerer Vergangenheit wieder an internationaler Bedeutung gewonnen.
So berichtete der Kurier am 19. 10. 1986 über die polizeilichen Phantombildzeichner und ihre Erfolge. Nur ein – aber sehr wesentlicher Teil – der kriminalpolizeilichen Arbeit.

Phantom-Zeichner der Polizei müssen auch gute Psychologen sein

Verbrecherjagd mit Bleistift und Radierer

Fahndungserfolge durch diese Bilder

Fünffacher Bankräuber Harald R.: Ein Phantombild verriet den blonden Kärntner 1983

Posträuber R.: Die Skizze wurde dem Mann, der drei Polizisten fesselte, 1981 zum Verhängnis

Doppelmörder T.: Die Zeichnung führte nach dem zweiten Mord im Waldviertel zum Erfolg

Frauenmörder S.: Das Bild überführte 1980 das „Phantom" von der Inntal-Autobahn

Der Ägypter Ibrahim A.: Die Zeichnung verriet ihn Monate nach einem Mord in Wien

Alle reden seit Tagen vom „Phantom". Im Duden steht hinter dieser Bezeichnung zunächst „Trugbild". Läuft also die Mordkommission einem Trugbild nach, wenn sie auf Grund einer bloßen Skizze den Polizistenmörder jagt? Die Kriminalisten sind überzeugt: Nein. Sie wissen, daß sie sich auf jene Kollegen verlassen können, die, nur mit Bleistift und Radiergummi bewaffnet, am Reißbrett Verbrecherjagd machen.

Major Franz Koessler vom Büro für Erkennungsdienst und Fahndung (EKF) führt uns durchs Stiegenlabyrinth der Kriminalistenhochburg an der Wiener Roßauer Lände. Die Betonung liegt auf hoch. Wir haben die Erlaubnis der Polizeidirektion, den „Phantomzeichnern" der Mordkommission über die Schultern schauen zu dürfen. Der Fotograf Clemens P., ein 150-Kilo-Mann, schnauft bereits. Zweiter Stock, dritter Stock, vierter Stock. Der sportliche Major zeigt keine Müdigkeit, nur wir Reporter geraten außer Atem. So anstrengend ist es also für Zeugen, wenn sie einen Täter wiedererkennen, wenn sie ihn beschreiben sollen?

Der EKF-Offizier, oben angelangt, schmunzelt, und Schadenfreude blitzt durch: „Für Zeugen haben wir einen Aufzug installiert . . ."

Endlich im Polizei-Atelier. Ein hochtrabendes Wort für diesen Raum: Zwei Zeichenpulte, Glasschränke mit makabrem Inhalt (Köpfe von Mördern, eine abgehackte Hand, ein Mördergebiß, alles farbige Gipsabdrücke), ein „Identifizierungskoffer" um 60.000 S und viele, viele Ordner. An der Wand das klassische Beispiel einer gelungenen Phantomzeichnung, die einem Frauenmörder täuschend ähnlich sah und ihn entlarvt hat: Harald Sassak, heute Koch in Stein.

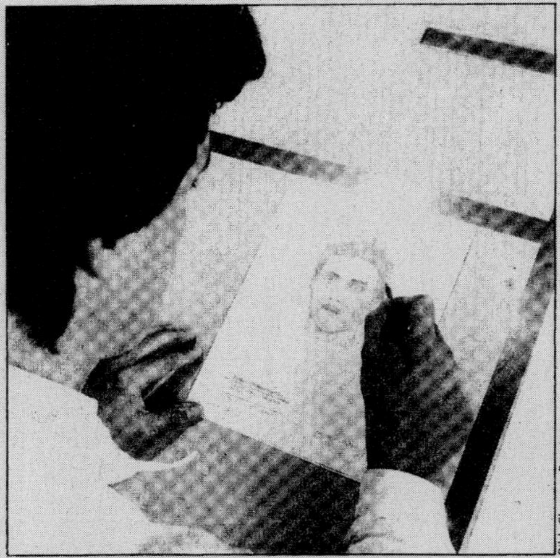

Bild: Clemens Pausinger

Polizei-Porträtist Wilhelm U. bei der Skizze des Polizistenmörders

Reporterglück: Der Beamte, der nach Angaben einer überfallenen Prostituierten die Porträtskizze vom Polizistenmörder gezeichnet und der auch den Goldräuber von der „Ögussa" zu Papier gebracht hat, ist noch da, obwohl schon Dienstschluß ist, 15.30 Uhr.

Weniger Glück hat der Fotograf: Wilhelm U., 34, seit 16 Jahren im Polizeidienst, B-Beamter mit knapp 11.000 S im Monat, will sich selber nicht porträtieren lassen. Eine Beamtenmarotte, die nicht auszumerzen ist. Aber er erzählt wenigstens. Wie er in Zeugen hineinhorcht, wie er behutsam, einfühlsam Details aus ihrem Gedächtnis hervor- und aufs Papier zaubert. Wie er sie zum Reden bringt, Kinder, die von einem Sex-Attentäter belästigt wurden, ebenso wie Frauen, die nach einem Rauberlebnis noch immer im Schock bebend und zitternd vor ihm sitzen.

„Das Entscheidende", doziert der Herr Major, „ist das Umsetzen der Zeugenwahrnehmung auf den Zeichenblock. Dazu gehört handwerkliches Fingerspitzengefühl."

Je nach Güte und „Fotogedächtnis" eines Zeugen ist so ein Phantombild in ein bis zwei Stunden fertig. Meistens hilft ein Foto aus der Lichtbildsammlung, wo der Zeuge eine ähnliche Visage wie die gesuchte findet, als Unterlage.

Pro Jahr skizzieren die beiden Wiener Polizei-Porträtisten 20 bis 25 Täterbilder, in zehn Prozent der Fälle bringen die Skizzen Fahndungserfolge. Beispiele finden Sie im Kasten links.

Was zeichnet ein Polizeimaler in der Freizeit? Die Gattin verrät es: „Zuletzt einen Bauplan, leider nicht fürs eigene Haus."

ERNST BIEBER ■

Ab Juli Fahndungshilfe auch mit Computerbild

Ab Juli kommenden Jahres wird auch der Wiener Polizeicomputer Phantombilder basteln können. EKF-Oberst Oskar Resl ist allerdings überzeugt, daß die handwerkliche Skizzierung von Suchbildern auch künftig unersetzlich bleibt, weil sie viel unmittelbarer auf Zeugenhinweise reagieren kann.

EDV-Chef Ministerialrat Herbert Zima betrachtet das neue Supersystem „Sigma" (so heißt das Kürzel für die kommende EDV-Foto-Fahndung) vor allem als Suchhilfe: „Wir können Fotos digital speichern und grafisch auf einen Bildschirm übertragen. Außerdem besitzt das Projekt einen halbautomatischen Index, der aus gewissen Erkennungsmerkmalen besteht."

Suchen die Fahnder zum Beispiel einen Mann mit übergroßer Nase, präsentiert ihnen der Computer alle eingespeicherten Nasen-Riesen namentlich und, wenn gewünscht, auch bildlich.

Kurier, 19. Oktober 1986

OPFER DER PFLICHT
Mord an Bezirksinspektor Friedrich Roger, 25. 7. 1986

Der ermordete F. Roger bei Auffindung, 25. 7. 1986, 4.30 Uhr

Kugel aus Sturmgewehr durchschlug den Kopf
Täter: Schmuggler, Unterweltler oder Agenten?

Wiener Polizist in Hinterhalt gelockt und „hingerichtet"

BERICHT AUF DEN SEITEN 6 BIS 9

Samstag, 26. Juli 1986 / Nr. 9401, S 6,–

Neue Kronen Zeitung
UNABHÄNGIG

Wien 19, Muthgasse 2, Telefon 36 01-0

Durch einen Kopfschuß aus einem Sturmgewehr ermordet wurde der Polizist vor dem Wachzimmer in Wien-Freudenau aufgefunden

Neue Kronen Zeitung, 26. 7. 1986

Am 25. 7. 1986, in der Zeit zwischen 2.00 Uhr und 4.00 Uhr, wurde der Sicherheitswachebeamte Bezirksinspektor Friedrich Roger vor dem Wachzimmer Wien 2., Freudenauerhafenstraße von einem unbekannten Täter durch das Zerschlagen von zwei Fensterscheiben des Wachzimmers auf den freien Platz vor die Dienststelle gelockt und dort aus einem Gewehr durch zwei Schüsse getötet. Dem Beamten wurde nur die Dienstwaffe geraubt. Das Motiv der Tat ist bis heute nicht bekannt. Am 9. 10. 1986 wurde mit der Dienstwaffe des Beamten ein Mordversuch auf eine Prostituierte in der Nähe des Messegeländes verübt, wobei der Täter ein Magazin der Dienstwaffe Rogers verlor. Durch die Angaben der Prostituierten war es möglich, ein Phantombild zu zeichnen, welches in den Medien veröffentlicht wurde. Es wurde auch in der Fernsehsendung „Aktenzeichen XY... ungelöst" ausgestrahlt. Die Überprüfung von etwa 400 Hinweisen brachte kein Ergebnis. Am 29. 9. 1988 wurde kurz vor Mitternacht in Wien 2., Trabrennstraße die Prostituierte, nach deren Angaben das Phantombild gezeichnet worden war, auf offener Straße aus dem Hinterhalt erschossen. Der maskierte Täter feuerte insgesamt 4 Mal mit einer Pumpgun auf sein Opfer. Im Zuge der Recherchen verdichteten sich die Verdachtsmomente gegen den mehrfachen Bankräuber Johann K., doch konnten diese nicht mehr verifiziert werden, da K. vor der Einvernahme flüchtete und in der Folge Selbstmord verübte.

Die Polizei überprüft seither jeden Fall, in dem sich aus dem modus operandi oder aus anderen Auffälligkeiten Zusammenhänge auf diesen Mord ergeben könnten. Auch die Staatsanwaltschaft prüft im Verlaufe von Strafverfahren in gleicher Richtung. In der Vergangenheit wurden und werden sicherlich auch in der Zukunft immer wieder scheinbar unlösbare Mordfälle durch Zusammenfügen von sogenannten Zufälligkeiten geklärt. So ermittelt die Wiener Polizei u. a. noch immer und konsequent in den Fällen der drei Favoritner Mädchenmorde, die bis heute nicht geklärt werden konnten. Geduld, Ausdauer und Kombinationsgabe zeichnen die Beamten der Wiener Mordgruppe aus. Diesen Eigenschaften und den fachlichen Fähigkeiten – unterstützt von immer besser werdenden technischen Einrichtungen – ist es zu verdanken, daß die Aufklärungsquote in Wien bei den Blutdelikten immer um die 90%-Marke gehalten werden kann. Gerade in diesem Bereich der Kriminalität ist es sehr wichtig klarzustellen, daß von 10 Mördern 9 ausgeforscht und den Gerichten zur Verurteilung (meist lebenslänglicher Freiheitsstrafen) übergeben werden können.

MITTWOCH, 29. OKTOBER 1986 THEMA DES TAGES

Österreichs größte Sicherheitsaktion seit Jahrzehnten

3000 Polizisten beschützen Wiener KSZE-Konferenz

Shultz (oben), Schewardnadse: Gelten als besonders gefährdet

- Heimliche Sorge vor Störversuchen, Parallelaktionen, Demonstrationen und Anschlägen
- Doppelter Leibwächterschutz für Außenminister George Shultz und Schewardnadse
- Verschärfte Kontrollen in Flughäfen, auf Bahnhöfen und an den Grenzen

Vor allem zu den Konferenzhöhepunkten wird die Polizei alle Kräfte, einschließlich der Alarmabteilung (Bild), aufbieten

Einem ihrer größten Einsätze seit Bestehen der Zweiten Republik sieht sich Österreichs Exekutive in den kommenden Wochen und Monaten gegenüber. Über dreitausend Polizisten, teils in Uniform, teils in Zivil, werden im Verlaufe der Veranstaltungen die große KSZE-Nachfolgekonferenz vor Störungen zu bewahren haben und außerdem besonders gefährdete Delegationsmitglieder vor Attentatsversuchen abschirmen. Die Konferenz selbst wird am 4. November in einem Festakt in der Wiener Hofburg von Bundeskanzler Franz Vranitzky eröffnet und soll bis zum 31. Juli 1987 dauern.

35 Staaten werden ihre Delegationen mit je fünf bis sechs Mitgliedern, die Groß- und Weltmächte mit je 20 bis 30, an die Donau entsenden. Jeweils unter Führung des Außenministers des betreffenden Staates, unter ihnen eine ganze Reihe potentieller Terroristen-Opfer.

Bei der Polizei rauchen die Köpfe

Im Innenministerium und in der Wiener Polizeidirektion rauchen daher buchstäblich die Köpfe der Verantwortlichen, die fast Tag und Nacht über generalstabsmäßigen Entwürfen zur möglichst wirksamen Absicherung der Konferenz und ihrer Teilnehmer brüten.

Die Exekutive gedenkt jedenfalls alles auf die Beine zu stellen, was nur zur Verfügung steht, um Zwischenfälle und Anschläge zu verhindern.

Sicherheitswache, Kriminal- und Staatspolizei sowie die Gendarmerie (im Raum zwischen Schwechat und Wien) stehen vor fast noch nie dagewesenen Aufgaben.

Sonderbewachung für die Residenzen

Der Flughafen Wien wird bei Eintreffen der Delegationsmitglieder von der Flughafensondereinheit „Kranich" und Sondergruppen des Gendarmerieeinsatzkommandos „Kobra" zerniert; die Zufahrtsstraßen in die Bundeshauptstadt werden von Gendarmerie- und Polizeieinheiten besonders genau bewacht, die Residenzen der Außenminister sowie die Unterkünfte ihrer Mitarbeiter erhalten gesonderten Polizeischutz.

Verstärkt durch „Gorillas", die manche Delegationsführer, unter ihnen US-Außenminister Shultz (er trifft wegen der amerikanischen Kongreßwahlen erst am 5. November ein) und UdSSR-Außenminister Schewardnadse, zur Unterstützung der von Österreich gestellten Leibwächter mitbringen.

Die Hofburg als Konferenzgebäude – erst im Mai nächsten Jahres wird in das bis dahin fertiggestellte neue Konferenzzentrum bei der UNO-City übersiedelt – wird von außen abgeriegelt, um Demonstranten am Eindringen zu hindern. In den Tagungsräumlichkeiten selbst wird ebenfalls ein starkes Kriminalbeamten- und Staatspolizeiaufgebot für den ordnungsgemäßen, störungsfreien Programmablauf sorgen.

Um trotz des personalintensiven Großdauereinsatzes die Sicherheit in Wien nicht zu gefährden, ist die Bildung sogenannter Schwerpunkte an exponierten Stellen oder bei besonders brisanten Veranstaltungen geplant, so daß auf diese Weise an anderer Stelle Beamte für den normalen Sicherheitsdienst in der Bundeshauptstadt freigestellt werden können. Überdies erwägt man, Verstärkungen aus den Bereichen anderer Polizei- beziehungsweise Sicherheitsdirektionen vorübergehend an die Donau zu holen.

Die Drähte zwischen der Staatspolizei und den Nachrichtendiensten anderer Länder, insbesondere mit jenen der Bundesrepublik Deutschland, laufen inzwischen heiß. Der Zweck der ständigen Kontakte: Terroristen oder deren Sympathisanten sowie Berufsdemonstrierer im Auge zu behalten, um ihr Einsickern nach Österreich zu verhindern, soweit das im Zug der Reiseströme überhaupt möglich ist. Überdies werden schon jetzt verschärfte Grenzkontrollen an den Straßen-, Bahnübergängen und in den Flughäfen durchgeführt, wo man nach Verdächtigen Ausschau hält.

Hofburgtrakt mit Konferenzzentrum: Hermetisch abgeschirmt

Von Systemkritikern bis zu Extremisten

„Ein schwieriges Beginnen", argumentiert man bei der Exekutive, weil wir ja nicht jeden Bärtigen oder Grün-Plaketten-Träger, aber auch keine Araber ohneweiteres abweisen können, wenn ihre Reisedokumente in Ordnung sind."

Bei Polizei und Gendarmerie weiß man, daß man nunmehr schweren Zeiten entgegengeht. Vor allem deshalb, weil es mit der Abschirmung der gefährdeten Teilnehmer und der Tagungsorte allein nicht getan ist. Beobachtet müssen auch jene zahlreichen Parallelveranstaltungen werden, die in Wien von Anhängern verschiedenster politischer Richtungen, bis hin zu Menschenrechtskämpfern, Links- und verkappten Rechtsextremisten sowie Anarchisten geplant sein dürften. Die Zahl von 3000 Einsatzbeamten kann sich daher jederzeit erhöhen.

ERICH GRÖLIG ■

Kurier, 29. 10. 1986

1986

Wir haben in diesem Buch sehr viele dokumentarischen Fotos der Exekutive mit und ohne Uniform gebracht. Wir wollen aber den Anlaß dazu benutzen, um auch einige andere Organisationseinheiten der Bundespolizeidirektion Wien vorzustellen, ohne deren Mitwirken im großen Räderwerk der Polizeiverwaltung der Auftrag zur Aufrechterhaltung der öffentlichen Ruhe, Ordnung und Sicherheit nicht erfüllbar wäre. Wir beginnen den Reigen bei dem der Bevölkerung mit kleinen Ausnahmen völlig unbekannten Polizeiarchiv und enden bei der vermutlich meist bekannten Dienststelle – dem Verkehrsamt der Bundespolizeidirektion Wien. Wir stützen uns am Beginn auf die Abschlußarbeit der derzeitigen Referatsleiterin Oberkontrollor Rosa HOCK bei der österreichischen Gesellschaft für Dokumentation und Information: Bis zum Jahre 1909 waren die Akte der „Polizei – Oberdirektion" im Besitz der k.k.-Polizeidirektion Wien. In diesem Jahr wurden die Akten an das Archiv für Niederösterreich abgegeben. Die Gründe hiefür waren schriftlich nicht festgehalten, dürften aber auf eine Überfüllung der Registratur der Behörde zurückzuführen sein. Im Jahre 1927 erließ der damalige Polizeipräsident Schober einen Runderlaß, der mit den Worten „In Anbetracht der Bedeutung, die eine systematische Sammlung der Aktenstücke und des sonstigen amtlichen Materials von geschichtlichem und kulturellen Wert für die wissenschaftliche Forschung als auch für die Amtierung selbst hat, ist die Gründung eines Archives der Polizeidirektion beschlossen worden" begann. Dieser Erlaß regelte nicht nur die Archivierung und deren Auswertung selbst, sondern hieß auch die anderen Polizeidienststellen, die bis dahin Akten ohne Rücksicht auf die vorangeführten Wertvorstellungen skartiert hatten, an, dem Polizeiarchiv „zuzuarbeiten". In den folgenden Jahren beschäftigte sich Dr. OBERHUMMER sehr akribisch mit den Dokumentationen. Während des Zweiten Weltkrieges wurde das Archiv nach Schloß Walkenstein im Bezirk Horn im Waldviertel verlagert. Wieviel an Material in der Nachkriegszeit verloren ging, läßt sich nur mehr abschätzen, da große Aktenteile nicht nur von den russischen Soldaten zur Beheizung verwendet, sondern noch zusätzlich durch einen Brand im Archiv selbst vernichtet wurden. 1948 konnte endlich nach mühsamen Interventionen und Verhandlungen des damaligen Polizeipräsidenten Holaubek und des Wiener Bürgermeisters Körner das Archiv wieder nach Wien zurückgebracht werden. Bis zum Jahre 1951 wurde in akribischer Arbeit der Beamtinnen und Beamten geordnet, gereiht und restauriert, sodaß das neue moderne derzeitige Archiv das Entstehungsjahr 1951 hat. Derzeit werden Zeitungen, Zeitschriften und sporadisch Magazine gesichtet und erfaßt. Darüberhinaus werden auch Plakate und selbstverständlich Dokumentationen archiviert. Von großem Interesse ist die seit ca. einem Jahr im Aufbau befindliche Sammlung von ehemaligen und heutigen Polizeiformularen, weil sich an dieser Dokumentation einmal sehr deutlich die „Abmagerungskur" des Amtsschimmels nachvollziehen läßt. Dieses Buch soll mit ein Beitrag für die jahrzehntelange und bis heute noch im wesentlichen unbedankte Arbeit der im Archiv Beschäftigten sein, die sich zunehmend der wissenschaftlichen Bedeutung bewußt werden, und ihre Anpassung durch freiwilligen Besuch von Kursen dokumentieren. Die für das Archiv vorhandenen Geldmittel sind mehr als bescheiden und müssen durch besonderen Einsatz und Engagement der Beschäftigten kompensiert werden. Das Archiv ist organisatorisch der Amtsbibliothek unter dem derzeitigen Vorstand ORev. Splichal eingegliedert. Die Unterlagen dienen nicht nur diesem Buch, sondern wurden schon in vielen Publikationen, Fernsehdokumentationen (wie „Österreich II" von Sepp Riff und Hugo Portisch) und vielen anderen kulturellen Dokumentationen verwendet.

Im Jahre 1986 tauchten die ab Dezember des Vorjahres verliehenen Exekutivdienstzeichen bei festlichen Anlässen an den Uniformen der Polizeibeamten und Gendarmen auf. Dieses Verdienstzeichen wurde aus Anlaß des 30. Jahres nach der völligen Befreiung unserer Republik, für deren Freiheit, Wiederaufbau und Sicherheit, die Exekutivbeamten unschätzbare Dienste geleistet haben, geschaffen.

Opernball '87

Es mag auffallen, daß wir relativ viele Bilder von Opernballdemonstrationen in diesem Buch haben. Wir tun dies deshalb, weil der Opernball und seine Demonstrationen, aber vor allem das polizeiliche Einschreiten stets Anlaß zu Diskussionen gegeben haben und wir diesem Thema nicht ausweichen wollen. Wir glauben aber dem Demonstrationsgeschehen mehr Bedeutung zu geben als ihm zukommt, wenn wir uns jedesmal auch im Text damit befassen. Es wird ihnen hiebei auch aufgefallen sein, daß wir versucht haben, Bilder auszuwählen, die die Gesichter der Demonstranten nicht erkennen lassen. Einer der Gründe dafür ist die Tatsache, daß in diesem Demonstrationsgeschehen stets eine große Anzahl von Mitläufern aus Schülern und Gymnasiasten war, die sich weder mit dem Anliegen verbunden fühlen und schon gar nicht an den Exzessen der Gewalt beteiligt waren, sondern ihre Aggressivität nur durch lautstarkes Schreien und Tritte gegen technische Polizeisperren Ausdruck gaben. Es erhebt sich nun die Frage, woher diese Aggressionen in unserer Jugend kommen. Neben vielen Teilaspekten psychologischer, pädagogischer und soziologischer Natur, die den Grenzen polizeilichen Handelns weit entrückt sind, möchte ich auf einen Teilaspekt zu sprechen kommen, der nach Ansicht vieler für jugendliche Aggressionspakete mitbestimmend ist: Gewalt in der Familie.

Experten meinen, daß der Mensch soziologisch betrachtet, ein Produkt aus Anlagen, Erziehung und Umwelt sei. Man kann nun keinen dieser drei Einflußfaktoren – auch wenn man sich bemühen würde – gänzlich leugnen. Und so ist sicherlich auch das Umfeld Familie für Kinder und Jugendliche in ihrer geistigen Entwicklung mitbestimmend. Die Tatsache, daß wir in den letzten Jahren – man könnte schon sagen, Jahrzehnte – eine starke Zunahme der Gewaltdelikte im Familienkreis feststellen können, beunruhigt und beschäftigt nicht nur die latent Betroffenen selbst, sondern auch Exekutive und in den letzten Jahren zunehmend Politiker. Die Wiener Polizei hat auch diese Entwicklung rechtzeitig erkannt und schon vor fünf Jahren mit einer entsprechenden Schulung, Ausbildung und Sensibilisierung im Bereiche der Kontaktbeamten begonnen. In den letzten Jahren wurde in Zusammenarbeit mit allen staatlich, kommunal oder privat engagierten Stellen und Organisationen eine durchgehende Sensibilisierung der Beamten durchgeführt. Vor wenigen Wochen wurde eine Gesamtausbildung von fast 3.000 für solche Einsätze in Frage kommenden Beamten abgeschlossen und nach Ansicht der Vertreterinnen der Wiener Frauenhäuser, die sich in diesem Zusammenhang große Verdienste erworben haben, bestens motiviert. Die Zunahme von Gewaltdelikten zwischen Familienangehörigen, die von der leichten Körperverletzung durch einen Stoß bis hin zum Mordversuch reichen, haben in der Gewaltstatistik Wiens bisher einen beachtlichen Anteil erreicht. Neben vielen Ursachen, deren Erwähnung den Rahmen dieses Buches sprengen würde, möchte ich nur die zunehmende Sprachlosigkeit der Menschen und ihre zunehmende Bereitschaftslosigkeit, Konflikte und Probleme verbal auszutragen, erwähnen. Wenn sich die Menschen – wie am Beginn ihrer Geschichte – nicht mehr artikulieren können, dann geben sie ihrer Meinung mit den Fäusten Ausdruck. Daß eine solche Rückentwicklung auch Rückwirkungen auf Kinder und Jugendliche in diesen Familien haben muß, ist

nicht zu bestreiten und sollte daher bei allen Maßnahmen, die einen Abbau des Aggressionspotentials der Jugend zum Inhalt haben, auch auf diese Facette menschlicher Fehlentwicklung Bedacht genommen werden.

KURIER
24. September 1987

Pensionisten sichern die Schulwege

„Vorrang Kind" bemüht sich seit mehr als einem Jahr, die Sicherheit der Kinder auf den Straßen zu erhöhen. Diesmal sind die Senioren aufgerufen, an einem großen Projekt mitzuwirken.

Der Pensionist Ernst Haberfellner wollte eigentlich nach zwei Jahren als Schulwegsicherungsposten an der Kreuzung Treustraße-Wolfsaugasse aufgeben. Dann las er von einem Unfall eines Kindes auf der Straße und dachte an seine Schützlinge aus der Volksschule in der Treustraße. Er konnte nicht anders: Zu Schulbeginn stellte er sich wieder zur Verfügung.

Der Pensionist Haberfellner kann als Symbol für unsere neue Aktion angesehen werden, die der KURIER gemeinsam mit dem Pensionistenverband und dem Seniorenbund in Wien gestartet hat. Haberfellners schönster Dank sind die freundlichen Grüße der Kinder, denen er ein sicheres Geleit gibt. Jetzt hat er auch ein Dankeschön von Wiens Sicherheitswache-Chef Dr. Günther Bögl bekommen: eine Flugreise nach London für zwei Personen, gestiftet von der Flugtouristik.

Alle Wiener Pensionisten sind aufgerufen, sich einer wichtigen und schönen Aufgabe zu unterziehen. Sie werden dringend gebraucht, um an den verschiedensten Straßenübergängen in der Umgebung von Schulen „Schutzengel" zu spielen. Eine ehrenamtliche, freiwillige Tätigkeit, für die sie von der Polizei ausgebildet und von der Allgemeinen Unfallversicherungsanstalt ausgerüstet werden. Im Falle des Falles sind sie auch durch die Sozialversicherung geschützt.

Unsere Bitte an rüstige Senioren und Seniorinnen: Melden Sie sich bei den folgenden Stellen:

Wiener Pensionistenverband, Alserbachstraße 23, Tel.: 34 25 40.

Wiener Seniorenbund, Biberstraße 9, Tel.: 51 54 313.

Telefonische Auskünfte gibt auch die Polizeidirektion Wien: 31 31/76 15.

Auch beim KURIER, der gemeinsam mit der Allgemeinen Unfallversicherungsanstalt und dem Kuratorium für Verkehrssicherheit die Aktion „Vorrang Kind" durchführt, erhalten Sie Auskunft: 96 21/26 67.

Pensionist Haberfellner erhielt von Generalinspektor Dr. Günther Bögl eine London-Reise als Dank und Anerkennung

Das Administrationsbüro der Bundespolizeidirektion ist einem größeren Publikumskreis bekannt. Dieser Dienststelle unter dem derzeitigen Leiter Hofrat Dr. Spanblöchl kommen Mitwirkungsrechte und Pflichten bei Gesetzen zu, die dem Durchschnittsbürger in einigen Fällen gar nicht bekannt sind. So hat das AB – wie es abgekürzt genannt wird – die Handhabung der Verwaltungsvorschriften über Theater, Kinos und sonstige Vergnügungsstätten sowie des Gast- und Schankgewerbes inne. In diesem Zusammenhang können nur schlagwortartig die Aufgaben angeführt werden. Es sind dies: Theateraufsichtsdienste, gewerbliche Sperrstunde im Gast- und Schankgewerbe, Ausspielungen wie z. B. Glückshäfen, Tombolas etc. Im Waffenwesen erfolgt die zentrale Bearbeitung sämtlicher in den Wirkungsbereich der Bundespolizeidirektion fallender Agenden wie z. B.: Ausstellung von Waffenbesitzkarten, Waffenpässen, Waffenscheinen und Entzug dieser Urkunden, Erlassung von Verboten, Schußwaffen, Munition und andere Waffen zu besitzen, zu führen und zu erwerben, Erteilung von Ausnahmebewilligungen für Jugendliche, Überwachung der Waffenhändler hinsichtlich der Einhaltung der Bestimmungen des Waffengesetzes und der ordnungsgemäßen Abwicklung des Handels mit Waffen. Im Schieß- und Sprengmittelbereich erfolgt die zentrale Bearbeitung sämtlicher in den Wirkungsbereichen der BPD-Wien fallenden Angelegenheiten im Schieß- und Sprengmittelwesen wie z. B. Ausstellung von Sprengmittelbezugsscheinen und Sprengmittelbezugsbüchern, Erteilung der Bewilligung zur Ein- und Durchfuhr von Schieß- und Sprengmitteln und Genehmigung von Verbrauchslagern. Das Administrationsbüro ist ebenfalls zuständig für die Erteilung von Bewilligungen zum Abbrennen von Feuerwerken nach dem Pyrotechnikergesetz. Die Erlassung von Wirtshausverboten ist ebenfalls Kompetenz des Administrationsbüros. Eher unbekannt ist auch die Zuständigkeit als Zentralstelle zur Bearbeitung aller Angelegenheiten betreffend Pferderennen mit Buchmacher- und Totalisateurbetrieb, sowie die Erteilung von Bewilligungen zum Abschießen von Tauben im Stadtgebiet von Wien. Eine der zentralen Aufgaben ist auch die Lärmbekämpfung, soweit sie mit Gast- und Schankgewerbebetrieben oder Veranstaltungen im Zusammenhang steht. Als Strafreferat ist das Administrationsbüro zuständig für die Durchführung des Verwaltungsstrafverfahren gegen aktive Polizeibedienstete sowie für Verwaltungsstrafverfahren wegen Winkelwetten, dem unbefugten Halten eines Preß- oder Stoßwerkes, unbefugter Verfertigung von Punzen, Stempeln oder Modellen zum Nachbilden von Münzen nach dem Punzierungsgesetz, dem Marken- und Musterschutzgesetz, dem Bundesgesetz über militärische Munitionslager, dem Schieß- und Sprengmittelgesetzes und dem Glücksspielgesetz. Weiters hat das Administrationsbüro bei allen Agenden des Magistrates nach dem Wiener Veranstaltungsgesetz, Wiener Veranstaltungsstättengesetz oder Wiener Kinogesetz mitzuwirken und auch an Augenscheinsverhandlungen teilzunehmen und bei Sperrstundenangelegenheiten bezüglich Vergnügungsbetrieben mitzuwirken. Weitere Agenden sind die Mitwirkung in den Angelegenheiten der Tanzschulen, Ausstellungen und Sammlungen. Weiters werden zentral vom AB die sicherheitspolizeilichen Aufsichtsbeamten in den Bundes- und Landestheatern eingeteilt und erfolgt über diese Beamten die fachliche Aufsicht. Die Vorschreibung von Maßnahmen bei Gefährdung von Menschen durch gefährliche Tiere rundet den Tätigkeitsbereich des Administrationsbüros ab.

Das Paßamt der Polizeidirektion Wien unter der derzeitigen Leitung von Amtsrat Leiblich übt die Aufsicht über die Tätigkeit der Paßreferatsleiter der Kommissariate aus, prüft vor allem die Einhaltung der Bestimmungen des Paßgesetzes und erteilt Rechtsauskünfte in Paßangelegenheiten. Zweite Reisepässe und Sammelreisepässe werden grundsätzlich vom Paßamt ausgestellt. Die Führung der Zentralkartei über sämtliche von der BPD-Wien ausgestellten Reisepässe, die Verlängerung der Gültigkeitsdauer, Einschränkungen, nachträgliche Änderungen, Ergänzungen und Erweiterungen gehören ebenso zum administrativen Bereich wie die Führung der Reisepaß- und Personalausweislisten. Sehr wesentlich ist die Kontaktaufnahme und der Schriftverkehr mit den österreichischen Vertretungsbehörden im Ausland für die Kommissariate, da die österreichischen Vertretungsbehörden ebenfalls Reisepässe ausstellen, und eine entsprechende Koordinierung mit den örtlich zuständigen inländischen Paßbehörden notwendig ist. Die Erlassung von Bescheiden über Versagung und Entziehung von Pässen und Personalausweisen (jährlich ca. 20) sowie die Veranlassung der Ausschreibung dieser entzogenen Pässe gehört ebenso dazu wie die Veranlassung von Aviso und Vormerkungen z. B.: bei Suchtgiftdelikten, Entmündigungen und anderen Sonderfällen. Die Bearbeitung der Rechtshilfeansuchen anderer Behörden im In- und Ausland sowie der österreichischen Gerichte gehört zum Aufgabengebiet wie die Evidenzhaltung der in Wien ausgestellten Donauschifferausweise. Diese nur demonstrative Aufzählung der Aufgaben zeigt, welche organisatorischen Vorkehrungen notwendig sind, um gerade im Bereich des zunehmend sensibler werdenden Paßwesens den international für österreichische Reisepässe grundsätzlich gegebenen hohen Standard aufrechtzuerhalten und zu vertiefen.

Das Zentralamt ist eine der wichtigsten Evidenzen der Polizeidirektion, deren klagloses Funktionieren für alle ihre Geschäftsbereiche von ausschlaggebender Bedeutung ist. Das Zentralmeldeamt führt eine Evidenz über die in Wien ansässige Bevölkerung und die hier Aufenhalt nehmenden Fremden sowie über Geschäftslokale. Die Einordnung der Meldezettel erfolgt nach einem phonetischen System, das wegen seiner weitgehenden Möglichkeiten zur Kombination für polizeiliche Zwecke ausgewählt wurde. Besonders arbeitsintensiv ist der Auskunftsdienst, dessen Tätigkeit sich nicht nur als eine ganz wesentliche Förderung der Aufgaben anderer Behörden, sondern auch als äußerst wichtiger Faktor für das gesellschaftliche und insbesondere das wirtschaftliche Leben Wiens darstellt. Dzt. Leiter: Regierungsrat Dir. Pscheidl.

Eine der bekanntesten Dienststellen der Polizeidirektion Wien ist das Verkehrsamt mit rund 214 Bediensteten. Die Aufgabenbereiche sind vielfältig und umfassen Agenden auf dem Gebiet der Straßenverkehrsordnung, des Kraftfahrtwesens und anderer mit Verkehrsangelegenheiten in Zusammenhang stehender Gesetze. Bei einer demonstrativen Aufzählung der Aufgabenstellung ist die Ausstellung von Führerscheinen, Zulassungsscheinen, die Ausgabe amtlicher Kennzeichen, Führerscheinentzugsverfahren, aber auch die Mitwirkung bei sonstigen verkehrspolzeilichen Angelegenheiten wie Bahnen aller Art, Schiffahrt, Flugverkehr, dann die Handhabung der gewerbepolizeilichen Vorschriften über Lohnfuhrwerk (Taxis und Mietwagen). Die umfassenden Evidenzen über das Kraftfahrwesen beinhalten auch zentrale Nachweise für ganz Österreich wie z. B.: Entzug von Führerscheinen aufgrund von Bestrafungen wegen Trunkenheit am Steuer und anderer in den diesbezüglichen Gesetzen vorgeschriebenen bzw. normierten Anlaßfällen. Das Verkehrsamt unter dem derzeitigen Leiter Hofrat Fischer gehörte auch aufgrund des immensen Arbeitsanfalles zu den ersten Dienststellen der hiesigen Polizeidirektion, die mit Hilfe modernster Geräte der elektronischen Datenverarbeitung unterstützt wurden.

Der Schwarzmarkt...

Nach der Öffnung des Eisernen Vorhanges kam es auch in Österreich – wie wir in diesem Buch schon mehrfach angeführt haben – zu einer starken Kriminalitätsbelastung. Dafür waren zuerst einmal Kriminaltouristen, vor allem Ladendiebe, welche den Versuchungen der westlichen Konsumgütergesellschaft nicht widerstehen konnten, in der Folge aber auch dann die Drahtzieher des internationalen organisierten Verbrechens vor allem der russischen Mafia Auslöser. Eine Erscheinungsform dieser ersten Jahre, die nur in Randgebieten mit Kriminaltourismus zu tun hatte, waren aber die illegalen Schwarzmärkte, an denen primär polnische Staatsbrüger beteiligt waren. Dadurch, daß der Zloty nicht konvertibel war, konnten dieses anfangs wirklich „armen Teufel“ Wodka, Wurst und Lebensmittel, die in Polen durch die aus dem kommunistischen Regime übernommenen Stützung billig waren, in Österreich gegen Schillinge verkaufen. Mit diesen Schillingen, die sie wieder umwechselten, konnten sie durch den günstigen Währungsumtausch wieder ein Monat in Polen leben. In der Folge wurden neben Lebensmittel auch andere Gegenstände des täglichen Bedarfes und Zigaretten verkauft. Da die Güter sehr selten gestohlen waren (zumindest konnte dies fast nie nachgewiesen werden), sondern nur nach Österreich geschmuggelt wurden, war die Delinquenz hauptsächlich in Bereichen der Finanzvergehen zu finden. Im Hinblick auf die mangelnde Hygiene wurde auch das Wiener Marktamt sehr oft tätig. Da die nicht genehmigten Handelsplätze riesige Besuchermengen, vor allem aus Kreisen der Gastarbeiter und der Wirtschaftsflüchtlinge aber auch der österreichischen Bevölkerung aus Wien und anderen Bundesländern anlockten, kam es in der Umgebung zu fürchterlichen sanitären Übelständen, da die öffentlichen Toiletteanlagen diesem Ansturm nicht gewachsen waren. Die Verkehrsfrequenz in dem Bereich, meist verursacht durch osteuropäische, den österreichischen Verkehrsbestimmungen nicht immer entsprechenden Fahrzeugen, nahm zu und schaffte ein Klima, das vor der österreichischen Bürgerschaft als Anrainer nicht mehr vertreten werden konnte. Dies sowie die Tatsache, daß sich zunehmend auch österreichische Diebe und Hehler unter die „Verkäufer“ mischten, veranlaßten die Sicherheitsbehörden, die Szenerie in koordinierten Aktionen mit Finanz und Magistrat zu zerschlagen. Die Szene siedelte zunächst vom Mexikoplatz an den Handelskai ab, doch entwickelten sich dort in Kürze ebenfalls unhaltbare Zustände, welche die Polizei sehr rasch zu einer endgültigen Absiedelung dieser „Marktfiranten“ aus Wien veranlaßten. Die Leopoldstädter Polizei unter dem damaligen Stadthauptmann Mag. Sika leistete gemeinsam mit den Beamten der Alarmabteilung, der Diensthunde- und der Verkehrsabteilung in Tag-, Nacht- und Sonntagsschichten hervorragende Arbeit.

...am Mexikoplatz

September 1988: Hausbesetzung in der Unteren Augartenstraße

Wir haben in diesem Buch schon einige Male über Hausbesetzungen gesprochen. Diesmal wollen wir die politische Dimension betrachten und die Rolle, die der Polizei bei diesen Aktivitäten als „Instrument der Mächtigen" zugedacht war. In diesem Sinne ging es bei den „Stellvertreterkriegen" auch darum, der Bevölkerung zu zeigen, daß die Polizei gegen Jugendliche, die nur einem menschlichen Grundbedürfnis auf Obdach nachkommen, rigoros und brutal vorgeht. Dabei nahmen sie auch in abbruchsreifen Häusern die Gefahr auf sich, durch Belastung der Decken und der damit verbundenen Einsturzgefahr zu gesundheitlichen Schäden oder gar ums Leben zu kommen. Die damit arrogierte Märtyrerrolle brachte eine Grundsympathie und die notwendigen Polizeikonsequenzen konnten diese nur verstärken. Tatsächlich machte der Polizeipräsident von der ihm durch ein Verfassungsgesetz eingeräumten Möglichkeit Notverordnungen zu erlassen, sofort und konsequent Gebrauch und dann wurden in Wien die besetzten Häuser auch innerhalb kurzer Zeit geräumt. Wien ist damit das Schicksal vieler europäischer Haupt- und Großstädte, ständig besetzte Wohnviertel zu haben, erspart geblieben. Natürlich gab es auch immer wieder Verfassungsgerichtshofklagen, die als „Rechtswillkürakt" allerdings nie hielten. Trotzdem war es aber schon ein großer „politischer" Erfolg, als bei der Räumung der Aegidigasse Richter des Verfassungsgerichtshofes feststellten, daß beim Abtransport der Hausbesetzer diese durch Schieben über eine nasse, baufällige Treppe einer erniedrigenden Behandlung im Sinne der Menschenrechtskonvention ausgesetzt waren. Daß diese Treppe deshalb naß war, weil die Hausbesetzer ungelöschten Kalk auf die Polizeibeamten warfen, diese verletzten, und deshalb im Zuge der Räumung mit Wasserschläuchen von den Fenstern in das Haus zurückgedrängt wurden, konnte mangels rechtlicher Relevanz dem Sieg ebenso wenig Abbruch tun wie die Tatsache, daß keiner der Polizisten bei diesem „Schieben und Drängen" wegen einer strafrechtlich zu ahndenden Handlungsweise verurteilt worden ist. Die Verfassungsschützer ließen in diesem Erkenntnis nur die Zumutung offen, die p. t. zappelnden Hausbesetzer von Polizisten über die nasse Stiege tragen zu lassen, denn bei letzteren ist ja in diesem Fall keine Menschenrechtsverletzung klagbar.

Zu erwähnen ist bei all diesen rechtlich schwierigen und deshalb gut überlegten Polizeimaßnahmen das gute Verhältnis und die reibungslose Zusammenarbeit mit der Justiz, insbesonders der Staatsanwaltschaft Wien und deren damaligen Leitern, den Hofräten Olscher und Kierner.

Es wäre aber ungerecht, die Beendigung der Hausbesetzung in Wien nur dem konsequenten, auf dem Boden der Rechtsstaatlichkeit begründeten, Vorgehen der Polizei allein zuzuschreiben. Vielmehr haben Bundes- und Landesregierung durch umfassende Maßnahmen im Sozialbereich dazu beigetragen, daß den Jugendlichen in Österreich und in Wien andere Mittel und Alternativen als die Gewalt für ihren gesellschaftlichen Integrationsprozeß zur Verfügung zu stehen.

Dr. Günther Bögl
Polizeipräsident ab 1. 1. 1988

Als Dr. Günther Bögl 1972 zum Generalinspektor der Wiener Sicherheitswache bestellt wurde, war er nicht nur der jüngste Inhaber dieses Amtes in der Geschichte der Polizei, er war auch ein Mann, der den polizeilichen Alltag und die Probleme des „kleinen Wachmannes" kannte wie kaum einer seiner Amtsvorgänger. Günther Bögl, 1932 in Wien geboren, hatte nach der Matura und der Tätigkeit als Volontär in seiner Gerberei sowie dem Besuch der Höheren Bundeslehr- und Versuchsanstalt für chemische Industrie im Jahre 1953 seinen Exekutivdienst als Polizeischüler und einfacher Wachmann begonnen. 1958 wurde der junge ambitionierte Polizeibeamte in die Abteilung Fremdenpolizei des Innenministeriums versetzt, 1964–1968 absolvierte er das Jusstudium in Wien neben seiner beruflichen Tätigkeit. Die Jahre 1968–1970 verbringt der Jurist weitgehend als Mitglied eines ständigen Ausschusses des Europarates in Straßburg, um 1970 als Sekretär des damaligen Innenministers Rösch nach Wien zurückzukehren. 1971 wird er Leiter des Ministerbüros und 1972 – wie oben erwähnt – Generalinspektor der Wiener Sicherheitswache. Nach 16 erfolgreichen Jahren in diesem Amt wird Dr. Günther Bögl mit 1. 1. 1988 Polizeipräsident in Wien.

Günther Bögl bei der Ausbildung der Schulabteilung der Sicherheitswache im Kanalnetz – Kanalbrigade. 1954 (in Bildmitte)

Opernball '88

11. Februar 1988

Im Jahre 1988 begannen die Opernballdemonstrationen, die schon in den Vorjahren zahlen- und aktionsmäßig stark zugenommen hatten, in eine exzessive Phase überzugehen. Über die Ursachen und die tatsächliche Motivation der Demonstrationen gibt es viele Untersuchungen und Begründungen. Es ist nicht Aufgabe dieses Buches, über objektive Feststellungen, die sich auf Polizeiprotokolle stützen, hinauszugehen und im Detail nach allfälligen politischen Motivationen zu suchen.

Fest steht jedenfalls, und das soll einmal gesagt werden, daß die Anwesenheit von 8 bis 12 ausländischen Fernsehanstalten bzw. deren Kameramännern ebenso wie die Anreise einer großen Zahl von Printmedienberichterstattern zunehmend eine Kulisse dafür bildete, Anliegen und Vorwürfe weit über die Grenzen Österreichs hinaus vorzubringen. Es erhob sich in diesem Zusammenhang für den Polizeipräsidenten immer wieder die Frage nach Erlauben oder Untersagen derartiger Veranstaltungen. Hier galt es auf der einen Seite deutlich und kompromißlos wohlerworbene Rechte der Menschen (Kauf einer Eintrittskarte zum Opernball berechtigt zum gefahrlosen Betreten und Verweilen in der Oper) sehr klar und kompromißlos zu wahren und auf der anderen Seite das von unseren Vorvätern oft sehr schmerzlich erkämpfte Demonstrationsrecht (Versammlungsfreiheit) als Grundrecht nicht aushöhlen zu lassen. Es wurde immer wieder der Vorwurf laut, daß der Polizeipräsident einen Mißbrauch eines Demonstrationsrechtes aufgrund deutlich sichtbarer Radauparolen zuläßt. Nun, der Polizeipräsident stand auf dem Standpunkt, daß eine polizeiliche Prüfung und Beurteilung von Anliegen nur dann zulässig ist, wenn die Anliegen selbst oder deren Verwirklichung im Widerspruch mit der Rechtsordnung stehen. Sinnlosigkeiten bis hin zu Abstrunitäten fallen sicherlich nicht unter ein demokratisches Prüfungsrecht. Es war daher bei der Entscheidung über angemeldete Demonstrationen von den vorangeführten Prämissen auszugehen und hier war die Örtlichkeit von ausschlaggebender Bedeutung. Das Abschießen von Raketen und Stahlkugeln mit Steinschleu-

Opernball '88

11. Februar 1988

dern bedingte eine Zurückverlegung des Freiraumes für die diesbezüglich nur sogenannten „Demonstranten". Auf der anderen Seite mußte man auch im Sinne des Versammlungsrechtes den Grundsatz beachten, daß man eine Demonstration, die sich gegen eine bestimmte Örtlichkeit (in concreto die Staatsoper) richtete, nicht auf den Praterstern verlegen konnte, insbesondere dann, wenn sie angemeldet war. Die Bundespolizeidirektion Wien hat in den vergangenen Jahren diesen Erfordernissen Rechnung getragen und wurde vom Verfassungsgerichtshof in den vorangeführten rechtlichen Auslegungen des Grundrechtes trotz vieler Beschwerden nie kritisiert.

Die Tatsache, daß harmlose, ruhige, friedliche Demonstrationen in den Medien wenig oder gar keinen Niederschlag finden, veranlaßte die publicitygeilen Veranstalter sehr oft dazu, Gewalt auf allen Seiten zu provozieren oder selbst auszuüben. Blutende Menschen, egal ob Demonstranten oder Polizisten sind nun einmal ein Garant dafür, daß man mediale Aufmerksamkeit erregt. Es war daher ganz klar, daß dies eine Gefahrenquelle in Richtung zukünftiger Opernballaktivitäten der Nichtkartenbesitzer sein mußte. Die Vorgangsweisen wurden von der Polizei daher stets so gewählt, daß Märtyrer vermieden werden konnten. Die sehr oft kritisierte Geduld der Exekutive, die wirklich an den einzelnen Beamten Anforderungen im Grenzbereich der menschlichen Reizschwelle stellte und immer wieder Gegenstand sachlicher und unsachlicher Kritik war, trug ausschließlich den vorangeführten Absichten der Gegenseite Rechnung und wesentlich zu dem Umschwenken der öffentlichen Meinung auf die Seite der Ordnungshüter bei. So wie jede Bewegung ohne ideelle Substanz beim Mangel eines Märtyrers gleich einer Welle am trockenen Sandstrand verebbt, ist auch das Opernballproblem in den vergangenen Jahren deeskaliert und vielleicht nur in einer Kompromißform, aber ausschlaggebend im Rahmen der neuen Wiener Polizeiphilosophie gelöst worden.

Mit einer abschließenden Information und dem letzten Stand befassen wir uns noch mehrmals, zuletzt im Jahre 1992, auf Seite 392 in diesem Buch.

1989

Österreich und Wien hatten nie eine „No-Future-Generation", wie diese in anderen europäischen und außereuropäischen Staaten bzw. Städten ausgeprägt war. Trotzdem gab es auch hier eine Zunahme der Süchtigen, welche allerdings in keinem Vergleich zu der Entwicklung Österreichs als Transitland im internationalen Rauschgiftdeal stand. In Wien manifestierte sich diese Szene zunächst in Form von Süchtigen und Dealern im Bereich des Karlsplatzes. Da Dank des Vorausblickes der Verantwortlichen in Bundes- und Landesregierung nie die Absicht bestand, in Wien eine Liberalisierung im Bereich des Drogenkonsums herbeizuführen, konnte sich die Polizei auf langfristige Konzeptionen einlassen. Die Entwicklung im Bereich Karlsplatz in der Suchtgiftszene war zunächst nur in einem Medikamenten- und Alkoholmißbrauch meist in einer Mischung beider Ingredienzien manifest. Später wurde Haschisch gesucht und nach diesem Einstieg ging es auch in dem Bereich der harten Drpten. Zwischenzeitlich hatte jedoch schon die polizeiliche Konzeption gegriffen, die zunächst darin bestand, durch ständige Perlustrierungen die Dealer (die nichts mehr fürchten als die Feststellung ihres Namens) vom Platz fernzuhalten. Das anfängliche Problem, daß mitten durch die Szene eine Bezirksgrenze, nämlich die des ersten und des vierten Bezirks verlief, wurde durch präsidielle Koordination, aber vor allem durch die gute Zusammenarbeit der Kommissariate Innere Stadt und Wieden bald nebensächlich. Die Wirkungen zeigten sich in einem Auswandern der Szene in periphere Bereiche des Karlsplatzes, wobei die Technische Universität vorübergehend sehr turbulent in den Problemkreislauf geriet. Auch hier wurden zusammen mit der verständnisvollen aber durchaus problembewußten Institutsleitung Lösungsvorschläge erarbeitet und in gemeinsamem Vorgehen realisiert. Die ständige polizeiliche Präsenz nach dem Motto: „So viel Freiheit als möglich, so viel Zwang als notwendig" brachte zwar Verlagerungen des Szenenbereiches, doch wurden diese von der Polizei sofort in die Bekämpfungs- und Überwachungsmaßnahmen einbezogen. Dieses System wird solange beibehalten als es gelingt, die Dealer fernhalten und die Anschluß- bzw. Beschaffungskriminalität im Umfeld der Szene auf einem Minimalstand zu halten. Dies gelang in Wien und so konnten Situationen wie in anderen Großstädten, z. B. der „Platzspitz" in Zürich oder das Zerstreuen der Szene über die ganze Stadt oder das Jagen der Jugendlichen durch die Polizei von einem Bezirk in den anderen, in Wien vermieden werden.

Sehr wesentlich trug für den Polizeibereich das Verständnis des Innenministeriums für die Bereitstellung von Technik und finanzieller Mittel bei und wurden auf der anderen Seite vom Rathaus durch Schaffung von Anlaufstellen und einem Betreuungsprogramm, in dem Sozialarbeiter, Mediziner und Berufspsychologen eine große Rolle spielen und welches letztlich mit der Schaffung eines Drogenkoordinators einen positiven Höhepunkt fand, sehr wertvolle Hilfestellungen gegeben. Die Erkenntnis der politisch Verantwortlichen, daß das Problem – abgesehen von allen diesbezüglichen Notwendigkeiten – schließlich und endlich nicht mit polizeilichen Mitteln allein gelöst werden kann oder sogar gelöst werden darf, stellte sich somit als ein Grundstein der bisherigen erfolgreichen Suchtgiftbekämpfung heraus.

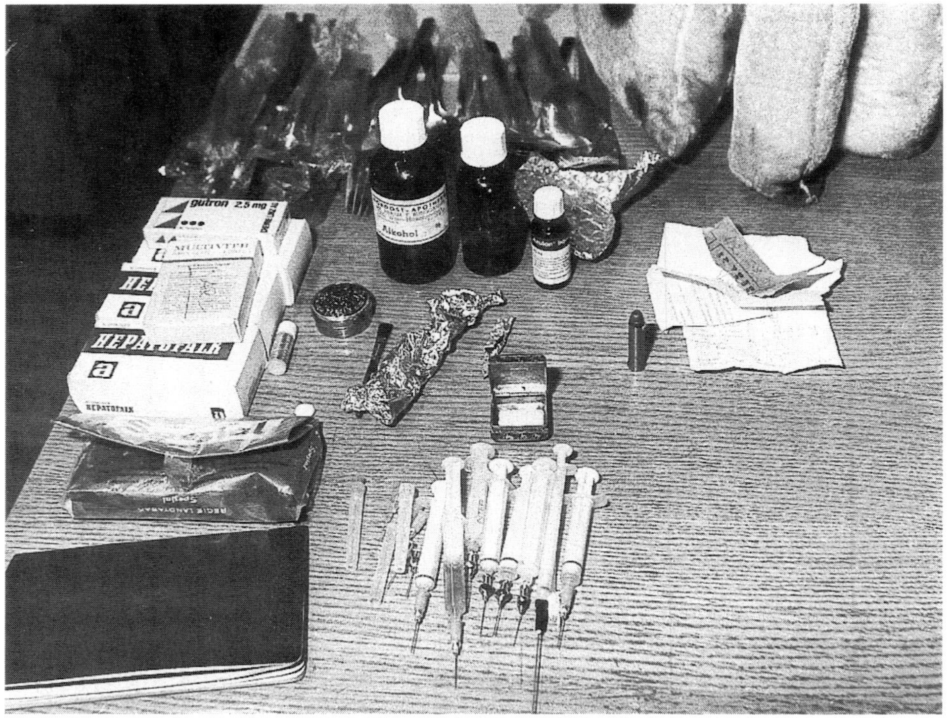

Opernball ’89

Als sich zu Beginn der zweiten Hälfte der 60er Jahre in der Wiener Innenstadt am Hof ein Trödelmarkt bildete, wurde dies eher als eine der vielen liebenswerten Obskuritäten dieser Stadt betrachtet. Heute befindet sich der Wiener Flohmarkt in einer Dimension von über 600 Ständen im Bereich des 6. Wiener Gemeindebezirkes im Anschluß an den Naschmarkt. Unter den Schau- und Kauflustigen befinden sich biedere Bürger ebenso wie zwielichtige Figuren. Die Polizei hat deshalb von Anfang an diesem Bereich in enger Koordination mit dem Marktamt zusätzliche Aufmerksamkeit gewidmet. Abgesehen davon, daß in diesem Großmarkt immer wieder gestohlene Gegenstände verkauft werden und durch kriminalpolizeiliche Überwachung Diebsketten bis zum Einbrecher rückverfolgt werden konnten, hat sich auch die Sondergruppe des Sicherheitsbüros, welche sich mit Kunstdiebstählen beschäftigt, dort einen Fixplatz geschaffen. Ein besonderes Problem war die im benachbarten Karlsplatz seinerzeit etablierte Suchtgiftszene mit kleinen Ausläufern in dem Bereich der U-Bahn-Stationen Pilgramgasse und Kettenbrückengasse nicht ausufern zu lassen. Ein detailliertes, zum Teil überregionales Konzept hat nicht nur die Entwicklung dieser Szene im Flohmarktbereich, sondern auch eine Reduzierung derselben in den angrenzenden U-Bahn-Bereichen bewirkt. Natürlich gibt es immer wieder Kleindealer als Pseudebesucher, die größeren Dealer aber sind sich der Anwesenheit von Kriminalbeamten u. a. auch der neugeschaffenen Observationsgruppe durchaus bewußt und vermeiden Aktivitäten in diesem Bereich. Die konsequente Vorgangsweise der Polizei, verbunden durch eine gute Kooperation mit allen kompetenten Magistratsdienststellen zeigt, daß trotz optimaler äußerer Voraussetzungen (Menschenmassen und Personen aus fast allen sozialen Bereichen etc.) es möglich ist, Gefahrenquellen im Bereich der öffentlichen Sicherheit vorausplanend zu minimieren oder überhaupt nicht manifest werden zu lassen. So bleibt für die Exekutive neben den starken und kostenaufwendigen vorangeführten Präventivmaßnahmen als Hauptproblem im Flohmarktbereich die Überwachung, Lenkung und Ordnung des in diesem Bereich ohnehin starken Verkehrsaufkommens. Hier sind Anzeigen, Abschleppungen ebenso wie Führerscheinentzug an der Tagesordnung. Entschärft wird die Situation allerdings durch die Tatsache, daß die Besucher durch die nahegelegenen günstigen U-Bahnverbindungen nicht auf ihr Auto angewiesen sind. Der ständig expandierende Wiener Flohmarkt hat sich auch somit in die Wiener Polizeistrategie sukzessive von einem Repressiv- zu einem Präventivproblem entwickelt.

1989

Am 26. 10. 1988 wurde auf einem freien Gelände in Wien 10., Himberger Straße, die 20jährige Verkäuferin Alexandra Schriefl von unbekannten Täter vergewaltigt und erdrosselt.

Am 3. 2. 1989 wurde die Leiche der 10jährigen Christine Beranek im Dachgeschoß ihres Wohnhauses in Wien 10., Ada-Christen-Gasse vom Vater gefunden. Das Kind wurde körperlich und sexuell mißbraucht und mit der eigenen Strumpfhose erdrosselt und erhängt.

Am 23. 12. 1990 wurde die Leiche der 8jährigen Nicole Strau im südlichen Teil des Laaer Waldes durch Suchmannschaften der Polizei gefunden. Das Kind war in den Nachmittagsstunden des 22. 12. 1990 von ihrer Tante in der Simmeringer Hauptstraße weggegangen und seit diesem Zeitpunkt abgängig. Auch hier konnte festgestellt werden, daß das Kind sexuell mißbraucht, mit einem Ast erschlagen und zusätzlich noch erdrosselt worden war.

Aufgrund von Parallelen bei allen drei Morden wurde zunächst vom gleichen Täter ausgegangen. Die folgenden Erhebungen der Polizei ergaben jedoch Hinweise auf mehrere und damit auch verschiedene Täter.

In den drei Mordfällen wurden bis nun etwa dreitausend Personen überprüft. Die Polizei ging jedem der vielen Hinweise aus der Bevölkerung nach und verfolgte auch eigene Spuren bzw. Anhaltspunkte. Trotz dieses großen Aufwandes und den in diesen Fällen ganz besonderem Engagement der Beamten war es bisher nicht möglich, die Morde zu klären. Kindermorde durch perverse Sexualattentäter zählen in Wien nach wie vor zu den Ausnahmen. Die bisher in diesem Zusammenhang ausgesprochen positive Aufklärungsquote der Wiener Kriminalpolizei hat die perversen und vermutlich auch schizophrenen Mörder in diesen drei Fällen nicht abschrecken können. Die Wiener Polizei wird die Mordfälle Schriefl, Beranek und Strau nie ad acta legen und wartet – so wie in einigen anderen Fällen – auf ihre Chance. Daß diese Chance nicht nur im berühmten „Kommissar Zufall" gesehen wird, beweist, daß bei allen Sexualattentätern oder allen Gewaltfällen der letzten und der kommenden Jahre immer wieder die Querverbindungen akribisch gezogen und geprüft wurden und werden. Die Mordfälle waren darüberhinaus auch Anlaß, sowohl bei Kindern wie auch Eltern in ganz Wien durch Aufklärung und Anleitung auch in Vorbeugungsaktionen Sicherheitsbewußtsein zu erzeugen. Da die vielen bisher im kriminalpolizeilichen Alltag gezogenen Verknüpfungen ohne Erfolg blieben, steht neben der Möglichkeit, daß der oder die Täter verzogen oder der Hoffnung, daß sie verstorben sind, auch der Ausnahmefall offen, daß der oder die Mörder(in) sich unter den Überprüften befinden und von jemandem bewußt ein falsches Alibi erhalten haben. Aus diesem Grund wurde erst vor kurzem auf wissenschaftlicher Grundlage Täterprofile nach den gegebenen Fakten erstellt, welche nun Anlaß neuer Ermittlungstätigkeiten sind.

Zweckdienliche Hinweise erbeten…

Spray-Parolen

Opernball '90

Wir haben das nebenstehende Bild ausgewählt, weil es Schönheit und Dummheit in einer eindrucksvollen Weise dokumentiert. Im Beitrag des „Sprayers“ wird dessen Selbstverständnis gegenüber der Polizei in Form eines Feindbildes sichtbar.

Tatsache ist, daß es weder in Österreich noch in Europa das Berufsbild eines Polizisten gibt. Deshalb arbeiten seit etwa eineinhalb Jahren im Bereich der Polizeidirektion Wien sieben Arbeitsgruppen an der Erstellung von Leitlinien. Neben Fragen der Dezentralisierung des Leistungsprinzips, der Aus- und Fortbildung, der Kommunikation, der Privatisierung und der Öffentlichkeitsarbeit befaßt sich eine Arbeitsgruppe auch mit der Erstellung des Berufsbildes des Polizisten. Leitlinien beantworten die Frage des Selbstverständnisses einer Institution wie der Wiener Polizei und sind bestimmend für die Art und Weise auch der Selbstdarstellung gegenüber der Wiener Öffentlichkeit, in deren Dienst die Wiener Polizei letztendlich steht. Sie machen im Wege der innerbetrieblichen Kommunikation den Mitarbeitern akzeptabel die Identität ihrer Organisation deutlich und schaffen so die Voraussetzungen, daß sich der Mitarbeiter mit seiner Organisation zu identifizieren vermag und damit die entsprechende Motivation erlangt. Auf der anderen Seite sollen sie dem Bürger deutlich machen, was er von seiner Polizei unter den gegebenen Rahmenbedingungen der Gesetze erwarten kann und – auch wenn es in der Verfassung expressis verbis kein Grundrecht auf Sicherheit gibt – erwarten darf. Durch Lösung der Akzeptanzfrage in Form der Schaffung der Akzeptabilität verschmilzt des Bürgers Selbstverständnis in Angelegenheiten der öffentlichen Sicherheit mit dem der Polizei. Die dafür unerläßliche Definition des Berufsbildes ist trotz mannigfaltiger Versuche, vor allem in der Bundesrepublik Deutschland, bisher nicht möglich gewesen. Wesentliche Ursachen dafür sind neben dem Spannungsfeld Repression und Prävention auch die in der Theorie ungelösten Richtungsstreite bezüglich des Polizisten als Kriminalitätsbekämpfer und als Sozialarbeiter. In der Praxis allerdings hat nach der Erwartungshaltung der Bevölkerung der Polizist in beiden Fällen da zu sein. Im ersteren Fall als reiner Gesetzesvollzieher, im anderen Fall in seiner friedensrichterlichen Funktion, der in der Praxis als Folge einer zunehmenden Orientierungslosigkeit bei den Menschen immer mehr Bedeutung zukommt. Der Staat wäre daher auch gut beraten, durch Festlegung der gesetzlichen Rahmenbedingungen die Rolle der Polizei in diesem Bereich für ihr Selbstverständnis klarer als bisher zu definieren. Beantwortete man bisher die pauschale Frage nach den generellen Aufgaben der Polizei mit dem allgemeinen Hinweis auf das Gesetz (die Polizei hat für Ruhe, Ordnung und Sicherheit zu sorgen), dann zeigt sich immer mehr, daß damit durchaus konkrete Vorstellungen sowohl seitens der Bevölkerung als auch der Exekutivbeamten selbst verbunden werden. Angesichts einer immer komplizierter werdenden Welt braucht der Bürger eine Vielzahl von Hilfe- und Dienstleistungen, deren Erbringung durch die Polizei ihm meist das Gefühl der Sicherheit gibt. Somit hat die Polizei heute nicht mehr nur eine vorgegebene allen bekannte Ordnung aufrechtzuerhalten bzw. wiederherzustellen wenn sie gestört wird, sondern weit darüberhinaus dem Bürger durch ihre Dienstleistungen eine Orientierung für sein eigenes Verhalten zu vermitteln. Die Diskussionen um das Berufsbild des Polizisten kreisen daher in der letzten Phase des Leitlinienprogramms immer deutlicher um diesen Punkt und wird sich dieser Bereich nur aus der allgemeinen Hilfeleistungspflicht – wenngleich unvollständig und entgegen den praktischen Anforderungen eingeengt – vorläufig lösen lassen. Auf die nebenstehende Schmiererei zurückkommend, heißt das, anstelle des Feindbildes „Bulle“ und des Wunschbildes „Samariter“ nur simpel und einfach das Berufsbild „Polizist“ zu schaffen.

„Der Teufel schläft nicht", dieses Sprichwort gilt insbesondere, wenn man Kinder allein in der Wohnung läßt. Bei den tausend Unglücksfällen, die sich in diesem Zusammenhang in Wien schon ereignet haben, gab es nur wenige Fälle, bei welchen die Eltern dies taten, ohne zumindest einige Vorsichtsmaßnahmen für voraussehbare Situationen zu treffen. Trotzdem ist es passiert und war es in gottseidank den meisten Fällen der Polizei, der Feuerwehr und der Rettung möglich, die Kinder zu retten. Feuer war in der Großzahl der Unglücksfälle Ursache, aber auch ungesicherte Hausapotheken, Leitern, Wasserhähne, Fernseher, Fenster, Türen und vieles andere wurden den Kindern zu gefährlichen Fallen. Da sind jene Eltern noch gut daran, deren Kinder unbeabsichtigt eine Telefonverbindung nach Amerika wählten, den Hörer schlecht auflegten und dann dem Vater eine fünfstellige Summe auf der nächsten Telefonrechnung bescherten. Die staatlichen und kommunalen Dienstleistungsbetriebe in Wien haben aus dem Jahre 1881 (siehe Seite 52) gelernt und so stehen Rettung, Feuerwehr und Polizei heute in der Bundeshauptstadt nicht in einem Konkurrenz-, sondern in einem für viele europäische und außereuropäische Großstädte beispielhaften Kooperationsverhältnis zueinander wie auch das obenstehende Bild zeigt.

Wien, 7.–10. Mai 1990

12. Internat. Konferenz der Polizeipräsidenten

Der Konferenzsaal vor dem Eintreffen der Gäste

Eröffnung der Konferenz durch Innenminister Dr. Löschnak, Polizeipräsident Dr. Bögl und Polizeivizepräsident Dr. Marek

Von der ständigen Konferenz der europäischen Polizeipräsidenten wurde 1989 in Oslo der Wiener Polizeipräsident mit der Ausrichtung der nächsten Konferenz im Jahre 1990 beauftragt. Die Konferenz stand unter dem Eindruck der neuen Entwicklungen im Osten und erstmals waren auch die Polizeipräsidenten von Budapest, Prag und Moskau bei der bis dahin westeuropäischen Konferenz anwesend. Die Tagung stand unter dem auch von Minister Löschnak bei der Eröffnung betonten Grundsatz, daß Sicherheit eine europäische Dimension bekommen hat und der Schutz der Umwelt und der Sozialordnung neben einer effizienten Kriminalitätsbekämpfung in den Vordergrund treten müsse. Bei den auf der Konferenz diskutierten und vorgestellten Methoden verbesserter Zusammenarbeit durch die an der Basis agierenden Polizeibeamten stand unter anderem das von Wien auf die Tagesordnung gesetzte Modell einer europäischen Polizeiakademie zur Diskussion. Es bedurfte allerdings noch viel Verhandlungsgeschick und großer Bemühungen bis es gelang, diese neue Form des Erfahrungs- und Informationsaustausches bzw. Angleichung und Verbesserung des polizeilichen „Know-hows" 1992 in Form der österreichisch-ungarischen Polizeiakademie zu erreichen. Weitere Tagungsschwerpunkte waren den kriminalpolizeilichen Vorbeugungs- und Beratungsmaßnahmen sowie neuen Ausbildungsmethoden in polizeilichen Grundschulen und Akademien gewidmet.

The 12th Meeting of chiefs of Police from European Capitals

1990

Die Polizeidirektion Wien mit über 10.000 Mitarbeitern hatte und hat in ihren Reihen immer viele künstlerische Talente gehabt. Es scheint tatsächlich so zu sein, daß Menschen, die einen harten Dienst an der Allgemeinheit mit der ständigen Konfrontation zwischen Leben und Tod haben, in der Freizeit diesbezüglich einen Ausgleich suchen. Und wenn man feststellt, daß der Beruf des Arztes sehr viel mit dem Beruf des Polizisten in dieser Hinsicht gemein hat, dann nimmt es auch nicht wunder, daß in der Ärzteschaft ebenfalls viele künstlerische Talente zu finden sind. Das Besondere an den singenden, malenden, komponierenden, dichtenden und schreibenden Polizisten wie den „City Cops" und anderen Gruppen und Einzelpersönlichkeiten ist aber nicht nur die hohe künstlerische Qualität, sondern eher darin deutlich spürbares und auch verbalmanifestes Verlangen selbst in ihrer Freizeit als Hobby, dienstliche Anliegen den Menschen mitzuteilen und sie zu Partnern bei der Aufrechterhaltung der öffentlichen Sicherheit zu machen. Die Selbstdarstellungen dienen einerseits dazu, die Transparenz für ihren Beruf zu erreichen und andererseits auch Verständnis für die Zwänge, die dieser Beruf notgedrungen mit sich bringt, zu erwecken. Die singenden, malenden, schreibenden und moderierenden Polizistzen sind somit wichtige und wichtigste Facetten in der Öffentlichkeitsarbeit einer Behörde. Wenn dann auch noch die dienstliche Leistung in einem Verhältnis zu den künstlerischen Wirkungen steht, dann veranlaßt dies auch einen termingeplagten Innenminister aus diesen Überlegungen seine Anerkennung durch Einladungen – wie auf nebenstehendem Bild (unten) stellvertretend für alle anderen künstlerisch tätigen Polizisten – zu dokumentieren. Aus den vielen Talenten wollen wir ebenso stellvertretend für viele nur die bisherigen preisgekrönten Fotographen der Lichtbildstelle und der Fotosektion der PSV-Wien sowie Alfred Rupf, der sich zwischenzeitlich allerdings als Suchtgiftfahnder einen größeren Namen als als Maler gemacht hat und den bekannten Karikaturisten und Polizeigeneral Hermann Hufnagl erwähnen. Fehlen noch Oberst Köllner als Schnitzer und Maler, der „Fred Schöpfer" Inspektor Doneis und viele, viele andere, deren Aufzählungen den Rahmen dieser Seite sprengen würde. Wozu aber noch Platz bleiben muß, ist, ihnen allen – die sehr viel mehr als ihnen jemals gesagt wurde und als sie vielleicht auch als „Hobbykünstler" beabsichtigt haben, zum guten Image der Wiener Polizei beigetragen haben – an dieser Stelle Dank und Anerkennung auszusprechen und sie zu ermutigen, weiterzumachen, um den anderen ein Vorbild zu sein.

Ende des Jahres 1990 schlossen sich sechs singende und musizierende Kriminalbeamte des Kommissariates Innere Stadt zu einer Popgruppe zusammen – die inzwischen österreichweit anerkannten CITY COPS waren entstanden. Der Unterschied zu anderen Musikgruppen: das Honorar für die City Cops fließt dem Weißen Ring zu, einer humanitären Hilfsorganisation für Verbrechensopfer. Im Bild: die City Cops in Aktion (oben) und bei einem Empfang durch Innenminister Dr. Löschnak und den Generaldirektor für die öffentliche Sicherheit, Dr. Sika im Jahre 1992

1991

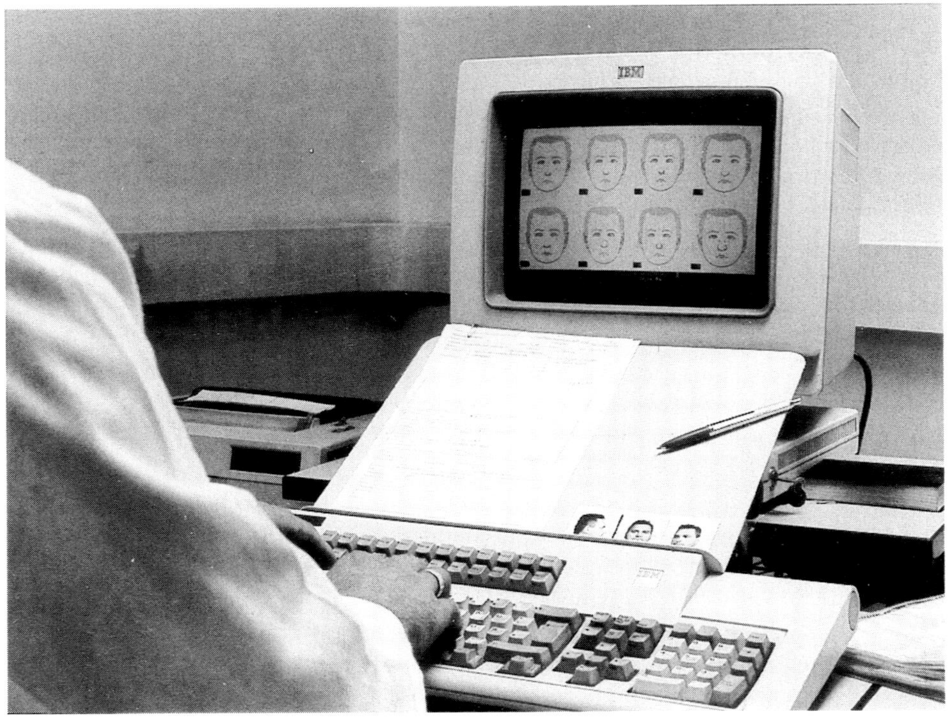

Das elektronische kriminalpolizeiliche Informationssystem Ekis umfaßt mehrere Anwendungsbereiche. Die Strafregisterdatei enthält Daten über Personen mit österreichischer oder fremder Staatsbürgerschaft, die von inländischen Strafgerichten rechtskräftig verurteilt wurden. Urteile ausländischer Gerichte werden aufgenommen, wenn die Verurteilung einen österreichischen Staatsbürger betrifft oder wenn eine Verurteilung wegen bestimmter im österreichischen Strafregistergesetz taxativ aufgezählter Delikte erfolgte, wie z. B. Menschenhandel, Geldfälscherei etc.

In der Personenfahndungsdatei sind Daten über Personen gespeichert, nach denen von inländischen Gerichten, Sicherheits- und Finanzstrafbehörden gefahndet wird. Auch die via Interpol verbreiteten Fahndungen ausländischer Sicherheitsbehörden sind, so sie der österreichischen Rechtsordnung entsprechen, enthalten.

Die Personeninformationsdatei dient vor allem kriminalpolizeilichen und fremdenpolizeilichen Zwecken. Besonders wichtig sind die zur Bekämpfung des internationalen Drogenhandels und des Drogenmißbrauches gesammelten Suchtgiftinformationen, welche die Erhebungsorgane der Sicherheitsbehörden und die Beamten der Grenzkontrolle in die Lage versetzen, ihre diesbezüglichen Aufgaben mit größter Effizienz durchzuführen. Mit 1. 8. 1987 wurde die erkennungsdienstliche Evidenz österreichweit in Betrieb genommen. Sie enthält Informationen über erkennungsdienstlich behandelte Personen und besteht aus einem Graphikteil („Sigmar") und einem Verbalteil. Mit Hilfe der Phantombildevidenz werden Phantombilder mittels graphischer Datenverarbeitung analog zur erkennungsdienstlichen Evidenz von den Beamten der kriminaltechnischen Untersuchungsstellen der Sicherheitsbehörden über unbekannte Täter, die im Verdacht stehen, ein gerichtlich strafbares Offizialdelikt vorsätzlich begangen zu haben, aufgrund der Angaben von Zeugen bzw. der Geschädigten erstellt, ohne daß zeichnerische Fähigkeiten erforderlich wären. Die österreichweit gespeicherten Phantombilder können im Bedarfsfall abgefragt werden.

Der kriminalpolizeiliche Aktenindex enthält Informationen über Anzeigen der Sicherheitsbehörden und Dienststellen an eine Behörde der Strafjustiz, denen eine gerichtlich strafbare Handlung, ausgenommen Fahrlässigkeitsdelikte, zugrunde liegen. Dieser Aktenindex dient auch bei der Durchführung eines sicherheitsbehördlichen Vorerhebungsverfahrens einerseits zur Evidenthaltung der Vorerhebungsakte bei den Sicherheitsbehörden oder Sicherheitsdienststellen und andererseits zur Gewinnung von Informationen darüber, ob gegen eine bestimmte Person oder gegen welche Personen innerhalb eines örtlich, zeitlich oder sachlich einschränkbaren Bereiches eine Anzeige wegen einer gerichtlich strafbaren Handlung an eine Behörde der Strafjustiz erstattet wurde. In der Sachenfahndung sind Informationen über jene entfremdeten Sachen enthalten, die durch eine individuelle oder Seriennummer von Sachen gleicher Art und Gattung unterschieden werden können. Eine besondere Bedeutung kommt zunehmend der Kulturgutfahndung zu. Im Rahmen dieser Applikation werden Informationen über gefahndete Kunstwerke und entsprechende Farbbilder gespeichert. Die Kraftfahrzeugfahndung speichert einerseits sämtliche in Österreich zur Fahndung ausgeschriebenen Kraftfahrzeuge, Anhänger und Kennzeichentafeln einschließlich Auslandsfahndungen der Interpol und enthält andererseits auch Informationen über Kraftfahrzeuge, die von kriminalpolizeilichem Interesse sind.

1991

Es ist nicht primäre Aufgabe dieses Buches, über Anlaß und Inhalt von Demonstrationen zu schreiben bzw. sich mit diesen Fakten auseinanderzusetzen. Am 11. Juni des Jahres 1991 zogen jedenfalls rund 15.000 Sicherheitswachebeamte, Gendarmeriebeamte, Zollwachebeamte und Justizwachebeamte vom Schwarzenbergplatz über den Ring zum Bundeskanzleramt. Es war dies die größte Demonstration von Exekutivbeamten nach dem 2. Weltkrieg. Die Beamten waren sich hiebei bewußt, daß unabhängig von den inhaltlichen Anliegen der Demonstration das äußere Erscheinungsbild größte Beachtung bei den Medienvertretern und der Wiener Bevölkerung finden würde. Dementsprechend intensiv waren auch die Vorbesprechungen in der Bundespolizeidirektion. Hiebei mußte einem Umstand, der für alle Demonstrationen gilt, besonders Rechnung getragen werden. Der österreichische Verfassungsgesetzgeber hat für die Ausübung dieses Grundrechtes nämlich vorgesehen, daß die „Polizeigewalt" im Rahmen einer ordnungsgemäßen (d. h. den Gesetzen entsprechenden) Ausübung der Versammlungsfreiheit beim Veranstalter selbst liegt. So müssen sich alle Anmelder von Demonstrationen bewußt sein, daß sie selbst für die Ordnung innerhalb der Demonstration zu sorgen haben. Dies gilt auch dann, wenn sich unter die Demonstranten gewaltfrei Personen mischen, die versuchen, die Demonstranten zu provozieren, indem sie deren Inhalte umdrehen oder gar als „Pseudodemonstranten" Handlungen setzen, die eine Auflösung der Demonstration notwendig machen. Die Ordnungsfunktion ist daher zunächst den vom Veranstalter beizustellenden Ordnern übertragen, die unter Umständen auch nicht nur das Recht sondern die Pflicht haben, Personen, die die Versammlung stören, aus ihr zu entfernen. Die Polizei tritt bei allen Demonstrationen nur dann in Erscheinung bzw. in Aktion, wenn der Ordnerdienst versagt. Sie führt dann sozusagen „ersatzweise" dessen Aufgaben durch, um den vom Gesetzgeber geforderten Zustand herzustellen oder aufrechtzuerhalten. Solche Ersatzhandlungen der Exekutive wären natürlich bei einer Demonstration von Exekutivbeamten besonders unangenehm gewesen.

Den Exekutivbeamten gelang es jedenfalls bei dieser Manifestation ein Beispiel dafür zu geben, wie man mit der auch bei Demonstrationen geforderten Disziplin Anliegen trotzdem eindringlich und konsequent einer breiten Öffentlichkeit transparent machen kann. Die Überschrift „Demo ohne Demonstrierer" in einer Wiener Tageszeitung war daher von diesem Gesichtspunkt durchaus zutreffend.

11. Juni 1991:
Demonstration der österreichischen Exekutivbeamten

1991

Das automatisierte Fingerabdruckidentifikationssystem (AFIS) der französischen Firma MORPHO, das mit 27. 1. 1991 bei der Bundespolizeidirektion Wien – Büro für Erkennungsdienst, Kriminaltechnik und Fahndung – für das gesamte Bundesgebiet eingeführt wurde, ist ein System zur automatischen Identifizierung von Fingerabdrücken. Zweck dieses Systems ist die vereinfachte Identifizierung von Personen, die erkennungsdienstlich behandelt worden sind oder von Personen, die an einem Tatort Fingerabdruckspuren hinterlassen haben. Für diese Zwecke verwaltet das System AFIS eine Datenbank, die die charakteristischen Punkte und Abbildungen abgerollter Fingerabdrücke von einem Zehnfingerabdruckblatt und nicht zugeordnete Fingerabdruckspuren sowie bestimmte zugehörige alphanumerische Daten enthält. Dadurch erreicht man einerseits eine wesentliche Arbeitserleichterung bei der Personenidentifikation sowie eine wesentliche Steigerung der Aufklärungsquote auf dem Sektor der Tatortspuren, die mit konventionellen Mitteln nicht zu erreichen waren und sind und andererseits eine raschere Aufklärung von Straftaten, da der Zeitaufwand für eine manuelle Klassifizierung und die Nachschau bei den Fingerabdruckspuren von derzeit einigen Stunden (unter Umständen auch Tagen) auf wenige Minuten reduziert werden kann. Ein weiterer Vorteil besteht darin, daß die derzeitige Unterscheidung von Zehnfingerabdrucksammlung und Einfingerabdrucksammlung aufgehoben werden kann. Die Einzelfingersammlung war bisher deshalb notwendig, weil man an Tatorten überwiegend Einzelfingerabdrücke sichert. Da beim AFIS die Verschlüsselung jedes einzelnen Fingerabdruckes in der gleichen Weise erfolgt, ist es auch bei diesem System möglich, anhand von einzelnen Fingerabdrücken in der Zehnfingerabdruckdatenbank zu suchen. Die Applikation verfügt über eine Kapazität von 900.000 Zehnfingerabdruckkarten (9 Millionen Einzelfinger). Derzeit sind über eine halbe Million Zehnfingerabdrücke gespeichert.

Sehr zukunftsorientiert scheint ein weiteres Projekt im Rahmen der Kulturgutfahndung zu sein, welches unter Förderung des äußerst kreativen Leiters der EDV-Gruppe im Bundesministerium für Inneres, Ministerialrat Mag. ZIMA läuft, zu sein. Die Bundespolizeidirektion Wien hat zu diesem Zweck erstmals eine Akademikerin für Kunst- und Kulturgeschichte eingestellt und die Bundespolizeidirektion Wien verfügt bereits jetzt über bild- und textmäßige Beschreibungen von Kunst- und Kulturgütern in Österreich sowie über eine Datenbank bereits gestohlener Bilder, Skulpturen etc. im Ausland. Damit können in kürzester Zeit internationale Fahndungen auch bildmäßig in hervorragender Qualität durchgeführt werden.

Schon in den ersten Monaten und Jahren des Bestehens konnten anhand dieser neuen Applikation, die im Jahre 1992 durch die Errichtung von Tatortgruppen mit Spezialisten in der Spurensicherung komplettiert wurde, Erfolge bezüglich lange zurückliegender Straftaten vom Einbruch bis zum Mord erreichen.

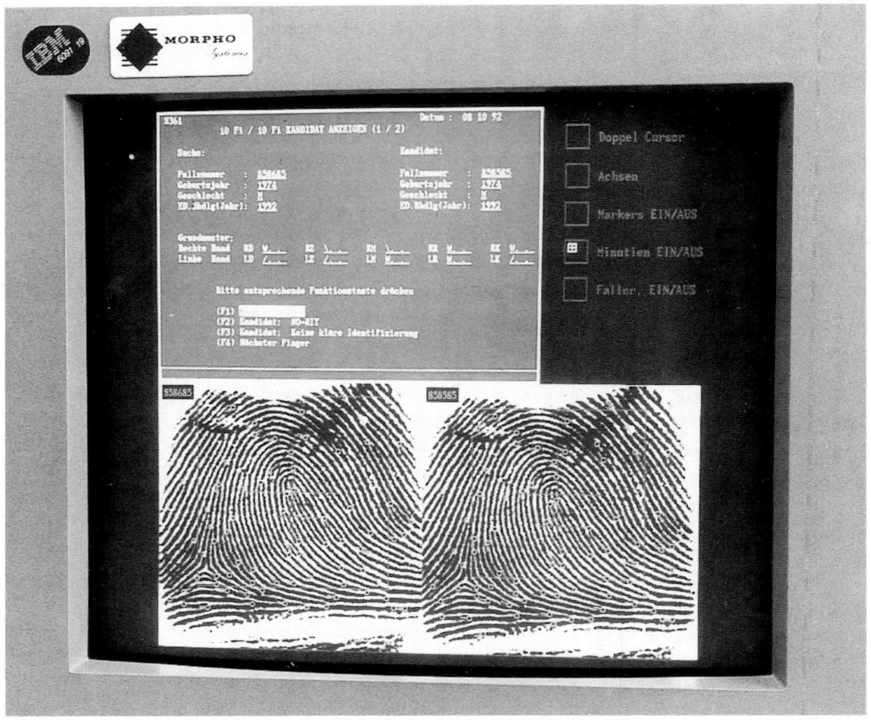

1991

Wiener Kriminalmuseum

vereinigt mit dem

Museum der Bundespolizeidirektion Wien

Am 8. 11. 1991 wurde das WIENER KRIMINALMUSEUM – MUSEUM DER BUNDESPOLIZEIDIREKTION WIEN in der Großen Sperlgasse 24 seiner Bestimmung übergeben. Die Errichtung dieser Institution stellt ein polizeiliches Novum dar – das erste Mal wird Polizeigeschichte ohne Einschränkung jedermann und öffentlich zugänglich gemacht. Eine Idee, aus der Zusammenarbeit der beiden Autoren dieses Buches entstanden. Zahlreiche Eröffnungsgäste – hier im Bild Innenminister Dr. Franz Löschnak, Justizminister Dr. Nikolaus Michalek und der Präsident der Rechtsanwaltskammer, Dr. Walter Schuppich – unterstreichen durch ihre Anwesenheit die Bedeutung dieser einmaligen Einrichtung.

Opernball '92
27. Februar 1992

Als etwa zwei Wochen vor dem Opernball 1992 unsere Informanten berichteten, daß diesmal auch hunderte Ausländer an der Demonstration teilnehmen sollten und man deshalb die Anliegen der Demonstration in Richtung „gegen Ausländerfeindlichkeit" abstellen wolle, bedeutete dies für die Wiener Polizei eine absolute Weichenstellung. Wir waren uns sehr wohl bewußt, daß ein Mißbrauch dieses berechtigten Anliegens durch Rowdys und Kriminelle, die zu Beginn dieses Jahres noch in allen Staaten aber ganz besonders in Österreich nur latente und quantitativ bzw. qualitativ geringe Ausländerfeindlichkeit schüren könnte. Es wurde daher in der Nacht vor dem Opbernball das Organisationskomitee durch Zufall erwischt (denn observieren dürfen wir ja nicht) und zum Teil perlustriert. Tatsächlich befand sich darunter eine große Anzahl nichtösterreichischer Jugendlicher. Diesen wurde klar gemacht, daß eine Teilnahme durchaus zulässig sei, sie jedoch für den Fall, daß sie gewalttätige Handlungen gegen fremdes Eigentum oder gar Personen setzten, mit der Erlassung von Aufenthaltsverboten und ihrer Abschiebung rechnen müssen. Dasselbe sollten sie jenen Gruppen sagen, die sie innerhalb des Organisationskomitees repräsentieren. Bei den Vorbereitungen zum Opernball wurde auch tatsächlich zum ersten Mal das Fremdenpolizeiliche Büro sehr wesentlich eingesetzt und der Leiter der Abteilung IV, Hofrat Hochenbichler, war persönlich beim bekanntgewordenen Sammelort anwesend, um die fremdenpolizeiliche Behandlung rasch und im wahrsten Sinn des Wortes, schmerzlos über die Bühne zu bringen. Daneben liefen alle Vorbereitungen und Veranlassungen im gewohnt großen Umfang weiter. Tatsache ist, daß fast alle ausländischen Jugendgruppen der Demonstration fernblieben und diese ein unerwartet geringes quantitatives Ausmaß annahm, welches für die Polizei keinerlei Probleme darstellte. Man kann ohne weiteres von der Annahme ausgehen, daß die vorangeführten Vorarbeiten der Polizei und ihre klare Aussprache mit dem Organisationskomitee in dieser Richtung beiden Seiten vieles erspart hat. Und wenn da einige meinen, die Opernballdemonstration 1992 sei ohne polizeiliches Zutun steckengeblieben, dann hat das von der Wirkung her seine Richtigkeit – und über die Ursache – wird, wenn alles gut geht, ja ohnedies niemals nachgeforscht.

25. 5. 1992: Empfang der ungarischen Teilnehmer der Österreichisch-Ungarischen Polizeiakademie durch Bürgermeister Dr. Helmut Zilk im Wiener Rathaus.

„Police-Academy“: Kriminalität kennt keine Grenzen

Das Bundesministerium für Inneres und die Wiener Polizei befassen sich schon seit langem mit neuen Methoden der Kriminalitätsbekämpfung in Richtung internationales organisiertes Verbrechen. Einen wesentlichen Schwerpunkt bei allen diesbezüglichen Überlegungen nimmt die Verbesserung des gegenseitigen Informationsaustausches und der Austausch bewährter Strategien ein. Neben der bekannten italienischen Mafia droht in den letzten Jahren auch zunehmend eine organisierte Kriminalitätsform, die sich in einer Ost-Westbewegung befindet und die wir mit dem Arbeitstitel „Russische Mafia“ bezeichnen. Eine Möglichkeit den Informationsaustausch zu beschleunigen und zu intensivieren und gleichzeitig den Level der europäischen Polizeien diesen neuen Gegebenheiten nach den optimalsten Erfahrungen anzugleichen, ist eine gemeinsame Ausbildung in Form einer europäischen Polizeiakademie. Wir Österreicher haben unter Bedachtnahme auf den Grundsatz, daß die besten und langjährigsten Freundschaften im Leben aus dem gemeinsamen Drücken einer Schulbank stammen, damit begonnen, eine österreichisch-ungarische Polizeiakademie aufzubauen. Diese hat im Sommer 1992 ihren ersten Lehrgang abgeschlossen und zehn österreichische und zehn ungarische Beamtinnen und Beamte in allen für die moderne Verbrechensbekämpfung erforderlichen Disziplinen ausgebildet. Diese Akademie wird im Jahre 1993 in Form einer mitteleuropäischen Polizeiakademie unter Einschluß der Staaten CSFR, Slowakei, Polen und Slowenien weitergeführt werden, wobei daran gedacht ist, das hervorragende und kompetente Lehrerpersonal der Deutschen Polizeiakademie in Münster/Hiltrup einzubinden. Die diesbezüglichen Verhandlungen sind bei Drucklegung des Buches noch nicht abgeschlossen. Die österreichisch-ungarische Akademie war die erste internationale Polizeiakademie in dieser Form. Sollte sie sich – was alle glauben – auch in Zukunft richtungsgebend erweisen, dann gingen die diesbezüglichen Impulse wie in den frühen Zwanzigerjahren wieder einmal von Österreich bzw. Wien aus.

1992

Schach dem Verkehrstod auf Wiens Straßen:

Wir haben schon im Zusammenhang mit Strafverfügungen, Anonymverfügungen und Organmandaten die rechtliche Seite des Strafsystems im Verkehrsgeschehen behandelt. Ich möchte die Einführung der mobilen Verkehrsrichter im Jahre 1992 zum Anlaß nehmen, um die menschliche Seite dieses Systems zu beleuchten.

Da ist zunächst die Frage nach dem cui bono, also nach Sinn und Zweck der Bestrafung. Diese ist sicherlich in der generalpräventiven Strafdrohung selbst begründet und wird auch im Einzelfall den Betroffenen zu Überlegungen über die Belastbarkeit seines Geldbeutels als Wiederholungstäter veranlassen. Das System funktioniert jedoch nur, wenn den Menschen dabei auch der Unrechtsgehalt ihrer Handlung im Zusammenhang mit ihrer Verantwortungslosigkeit gegenüber anderen Verkehrsteilnehmern bewußt wird. Strafverfügungen, die drei Monate nach der Tat beim Adressaten einlangen oder bei denen Lenkerauskünfte zwei Monate nach der Tat eingeholt werden, sind sicherlich nicht dazu angetan, das ohnehin schon bei Tatbegehung schwache Problembewußtsein nochmals zu aktivieren, sondern verleiten – weil die Anzeige in diesen Fällen zumeist nur aufgrund des Kennzeichens erfolgt – zur Feststellung „Ausgerechnet bei mir muß so ein Grünkappler hinter einem Baum, hinter einem Haustor oder sonstiger Deckungsmöglichkeit gestanden sein". Er fühlt sich als Verkehrssünder nicht einsam wie eine Schwalbe, die keinen Sommer macht, sondern eher als Unglücksrabe, der das Pech hatte, an einem versteckten Polizisten vorbeizufahren. Nur die Akzeptanz der gesetzlichen Bestimmung verbunden mit der Unmittelbarkeit der dafür adäquaten Sanktion, kann das bewirken, was nur noch wenige eher verschämt als „Erziehung im Straßenverkehr" bezeichnen. Es gibt schon Indizien dafür, daß ein menschlicher Offenbarungseid abgelegt und die Autofahrer, weil man bei der Verkehrserziehung resigniert hat, durch Straßen-, Um- und Einbauten in Pferche getrieben werden, damit sie sich nicht wie die dummen Kuhherden beim Viehtrieb gegenseitig zertrampeln. Die anderen nähern sich diesem Offenbarungseid dadurch, daß sie aufgegeben haben, den motorisierten Verkehrsteilnehmern jemals den § 20 StVO, der von einer „angepaßten" Geschwindigkeit spricht, klarzumachen. Sie glauben nicht mehr daran, daß die Geschwindigkeit nach den Straßenverhältnissen, nach der Sicht, nach dem Zustand des Fahrzeuges, nach der persönlichen Beschaffenheit des Lenkers, nach der Ladung und, und, und ... vom Lenker selbst geregelt werden kann, sondern vertrauen auf generelle Tempolimits, die in der Regel so hoch angesetzt sind, daß sie diesen meiner Ansicht nach wichtigsten Paragraphen der Straßenverkehrsordnung damit quasi derogieren. In Wien versucht man noch andere Wege zu gehen und nicht die Kassen, sondern die Warnglocken in den Gehirnen der Verkehrsteilnehmer zum Klingeln zu bringen. Hohe Strafen für gefährliche Einzeldelikte und bewußtseinsbildende Maßnahmen, wie z. B. in der Richtung, daß kein Rechtsanspruch auf den Besitz eines einmal erworbenen Führerscheines besteht, sollen mit großer Unterstützung der Polizei den Offenbarungseid für diese Stadt noch etwas hinauszögern oder wenn möglich, unnötig machen. Unter diesen flankierenden Maßnahmen ist auch der Einsatz von Schnellrichtern ein Instrumentarium, um den Konnex des Unrechtsgehaltes zwischen Tat und Strafe unmittelbar und augenfällig darzustellen. Viele Autofahrer, die bisher ihre Strafverfügung durch die verblaßte Erinnerung an die Tat, quasi im Zweifel bezahlt haben, können nun an Ort und Stelle in der Videoaufzeichnung die Rücksichtslosigkeit oder Gefährdung ihrer Handlung selbst noch einmal aus einer anderen Perspektive miterleben. Vergleicht der Fahrer die gesamte Straßensituation, die er aus seiner Lenkerperspektive nicht immer voll erkennen kann und sieht welche Gefährdungsmomente für andere da waren, dann müßte dies im Zusammenhang mit dem zu erlegenden Geldbetrag eine nicht zu unterschätzende Motivierungsmöglichkeit im Kampf gegen den Unfalltod auf Wiens Straßen sein. Dem Bundesministerium für Inneres ist zu danken, daß sie diese Idee aufgegriffen und durch Bereitstellung relativ hoher finanzieller Mittel wirkungsvoll und richtungsweisend unterstützt.

Mobile Verkehrsrichter

Daß der weitere Ausbau von stationären Radargeräten damit nicht vermindert oder zurückgestellt wird, sei nur zur Information der interessierten Leserschaft abschließend bemerkt.

1992

Als in den Jahren nach der Öffnung des Eisernen Vorhanges und der sprunghaft steigenden Kriminalitätsbelastung die Aufklärungsziffern in Wien einem Trend der 80er Jahre folgend weiter absanken, war klar, daß neben der Arbeitsüberlastung der Beamten auch Organisations- und Strukturmängel ursächlich sein mußten. Das Strukturbereinigungskonzept der Kriminalbeamten wurde vom Polizeipräsidenten in drei Teile geteilt. In der 1. Phase, die 1992 abgeschlossen worden ist, wurden jene Organisationseinheiten, die sich primär der Bekämpfung der Schwerkriminalität und der stark im Steigen begriffenen organisierten Kriminalität befaßten, neu strukturiert, technisch besser ausgestattet und mit entsprechendem Personal versehen. Die vom Bundesministerium für Inneres neu entwickelten Computersysteme, vor allem das weltweit anerkannte AFIS (Fingerabdrucksystem) machten es möglich, dem zunehmenden Trend der Gerichte, vom Zeugenbeweis zum Sachbeweis übergehen, auch im polizeilichen Ermittlungsverfahren voll zu entsprechen. So wurde die Tatortgruppe errichtet, welche sich vorerst als Zentralstelle im Sicherheitsbüro darstellte und mit Oktober dieses Jahres 1992 auch mobil für die Bezirkskriminalbeamten zur Verfügung steht. Darüberhinaus wurde durch das Observationsreferat eine Gruppe von hochspezialisierten Kriminalbeamten zusammengezogen, deren Aufgabe ebenfalls in der Beweissicherung aber auch in der Beweiserbringung festgelegt ist. Die Suchtgiftgruppe wurde verstärkt und durch die Schulung von Suchtgiftreferenten bei den Bezirksabteilungen auf einige belastete Bezirke dezentralisiert. Bereits Ende 1991 wurde eine eigene Gruppe zur Bekämpfung der organisierten Kriminalität, kurz OK genannt, gegründet. In der zweiten Phase des Strukturbereinigungsprogrammes, die mit 1. April 1993 beginnt, wird die Verknüpfung dieser Einheiten zu den Bezirken hergestellt und in diesen unter Beibehaltung des bewährten Rayonskriminalbeamtensystems spezielle Sachbearbeiter für die Bereiche OK, Schleppertätigkeit und Einbruch ausgebildet. Die Suchtgiftspezialisten werden auf alle Bezirke ausgedehnt. Die im Jahre 1992 erstmals personell dotierte Umweltschutzgruppe wird ebenso wie der heuer erstmals personell dotierte Kriminalpolizeiliche Beratungsdienst weiter ausgebaut. Die Zielsetzung der 1. Phase, nämlich die seit Jahren ständig sinkenden Aufklärungsziffern zum Stagnieren zu bringen, konnte 1991 bzw. 1992 durch ein wenngleich geringfügiges Ansteigen der Aufklärungsziffern bringen.

Ehrung der Tatortgruppe im großen Saal der Bundespolizeidirektion Wien am 29. 7. 1992

1992

Neuer Kommandoraum der Funkleitstelle, 1992

Dem Informationsdienst der Bundespolizeidirektion Wien kommt vor allem aufgrund der ihm angeschlossenen Funkleitstelle eine besondere Bedeutung in der Organisation zu. Über die Funkstelle werden Tag und Nacht rund 70 Prozent der Repressiveinsätze der Wiener Sicherheitswache geleitet. Auf neun Plätzen wird der Notruf 133 entgegengenommen. Direktleitungen zur Rettung, Feuerwehr und anderen Dienststellen sorgen für ein umfassendes und rasches Funktionieren der für Notsituationen von Wiener Bürgerinnen und Bürger vorgesehenen Dienstleistungen. Über vier Funkkreise und einen speziellen Kanal für den U-Bahn-Funk werden nicht nur die Bezirkskräfte, sondern auch Sondereinheiten wie Alarmabteilung, Diensthundeabteilung etc. über Funk zu Einsatzorten dirigiert. Auch der motorisierte amtsärztliche Dienst außerhalb der Amtszeiten erfolgt durch diese Dienststelle. Weniger bekannt als die doch eher auffälligen Streifenwagen der Sicherheitswache sind die Tag und Nacht ebenfalls im Einsatz befindlichen Streifenwagen der Kriminalpolizei. Diese werden von 6 bis 18 Uhr von ihren jeweiligen Abteilungen in den Bezirken oder im Sicherheitsbüro, Wirtschaftspolizei, Staatspolizei etc. und in der Zeit von 18 bis 6 Uhr früh mit einer Mindeststärke von 6 Kripowagen über die Funkstelle geleitet. Auch die Verständigung von Angehörigen bei Unglücksfällen laufen aufgrund eigener Wahrnehmung als auch von Mitteilungen der Rettung erfolgt über den Informationsdienst. Der Computer hat in dieser Dienststelle schon weitgehend Einzug gehalten, was sich besonders bei der Personen- und Kraftfahrzeugfahndung äußerst positiv auswirkt. Die Abschleppungen der MA 48 werden zentral in Evidenz gehalten. Die Steuerung von Planquadraten, Sondereinsätzen der Alarm- und Diensthundeabteilung gehören ebenso zum Aufgabengebiet dieser Dienststelle wie die Veranlassung zur Suche verlorener Autoschlüssel im Kanalnetz. Vier Permanenzoffiziere und eine große Anzahl von erfahren spezialisierten Beamten sorgen neben den nur beispielhaft angeführten Tätigkeiten vor allem für ein klagloses Funktionieren des Notrufes 133. Zurzeit ist ein automatisationsunterstütztes Einsatzleitsystem von der Planungs- in die Vorbereitungsstufe gerückt und mit dessen Fertigstellung wird noch im Jahre 1993 zu rechnen sein.

Verbunden mit dem Informationsdienst sind die Pressestelle und der Präsidialjournaldienst. Ersterer obliegt der Kontakt zwischen Behörde und Medien, wie Abfassungen und Weitergabe von Presseverlautbarungen, Vorbereitungen von Reportagen und Interviews, Fernseh- und Runfunkproduktionen im Behördenbereich und Mitwirkung bei Pressekonferenzen. Daneben ist die Pressestelle die Auskunftsstelle der BPD-Wien nach dem Bundesministeriumgesetz 1986 und hat auch die Erlassung von Bescheiden und Erteilung von Auskünften nach dem Auskunftspflichtgesetz in ihrem Aufgabenbereich. Die Bearbeitung schriftlicher Beschwerden sowie von Vorschlägen für Ehrungen und Belobigungen runden den großen Tätigkeitsbereich ab. Der Präsidialjournaldienst ist rund um die Uhr mit einem rechtskundigen Beamten besetzt, der für die Koordinierung zwischen den vorangeführten Dienststellen zuständig ist. In diesem Zusammenhang obliegt ihm u. a. die Einberufung des Präsidialstabes, die Führung der Verständigungen bei bedeutenden Vorfällen, die Evidenz- und Bereithaltung der Alarmpläne, die Genehmigung der Beauskunftung von Geheimnummern, Anforderung des Hubschraubers und Anfragen bezüglich Deckkennzeichen sowie die juristischen Entscheidungen in allen Problemfällen. Derzeitiger Leiter beider Dienststellen: Hofrat Mag. Johann NACHTLBERGER.

Eine weitere Stabsstellung in der Behörde hat das Büro für Organisation, Rechtsfragen und Dienstaufsicht, welchem die Behandlung der allgemeinen organisatorisch- und rechtlichen Angelegenheiten (mit Ausnahme der EDV-Angelegenheiten) innerhalb der Behörde obliegt. Die Wahrnehmung der Zuständigkeit zur Regelung organisatorischer Überlegungen umfaßt den gesamten Dienstbetrieb aller Verwendungszweige und Organisationseinheiten, während die gleichzeitig gegebene Kompetenz einer Rechtsabteilung die Bearbeitung allgemeiner Rechtsfragen und insbesondere die Abgabe von Stellungnahmen zu Gesetzen und Verordnungsentwürfen, die Abfassung von Gegenschriften an den Verwaltungsgerichtshof und den unabhängigen Verwaltungssenaten sowie die Bearbeitung von Ansprüchen nach dem Amtshaftungsgesetz und dem Polizeibefugnisentschädigungsgesetz beinhaltet. Neben der Ausarbeitung von Dienstanweisungen bearbeitet dieses Büro die an die Volksanwaltschaft gerichteten Beschwerden sowie parlamentarische Anfragen, welche die Tätigkeit der hiesigen Behörde betreffen. Mit der Führung der gesamten den Behördenbereich betreffenden Statistiken rundet sich das Bild dieser Organisationseinheit umfassend ab. Derzeitiger Leiter: Oberrat Dr. Leo LAUBER. Das Büro für Dienstangelegenheiten und Schulung koordiniert mit zehn Mitarbeitern alle dienstrechtlichen Angelegenheiten der Behörde und wirkt an der Vorbereitung und Organisation der Schulungen und Seminare aller drei Dienstzweige mit. Die Anrechnung von Vordienstzeiten, Entbindung von der Verschwiegenheitspflicht oder die Untersagung von Nebenbeschäftigungen gehören ebenso zum Aufgabenbereich wie die Organisation und Betreuung von Studien- und Besichtigungsaufenthalten Polizeiangehöriger in- und ausländischer Dienststellen. Derzeitiger Leiter: Hofrat Mag. Peter FRÜHWIRT.

1992

BUNDESPOLIZEIDIREKTION WIEN

POLIZEIPRÄSIDENT
und
SICHERHEITSDIREKTOR VON WIEN
Dr. Günther Bögl

Sekretariat des Polizeipräsidenten	Referat für EDV-Angelegenheiten
Kmsr. Mag. Christian Felix	Rat Dr. Gerhard Niesner

POLIZEIVIZEPRÄSIDENT
Mag. Dr. Günther Marek

PRÄSIDIALABTEILUNG
Leiter: Hofrat Mag. Helmut Muzler

Büro f. Organisation Rechtsfragen und Dienstaufsicht	Personalbüro	Büro für Dienstrechtsangelegenheiten u. Schulung	Informationsdienst	Pressestelle	Polizeichefarzt	Büro für ökonomische Angelegenheiten	Buchhaltung	Strafamt und Revisionsbüro für Polizeistrafsachen	Präsidialkanzlei	Amtsbibliothek	Amtsdruckerei	Polizeigefangenenhaus
Vorstand:	Vorstand:	Vorstand:	Vorstand:	Vorstand:		Vorstand:	Vorstand:	Vorstand:	Vorstand:	Vorstand:	Vorstand:	Leiter:
Oberrat Dr. Leo Lauber	Rat Dr. Martin Mühlgassner	Hofrat Mag. Peter Frühwirth	Hofrat Mag. Johann Nachtlberger	Hofrat Mag. Johann Nachtlberger	Hofrat MedR Dr. Kurt Seher	Oberrat Mag. Gustav Kramlinger	Amtsdirektor Friedrich Langauer	Hofrat Mag. Helmut Lichtenegger	Kontrollor Andreas Vytlacil	Oberrevident Bruno Splichal	Amtsdirektor Alfred Mütter	Oberst Rudolf Wunder

Abteilung für Staats-, Personen- u. Objektschutz
ABTEILUNG I
Leiter: Hofrat Mag. Ernst Wallaschek

Büro für Staatsschutz
Vorstand: Hofrat Mag. Gert Zander

Büro für Personen- und Objektschutz
Vorstand: Hofrat Dr. Walter Zehetmayer

Kriminalpolizeiliche Abteilung
ABTEILUNG II
Leiter: Hofrat Mag. Dr. Franz Priehsnitz

Sicherheitsbüro
Vorstand:
Hofrat Mag. Maximilian Edelbacher

Wirtschaftspolizei
Vorstand: Hofrat Dr. Peter Stiedl

Büro für Erkennungsdienst, Kriminaltechnik und Fahndung
Vorstand: Hofrat Mag. Felix Schödl

Strafregisteramt
Vorstand: Amtsdirektor Ernst Schrammel

Polizeiabteilung bei der Staatsanwaltschaft Wien mit Expositur beim Jugendgerichtshof Wien
Vorstand: Amtsrat Günther Seidl

Jugendpolizei
Vorstand: Rat Dr. Karl Hofmann

Verwaltungspolizeiliche Abteilung
ABTEILUNG III
Leiter: Hofrat Mag. Max Bulgarini

Verkehrsamt
Vorstand:
Dr. Franz Fischer

Administrationsbüro
Vorstand:
Hofrat Dr. Rudolf Spanblöchl

Zentralmeldeamt
Vorstand:
Regierungsrat Walter Pscheidl

Fundamt
Vorstand:
Regierungsrätin Edith Osterbauer

Abteilung für Sonstige Sicherheitsverwaltung
ABTEILUNG IV
Leiter: Hofrat Mag. Gustav Hochenbichler

Fremdenpolizeiliches Büro
Vorstand:
Oberrat Dr. Wilfried Kovarnik

Büro für Vereins-, Versammlungs- und Medienrechtsangelegenheiten
Vorstand:
Oberrat Mag. Helmut Scherhak

Paßamt
Vorstand:
Amtsrat Wilhelm Leiblich

Kommisariatsabteilung
ABTEILUNG V
Leiter: Hofrat Dr. Franz Mikuskovics

Bezirkspolizeikommissariate 1–23
Bezirksleiter

Innere Stadt	Hofrat Mag. Ewald Bachinger
Leopoldstadt	Hofrat Mag. Günter Liberda
Landstraße	Hofrat Mag. Dr. Herbert Grolig
Wieden	Hofrat Mag. Dr. Peter Drlik
Margareten	Hofrat Dr. Rupert Jöchtl
Mariahilf	Hofrat Dr. Robert Draskovits
Neubau	Hofrat Dr. Walter Neumayr
Josefstadt	Hofrat Dr. Paul Netousek
Alsergrund	Oberrat Mag. Franz Grünbeck
Favoriten	Hofrat Ing. Mag. Dr. Ludwig Berghammer
Simmering	Hofrat Mag. Erich Simon
Meidling	Oberrat Dr. Franz Schnabl
Hietzing	Hofrat Dr. Wolfgang Zapf
Penzing	Hofrat Dr. Alfred Jarosch
Schmelz	Hofrat Mag. Gustav Kamen
Ottakring	Hofrat Mag. Dr. Siegfried Schwanzer
Hernals	Oberrat Mag. Rupert Mayer
Währing	Oberrat Dr. Josef Siska
Döbling	Hofrat Dr. Manfred Nowak
Brigittenau	Hofrat Dr. Peter Pinesal
Floridsdorf	Hofrat Mag. Kurt Stierschneider
Donaustadt	Hofrat Mag. Walter Zach
Liesing	Hofrat Mag. Emmerich Ingrisch

Leistungsfeststellungskommission
Vorstand:
Hofrat
Dr. Rudolf Spanblöchl

GENERALINSPEKTORAT DER WIENER SICHERHEITSWACHE
Leiter: General Othmar Hofstätter

SW-Sonderabteilungen

SW-Abteilungen bei den Bezirkspolizeikommissariaten 1–23

KRIMINALBEAMTENINSPEKTORAT
Leiter: Hofrat Dr. Walter Schubert

Krb-Abteilungen und Krb-Gruppen bei den Zentralstellen

Krb-Abteilungen bei den Bezirkspolizeikommissariaten 1–23

Büro der Sicherheitsdirektion
Leiter:
Hofrat
Dr. Ernst Mischer

DEN FÜR DIE
FREIHEIT ÖSTERREICHS
VOM NATIONALSOZIALISTISCHEN
TERROR HINGEMORDETEN

POLIZEIBEAMTEN
ZUM GEDENKEN:

BERGER JOSEF, POL. RES.
BERGNER VIKTOR, RAY. INSP.
DÄNNINGER FRANZ, RAY. INSP.
HEINDL LEOPOLD, RAY. INS.
HOFER ANDREAS, OB. WACHM.
KERNER KARL, RAY. INSO.
KIRCHL DR. OTTO, POL. KOÄR.
KUSCHER LORENZ, RAY. INSP.
NEWALD JOHANN, OB. LT.
PLEININGER DR. JOSEF, OB. POL. RAT.
SCHNEIDER HERMANN, OB. WACHM.
THEYER ALOIS, RAY. INSP.
BRAUN DR. ERWIN, POL. KDÄR.

RICHTER FELIX
OB. POL. RAT.
HOFRAT DR.
EMIL KOMINIK
HOFRAT DR. MED.
EMIL FRIEDJUNG
WIRKLICHER HOFRAT
DR. LUDWIG WEISER

MANDL JOSEF,
AMTSWART
POL. SAN. RAT. DR
JOHANN GROSZMANN
POL. SAN. OBKDÄR.
DR. JULIUS MUNK

Drei Gedenk- und Ehrentafeln in der Bundespolizeidirektion Wien (von denen wir nur zwei aus phototechnischen Gründen im Original und die dritte im textlichen Inhalt wiedergeben konnten) zeugen von der opfervollen Pflichterfüllung der Polizeibeamten. Kein Buch über die Wiener Polizei könnte ohne diese Seite Anspruch auf Vollständigkeit erheben.

Epilog

des Bürgermeisters von Wien

„Ohne Sicherheit ist keine Freiheit" schrieb der preußische Staatsmann und Humanist Wilhelm von Humboldt (1767–1835) in seinem Werk über „Die Grenzen der Wirksamkeit des Staates". Dieser kluge Satz ist mir nach der Lektüre dieses so faszinierenden Buches wieder eingefallen. Denn die Freiheit dieser Stadt war über all die Jahrhunderte hinweg stets verbunden mit der Bemühung um Sicherheit und Ordnung. Und so spiegelt die Geschichte der Polizei in all ihrer Vielfalt auch den Aufstieg und den gesellschaftlichen Wandel Wiens wieder – vom spätmittelalterlichen Handelsplatz an der Donau bis zur modernen, international ausgerichteten Millionenstadt der Gegenwart, die Zentrum eines blühenden demokratischen Gemeinwesens ist, gleichzeitig aber auch im Mittelpunkt eines im Umbruch befindlichen Kontinents liegt.

Gerade in diesen international so unruhigen und bewegten Jahren an der Schwelle zum 21. Jahrhundert ist der Wiener Polizei hier an der Schnittstelle zwischen Ost und West erhöhte Bedeutung zuzumessen. Von ihr wird heute weit mehr verlangt, als nur „Freund und Helfer" zu sein, das individuelle Sicherheitsgefühl der Menschen hängt maßgeblich von Arbeit, Einsatz und Erfolg der Polizei ab. Denn nur dort, wo man sich sicher, geschützt und geborgen weiß, fühlt man sich beheimatet und zu Hause.

So sind daher auch Kommunalpolitik und Sicherheitspolitik in einer Großstadt wie Wien untrennbar miteinander verbunden. In diesem Sinn versucht die Wiener Stadtverwaltung, die Polizei nach besten Kräften zu unterstützen – sei es nun mit der Schaffung von Wohnraum für junge Polizeibeamte, mit der Verbesserung der Arbeitsbedingungen in den Dienststellen oder mit effizienteren Gesetzen, die die Handlungsfähigkeit und Autorität der Polizei in ihrem beruflichen Alltag stärken. Vor allem aber legen die Verantwortlichen dieser Stadt stets ein klares Bekenntnis zur Wiener Polizei ab. Der Wiener Bürgermeister versteht sich als Freund und Partner der Polizei – auch in schweren Stunden, wenn diese im Kreuzfeuer der öffentlichen Kritik steht. Denn, wie bereits eingangs erwähnt, ohne Sicherheit ist keine Freiheit.

In diesem Sinn wünsche ich dem Buch viel Erfolg und einen breiten Leserkreis. Das Werk möge dazu beitragen, Interesse und Verständnis für die Arbeit und den Stellenwert der Wiener Polizei zu wecken und zu vertiefen.

Quellen- und Literaturverzeichnis

Amtsbibliothek und Archiv der Bundespolizeidirektion Wien
Österreichische Nationalbibliothek – Zeitschriftensammlung
Archiv des Wiener Kriminalmuseums

Der österreichische Bundeskriminalbeamte, Gedenkwerk, Wien 1933
Walter Kleindel, „Österreich-Daten zur Geschichte und Kultur"
Isabella Ackerl, „Die Chronik Wiens", Chronik Verlag
„Stadt Chronik Wien", Verlag Christian Brandstätter
Friedrich Jäger, „Das große Buch der Polizei und Gendarmerie in Österreich", Weishaupt Verlag
Engelbert Steinwender, „Von der Stadtguardia zur Sicherheitswache", Weishaupt Verlag
Alois Veltze, „Die Wiener Stadtguardia", Wien 1902
Harald Seyrl, „Kriminalpolizeiliches Museum der Bundespolizeidirektion Wien", 1985
„Sechzig Jahre Wiener Sicherheitswache", Wien 1929
„Achtzig Jahre Wiener Sicherheitswache", Wien 1949
„Fünfzig Jahre Wiener Sicherheitswache", Wien 1919
„Der Internationale Polizeikongreß in Wien", Wien 1923
Günther Bögl, „Handbuch der Sicherheit", Band I–III
„Gesetzbuch über schwere Polizey-Uibertretungen", Wien 1803
„Organisation und Instruktion der Wiener k.k. Sicherheitswache", Wien 1908
Werner Olscher, „Lebenslänglich", Wien 1972
Windt-Kodicek, „Datyloskopie", Wien 1904, 1928
Viktor Bibl, „Die Wiener Polizei", Stein-Verlag, 1927
Hermann Oberhummer, „Die Wiener Polizei" Band I–II, 1938
Hermann Oberhummer, „Dienstlaufbahn der Leiter und Stellvertreter der Wiener Polizeibehörde", Wien 1929
Hermann Oberhummer, „Die Angehörigen der Wiener Polizei 1754–1900", Wien 1939
Jaques Hannak, „Johannes Schober – Mittelweg in die Katastrophe", Europa Verlag 1966
Ludwig Reichhold, „Kampf um Österreich", Bundesverlag 1984
P. Prucha, „Die österreichische Polizeipraxis", Manz 1877
Scheithauer – Woratschek – Tscherne, „Geschichte Österreichs in Stichwörtern", Verlag Ferdinand HIRT – Wien 1983

Lichtbildnachweis:
Lichtbildstelle bzw. Dokumentationsgruppe der Bundespolizeidirektion Wien
Presse Agentur „Hanni" – Mang
Agentur Votava
Fotoabteilung des Büros für Erkennungsdienst, Kriminaltechnik und Fahndung
Nicht in allen Fällen war es möglich die Urheber von historischen Abbildungen einwandfrei zu eruieren.
Berechtigte Ansprüche werden im Rahmen des Üblichen abgegolten.